KB267294

New York

烈傳

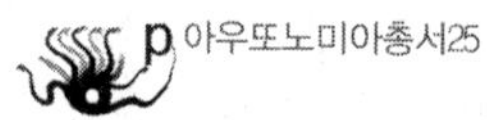 아우또노미아총서25

뉴욕열전 ニュー・ヨーク烈傳

지은이 이와사부로 코소
옮긴이 김향수

펴낸이 조정환
책임운영 신은주
편집 김정연
홍보 김하은
프리뷰 임경용 김현덕 정소희

펴낸곳 도서출판 갈무리 등록일 1994. 3. 3. 등록번호 제17-0161호
초판 1쇄 2010년 11월 22일
초판 2쇄 2016년 8월 18일

주소 서울 마포구 동교로18길 9-13 [서교동 464-56]
전화 02-325-1485 팩스 02-325-1407
website http://galmuri.co.kr e-mail galmuri94@gmail.com

ISBN 978-89-6195-029-9 94300 / 978-89-6195-003-9 (세트)
도서분류 1. 사회과학 2. 철학 3. 문화연구 4. 미학 5. 역사학 6. 건축학 7. 인류학 8. 사회운동

값 25,000원

이 도서의 국립중앙도서관 출판시도서목록(CIP)은 e-CIP 홈페이지(http://www.nl.go.kr/ecip)에서 이용하실 수 있습니다.(CIP제어번호: CIP2010003811)

New York 烈傳

뉴욕열전

들뢰즈 · 가따리의 눈으로 완성한 벤야민의 프로젝트

저항의 도시공간 뉴욕 이야기

이와사부로 코소 지음 김향수 옮김

아직 뵙지 못한 한국의 독자 여러분께

『뉴욕열전』은 우리들이 살고 있는 뉴욕이라는 도시를 주인공으로 한 역사 이야기입니다. 원래 저의 모국어인 일본어로 집필하였던 것입니다만, 일본에서 일반적으로 형성된 뉴욕이라는 대도시(메트로폴리스)의 이미지에 크게 도전하는 내용으로 가득 채워져 있습니다. 예를 들어, 뉴욕에 가는 여행자들의 대부분은 거대한 마천루나 모던 아트, 미국 근대주의의 물질적인 성과물들을 견학하면서 고급 가게에서 쇼핑을 즐기는 것을 목적으로 합니다. 그렇지만, 이러한 뉴욕은 '뉴욕을 형성해 온 운동' 혹은 '운동으로서의 뉴욕'의 겨우 일부, 그것도 표층적인 부분에 불과합니다. 뉴욕은 다른 곳에서는 볼 수 없이 아주 드문 뉴욕만의 스테레오타입(정형화된 이미지)을 갖고 있습니다. 그렇지만, 이 글을 통해 뉴욕이라는 도시의 형성과 관련된 폭넓고 근원적인 '운동하는 뉴욕'이 지닌 '혁명적 이미지'로서의 뉴욕을 다시금 제기하고 싶습니다.

'운동으로서의 뉴욕.' 그것의 본질은 한 마디로 하자면, 이동하는 세계민중에 의해 전개되는 삶을 위한 투쟁입니다. 특히, 운동하는 뉴욕은 제 나름대로 '치마타'라고 부르고 있는 '근린공간의 노상사회'가 형성되면서 자신의 존재를 드러내며, 다양한 문화를 생산하고 투쟁하는 형태로 나타나고 있습니다. 제가 혼신을 기울이고 정열을 쏟으면서 그리고자 했던 것은 다름 아닌 '생산적 투쟁'의 세부 모습이었습니다. 그리고 이러한 투쟁을 담당했던 '세계민중'이란 반드시 미국인만은 아니었습니다. 비록 그들의 자손들은 미국인이 되었지만, [투쟁하는 민중은― 옮긴이] 대부분 아직 미국인이 아니었던 제 1세대의 사람들로서 선주민先住民, 노예, 이민자 등이었습니다. 이 글을 쓰면서 제가 배운 것이 있다면 어떤 역설입니다. 국민국가를 형성하는 것은 반드시 항상 시민권에 의해 보호받는 그 국가의 국민이 아니라, 오히려 국가가 형성되기 이전 혹은 그 땅에 노동하며 생활하고 생산하던 '세계민중'이라는 것이었습니다.

그러나 이것은 뉴욕에만 국한된 이야기는 아닙니다. 이런 문제는 세계 곳곳에서 벌어지고 있습니다. 예를 들어, 일본 열도와 일본의 도시들도 그러합니다. 오늘날 대부분의 역사가들이 지적하듯, 예전에는 일본인이 순수민족이라고 신봉했지만, 실은 선주민, 이민자, 침략자들이 뒤섞인 혼성계였습니다. 저는 오카야마현의 우시마도라는 세토내해의 북쪽에 위치한 항구에서 자라났습니다. 하나의 섬에 갇혀 있던 일본이 마치 성역에 의해 순수한 민족성을 지킬 수 있었다고 생각하기 쉽습니다. 그러나 저는 일본도 실은 아주 오래전부터 조선반도에서 현해탄을 건너 세토내해 안에 있는 오사카나 쿄토 등의 수도권 지역과 왕복하던 하나의 '교통 공간'에 의해서만 문명을 발전시켰다고 생각하고 있습니다.

일본이란 관념적으로 신봉되던 것처럼 섬나라insular가 아니라, 에두아르 글리상Eduard Glissant의 '군도'archipelago에 가까운 의미를 지닌 곳이지 않을까 생각합니다. 혹은 향후 동아시아 전체를 이러한 시점에서 봐야 하지 않을까 싶습니다. 마치 뉴욕이 카리브 해역과 브라질을 경유하여 아프리카 및 유럽과의 교통 네트워크의 일부가 되는 것을 통해서만 발전했던 것처럼, 쿄토나 오사카도 한반도를 매개로 하여 아시아 전체와의 교통 네트워크의 일부로서 존재해 왔던 것입니다. 이러한 교류의 공간은 비극적인 역사로부터 기인한 것이지만, 동시에 지금 우리들이 가지고 있는 최상의 인류 재산이기도 합니다.

『뉴욕열전』에서 '세계민중'이라는 말을 쓸 때, 가슴 깊은 곳에서는 일본에 살고 있는 비非일본인들, 특히 재일한국인과 재일조선인의 친구들이 떠올랐습니다. 이러한 연상은 그들과 제 자신이 '재在일'과 비슷한 의미로 '재在미' 혹은 '재在뉴욕'을 하고 있는 상황이 같기 때문이며, 왠지 타향에서 살고 있는 모든 사람들에 대해 친근감을 느끼기 때문입니다. 그렇지만 보다 현실적인 이미지로 말하자면 무엇보다 뉴욕으로 건너기 전 오카야마와 도쿄에서의 학창시절 — 초등학교, 중학교, 고등학교에서 같이 놀고 싸우고 나쁜 짓을 벌이던 '재일' 친구들의 얼굴이 먼저 떠오릅니다. 이런 의미에서 『뉴욕열전』은 타국에서 노동하고 생활하는 모든 민중들을 위한 책입니다.

이 책은 철학 책이 아닙니다. 그렇지만, 많은 독자들께서 이미 눈치를 채셨듯이 질 들뢰즈와 펠릭스 가따리의 공저에서 일관된 몇 가지 시점이 이 책의 개념 형성에 커다란 역할을 맡고 있습니다. 단적으로 말해, 이런 참조는 비극적인 숙명을 짊어지고 고난의 역사성에 이끌려 살아가는 세계민중이 자기 자신의 존재성 내부로부터 자율성을 구축해 가는 긍정적이며 생산적인 힘 그리고 그 계기의 발견과 관계되어 있습니다. 이러한 의미에서 한국에서 들뢰즈·가따리와 관련된 도서를 하나의 '혁명적 이론'으로 간주하여 더할 나위 없이 정열적인 연구와 출판활동을 해 온 갈무리출판사가 이 책의 가치를 발견해 준 것에 대해 깊은 영광으로 생각하며 진심으로 감사의 말씀을 드립니다.

또한, 번역자 김향수 님께도 깊은 감사의 말씀을 드립니다. 제 자신이 번역자이기 때문에, 이 책을 번역하는 작업이 얼마나 어려운 것인지 충분히 알고 있습니다. 아마 오늘날 미국이나 일본에서도 번역만큼 보상이 없는 노동도 없을 것입니다. 어떤 경우에는 뛰어난 번역자=독해자의 텍스트 이해가 저자를 뛰어 넘는 경우도 있습니다. 이러한 의미에서 한국에서는 미국이나 일본 이상으로 번역자의 노력이 평가받을 수 있기를 기원합니다.

그리고 마지막으로 한글로『뉴욕열전』을 읽게 되시는 독자분들께 이 책이 적게나마 여러분들의 삶의 투쟁에 용기를 북돋아줄 수 있기를 기대합니다.

2010년 10월 11일 뉴욕에서

이와사부로 코소

차례

3부 흑(아나키즘)과 적(볼셰비키즘), 그리고

4부 떠도는 지령의 장소

세계민중 도시로의 초대

기획 개요

이 책의 출발점은 지금 여기에 존재하는 "이 도시의 치마타"巷, Block 1이다. 치마타로부터 모든 것이 시작된다. 이 책에서 '치마타'란 얼마간의 분석과 사색, 그리고 이야기들을 전개한 뒤, 다시금 이러한 것들을 검증하기 위해 돌아와야 하는 회귀점이다. 이 현실적인 도시를 시각화함으로써 독자들은 치마타로부터 환기되는 모든 주제 및 문제들과 마주할 수 있게 될 것이다. 일찍이 '19세기의 수도는 파리, 20세기의 수도는 뉴욕'이라는 표현이 존재했었다. 여기에는 프랑스적인 근대가 미국적인 근대로 대체될 것이라는 주장이 스며들어 있

---

1. [옮긴이] '치마타'(巷)란 본래 '길이 걸쳐 있는 곳'이라는 뜻이며, '이별의 길'이나 '교차로'를 의미한다. 여기서는 도시 민중들이 만나고 모이는 장소, 어디에나 있는 '교류와 교통의 공간'을 지칭한다. 따라서 각종 의식이나 축제의 공간, 퍼포먼스 공간, 시장, 정치적 주장을 할 수 있는 공간을 말한다.

었다. 확실히, 뉴욕적인 도시개발과 문화발전은 20세기의 전형일지도 모른다. 그러나 20세기의 '특수한 뉴욕적 시공간'으로서 이 현장은 뉴욕의 어떤 일부, 어떤 표피만을 표현하는 것에 불과하다. 그렇다면 그 밑바탕에는 무엇이 있었던 것일까, 혹은 그 무엇인가 있었다면 그것은 현재에도 있는가? 이름을 붙이려고 해도 **붙일 수 없는** 다종다양한 사람들의 집합과 그들의 힘權能, empowerment 2이 뉴욕의 기저에 깔려 있었다고 할 수 있다. 바로 이것이 이번 기획에서 접근해 가려고 하는 주요 대상이다. 우선 지금은 이것을 '잡다한 민중', 그리고 그들의 생활 및 문화 생산의 '투쟁'이라고 해 두자. 이러한 의미에서 '뉴욕 이야기'의 주역들은 일반적으로 뉴욕과 동일시되어 왔던 비유럽적 도시를 형성했던 설립자들이 아니며, 오늘날 미국 문화를 생산한 주역들도 아니다. 뉴욕이라는 도시공간을 생산하며 이야기를 구성해 간 것은 어디까지나 이곳에서 살고 있는 '민중들'과 그들이 만들어낸 생활, 문화, 투쟁의 모습들이라고 할 수 있다.

나는 1980년에 도쿄에서 뉴욕으로 이주하여, 학업으로부터 벗어나 20여 년을 지내왔다. 그 사이에 이 도시는 상당히 많이 변화했다. 보다 안전하고, 보다 깨끗해졌다. 이에 대해 단순히 '위험했던 시절이 좋았다', '지저분했던 시절이 좋았다'고는 말할 수는 없다. 그러나 이 과정에서 이뤄진 도시지역의 재개발'젠트리피케이션, Gentrification 3로 인해 상실되기 시작한 '커다란 것'이 있다. 1980년대까지 뉴욕의 다양한 공간에는 '거대한 허용성'이 **편재**遍在하였다. 그 어떤 '존재'(계급, 직업, 인종, 젠더)이든, '피진'(영어와 타언어 혼합어)pidgin을 쓰는 사람이든, 모두 부끄럽지 않고 평등한 지평 위에서 서로 마주보며 토론하거나

---

2. [옮긴이] 원문에는 권능(權能, Empowerment)으로 표기되어 있다. 여기서는 도시의 미세한 시공간 속에서 다종다양한 민중들이 삶의 문화와 생산을 이뤄내는 힘으로 해석해 주길 바란다.

3. [옮긴이] 젠트리피케이션(gentrification) : 도시빈곤지역을 재개발하여 고층건물로 만들어 내는 것으로, 백인들이 먼저 교외로 이동하면서 형성된 도심부의 슬럼이나 게토 지역을 정부, 재개발업자, 은행이 손을 잡고 재개발하는 것을 뜻한다. 이로써 낡은 건물들 사이에 형성된 그 지역의 삶과 문화가 파괴되었다.

환담하면서 친근하며 밀접한 사교를 넓힐 수 있는 '군거群居 공간'swarm space이
있었다.4 각종 파티, 클럽, 지하철 구내, 치마타Blocks, 스콰Squat, 공원, 화랑, 이
벤트 공간Event Space, 지역사회 공동정원Community Garden, 퀴어 스페이스Queer
Space, 성적 소수자의 공간 …… 이들은 뉴욕의 역사성을 보여주는 아주 멋진 자기표
현이었다. 이러한 뉴욕적 공간에서는 세계 그 어느 곳에서 태어난 누구라도 격
리되거나 차별받지 않고 수용될 수 있었다. 이 공간에서는 모든 사람들이 '다
시 태어날 수 있다'는 느낌을 받았다. 이러한 문맥에서 볼 때, 뉴욕은 '세계민중
들의 존재성'을 **최대의 자원**으로 하여 발전해 왔다고 할 수 있다. 그렇지만, 이
러한 뉴욕적인 기풍은 미국의 국민적 기풍, 즉 '내륙적인' 기풍의 관점에서 보
자면, 어디까지나 '타자성·외부성'의 표시이기도 했다. 뉴욕은 미국 내에서조
차 타자이자 외부로 인식되었고, 이러한 복합적인 '국민국가'적 위상은 일개의
도시에 불과한 뉴욕을 역설적으로 아주 가치 있는 곳으로 만들었다. 그렇지만,
미국 내에서 뉴욕이 가진 위상과 가치는 점차 상실되어 가고 있다. 특히, 9·11
을 기점으로 이러한 상실은 가속화되었다. 9·11 사건에 대해 우리들이 느끼는
슬픔과 비애의 감정과는 별도로, 이 사건을 계기로 '또 다른 차원의 위기'가 드
러나고 있다. 이 사건을 통해 **나는** 뉴욕이 지닌 '고유성'authenticity에 대해 생각
하게 되었고, 가능하다면 이것을 **이론적·상상적**으로라도 회복해 보고 싶은 마
음이 들었다. 바로 이것이 이 글을 쓰게 된 동기이다.

　　뉴욕은 전체적으로 다섯 개의 구로 구성되어 있기 때문에, 뉴욕의 시공간
을 일률적으로 이해하기란 어렵다. 다양한 종류의 사람들이 각자의 문화와 역
사를 양성해 온 지역에서 상업과 생활을 영위하고 있다. 이러한 지역성은 마치
생물처럼 확장과 수축을 반복하고, 어떤 경우에는 용해하여 합체하거나 소멸

---

4. 이 개념에 대해서는 Kristin Ross, *The Emergence of Social Space*, Minneapolis : University of
　 Minnesota Press, 1988을 참조.

해 왔다. 다운타운에는 이스트빌리지East Village와 웨스트빌리지West Village 등이 있다. 이곳은 그동안 여러 번 모습을 바꾸도록 강요된 곳으로서, 보헤미아5, 환락가, 상점가, 소규모 아파트들이 즐비해 있다. 또한, 로어이스트사이드Lower East Side 등에는 역사적으로 유명한 '슬럼화된 집합주택지'Tenement House의 흔적이 고스란히 남아 있는 광대한 지역으로 시끌벅적한 차이나타운과 인접해 있다. 미드타운과 최남단의 비즈니스 가에는 중성적인 오피스 거리가 가지런히 늘어서 있다. 상류계급의 주거지역인 업타운에는 고품격의 빈티지 모던vintage modern풍의 중층빌딩이 우아한 모습으로 나란히 서 있다. 또한 센트럴파크Central Park 북쪽에 위치한 할렘은 뉴욕의 대미를 장식한다. 브롱크스Bronx, 퀸즈Queens, 브룩클린Brooklyn의 세 구역은 풍부한 민족색과 복잡하게 뒤엉킨 거주지역으로 각각 자신들의 공간적 외연을 넘어 팽창하고 있다. 이 세 지역과 교외 지역과의 경계지대에는 중소규모의 공장, 창고지대와 함께 대규모 공공주택과 폐건물들이 빽빽이 들어서서 살벌한 풍경이 펼쳐진다.

　　뉴욕은 지역별로 들쑥날쑥하게 나눠져 있긴 하지만 기본적인 모양은 명료하다. 그렇지만 이렇듯 명료한 모양과는 달리, 뉴욕의 모든 지역에는 반드시 인종이나 계급으로 구분되어 과거에서부터 단절되어 온 망령이 살고 있고, 서로 다른 시간성 ─ 도시적 시간, 건축적 시간, 인간적 시간 ─ 이 다층에 걸쳐 각자의 차이를 뚜렷하게 보여주고 있다. 예를 들어, 할렘 가에 위치한 과거 부르주아

---

5. [옮긴이] 보헤미아(Bohemia)란 단어는 자유분방한 삶을 추구하는 사람을 가리키는 보헤미안 (Bohemian)이라는 말에서 유래하며, 보헤미안들이 다수 거주하는 공동체를 지칭한다. 특히 15세기 프랑스에 유입되었던 집시들이 주로 지금의 체코에 있는 보헤미아 출신이었으며, 프랑스인들이 보기에 보헤미안들은 정주성이 낮고, 다른 전통과 습관을 지니면서 주위로부터의 비하하거나 무시하는 것에 대해서도 아랑곳 하지 않는 사람들이었다는 비유적 표현을 쓴 것에서 유래한다. 19세기경에는 정규직을 갖지 않는 예술가나 작가 등 전통적인 삶의 방식이나 관습에 구속받지 않고 자유롭게 생활하는 자들을 지칭하는 말로 의미가 변화하였다. 즉, 간소한 삶 속에서 자신들만의 숭고한 철학적 생활의 주체로서 살아가는 자유분방하고 이해하기 어려운 사람들이라는 이미지를 지니며, 술이나 마약, 섹스 등을 즐기는 조신하지 못한 사람들이라는 함의도 가지고 있다.

의 주택에는 지금은 하층민이 살고 있는 경우가 많다. 또한, 바둑판 모양을 한 거리의 모양은 겉으로는 가지런해 보일지 모르지만, 그 속을 살펴보면 복잡하게 뒤죽박죽 서로 뒤엉켜 있고, 반듯한 바둑판 모양의 거리는 애써 이것을 감추려는 듯 보인다. 그렇지만, 그 사이로 역사적인 지층들이 빚어낸 혼동이 엿보인다.

이 글은 이러한 공간 및 이 공간을 계속 생산하고 있는 사람들의 힘을 어떻게든 가시화하고 싶은 마음으로 쓴 것이다. 어쩌면 이 글은 어떤 류의 시공간적 착종체(복잡하게 뒤엉킨 상태)complicated를 형성할지 모른다. 이 글은 뉴욕이라고 불리는 다섯 지구에서 언젠가(시간), 어디에서인가(장소) 일어났던 **특정 주제**를 함의한 사건들과 조응照應할 것이며, 이러한 조응은 다양한 차원의 기술記述을 요청할 것이다. 나로서는 앞으로 이 글이 도대체 어떤 글이 될 것이며, 이 글을 어떻게 정의할 수 있을지를 정확히 예고하기 어렵다. 역사가 될 것인지, 이론이 될 것인지, 아니면 픽션이 될 것인지 명확히 결정하기 어렵다. 글을 써 내려가면서, 지역과 대상, 그리고 주제에 따라 문체도 바뀔 것이다. 다만, 최종적으로 나는 이 글이 언젠가 이 뉴욕이라는 땅을 방문하고 싶다고 생각하는 사람들에게, 실제로 독자들이 뉴욕에 오든 오지 않든 간에 어느 경우에든 유효한 '공상적 여행 안내서'가 될 수 있기를 기대한다.

9·11 이후

— 스콧 피츠제럴드(F. Scott Fitzgerald)[6]

---

6. F. Scott Fitzgerald, "My Lost City," from *The Crack-up*(1936), quoted from *Empire City*, Kenneth T. Jackson & David S. Dunbar, Editors, New York : Columbia University Press,

매일 아침, 나는 신문이나 우유 등을 사기 위해 근처의 식료품점으로 간다. 6애비뉴와 22번가[7]의 모퉁이에 다다른 후, 신호를 기다리는 동안 나는 언제나 뉴욕의 남쪽으로 시선을 둔다. 지금 그곳에는 '결여'된 것이 있다. 폭 넓은 도로 양쪽에 들어선 빌딩들의 실루엣이 점점 축소되면서, 지평선 언저리에 있는 비즈니스 가와 접점을 이루는 곳. 예전에는 그 중앙에 두 개의 마천루가 수직으로 나란히 우뚝 서 있었지만, 지금은 그곳만 쑥 빠져서 텅 빈 공간이 되어 있다. 두 개의 마천루가 있었을 때에는 일부러 보거나 생각할 필요도 없었다. 그러나 지금은 다르다. 그곳에는 '상념'에 잠기게 하는 텅 빈 구멍이 나 있기 때문이다. 대부분의 뉴욕인들은 그것을 보면서 상념에 젖을 것이다. 그렇지만, 이들의 그리움은 반드시 정부와 미디어가 줄곧 떠들고 있는 '테러리즘의 위협'만은 아닐 것이다. 사람들의 생각은 천차만별이지만, 나는 이러한 상념의 끝에 어떤 '추세'를 떠올린다. '테러리스트'의 결의나 미국의 힘이 아니라, 아마 양쪽 모두를 다른 차원에서 추동하고 있을 듯 한 이루 헤아리기 어려운 강력한 '힘'(경향, 추세)이 느껴진다. 그것은 어떠한 파괴조차도 발전의 호기好期로 변화시킬 수 있는 추세이거나, 오히려 호기가 오기를 기다리기보다는 경우에 따라 스스로 호기를 만들려는 추세이다. 9·11을 기점으로 뉴욕은 이러한 추세 속에 삼켜져 버린 것은 아닐까? 혹은 이전부터 줄곧 삼켜지고 있었던 것은 아닐까? 분명 이것은 나의 상념에 불과하겠지만. 나는 이러한 관점을 바탕으로 다음의 이야기를 전개해 가려고 한다.

9·11 이후, 뉴욕은 역사적인 기로에 서게 되었다. 지금까지 뉴욕은 미국의 대도시이면서도 '내륙적 미국'으로부터 상대적으로 독립된 기풍을 견지하고 있었다. 그것은 이 도시가 역사적으로 길러 온 '타자성과 외부성' 때문이다. 뉴

2002.

7. 뉴욕에서 거리의 번호는 통상 '번가'로 번역된다. 조금 미묘한 차이는 있지만, 이러한 습관에 따르기로 하자. 22번가란 22nd Street를 의미한다.

그림1 세계무역센터 빌딩의 부재(22번가와 6애비뉴)

욕은 항상 세계 도처에서 미국으로 들어오는 입구이자 세계로 나가는 출구였
다. 이 도시는 17세기 초 네덜란드 개척자들의 작은 교역장에서 출발하여, 유
럽 각지에서 일어난 토지수탈과 종교전쟁의 시련으로부터 '구토하는 유럽'을
수용했다. 그 후에도 약 4백여 년간 세계 여러 지역의 위기들을 흡수하였다. 아
니, 보다 정확히 말해 뉴욕은 그러한 위기를 **영양분으로** 성장해 왔다. 다만, 몇
세대를 거치면서 내륙부에 깊숙이 들어가 점차 국민성을 획득한 '**미국인**'은 자
신들의 타자적 기원을 망각해 갔다. 점차 자신들의 선조가 내륙으로 들어가기
위해 반드시 통과하지 않으면 안 되었던 이 도시가 오히려 '타자성·외부성'을
갖게 되었다. 이후, 산업화와 대개발을 거쳐 이 도시는 거대해졌고, 보다 커다
란 모순을 품은 '괴물적 대도시'로 성장하여 선망과 두려움이 뒤섞인 복잡한

감정을 느끼게 했다. 이것이 바로 미국에서 뉴욕이 특이한 위상을 갖게 된 이유이다.

그러나 지금은 변화의 징후가 보인다. 9·11은 전 미국인들이 가지고 있는 뉴욕에 대한 태도를 변화시켰다. 그것은 뉴욕의 상징적인 기능을 기피해야 할 '괴물'에서 동정해야 할 '비극의 주인공'으로, 그리고 다시 '비극의 주인공'에서 숭배해야 할 '수호신'으로 승화시켰다. 2004년 늦여름에 개최된 공화당 전국대회는 가장 반反공화당적인 뉴욕에서 일부러 개최되었다. 이것은 오늘날 미국의 국가주의가 뉴욕의 '지령'地靈을 자신들의 전열을 가다듬는 데에 동원하려고 한다는 점을 상징한다. 그라운드 제로Ground Zero 8는 호국을 상징하는 신사神社가 되었고, 뉴욕은 신사의 몬젠마치門前町, 신사 앞에 형성된 거리로서 신봉되기 시작했다. 9·11 이후, 이 땅의 영령의 지원을 얻고자 했던 부시 대통령을 시작으로, 지금까지 이 도시를 회피했던 '내륙적인(영토화된) 감성'이 일제히 이 땅에 '순례와 조문'을 하고자 했다. 그리고 미국의 국가권력은 9·11이라는 '결여의 신호'를 일방적 군사개입주의Unilateralism의 기반으로 영구히 제도화하려 한다. 미국의 참된 '개국'開國의 신화는 지금 여기에서 재구성되고 있는 것이다.

그 사이, 언제나 동시적으로 진행되었던 것은 끊임없는 개발에 기초한 '도시공간의 정비'와 점차 강화된 보안체계에 기초한 '도시공간의 관리', 이른바 '젠트리피케이션'이었다. 특히 오일쇼크 이후에는 신자유주의가 세계 자본을 불러들여 맨하튼에 대한 개발과 정비가 이루어졌다. 이로 인해, 결과적으로 '내륙적인 미국'에서 뉴욕으로의 접근가능성Accessibility이 증대하였다. 또한, 줄리아니Rudolph Giuliani 전前뉴욕 시장은 1990년대에 들어서서 부동산업자, 개발투자자들과 합작하여 뉴욕의 도시구획을 집중적으로 재편하였다. 이미 뉴욕

---

8. [옮긴이] 그라운드 제로(Ground Zero)란 원자폭탄이 떨어진 자리, 피폭지점을 지칭하는 말이며, 9·11 이후에는 뉴욕 세계무역센터 테러 현장을 일컫는다.

은 20세기에 들어서 몇 번씩이나 구획정리가 계획되었었다. 낡은 환락가와 상점가, 그리고 값싼 아파트에 투자의 손길을 뻗쳐, 임대료가 높이 상승하였고, 오래전부터 점포를 소유하고 있던 사람이나 거주자들이 점차 사라지기 시작했다. 낡은 거리 모습은 해체되고, 개성 없고 중성적인 중층 빌딩이 들어섰고, 개성이 풍부한 중소상점을 대신하여 크고 작은 체인점들이 들어섰다. '잡다한 민중'을 대체하여 '여피족'Yuppies 9과 그들의 가족들이 살기 시작하면서 이 지역의 풍경을 일률화시켰다. 이른바 다운타운을 '교외화'Suburbanization한 결과였다. 이를 두고 일부 사람들은 '뉴욕이 안전해졌다'며 격찬하였다.

이러한 개발의 흐름은 특히 '9·11 이후'의 문맥 속에서 커다란 정치적 함의를 가진다. 다시 말해 이 개발은 뉴욕, 특히 맨하튼에 있는 모든 '잡다한 요소=다종다양성'을 추방하고, 그 공간을 고급 비즈니스, 고급 주택가로 재정비하였다. 이러한 개발과정은 뉴욕을 미국의 '힘과 부유의 상징'으로 삼으려는 '군사적 금권정치'militaristic plutocracy와 따로 떨어뜨려서 생각할 수 없게 한다.

다운타운(뉴욕) vs 교외(내륙적 미국)

로버트 모제스는 '설계'(디자인)를 사회적 거름채로 사용하였다. 자동차를 가지고 있지 않은 모든 사람들을 이 채에 떨어뜨려 걸러내기 위해서.
— 마샬 버만(Marshall Berman)10

16세기 초 맨 처음 이 땅을 찾아왔던 항해사 베라짜노Giovanni da Verrazzano 11는 신대륙에서 **가장 멋진** 항구harbor를 발견하였다. 그곳은 배가 정박하기에

---

9. [옮긴이] 여피족(Yuppies, young urban professionals) : 미국의 전후(1940년대 말에서 1950년대 초)에 태어나 대도시의 교외에 거주하는 부유한 젊은 엘리트층을 일컫는 말이다.

10. Marshall Berman, *All That Is Solid Melts Into Air*, Penguin Books, 1982, p. 299.

11. [옮긴이] 지오반니 베라짜노(Giovanni da Verrazzano, 1485~1528) : 이탈리아 탐험가이자 항해

이상적이면서 풍부한 자원으로 둘러싸여 있었다. 동쪽과 남쪽 두 방향에서 대서양 해류가 롱아일랜드 곶Long Island Cape의 육지 속으로 파고 들어가서, 캐나다 국경 부근에 나란히 이어져 있는 북방 산맥지대로부터 막힘없이 흘러들어와 유유히 흐르고 있는 허드슨 강과 교차한다. 이렇듯 담수와 염수가 뒤섞이는 교차점, 그 한 가운데에 맨하튼이 있다. 남북으로 가늘고 길게 뻗은 맨하튼은 주변의 브롱크스, 퀸즈, 브룩클린, 스테이튼아일랜드Staten Island, 뉴저지New Jersey와 미묘한 거리를 두고 인접해 있다. 이렇듯 뛰어난 지형은 동물들을 잘 번식시키고 수렵에도 적합했기 때문에, 선주민 부족들은 언젠가부터 이곳을 '공통의 장'common place으로 정하여 교류의 장으로 사용했다고 전해진다. 17세기에 들어서 맨하튼의 남단(지금의 배터리파크Battery Park)을 거점으로 활동한 네덜란드인들은 이곳을 모피 상거래를 중심으로 한 통상과 교역의 장으로 활용했다. 이에 비해 영국개척자들은 필라델피아나 보스턴을 종교적인 의미의 국민적인 거점으로 삼았다. 이렇듯, 초기의 '순수한 비지니스적 태도'는 향후 뉴욕사를 관통하는 발전가능성과 민중적 허용력, 그리고 비인도적 잔학성 등 모든 행동의 기저를 이루며 보일 듯 말듯 감추고 있다. 이들의 성공에 자극받은 개척자들이 계속 증가하게 되었다. 맨하튼은 독립전쟁 후 잠시나마 미국의 수도가 되었지만, 그 후에는 제퍼슨T. Jefferson 류의 자연회귀주의12에 걸맞았던 델라웨어 강변의 저습지대(지금의 워싱턴 DC)에 수도의 지위를 빼앗겼다. 역설적이게도 뉴욕이 국민국가의 위신을 과시할 만한 **거대광장과 용맹한 영웅동상** 등의 대형 기념비로부터 한결같이 자유로운 세계도시로 성장할 수 있었던 것은 모두 제퍼슨 덕택이었다. 그 동안 뉴욕의 치마타는 언제나 서양제국과 세계자본의 그칠 줄 모르는 개발운동과 그로부터 추동되거나 이러한 운동을 밑에

사이다.

12. Manfredo Tafuri, *Architecture and Utopia*, translated from Italian by Barbara Luigia La Penta, Cambridge, Massachusetts, and London, England : The MIT Press, 1985를 참조.

서 지탱해 주었던 선주민, 노예, 이민자들의 '생존'을 둘러싼 격심한 투쟁의 무대였다. 예전부터 뉴욕은 국가에 의해 완전히 통치·보호되는 도시공간과는 달리, 모든 제국주의 열강과 대자본이 적나라하게 자신들을 드러내며 확장하고 증식하기 위한 최전선 기지였다. 세계 각지에서 본래 자신들이 살던 곳의 위기를 피해 옮겨온 난민들이 보다 좋은 생활을 찾아서 정주하거나 혹은 여정을 떠나기 위한 '중계지'였다. 즉, 뉴욕은 도시개발의 최첨단을 달리는 '기업'과 생사生死의 벼랑 끝에 선 '세계민중'의 '생활 생산'이 다양한 국면에서 투쟁하고 혼재되어 있는 아주 뜨거운 '도시공간'urban space을 형성해 왔다.

이 도시를 형용하는 '세계를 축소한 지도', '인종의 용광로'melting pot라는 상투적 표현은 오랫동안 사용되어 손에 때가 묻을 만큼 너무나 익숙하지만 어느 정도는 적중한 설명이다. 혹자는 인류의 발전을 둘러싼 '위대한 실험장'이라는 표현을 쓰기도 했다. 분명 뉴욕은 뉴욕만의 독자적이며 세계적인 다종다양성이 교차하고 근접하며, 집중된 곳이다. 따라서 뉴욕은 사회관계의 구축과 도시 구축이 동시에 발전되어 왔다. 또한, 뉴욕은 '양극 도시'兩極, Dual City 13라는 표현 속에 집약되어 있는 것처럼, 극단적인 부의 축적과 빈곤의 집중, 혹은 진보와 궁핍의 공존을 항상 유지해 왔다. 세계에서 가장 부유한 특권계급이 호사스런 생활을 즐기는 반면, 슬럼가에서는 기아와 역병으로 인해 죽는 사람이 속출해 가는 시기가 오랫동안 지속되었다. 짧게 말해, 이 도시는 무엇보다 격렬한 계급투쟁의 장이었다. 그리고 폭동이 반복적으로 발생하면서 다양한 저항운동 조직이 결성되었다. 이러한 투쟁들이 이 책의 주제를 형성해 갈 것이다.

뉴욕의 역사는 **어떤 의미에서는** 도시에서 발생할 수 있는 모든 사건을 망라하고 있다. 뉴욕은 어떤 의미에서 '도시라는 종種을 대표하는 도시'generic city이

---

13. *Dual City*, Edited by John H. Mollenkopf and Manuel Castells, New York : Russel Sage Foundation, 1991을 참조.

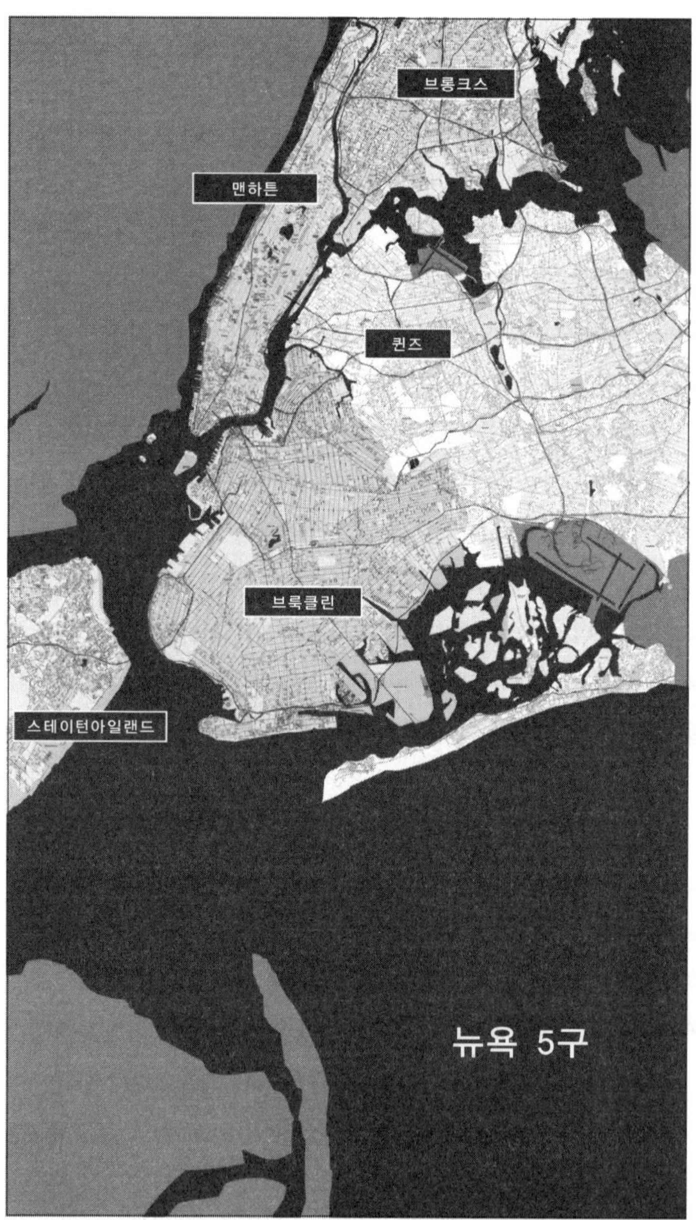

그림2 뉴욕 5구

기도 하다. 그렇다고 곧바로 '뉴욕이라는 모델'이 보편적으로 유효하다는 의미는 아니다. 특히, 현재 놀라울 정도의 속도와 규모로 발전하고 있는 '메가 시티'Mega-City나 '메가 슬럼'Mega-Slum에 대해 생각해 보기 위해서는 별도의 사고(이론) 모델이 필요할 것이다.[14] 그렇지만, 오늘날 새로운 유형의 대도시들에서 발생하는 것은 어떤 의미에서 뉴욕의 거대하고, 빠르며, 격렬한 모습, 혹은 잔혹하리만큼 어려운 삶의 모습을 복합적으로 재연한 것이라고도 말할 수 있다. 이러한 문맥 속에서 보자면, '뉴욕'에 관련된 고유의 분석과 이야기는 최종적으로는 하나의 '모델' 내지 '개념장치'로서 앞으로의 도시에 대한 분석에 적용되어야 할 것이다.

사스키아 사센Saskia Sassen [15]을 시작으로 몇 명의 논객들이 밝히고 있듯, 오늘날의 '세계 도시'는 국민국가와 도시 사이의 위계질서를 점차 전도시키고 있다. 모든 대도시가 그 기능적 측면에서 국민국가를 능가하고 있으며, 상호관계와 내적 구성에서는 국제 관계만이 아니라 전지구적인 계급서열 및 분업의 제도화를 가장 분절화된 형태로 표현하고 있다. 국민국가간의 관계보다도 오히려 대도시들 간의 관계, 혹은 개별 도시 내부의 중심부와 주변부를 가시화함으로써 우리들은 이른바 **전 세계를 상상**할 수 있다. 여기에는 위상기하학topology [16]적인 의미에서 점과 면의 공간적 비틀림에 가까운 어떤 것이 있다.

---

14. Mike Davis, "Mega-Slums," Published in *New Left Review*, 26, March/April 2004를 참조.

15. [옮긴이] 사스키아 사센(Saskia Sassen, 1949~) : 미국 사회학자이며, 전지구화와 국제이민, 도시론에 관한 연구로 유명하다. 대표작으로는 *The global city : New York, London, Tokyo* (1991)가 있으며, 한국어로 번역된 것은 『경제의 세계화와 도시의 위기』(1998, 푸른길)가 있다. 그녀는 전지구적 도시(Global City)라는 용어를 써서 세계의 도시들이 어떻게 초국적 시장 '공간'으로 발전하는지를 보여 준다. 세계 도시들이 번성할수록 더욱더 세력이 커지고 지역 중심 도시의 중요성은 약해진다. 이러한 발전은 도시의 운명을 연구하는 사람들에게 도시를 국가의 하위 단위로 보는 전통적인 시각에서 벗어나 우리의 사회 체계에서 공간 사회과학의 중요성을 재평가하게 해 준다. 나아가 범세계적 진행 과정의 영향은 도시 자체의 노동 조직, 소득 분배, 소비 구조 등 사회 구조를 근본적으로 변화시켜 새로운 도시 사회의 불평등 패턴을 창출한다. 이 책에서는 이러한 도시 형태의 새로운 세계를 이해할 수 있는 용어와 분석의 틀을 제공해 준다.

그리고 뉴욕은 이러한 도시와 국민국가의 전도된 서열구조를 처음부터 담당해 왔다. 뉴욕은 여러 가지 의미에서 '내륙적 미국'을 창조해 왔다. 뉴욕에서 창조된 부와 기술, 사회관계가 내륙에 전달되면서 미국은 거대화되었다. 그렇지만, 국가로서의 미국은 이러한 부의 원천을 통제하여 뉴욕을 끊임없이 미국 속으로 내부화시키려고 한다.

그렇다면 '내륙적 미국'이란 무엇인가. 그것은 뉴욕과 미국의 관계를 고찰할 때 반드시 나오게 되는 '사고방식'이다. 내륙적 미국이 지칭하는 모든 영역에 대해 포괄적으로 분석하는 것은 이 책의 과제가 아니다. 그렇지만 내륙적 미국의 중추적인 요소 중 하나는 '교외'suburbia라고 할 수 있다. 교외는 미국에서 발명되어, 최근에는 인도나 중국을 위시한 세계 각지의 중간계급이 삶의 이상理想으로 삼고 있는 것이며, 인생의 최종적인 목표로서 달성하려고 하는 '생활공간'이다.

도심에서 일을 마친 뒤, 자신의 자가용을 몰아 귀가를 하면 잔디에 둘러싸인 인공적 자연환경이 기다리고 있다. 경우에 따라서는 점점 더 철저히 보안되고 관리된 공간, 즉 '차단된 공동체'gated community가 형성된다. 어떤 경우에는, 사방이 짙은 초록으로 둘러싸인 공간에서 여름에는 호수에서 카누를 즐기며, 풀에서 수영하고, 테니스도 치고, 골프도 칠 수 있다. 하얗게 물든 겨울에는 스노보드를 탈 수 있는 언덕이 있으며, 스케이트를 즐길 수 있는 연못도 있다. 집 전체에는 하이테크놀로지의 미디어 네트워크가 설치되어 있고, 어떤 방에는 거대한 스크린이 설치되어 있기 때문에 인터넷을 통해 접속하면 스포츠 게임 등의 텔레비전 중계를 수신할 수 있다. 차고에는 통근용 승용차만이 아니라, 스포츠용 자동차SUV나 지프Jeep가 나란히 들어 있고, 아이들을 위한 모터 바이

---

16. [옮긴이] 위상기하학(topology) : 공간의 위상적 성질을 연구하는 기하학. 도형 자체의 연속적 형상뿐만 아니라 평면이나 공간에 대한 도형의 위치관계도 중요한 연구대상으로 한다.

크나 마운틴 바이크도 보인다. 실제로 지금까지 나열한 예는 최상급의 이상理想일 뿐이며, 현실적으로는 아주 소규모의 것도 포함하여, 그에 준하는 몇 가지의 품질 등급이 형성되어 있다. 이러한 모습의 주택지가 확대됨에 따라 주변에는 온갖 쇼핑몰이 출현하였고, 공공기관과 비슷한 역할을 맡게 되었다. 참으로 쾌적한 생활공간인 것처럼 보인다. 그렇지만, 우리 세계에서 이곳만큼 극심하게 불균등한 부의 집중을 추구하며, 전지구적 자원 낭비가 많은 생활 형태는 없다. 따라서 최종적으로 이러한 삶의 방식 속에서는 삶과 관련된 각종 욕망들이 쇠퇴하는 모습이 관찰된다.

이러한 주거형태는 자동차와 고속도로의 발전과 도시의 외연적 확장의 결과에서 비롯되었다. '교외'는 그 후로도 도시의 외연만이 아니라, 내륙에 있는 농지나 산간부의 개발을 촉진시켜, 의사疑似적 자연환경을 확대하면서, 오늘날에는 미국 전역에서 발견되는 풍경이 되었다. 이는 본질적으로 도시 확장의 부산물이지만, 표상의 차원과 이데올로기적 측면에서는 '반反도시적' 계기를 내포하고 있다. 교외의 주택은 도심에서 일하고 있는 사람들의 '자택'으로 기능한다는 의미에서 도시와 관계를 맺고 있으며, 개발기술과 설비의 측면에서도 도시 없이는 성립하기 힘들다. 또한 교외는 미국적인 의미의 '자연주의'를 이데올로기적으로 표출하고 있으며, 구조적으로는 '다운타운'을 파괴시키며 뻗어 나온 고속도로의 연장이라는 의미에서 '반反도시'이다.

19세기의 수도 파리, 20세기의 수도 뉴욕, 그렇다면 21세기의 수도는 로스앤젤레스인가? 아니면 상하이인가? 오히려 세계에는 오직 하나의 수도만 있을 수는 없다. 어떤 도시라도 기본적으로 다른 도시와의 '교통'을 통해 자기를 형성하고 있다. 이런 의미에서 보자면, 사센이 제기했던 것처럼, '세계도시'를 어떤 특정의 장소로만 설명하려는 것은 한계가 있다. 그러나 어떤 특정 도시가 어떤 한 세기에 물리적 발전의 최전성기(동시에 한계성)를 보내면서, 그 세기의 '정치, 문화, 산업'의 주요 발전 형태를 대변하는 것은 불가능하지 않다. 고대와 중세에는 도시 내부에 '걷는 공간'(광장과 다운타운)이 정비되어 있었고, 동시에 기마驥馬와 해양교통에 의해 도시 간의 관련성이 발달했다. 더욱이 근대에 와서는 보다 멀리 갈 수 있는 증기선이나 기차가 결합되었고, 도시 공간 내부도 노면전차와 지하철에 의해 확장되었다. 그 후 결정적으로 도시의 발전을 이루면서 동시에 일종의 폭력을 낳았던 것은 '자동차'의 도입으로부터 비롯되었다. 20세기 중반에 이르러 뉴욕에서는 오랫동안 존재해 왔던 '보행로'를 지키려는 경향과 보행로를 파괴하여 도시를 관통할 수 있는 고속도로를 만들어 거대한 미국 공간에 연결시키려는 개발의 경향이 격렬하게 대립하였다. 도시계획이라는 의미로 보자면, 파리에 오스만 남작Baron Georges-Eugène Haussmann 17이 있다면, 뉴욕에는 그에 필적하는 로버트 모제스Robert Moses 18가 있다. 모제스는 뉴욕에 대한 도시계획을 안하무인격으로 진행시켰고, 이에 대해서는 **앞으로도 줄곧** 이야기하고자 한다. 그는 도시계획자이자 관료로서 그에게 부여된 절대적인 권력을 사용하여 뉴욕의 몇몇 낡은 지역neighborhood/el bario과 생활공간을 파괴한 후, '목적지가 없는'to nowhere 다리나 고속도로로 비유된 건축물들을 만들었다. 뉴욕은 모제스의 시대에 처음으로 '자동차 도시'가 되었고, 도시근교의 행락지와 교외가 형성될 수 있었다. 오늘날에는 수많은 선진적인 건축가들이 지구의 남반구global south에 있는 거대 도시의 개발에 참가하여, 개발의 다음 단계의 모습을 구체적으로 보여주고 있다.

사설 군사공동체 밀리샤Militia 19가 과거 야성적인 개척자 시대의 표상을 제

---

17. [옮긴이] 오스만 남작(Baron Georges-Eugène Haussmann, 1809~1891) : 나폴레옹 3세의 지시 아래 파리 개조 사업을 하였다.

18. [옮긴이] 로버트 모제스(Robert Moses, 1888~1981) : 미국의 주(州) 정부관리, 도시 행정관. 뉴욕의 풍경을 실질적으로 변모시킨 공공사업계획을 추진했다. 그의 감독 아래 완성된 사업으로는 35개의 고속도로로 이루어진 도로연결망, 12개의 다리, 다수의 공원, 링컨 센터, 셰이 경기장, 많은 주택건설계획, 두 개의 수력발전소, 1964년 뉴욕 세계박람회 등이 있다. 그의 계획은 미국 다른 도시들의 대규모 계획에도 큰 영향을 미쳤다.

19. [옮긴이] 밀리샤(Militia) : 민병대 조직을 의미한다. 미국의 경우, 독립전쟁 때 긴급소집병이라 불린

등에 아무리 걸치려고 해도, 미국의 보수적 이데올로기는 결국 '내륙적 이데올로기'로서의 '의사疑似적 자연생활' 혹은 '교외적' 생활 형태의 고수를 목적으로 하는 것 같다. 미국의 보수주의는 요한 묵시록에 근거하여 대도시를 종말론적이며 사악한 것으로 보고 있다. 따라서 그들은 오늘날 현실에서 상실된 개척자 시대의 자연과의 접촉, 자연과 직접적으로 격투하는 노동을 신성화한다. 여기에서 이 결정적인 '상실'을 임시방편적으로 편리하게 대체하고 있는 것이 바로 쾌적한 '교외생활'이다. 이러한 '교외생활'을 방어하는 논점에 이르러 비로소 기독교 우파와 석유이권주의자들의 이해관계가 결합한다.[20]

개발과 카타스트로피

뉴욕은 원자폭탄 따위는 필요치 않아. 어차피 뉴욕을 벗어나자마자 그들이 파괴하려고 오기 때문이야.
― 버나드 맬러머드(Bernard Malamud)[21]

9·11은 '외부로부터의 공격'이었다. 틀림없이 타자의 의도로 이뤄진 사건이

민병대는 정규군에 병력을 공급하는 인력대기소가 되었을 뿐만 아니라, 그 자체가 미군병력의 대부분을 차지했다. 민병대는 1812년 전쟁과 미국 남북전쟁 때도 비슷한 역할을 했다. 그러나 그 전쟁이 끝나자 민병대는 소용이 없어졌다. 대부분의 주(州)에서는 주지사의 통제를 받는 지원병부대가 조직되어 준사회적 기능을 수행했으며, 대부분 자신의 제복을 살 만한 여유가 있는 유복한 사람들로 구성되었다. 이 지원병들은 대부분 남북전쟁에 참전했던 재향군인들이었고, 1870년대와 1880년대에는 주방위군(州防衛軍)이라고 불리게 되었다. 이후 이들은 주의 예비군으로서 주지사의 승인 아래 군사훈련을 받았고, 해마다 연방정부로부터 보조금을 받아 화기(火器)를 구입했다. 20세기에는 예비군이 상당한 규모로 증가했지만, 여전히 민병대라고 부르는 경우가 많았는데, 두 차례의 세계대전에 소집되어 연방군으로 복무했고, 그 후에도 주정부와 연방정부의 비상시에 계속 동원되었다.

20. 부시정권이 셀 수 없을 만큼 많은 바보 같은 언행과 악행을 저질렀음에도 불구하고, 놀랄 만한 인기를 유지하고 있는 기반에는 이러한 교외생활을 둘러싼 근원적 위기의 조짐을 미국 국민(특히 교외생활자)의 대부분이 암묵적으로 공유하고 있기 때문이 아닌가 싶다.

21. *New York, The Companion to the PBS Series*, New York : Alfred A. Kropf, 2003, p. 495.

었다. 이러한 의미에서 '외부'와 '타자'를 거론하지 않고 9·11을 이야기하기는 어렵다. 마이클 하트Michael Hardt가 강조하듯, 9·11은 미국에 '외부 세계'의 존재를 알리는 중요한 교훈이 된 사건이며, 미국인은 9·11을 그렇게 인식해야 한다. 그러나 뉴욕의 '내부적 시점'에서 보자면, 이 사건은 '파괴'라기보다는 지금까지 '파괴를 통해서' 끝없이 개발을 추진해 온 뉴욕 자신의 모습을 확인하는 것이기도 했다. 9·11의 참혹한 비극이 있은 후, 뉴욕은 '기념비'를 세우기보다는 '무역센터'의 즉각적인 기능 회복을 정책적으로 우선시하였다. 더욱이, 세계무역센터 재개발에 관하여 다니엘 리베스킨드Daniel Libeskind 22를 선봉으로 하는 수많은 '진보적 건축가'들의 디자인이 채택되었다. '자유탑'freedom tower을 원안으로 한 제안들로 그 디자인들 속에는 한 눈에 봐도 볼품이 없는 '공상성'空想性이 있다. 개별 작품들의 좋고 나쁨은 제쳐 놓고서라도 이런 프로젝트를 할 수 있게끔 하는 기술과 자본, 정책의 일체화라는 밑도 끝도 없는 거대한 위협이 느껴진다. 다시 말해, 그 어떤 참혹한 비극이라도 오늘날의 기업에게는 더 없이 좋은 개발의 기회로 작용하게 된다는 것을 의미한다. 그들은 이러한 과정을 두고 '자유를 위한 투쟁'이라고 부른다.

최초로 뉴욕을 개척했던 사람들은 네덜란드인들이었다. 신기하게도 그들과 같은 국적을 지닌 건축가 렘 콜하스Rem Koolhaas 23는 저명한 뉴욕론『정신착

---

22. [옮긴이] 다니엘 리베스킨드(Daniel Libeskind, 1946~) : 미국 건축가. 건축평론가. 탈구조주의적 건축가로서 "건축하지 않는 건축가"로서 알려져 있다. 주로 박물관이나 미술관 등의 건축에 관계하였다. 9·11 이후 옛 세계무역센터에 대한 건축 안을 제안하여 그의 안이 채택되었다.

23. [옮긴이] 렘 콜하스(Rem Koolhaas, 1944~) : 네덜란드 출신의 건축가. 대표적인 저작으로는『정신착란의 뉴욕』(*Delirious New York*, 1978)과『S,M,L,XL』(1995)이 있다. 그는 휴머니스트적 이상을 지키기 위해 건축소재를 살리고 인간사회의 다양한 모습을 구현하려는 방법을 취했지만, 다른 한편으로는 물질경제와 인적 규모를 훨씬 뛰어 넘을 만큼 빠르게 전지구화되는 자본주의 사회에 대한 관심을 가지고 있다. 이렇듯 그는 정반대의 생각(규범)이 일으키는 모순을 허용하려는 자세를 견지하고 있다. 한 가지 재미있는 것은 그는 '노동자 클럽'이나 사회주의적 공동주택인 '팔랑스테르' 등으로부터 영감을 받았다는 점이다. 다양한 건축물들이 한 건물 내에 복합적으로 존재하는 설계에 많은 영향을 받았다고 전해진다.

란의 뉴욕』에서 건축사·도시론에서 뉴욕의 위상, 혹은 반反위상을 멋지게 설정했다.24 콜하스는 스스로도 이 책을 맨하튼의 '대필자'ghost writer로서 기술했다고 한다. 그렇지만 그는 이 책에서 맨하튼의 발전 형태를 생명체의 성장 형태처럼 분석·기술하였고, 이것을 '건축 이후'의 도시형성론Urbanism의 **매니페스토**Manifesto로 삼았다. 맨하튼은 유럽적인 건축이 안고 있던 역사적이며 형식적인 문제를 한 번쯤 괄호 안에 묶어 두고, 건축 디자인의 자기해체와 무의식의 생산과정이라고도 할 수 있는 건축술architectonic의 '변위'displacement와 '응축'condensation을 통해 '도시의 자기운동'을 발전시켜 왔다. 여기서 문제는 도시내부의 사회적 기능에 적합한 각종 '건축유형'building type을 비교해 본 후 공간을 상징적으로 구성하기 위한 '디자인'이 아니라, 오로지 개발이 쉽도록 만든 '프로그램'이다. 단적인 예로 1811년에 법규화된 '바둑판 모양'grid의 거리 구성을 들 수 있다.25 이것은 이후 뉴욕의 발전 형태를 운명적으로 결정해 버렸다. 또 이것은 토지 매매를 용이하게 하였고, 자본주의적 개발 자체를 줄곧 '자연스러운' 과정으로 만들어 낸 '공간장치'가 되었다. 현재의 월스트리트wall street는 당시 **문자 그대로 벽**이었다고 전해지며, 이 지역과 야생을 분별하기 위해 세워진 문턱에서부터 할렘 지역에 이르기까지 도시개발의 방향은 북쪽으로 끝없이 확장하려는 계획을 갖고 있었다. 그렇지만 뉴욕은 궁극적으로 전혀 다른 차원의 발전을 거두었는데, '방대한 토지의 한계를 뛰어넘어 건축하려는 의지', '수직으로 상승해 가는 발전'을 통한 '마천루의 탄생'이 이루어졌다. 이러한 무원칙적인 개발은 1916년의 〈토지용도지정법〉조닝법Zoning Law, 각 구역마다 토지용도를 지정하여 개발하도록 규정한 법 26으로 규제되기 전까지, **가능성으로 보자면** 당시의 모든 바둑

---

24. Rem Koolhaas, *Delirious New York*, 1978.
25. 1811 Commissioner's Plan, issued March 22 by the Mayor De Witt Clinton.
26. 1916, July 22, issued by The Board of Estimate's Building Heights and Restructions Commission.

판 모양의 구획block을 통째로 거대한 마천루로 만들거나, [지하철과 고속도로 등으로— 옮긴이] 서로 연결시켜 맨하튼 자체가 하나의 거대한 건축물이 되도록 하였다. 이러한 가능성은 '무의식적·무원칙적·공상적' 발전운동의 영역들을 생산하였다.

유럽 근대주의를 대표하는 건축가 르 코르뷔지에Le Corbusier 27는 1935년에 맨하튼을 방문하여 그곳에서 '아름다운 카타스트로피'fairly catastrophe를 보았다고 했다.28 물에 떠 있는 가늘고 긴 섬, 그곳에 폭이 좁고 수직으로 기립하고 있는 몇몇 개의 마천루, 수평과 수직의 가장 격렬한 긴장과 대립의 압축, 인공성의 극단을 나타내는 돌연변이…… 이렇듯 '아름다운 카타스트로피'는 정말이지 맨하튼의 발전형태 그 자체이다. 르네 톰René F. Thom에 따르면, "카타스트로피(돌연변이) 속에는 현상학적 불연속성, 예를 들어 수평에서 수직으로 흐름이 끊긴 90도의 이행이 도처에 펼쳐져 있다."29 이렇게 보면, 콜하스가 건축기술로 거론했던 모든 '프로그램'이 바로 '카타스트로피'의 방법 개념이라고 할 수 있다. 여기에는 '바둑판 모양의 구획'과 '마천루'만이 아니라, '엘리베이터'도 해당된다. 이 새로운 설비는 원래 유럽에서는 하인들이 잠자던 건물 상층부를 주인들이 보다 좋은 광경을 즐기기 위해서 고급주택지에서만 조금씩 사용하기 시작했던 것이지만, "맨하튼에서는 1870년대부터 …… 1층보다 높은 모든 수평면을 해방시켜 준 구세주였다."30 다시 말해, 하나의 건축 속에서 몇 가지의 수직적 분열을 생산하고, 서로 다른 수많은 공간을 창조할 수 있게 되었다. '여

---

27. [옮긴이] 르 코르뷔지에(Le Corbusier, 1887~1965) : 스위스 태생의 프랑스 건축가. 국제적 합리주의 건축사상의 대표주자로 '집은 살기 위한 기계'라는 신조를 가지고 있었다. 근대건축 국제회의를 주재하기도 했다. 거대 주거단지 마르세유의 '유니테'를 설계하였다.

28. Hurbert Damisch, *Skyline-The Narcissistic City*, translated from the French by John Goodman, Stanford, California : Stanford University Press, 2001, p. 89.

29. René F. Thom and Emile Noel, *Predire n'est pas expliquer; René F. Thom a la question par Emile Noel*, Paris: Eshel, 1991, p.28.

30. Rem Koolhaas, 같은 책, p.136.

기에는 층에서 층으로의 상징체계의 침투는 일어나지 않는다.'[31] 건축물은 상징 공간의 조작을 모두 포기하고, '돌연변이적' 방법론을 도입함으로써 순수하게 실리적인 공간을 생산하는 방향으로 전환했다고 할 수 있다. 이 과정에서 건축 자체는 점차 '환상공간'phantasmagoria의 기능을 포기해 버렸지만, 이후 자본주의적 도시개발은 이를 계승하면서 이러한 양상을 점차 극대화시켜 나갔다.

9·11은 틀림없는 카타스트로피였다. 통상적인 용어에 따르면 9·11은 정통적인 의미에서의 '파국'(카타스트로피)으로 불러져야 할 것이다. 앞서 무의식적 운동과 비교한 것처럼, 방법론적인 일탈로서 공식적으로 도입된 건축기술을 대신하여, '이미 번역조차 필요 없는 말이겠지만'[32] 수직으로 기립하던 건축운동을 단숨에 '하나의 사건을 통해 부정否定'하였다. 즉, 마천루를 만들어 가던 건축방식의 본질이 마천루의 붕괴를 통해 처음으로 드러난 것이었다. 폴 비릴리오Paul Virilio 33가 아리스토텔레스의 『물리학』을 빌어 강조하듯이, 어떤 사물의 본질은 그것이 붕괴하는 '우연적인 사고'accident를 통해서만 드러난다. 현대문명에 갇혀서 살고 있는 우리들의 일상적 의식 안에서는 거의 자동적으로 처리되기 때문에 좀처럼 인지되기 힘든 사물의 본질들은 커다란 사고를 통해서만 드러난다는 것이다. 근대 이후, 특히 현대에는 기술발전으로 다양한 생산물과 공상적인 거대 개발이 이뤄지고, 이는 거대한 '사고'를 일상적으로 준비하고 있다. 현대의 생산물과 9·11 공격은 결과적으로 한층 더 거대한 개발을 불러일으켰고, 이러한 개발 속에서 파국의 가능성도 언제나 '본질'로서 내재되어 있다.

---

31. Rem Koolhaas, 같은 책, p.160.
32. Saskia Sassen의 9·11에 대한 코멘트는 "A Message from the Global South," Wednesday September 12, *Guardian*에 게재되어 있다.
33. Paul Virilio, *Unknown Quantity*, Thomes and Hudson, in collaboration with Foundation Cartier pour L'art contemporain, 2003.

　　현대의 ‘건축’은 콜하스의 ‘프로그램’뿐만 아니라 총체적으로 거대화되는 경향이 있다. 이에 따라 ‘공상’(무의식)의 기능도 점점 더 커져가고 있다. 이것이 거대화하면 할수록 ‘파국’도 음지(사건적)에서 양지(방법적)로 보다 격렬하게 도입된다. 즉, 거대한 사건·사고의 가능성이 커지기 때문에 보다 대규모의 개발을 불러일으킨다. 이리하여 콜하스 책 속의 ‘대필자’는 자신의 담론 속에서 놀라울 만큼 긴 시간적 조준과 사정, 그리고 믿기 어려울 정도의 규모를 지닌 공간, 천문학적인 자본, 이러한 사업을 합법화하기 위해 상상할 수 없을 정도로 꼼꼼한 법 개정을 추진해 갈 것이라고 한다. 이러한 과정은 정치권력도 뛰어넘어 버리는 새로운 ‘구축의 언어’가 될 것이다.

　　그렇지만, 이 책에서 중요하게 생각하는 관점은 ‘지금 현재 여기에 있는 어떤 거대 도시megapolis’가 하나의 시공간을 대표하는 ‘담론’에 불과하다는 것이다. 도시에는 다양한 차원의 시공간이 공존하며, 그 시공간조차도 일부에 불과하다. 이것이 바로 도시의 ‘위대함’인 것이다. 본 기획에서 주역은 어디까지나 우리들의 ‘잡다한 민중’이며, 또한 우리들이 살고, 투쟁하며, 생산하는 ‘미시적인 시공간’이다. 이를 ‘일상성’이라는 개념으로 환원할 수도 있을 것이다. 구체적으로 말하자면, 민중의 일상적인 시공간은 개발의 시공간보다 훨씬 짧고 규모도 작다. 그러나 이는 다양한 미립자적 흐름을 조직할 수도 있으며, 신체와 정동情動을 생산할 때에는 ‘개발’보다 훨씬 더 강력하다. 개발을 통해 시공간이 일단 제도화되어 버리면 민중의 시공간은 틀림없이 운명적으로 그것에 의해 규정된다. 그렇지만 민중의 실천은 독립적이고 훨씬 더 미시적인 차원에서 개발이 의도했던 방향들을 어긋나게 하고 흐름을 바꿔 최종적으로는 개발 자체를 전복할 수 있는 가능성을 품고 있다. 이러한 의미에서 보자면, ‘잡다한 민중’이 본래 가지고 있는 ‘밀집’congestion과 ‘근접성’propinquity이야말로 뉴욕이 지닌 힘의 원천이라고 할 수 있다.[34] 밀집과 근접성에 바탕을 둔 ‘군거공간’인 도시로부터 **모든 것**이 발생한 것이다. 그러나 이로부터 나온 부와 삶의 양식은 자신

들의 '기원'으로 회귀하기보다는 그 부와 삶의 양식 자체가 하나의 거대한 제
도가 되어, 자동적인 운동을 반복해 간다. 그리고 '잡다한 민중'은 그 내부에서
영구히 투쟁해 가는 것이다.

이름붙일 수 없는 것의 힘

떼의 특성 중에서 우리는 그 수의 적음 또는 제한됨, 흩어짐, 분해될 수 없으나 가변적인 거리들, 질적 변환, 잔류자나
횡단자로서의 불평등, 고정된 총체화나 위계화의 불가능성, 방향들의 브라운 운동적 다양체, 탈영토화된 선들, 입자들
의 투사를 주목해야 한다.
— 들뢰즈 · 가따리(Deleuze · Guattari)[35]

뉴욕에서는 도시공간을 둘러싼 저항운동이 여러 번 있었다. 대개 '주거 공
간'을 둘러싼 투쟁이 계기가 되었다. 앞으로 이러한 투쟁의 대부분을 검토해
나갈 것이다. 이 중 괄목할 만한 예로 반(反)모제스 운동의 승리를 들 수 있다. 제
2차 세계대전 후 서양 선진국 중 몇몇 주요도시에서 자동차로 인한 교통정체
가 이미 문제시되었다. 유명한 르 코르뷔지에의 '빛나는 도시ville radieuse 계획'
도 이런 문맥에서 나온 것이다. 그 또한 과거 파리의 보행로에 대한 향수를 느
끼고 있었지만, 자동차 교통편을 중심으로 하여 살고 있는 사람들의 치마타라
는 관점보다는 하늘에서 바라 본 조형적 미를 중시하는 계획을 발표하기 시작
했다. 아주 극명한 '시각예술적' 계획이었던 것이다. 모제스도 이러한 영향을
받은 사람 중 하나다. 르 코르뷔지에가 직접 설계에 관여했던 유엔 빌딩[36]이

---

34. 밀집(congestion)은 렘 콜하스의 개념으로『정신착란의 뉴욕』(錯乱のニューヨーク)에서 인용하
    였다. 근접성(propinquity)의 개념은 마이클 소킨(Michael Sorkin), "Traffic in Democracy,"
    included in *Giving Ground*, edited by Joan Copjec and Michael Sorkin, London, New
    York: Verso, 1999에서 인용하였다.
35. 질 들뢰즈 · 펠릭스 가따리,『천 개의 고원』, 우노 쿠니이치(宇野邦一), 東京 · 河出書房新社, 1994,
    pp. 72~73.

완성된 1952년 이후, 뉴욕에 세계 각국 기업들이 줄줄이 본부를 설치하려고 진출하였고, 뉴욕시는 대개발의 회오리에 휩싸이기 시작했다. 다른 한편, 제2차 세계대전 이후 할렘, 브롱크스, 브룩클린 등 주변 지역에는 남부에서 올라 온 흑인들과 푸에르토리코 이민자들로 인해 인구가 급증하였고, 이들은 여러 지역에 슬럼을 형성하였다. 다시 말해, 한편으로 개발의 열풍에 휩싸여 있었고, 다른 한편으로 도시슬럼의 인구가 급증하고 있었다. 이러한 두 가지의 추세가 서로 뒤섞인 상황에서 모제스에게 지도를 받은 뉴욕시의 도시 재건정책이 날뛰기 시작했다. 뉴욕시의 관료와 은행, 개발계획자가 삼위일체가 되어 이민자들이 살 수 있는 지역들을 표적으로 '황폐한 지역은 곧 개발 가능한 지역'이라고 지정하였다. 이로 인해 땅값이 상승하였고, 건물을 해체하고 새롭게 건설해 가는 폭력이 확대·강화되었다. 이러한 계획에 따라 셀 수 없을 만큼 많은 가정이 붕괴되었고, 이후에도 이러한 개발방식이 '슬럼 문제'의 핵심이 되었다. 그때부터 고층 공공주택이 계획되어 차례로 건설되었고, 아직도 뉴욕 각지의 공간에 어두운 그림자를 드리우고 있다. 그중에서도 1952년에 계획·입안되어 1955년에 착공된 크로스 브롱크스 고속도로Cross Bronx Express Way가 가장 악명 높은 프로젝트였다. 이 공사는 유대인, 아일랜드인, 독일인, 흑인이 주로 거주하는 지역들을 파괴하였다. 브롱크스로부터 문화를 탈취하였고, 브롱크스를 황폐한 지역으로 만들어 버린 계기였다.

그 후, '개발 붐'(파괴 붐)은 더욱 확대되었다. 1961년에는 50년 전에 대리석과 유리로 건설되어 **이 세상에서 가장 우아하고 장엄한 터미널**로 칭송받던 구舊 펜역사Penn Station와 같은 공공시설까지 파괴하려고 하였다. 당시 적자에 허덕이던 철도회사가 역station으로서의 기능만이 아닌 운동경기장의 기능을 겸비

---

36. 이 계획에 참가한 주요 건축가들은 오스카 니메이어(Oscar Niemeyer), 르 코르뷔지에, 워커 K. 해리슨(Walker K. Harrison)이었다.

한 근대적 건축을 계획하면서 오래되고 낡은 역을 대체하려고 한 것이다. 건축가 그룹[37]을 중심으로 반대 운동이 일어났지만, 결국 이 역은 1963년에 해체되고 말았다. 그 사이, 모제스는 그때까지 이룰 수 없었던 자신의 유일한 야망을 실현하려고 하였다. 그 야망이란 '교외'를 '도시'의 중추 속에 집어넣는 것이었다. 다운타운에서 미드타운까지 세 개의 고속도로를 관통시킨다는 계획을 세웠던 것이다.

이 계획이 발표되었던 1961년, 다운타운에 있던 지역주민들이 일치단결하여, 대규모 반대운동을 벌였다. 이 운동은 연합조직coalition을 만들었고, 이때 유명한 도시학자 제인 제이콥스Jane Jacobs가 의장직을 맡았다. 통상적으로 아무런 관계도 없던 이탈리아인, 중국인, 유대인, 그리고 웨스트빌리지West Village의 주민들 등 다양한 민족색을 띄고 있었다. 직업도 다양해서 마피아에서부터 상점주인, 공장주, 일반주민까지 반대운동에 함께하고 있었다. 제이콥스는 같은 해 출판된 명저인 『미국 대도시의 죽음과 삶』The Death and Life of Great American Cities에서 그녀의 문제의식을 분명히 열거했다.[38] 그녀는 자신이 살고 있던 그리니치빌리지Greenwich Village를 경제적으로는 빈곤할지라도 공간적으로는 사람들의 관계망이 복잡하게 얽혀있는 '풍부한 근린지구'라고 말하면서, 이 지역에 대해 미세한 관찰을 하였다. 이를 바탕으로 주민들이 살 수 있는 권리를 무참하게 탈취하려는 '개발의 폭거'에 대해 비판했다. 이때, 제이콥스는 집회나 집회를 조직하는 등 직접 행동도 마다하지 않아 매번 체포되었다. 역사적으로 저항운동의 전통을 이어 온 로어이스트사이드Lower Eastside의 열렬한 활동가들도 이 운동에 참가하였고, 강력한 조직화를 통해 주민들을 동원했다. 결국, 1962년에 열린 공청회에서 뉴욕시는 이 계획을 폐기한다고 발표하였다. 이 사

---

37. The Action Group for Better Architecture in New York.
38. Jane Jacobs, *The Death and Life of Great American Cities,* New York: Vintage Books, 1961.
 [제인 제이콥스, 『미국 대도시의 죽음과 삶』, 유강은 옮김, 그린비, 2010].

맨하튼

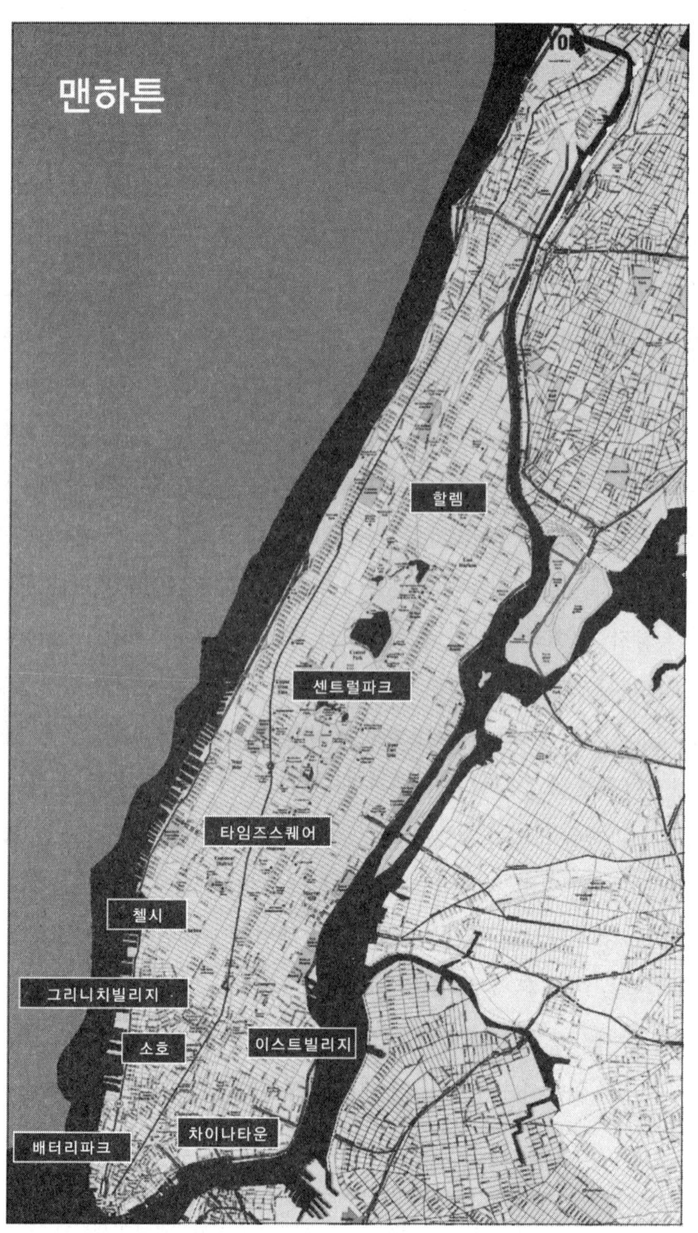

그림3 맨하튼(주요 지역)

건을 통해 그동안 모제스가 해 왔던 많은 악행이 멈추게 되었다. 다시 말해, 이 사건은 모제스의 야망을 '민중의 힘'으로 무너뜨리고, 당시 이루어졌던 무원칙적인 개발 추세에 제동을 건 도시적 투쟁의 승리였다.

다행스럽게도, 이 운동 덕에 다운타운의 많은 지역들이 구원받게 되었다. 만약 모제스의 제안이 통과되었다면 뉴욕은 '보행자의 도시'라는 의미를 잃어버리고, L.A.와 같은 '포스트모던 도시'에 가까워졌을 것이다. 하지만 이러한 개발 붐 때문에 브롱크스를 위시로 한 몇몇 지역에는 커다란 폐허가 남게 되었다. 오랜 된 지역들은 해체되어 폐허화의 길을 걷기 시작했다. 빈곤, 역병, 범죄, 방화, 폭동 등으로 도무지 그 어디에도 기뻐할 만한 것이 없는 일단 피해 가야할 '악의 장소'가 되어 버렸다. 그렇지만 아직도 이곳에는 사람들이 살고 있다. 그리고 사람들이 살고 있다면 그곳에는 **어떤 형태로든 꽃이 핀다**. 특히 젊은 세대로부터 말이다. 브룩클린에서 태어나서 성장한 도시이론가 마살 버만 Marshall Berman이 제시하듯, 도시와 사람들이 사는 동네에는 정화작용과 같은 것이 일어난다.39 이후에 뉴욕에서 처음으로 그래피티graffiti, 벽과 바닥에 스프레이 페인팅으로 그림과 문자를 새겨 넣는 낙서예술가 출현한 것도 크로스 브롱크스 고속도로의 콘크리트 건축물 밑에서였다. 원래 그 지역에 살았던 소년들이 자신들의 공공권公共圈을 스스로 재창출하려고 했던 것이다.40 1960년대 후반에 브롱크스를 중심으로 발생한 그래피티와, 이후 랩rap과 브레이크 댄스Break Dance 등 힙합문화가 이뤄낸 새로운 활기는 일찍이 숨통이 막혀 버렸던 브롱크스에 재생의 숨통을 열어 주었다. 이곳에 싹 튼 문화는 다음 세대의 뉴욕문화 전체를 주도하는 힘이 되었다.

---

39. Marshall Berman, 앞의 책.

40. 특히, 그래피티에 대해서는 이와사부로 코소(高祖岩三郎), 「그 이름을 공공권에 계속 새기자!(その名を公共圈記し続けよ！)」, 『현대사상』(現代思想) 특집 그래피티(特集グラフィティ), 2003년 10월호 참조.

그렇다면 이러한 힘을 도대체 무엇이라 할 것인가? 그리고 그 힘은 어디서 나오는 것일까?

질 들뢰즈와 펠릭스 가따리는 엘리아스 카네티Elias Canetti가 『군중과 권력』41에서 사용한 '떼'meute/pack 42라는 개념에 대해 언급한다. 이 떼라는 개념은 '군중'masse/mass처럼 일정한 원리에 의해 통합되어 한 방향으로 향하는 사람들의 집합이 아니다. '군중'은 국민국가에 소속되거나 한 계급을 구성하기도 하기 때문에, 대규모 조직화를 위해 들뢰즈와 가따리의 용어로 치자면 '몰화'molar 운동과 조응한다. 이에 비해 '떼'란 언제나 '군중'과 모순되어 대립하는 것이 아니다. 떼는 군중을 구성하는 시간과 장소이기도 하지만 전혀 다른 원리로 형성된다. 예를 들어, 늑대 떼를 생각해 보면 좋을 것이다. 떼는 어디까지나 적절한 숫자의 소수 집단으로 구성되어 있다. 철저함에 있어서는 다소 우유부단함을 보이지만 기동력의 측면에서는 발군의 능력을 지니기 때문에 현대 도시의 다양한 행동원리에 적합하다. 동시에, 어딘가가 불안정하며 신뢰감이 없고 의심스런 구석도 있다. 이러한 집합성은 그대로 대공장에 고용되거나 대기업의 직원이 되거나 군대에 징용되는 일은 없다. 이 범주는 바로 여러 이민사회로 구성되어 있거나 그 이민사회로부터 이탈하여 새롭게 구성되는 모습을 띤 뉴욕의 '잡다한 민중'의 집합성을 특징적으로 드러낸다. '떼'라는 개념은 우리들이 상정한 잡다한 민중이 지닌 공공성을 멋지게 파악하고 있다. '떼'는 게토ghetto 구역에 있는 델리카트슨delicatessen 43에 모여 맥주를 마시며 게임을 하는 동료들이며, 소년갱단, 그래피티의 한 조류, 작은 벤처기업, 다양한 '소활동가 그

---

41. [옮긴이] 한국어판은 『군중과 권력』, 강두식 · 박병덕 옮김, 바다출판사, 2010을 참조.
42. 질 들뢰즈/펠릭스 가따리, 『천 개의 고원』, 우노 쿠니이치(宇野邦一), 東京 · 河出書房新社, 1994, p.50.
43. [옮긴이] 델리카트슨(delicatessen) : 가공육 · 프라이 · 샐러드 · 샌드위치 등을 파는 점포로 약칭 델리라고도 한다.

룹'affinity group, 혹은 단순한 친구들로 이뤄진 네트워크이다. 따라서 떼는 '몰적'molar 운동과 대비되는 '분자적molecular 운동'에 해당한다.

'군중'이란 우리들이 '개발'의 시공간 속에서 거대한 힘에 위협을 느끼면서 순종하며 일용할 양식을 얻고 출세를 위해 매진할 때의 집합이다. 이에 비해 '떼'는 가능한 한 군중으로부터 멀리 떨어져서 자기 자신과 다시 만나며, 신체와 정동(감정)의 전체성으로 치마타의 미세한 시공간과 동일화되어 있는 집합이라고 할 수 있다. 우리들은 도시생활에서 '군중'에도 '떼'에도 속해 있다. 이후 이 책에서 우리들의 주요 관심사는 후자에 해당하는 '떼'의 집합과 그 미세한 시공간성이 구체적으로 어떤 생산과 표현으로 나타났으며, 어떻게 이 '도시'를 형성해 왔는가이다. 또 그 '형성'이 어떻게 '개발'의 시공간성의 일부로서 내적 투쟁을 해 왔는가 라는 문제에 대해 살펴볼 것이다.

'잡다한 민중'의 도시공간을 무대로 한 투쟁에서는 그곳에서 살고 있는 그들 자신의 존재와 그들이 '일상성' 속에서 이뤄내는 모든 생산이 '무기'가 된다. 이 투쟁은 신체성, '떼'를 이루는 방식, 지성, 기술, 습관, 정동(사랑, 고통, 슬픔) 등등 모든 것을 포함하고 있다. 이는 하나의 커다란 생산현장이 되어 도시민중의 '생존영역'(노동영역) 전체에서의 투쟁이 된다. 다시 말해, 도시적 민중의 힘이란 그들에게는 먹는 것과 주거하는 것에 해당하며, 이는 곧 삶 그 자체를 통해 문화생산(투쟁)을 형성한다. 이러한 도시 민중의 존재가 지니는 '삶'(문화 또는 투쟁)이 바로 이 책의 주제이다.

따라서 앞으로 나는 주로 '민중'이라는 말을 사용하여, '도시공간'을 형성하는 힘, 혹은 주체를 기술하려고 할 것이다. 그렇지만, 원칙적으로는 이는 어디까지나 '이름붙일 수 없는 것들과 그들의 힘'이다. 치마타란 그 어떤 사고방식에 의존한다고 해도, 혹은 사고방식을 어떤 개념들로 결합시켜 본다고 해도, 기본적으로는 파악하기 어려운 대상이다. 오히려, 그 다양성에 초점을 두어 정의하려는 시도만이 어떤 '사고의 궤적'을 남길 수 있을 것이다. 때문에 다양성에 초점을 둔 시도가 이렇듯 복잡하게 얽힌 다종다양체에 대한 '개념장치'를 형성할 수 있으리라 생각된다.

자, 그렇다면 이제부터 상기의 전제에 바탕하여, 투쟁하는 세계민중의 이야기『뉴욕열전』을 만끽해 보자.

1부
영토의 확장, 대지의 진동

1장 대지에 거처하기, 영토에 살기

2장 군집신체에 꽃을 피워라!

1장

대지에 거처하기, 영토에 살기

서문 : 추수감사절과 미국의 선주민

  본 장을 쓰기 시작한 것은 정확히 매년 11월의 넷째 주 목요일로 정해진 추수감사절 즈음이었다. 뉴욕시 전체를 휩싸던 할로윈 축제가 끝나고, 점차 다가오는 혹독한 겨울이 예감되는 계절에 치마타에는 쓸쓸함마저 감돈다. 가족이나 친구들이 모여 허물없이 지내는 한 때라는 의미의 '감사절'에는 그 밑바닥에 '적료寂寥함'이 있다. 이러한 감정은 모든 가족의 역사에 관계된 그리움의 비애일 뿐만 아니라, 미국 역사의 근원에 내재하고 있는 **무시무시한** 적료함이기도 하다. 삐삐세대(베이비붐 세대)[1]를 대표하는 대★만화가 로버트 크림^{Robert} Crumb 2이 올해(2004년)의 감사절을 기념하기 위해 디자인한 『뉴요커』The New

---

1. [옮긴이] 삐삐세대 : 제2차 세계대전을 전후하여 태어난 미국의 베이비 붐 세대를 지칭한다.
2. [옮긴이] 로버트 크럼(Robert Crumb, 1943년~) : 미국 만화가, 일러스트레이터. 1960년대 언더그

*Yorker*지의 표지에는 이러한 감정이 잘 표현되어 있다.3

　가을, 뉴욕의 혼잡함 사이로 오가는 서로 다른 연령, 계급, 인종으로 이뤄진 행인들의 무리, 그 흐름을 마치 거스르기라도 하듯, 1명의 미국 선주민과 초로로 보이는 한 남자가 선전용 플래카드를 가슴 언저리에서 내려뜨린 채 부동자세로 서 있다. 시골 요리집country kitchen의 추수감사절용 칠면조 저녁세트를 선전하는 사람이다. 바쁘게 오가는 행인들은 그 누구도 마냥 서 있기만 한 그의 존재에 대해 신경 쓰지 않는다. 그가 들고 있는 선전용 플래카드의 표지 왼쪽 끝에는 위에서부터 아래까지 세로로 길게 화면이 나뉘어져 있고, 거기에는 개척 당시의 유럽인과 선주민처럼 보이는 사람들의 얼굴이 위엄 있는 모습으로 거의 대등하게 그려져 있다. 그림 속에는 선주민들이 보다 생기가 있고, 유럽인은 창백한 얼굴을 하고 있다. 여기서 중요한 것은 미국 선주민들의 지위하락이라는 사실 보다 '추수감사절'에 행인들에게 관심조차 끌지 못하는(=망각) 선주민(=은인)과 그들의 칠면조(=증여)를 배경으로 하여 추수감사절이 표현되고 있다는 현실이다.

　추수감사절의 기원에 대해서는 다양한 해석이 있다. 유럽 이민자들의 출신지에 있는 공동체에서도, 미국 선주민들 각 부족에게도 계절마다 수확을 축하하는 축제가 있었을 것이다. 그것이 기반이 되었던 것은 확실하다. 북미 사람들의 추수감사절은 점차 기독교화되어 갔지만, 여전히 그 속에는 선주민에 대한 지울 수 없는 '부채'debt의 흔적이 굴절된 형태로 스며있다. 추수감사절에는 기독교의 신에 대한 '감사'가 있다. 더 나아가, 왕파노아그족Wampanoag, Wôpanâak의 '어떤 인물'에 대한 감사, 아니 본원적인 '부채'가 내포되어 있을 것이다.4 이 부족은 1620년 겨울, 현재의 매사추세츠주 프리머스 록Plymouth Rock

---

　라운드 코믹스운동의 창시자 중 한 사람이자 대표적인 작가이다. 가장 저명한 작품으로는 팝 컬쳐 (Pop Culture)를 대표하는 *Keep On Truckin*'이 있다.

3. *The New Yorker*, November 29, 2004

에 메이플라워호the Mayflower를 타고 갓 신천지에 도착한 최초의 개척자pilgrim
들에게 티피tipi라 불리는 선주민 특유의 모피로 만든 텐트를 만드는 방법을 비
롯하여 다양한 식재료의 포획방법과 보존법, 그리고 월동방법까지 가르쳐 주
는 등 개척자들을 곤궁한 상황에서 구원해 주었다. 상상해 보면, 당시 개척자
들은 생존 자체가 위협받고 있었으며, 그들의 뒤를 따라 유럽에 있는 동료들이
앞으로 얼마나 더 건너올지조차 분명하지 않은 위기 상황에 처해 있었다. 이러
한 상황에서 틀림없이 개척자들은 '자기동일성'과 개척지에서의 (삶의) '의지'
가 흔들리고 있었을 것이다. 단적으로 말하면, 이 시기에 그들은 선주민에게
동화될 가능성이 있었다. 그러나 동화되기는커녕 오히려 선주민의 공동체가
붕괴되었다. 이들은 선주민의 순수한 선의와 공유를 바탕으로 한 증여gift에 대
해 선주민을 그들의 땅에서 쫓아버리는 형태로 은혜에 보답했다. 이런 의미에
서 오늘날의 추수감사절은 선주민에 대한 '부채'를 '신에 대한 감사'로 살짝 바
꿔치기 하면서 현재의 축제로 만든 것은 아니었을까? 그렇기 때문에 이 축제
속에서 표류하고 있는, 무엇이라고 딱히 형언하기 어려운 고독하고 쓸쓸한 적
료감은 바로 '감사'의 밑바닥에서 얼굴을 내미는 '부채'에 대한 기억이 아닐까
싶다. 축제를 벌이는 개개인의 의식과는 관계없이, 이 축제 자체는 뒤바뀜과
망각으로 기억된다. 그 누구도 시선을 두려고 하지 않는 선주민과 그들이 들고
있는 칠면조 저녁세트는 이것을 **암묵적으로, 그러나 강렬하게** 이야기하고 있다.

대지에서 영토로

대지란 영토의 안쪽 깊숙이 위치하는 강도(强度)의 점, 혹은 영토의 바깥으로 던져진 초점과 같다. 그곳에서는 모든 힘
들이 집결하여 백병전을 벌인다. 대지는 몇몇 힘들 중 하나도 아니며, 형태를 부여받은 실체도, 혹은 코드화된 환경으로

---

4. "The True Thanksgiving Story" by Dennis Rupert, http://new-life.net/thanks01.htm

서 일정한 위치와 역할을 차지하는 것도 아니다. 대지는 모든 힘들이 서로 부딪쳐서 백병전으로 돌변하는 곳이다. 따라서 대지의 모든 힘들과 또 다른 실질적인 힘들이 모두 모여든다.
— 들뢰즈·가따리[5]

얼마 전(2004년 11월 30일) 경찰에 봉쇄되기까지 뉴욕에서 가장 야심적으로 싸워왔던 스콰터squatter 조직 〈태양의 집〉Casa Del Sol [6]의 지도자인 라페엘 부에노Raphael Bueno는 30년 이상 이 활동을 해 온 베테랑 활동가이자 스스로 선주민의 피를 이어받았다고 한다. 그에 따르면, 맨하튼은 본래 미국 선주민들 중 몇몇 부족이 북쪽과 남쪽에서 서로 오가며 광범위하게 교류하던 특수한 장소였다고 한다. 따라서 맨하튼은 개간과 경작이 아닌 공동 수렵지로서 아주 광범위하게 자연산 파와 같은 식재료를 얻을 수 있는 땅이었다. 참고로, 맨하튼이라는 말은 문시족Munsee의 언어로 마나하타니엔크Manahatanienk로, '함께 흠뻑 취하는 장소'를 의미하며, 혹은 마나하토우Manahatouh로, '화살의 재료가 있는 곳'이라는 의미라고 한다.[7] 이곳에 개척자들은 자신들의 문명, 그리고 무엇보다 '토지를 소유한다'라는 이데올로기를 도입했다. 이로써 점차 '대지'는 '영토'로 재편성되어 갔다.

1624년에 네덜란드의 서인도 회사에 파견된 식민지 감독관 피터 미뉴이Peter Minuit가 레나페족Lenape 추장으로부터 맨하튼을 60길터guilder 상당의 의복과 장신구, 낚시바늘, 손도끼 등을 지불하고 '샀다'고 전해진다. 그렇지만 이런 이

---

5. 질 들뢰즈·펠릭스 가따리, 『천 개의 고원』, 우노 쿠니이치(宇野邦一), 東京·河出書房新社, 1994, 389~390쪽.

6. 브롱크스의 모토해븐(motoheaven) 지구에 라파엘 부에노를 중심으로 과거 20년간 육성되어 온 '자율공간' 〈태양의 집〉은 2004년 11월 30일에 경찰의 강제적 개입으로 봉쇄되었다. 미묘하게도 그 직후 경찰의 관리하에 빌딩에서 화재가 발생했다. 〈태양의 집〉의 멤버들은 이 화재가 현재 이 빌딩의 소유권을 주장하고 있는 〈ACORN〉의 개입임을 지적하고 있다. 자세한 것은 다음의 링크를 참조할 것. http://info.interactivist.net/article.pl?sid=04/12/2351257&mo de=nested&tid=1.

7. *The Encyclopedia of New York City*, edited by Kenneth T. Jackson, New Haven and London: Yale University Press.

야기는 아주 의심스럽기 짝이 없다. '인클로저'Enclosure라는 폭력적인 대지의 영토화를 경험했던 유럽인들과 이러한 것을 전혀 알지 못했던 선주민들의 대지에 대한 생각이 제대로 '번역'(=교환)되었을 리 만무하다. 또한, 애초부터 레나페족이 맨하튼을 '소유'하거나 소유한다는 의식이 있었다고 보기는 어렵다. 어쨌든, '교환'의 결과, 개척자들은 선주민 사이의 교류·문화의 땅인 맨하튼을 단순히 방치되어 있는 야생의 땅으로 규정하여, 개간(=파괴)하고, 자신들의 거주지로 만들어 갔던 것이다. 식민주의자들은 담론적 차원에서 선주민의 '거처하는 것'(=방랑하는 것=교류하는 것)을 지워버리고, 전적으로 야생의 땅에 왔다고 표상하여 이야기를 전승해 갔던 것이다. 그렇지만, 선주민은 기본적으로 노마드nomad, 유목하였고, '명문화된 역사'를 가지고 있지 않았을 뿐, '지리'를 중심으로 한 문화체계를 분명히 가지고 있었다. 선주민들은 **대지에 선을 그었을지 모르지만**, 대지를 소유하지는 않았던 것이다.[8]

최근의 흥미로운 대안적 역사관에 따르면,[9] 개척이 상당히 진척된 후에도 선주민과 이민그룹들 사이의 관계는 일반적으로 생각되어지는 것만큼 갑자기 한 순간에 분화된 것은 아니었다고 한다. 이민자들 중에서도 하층민들은 **잡다**하게 구성되어 있었다. 예를 들어 카리브해 지역을 경유하여 아프리카에서 끌려온 노예들, 토지를 박탈당한 후 생존을 위해 부당한 계약을 맺고 넘어온 빈농들, 과거 해적이었거나 매춘부였던 사람들, 부랑자들 등등이었다. 그들 사이에는 아메리카 선주민의 공동체 생활 속에서 서양 이민사회보다 이상적인 생활형태를 발견하고, 거기에 적극적으로 동화하려고 한 경향도 넓게 퍼져 있었

---

8. 질 들뢰즈·펠릭스 가타리, 『천 개의 고원』, 東京·河出書房新社, 1994, p. 450 표현을 참조했다.
9. Howard Zinn. *A People's History of the United States*, Perennial Classics, 1980 [하워드 진, 『미국민중사 1, 2』, 유강은 옮김, 이후, 2006]; Peter Linebaugh and Marcus Rediker, *The Many Headed Hydra*, Boston: Beacon Press, 1992. [피터 라인보우·마커스 레디커, 『히드라』, 정남영·손지태 옮김, 갈무리, 2008.]

다. 그렇지만, 식민지 권력은 비인도적인 선주민 말살운동을 전개했고, 그 주된 요인으로는 식민지 내의 잡다한 면면(=하층노동력)들이 집단적으로 탈주함으로써 식민지 체제 자체가 붕괴할 수도 있다는 위기감이 있었다. 여기서 중요한 역할을 한 것은 영국으로부터의 '독립전쟁'이었다. 아메리카라는 '대지'를 '영토화'하는 과정에서 도무지 하나로 묶을 수 없었던 식민지의 다양한 내부적 모순을 영국과의 모순으로 대체시켜 흡수했던 것이다. 아메리카에서 최초로 "부동의 동자Unmoved Mover 10로서 대지의 내재적 통일체가 전혀 다른 본성을 가진 초월적 통일체인 국가에게 자리를 양보하게 된 것이다."11

그 후 뉴욕 공간은 몇 번씩 영토로 재구성되며 파괴되었고, 그 사이 원시적인 폭력이 실질적인 모습을 드러내었다. 이러한 폭력은 '영토'에서 '대지'의 얼굴이 불쑥 모습을 드러내는 과정이기도 했다. 토지의 영유, 사용, 거주를 둘러싸고 벌어지는 계급투쟁은 현대의 스콰트 문제로 연결되면서 또다시 그 모습을 드러냈다. 이것이 제1부에서 다루게 될 주제이다. 미국이라는 국가의 특수성은 최초의 식민지화를 위해 저지른 폭력을 지울 수 없다는 사실에 있다. 이러한 폭력은 훗날 지속해서 지배계급으로 군림했던 앵글로색슨계의 선행 식민주의자들과 그 밖의 인종들로 구성된 후속 이민자들 사이에서 벌어진 계급투쟁에서도 똑같은 양상을 보인다. 그러나 원리적으로 그 누구도 아메리카에 대한 '선주권'을 호소할 수 없다. 이곳에는 국토의 소유주로서의 '왕', 스스로의 신체를 국토로 동일시하는 '왕', 따라서 목이 잘려져야 할 '왕' 따위는 없기 때문이다. 지배계급은 그때그때 폭력과 법과 자금을 노골적이면서도 교묘하게 운용(비즈니스=폭력)함으로써 권력을 확장해 왔다. 특히, 뉴욕에서 이러한 투쟁은 우선 '거주권'을 둘러싸고 벌어졌고, 더 나아가 '누가 가장 새롭고 쾌적한 생활

---

10. [옮긴이] 부동의 동자(Unmoved Mover) : 자신은 움직이지도 변화하지도 않으면서 다른 존재를 움직이고 변화시키는 존재라는 뜻으로 아리스토텔레스가 규정한 개념.
11. 질 들뢰즈·펠릭스 가따리, 『안티 오이디푸스』, 도쿄, 카와데쇼보신사, 1986, 179쪽.

을 영위할 것인가'라는 '생활형태'로서 모습을 드러냈다.

　뉴욕은 북미에서 가장 큰 '이민도시'다. 대충 어림잡아 그 계보를 더듬어 보면 17세기 초 이후부터 우선 네덜란드계 및 영국계가 지배한 식민지가 형성되었다. 19세기에는 몇 백만에 다다른 아일랜드계, 독일계, 이탈리아계, 유대인계 이민자들이 대대적으로 몰려왔으며, 제2차 세계대전 후에는 카리브계, 라틴아메리카계, 아시아계의 다양한 민족이 들어왔다. 특히, 20세기에 들어와서는 남부의 인종차별을 벗어나기 위해 많은 아프리카계-미국인들이 이주해 왔다. 이러한 이민의 파도는 그때마다 도시의 사회적·물리적 공간을 변화시켰다. 새롭게 들어 온 이민자들은 우선 값싼 노동력으로 충당되었고, 그들보다 먼저 입주해서 살고 있던 집주인들의 돈벌이 대상이 되었다. 대개의 경우, 후속 이민자들은 좁고 설비도 좋지 않은 긴 집을 빽빽이 채우며 '슬럼'을 형성했다. 특히, 현재의 이스트빌리지와 로어이스트사이드Lower Eastside, 리틀 이탈리Little Italy, 차이나타운Chinatown에 걸쳐 형성된 '파이브포인츠'Five Points라고 불리는 지역은 하층 이민자들의 공동 주거 공간이 되었다.

　노예로서 강제로 끌려온 아프리카계-미국인들의 뉴욕 거주사居住史는 비극적인 일화로 가득하다. 1850년대 흑인들은 대부분 파이브포인츠나 지금의 그리니치빌리지 근처와 웨스트 10번지에서 30번지에 걸쳐 있었던 텐더로인tenderloin이라는 슬럼에 거주하고 있었지만, 폭력적인 인종차별을 겪고 점차 그곳에서 추방되었다. 대부분 하층노동자로 구성된 아일랜드계 주민들은 점차 자유로운 노동자가 되기 시작한 흑인들 때문에 일자리를 빼앗기지 않을까 하는 불안감을 느꼈고, 이로 인해 흑인을 적대시하게 되었다. 특히, 1863년 7월에 발생한 '징병봉기'Draft Riots라는 아일랜드계 주민들의 폭동의 표적에는 지배계급뿐만 아니라 흑인들도 포함되었다. 이 폭동은 처음에 300달러를 지불하면 남북전쟁에서의 병역징용이 면제된다는 식으로 부자들을 노골적으로 우대하는 금권정치에 대한 하층노동자들의 항의로부터 출발했지만, 애석하게도 흑인에 대한 집단적 린치와 흑인들의 집이나 각종시설을 방화하는 형태로 귀결되었다.[12] 재미있는 것은 당시에는 아일랜드계 이민자들을 반드시 백인이라고 인정한 것도 아니었다고 한다. 그들이 제대로 시민으로서 인지되기까지는 많은 시간이 필요했다.[13] 이 사건은 계급투쟁임과 동시에 미국 사회가 지금까지 기저에 깔고 있던 인종차별, 즉 하층 백인계급이 유색인종 이민자들에 대한 극단적인 질투와 적의를 집중적으로 표현한 초기의 사건이었다.

그 후, 대다수의 흑인은 점차 업타운으로 이주하기 시작했다. 1900년 8월에는 텐더로인에서도 인종차별 폭력이 발생했다. 백인경찰관이 흑인에게 살해된 것을 계기로, 백인들이 흑인에게 집단적으로 폭력을 행사했다. 이때, 경찰관은 백인들을 저지하기는커녕 흑인에 대한 공격에 가담하기도 했다. 이러한 인권유린을 피하기 위해 아프리카계—미국인들은 우선 가로 축으로는 60번지에서 64번지로, 세로축으로는 10번지에서 11애비뉴의 1구획으로 이주하였고, 더 나아가 1904년부터 1905년에 걸쳐 부동산 가격이 폭락했던 할렘으로 대대적인 이주를 시작했다. 이것이 바로 잘 알려진 할렘의 탄생이다. 이러한 이동에 관해서는 제4부에서 다시 다룰 것이다.

영토성territoriality을 둘러싼 인종적·계급적 대립은 이미 지나가버린 과거의 일화가 아니라 현재진행형으로 계속되고 있다. 특히, 2006년의 이민법 개정안과 미뉴트맨 프로젝트Minutemen Project, 이민입국을 감시하는 민병대조직의 확대로 인해 향후 또다시 심각해 질 가능성을 잉태하고 있다. 예를 들어, 퀸즈의 동쪽으로 길게 뻗은 롱아일랜드 곳의 각 지역에 살고 있는 백인 주민들은 최근 증가추세에 있는 히스패닉계(쿠바, 멕시코, 푸에르토리코)의 일용직 노동자에 대한 반감을 공공연히 표시하고 있다. 롱아일랜드의 동쪽 끝에는 이스트햄프톤East

---

12. Joel Tyler headley, *The Great Riot of New York*, The Thunder's Mouth Press, 2004를 참조.
13. David Roediger, *The Wages of Whiteness*, London, New York: Verso, 1991 참조.

Hampton 등 고급 별장지가 있지만,14 퀸즈에 근접한 서쪽 지역에는 주로 백인 하층 및 중간계급의 주거지역이 있다. 예를 들어, 서포크Suffolk와 낫소Nassau라는 두 지역의 교외 아파트 단지 부근에는 수많은 히스패닉계 노동자가 살고 있다. 이 두 지역의 치마타에는 히스패닉계 '날품팔이' 노동자들이 24시간 내내 일하는 건설회사나 공장에서 보내는 통근용 미니 버스를 기다리는 행렬이 보인다. 이것에 반감을 가진 주민들은 '인구증가가 학교, 도시청소, 하수도 등의 공공사업에 과중한 부담을 주고 있다', 혹은 '매너 없는 사람들이 소음을 일으키고, 쓰레기를 버리며 공공장소에 오줌을 갈긴다' 등의 불평을 쏟아 부으면서 현수막을 들고 시위를 벌이기도 한다.

서론에서 언급했듯이, 로버트 모제스의 지도하에 1950년대에서 1960년대에 걸쳐 교외의 거주지구로 개발된 이 지역들은 처음부터 미국 전역에서 가장 '인종적으로 분리된segregated 주택지'로 알려진 곳이었다. 이 개발은 뉴욕시, 부동산업자, 집주인, 건설업자들이 일체가 되어 인종차별정책을 시행한 것이었다. 이러한 배경 속에서 지난 10여 년간 이 지역에는 히스패닉계 인구가 70퍼센트 정도 증가하였고, 2000년 이후에는 인종차별적 폭력사건이 증가해 왔다. 현재 백인 공동체의 반反이민주의자들은 '불법으로 이민노동자를 고용하는 업자를 적발한다', '교통규제를 강화하여 미니 버스의 정차를 불가능하게 한다', 또는 '위생조례나 주거규약을 통해 집단거주용 아파트를 처분한다' 등의 법을 집행하도록 당국에 압박을 가하면서, '온정적인 이민국이 아니라 국토안전성 Homeland Security Office을 통하여 이민자들을 모두 몰아내자'라는 식의 방안을 검토하고 있다. 그리고 그 마지막 방안으로 가장 뉴욕적이며 현실적인 계획을 세울 것이다. 바로 뉴욕시가 앞장서서 관계 업자들을 불러 모은 다음, 히스패닉

---

14. 이 땅은 잭슨 폴록이 스튜디오를 차렸던 곳으로 유명하지만, 사실 그가 이주한 1940년대 당시는 아직 농지였고, 점차 고급지구로 변모해 갔으며, 이 점에서 뉴욕적인 토지의 가격형성 패턴을 보여주고 있다.

계 주민들의 아파트가 밀집된 지역의 토지를 구입한 후, 아파트를 철거하고 고급 콘도를 짓는 계획을 짤 것이다. 파밍델Farmingdell구의 새 구청장은 이러한 계획을 도모하고 있다.[15]

이렇듯 '가장 뉴욕적인 방법'이란 통치·개발·탄압을 일체화시켜 고효율적인 자본주의적 역학을 충분히 활용하면서 '공격'을 가하는 '젠트리피케이션'을 뜻한다. 따라서 이 도시 뉴욕에서는 '사는 것'living 자체가 적나라하며 처절한 투쟁이다. 앞서 말했듯, '주택'은 여전히 먼저 입주한 인종과 후속 인종들이 벌이는 투쟁의 공간이다. 미국에서의 계급대립(=인종차별)은 독립선언에서도 제창되고 있듯, '만인에게 열려있어야 할' 토지를 도대체 누가 자유롭게 영유할 것인가라는 기득권을 둘러싼 투쟁으로 표현되어 왔다. 이는 '표상'의 문제임과 동시에 결정적으로 '주거'와 '노동'을 둘러싼 투쟁이며, 지금도 그러하다.

잡거지(雜居地, tenant)에서 센트럴파크로

뉴욕은 한결같이 전진운동에 기초하고 있으며, 죽은 이들을 기억하려고 하지 않는다. 그렇지만, 이 운동은 늘상 불만을 남기며 죽어서도 묻히고 싶지 않은 자들을 배회하게 할 뿐이다. 그들은 진보라고 불리는 영역에 침입하여, 이성을 거역하는 모든 힘들에 대해 인지할 수 없을 정도로 몰상식한 '현재'에 차가운 손을 얹는다.
— 뤽 쌍떼(Luc Sante)[16]

나는 뉴욕에 건너 와서 거의 7번 정도 이사를 했다. 그중, 두 곳은 이른바 '철도 선로railroad'라 불리는 임대아파트였다. 이것은 현재 뉴욕에서는 스튜디오studio라 불리는 원룸아파트 다음으로 가장 작은 주거공간이다. 주로 이스트빌리지와 로어이스트사이드, 이스트리버를 끼고 동쪽 건너편에 넓게 펼쳐진 윌

---

15. "L.I. Clash on laborers Political," by Patrick Healy, *The New York Times*, Monday, November 29, 2004.

16. Luc Sante, *Low Life*, New York: Vintage, 1992. p.10.

리암즈 파크Williams Park 지구에 많이 남아 있다. 하나의 유니트unit가 4개의 방으로 구성되어, 복도도 없이 직접 연결되어 있고 기차와 닮았다는 면에서 이러한 명칭이 유래했다. 양쪽 끝에는 두 개의 같은 모양의 큰 방이 있고, 조금 작은 두 개의 방이 큰 방들을 연결하고 있다. 이런 종류의 아파트들이 있는 건물에는 각 층마다 두 개의 유니트가 있고, 이 유니트들 사이에 끼어 있는 중심부는 건물 전체가 공유하는 계단과 복도가 있다. 즉, 두 개의 작은 방들은 이렇듯 중심부를 감싸 안듯 축소되어 있다. 어느 한 쪽의 큰 방에는 샤워실과 화장실, 그리고 취사용 가열기가 갖춰져 있는 부엌이 있고, 다른 쪽 끝의 큰 방은 거실로 사용되는 경우가 많다. 그리고 그 사이에 있는 두 개의 작은 방은 침실과 서재가 된다. 서로 연결된 방과 방 사이의 벽에는 마치 창窓과 같이 틀이 달린 공

간이 있고, 이것이 통풍을 좋게 하며 태양광을 어느 한 쪽에서 다른 한 쪽으로 보내고 있다. 이러한 모든 것들은 실내의 창문과 같은 묘한 인상을 준다.

현재에는 이런 종류의 아파트는 아주 낡아서 견고한 벽돌로 만든 외곽 벽을 제외하고는 거의 모든 구성요소가 떨어져 나가고 있다. 요즘에는 이런 건물들이 붕괴하는 예조차 두세 건씩 발생한다. 바닥은 기울었고, 천정에서는 물이 새는 경우가 많으며, 파괴된 방과 방을 연결하는 회반죽으로 된 벽에서는 19세기 말馬의 털이 나오기도 한다. 대개의 경우, 주민들은 여름에는 바퀴벌레, 겨울에는 쥐들로부터 시달림을 받고 있다. 나 자신도 몇 해 전, 일찍이 방적공장이었던 건물의 다락방Loft으로 이사했었던 적이 있다. 지금이야 철도선로식 아파트는 추억의 대상이 되곤 하지만, 아직도 나의 친구들 중 많은 이들은 이곳에 살고 있다.

이러한 빌딩·아파트는 거의 19세기의 건물이고, 오래 전부터 로어이스트 사이드에 북적거리던 집합주택tenement식 주거의 이름이 아직도 남아있다. 영어사전에도 임대건물, 주택, 가옥, (다가구가) 한집살이를 할 정도의 비좁은 아파트를 일컫는 의미로 '집합주택'에 대한 정의가 있지만, 아무래도 뉴욕적 문맥과 밥 머레이Bob Murray가 노래하던 자메이카적 문맥상의 의미를 제대로 전달하지 못하고 있다. 오히려 집합주택이 의미하는 것은 '한 가구의 아파트 혹은 한 가옥에 복수의 가족이 잡거하고 있는 상태'이다. 19세기는 유럽 각지에서 다양한 위기가 발생했고, 반면에 뉴욕시 자체가 발전을 위해 대량으로 노동력을 필요로 했던 시대였다. 이에 따라, 몇 번씩 커다란 이민의 파도가 밀려들어 왔다. 1815년부터 1925년 사이에 세계 각지에서 거의 3천3백만 명의 이민자들이 미국으로 이주하였고, 그중 3/4은 일단 뉴욕으로 들어왔다.[17] 이렇듯,

---

17. *The Encyclopedia of New York City*, edited by Kenneth T. Jackson, New haven and London: Yale University Press. 1995, p.581.

집합주택은 전지구적 잡거시대에 뉴욕 하층민이 살던 전형적인 주거형태였다. 지금은 예전만큼 많지 않지만, 아직도 히스패닉계, 중국계 주민들은 이러한 '집합주택 상태' 속에서 살고 있다. 그리고 집합주택적 문맥으로 볼 때, 철도선로식 아파트의 4개 방에는 복수(다수)의 가족들이 살고 있다. 현재는 대부분 하나의 유니트가 한층 더 이분화되어 큰 방과 작은 방 두 개가 한 호수의 단위가 되어 있다. 그 증거로, 지금도 양쪽 끝에 있는 큰 방마다 복도로 통하는 문이 달려 있다. 따라서 욕조나 화장실은 아파트 안에 있지 않다. 화장실은 건물 밖에 한 호수마다 공동으로 사용할 수 있는 옥외화장실privy이 있고, 욕조는 근처의 공동 목욕탕을 사용하였다. 또, 물은 지역마다 공동의 수원水源에서 각자가 양동이로 떠서 운반하였다. 난방은 주로 석탄 난로였기 때문에 건물 전체의 벽은 탄가루로 검게 그을려 있었고, 임대 주민들 중에는 기관지 장애에 이미 익숙해진 사람들이 많았다. 뉴욕시는 〈집합주택주거법〉을 몇 번씩이나 개정하여, 주거조건을 개선하려고 하였다. 1901년에 개정된 법은 어둡고 비위생적인 조건을 개선하기 위해 집주인에게 창과 통기구를 설치하도록 의무화했다. 당시의 이런 움직임이 남아 있는 것이 바로 철도선로식 아파트의 내부에 보이는 **기묘한, 그러나 중요한 '창**'이다. 그런데, 이렇듯 몇 번씩 개정된 집합주택 내에 공동거주를 금지하는 법규는 장기적인 시각으로 보자면 확실히 주거조건의 개선을 촉진시켜 왔지만, 그때마다 이러한 법규의 **직접적인 귀결**이 실제로 얼마나 많은 주민들의 이익으로 이어졌는가 하는 것은 의문이다. 대부분의 경우, 이러한 법률개정에 맞춰 건물을 개축할 때 드는 경비가 부담스러워 집주인들이 이권을 포기(=관리방치와 주거환경의 열악화)하는 결과를 초래했으며, 또 개축 시에는 갈 곳 없는 주민들을 양산했다.

앞에서 살펴보았듯이, 현재의 리틀 이탈리아Little Italy에서 차이나타운Chinatown에 걸쳐 '파이브포인츠'라고 불리는 악명 높은 슬럼이 존재했다.[18] 이 중에서도, 특히 지금의 차이나타운 중심부에 위치하는 멀베리 벤드Mulberry Bend라는 지역의 상태는 무시무시했다고 전해진다. 세계에서 가장 인구밀도가 높았고,[19] 모든 범죄, 역병, 불행, 행정관료들의 부패가 '잡거'하던 공간이었다. 5세 이하 아이들의 사망률이 65퍼센트에 달했다. 여기에는 집합주택 아파트보다 심한 '지하주거'cellar house로 불리는 공동 거주공간이 있었다. 문자 그대로 창도 환기구도 없는 지하의 움막에서 거주하는 잡거자들 사이에 콜레라, 말라리아, 결핵 등 역병이 창궐했다.[20]

　세균학을 몰랐던 당시에 급수給水와 역병의 인과관계는 아직 알려지지 않았으며, 좋은 물을 사용하는 것은 공중위생상 필수적인 것이라기보다는 일종의 **세련된 문화**로 인식되었다. 이러한 상황에 변화를 가져다 준 것은 1842년 '크로튼 수도'Croton Aqueduct의 완성이었다. 집합주택에 거주하는 하층민들은 이 수도의 혜택으로부터 소외되었지만, 중간계급 이상의 시민에게는 크게 환영받은 사건이었고, '미국독립' 이후로 가장 열렬한 식전 행사가 벌어졌다. 이 인공적인 수도시설은 캐츠킬산Catskill Mountains에서 뉴욕시로 물을 연결시키는 대규모 공사였다. 뉴욕주 북부의 크로튼 댐에서부터 할렘강에 걸쳐 하이브리지High Bridge를 통과시켜, 현재 센트럴파크가 있는 79번지에서 86번지까지 주변에 있는 저수지에 물을 보낸 다음, 다시 그곳에서 현재 공공도서관이 있는 42번지 주변의 '크로튼 집수지'에 물을 보내는 시스템이었다.[21] 이 시설은 수많은 가정에 물을 공급함으로써 시민들에게 환영받은 최초의 수도 설비가 되었지만, 그 결과 지하수 수면이 상승하여 대부분의 '지하주거'가 침수당하는 결과

---

18. Luc Sante, *Low Life*, New York: Vintages, 1992. Tyler Anbinder, *Five Points*, Plume Book, 2002를 참조. 이 지구는 하버드 아스바리 원작으로 마틴 스코시즈 감독이 영화로 만든 〈갱스 오브 뉴욕〉(Gangs of New York)의 무대가 되었다.
19. 1870년대에는 1평방미터당 거의 33만 5천 명이 거주했다.
20. 특히, 1849년 콜레라에 의해 5천 명이 죽었다.
21. 이후, 급수설비는 지속적인 확장 때문에 늘 공사가 진행되었다. 특히, 뉴딜시대에는 정부의 융자로 캐츠킬 설비 시스템에 델라웨어강에서 흘러나오는 별도의 대설비가 건설되었다.

를 낳았다. 그 후, 지하주거는 1850년대에는 점차 감소하게 되었고, 1860년대까지 거의 대부분 사라져 갔다. 이때부터 집합주택 혹은 루커리rookery라 불리는 폐가옥에서의 생활이 시작되었고, 초기의 도시적인 스콰팅Squating이 대두하게 되었다.

근대적 급수시설의 구축은 자연을 도시의 관점으로 재정의하고, 시市의 사회적·경제적 구조를 다시 만드는 대사건이었다. 이는 물질적인 차원에서 '시가지'urbs와 '시민'civitas을 결합시켜, 보다 전략적인 '동원체제'mobilization가 가능하도록 한 도시계획의 길을 열게 되었다. 이후, 도시주민의 신체는 생명선을 도시적 시스템에 대폭 의존하는, 본성적으로 '대도시적인 신체'로 '도시화'citified, urbanized 22되어 갔다.

이즈음, 저널리스트였던 제이콥 리스Jacob Riis 23는 파이브포인츠를 포함한 뉴욕의 슬럼 및 잡다한 민중의 주거공간에 대해 보고하였다. 덴마크에서 태어나 1870년에 이민자로서 뉴욕에 건너 온 리스는 당시 맑스도 집필자로 참여하고 있었던 『뉴욕 트리뷴』Newyork Tribune지에 비록 약간의 인종차별적인 뉘앙스가 엿보이긴 하지만, 상당히 생기찬 필체로 슬럼공간에 대한 글을 써내려 갔다. 그의 보고서는 유명한 『다른 절반은 어떻게 사는가』How the Other Half Lives, 1890로 결실을 맺으며 일련의 사건들을 기록하고 있다. 그는 당시에 새로운 미

---

22. Elizabeth Grosz, "Bodies-Cities," included in *Sexuality and Space*, edited by Beatriz Coloomina, New York: Princeton Architectural Press, 1992, p.242.

23. [옮긴이] 제이콥 리스(Jacob August Riis, 1849~1914) : 미국의 신문기자, 사회개혁가, 사진작가. 그는 자신의 책 『다른 절반은 어떻게 사는가』(*How the Other Half Lives*, 1890)에서 빈민가의 상황을 사실적으로 묘사함으로써 양심적인 미국인들에게 큰 충격을 주었다. 21세의 나이에 미국으로 건너 온 리스는 여러 가지 직업을 전전하면서 도시 빈민층의 비참한 삶에 직접적으로 부딪쳤다. 1873년 그는 경찰출입기자가 되어 뉴욕시의 로어이스트사이드 구역을 맡았는데, 그 과정에서 일부 빈민가에서는 유아사망률이 10명당 1명꼴이라는 사실을 알게 되었다. 리스는 새로 발명된 플래시전구를 터트리는 방식을 채용하여 이러한 빈민가의 집안 모습들을 생생하게 촬영한 사진들을 자신의 저서와 강연에서 유효적절하게 활용했다. 리스의 다른 많은 저서들 가운데 가장 주목할 만한 것으로는 그의 자서전 『미국인이 되기까지』(*The Making of an American*, 1901)가 있다.

디어로 등장하기 시작한 사진을 활용하여, 현재의 사진 저널리즘의 선구자가 되었다.[24] 그의 보고서는 지금까지 상류계급 및 중간계급이 무시했었던, 그리고 '게을러서 가난한', 혹은 '가난한 게 좋아서 가난한' 사람이라는 식으로 규정되었던 '가난한 사람들의 존재'를 '사회적 부정不正의 희생자'로서 재고하도록 하는 계기를 마련해 주었다. 이것은 도시의 주거공간에 관한 사회적 관심을 불러 일으켰고, 또 자선사업의 발흥과 루즈벨트의 정책에도 영향을 미쳤다. 이러한 영향 때문에, 뉴욕시에서는 멀베리 벤드를 사들인 후, 1894년에 건물들을 철거하고, 1896년에는 콜롬버스파크Columbus Park를 만들었다. 현재 이곳은 차이나타운 남부에 위치하며, 중국계 노인들이 중국식 장기를 즐기는 모습을 볼 수 있다. 그러나 이러한 흐름 속에서도 똑같은 문제가 제기되고 있었다. 그 당시 슬럼의 주민은 어디로 간 것일까? 그들은 다른 누구보다 가장 먼저 뿔뿔이 흩어져서 또 다른 슬럼으로 이동한 것이다.

마지막으로, 뉴욕 민중생활 속에서 무시할 수 없는 것으로는 스콧 인구를 뽑을 수 있다. 스콧팅은 처음부터 위법이었기 때문에 기록에 남아 있지 않다. 뉴욕시는 언제나 한참 지난 후에 강제력을 행사하며 이들을 내쫓았다. 또한, 뉴욕시의 감독과 법규의 영역 밖에 존재했기 때문에 거의 기록으로는 남아 있지 않지만, 틀림없이 대량의 인구였을 것이다. 루커리rookery의 경우는 시의 구획 안에 있었기 때문에 코드화되어 기록되었지만, 개발의 손이 충분히 닿지 않았던 지구에도 스콧터들이 있었다. 지금이야 스콧터라고 불리지만, 식민지적인 '영토적 사고'가 아니라 선주민적인 '대지의 사고'를 바탕으로 하는 우리들의 문맥에서는 이들이 '거처하는 것'은 항상 존재했다.

맨하튼의 개발(=영토화)은 현재의 배터리파크Battery Park 부근의 남단에서 얼마간 북쪽으로 진행하는 양상을 보였다. 앞서 말했듯, 현재의 월스트리트

---

24. Jacob A. Riis, *How the Other Half Lives*, Penguin Books, 1997.

Wall Street에는 17세기 중엽 문명의 땅과 미개의 땅을 상징적으로 구분하는 '성벽'이 세워져 있었다. 남쪽이 문명지역이었으며, 북쪽에는 선주민이나 그와 비슷한 사람들, 그리고 야생의 동물만이 사는 미개발 지대가 폭넓게 펼쳐져 있었다고 생각된다. 이것이 '성벽', 바로 '월'Wall의 유래이다. 그리고 200년 후인 19세기 중엽까지, 미드타운 북쪽에는 스콴터들이 세운 작고 초라한 판자집shantytown이 펼쳐져 있었다고 전해진다. 1865년, 뉴욕시 보건국의 보고에 따르면, 40번지 이북의 동쪽 업타운Uptown에는 한 두 가족들이 공동주거를 하는 세대가 3,286호에 이르렀고, 집합주택으로는 1,061호가 있었고, 1,016호에 해당하는 작고 초라한 임시 가옥들이 있었다. 또, 50번지 이북의 서쪽 업타운에는 한 두 가족들이 공동주거를 하는 세대가 516호가 있었고, 집합주택으로는 1,760호가 있었으며, 임시 가옥도 865호가 있었다. 단독주택 및 집합주택의 주인들과 달리, 스콴터들은 대부분 밭을 경작하고 돼지나 양, 거위, 닭을 기르고 있었다.[25] 이러한 생활형태가 '위법'이며 '비위생적'이라는 관점에서 지배계급과 뉴욕시는 이를 문제시하였고, 문명화를 위해서 없애야 할 것으로 생각하였다.

여기서 등장하는 것이 다름 아닌 센트럴파크였다. 약 153블록 정도의 면적을 지닌 영국식 정원으로 당시 딱히 시민들이 모일 수 있는 대광장이 없었던 뉴욕에서 '공공 광장'에 해당하는 성격을 지녔다. 그렇지만, 이 공원의 출현은 그리 간단하게만 해석되지 않는다. 센트럴파크가 출현하기 이전, 뉴욕시에는 두 가지의 '공적 공간에 대한 사용방식'이 있었다고 전해진다. 첫째로, 부유계급이 소유한 광장과 정원이 있었고, 이들은 이곳의 공적 사용을 어느 정도 인정했지만, 대개의 경우 주저하면서 흔쾌히 받아들이지 못했다. 둘째로, 주로

---

25. Richard Plunz, *A History of Housing in New York City*, New York: Columbia University Press, 1990. p. 54.

뉴욕시의 노동자계급이 음악과 게임, 축제를 즐기던 주변의 빈터가 있었다. 따라서 뉴욕에는 공식적으로 인정된 공적 공간은 없었다. 19세기 중반, 뉴욕은 인구밀집과 공해, 질서의 불안정성으로부터 위협을 받았다. 크로튼 수도의 설치와 동일한 시기인 1840년대 이후에는 새롭게 '공적 공간'의 필요성이 제기되었다. 그러나 당시 '공적 공간'이라는 생각은 대개 엘리트주의자들이 '무지한 대중에게 문화교육을 시행하는 곳', 그리고 '유럽도시와의 경합'을 지향하는 곳이라는 의미를 지녔다.26 이러한 흐름 속에서 공적 공간의 미적 모델이 된 것은 '영국식 경관'picturesque 27이었다. 센트럴파크에 대한 아이디어는 조경조원사였던 프레드릭 로 옴스테드Frederick Law Olmsted 28가 제안하여 실현되었다.

이렇듯, 센트럴파크의 조성에는 여러 불안정한 요소들을 지니고 있던 (뉴욕의) '도시적 생성'을 통제·관리하기 위해 '공공의 이익'이라는 명부 하에 스콧 공동체를 제거하려는 감춰진 정치적 의도도 지니고 있었다.29 경제적인 의도로는 부동산업자들이 자연적 미관과 도시공간의 디자인을 연결시키려는 세련된 전략을 통해 이 지역의 토지가격을 상승시키려는 것에 있었다. 의도대로 이러한 전략은 크게 성공하여 센트럴파크 주변의 한 구획의 상품가치가 천문학적으로 급상승하였다. 센트럴파크에 인접한 다섯 개의 애비뉴와 86번지의 한 구획의 땅값은 1847년에 500달러였지만, 1868년에는 2만 달러로 상승했다. 결과적으로, 센트럴파크는 뉴욕시 지배계급의 의도에 맞게 '정통의 상징적 질서'를 뉴욕시에 부여하는 '자연적 표상'이 되었다. 여기에는 계급성이 깊이 새

---

26. Marthew Gandy, *Concrete And Clay*, Cambridge, London: The MIT Press, 2002. 2의 2장 참조.
27. [옮긴이] 영국식 경관(picturesque) : 18세기 후반 영국에서 시작된 전원풍경 및 이국취미 등의 회화적인 분위기를 존중하는 미적개념이다.
28. [옮긴이] 프레드릭 로 옴스테드(Frederick Law Olmsted, 1822~1903) : 미국 조경조원사. 인도주의적 시각과 환경에 대한 특별한 관심을 가지고 뉴욕의 센트럴 공원을 시작으로 공공 공원을 잇달아 설계했다.
29. 아일랜드계의 돼지사육가, 독일계의 정원사, 그리고 남북전쟁 이전에 가장 중요한 흑인고유의 공동체였던 세네카빌리지(Seneca Village)였다.

겨져 있었다. '만인의 공원'이라고 하는 광고문구와는 달리, 당시 뉴욕인들 대다수가 거주했던 다운타운에서 센트럴파크로 가기 위해서는 값비싼 마차를 타고 가지 않으면 안 되었고, 아일랜드계 하층민이나 독일계 하층민에게는 실망스런 결과였다.

또한, 이러한 대규모의 '상징적 자연'은 스콰터라는 보다 자연적인 생활자들을 제거하는 것을 통해 형성되었다. 센트럴파크가 생긴 후에도 잠시 동안 이 주변에는 스콰터들이 세운 임시 가옥지대가 남아 있었지만, 그 후 점차 철거되었다. 현재 이 공원에는 1980년대 후반까지 있었던 수많은 홈리스들의 모습은 남아 있지 않다. 동쪽이든 서쪽이든 근처의 고급 아파트 지역에 살고 있는 남녀들이 조깅이나 산책, 롤러스케이트를 타는 모습과 관광객들이 산책하는 모습이 눈에 들어올 뿐이다. 이제는 소수의 홈리스들만이 쇼핑카트를 끌면서 이동하고 있다. 나는 이 소수 홈리스들의 모습을 통해, 공원이 되기 이전 이 곳에 즐비했던 작은 오두막집과 움막에서 피어오르던 연기를 떠올리며 잠시나마 착시를 일으키며 회상에 젖었다.

미국의 대도시는 약 1880년부터 1920년 사이에 민중의 생활과 주거환경을 둘러싸고 '커다란 개혁'Great Reform을 겪었다. 건축에 관한 조례나 공공 위생규약이 제정되어 공적인 교육이 시작되었고, 노동시간도 제한되면서 노동조건에 관한 조례도 마련되었다. 이 시대의 유산으로 중요한 것은 지주와 집주인들에 대한 소유권의 제한과 임차인의 보유권에 대한 보호였다. 반복하겠지만, 뉴욕의 역사는 기본적으로 '영토'를 둘러싼 투쟁의 역사였으며, 지금도 그러하다. 이것은 이 도시의 기저에 잠자는, 혹은 **여전히 가수면하고 있을 뿐인** '대지'를 은폐하면서 진행되고 있다. '뉴욕에서 부동산은 텍사스에서의 석유처럼 중요한 자원이다'라고 일컬어질 만큼 뉴욕의 경이로운 도시적 발전은 '시장'market을 낳았다. 이로써 민중들이 '사는 것'은 잔혹하게 뒤얽힌 시장으로 변모했다. 공공주택의 환경이나 위생문제를 해결하기 위해 '슬럼 청소'slum clearance가 시작되었고, 이러한 슬럼 청소가 정치와 비즈니스를 합체시켜 새로운 부동산 투자를 불러 모으고 있다. 이는 일상적으로 벌어지는 '전쟁'이다.

집합주택에서 비장소로

무엇보다 풍경 그 자체가 우리들을 적대하는 '권력'으로 의식된다.
— 마츠다 마사오[30]

맨하튼에서는 거의 1885년경까지 각종 최첨단의 건축기술이 도입되었고, 과거에는 생각하지도 못했던 주거형식을 출현시켰다. 콜하스가 맨하튼 빌딩의 주요 형식 중 하나로 꼽았던 엘리베이터를 시작으로 하는 철골 프레임, 전기설비, 증기에 의한 배관 난방설비, 근대적인 쓰레기 처리와 하수도 시설 등의 건축기술은 뉴욕적인 고품격의 근대형Vintage Modern 고층 아파트를 세울 수 있도록 만들었다. 센트럴파크의 서쪽으로 존 레논과 요코가 살았던 곳으로 유명했던 다코타는 1884년 건설된 곳이지만, 이곳을 비롯하여 센트럴파크의 주변은 기본적으로 상류계급만이 향유할 수 있었던 특권지역이었다. '자선적 집합주택'Charitable Tenement이라는 비교적 고층에 있는 노동자용 집합주택도 있었지만, 시내에는 소수에 불과했다. 예를 들어, 주택개혁자이자 자선사업가였던 알프레드 화이트Alfred White는 주로 브룩클린에서 몇몇 집합주택을 건설했다. 그의 최후의 작품인 리버사이드 빌딩은 예전 브룩클린 북서부의 콜롬버스 플레이스Columbus Place에 위치했고, 1890년대 당시로서는 최대의 규모를 자랑했었다. 6층짜리 건물로 280개의 아파트 유닛, 19개의 상점이 있었다. 또, 건평은 전면적의 49퍼센트에 불과하여, 남은 공간은 거주자들을 위한 안뜰과 정원

---

30. 마츠다 마사오(松田政男), 『풍경의 사멸』(風景の死滅), 도쿄, 타바타케쇼보(田畑書房), 1971.

등으로 이뤄진 반半공공 공간semi-public space으로 할당되었다. 거주용 건물이 외벽과 같은 역할을 하면서 내부의 커다란 녹색 공간-안뜰을 둘러싸고 있었다. 제이콥 리스도 이 멋진 프로젝트에 대한 사진을 찍었고, 그의 작품 마지막에는 이 프로젝트 전체의 평면도와 아파트 유니트의 평면도를 게재하여 찬사를 보냈었다.

1920년대에는 1880년대에 상류계급만이 향수했던 고급 건축기술은 미국 전역에 걸쳐 중간계급의 주거건물에도 활용되기 시작했고, 이에 따라 집합주택이 많이 건설되었다. 이 당시의 주요 건축 스타일은 일반적으로 '가든 아파트'Garden Apartment라고 불리는 것이었다. 대략적으로 말하자면, 리버사이드 빌딩 형식을 확대한 것이라고 생각하면 좋을 듯싶다. 뉴욕은 땅값이 비쌌기 때문에, 비교적 적게 건설되었다. 그렇지만, 가든 아파트를 짓기 위해서는 **역시나** 이미 그곳에 살고 있던 '슬럼 청소'가 필수적이었다. 이 시기의 슬럼 청소는 거주자의 신경을 거스르는 최악의 주거환경을 개선한다는 목적으로 이뤄졌으며, 여기에 덧붙여서 '보다 편리한 생활과 풍요로운 생활'이라는 지금까지와는 약간 다른 뉘앙스를 풍기는 이데올로기가 가미되었다. 이러한 이데올로기는 백인 중간계급의 계급의식을 통합시켰고, 자동차의 보급·확대에 따라 점차 교외의 형성으로 이어졌다. 이즈음, 맨하튼의 몇몇 지역에서는 거대한 청소clearance=구축construction이 이뤄졌다. 예를 들어, 이스트 42번지에 있는 그랜드 센트럴역Grand Central Station의 동쪽으로 1애비뉴와 2애비뉴의 3개 구획에 해당하는 튜더 시티Tudor City가 건설되었고, 현재 고급 화랑가가 된 웨스트 첼시Chelsea 인근의 23번지에는 9애비뉴와 10애비뉴에 걸쳐 1개 구획에 대규모 공동 주거공간=런던 테라스London Terrace가 건설되었다. 런던 테라스의 아래층에는 방 한 칸만 있는 스튜디오 아파트가 대다수였지만, 위층으로 올라 갈수록 유니트가 하나인 곳이 많아지면서 옥상에는 소수의 거대 펜트하우스가 마련되었다. 런던 테라스는 건물 자체가 하나의 거대한 서열구조를 지녔던 것이다.

전체적으로는 지하에 설비된 풀장과 안뜰 등 호화로운 건물이었다. 초기 스튜디오 아파트의 거주자들은 대부분 권세가들의 애인이었다고도 전해진다.

그 후, 1930년대에는 루즈벨트의 뉴딜정책하에 공공사업관리국the Public Works Administration, PWA이 개입하여 처음으로 정부자금을 투자자금의 형태로 주택보급을 위한 자선사업이 시작되었다. 1935년 브룩클린의 부쉬비크 애비뉴Bushwick Avenue와 레오나르도 스트리트Leonardo Street에는 윌리암스버그 주택Williamsburg House이 있었고, 맨하튼 북부의 웨스트 152번지에는 할렘 리버하우스Harlem Liverhouse가 건설되었다. 윌리암스버그 주택은 뉴욕에서 처음으로 일정 소득 이하의 가족만 들어갈 수 있는 소득제한적 집합주택이었고, 가든아파트 양식이었기 때문에 상당히 대담한 공간적·기능적 디자인을 도입했다. 이 주택은 10개의 블록을 커버하는 거대한 복합건물로서, 세로 방향의 애비뉴는 1단위에 불과했지만, 가로 방향의 스트리트는 3개의 구획(블록)을 점유했다. 총 1,622개의 아파트를 수용하는 20개의 H자형과 T자형의 건물로 모두 단형 모양의 뉴욕시 구획을 대각선상으로 조금 기울인 모양으로 세워졌다. 내부에는 초등학교와 3개의 안뜰을 포함하고 있었다. 할렘 리버하우스는 지형상 아파트마다 크기가 제각각이었고, 방 2개짜리에서부터 5개짜리까지 다양하게 구성되었다. 건물의 형태도 다양했고, 4층짜리 건물과 5층짜리 건물로 L, T, Z형을 이루고 있었다. 또한, 이 복합건물의 안쪽에는 역시 아주 다양한 안뜰이 있었다. 이 두 가지의 주택들은 모두 높은 평가를 받았지만, 특히 후자는 '건축적'인 의미로도 뉴욕의 공공 프로젝트의 정점이라고 일컬어지고 있다.

뉴딜 시기에 주거문제에 대한 대응으로서 나온 교외개발에는 한 가지 무시하기 어려운 사실이 숨겨있다. 그것은 교외개발을 통해 경기가 회복되었다는 것이다. 이러한 경기회복은 발전해 가던 자동차 교통과 고속도로의 확충에 영향을 미쳤고, 국민경제의 향상을 포함하여 교외에서 한 가족을 위한 주택들이 대대적으로 건설되고 판매될 수 있도록 영향을 미쳤다. 특히, 제1차 세계대전 이후에는 정부와 개발업자가 함께 교외생활의 이미지를 도입했고, 새로운 마케팅방법을 고안하여 적극적으로 추진해 갔다. 역설적으로 '반反다운타운적 요인'이었던 자동차 교통이 뉴욕시내에도 주입되기 시작했다.

　　뉴욕을 세운 공로자는 우리들에겐 이미 익숙해진 악명 높은 로버트 모제스이다. 그는 뉴욕시내의 공동주택 프로젝트에도 적극적으로 관여했다. 스타이브산트타운Styvesante Town은 정확히 이스트빌리지의 북쪽에 해당하는 14번지에서 20번지에 걸쳐 이스트 1애비뉴에서 C애비뉴까지 일대를 차지하고 있다. 아마도 이 건물은 맨하튼 내에서 가장 거대하고 흉측한 집합주택으로 손꼽힐 만할 것이다. 1943년부터 시작된 이 프로젝트는 총 35개의 13층 건물로 구성되었고, 8,755개의 아파트 유니트가 있었다. 이러한 고층 건축물들은 바둑판 모양으로 된 맨하튼의 도시구획을 전혀 고려치 않고 제멋대로 배치되었다. 이들은 중앙에 타원형 광장을 집어넣어 몇 개의 안뜰을 감싸는 듯 방사상으로 구성되었다. 여기서 사용된 주요 디자인은 외부인의 침입을 항상 감시하거나 곤란하도록 하는 '보안'이었고, 타원형의 안뜰에는 경찰관을 수용할 수 있는 패트롤센터Patrol Center를 배치해 두었다. 이러한 고층 건물들은 지금까지의 공공 프로젝트에서 만들어 왔던 '휴식의 정원'이 아니라, '녹지 위의 고층 주거'tower in the park라고 하는 타워의 높이를 강조하며 '영토' 전체를 투시하기 쉽게 하는 장치가 되었다. 건물 자체의 디자인에서도 외부에서 침입하기 어려운 '요새적' 요소가 강조되었다. 이렇듯 좀 뒤떨어진 디자인임에도 불구하고, 당시 임대료는 중간계급용으로 지어진 공공 건물의 2배에 해당할 만큼 비싼 값을 뽑냈다. 더구나, 뉴욕시도 인정했던 것처럼 처음에는 인종차별적 규약이 있었고, 이로써 백인만이 입주가 허용되었다. 이 프로젝트는 정치적, 경제적, 건축적인 면 등 모든 관점에서 집중적으로 비판을 받았다. 예를 들어, 도시학자 루이스 멈포드Lewis Mumford 31는 1948년 『뉴요커』The New Yorker지에 모제스에 대해 아주 맹렬하게 비판했다. '우리들은 스타이브산트타운이나 제이콥 리스 하우스' 등 새롭게 지어진 건물들이 낡고 오래된 슬럼보다 열린 공간을 구성하고 있다는 말에 현혹되어서는 안 된다. 낡고 오래된 슬럼에서 문제가 된 것은 일정한 토지에 대한 건물의 비율에 대한 문제가 아니라, 일정한 지역 내에 존재하는 인구들의 혼잡이었다. 르 코르뷔지에처럼 모제스도 시각적으로 열린 공간을 기능적으로 (거주가능한) 열린 공간이라고 혼동하고 있다.[32]

모제스는 다양한 공공 기관 및 사적private 기관을 활용하여 광대한 토지를 사들이고, 저소득자와 민중을 추방하여 유엔빌딩과 이에 부설된 아파트 및 호텔, 링컨센터, 모닝델하이츠, 스타이브산트타운 등 거대한 프로젝트를 만들어갔다. 이로써 모제스의 시대에 이뤄진 슬럼 청소는 과거 다운타운에는 볼 수 없었던 인종의 분리와 몇몇 **어둡고 슬프며 가난한** 공공 프로젝트의 출현을 촉진시켰다. 이후에는 스타이브산트타운과 비슷하거나 혹은 보다 빈약한 프로젝트가 출현하였고, 그곳을 주요 무대로 하여 청소년들 사이에 마약사용과 총격전이 벌어졌다. 도시 생태학자ecologist인 데보라 월리스Deborah Wallace와 로드리게스 월리스Rodrick Wallace에 따르면, 모제스가 애용했던 몇몇 법규 속에서도 **특히 좋아했던 것은** 이른바 주거법률 1조인 〈1949년에 제정된 주택법제1조〉The Title 1 of the Housing Act of 1949였다. 이 법률은 '평가절하'write-down, 토지의 시장가격과 개발업자의 견적 사이의 차액된 가격 중 2/3를 국가재정에서 충당하고, 남은 1/3은 지

---

31. [옮긴이] 루이스 멈포드(Lewis Mumford, 1895~1990) : 미국 사회철학자, 건축 비평가. 현대세계에서 보기 드물게, 도시의 역사와 기술, 건축, 지역개발 등 다방면에 걸쳐 전문적인 식견을 보여준 지식인으로 생태주의 사상에 깊이 연결됨. 그의 사상의 핵심은 도시관, 도덕적 개혁, 균형과 전체성에 있었다. 특히 균형과 전체성의 관점에서 모든 다양한 상호관계에서 사람 전체를 살펴보는 총체적 사고, 혹은 자연을 다루는 생물학자적 사고를 엿볼 수 있다. 즉, 하나의 건물이든 도시이든 보다 넓은 문화적 맥락 속에서 살펴보려고 하였다. 이러한 관점은 '문명사'를 '거대기계'라는 눈에 보이지 않는 권력체계의 발현으로서 생각하였고, 루돌프 바로를 비롯한 현대의 대표적인 녹색 정치사상가들에게 깊은 영향을 미쳤다. 대표작으로는 『역사 속의 도시』(*The City in History*, 1961)가 있다.
32. Lewis Mumford, "Stuyvesant Town Revisited", p.71, Richard Plunz, *A History of Housing in New York City*, New York: Columbia University Press, 1990에서 일부 발췌.

방자치체가 충당한다는 것이었다. 현실적으로는 항상 시장가격이 개발업자의 견적을 상회하기 때문에 개발업자가 틀림없이 이득을 보는 구조였다. 모제스는 이를 다른 법규와 병용하여 몇몇 공동체를 붕괴시켰다.

이하는 1951년부터 1964년 사이에 주거법률 제1조로 실현된 프로젝트로서, 괄호 안은 이 법규에 의해 추방된 유색인종 임대인의 비율이다. 코레아즈 후크(24퍼센트), 할렘(100퍼센트), 노쓰 할렘(100퍼센트), 웨스트 파크(52퍼센트), 모닝사이드 하이츠(65퍼센트), 콜롬버스 서클(54퍼센트), 포트 녹색(62퍼센트), 플랫 인스티튜트(36퍼센트), 하멜스로커웨이(67퍼센트), 링컨광장(7퍼센트).[33]

---

33. Deborah Wallace & Rodrick Wallace, *A Plague on Your Houses*, London, New York: Verso, 1998, p.14.

이 시기에 유엔빌딩과 링컨센터가 개발되었고, 이로써 뉴욕은 '세계의 문화와 경제의 중심'이라는 칭호를 획득하였다. 그러나 뉴욕을 이러한 위치로 끌어 올려 미국적 문화의 시대를 형성했던 것은 바로 '폭력적 개발'이었다. 일단 건설이 완료되면, 이전의 '사건들', '주민', '문화'는 더 이상 찾아볼 수 없는 아주 먼 곳으로 사라진다. 뉴욕을 방문하는 수많은 관광객은 '세계문화의 중심'을 견학하기 위해 찾아올 지도 모른다. 그렇지만, 이 거리에 살던 민중들의 관점에서 보자면, 이미 개발된 후에 단지 개발된 것을 보고 뒤돌아서 버리기에는 너무나 슬픈 이야기가 될 것이다. 따라서 이 도시를 느끼기 위해 상상력을 발휘하여, 눈앞에 존재하는 건축물들 밑에 도대체 어떤 층stratum이 잠자고 있는지, 혹은 **아직도 깨어날 수 있는 가능성을 지닌 채 잠시나마 가면상태로 있는 층은 무엇인지에 대해 좀처럼 눈**으로는 보기 어려운 영역을 투시해 볼 수 있는 능력을 키울 수 있다면 …… 끝없이 균질화되고 있는 세계의 풍경 속에서 이러한 '계기'를 발견하는 것이 가능할 것인가…….

한편, 노동계급과 그들의 공동체에 타격을 준 가장 큰 사건은 '탈산업화'deindustrialization라는 뉴욕시의 지배계급이 고안해 온 장기적 계획이었다.[34] 〈지역계획협회〉The Regional Plan Association라는 정부기관은 1929년에 '뉴욕시에 대한 전체구상'을 발표했다. 이것은 맨하튼 전체와 브룩클린, 퀸즈의 일부 지역에서 공장과 제작소 등 모든 생산공장을 추방하고, 그 대신 금융기관과 고급 아파트를 만든다는 포스트포드주의적 경제정책의 선구적인 사례가 되었다. 이것은 공장노동의 삭감과 동시에 노동자가 공장 근처에 거주하는 것이 아니라, 지하철과 전차, 자동차로 교외 혹은 그에 준하는 근린지구에서 통근하도록 공간을 재편성하는 방향으로 귀결되었다. 이에 따라, 뉴욕은 1929년부터 1969

---

34. 이 개념에 대해서는 Robert Fitch, *The Assassination of New York*, London, New York: Verso, 1993을 참조.

그림6 로어 이스트사이드 풍경(촬영 : 유진 아게마츠, YA)

년까지 "산업의 유충幼蟲에서 금융과 문화의 나비가 되어 도약하였다."[35] 그 결과, 1959년부터 1989년 사이에 60만 명에 이르는 제조업 관계의 일자리가 사라졌다. 이것은 실업자를 증가시키면서 뉴욕의 평균 시급이 미국 내 2번째(최하는 텍사스주의 샌안토니오시)로 낮은 곳이라는 기록을 낳았다.[36] 이렇듯, 뉴욕에서의 젠트리피케이션은 오래전부터 준비되었던 것이다.

1950년대 미국 내에서는 대중매체의 시대가 도래하였고, 특히 냉전 속에서 '핵공격의 위협'이 자주 회자되곤 하였다. 나는 이것을 오늘날 '테러리즘의 위협'과 비교해 볼 필요가 있다고 본다. 예를 들어, 1951년에 발표된 잡지『핵과학자회보』*The Bulletin of the Atomic Scientists*에서는 '탈중심화를 통한 방어'라는

---

35. Deborah Wallace & Rodrick Wallace, *A Plague on Your Houses*, London, New York: Verso, 1998. p.12.
36. 같은 책 참조.

테마로 특집호가 나왔다.37 이 특집호에서는 핵공격을 받았을 때, 집중적 파괴를 피하기 위해서는 미국의 모든 주요도시의 중심지구를 분산시켜, 위성상의 다중심적인 네트워크로 재편해야 한다는 새로운 아이디어가 소개되어 있다. 이러한 아이디어는 다운타운적 요소들이 교외로 분산되고 있는 현실과 형식적으로 잘 맞아 떨어지고 있다. 또, 로스앤젤레스와 같은 대도시처럼 앞으로 도래할 메가시티의 분산적 공간구조를 예감시키기도 한다. 이 시기에 군軍과 대기업의 이익을 대표하는 지식인들은 모두 협력하여 도시의 해체와 제거를 주장하였다. 이러한 생각은 이 시대와 이후 시대에 도시를 둘러싼 전형적인 생각을 이루게 된다. 이러한 생각을 배경으로 1950년 『콜리어』*Collier* 지에서는 「히로시마, 미국」이라는 어떤 보수 논평가의 기사가 컬러판 일러스트와 함께 게재되었다.38 일러스트에는 뉴욕의 다운타운이 파괴되고, '9·11'을 예감시키듯 아무것도 남지 않은 '제로지대'Zero-zone의 광경이 생생하게 그려져 있다. 이 기사에는 소련이 뉴욕을 파괴하는 상세한 모습을 집요하게 묘사하고 있다. 건축사가인 리차드 플룬츠Richard Plunz에 의하면, "이 지대(제로지대)는 로어이스트사이드의 중심부이지만, 우습게도 이미 파괴가 진행되었다. 마찬가지로 반反다운타운이라는 방향성에 맞춰 경제적·정치적인 방법으로 진행되고 있다 ……"39고 한다.

여기서 말했던 다양한 '반反도시적 추세'에는 물리적으로 자동차만이 아닌 비행기도 포함한 교통의 발전이 크게 영향을 미쳤고, 또 경제의 전지구화가 크게 관여하였다. 이러한 흐름 속에서, 주거형태와 관련하여 '비장소'non places라는 현상이 나타났다. 이 개념은 프랑스 인류학자 마크 오제Marc Augé 40가 제시

---

37. Richard Plunz, *A History of Housing in New York City*, p.277.

38. 같은 책, 278쪽 참조

39. 같은 책, 279쪽 참조.

40. [옮긴이] 마크 오제(Marc Augé, 1935~) : 프랑스 인류학자. 현 프랑스 사회과학고등연구원 주임교

했던 것으로, 기술발전 자체는 아니지만 기술발전과 평행적으로 생성되는 공간적 경험이다. 기술발전이 상류계급의 생활에서 먼저 발생·도입되면서 점차 일반화되는 것처럼, 이 현상도 상류계급에서 시작하여 일반화되는 공간적 경험이다.

"장소가 관계적·역사적이며, 동일성과 관계된 것이라면, 관계적이거나 역사적이지 않으며, 동일성과 관계한다고 보기 어려운 공간이 비장소non places이다."[41] 이 개념은 현대에서 우리들의 일상을 점차 잠식하기 시작한 지금 바로 여기에 있는 '장소'와의 접촉을 상실하는 것이며, 장소를 매개로 한 관계의 생산성 상실, 그것도 **기능적** 상실'을 지칭한다. 여기에서 이 개념은 민중이 거주하고 교류하는 '도시'의 파괴와 이러한 파괴로부터 파생하는 '경험'이 지향하는 곳을 파악할 때 유효하다. '비장소'란 뉴욕에서 북경으로 향하는 비행기 안에 있으며, 또 비행기를 기다리는 공항의 대기실에도 있고, 맨하튼의 업퍼 이스트 사이드Upper Eastside의 고층 아파트에서 출발하여 뉴욕주 북쪽의 캐츠킬산 Catskills Mountain의 별장으로 향하는 BMW 차내에도 있으며, 그 순간 파리에서 쇼핑을 즐기고 있는 부인과의 전화 속에도 있다. 또한, 외부와 차단되어 아름다운 삼림환경 속에서 고요하고 안락함을 느끼면서도, 난방시설과 각종 미디어, 와인 저장고, 헬스장, 수영장, 경비회사가 직접 관리하는 경비장치, 그 밖의 사회관계에서 오는 우연성과 자신의 존재를 함께 잊게 해 주는 모든 장치를 갖

수. 그의 연구에서 핵심적인 개념은 비장소(non-place)이다. 이것은 현대 도시공간에서 개인이 만남이나 횡단을 위해 방문하는 '익명의 공간들'이다. 여기에는 사람과 재화의 순환을 촉진하는 데 필요한 시설들(공항, 환전소, 고속철도), 수송의 매개지점(환승역, 환승 공항), 대규모 상업지구나 물류센터, 호텔의 대기소와 객실, ATM(현급지급기) 등의 기계들이 포함된다. 이러한 공간들은 거주나 체류를 위한 곳이 아니다. 따라서 거주나 체류를 위한 '장소'라는 개념과는 대비된다. 또한 이것들은 개별적으로 존재하면서도 다른 곳들과 비슷하다는 점에서 장소적인 특수성을 상실한 공간이다. 대표작으로는 *Non-Places: An Introduction to Supermodernit* (1995)이 있다.

41. Marc Auge, *Non-Places*, Translated from the French by John Howe, London, New York: Verso, 1992, pp.77~78.

춘 별장 혹은 교외의 주택에 비장소가 존재하는 것이다. 더구나, 이러한 교외의 주택과 별장에 쓰이는 건축재료들은 세월이나 바람과 눈의 풍화 흔적을 최대한 없애주며, 전통적인 집의 표상을 가능한 한 없앨 수 있도록 CAD로 설계된 집들로 이곳에도 비장소가 존재하는 것이다.[42] "오늘날 세계의 구체적인 현실 속에서 장소와 공간, 장소와 비장소는 서로 뒤엉켜 있다. 비장소의 가능성은 그 어디라도 존재한다. 예를 들어, 장소는 인적이 드문 시골에 별장을 갖고 싶다고 꿈꾸는 비장소 중독자들의 피난소가 된다."[43] 이런 점에서 뉴욕과 세계의 수많은 도시공간은 분명히 '비장소적 장소'로 변하고 있다.

도시민중의 기본적인 생존조건의 획득과 개선을 위해 시작된 주택개혁은 대폭적으로 자연을 재구성하는 공공사업을 통해 '공중위생'을 확보할 수 있었으며, 이 속에서 주민의 신체를 '도시적 신체'Metro-body로 바꾸어 도시공간을 바둑판 모양으로 그어 버렸다. 이와 더불어 지속적으로 거대화되는 건축물들은 모든 것을 상품으로 둔갑시켰고, '편리한 생활'과 '쾌적한 생활'이라는 이데올로기를 끝없이 추구하였다. 이러한 모습은 도시를 건설하려는 어떤 전환점 속에서 물질적 현실과의 접점이 끝없이 축소되는 '비장소적 체험'을 얻으려는 지향성을 지닌다. 동시에, 환상적 영역과 현실적 영역에서 양쪽 모두 일관되게 증가시켜 온 것이 있다면 카타스트로피(대재앙)Catastrophe가 발생할 가능성이다. 궁극적으로 이 양자는 확장 과정을 통해 스스로 통제불능의 가능성이 증가하게 되며, 마치 서로 상반되는 모습을 거울로 비추듯이 확장해 가는 것 그 이상 이하도 아니다. 그렇지만, 이에 대해 '핵의 위협'에서 '테러리즘의 위협'에 이르기까지 '권력'은 언제나 외부 적의 위협으로 표상하였고, 스스로의 일방적인 힘을 행사하기 위한 구실로 삼아 왔다.

---

42. 오제 자신은 이러한 목록에 장소를 없애버렸다는 의미로 '스쾃터'나 '홈리스', '이민'도 포함시키고 있지만, 나는 이것에 반대하며, 여기서는 문맥상 이를 무시하겠다.
43. Marc Auge, 앞의 책, p.107.

지금까지는 뉴욕의 주거공간의 발전에 대한 거시적인 흐름을 살펴보았다. 그렇다면, 그 사이 현실적인 도시의 세부 모습, 특히 다운타운의 치마타에는 무엇이 이뤄졌을까? 예를 들어, 이스트빌리지에서는 어떠한 '공간의 정치' Spacial Politics가 진행되고 있었던 것일까? 이에 대해 살펴보겠다.

이스트빌리지의 공간정치

화재, 젠트리피케이션, 톰프킨즈광장공원

영토에는 고독한 소리가 따라 다닌다. 대지의 소리는 영토에 대응하기보다는 오히려 영토의 소리에 공명하여 울려 퍼진다. 영토의 소리는 대지를 통해 매개되어 땅 밑바닥으로부터 나타나고, 또 언제 다시 돌아가 버릴지 모르는 민중들이다. 이것은 지상(地上)의 민중이라기보다는 오히려 지하(地下)의 민중이다.
―― 들뢰즈·가따리[44]

내가 뉴욕에서 생활하기 시작했던 1980년대 초엽, 이스트빌리지에 대한 인상은 '무섭지만 매력적인 곳'이었다. 문화적, 정치적으로 가장 첨단적인 곳이었고, 그곳으로 외출을 하다보면, A애비뉴에서 B, C, D애비뉴와 동쪽으로 가다 보면, 점차 거리의 모습이 '황폐해지는' 것을 알게 되었다. 불에 타 어지럽혀진 폐가옥들이 눈에 띄기 시작하고, 건물들 사이에는 잡초가 무성한 빈 땅이 그대로 노출되어 있었다. 그곳에 홈리스 같은 사람들이 모닥불을 피우거나 음식을 만들어 생활하는 모습이 눈에 띄었다. 폐가옥 중 몇몇은 출입하는 사람들 모습으로 미뤄 볼 때 분명히 사격 훈련장Shooting Gallery으로 활용되었다. 본래 이곳은 히스패닉계 주민들이 모여 술을 마시거나 게임을 하거나 댄스를 추던 곳이었다. 나는 이런 공공 공간의 잡거적이며 축제적인 활용법에 대해 크게 호

---

44. 질 들뢰즈·펠릭스 가따리, 『천 개의 고원』, 東京·河出書房新社, 1994, p.390.

감을 느꼈지만, 한편으로 마약거래상도 뒤섞여 있었기 때문에 섬뜩한 느낌이었다. 실제로 총으로 공갈하거나 강도짓도 하기 때문에 한 밤중에 클럽이나 친구 집에서 귀가하는 것은 언제나 마음이 무거웠다.

1970년대에 뉴욕시의 '재정위기'fiscal crisis는 부동산 개발을 위한 자금조달 방법의 탓이었다고 한다.45 재정위기는 장기이자로 운용되는 주택구입자금을 조달하기 위해 단기금융에 의존하면서 생긴 위기였다. 부동산개발을 위해 그 어떤 도시도 단기금융으로부터는 1달러도 빌리지 않는다고 한다. 당시, 뉴욕시의 인구는 전미의 3퍼센트도 안 되지만, 단기금융 이자에 대해서는 전미 도시의 약 반액(3조 달러)을 차관하고 있었다. 뉴욕시 주택국 장관이었던 로버트 스톨Robert Stole은 독자적인 슬럼대책안을 가지고 있었다. 이 대책 안은 슬럼의 "계획적 축소안"planned shrinkage, 1969이라고 불렸다. 대략적으로 말하자면, 모제스 시대와 같이 새로운 집합주택을 건설함으로써 '부수적인 청소'cleaning를 한다는 것이었는데, 실제로는 단순한 '축소'에 불과했다. 유대인계, 아일랜드계, 이탈리아계 사람들의 주거지역은 이미 교외로 이동하기 시작했지만, 흑인과 라틴계의 공동체community에는 '지원이 축소됨'에 따라 단순한 환원주의reductionism로 축소된 것이었다. 1971년에서 1980년 사이에 약 200만 명의 시민이 이동할 수밖에 없었지만, 그중 60만 명의 흑인과 라틴계의 사람들은 주로 **방화와 화염**으로 인해 주거지에서 추방당했다.46 왜 이런 일이 벌어진 것일까?

"계획적 축소안"이란 자금부족 문제를 충당하기 위한 방법이었고, 사실은 '방법없는 방법'이었다. 1960년대 말부터 1970년대 초에 걸쳐 빈곤지역의 소방서는 많이 축소되거나 중간계급의 지역으로 이동하였다. 그 결과, 직접적으로는 브롱크스, 할렘, 이스트빌리지, 로어이스트사이드, 브룩클린의 베드포드스

---

45. Robert Fitch, *The Assassination of New York*, London, New York: Verso, 1993 참조.
46. Deborah Wallace & Rodrick Wallace, *A Plague on Your Houses*, London, New York: Verso, 1998.

타이브산트Bedford-Stuyvesant, 그 밖의 지역에는 원인을 알 수 없는 화재가 자주 발생하였다. **믿기 어려운 건**, 경찰들은 이러한 화재에 대해 그 어떤 원인규명의 노력조차하지 않았다는 것이다. 그러나 화재의 효능만큼은 확실했다. 지금까지 계속해 왔던 '개발'과 결부된 '파괴'가 가속화되었던 것이다. 이것이야말로 젠트리피케이션이라고 하는 새 시대를 맞이하기 위해 필요한 슬럼 청소의 핵심이었다. 이렇게 불에 탄 폐가옥 지대에서 사람들은 결핵과 매춘, 마약중독, 에이즈, 출생률저하, 그리고 범죄로 고통받았다. 이것이 바로 이스트빌리지의 당시 모습이었다.

그러나 1980년대 초를 경계로 하여, 이러한 모습은 점차 변화하기 시작했다. 작은 화랑이 몇 개 출현하였고, 최신 유행의 클럽, 레스토랑도 생겨났다. 이러한 변화에 따라 점차 부동산의 가치가 상승했다. 이러한 젠트리피케이션은 뉴욕에서 모제스시대(=포드주의시대)를 계승하여 '개발(=소토掃討/청소)를 통한 커다란 물결'을 이루었다. 이러한 물결은 이후 데이비드 딘킨즈David Dinkens 및 줄리아니 뉴욕시장의 시대와 조응한다. 그렇지만, 앞서 언급한 것처럼 실제로는 아주 오래전부터 준비된 것이었다. 이 물결의 역사는 다음과 같다. 우선 뉴욕 전체를 '탈산업화'시켜 값싼 땅으로 만들었고, '임대료통제 해제'rent control 47를 통해 주민들의 자유를 빼앗았다. 또한, 빈곤지역에 대한 원조를 끊었으며, 화재를 통해 주거지를 물리적으로 타버리도록 내버려 둔다는 '방법없는 방법'으로 토지를 일단 환원시킨 다음, 개발이라는 맹공격을 가미하여 도시공간을 재편해 갔다.

이즈음, 똑같은 이스트빌리지 안에서도 몇몇의 서로 다른 '거리의 표상들'이 교차하면서, 서로 대립하였고, 복합적으로 치마타의 사건들을 형성했다.48

---

47. 특히, 1971년 주지사였던 록펠러가 조인한 법안으로 그 이후로도 (악명 높게) 이야기 되고 있다. 만약 임대한 사람이 죽은 경우 집주인은 자유롭게 임대료를 올려도 좋다거나 새로운 빌딩일 경우, 빌딩주인은 임대료를 시장가격에 따라 결정할 수 있다 …… 등등.

예를 들어, 이 지구는 세 개의 다른 호칭이 동시에 존재했다. A, B, C애비뉴를 강조하는 호칭으로서 '알파벳 시티'Alphabet City라는 말은 진보적인 문화거리를 의미하면서 외국 젊은이들의 관심을 끌어 모았다. 그러나 히스패닉 사람들 사이에서는 그들 고유의 호칭인 로이사이다Loisaida가 계속 사용되었다. 또한 '로어이스트사이드'는 예전부터 동유럽계 이민자, 유대인계 이민자들의 문화의 땅으로 지칭되었다. '이스트빌리지'에는 과거를 계승한다는 의미로 홈리스들이 배회하거나 스콧 조직들이 몇몇 폐가옥을 주거지역으로 바꾸려고 자신들의 손으로 건물을 개조하거나 반복적으로 뉴욕시와 절충(=투쟁)을 벌였다. 또한, 선진적 문화의 다양화 혹은 선진적 문화의 계승·발전이라는 의미로 게이 공동체의 증대와 강한 자기주장이 있었다. 때마침, 이스트빌리지에 출현하기 시작했던 작은 화랑들은 여러 미술의 조류를 양성했다. 일본에서도 관심을 불러 일으켰던 그래피티 예술(그래피티와는 구별됨)graffiti art 49, 뉴페인팅new-painting 50,

---

48. Christopher Mele, *Selling the Lower East Side*, Minneapolis, London: The University of Minnesota Press, 2000.

49. [옮긴이] 그래피티 예술(graffiti art) : 벽이나 그 밖의 화면에 낙서처럼 긁거나 스프레이 페인트를 이용해 그리는 그림을 말하는 것으로 어원은 '긁다, 긁어서 새기다' 라는 뜻의 이탈리아어 'graffito'와 그리스어 'sgraffito'에서 유래했다. 고대 동굴의 벽화나 이집트의 유적에서 볼 수 있는 낙서에 가까운 그림 등에서 찾을 수 있고, 그래피티가 예술로서 등장한 것은 제2차 세계대전 이후로 사이 톰블리(Cy Twombly), 잭슨 폴록(Jackson Pollock) 등이 낙서의 표현법에 관심을 보였고, 이후 장 뒤뷔페(Jean Dubuffet)는 아웃사이더 예술로서의 낙서의 의미에 주의를 기울였다. 그래피티 예술이 본격화된 것은 1960년대 말로, 뉴욕 브롱크스 거리에 낙서가 범람하면서 반항적 청소년들과 흑인, 푸에르토리코인들과 같은 소수 인종들이 주도하였고, 분무 페인트를 이용해 극채색과 격렬한 에너지를 지닌 속도감 있고 도안화된 문자들을 거리의 벽에 그렸다. 또한 랩 음악과 브레이크 댄스를 즐겼던 이들은 거리의 벽, 경기장, 테니스장, 지하철 전동차 등 가리지 않고 그릴 수 있는 곳에 그림을 그렸다. 장 미셸 바스키아(Jean Michel Basquiat)와 키스 해링(Keith Harring)은 이러한 도시의 예술을 현대 미술의 장르로 발전시켰다.

50. [옮긴이] 뉴페인팅(new-painting) : 1970년대 이후 전위주의가 후퇴하면서 인간의 모습을 중심 주제로 하던 예술 경향으로서 1980년대에 미국과 유럽에 거의 동시적으로 등장했다. 언뜻 보기에는 거칠고 세련되지 못한 필치지만 정열적으로 그린 회화로서 마치 전위화가가 잃어버린 현실의 인간과 그림과의 연계를 회복하려는 새로운 시도였다. 대표적 작가로는 슈나벨, 바스키아, 클레멘테 등이 있다.

네오지오Neo geo 51 혹은 모조주의simulationism 52 등의 조류를 낳았다. 당초에는 단층의 작은 점두공간store front에서 전시되었지만, 소호Soho에 있는 레오 카스테리Leo Castelli나 일리아나 소나벤드Illiana Sonabend 등 대화랑들이 개입하여 보다 큰 국제적 미술시장의 투자대상으로서 위상이 올라갔다. 당시, 폐가옥지대에 인접하고 있던 화랑거리에는 리무진을 탄 수집가들이 나타나곤 했다. 분열증을 일으킬 만한 상황이었다.

이스트빌리지에는 역사적으로 독자적인 '문화의 전통'을 지닌 **두터운 층**이 존재했다. 한 마디로 말하자면, '민중적 저항의 문화'였다. 이곳의 상징적인 공간으로는 가로 축으로 A애비뉴와 B애비뉴 사이, 그리고 세로축으로는 7번가에서부터 10번가에 걸쳐 있던 톰프킨즈광장공원Tompkins Square Park이 있다. 이곳은 원래 저습지대였지만, 1834년에 정비되어 공원으로 조성되었다. 이러한 장소적 특성 때문에 처음부터 이민노동자와 실업자들의 집회나 집합적인 의사표시의 장소가 되었다.

예를 들어, 1873년 남북전쟁의 과다한 경비 때문에 금융공황이 발생했다. 수많은 점포가 도산했고, 공장의 조업도 정지되었다. 실업자들은 거리에 가득했다. 그 다음 해, 1월 13일 독일계의 어느 사회주의자의 호소로 이 공원에서 뉴욕시 사상 최대인 7천 명이 참가한 집회와 집회가 열렸다. 뉴욕시와 정부에

---

51. [옮긴이] 네오지오 : 새롭고 기하학적 개념주의(Neo-Geometric Conceptualism)의 줄임말로, 시뮬레이션 아트(simulation art), 혹은 신추상 또는 신기하(新幾何)로도 불린다. 1985년 팝아트, 개념미술, 매스미디어와 테크놀로지의 막강한 비평 속에서 출현했다. 이들의 이론적 기반은 미셸 푸꼬(Michel Foucault)와 장 보드리야르였다. 네오지오는 현실은 이미 어떤 것을 복사한 것이고, 현대의 소비사회는 재생산에 기반을 두고 있다고 보기 때문에 현실의 독창성을 부정한다.

52. [옮긴이] 모조주의(simulationism) : 1970년대 말부터 뉴욕의 미술계에 등장하기 시작한 사진적 방법에 근거한 미술이다. 모조주의자들은 롤랑 바르트가 카피스트에 비유한 저자의 개념을 미술 세계에서 실천한 작가들이다. 그들은 개인의 독창적 상상력을 언어적 공간으로 대치한 롤랑 바르트의 견해를 충실히 따라, 작품의 원천을 자기 자신(작가)에게 두지 않고 그 어휘를 문화 속의 언어 목록에서 빌려온다. 그들은, "오리진이란 것은 없으며 오직 생산품들만 있을 뿐이다"라고 한다.

대해 절실히 구제 대책을 호소하는 실업자와 그들의 가족들이 참가했다. 본래 출석해서 성명을 내야 했던 당시의 뉴욕시장인 베이브 마이어Babe Myer는 마지막 순간에 출석을 취소하였고, 동시에 경찰은 집회가 위법이라고 규정하였다. 시장의 구제 대책 발표를 기대했던 참가자들이 광장에 모였을 쯤, 경찰은 그들을 공격하기 시작했고, 여자나 아이들을 포함한 수백 명의 사상자가 발생하였고, 사망자도 1명 있었다. 이것이 바로 '톰프킨즈광장의 학살'이다.

그 후에도 인구가 증가됨에 따라 이스트빌리지의 정치적 상황은 긴박하게 흘러갔다. 1910년, 당시의 통계로 약 54만 명의 사람들이 집합주택에 빽빽이 들어가 살았고, 일과 주거를 둘러싼 고난한 투쟁을 벌였다. 바느질이나 재봉 등 의류업에 종사하는 노동자, 하역 인부, 인쇄공, 토목공, 각종 점원, 하인, 사무직 노동자들이 섞여 있었고, 공산주의자, 트로츠키주의자, 아나키스트, 참정권자suffragist 등의 활동가들이 왕성한 활동을 펼치고 있었다. 이스트빌리지는 그러한 장소였던 셈이다.

톰프킨즈광장공원은 그 후 다시 모제스의 공원개조 계획, 뉴욕시 공원국이 야구장으로 개조하려는 계획 등과 싸워나가면서 연명해 왔다. 그 사이, 1950년대에는 비트 시인들의 모임장소가 되었고, 1960년대에는 대항문화counter-culture의 중심지가 되기도 했다. 1960년대 후반에는 삐삐세대(베이비붐 세대들)와 경찰의 충돌이 발생하였다. 공원의 야외 음악공연장에서는 프리콘서트가 활발히 개최되었다. 현재 공원의 북동쪽 모퉁이 — B애비뉴와 10번가의 모퉁이 — 에 위치하고 있는 라이브 카페는 비트시대 때부터 이름이 남아있지만, 1980년대 초에는 손님들이 언제나 아주 자연스럽게 마리아나를 피웠었다. 또, 그 당시 매년 여름에는 '위그스톡'Wigstock이라 불리는 이성장자(이성異性 복장을 한 사람)Transvestite들이 퍼포먼스 대회를 열어 즐거운 추억이 남아 있는 곳이기도 했다.

이처럼, 1980년대 말 무렵, 이스트빌리지는 '대지의 소리'가 메아리치며 '지하의 민중'들이 살던 거리였다. 다양한 대안적 생활형태 및 생활의 실험이 여기서는 존재할 수 있었다. '내륙적인 미국'의 입장에서 봤을 때, 이러한 이미지는 일종의 공포였으며, '미개의 땅'이었다. 현대 지리학자인 닐 스미스Neil Smith에 의하면, 이스트빌리지는 본원적으로 '반反도시적'인 경향을 가진 곳으로, 미국 국민들의 의식 속에서는 '개척해야 할 야생'野生에 해당하는 공간이었다고 한다. 20세기 후반 이후, 과거의 개척 전선은 이미 자연의 대지가 아닌 도시의 슬럼으로 이행하였다. 다시 말해, 사회질서적인 측면에서 도시의 슬럼이야말로 가장 통제불가능한 영역이었던 것이다. 이것은 '영역에 사는 자'가 '대지'를 제패하도록 촉진하는 요인이 되기도 했다. 이러한 의미에서 젠트리피케이션을 추진하는 것은 과거에 있었던 '개척'과 같다.53 그리고 새로운 개척자의 개입으로 1988년에서 1991년을 경계로 톰프킨즈광장공원과 이스트빌리지는 대폭적으로 변모해 갔다.

이렇듯 대폭적인 변모는 '대지의 소리'를 전달하는 '지하의 민중'을 삭제하는 것이었다. 당시, 젠트리피케이션의 준비단계로서 탈투자disinvestment와 창고숨기기warehousing 54의 영향으로 뉴욕에서는 홈리스들이 증가했다. (이 두 현상에 대해서는 제2장에서 보다 상세하게 다룰 것이다). 1988년 1월부로 추정해 볼 때, 약 17만 8백 명의 홈리스들이 톰프킨즈광장공원에 살았었다. 또, B애비뉴와 10번가에는 크리스터드라 빌딩Cristerdra building으로 대표되는 고급 콘도가 개발되어, 여피족들이 이동하여 살기 시작했다. 그리고 부동산업자, 레스토랑업자, 점주 등도 새로 이주하였고, 새로운 거주자 중에는 공원의 홈리스에 대해 불만을 털어 놓기 시작한 사람들도 생겨났다. 원래부터 이곳에서 살아왔던 사람들과의 모순이 점차 이 치마타에서 구체적으로 나타나기 시작하면서 명

---

53. Neil Smith, *The New Urban Frontier*, London, New York: Routledge, 1996.
54. [옮긴이] 창고숨기기(warehousing) : 창고를 뜻하지만, 여기서는 이스트빌리지의 다양한 민중적 생활과 문화공간을 창고처럼 가두어 야생과 미개의 것이 보이지 않게 격리한다는 의미로 사용된다.

확한 대립이 형성되었다. 같은 해 8월 6일, 반反젠트리피케이션을 주장하던 그룹, 주택문제 활동가, 공원에 사는 사람들, 주민들을 원조하는 그룹, 예술가들, 그리고 밤거리를 활보하는 일반 시민들로 구성된 도시적 민중들과 경찰 사이에서 충돌이 발생했다. 새벽 1시를 조금 지났을 무렵, 경찰은 공원 주변에 '야간 외출 금지령'curfew을 발령했고, 공원 거주자들을 소멸시키려고 하였다. 이때, 경찰들은 도시민중들이 아무런 폭동도 일으키지 않은 상황에서 '경찰폭동'police riot을 일으켰다. 경찰들은 거꾸로 대립을 선동했지만, 저항하는 측은 승리를 선언했다. 이 당시 저항하던 사람들의 슬로건은 '젠트리피케이션은 계급투쟁이다!'라는 것이었다. 또, 몇몇 비디오 예술가들이 이러한 광경을 기록하였고, 약 17명의 경찰을 기소하도록 하는 증거가 되었다. 이러한 경험을 시작으로 오늘날 활동가들은 비디오와 미디어를 활발히 사용하기 시작했다.

이후 공원에 사는 주민들은 다시 돌아오게 되었지만, 그 후에도 몇 번이고 충돌이 발생했으며, 그때마다 공원은 점점 사람들이 살기 어려운 폐쇄공간으로 바뀌어 갔다. 1991년 5월, 딘킨즈 뉴욕시 정부하에서 대폭적인 공원 개조가 이뤄졌다. 경찰이 경비를 보고 있는 상황에서 8피트의 쇠로된 그물 펜스로 공원을 전면적으로 봉쇄하였고, 2,300만 달러에 상당하는 공원개조가 신속히 이뤄졌다. 이 시기에 뉴욕시 정부는 공원에 살던 사람들이 공원 개조 후에 살 수 있는 장소를 제공하지 않았다!55 그리고 현재 공원은 그때의 흔적이 별로 남아 있지 않는 완전히 방벽화gated된 모습이 되어 있다. 모든 유원지, 스포츠 시설, 삼림 영역은 철로 된 펜스로 둘러싸여 있고, 모든 벤치의 중앙에는 철로 된 손잡이가 설치되었으며, 사람이 **옆으로 눕지 못하도록** 되어 있다. 현재 이렇게까지 통제된 공간에서 당시의 모습을 상상하기란 어렵다. 오히려 '모든 것이 뒤바뀐 상황'이라고 할 수밖에 없다.

---

55. Neil Smith, 앞의 글을 참조.

이 사건은 톰프킨즈광장공원으로 대표되는 이스트빌리지, 그리고 어떤 의미에서는 뉴욕 전체의 변화를 상징하는 사건이었다. 그렇지만, 이 공원을 민중의 손으로 되돌리려는 시도들은 지속되고 있다. '도시에 대한 권리'를 추구하며 싸워가는 그룹이 있기 때문이다. '대지의 싸움'은 계속되고 있다.

2장

군집신체에 꽃을 피워라!

서론 : 집단이동의 현재

2004년도 저물어 가던 12월 21일 아주 추운 밤이었다. 로어이스트사이드에 있는 활동가들의 공간인 '블루스토킹즈'Bluestockings에서 정례 토론회가 열렸다. 이 날 테마는 '집단이동'이었고, 자율주의autonomia 이론의 개념이 과연 지금 활동가들에게 유효할 것인가, 만약 유효하다면 어떤 의미에서 유효한가라는 주제로 몇몇 그룹의 대표들이 각각 발표를 했다.

이 토론에서 자율주의자들이 참조했던 논거 중 하나는 맑스의 『자본론』 제1권 25장에 있는 '근대 식민지론'이었다. 근대 식민지론에는 미국을 반쯤 특권적인 **'자유로운 식민지'**라는 표현으로 기술하였다.[1] 이 글에는 뉴욕 기업가들의 공장에서 일하는 노동자들이 오래 머물지 않고 서부지역으로 집단이동해

---

1. 칼 맑스, 『자본론』, 岩波文庫, 東京 · 岩波書店, 전집(전 9권), 제3권, 418쪽.

버리는 것에 대한 고민들이 열거되어 있었다. 이 대목에서 현대 미국인들이 앞으로의 집단이동을 실제적인 **장소이동**으로 생각하는 것은 어딘가 미묘한 느낌을 준다. 여기에 있는 대부분의 젊은이들을 포함하여 미국인들 스스로가 이미 맑스가 열거했던 '집단이동'이 가능했었던 과거 미국 공간의 부산물이기 때문이다. 이에 비해, 오늘날 미국에는 물리적으로 개척이 가능한 야생영역이란 도시 슬럼 이외에는 존재하지 않는다. 또한, 세계 그 어떤 땅에서도 집단이동을 받아들일 수 있는 여지란 없다. 오늘날, 집단이동의 가능성은 역시 바로 이 도시에서 이뤄져야 할 시공간의 재구축, 방법적 이탈밖에 있을 수 없다.

그렇다고 하더라도, 이 날 그다지 적극적으로 발언할 수 없었던 나 자신에 대해 화가 나기도 했지만, 그 어떤 발표도 그다지 설득력이 있지 않았다. 이런 생각을 하고 있을 쯤, 빨간 마로 된 폰초poncho를 입은 **왠지 건방진** 듯한 초로의 남자가 토론장으로 들어섰다. 그는 바로 1장에서 최근에 봉쇄되었다고 소개한 〈태양의 집〉의 창시자인 라파엘 부에노였다. 그와 같은 베테랑 활동가가 이런 젊은이들을 상대로 토론하기 위해 왔다고 하는 것 자체가 나에게는 예상할 수 없었던 일이었기에 놀라울 뿐이었다. 그는 자신이 살고 있는 곳이었던 까사의 건물 전체를 잃어버리고, 현재 쉼터shelter에서 살고 있지만, 뉴욕시와 시경찰의 부당한 추방eviction에 대한 투쟁을 준비하고 있다. 그 일환으로 어느 집회라도 참가하여, 그가 안고 있는 문제를 공공연하게 토론해야 한다고 생각했을 것이다. 이 토론장에 있던 활동가들 속에는 까사를 지원하기 위해 집회를 조직했던 젊은이들도 포함되어 있었지만, 나 자신을 포함하여 거의 대부분의 청중들은 기본적으로 부에노가 안고 있었던 근본적인 문제를 포함한 강렬한 주장에 대해 그 자리에서 대응할 수 없었다. 그는 우선, **사실로** 최근 그다지 회자되지 않게 된 '계급'과 '국가의 폭력적 개입의 불가피성'의 문제를 적나라하게 표현하였다. 이러한 문제들은 방법적 집단이동으로서 자본주의적 생산과 소비로부터 상대적으로 이탈하면서 동시에 자율공간autonomous zone을 구축하기 위해 그 어딘가의 지점으로 되돌아오는 것임에 틀림없었다. 덧붙여서 말하자면, 부에노라는 인물의 특이성과 주장 속에는 만인의 '거처하는 것에 대한 권리'의 주장이 새롭게 남북 아메리카대륙의 모든 시공간을 관통하는 문제로서 태동하고 있었다.

그 후 크리스마스를 낀 12월 26일, 슈마트라섬 인근에 대지진이 발생하여 세계적인 난민위기의 문제가 발생했다. 이 문제는 돌발적으로 강요된 집단 대이동의 시대를 표상했다. 나에게는 향후 이것을 기점으로 무엇인가 커다랗게 변할 것 같은 느낌이 들었다. 동남아시아나 남아시아의 많은 지역에는 거대한 난민수용소가 만들어졌고, 이러한 흐름은 항상적으로 발생하여 난민수용소가 준^準도시화될 것이며, 이에 따라 많은 도시에서 홈리스들의 홍수에 직면하리라 예상된다. 그리고 이것을 계기로 새롭게 '스쾃팅 문제'가 그 누구도 부정하기 힘든 보편적인 의의를 지닌 문제로서 전세계적으로 부상될 것이다. 미국 서해안 출신의 스쾃 활동가인 앤더스 코르Anderson Corr가 말했듯, '쉼터에 대한 권리'the right to shelter라는 문제로서 말이다.

만약 생명이 정당화된다면, 스쾃팅도 정당화되어야 할 것이다. 사람들에게 '삶의 필수적인 요소'를 빼앗아 버리는 '사적 소유'의 세계 속에서 쉼터Shelter나 식료품이 부족한 사람들은 이 필수적 요소를 지킴으로서 연명할 권리를 지닌다. 이것이 결과적으로 생필품을 훔치는 것을 의미한다고 해도 말이다. 18세기의 철학자 윌리엄 오길비William Ogilvy는 자연법에 따라 사회는 인간을 포함한 어떤 동물에 대해서도 '피난처'를 빼앗을 수는 없다고 한다.[2]

본 장의 주제는 앞서 언급했던 '대지'와 대지에 대한 폭력적 수탈로서의 '영토', 그리고 사적 소유화(=상품화)로서의 '부동산'과 부富를 (초)다원적으로 축적한 '도시적 공간'의 연장선상에 있다. 여기에서 그치는 것이 아니라, 도시공

---

2. Anderson Corr, *No Trespassing*, Cambridge, Massachusetts: South End Press, 1999, p.76.

간에서 좀 더 깊게 들어가 '거처하는 것을 둘러싼 투쟁'이다. 집단이동으로 인한 자본주의적 노동(시간)으로부터의 이탈, 그리고 로버트 오엔Robert Owen처럼 실험적 공동체를 어딘가 폐쇄된 곳에 가상적으로 구축하는 것이 아니라고 한다면, 이러한 이탈을 더욱 발전시킨 자율공간 구축은 현실 도시 속에서 밖에 이뤄질 수 없다. 바로 이것을 뉴욕에서 가장 현실적이며 근본적으로 실천해 왔던 것은 '스콰운동'이며, 이 운동을 극적으로 실천한 것은 '도시 공동체 부흥운동'이었다. 이 운동은 경기의 변동에 따라 흔들리면서도 도시의 '군집신체'mass corporeality가 지닌 조정기능을 저변에서부터 지탱해 왔다.

약간의 배경

다수의 사람들이 수밀도 높게 빼곡히 들어찬 상태에서 '생존형 공동체'(survival communities)는 반드시 '다종다양성'과 '불안정성'이라는 매개를 제공함으로서 기능하게 된다.
— 리차드 세네트[3]

    유럽 이민자들이 아메리카 대륙을 영토화한 것은 선주민(인디언)과의 관계 속에서 볼 때, 전혀 공평한 교환fair trade이 아니었다. 영토화란 식민지화이자 '미국'이 탄생하게 된 것이다. 유럽 이민자들은 자신들이 도착한 곳을 우선 '영토화'possess/appropriate하였고, 점차 미국헌법을 통해 '사적 소유물'property로 배분해갔다. 이러한 과정은 '스콰터'가 합법화되어 주택소유자가 되어 가는 과정과 똑같은 모습이다. 도시 저널리스트인 로버트 뉴워스Robert Neuwirth가 지적하듯이, '미국이란 기본적으로 유럽인들로 이뤄진 스콰터에 의해 형성된 나라이다.'[4] 즉, 초기에 벌어진 '스콰팅'을 제도화하고 합법화해 가려는 시도 속에서

---

3. Richard Sennett, *The Uses of Disorder*, New York: Vintage Books, 1970, p.153.
4. WNYC(AM820) 라디오, Leonard Lopate Show (at12:00), 2005년 1월 4일 방송에서 그의 발언. 또

미국헌법의 토지법이 확립되었던 것이다. 이러한 의미에서 스쾃팅은 미국이 형성되던 시점에서부터 반복적으로 이뤄진 행위였다고 할 수 있다. 따라서 유럽 이민자들이 아메리카라는 대지에 대해 했던 행동을 '세계의 모든 사람들'도 바로 그 장소에서 영원히 반복할 권리를 지닌다는 뜻이 되며, 지금도 끊임없이 이러한 권리가 주장되고 있다.

　미국헌법의 '토지법'은 기본적으로 **주인이 없는** 거대한 대지에 대한 매매를 쉽게 하고, 개발 속도를 높이기 위해 영국의 토지법을 분해·재구축하여 제도화시킨 것이다.5 그중에도 개척자의 이주나 사업확대를 위해 두 가지 조항이 특히 환대를 받았다. 마침 이것은 현대 스쾃터들이 투쟁하는 근거가 되기도 한다. 첫 번째 조항은 1861년에 제정된 토지(소유)법 제12조 제5항 '당사자의 영유권'adverse possession이다. 이는 어떤 인물이 누군가 다른 사람에게 속하는 토지를 '공공연하게'openly, '누가 봐도 명백하게'notoriously 일정의 시기동안 점유하고 있는 경우, 그 권리는 점유자에게 이행되며, 본래의 소유자는 그 권리를 상실한다는 것이다. 이는 서부개척자들에게 수많은 기회를 제공해 주었지만, 동시에 권리를 획득한 후에는 과중한 세금이 부과됨에 따라 그들을 몰락시키는 원인이 되기도 하였다. 두 번째 조항은 1862년의 〈홈스테드법〉Homestead Act 6이었다. 이는 국가가 5년 이상 정착하여 살고 있는 개척자들에게 토지를 값싸

한 Robert Neuwirth, *Shadow Cities*, Routledge, 2004를 참조.

5. Lawrence M. Friedman, *A History of American Law*, Touchstone Book, 1973, p.412.

6. [옮긴이] 〈홈스테드법〉은 남북전쟁 때인 1862년에 성립한 미국의 자영농지법(自營農地法)으로 5년간 일정한 토지에 거주하여 개척을 한 자(이민 포함)에게는 160에이커의 토지를 무상으로 급여한다는 것과, 5년간의 거주 대신 6개월을 경과하면 그 토지를 1에이커에 1달러 25센트의 염가로 구입할 수 있다는 것이 규정되어 있다. 주로 미시시피강 이서(以西)의 미개척 지역을 신속히 개척하여 동부의 산업자본(東部産業資本)이 미국 내 시장 확대를 촉진시키고 자영농민의 수를 늘리려는 것이 이 법률의 의도였다. 이 법률에 의하여 1883년까지 약 2,300만 에이커의 토지가 주어지고 정주자(定住者)가 증가하여 프런티어(미개척지)의 소멸을 앞당기게 되었으나, 한편으로는 토지투기(土地投機)에 악용되기도 하였다.

게 불하하는 것이다. 이 조항은 농민개척자들에게 환영받았지만, 1880년 이후부터는 점점 유력자나 기업이 이 법규를 이용하여 돈을 주고 사들이는 것commutation privilege을 통해 토지에 대한 권리를 독점하게 되었다. 이상의 법적 전제를 염두에 두면서 아래와 같은 주거와 생활을 둘러싼 뉴욕에서의 투쟁을 살펴보도록 하자.

앞서 살펴보았듯이, 이스트빌리지 및 로어이스트사이드는 역사적으로 다양한 인종 및 민족으로 구성된 이민노동자의 군거공간이었다. 이러한 공동체는 모든 개별적인 종교적·인종적 차이를 제쳐두고 단결하여 계급적 부당함과의 투쟁을 통해 그 힘을 발휘하여왔다. 그러나 이러한 연합은 지속하지 못했고, 소정의 성공을 이룬 뒤에는 종종 대립하는 모습으로 변질되어 붕괴되었다. 그렇지만, 이후에도 또다시 별도의 연합이 형성되었다. 생활에 근거한 공동체운동 속에는 임금상승과 노동조건의 개선을 추구하는 투쟁 이외에도 보다 값싸고 안전한 주거지와 식료품가격을 둘러싼 투쟁들이 항상 포함되었다. 이런 종류의 투쟁은 노동자를 조직하는 운동과는 달리, "인구가 과밀된 근린공간에서 발생하는 밀도 높은 사회적 네트워크에 근간을 둔" 것이었다.[7] "예를 들어, 로어이스트사이드에는 가족이 주거하며, 상업적·종교적인 장소성場所性을 지닌 복잡한 미로가 있었고, 이를 통해 사회적 네트워크를 유형화시켰다. 이로써 혼란스런 사회적 공간 속에는 **어떤 질서**가 만들어졌던 것이다."[8]

생활과 밀착된 치마타의 운동에는 애초부터 여성들이 주된 역할을 담당하였다. 식료품의 경우, 1902년 유대인계의 코셔Kosher [9]정육점에 대한 보이콧운

---

7. Christopher Mele, *Selling the Lower East Side*, Minneapolis and London: University of Minnesota Press, 2000. p.59.
8. 같은 책, p. 59.
9. [옮긴이] 코셔(Kosher) : 유대교의 성서나 랍비 율법에 따른 식사를 뜻하고, 여기서는 유대인이 운영하는 정육점을 의미한다.

동, 유대인계 부인들의 〈반反소고기 보관동맹〉The Ladies' Anti-Beef Trust Association
이 있었다. 주거 문제와 관련해서 뉴욕시에서 몇 번씩이나 반복적으로 일어났
던 '임대료 파업'Rent Strike은 여성 주도의 운동이었다. 여성들은 주거공간과 밀
착되어 있는 생활공간을 개선하기 위해 모든 집들을 일일이 돌면서 끈질기게
설득과 조직화를 도모했고, 항의를 벌일 때에는 솔선하여 직접적인 행동을 벌
였다. 그에 비해 공식적으로 사회주의자임을 자인하던 남성들은 광범위한 지
역에서 대규모의 조직화와 시정부에 대한 진정陳情 등을 합법적 행동으로 이끌
어 가려는 경향이 강했다.10 운동의 유형과 질적 특성을 성적gender인 차이로
분류하는 것은 불가능하다. 그러나 본 장에서 문제로 삼고 있는 것은 주거공간
을 둘러싼 민중운동 속에는 현장에서 스스로의 신체를 중심축으로 운동을 창
조해 갔던 유형, 그것과 동시에 존재했거나 혹은 그것이 어느 정도 성공한 후
에 나타나 보다 현실적으로 시정부와 절충하여 실리를 획득하려고 했던 유형
이라는 두 가지 유형을 구분한 다음, 이 두 유형의 본질적인 속성을 파악하려
는 것이 아닌 들뢰즈와 가따리가 말하듯이 '여성되기'라는 의미에서 일단 성적
gender 차이로 생각해 보는 것이다.11

　　뉴욕에서 '임대료 통제'Rent Control는 '빈empty 아파트'가 극심하게 부족했을
때, 임대료의 급상승을 억제하기 위한 잠정적인 대책으로 1943년에 법제화되
었다. 그러나 매번 이 법은 완화되어 갔다. 1958년에는 알바니Albany 주의회에
서 임대료가 매월 416달러(당시 평균으로 보자면 고액이다) 이상인 빈 아파트

---

10. Ronald Lawson and Stephen E, Barton, "Sex Roles in Social Movements: A Case Study of
the Tenant Movement in New York City," included in *Women and Social Protests*, edited
by Gwida West and Rhoda Lois Blumberg, New York: Oxford University Press, 1990,
pp.41~56.

11. "동물로의 생성변화만을 과대하게 평가해서는 안 된다. 동물로의 생성변화란 오히려 중간지대를 점
거하는 절편이라고 생각되기 때문이다. 그 앞에는 여성으로의 생성변화나 아이로의 생성변화가 발
견된다. 아마도 여성으로의 생성변화는 다른 모든 생성변화를 이끌고 있는 특별한 힘이 있을 것이
다." 질 들뢰즈·펠릭스 가따리, 『천 개의 고원』, 東京·河出書房新社, 1994, p. 286.

에 대한 임대료 통제가 해제되었다. 그 후 중간계급 사이에서 주민의 공동소유제인 코업(생활협동조합)Co-op이 급증하게 되었다. 이로써 주민들 자신의 체질을 차용자(임차인)에서 소유자로 변화시킬 수 있었다. 특히, 맨하튼에 대한 젠트리피케이션을 민중의 내부로부터 실현시킬 수 있는 방법이 마련되었던 것이다. 다른 한편, 민중들의 거주지역인 슬럼에서는 늘 외부로부터 폭력적인 개입이 이뤄지고 있었다. 1959년 로버트 모제스가 주선한 〈다운타운 맨하튼 협회〉The Downtown Lower-Manhattan Association(회장은 데이빗 록펠러David Rockefeller)는 델란시 스트리트Delancy Street와 이스트 9번지 사이에 있는 집합주택을 모두 해체하여 새로운 주택지대를 개발한다는 계획을 발표하였다. 이에 대해 즉각적으로 〈쿠퍼스퀘어 위원회〉the Cooper Square Committee가 결성되어 저항운동이 개시되었다. 그렇지만 1963년 주민들의 반대에도 불구하고, 시정부는 재개발지대의 영역을 12개 블록에서 33개 블록으로 확대한다는 계획을 발표하였고, 이에 대해 도시 민중들은 10여 년간에 걸친 집회와 연좌시위, 뉴욕시 행정관들과의 거듭되는 절충을 시도하여, 겨우겨우 시정부가 계획을 포기하게 되었다.

본래 주택문제를 활동 영역으로 삼지 않았던 로어이스트사이드Lower East Side의 몇몇 중요 운동단체들도 당시에는 이 문제에 대해 개입하였다.[12] 1964년 1월에는 뉴욕에서 사상 두 번째 규모를 자랑하는 임대료 파업이 발생하였다. 525개의 빌딩, 약 5만 명의 주민이 참가하였다. 로어이스트사이드 임대료 파업The Lower East Side Rent Strike이 결성되었고, 제임스 볼드윈James Baldwin[13]등도 파업을 지원하고 참가하였다. 또, 다양한 종교와 좌파조직들도 참가하였다. 트

---

12. 〈The Lower East Side Committee on Civil Rights〉, 〈Negro Action Group〉, 〈The Lower East Side Neighborhood Association〉 등이 있다.

13. [옮긴이] 제임스 볼드윈(James Arthur Baldwin, 1924~1987) : 성(sex)과 개인의 정체성에 관한 소설로 유명한 미국작가. 시민권에 관한 날카로운 에세이로 유명하며, 그의 작품에는 자전적인 소재로 미국 사회의 흑인에 대한 부당한 취급과 편견에 대한 분석을 하고 있으며, 몇몇 작품에는 동성애와의 연대를 다루기도 했다.

럭운전수들의 조합이었던 '팀스터'Teamster의 일부도 파업을 찬성·지원하였다. 당시 활발히 진행되던 공민권 운동과 인종문제와의 연대를 통해 다종다양한 운동체가 되어 갔다. 결과적으로 이 운동은 커다란 성공을 이루었다. 예를 들어, 지금까지 사회복지의 혜택을 받고 있는 사람이 있다면 그들은 임대료의 25퍼센트라는 엄청난 삭감 혜택을 얻게 되었고, 파업 이후에는 파업의 중요 조직가들이 시정부의 주택위원회에 들어가 활동하게 되었다. 이 운동은 조직을 형성하는 사회운동체가 다종다양할수록 성공률이 높다는 것을 일례로서 보여주었다.

이러한 임대파업 중에서도 미국 역사상 최대 규모의 파업은 브롱크스의 북동쪽 연안에 있는 당시 세계 최대의 공공주택 프로젝트였던 코업 시티에서 1967년부터 1977년에 걸쳐 발생했다. 이 시설에는 35개의 고층 빌딩, 세 개의 쇼핑센터, 6개의 학교가 포함되어 있었고, 약 6만 명의 주민이 생활하고 있었다. 이 파업에 참가한 인원은 유대인 60퍼센트, 아프리카계 미국인과 라틴계가 25퍼센트였다. 설립 당시에 관리회사였던 리버베이 코퍼레이션Liverbay Corporation은 저소득가족에 우선권을 부여하는 계약조건을 선전문구로 하여 주민들을 모집했었지만, 10년 후에는 그중 몇몇 조항이 철회되어, 오히려 임대료를 125퍼센트 정도 올려 받았다. 이를 부당하게 생각한 주민들은 파업에 돌입했던 것이다. 그 동안 공공주택 시설의 대부분은 주민들의 자주관리 하에 놓여 있었다. 주민 조직가들은 하루하루의 상황을 유인물을 통해 보고하였고, 24시간 체제로 상호소통 센터를 설치하여 주민들에게 정보를 제공하였다. 그들은 모든 빌딩에 대한 순찰을 실시하였고, 크고 작은 회의를 자주 가졌다. 파업 실행위원회가 주민들의 임대료를 모아서 보관하였다. 시정부는 몇 번씩이나 모두 내쫓겠다고 협박했었지만, 주민측은 이에 굴하지 않고 파업을 계속하였다. 그 사이 관리회사는 경비, 온수, 전기, 난방 등의 시설물 유지를 하지 않겠다는 으름장을 놓으며 실제로 공급을 모두 줄여갔다. 결국, 1976년 6월 뉴욕시의 주택위원회는 파업하던 주민 측의 요구를 받아들이고 사퇴하였다. 13개월에 걸친 파업의 결과, 주민 측의 요구를 거의 모두 받아들인 것이다. 시정부는 파업 지도자들에 대한 기소를 취하하였고, 파업 지도자들을 중심으로 한 멤버들로 새로운 코업 운영위원회를 구성하였다. 또한, 125퍼센트에 이르는 임대료 인상에 대한 문제는 정식적인 재판을 통해 다투게 되었다.

그러나 당시 몇몇 외부 지원단체는 이 합의사항에 대해 반대했다. 왜냐하면, 이 승리에는 '함정'이 있었기 때문이다. 주민측은 코업을 통제할 수 있다고 예상하면서, 4억 3600만 달러에 이르는 부동산 대출Loan에 대한 지불의무를 떠맡게 된 것이다. 이것은 많은 가정을 재정위기로 내몰게 하였다. 이와 같은 '차용인(임차인)에서 소유자(임대인)로의 이행'에 대한 문제는 홈스테더(자력적 개척자)Homesteader나 스콰터들이 소유자로 전환할 때에도 발생한다. 어쨌든, 이 투쟁은 임대료 인상을 일정 기간 정지시킨 것뿐만 아니라, 파업 실행위원회가 투쟁 기간에 모든 임대료를 보관·관리하고 있었기 때문에, 파업 이후에는 주민들 각각의 저축금도 상당히 증대하게 되었다. 관리회사는 결과적으로 질적인 측면에서 서비스와 시설유지를 크게 향상시켰다. 무엇보다 주민들은 자신들의 주거공간에 대한 자주관리의 폭을 크게 확대시켰다. 그렇지만 앞서 언급했듯이 사적 소유가 진행됨에 따라 각각의 가정들은 부동산 시장의 맹위에 직면하게 되었고, 몇몇 가정들은 경제적으로 몰락해 갔다.[14]

뉴욕시는 1970년대 재정위기의 영향으로 몇몇 저소득자 지역, 즉 슬럼에서는 소위 '탈투자'라 불리는 방치상태가 발생했다. 앞 장에서 살펴보았듯이, 이 문제는 건물의 화재 문제와도 직접적인 관계가 있다. 근린공간에 대한 방치상태는 집주인들을 세금체납으로 내몰았고, 이로 인해 뉴욕시가 건물에 대해

---

14. Anders Corr, *No Trespassing*, Cambridge, Massachusetts: South End Press, 1999, pp 140~143.

차압을 하게 되었으며, 세금을 체납한 건물은 경매에 내몰리게 되었다. 이러한 건물들을 구입한 투자가들은 경기동향을 세심하게 살피거나 자금책으로 활용하기 위해 의도적으로 건물들을 방치했다. 방치된 건물들은 마약거래상의 사교장, 사격장, 매춘굴, 그리고 무단으로 쓰레기를 버리는 곳이 되기도 했다. 1970년대 후반, 뉴욕시가 스스로 몇 백여 개의 건물들을 구입한 다음, 건물들의 골격을 해체하기 위해서 화장실 배관에 시멘트를 주입하였고, 천장에는 구멍을 내서 소재가 부식하도록 방치해 두었다. 이러한 정책은 오로지 홈리스들이 살지 못하도록 하기 위한 것에 불과했다. 그리고 1980년대에 들어서 뉴욕시의 주택정책은 보다 **직접적인** 파괴의 방법을 쓰기 시작했다. 300여개의 건물들을 해체하고, 몇몇 블록들은 가시철망으로 감싸서 빈 공간으로 만들었다. 이것이 일반적으로 '창고숨기기'라 불리는 방법이다. 낡은 건물들을 들어가지 못하게 봉쇄함으로서 주택부족 현상을 야기하였고, 부동산업자와 지주에게 돈을 벌게 해 주었다. 동시에 창고숨기기는 뉴욕시의 재정을 풍성하게 만들 수 있도록 향후 도래할 경제 발전기 및 젠트리피케이션의 시기에 맞춰 토지와 관련된 부동산 상품에 대한 카탈로그(안내서)를 충실히 짜내고 있었다. 이것은 민중들의 역사성 짙은 건축물과 가옥이라는 자산을 토지소유자와 뉴욕 정부가 파괴해 버리고, 사회로부터 '피난처'라는 '생득권'을 빼앗은 것이다. 이에 비해, 스콰터들과 활동가들은 자신들의 존속을 내걸면서 공동체의 공간을 부활시켜 도시공간의 생물적이며 문화적인 활성화를 위해 투쟁하였다.

근래 미국 최대의 비영리조직Non Profit Organization 주택조합으로서 꼽을 수 있는 조직은 1970년에 설립된 〈공동체 개혁 연합〉The Association for Community for Reform Now, 이하 ACORN이다. 이 조직의 형성은 1980년대 초두부터 황폐해진 근린공간을 개선하고, **범죄율의 저하와 토지가격 상승**을 개선하기 위해 스콰터 단체를 조직하면서 출발하였다. 이들은 시정부가 건물을 경매에 걸어 투자가들에게 매각하는 것을 멈추도록 만들기 위해 활동했고, 동시에 홈스테드(자력적 개축) 프로그램Homestead Program 15을 실시하도록 진정을 냈다. 이 계획의 핵심은 토지는 부동산신탁land trust의 소유로 하지만, 이미 서부 개척시대의 농민이 아닌 도시의 저소득가족이 자신들의 노동에서 흘린 땀으로 가옥의 자산 가치를 증가시킴으로서sweat-equity improvement 건물의 영유권을 부여받는다는 계약이다. 뉴욕시는 이 안을 거절하였고, 이에 대해 〈ACORN〉은 스콰터 단체들을 건물로 이주하도록 장려하게 된다. 12개의 가족(대부분 라틴계)들이 이주하였고, 스스로의 힘으로 파괴된 건물을 수리했다. 동시에 〈ACORN〉은 뉴욕시에 압력을 걸어 1987년 최종적으로 몇몇 건물들에 대해서는 스콰터의 '임차인으로서의 주거권'tenancy을 인식시키게 만들었다. 이것은 스콰터들이 시민권을 획득한 사례로 전해진다.16 그렇지만, 그 동안 스콰터들이 해 왔던 노동량(노력)과 대조해 보면, '주거권'만으로 충분한 것이었을까. 게다가 그 후 주택조합 NPO 자체가 뉴욕시와의 교섭을 독점하면서, 거꾸로 스콰터 단체들에게 건물에 대한 관리와 경영권을 빼앗아 가는 경우도 많았다. 사실, 앞으로 살펴보게 될 〈태양의 집〉으로부터 영유권을 빼앗은 것은 다름 아닌 뉴욕시와 〈ACORN〉이었다.

1970년대의 재정난 속에서, 뉴욕시와 자본이 '탈투자 정책'을 취했던 시대에는 스콰Squatt 행위는 특별히 문제가 되지 않았다. 또한, 푸에르토리코계, 도미니카계가 많았던 로이사이다 지역의 주민들은 낡아빠진 건물들을 수리하여 주거지로 바꿨던 스콰터들이나 근린공간을 미화하여 공동체의 연대를 재구축한 공동체 정원의 제작자들을 크게 환영하였다. 그러나 1980년대의 젠트리피케이션에 의해 부동산 자본의 탐욕스런 손길이 뻗기 시작한 이래, 처음으로 스

---

15. [옮긴이] 홈스테드 프로그램(Homestead Program, Homestead Exemption Program) : 농가의 부동산세금을 감면해 주는 프로그램을 뜻한다. 오늘날에는 미국의 여러 주에서 특히 장애자, 고령자, 배우자에게 사회보장 차원에서 실시하고 있다.
16. 앞의 책, pp.71~72.

콰팅의 위법성에 대한 격렬한 논쟁이 진행되었고, 스콰팅을 범죄시하는 방침이 확립되었다.[17] 그리고 뉴욕시는 집주인들이 버린 토지나 건물들을 거의 모두 경매에 붙이려 하였다. 이것은 강력한 반대운동을 불러일으켰고, 〈쿠퍼스퀘어 굿 올드 로어이스트사이드〉Cooper Square' Good Ole Lower East Side, GOLES와 〈로어이스트사이드 도시계획 회의〉Lower East Side Planning Council 등의 그룹이 조직되어 1983년 대중을 동원하여 경매를 저지한 후 일시정지를 얻어냈다.

그 후부터 '주민 vs 뉴욕시+개발업자'의 대립이 격화되어 갔다. 이에 따라 1987년 뉴욕시는 새로운 전술을 고안하였다. 지역 토박이들로 구성된 주택연합Local Housing Coalitions과 부동산업자의 대립을 '50/50 상호지급보증'cross-subsidiary 계획을 통해 해결한 것이다. 간단히 말하자면, 뉴욕시는 소유물의 절반을 부동산업자에게 매각하고, 그 매출로 주택연합을 지원하는 방식으로 토지와 빈 공간을 양쪽 주체들에게 50퍼센트씩 배분하려고 하였다. 사실상, 저소득자 및 중소득자용 주거지를 주로 중간계급용으로 개발하려는 계획이었고, 특히 A애비뉴의 동부를 조금씩 재개발하는 방식을 불가능하게 하려는 것이었다. 이것은 개발자들의 부분적인 패배라고도 볼 수 있다. 그렇지만, 이것은 뉴욕시의 조정안을 통해 일찍이 민중들과 주택연합의 단결된 함성을 차갑게 냉각시켜, 과거의 공동투쟁 체제를 해체해 버린 결과를 낳았다. 이로써 지역 토박이들의 제반 조직들과 보다 급진적인 공동체운동, 모든 스콰조직, 홈리스조직들 사이에 균열이 심화되었다. 이러한 배경 속에서, 앞 장에서 살펴보았던 1980년대 후반의 톰프킨즈광장공원의 충돌이 발생했던 것이다. 그때 많은 주민조직들은 뉴욕시의 계획에 참가했기 때문에, 결과적으로 반反스콰측에 동원되는 모양새를 띠었다. 이윽고 1990년대에는 스콰팅을 중심축으로 하여 시작

---

17. 이와 유사한 예로서 현재 수많은 발전도상국의 대도시에서는 주민들의 상당수가 스콰터이다. 예를 들어 뉴워스의 발언에 따르면, 이스탄불에서는 40퍼센트가 스콰터들이라고 한다! 그러나 이러한 허용도 경제발전과 함께 축소해 가는 경향을 보일 것이다.

되었던 수많은 문화조직, 공동체 정원, 거주공간들이 모두 추방당하는 시대가
되었다.

원예사들의 급진주의

뉴욕의 공동체 정원은 녹색 공간으로서의 의미만이 아니라, 민주주의의 소우주이다. 사람들은 공동체의 형성과 함께 대
지로 귀속되는 것을 직접 느낄 수 있게 된다. 오래 전 신전과 제단처럼, 꽃으로 감싸진 절충적인 천국은 사람들이 자신의
내면에서 그리고 바로 옆 사람들 사이에서 신앙을 발견해 낼 수 있었던 교회가 뜻하는 참된 의미로서의 교회였다.[18]
── 사라 퍼거슨

　한 때, 800개 이상 있었던 뉴욕시의 공동체 정원 중 대부분은 시의 퇴거 명
령과 그 후의 개발(콘도미니엄으로의 전환)로 사라져 갔다. 그러나 이스트빌
리지에는 아직도 평균 3개 정도의 블록에 블록 1개 정도로 근린 주민들이 스스
로 키워낸 녹색 공간이 살아있다. 이것은 지구상에 황폐해진 토지가 얼마나 많
이 산재해 있었던 것인가를, 그리고 지역사회를 지키려는 주민들의 투쟁으로
서 ‘뜰운동’庭=運動 19이 얼마나 왕성하게 벌어졌던가를 시사하고 있다고 해도
과언이 아니다. 지금도 존속하고 있는 정원의 대부분은 예외없이 뉴욕시 공원
과가 추진한 ‘그린썸’Green Thumb 프로그램의 문장紋章이 붙어 있다. 이 프로그
램의 승인을 받은 정원은 생존하였지만, 그 밖은 ‘빈 땅’으로 등록되어 슬럼청
소 작전의 중심기관이었던 도시개발행동지역계획Urban Development Action Area
Program, UDAAP에 송치되어 봉쇄되었다. 개인적으로도 이스트빌리지에서 적어
도 5년 정도 살았던 경험이 있다. 그때, 특히 주말에 산책하던 도중 몇몇 정원

---

18. Sarah Ferguson, "The Death of Little Puerto Rico," included in *Avant Gardening*, edited by
　　Peter lamborn Wilson and Bill Weinberg, New York: Autonomedia, 1999, p.78.
19. [옮긴이] 뜰운동에 대해서는 코소 이와사부로, 「뜰－운동 이후」, 『소수성의 정치학 : 부커진 R 창간
　　호』, 그린비+〈연구공간 수유+너머〉 지음, 그린비, 2007을 참조하라.

에 들러 신세를 지기도 했지만, 당시 나는 정원의 의의를 전혀 이해하지 못했고, '지역사회의 미화를 위해 헌신한 사람들이 있어서 대단하다'라는 정도로 생각하였다. 그러나 이 지역 전체를 휩쓸었던 반反젠트리피케이션 운동의 내실을 이해하게 됨에 따라, 이러한 생각은 근저부터 뒤집히게 되었다.

정원에 들어서면 황폐히 버려진 폐가옥들 사이의 텅빈 땅에 돌연히 살아 있는 듯 생기있는 소우주가 나타난다. 비록 완성도가 조잡한 것일지라도 생生과 사死의 명료한 대비에 매료당하여 눈길을 빼앗기지 않은 사람은 없을 것이다. 대개의 경우 그곳에는 푸에르토리코계의 문화가 짙게 배어 있는 '작은 집'casita이 세워져 있다. 또, 도미노 게임용 테이블이나 아주 이국적인exotic 손으로 만든 제단, 산타클라라Santa Clara의 조각상20이 있고, 빈 캔으로 구분해 놓은 몇몇 텃밭에는 꽃과 야채가 심어져 있다. 토마토, 양배추, 콩, 마늘, 코리앤더(향채), 민트, 장미, 금붕어 연못, 각종 아이콘들의 절충(부처, 성모 마리아, 아메리카 선주민의 아이콘, 아프리카의 조각상) 등등 …… 그리고 저녁쯤이 되면, 근처의 라틴계 사람들이 맥주를 마시면서 도미노를 즐기고, 서로 대화하며 웃는다. 이러한 근린공간은 타지 사람을 배제하지 않는다. 개방 시간 이내라면 누구라도 들어와서 그들의 대화 속에 끼어들어 이야기해도 좋은 곳, 혼자서 사색에 빠져도 좋은 곳이다.

원예활동가로서 유명한 사라 퍼거슨Sarah Ferguson에 따르면, 뉴욕의 공동체 정원은 항상 경기변동에 따라 흥망성쇠를 반복해 왔다고 한다. 불경기 때 땅값이 내려가면 많이 생기고, 부동산 가격이 급상승하면 소멸되어 갔다. 1930년대의 경제공황 때에는 뉴욕시 복지정책국과 정부의 공공사업촉진국Federal Works Project Administration이 후원자가 되어 5천 개의 '구원 정원'Relief Garden을 빈 땅 내지는 뉴욕시 공원으로 삼았다. 이 속에는 톰프킨즈광장공원도 들어 있었으며, 근처에 사는 아이들 1명당 4평방피트의 땅이 주어졌고, 그곳에 야채를 재배하여 근린주민에게 배분했다. 그러나 1937년에 공공사업 촉진국은 이러한 주민 참가형 구원정책을 폐지하고, 그 대신 농무성이 개입하여 남은 농작물을 식권제로 분배하는 식료배급을 시작하였다. 그 후, 주로 이민가족들이 이러한 빈 땅의 정원을 계승해 갔지만, 제2차 세계대전 때까지는 비공식적인 것이었다. 제2차 세계대전을 계기로 뉴욕시는 시가 소유한 모든 빈 땅을 '승리의 정원'Victory Garden으로 부르며, 공용지로 할 것을 공포하였고, 전후에는 이러한 정원은 누구도 돌보는 사람없는 버려진 땅이 되었다. 그리고 1970년 이후에는 전술했던 것처럼, 정부의 원조가 아닌 유기=방치에 의해 800여 개 이상의 공

---

20. [옮긴이] 산타 클라라(Santa Clara) : 쿠바 중앙부에 위치한 도시로, 쿠바혁명 당시 체 게바라가 해방시킨 도시로 유명하며, 지금도 이 도시 중심부에는 체 게바라의 동상이 있다.

동체 정원이 주민들의 주체적인 행위로서 꽃을 피우게 되었다. 1977년경, 뉴욕시에는 2만 5천 개의 빈 땅이 있었지만, 이 모든 것은 접근하기 어렵도록 '창고 숨기기'를 진행하여 황폐해지기 시작했다. 이에 따라 주민들이 일어서서 스스로 근린공간 개선을 목적으로 프로판가스나 납 등의 독소가 배어 있는 폐가옥과 땅을 정비하고, 공동체를 재구성하여 살아있는 공간을 만들기 위해 노력하였다.

초기의 화려한 뜰운동조직으로는 우선 〈녹색 게릴라들〉 Green Guerillas이 있었다.[21] 1973년, 리즈 크리스티Riis Christy를 중심으로 한 단체가 금속용 절단가위와 곡괭이를 가지고 와서 보워리Bowery와 하우스톤Houston의 교차점 근처에 봉쇄되어 있던 빈 땅에 침입하여 정원을 만들기 시작하였다. 그녀들은 스스로를 '붕괴되고 있는 **풍경의 해방군**'a strike force to liberate the crumbling landscape [22]이라고 하였다. 이 곳은 알코올중독에 빠진 홈리스들이 살고 있는 보워리에 인접해 있고, 겨울에는 얼어 죽는 사람들이 속출하였다. 이 단체는 이렇듯 최악의 장소를 '뜰운동'의 출발점으로 삼고 있었다. 그녀들은 뉴욕시로부터 이 땅을 정비할 수 있도록 허가를 받으려고 노력했지만, 시정부의 관료들은 그녀들의 행위를 '불법침입'으로 단정하여 퇴거명령을 내렸다. 이에 대해 그녀들은 신문, 텔레비젼 등의 미디어를 활용하여 '폐허로부터 정원으로의 전환'을 대중에게 뚜렷이 피력하는 선전전술을 취하면서 반격하였다. 그 결과, 뉴욕시는 갑자기 자세를 바꾸어 1974년에 토지를 빌려주는 것에 합의하게 된다.

이 사건은 '뜰운동'에 희망을 심어 주었다. 〈녹색 게릴라〉는 '뜰운동'의 훈련 코스를 마련하여, 이와 같은 운동의 방향성을 지닌 사람들의 전화상담도 접

---

21. 사이버링크 www.greenguerillas.org 참조.

22. Sarah Ferguson, "A Brief History of Grassroots Greening on the Lower east Side," included in *Avant-Gardening*, edited by Peter Lamborn Wilson and Bill Weinberg, New York: Autonomedia, 1999. p.83.

수하였다. 또, 뉴욕의 다섯 개 모든 구에 봉쇄되어 있던 빈 땅, 고속도로 옆이나 도로 사이의 빈 땅에 녹색 구원물자Green Aids를 보냈다.

구원물자는 주로 초탄, 비료, 야생화의 씨앗이 들어간 풍선과 크리스마스 장식용구였다. 그리고 1970년대 후반의 '뜰운동'은 다양한 공동체 운동의 촉매가 되어 갔다. 이것은 바로 자신들의 '신체', 즉 '정동'을 활용하여 물질적 생산을 함으로써 지역사회를 구축한 것이었다. 이를 출발점으로 하여 활동가들은 주거공간이나 학교를 복구하여, 이벤트 공간을 만들었고, 지역 토박이들의 자율공간autonomous zone을 구축하였다. 당시, 로어이스트사이드에서는 '뜰운동'과 함께, 이제 막 발생하기 시작한 '홈스테드' 운동과 같이 발전해 갔다. 1970년대 초두에 남부에서는 공민권운동을 위해 싸워왔던 활동가 사라 팔리Sarah Farley가 환경개발 지역행동Local Action for Neighborhood Development, LAND을 설립하였고, 자력갱생을 통한 주거와 자유공간의 구축을 지향하였다. 그녀의 모티브는 '우선 정원을 만들고, 그리고 빌딩을 개축하자!'였다. 이 운동은 1995년과 1996년에 추방된 6번지와 B애비뉴의 정원, 그리고 13번지의 몇몇 스쾃 건물을 양성했다. 데이비드 보일David Boyle은 〈태양의 집〉을 지지하는 NPO 원예조직인 〈체리나무협회〉Cherry Tree Association의 고참격 활동가로서 이와 관련된 활동을 하였는데, 그는 '정원 제작은 그야말로 좋은 자력 개축가가 될 수 있을지 없을지를 판별할 수 있는 자연스런 등용문이었다'고 하였다.

1996년 뉴욕시의 주택보전개발국Development of Housing, Preservation, and Development, HPD은 향후 5년 이내에 뉴욕시 내에 산재하고 있는 800개의 정원 중 반수에 해당하는 땅을 개발자의 손으로 이관한다는 발표를 하였다. 원래부터 주택지였던 땅에 생긴 정원을 제거하고, 주민이 '구입 가능할 만큼 저렴한'affordable 주택을 건설하기 위한 것이라는 구실을 내세웠다. 여기에 해당하는 정원은 뉴욕시의 관료들에게는 어디까지나 재정위기 시대의 잔상으로서 생각될 뿐이었다. 그들은 새로운 주택개발과 상업 지구 개발이 바로 진보의 상징이라고 믿었다. 즉, 저소득자의 근린지구를 빈곤에서 탈출시켜 경기를 상승시킬 계기로 생각했던 것이다. 바로 이것이 줄리아니 시정부의 중심적인 이데올로기였다. 이것은 '문화적 벌채'cultural clear-cutting라고 불리는 행위, 즉 현재 그곳에 살고 있는 주민을 보다 풍족한 주민들로 뒤바꾸는 것이었다. 다시 말해, 어떤 계급을 보다 상위의 계급으로 신분을 상승시키는 것이었다. 보다 직설적으로 말하자면, 라틴계 주민을 백인으로 승격시키는 것 그 이상 이하도 아니었다. 예를 들어, 10여 년 동안 지역토박이들이 스스로 길러냈던 곳으로 명작으로 칭송되었던 '치코 멘데스 벽화의 정원'Chico Mendez Mural Garden은 1997년 4월 뉴욕시가 표창을 한 곳이었음에도 불구하고, 4개월 후에는 뉴욕시로부터 다른 두 곳의 정원과 마찬가지로 철거명령을 받았다. 동시에 라틴인들의 공동체 센터인 차라스와 소토 발레즈 센터Soto Velaz Center 등 정원 문화조직에도 위기가 닥쳐왔다. 1997년 12월 30일 몇몇 정원이 철거되었다. 이에 대해, 로어이스트사이드 공동체The Lower East Side Collective가 결성되었다. 수많은 집회, 뉴욕시와 개발업자에 대한 팩스공격fax jams을 감행했다. 1998년 1월 줄리아니 시장의 제2기 취임식에는 '뜰운동가'들이 취임식에 잠입하여 방해하려고 하였다. 같은 해 6월, 차라스Charas와 몇몇 '작은 집'casita식 정원의 경매장에 수 만 마리의 귀뚜라미를 풀었다. 원예사들만의 '시민적 불복종행동'이었다. 그 후 1999년에는 뉴욕시 내에는 아직 700여 개의 정원이 남아 있었고, 그중 60여 개 정도는 '그린썸' 프로그램으로 공인받았지만, 나머지는 소멸되어 갔다.

남성중심주의 속에서 자라난 나로서는 남성중심주의의 영향 속에서 식물의 이름 따위는 거의 알지 못한 채 어른이 되었다. 때문에 원예에 대해서라면 상당히 거리감을 느낀다. 이런 상황에서 내가 가진 급진주의라는 범주 속에는 '뜰운동'은 전혀 시야에 들어있지 않았다. 이것은 내 자신 속에 형상화되어 있는 '급진주의적인 것'의 이미지가 형편없이 빈곤하다는 증거일 것이다. 분명히 이스트빌리지, 로어이스트사이드의 자율공간 구축운동에서 스콰과 '뜰운동'은 밀접히 연결되어 있으며, '뜰운동'이야말로 오히려 그 기초적인 실천이었다고 할 수 있다. 일반적으로 정형화된 이미지처럼 스캇터란 더러운 폐가옥에 잠입 하여 살고 있는 부주의한 자들의 행동이 아니다. 오히려 그것과는 아주 거리가 멀다. 도시 속에서 가장 버림받은 장소로부터 출발하여 다종다양한 타자를 받 아들일 수 있는 공동체의 생활공간을 자기의 감수성과 신체를 활용하여 만들 어 가는 아주 에로틱한 활동주의라고 할 수 있다. 그곳에는 '미'美와 시詩가 넘 쳐흐른다. 바로 이러한 공간구축의 기술, 그리고 언제나 권력과 대결하여 절충 해 가는 지적 전략의 공존이 바로 '스캇'인 것이다.23 따라서 이것은 '도시적 자 율'Urban Autonomy에 대한 지향을 지지하는 토대가 된다.

피터 랜본 윌슨Peter Lamborn Wilson은 '뜰운동'에 대한 어떤 멋진 논집에서 '원예'horticulture와 '농업'agriculture을 명확히 구분하면서 그 차이에 대해 이렇게 말했다.24 농업은 어디까지나 대지의 수확, 상품화, 사적 소유를 바탕으로 작물 의 상품화=자연의 자본주의화를 담당해 왔지만, 원예 혹은 '뜰운동'은 항상 그 러한 농업적 활동의 외부에 위치해 온 실천이다. 들뢰즈·가따리식으로 부연하 자면, 이것은 대지의 영토화territorialization에 대한 탈영토화deterritorialization을 지 칭한다. 젠트리피케이션의 거센 바람이 불어와 줄곧 영토화되어 가는 도시공간 속에서도 정동을 통해 대지를 일으켜 세우며 우리들의 군집신체mass corporeality 의 풍부한 네트워크를 조직한다. 이러한 활동은 우선 활동에 필수불가결한 꽃 과 과실의 열매를 맺게 하고, 그 위에 우리들의 상상력을 조용히, 그렇지만 끊 임없이 자극한다. 이러한 상상=꿈을 공유한 자들은 독자적인 시간(=공동체)을

---

23. "(……) 정동이란 개인적인 감정도 한 개의 독립된 성격도 아닌, 떼의 역능을 실현하는 것이기 때 문이다. 그것도 자아를 자극하여 자아를 뒤흔드는 것이다." 질 들뢰즈·펠릭스 가따리, 『천 개의 고원』, 東京·河出書房新社, 1994, p.278.
24. Peter Lamborn Wilson, "Avant-Gardening," included in *Avant-Gardening*. edited by Peter Lamborn Wilson and Bill Weiberg, New York: Autonomedia, 1999.

형성할 수 있다. 그때 우리들은 지금 여기에 존재하면서, 또 어딘가 멀리 이동할 수 있는 계기를 얻을 수 있을 것이다.

살아있는 유토피아의 충동 - 〈에이비씨 노 리오〉

우리들에게는 어떤 미래상(Utopia)이 있다. 언젠가 그렇게 멀지 않은 미래에 로어이스트사이드의 모든 주민들이 집합주택과 시가지의 블록 사이에서, 그리고 공동체 정원에 모여 서로 이야기를 할 것이다. 푸에르토리코인, 도미니카인, 중남미의 모든 나라로부터 온 사람들, 폴란드인, 우크라이나인, 슬로베키아인, 벵갈인, 중국인, 한국인, 흑인, 유대인, 이탈리아인, 그리고 펑크족, 불량 청소년들, 예술가들, 활동가들, 스콧터들이 모두 모여 투자가나 개발업자들, 지주들과 갱, 경찰, 자동차 등으로부터 억류된 우리들의 근린공간을 탈환하는 공통의 지향성을 서로 함께 나눌 것이다.
— 빌 와인버그[25]

〈에이비씨 노 리오〉ABC NO RIO는 예술art과 활동주의activism 시기에 지속적으로 존재해 왔던 조직이다. 이들은 고급예술High Art과 키치Kitsch 26, 포스트모던적 소비사회의 표상에 대해서도 등을 돌리고 한결 같이 도시개발을 둘러싼 혹독한 사회상황에 대한 분석과 정치적 부정부패를 적발하는 등의 급진주의적인 활동주의와 진보적 문화생산의 접점이 되려고 하였다. 로어이스트사이드라는 장소의 특수성에 따라 문화적 지향성은 다민족주의적인 성격을 띠었다. 이들은 어디까지나 지역토박이적인 기질을 축으로 하여, 사람과 사람, 집단과 집단의 네트워크를 만들려고 하였다. (나는 이 조직화 자체를 예술로 간주하고 싶다). 이런 의미에서 맑스주의, 포스트구조주의, 페미니즘, 상황주

---

25. Bill Weinberg, "Viva Loisaida Libre!" included in *Avant-Gardening*, edited by Peter lamborn Wilson and Bill Weinberg, New York: Autonomedia, 1999. p.38.
26. [옮긴이] 키치(Kitsch) : '통속 취미에 영합하는 예술 작품'을 가리키는 말. '잡동사니', '천박한' 이라는 의미를 지닌 키치라는 용어가 처음 쓰이기 시작한 것은 19세기 후반으로 애초에 미학적인 안목이나 경험을 거의 갖추지 못한 사람들을 위한 통속적인 싸구려 그림을 가리키는 말로 사용되었다. 최근에는 일부러 유치하고 천박한 방법을 동원함으로써 기성 예술의 엄숙주의를 조롱하고 야유하는 예술의 한 형식을 가리키는 용어로 쓰이고 있다.

의27 등의 어떤 부분을 도입하면서도, 기본적으로는 유럽과 미국이라는 북대서양 네트워크만을 중시하고, 서양적 전위의 전통**만을** 계승하려고 한 『10월』 *October*지 등의 미술이론과도 선을 긋고 있다.28 아마도, 어떤 부류의 사람들이 냉소적으로 이미 낡은 것이라고 말했을지도 모를 '진보적 정치와 예술의 교차', 혹은 가장 소박하며 제대로 된 '유토피아'적 지향을 **아직도** 계승하려고 하는 문화조직일 것이다. 이러한 독자적인 위치를 지속적으로 유지하고 있는 것이 〈에이비씨 노 리오〉만의 멋진 모습이지만, 동시에 운영상의 곤란함도 존재한다.

현재 〈에이비씨 노 리오〉의 리더를 담당하고 있는 스티브 잉글랜더Steve Englander에 따르면, 이 조직은 부동산 문제에 대한 이의제기에서부터 시작하여 줄곧 부동산 문제에 대해 싸워왔다.29 이 조직의 출발점은 어떤 게릴라적인 전람회에서 비롯되었다. 1979년 12월 31일, 예술가의 자주적 전시展視 조직 그룹인 〈코랩〉Colab이 델란시 스트리트Delancy Street의 '시가 관리하는 폐가옥'을 '일정기간 점거하는 형태'로 '부동산 전람회'Real Estate Show을 개최한 것에서 유래했다. 〈코랩〉은 정규의 미술관이나 화랑이 아닌, 외부의 공간에서 테마전시회를 단행하는 예술가 단체로서, '장소의 선택'에 이미 전시회의 취지(컨셉)를 집

---

27. [옮긴이] 상황주의(Situationism) : 1950년대 후반부터 1970년대 초기에 걸쳐, 유럽을 무대로 사회, 정치, 문화, 예술의 통일적 실천을 지향했던 국제적 집단 〈상황주의자 인터내셔널〉(Situationist International, IS)이 주창한 이론. 자본주의 사회에서 대량 소비를 '스펙터클'(spectacle)로 간주하여 철저하게 비판하는 입장을 취하였고, 사회의 제반 영역에 걸친 실천을 통해 '스펙터클'의 대극에 있는 '상황'(Situation)을 구축하려고 하였다. 예술 분야에서는 르 코르뷔제와 같은 도시계획에 대한 비판으로 나타났다. 1980년대의 포스트모더니즘에 앞서서 나타난 조류로 1968년의 5월 혁명시기에 정점에 달하였다. 그러나 실천적인 정치적 지향이 달랐고, '주의(—ism)로서의 상황주의는 존재하지 않는다'라고 단언하듯, 이념에 대응하는 구체성을 결여하고 있었다. 1972년에 〈상황주의자 인터내셔널〉의 활동정지에 따라 소멸되어 갔다.
28. 아마 이 양자와 관계를 맺고 있었던 것은 미술이론가인 로자린 도이치(Rosalynn Doetsch) 정도일 것이다.
29. 스티브 잉글랜더의 인터뷰는 사카이 다카시(酒井隆史) 씨가 실시. 『정황』(状況)지의 2005년 3월 호.

어넣어 항상 정치·사회비판을 포함시켰다. '부동산 전람회'는 전년도에 가옥
에서 퇴거eviction명령에 거역하였다는 구실로 경찰관에게 살해되었던 브룩클
린의 플랫부쉬Flatbush지구의 흑인중년 여성 엘리자베스 망검Elizabeth Mangum에
게 바쳐졌다. 뉴욕시가 관리하는 폐가옥이 증가해 가는 상황에 맞춰 홈리스 인
구도 증대해 가는 모순이 이 사건의 중심적인 문제의식이었다. 즉, 창고숨기기
와 피난처에 대한 권리를 무시한 시의 주택정책에 대해 격한 비판이 포함되어
있었다. 전람회에 참가한 35명의 예술가들은 이러한 문제의식을 공유하면서
각각 작품을 만들었다. 전람회는 예술가 개개인이 작품을 가지고 오는 형태로
게릴라적인 방식을 취했지만, 다음날 1980년 1월 1일 뉴욕시 경찰은 전람회장
을 봉쇄한 후 작품들을 모두 압수했다. 여기서 주최자였던 예술가들은 녹색 게
릴라와 마찬가지로 그들의 주장을 보도 기관을 통하여 퍼뜨렸다. 그 결과, 뉴
욕시는 예술가들과 절충을 할 수밖에 없었으며, 현재의 거점인 리빙톤 스트리
트Rivington Street 156번지 빌딩의 1층 점포와 지하실을 델란시 스트리트의 공간
을 대신하여 사용할 수 있도록 허가를 해 주었다. 우연히도 이곳은 과거 스페
인어 공증사무소가 있었고, 아직도 스페인어의 간판이 남아 있었다. 마침 그
당시 사용하던 스페인어 간판의 문자가 발음하기 쉽도록 잘 분절이 되어 있었
기 때문에 그 말을 그대로 명칭으로 사용하게 되었다. 이러한 활동을 개시한
사람들은 백인계 청년들이었지만, '라틴계의 영향'을 계승할 때에도 이 조직은
지역주민들의 근린공간과 연대하려는 자세를 표현하였다. 그 후, 이 조직은 역
할을 점차 확장시켜, 공간에 대한 정당한 영유권을 둘러싸고 시와 계속 투쟁해
왔다. 이윽고, 2006년 6월 29일, 건물에 대한 소유권을 획득하게 되었다.[30] 경
축! 〈에이비씨 노 리오〉!

　　1980년대 초, 이스트빌리지를 중심으로 맨하튼의 다운타운 동쪽 지구에

---

30. 사이버링크 www.abcnorio.org/about/news.html 참조.

대한 젠트리피케이션이 격화되었다. 이 속에서 반대운동을 지도한 것은 몇몇 작은 전위적 갤러리의 진출이었다. 그중에는 이후에 대★화랑으로 성장하여 다른 장소로 이동한 것도 있으며, 버블이 붕괴된 후에 문을 닫은 것도 있었다. 현재 중견 예술가 중에는 이러한 씬scene 31을 보며 성장한 사람들이 압도적으로 많다. 이러한 씬을 제공하는 것은 미술화랑만이 아니었고, 점차로 다목적용 클럽이나 비영리단체로 조직된 이벤트 공간과 퍼포먼스 공간도 늘어나기 시작했다. 참고로, 라틴계, 우크라이나계, 유대인계의 오래된 근린공간이었던 다운타운의 동쪽 지구로 인구가 유입된 이유는 반드시 돈을 벌기위한 것을 목적으로 한 점포나 여피족들의 진출만은 아니었다. 지방에서 올라 온 빈곤한 젊은이나 학생이 많이 이주해 왔다. 몇몇 진보적인 문화조직의 성장도 그러한 젊은이들의 인구증가와 전혀 관계없는 것은 아니었다. 보다 큰 시점에서 보면, 1950년대의 비트족이나 1960년대의 힙합 등도 이러한 유입의 일부였다고 할 수 있다. 여기서 〈에이비씨 노 리오〉의 뛰어난 점을 말하자면, **자기 자신이 커다란 의미의 젠트리피케이션의 부분이었다**는 사실을 가장 진지하게 의식했다는 점에 있다. 그들이 벌인 '부동산 전람회'는 예술의 자기비판이기도 했다. 초기 참가자로서 예술가이자 전람회 조직자였던 피터 크레이머Peter D. Kramer 32와 잭 워터스Jack Watson는 '〈에이비씨 노 리오〉조차도' **그러한 예술과의 관련성** 때문에, 젠트리피케이션의 도구로서 시정부로부터 좋은 장소를 부여받았다고 지적한다. 이러한 의미에서 '순진한 주장을 하기란 불가능하다'라고 한다.33 그렇지만, 비

---

31. [옮긴이] 씬(scene) : 연극이나 영화의 한 장면을 뜻하지만, 여기서는 예술이나 음악, 문학을 하는 사람들이 자신들의 공동체를 묘사하기 위한 활동 장면으로 다양한 사회적 그룹과 공동체에 소속된 사람들이 집합적으로 연출하는 하나의 정세·정황이라는 뜻을 지닌다. 집회씬, 예술씬으로 표출되며, 여기에는 어떤 중심적인 리더십, 위치, 룰, 관습적인 표식이란 없다.

32. [옮긴이] 피터 D. 크레이머(Peter D. Kramer,) : 미국 싸이키예술가.

33. 이 발언은 "The Fine Art of " by Rosalyn Deutsche and Cara Gendel Ryan, included in *The Portable Lower East Sid*, Volume 4, Number 1, Spring 1987. 사이버링크 http://www.abcnorio.org/about/history/fine_art.html에서 발췌했다.

록 〈에이비씨 노 리오〉조차 젠트리픽케이션의 일부였을지 모르지만, 그들에게는 이러한 반성적 의식이 있었기 때문에 내부적으로 급진주의를 간직할 수 있었다.

〈에이비씨 노 리오〉는 다양한 운동을 껴안고 있으면서도 통제하지 않고, 이러한 운동을 장소적·공간적으로 지원하며 네트워크를 형성하는 기능을 하고 있다. 이를 두고 잉글랜더는 '모든 운동의 운동' 혹은 '모든 집단의 집단'Collective of Collective라고 부른다.[34] 이 활동 속에는 1층의 점포공간에서 개최

---

34. 앞의 잉글랜더 인터뷰에서 발췌.

되는 전람회, 상연회, 퍼포먼스, 콘서트가 있으며, 그 밖에 실크스크린 공방, 사진의 암실, 활동가들의 모든 그룹을 위한 컴퓨터실, 비디오기구 등이 갖춰진 미디어실, 그리고 각종 운동체의 기관지 아케이브인 진 라이브러리Zine Library가 있다.35 1980년대에는 이곳을 중심으로 행위예술이 활성화되었다. 여기서 초기에 전시활동을 한 예술가 중에는 제니 홀저Jenny Holzer 36, 데이비드 워너로 빅David Wannarobic, 키스 헤링Keith Haring 37, 키키 스미스Kiki Smith 38 등의 이름도 엿보인다. 또한, 보워리에 있던 록 클럽 CBGB도 처음에는 자체제작 펑크Do-it-yourself Punk계가 지닌 격렬함 때문에 도입하지 않았지만, 점차 이들의 콘서트도 개최하게 됨에 따라 매주 토요일 오후에는 어김없이 콘서트가 열리는 하나의 전통이 되었다. 이 공간에서 활동했던 운동단체로서는 〈멕시코 민주주의를 위한 뉴욕위원회〉New York Committee for Democracy in Mexico, 〈무미아 아부자말 석방을 위한 연대〉Coalition to Free Mumia abu-jamal 39, 〈대중방어위원회를 위한

---

35. 이것은 1990년대 후반에 철거된 브롱크스의 스콰트조직이 시작한 Blackout Zine Library를 보호 · 계승한 것이다.

36. [옮긴이] 제니 홀저(Jenny Holzer, 1950~) : 미국 워드아트(Word Art) 스타일의 미술가. 언어를 작품 속에 집어넣는 스타일로 전광게시판, 포스터, 공중전화 광고 등 미디어를 통해 작품을 적극적으로 발표하였다. 최근에는 웹 참가형 작품으로 〈신조를 바꿔 보세요〉(Please change beliefs)라는 작품을 내놓았다.

37. [옮긴이] 키스 헤링(Keith Haring, 1958~1990) : 스트리트 예술의 선구자라고 불릴 만큼 1980년대 대표적인 화가이다.

38. [옮긴이] 키키 스미스(Kiki Smith, 1954~) : 독일 태생의 미국 페미니즘 미술가. 여성의 몸을 소재로 그전까지 터부시 되었던 신체의 사실성, 즉 체액의 분비나 배설의 측면을 집요하게 탐색의 대상으로 삼았다. 그는 1960년대 대표적 미니멀 조각가였던 토니 스미스의 딸이기도 하다. 주요작품으로는 〈무제〉(Untitled, 1987~90), 〈오줌 누는 신체〉(Pee Body, 1992), 〈나의 푸른 호수〉(My Blue Lake, 1995), 〈늑대와 함께 누워〉(Lying with the Wolf, 2001) 등이 있다.

39. [옮긴이] 무미아 아부 자말(Mumia abu-jamal) : 흑인 지식인 저널리스트로서 급진적 흑인민족주의 운동에 영향력 있는 글들을 발표하다가 경찰살해 혐의로 사형을 선고받고 복역 중인 미국의 대표적 정치범. 급진적인 흑인민권운동단체인 〈블랙팬더당〉의 필라델피아 운동원이자 라디오방송 기자였던 아부 자말은 1981년 12월 동생이 일방통행 도로에서 반대방향으로 차를 몰다 경찰에 잡혀 얻어맞자 권총으로 경찰관을 살해한 혐의로 사형선고를 받았다. 1982년 7월 사형선고가 내려졌

전국변호사조합〉 the National Lawyers' Guild Mass Defense Committee, 〈직접행동네트워크〉 Direct Action network 등이 있다. 로어이스트사이드를 거점으로 하는 홈리스 지원조직인 〈폭탄 대신 음식을!〉 Food Not Bombs은 여기서 먹을 것을 조리하여 치마타로 나와 먹을 것을 배분해 주었다. 또, 미디어 운동으로는 아우또노미디아 Autonomedia 출판과도 관계가 있는 〈감옥 넘어 책을!〉 Books Through Bars 40이 웹제작을 하였다. 이곳의 실크스크린과 사진워크숍에서는 근처의 아이들이나 감별소에 보내진 문제아들에 대해 시각예술교육을 벌였다.

〈에이비씨 노 리오〉는 창설 이후 줄곧 뉴욕시의 철거명령에 대항하여 싸워왔다. 언제나 법정투쟁과 항의집회, 연좌시위, 서명운동, 선전활동을 진행하였다. 이런 의미에서 이스트빌리지, 로어이스트사이드의 '뜰운동'과 여타의 문화조직, 스콰터들처럼 점차 같은 위기에 직면하게 되었고, 이 조직들과 밀접하게 연대하게 되었다. 특히, 1990년대 중반에서 후반에 걸쳐 시의 추방 eviction에 대항하여 많은 동조자들이 결합하였다. 이때, 프라하의 미국영사관 앞에서는 이러한 추방에 반대하여 체코의 동조자들이 항의집회를 감행하였다. 1997년 2월에는 뉴욕의 항의집회에서 7명이 체포되었다. 같은 해 말쯤에는

으며, 사형선고를 받은 뒤 항소했으나 주 대법원에서 사형이 확정됐으며 잇따른 청원도 계속 기각됐다. 1999년 10월 펜실베니아 주지사가 그의 사형집행장에 서명, 집행일은 1999년 12월 2일로 집행일이 예정되었으나, 1999년 10월 26일 연방 판사가 사형집행 유예 결정을 내리고 새로 재판을 진행하기로 했다. 2001년 12월 펜실베니아주 필라델피아 연방지방법원은 아부자말에게 내려졌던 사형선고를 철회하고 6개월 내에 새로운 형을 선고하기 위한 심리를 하라고 주법원에 명령했다. 이 사건은 흑인 민권운동에 대한 탄압과 사형제도, 사법제도의 문제점을 드러내는 상징적인 사건으로 부각돼 전세계의 관심을 끌었다. 특히 그의 재판은 경찰 강요에 의한 위증, 원천 봉쇄된 피의자 변론, 인종주의 배심원 선정 등의 문제점을 노출하며 미국의 전형적인 인종차별 재판으로 비난 받아왔다.
40. [옮긴이] 〈감옥 넘어 책을!〉(Books Through Bars) : 수감자에게 양질의 읽을거리를 제공하기 위해 1989년 필라델피아에서 창립되었다. 그동안 수감자는 공인된 일부 출판사나 서점, 합법적 배급자 이외로부터는 한정된 재정적 지원으로 제한적인 책만 공급이 되었다. 이에 대해 〈새로운 사회 출판자 모임〉(New Society Publishers)은 기부금을 바탕으로 수감자와 형무소 도서관에 책을 기증하였고, 인권, 마약퇴치운동, 죄수 재활프로그램 등에 관여하고 있다.

그림9 〈태양의 집〉의 활동당시 모습

몇몇 활동가들이 뉴욕시 주택국New York City Department of Housing Preservation, and Development에 잠입하여 연좌시위를 시도했지만, 운 좋게도 체포된 자는 없었고, 오히려 멕시코 출신으로 과거에 활동가였던 주택국 위원 리리 바리오스 페요리와 대화를 할 수 있게 되어, 뉴욕시와 조정국면에 들어서게 되었다. 그때까지 건물의 상층에는 〈에이비씨 노 리오〉의 관계자가 몇 명, 그리고 스쾃터들이 거주하고 있었다. 그러나 뉴욕시의 조건은 이 건물을 전면적으로 문화조직으로서 재편성하는 것이었다. 만약 〈에이비씨 노 리오〉가 문화조직의 공간으로 자체적으로 개축할 수 있는 비용을 마련할 수 있다면, 시 정부로서는 〈에이비씨 노 리오〉에게 리빙톤 스트리트Livington Street의 156번지에 있는 건물을 1달러에(거의 공짜로) 매각하는 방안을 세운 것이었다. 이때, 〈에이비씨 노 리오〉에 관계했던 모든 구성원들(운영위원회, 각종 자원자, 활동가, 예술가, 근린조직들 등등)을 포함한 전체회의가 소집되었고, 비록 주거와 문화조직이라는 **아주 절실한 모순**을 안고 있긴 했지만, 시의 조건을 받아들이기로 결정하였다. 그리고 아주 힘겨운 모금활동에 동분서주하면서 건물의 소유권을 획득할 수 있었다. 이 운동은 방법적인 스쾃(점거활동)에서 시작하여 20여 년간의 다양한 투쟁의 결과, 최후에는 자금 마련을 둘러싼 힘겨운 투쟁만이 남겨진 것이다. 이것은 비합법 문화조직의 합법화이자 스쾃단체가 건물소유자로 전환되는 방법이었다. 그렇지만 이것이 〈에이비씨 노 리오〉가 자본주의화 되는 것을 의미하지는 않으며, 대단원의 막을 올린 것도 아니었다. 앞으로 겪게 될 다양한 차이들을 축복할 수 있는 유토피아적 프로젝트의 장래는 다사다난할 것유토피아이다.

회귀하는 아메리카대륙 : 〈태양의 집〉

현실적으로는 미국혁명에는 사회혁명이 포함되어 있었다. 사회혁명은 미국혁명의 외형적 틀을 만들고 있다. 인민주권과 구성적 권력의 개념이 대륙 공간 속에서 만들어졌다는 것, 이것이 바로 미국혁명이 정치혁명의 개념으로 이해되는 이유이다. 또한, 소유의 개념도 근본적인 변화를 겪게 된다. 영국법의 전통으로부터 벗어나, 소유는 영유라는 말로 정의되었고, 노동의 직접적인 산물로서 찬미되었다.[41]
― 안또니오 네그리

내가 처음 〈태양의 집〉을 방문한 것은 2004년 10월이었다. 당시 나는 일본의 활동가였던 야베 시로矢部史郎 씨를 따라서 처음으로 갔다. 〈태양의 집〉은 서쪽의 할렘강, 동쪽의 롱아일랜드 해안, 남쪽의 이스트강이라는 세 곳으로부터 흘러나온 세 가닥의 물줄기가 만나는 브롱크스 남부의 모토헤이븐Motoheaven 지역에 있었다. 이 건물은 남쪽으로 뻗어있는 물줄기와 그리 멀지 않지만, 대大 모제스 시대의 고속도로와 대규모 창고들로 길이 가로막혀 좀처럼 다가서기 어려웠다. 아마 이 주변의 자연환경은 본래 뉴욕에서도 가장 아름답고 풍요로웠을 것이다. 그러나 지금은 장애물로 뒤덮여 독특한 도시적 차가움을 지닌 지역이 되어 버렸다. 어쨌든, 우리들이 가려는 시설의 규모는 아마도 수많은 스콧 중에서도 가장 거대한 부류였다. 〈태양의 집〉을 본 순간 나와 야베씨는 감탄의 소리를 자아냈다. 조금 일찍 도착했기 때문에 우리들은 주변을 산책하기로 했다. 그러자 건물만이 아니라 건물 뒤편에는 각종 야채밭을 포함한 거대한 채소밭이 있었고, 그 중앙에는 북미 선주민의 주거용 텐트인 티피Tipi가 있었다. 라파엘 부에노는 야채를 심어 놓은 정원 옆에서 겨울을 대비해 월동 필수품인 장작을 묵묵히 패고 있었다. 하지만 우리들을 보자, 옛 친구라도 만난 듯 친근하게 맞이해 주었다.

이 스콧 조직의 이름이 내 귀에 들어온 것은 2004년 여름 반反공화당대회

---

41. 안또니오 네그리, 『구성적 권력』, 스기무라 마사아키, 사이토 에츠노리 옮김, 교토, p. 224.

운동 때 미국 각지에서 집결한 수많은 아나키스트 젊은이들을 머물게 했다는 소문 때문이었다. 부에노씨는 당시 정식 주거공간으로 인가받지 못한 건물에 사람을 숙박시켰다는 혐의로 체포되어 1주일 정도 구속되었다. 어쨌든 그의 자세에 대해 감동받았던 탓일지 모르겠지만, 그의 사상에 감화된 젊은이들이 공화당대회가 끝난 이후에도 이곳에 머물렀다. 우리들이 방문했을 때에도 이 거대한 건물에 대한 '홈스테드'(자력적 개축)가 한창이었고, 이 조직을 자율공간으로 바꾸어 문화적으로도 충실을 기하려고 노력하였다. 지하에는 건물 수리를 위한 필수품이 있는 토목소가 있었고, 1층에는 이 조직 전체를 구성하는 각각의 조직들이 있었다. 정원사들의 비영리조직인 〈체리나무협회〉나 남북 선주민들의 500년간에 걸친 반̄식민지화 투쟁을 계승했던 〈오백년위원회〉Five Hundred Year Committee, 젊은이들의 프로젝트 등의 사무소와 대형 전시장, 집합장, 실크스크린 공방, 사진공방, 콘서트 홀이 있었다. 전시장에서는 모토해이븐 지역의 자연환경을 되살리려는 대안적 개발 계획에 대한 다양한 구상도가 벽을 메웠고, 근처 아이들의 그림이나 조각들이 장식되어 있었다. 콘서트 홀에서는 매주 토요일에 펑크 콘서트가 개최되었다. 기본적으로 2층부터는 주거공간으로 활용되었지만 공동취사장이나 자전거 수리장도 있었다. 특히, 자전거 수리장은 〈크리티컬 매스〉Critical Mass 주행에서 주도적인 역할을 했던 '바이크 블록'Bike Block들과 관계있는 곳이었다. 아직도 많은 방이 수리 중이었기 때문에 외풍이 들어오곤 했다. 이들이 시도했던 것은 우선 가능한 한 자본주의 경제(화폐경제)의 바깥에서 생활하여 젊은이들이 이 지역에서 수확한 음식을 조리하며, 고장난 자전거를 자력으로 수리·수복하는 것이었다. 동시에 부분적으로 자본주의 경제 안에서 화폐를 벌기 위한 목적으로 티셔츠 제작이나 유기농 야채생산을 확대하려고 했었다.

부에노의 모든 활동에 대해 일일이 말하기에는 이 책의 지면이 너무 적을 것이다.[42] 그의 활동에 대해 가볍게 살펴보면, 그는 도미니카공화국 출생으로 젊은 시절 가족 전체가 정치적 분란에 휩싸여 푸에르토리코로 도피하였다. 1973년 23세의 나이로 뉴욕에 건너 온 후 인종차별도 경험하면서 사회운동에 관여하게 되었다고 한다. 스쾃터나 홈리스, 뜰운동에 참가한 것은 1980년대 초였으며, 이후 그는 뉴욕 근처에서 몇몇 '건물을 해방시키는 일'에 착수했다. 톰프킨즈광장공원의 주거공간 투쟁에서는 1980년대 후반에서 1990년대 초반까지 현재의 〈체리나무협회〉를 구성한 데이비드 보일David Boyle 등의 정원사들과 함께 공원 내 거주자에 대한 지원과 조직가로서 전력을 다해 활동하였다. 이때, 그의 중요한 임무 중 하나는 월동기에 불법으로 취급되는 공원에서의 '방화'를 일으키지 않게 하는 것이었다. 그는 이를 상징적으로 '소방대원'Fire Keeper이라 부르고 있다. 이 표현에는 그의 선주민으로서의 자의식이 관철되어 있다. 그가 〈태양의 집〉에 옮겨 살게 된 것은 1987년이었다. 그 후 이 건물의 영유를 둘러싼 시정부와의 알력싸움이 지속되었다. 이윽고, 1998년에는 대대적인 검거가 시작되었다. 시경찰은 부에노 등의 활동가를 추방하기 위해서, 고속도로를 포함한 근린 도로를 완전히 봉쇄하고, 5백 명의 경관, 저격수, 헬리콥터, 2대의 장갑차로 이 건물을 포위했다. 건물에 둘러싸인 채 시위하던 스쾃터들은 결국 추방당했지만, 부에노의 주도하에 당시 세간에 커다란 화제를 불러일으키면서, 그 후에는 부에노측이 승리하게 되었다. 이것은 커다란 미디어 이벤트였다. 5일 후, 구치소에서 출소한 그들은 다시 폐가옥이 되어 버린 〈태양의 집〉에 돌아와 살기 시작했으며, 법정투쟁을 시작하였다. 그 후 부에노는 거의 20여 년간에 걸쳐 이 건물을 앞서 살펴본 것과 같은 조직으로 성장시켰다.

그는 미국헌법의 '당사자 영유권'adverse possession 중에서 초기의 적응에 필요한 20년이라는 기간을 중요시한다. 이 기간을 지내고 나면, 그 후에는 영유

---

42. 보다 상세한 것은 라파엘 부에노의 인터뷰인 「대지의 탈환을 향해」, 인터뷰어 코소 이와사부로, 사카이 타카시, 『VOL』 제1호, 도쿄 이분샤, 2006년을 참조.

권이 당사자에게 이행될 가능성이 있다. 그렇지만, 2004년 11월 30일 20년이 지나려고 하는 바로 직전에 뉴욕시는 〈태양의 집〉을 추방하고 비영리 주택조합인 〈ACORN〉에게 이곳에 대한 개발을 이양했다. 그때, 부에노를 포함한 모든 세력들은 이 건물에서 추방당했다. 당시 추방당한 조직은 칠레 남단의 카웨스카족의 유엔대표인 카를로스 에덴Carlos Eden이라는 선주민 활동가, 정원사들, 젊은이들 등등이었다. 부에노 등의 비非백인 집단은 자신들의 소유품조차 되돌려 받지 못했다. 부에노는 그 후 피난처에 살면서 여러 가지 궁리를 하였다. 그렇지만, 부에노는 그다지 절망하는 기색은 없었다. 오히려 결국 그의 적인 뉴욕시와 〈ACORN〉이 속내를 노골적으로 드러내면서 '위법행위'를 저질렀기 때문에, 그가 승리할 가능성이 커지고 있다고 하였다. 그를 추방한 후에 방화나 재산파괴뿐만 아니라, 미국 '독립선언'과 '미국헌법'에 근거한 시점에서 보자면 기본적인 인권침해도 있다고 보았다. 부에노는 젊은 시절에 좌파사상을 배웠지만, 현재는 거의 좌파사상에 의존하지 않는다. 오히려 독자적인 헌법 해석을 바탕으로 미국 내 선주민들의 권리를 새롭게 주장하면서, 최하층 민중들과 홈리스의 '피난처에 대한 권리'라는 이름으로 독립선언서에도 나와 있는 '저항권'과, '혁명권'을 행사하려고 한다.

네그리가 『구성적 권력』 *Le Pouvoir Constituant* 1장에서 말하고 있듯,[43] 확실히 미국의 형성기는 유럽에서는 있을 수 없는 힘들의 역동적인 재구성이었고, '자유 및 자유롭게 되는 것'이 출현했다. 당시에는 급진주의였던 '독립선언서'가 지금도 메아리치고 있다. 부에노는 이 선언서를 유치할 정도로 문자 그대로의 의미를 취해서 운동의 출발점으로 삼으려고 한다.

'모든 인간은 평등하게 창조되었으며, 조물주로부터 양보할 수 없는 일정

---

43. 부에노와 네그리의 '미국독립선언'과 '미국헌법'에 존재하는 공통성에 대해서는 야베 시로씨와의 개인적 대화 속에서 그의 발언이 이러한 발상의 원류가 되었다.

의 권리를 부여받고 있다. 이 권리에는 혁명, 자유, 행복에 대한 추구가 포함되어 있다. 정부는 이러한 권리를 보장하기 위해 인민들 속에서 형성되었으며, 그 정통적 권력은 피통치자의 합의로부터 유래한다. 정부의 형태가 이러한 목적을 파괴하려고 한다면, 인민은 정부를 폐기하고, 새로운 정부를 만들 권리를 지닌다.'[44] 이에 근거하여 다음과 같은 권리를 선언한다. (1)생명권, (2)자유권, (3)행복을 추구할 권리, (4)인민의 동의에 의한 민주적 정부를 추구할 권리, (5)저항권, 혁명권, (6)구성적 권력을 표현하는 권리.[45] 놀라운 것은 이 권리가 해당되는 것은 '미국 국민'만이 아니다 라는 것이다. '모든 인간=만인'이라는 것이다. 앞서 토지법 제2조항에서는 선험적인 '재산'propriety이 아닌 홈스테드와 스콧이라는 노동의 결과로서만 유일하게 인정받는 '영유'possession를 강조하고 있다. 이런 두 요소는 분명히 혁명적이다. 네그리는 이러한 미국의 특수성이 '근대의 문제', '자본주의의 발전 문제'로 보았을지 모르지만, 부에노는 헌법의 사상적 요인은 미국적 공간에만 고유한 것이 아니라, 오히려 모든 다인종의 개척 농민을 껴안고 있던 로마제국이나 그 이전의 함무라비 법전으로도 거슬러 올라간다고 한다. 즉, 인간의 오래된 '자연법' 속에 이미 미국헌법의 원리적인 사상이 기술되어 있다.

네그리에게 미국의 한계는 자본주의적 반동이다. 이는 다음과 같다.

제퍼슨의 민주주의도 역시 왜곡을 피할 수 없다. 개척민 전체로 퍼져나간 자유의 확장적 개념은 본래 정복해야 할 대륙이 있다는 것을 반영한 것이다. 제퍼슨주의의 역사는 처음에는 수많은 남녀가 해방되는 역사였다. 영웅적으로 토지를 자신들의 것으로 만들어 가던 전대미문의 모험이기도 했다. 그러나 무한하다고 신봉되었던 공간이 유한함을 알게 되었을 때 모순이 발생했다. 이 모순이란 토지에

---

44. 안또니오 네그리, 앞의 글 참조, p.219.
45. 안또니오 네그리, 같은 글.

대한 영유를 해방(=자유롭게 만드는 것)이 아닌 자유(=자유임의 상태)라는 말로
긍정한 것에서 출발한다. 구성적 원리의 운동은 곧바로 힘을 잃고, 영유(=자신의
것으로 만드는 것)는 소유(=자신의 것임)로 바뀌어, 개척시기의 정복정신은 제
국주의적 사고로 바뀐다. 이것을 두고 우리들은 인디언들의 불행으로 되돌아가
지 않는다. 인디언들의 야생 문명과 독립은 자유를 위한 희생이 되었다. 우리들
이 여기서 살펴보는 것은 결과의 타율성이 극도로 보편적인 징후가 되어 있다는
것, 혁명이 개념 차원에서 저지되어, 해방 과정이 파괴의 과정으로, 자유의 원리
가 억압의 원리가 되어 있다는 것, 바로 그것을 볼 뿐이다.[46]

위에서 인용한 부분은 미국의 진실된 모습이다. 그렇지만 미국, 그것도 다민족
도시 뉴욕에 살고 있는 사람들의 현실로 미뤄 볼 때 이 공간의 구성적 권력의
힘力과 장場은 아직도 결말이 나지 않았다. 서양인 중심의 '자유, 즉 자유임의 상
태'가 최종적인 대답이 되지 않고, 아직도 '만인'의 권리를 추구할 여지는 있다.
그렇게 생각하지 않는다면 도무지 활동할 의미가 없다! 또한, 〈태양의 집〉은
실제로 아메리카 대륙을 북에서 남까지 관통하는 선주민·소수민족의 네트워
크를 지니고 있다. 현재 부에노가 안고 있는 건물을 둘러싼 투쟁에는 이미 희생
된 선주민들의 과거와 현재가 관계해 있다. 확실히, 수많은 선주민의 공동체 및
왕국은 사라졌다. 그리고 실제로 그들의 인구도 감소했을 것이다. 그렇지만 아
무리 소수라고 할지라도 그들은 망령이 아니라 현실에 살고 있는 현대인이다.
게다가, 선주민과 그들의 투쟁이 특권적인 위치에 있는 것은 미국에 거주하는
소수자들과 그들의 인권을 윤리적으로 지지할 뿐만 아니라, 선주민들의 특권
적 위치를 통해 인종적 소수자들과 이들의 인권을 극한까지 확장하도록 허용
하기 때문이다. 선주민의 역사와 현존은 미국 지배계급의 부정부패를 소추하
여 정의를 행사할 수 있도록 하는 중심적인 근거가 된다. 언젠가 미국이라는 대

---

46. 네그리, 같은 글, p. 219 참조.

지에 현실적으로 '만인'이 위에서 언급한 인권을 누릴 수 있다면, 그것은 지금 껏 그들이 겪어왔던 역사적 경험과 현존의 이름으로부터 비롯될 것이다.

앞서 살펴본 것은 우리 시대의 의식과 도시에 대한 감성에도 관계한다. 어떤 사람에게는 도시의 본질이 새로운 기술, 새로운 예술, 새로운 건축, 새로운 미디어, 새로운 지구, 새로운 패션, 새로운 생활형태, 새로운 사회형태, 그리고 자본주의의 새로운 단계로 보일 것이다. 생산력 발전을 중시하는 기본 자세를 가진 사람들은 '자본주의의 발전에 의해서만 세계의 해방이 있다'라는 아주 설득력 있는 논리를 펼 것이다. 이러한 생각은 '세계 전체'에 대해 이론적으로 사고하는 것을 자신의 생업으로 하는 사람들로부터 나오는 경우가 많다. 동시에 약간 다른 자세를 가진 사람도 존재한다. 현실에서 필연적으로 발생할 수밖에 없는 사회운동을 중심에 두고 생각하는 사람들이다. 이들은 새로운 개발(생산력 발전)을 반드시 부정하거나 거부하지는 않지만, 생산력 발전에서는 도무지 해답을 찾을 수 없는, 생산관계에서 탈락한 자들 간의 투쟁을 중시하려는 자세를 보인다. 이러한 문제 앞에서는 생산력과 생산관계의 완벽한 동시적 발전이라는 도식에 대한 회의감마저 든다. 경향적으로 보자면, 어느 정도 과거의 향수어린 생각이라고 비판받으면서도 오늘날에 대한 비판으로 과거의 좋은 점을 강조하기도 한다. 그렇다고 '과거로의 회귀'를 믿는 것은 아니다. 이 도시공간에서 가시적인 것은 현재와 진행 중인 개발만이 아니다. 과거 사건의 층들이 존재하고 있다. 이러한 층들이 회자될 때 현전現前하는 미래의 가능성이 되는 경우도 있을 수 있다. 도시 현상을 비판할 때, 과거에 벌어졌던 여러 모습들은 미래의 가능성을 상상하는 계기가 될 것이다.

개발의 맹위가 도사리는 현대 도시에서 개발 흐름을 거역하고 폐가옥을 자신들의 손으로 개축하여 결코 자본주의와 함께 발전할 수 없는 공동체 정원을 길러낸다는 것을 두고, 단순히 향수라거나 과거로의 회귀라고도 할 수 없다. 무엇보다 이것은 당사자들의 생산관계 내에 있는 존재적 불가피성이며, 방법적으로는 자본주의의 개발 속도를 늦추고, 다른 차원에서 도시의 대안적인 시공간을 여는 것이다. 이런 의미에서 부에노가 극도로 독자적인 존재형태와 방법으로 추구하는 만인의 '쉼터의 권리'Shelter Right, 혹은 '거처할 권리'에 대한 주장과 국민국가를 뛰어넘은 선주민들의 네트워크 구축은 미국의 형성, 즉 미국 대륙이 영토화 되기 이전의 남북 아메리카 대륙의 밑바닥에 관통하는 공통된 성질通低性, 통저성 47이라는 '과거이자 미래'의 가능성을 지칭한다고 해도 과언이 아니다.

---

47. [옮긴이] 공통된 성질(通低性, 통저성)이란, 근본적인 토대나 원리가 상통한다는 것을 의미하며, 여기서는 아메리카 대륙의 모든 선주민들에게 공통되며, 서로 통하는 의식을 뜻한다.

2부
투쟁하는 정동의 도시

3장 정동의 도시

4장 정동의 조직론

3장

정동의 도시

그(=인간)는 천국(=피난처)이야말로 업보의 원천인 지구의 안티테제(이항대립)라고 배웠다. 여기 천국에서 자신이 있을 곳을 얻기 위해 사람은 지구를 황폐화시켰다. 그러나 그녀(=좋은 지구)는 매해 봄마다 젊고 아름답게 빛나면서 그녀 자신을 갱신시켜 찾아왔고, 그녀의 아이들(=인간)을 자신의 가슴으로 끌어안으며 선물을 나눠주었다. 그러나 대기 중에는 일찍이 없었던 독기(毒氣)로 가득한 어둠이 스며들었고, 이전에 없던 공허한 소리가 울려 퍼졌다. '마녀의 아름다운 몸을 만지지 마라. 죄의 업보로 너를 꾀이게 할 것이다.'
— 엠마 골드만(Emma Goldman)[1]

여기서 말하고 싶은 것은 내가 태어난 후, 나 자신이 바로 세계라고 느껴왔지만, 그것은 단순히 깨진 거울 파편을 계속 만들어 왔던 것에 불과했다는 것이다. 1990년 오늘, 아직도 인간의 신체라는 것이 금기시해야 할 주제라고 말하는 것은 아주 미련한 생각이다. 인간의 신체 중 도대체 어디가 그렇게 두려운가? AIDS가 유행하는 시대에 한결같이 자신들의 신체에 대한 정보가 부정되어진다는 이유만으로 우리들 중 많은 사람들이 젊어서 죽어 가는 것과 같은 사회, 도대체 어찌 된 일인가!
— 데이비드 워나로비츠(David Wojnarowicz)[2]

---

1. Emma Goldman, "Mother Earth," an editional of *Mother Earth*, March 1906, published in Emma Goldman-A Documentary History of American Year: Volume 2, Berkley, Los Angeles, London: University of Califonia Press, 2005, p.175.
2. David Wojnarowicz, *Close to the Knives*, New York: Vintage Books, 1991, p.157.

들어가며 : 치마타의 기적

　　계급이나 인종은 결코 만만치 않은 범주이다. 이 둘은 고유의 존재방식을 통해 아직도 우리들의 현재를 엄격하게 규정하고 있다. 그렇지만 1968년 이후의 지적·운동적인 다양한 시점들은 이 두 범주의 규정으로부터 벗어나게끔 만들거나 상호 교차하는 차이화의 원리에 근거하여 초점을 이동시켰다. 내가 뉴욕에 살기 시작했던 1980년대 치마타 공간에서 '젠더'gender 문제가 가시화되기 시작했다. 이미 수많은 논의가 있었던 것처럼, 젠더란 본성적으로 **다수화**를 내포하는 원리지만, 계급이나 인종과 같은 의미로 **집중화**되지 않았다. 이를 문자 그대로 생각해 보면, 젠더는 사람과 사람을 연결하는 원리로서는 어딘가 약한 듯 보인다. 그러나 사실은 정반대이다. 오히려 어떤 경우에는 이것이 바로 스스로를 복수화複數化해 가면서도, 보다 유연하며 보다 강력한 도시적 집합성을 형성할 수 있게 만든다. 젠더는 종종 계급과 인종을 상호 교차(대각선상의 횡단)시키면서도, 어떤 의미에서 양자(계급과 인종)를 갱신시켜 다시 활성화시키거나 독자적인 원리로서 새로운 운동의 중심축이 되기도 한다. 이러한 가능성이 현실에서 발생하기 시작했다. 참고로, 당시 다양한 영역에서 '포스트모더니즘'Post-Modernism이 유행했지만, 나에게 가장 피부에 와 닿았던 것은 바로 이 젠더영역이었다. 따라서 앞으로 두 장에 걸쳐 전개될 것은 젠더영역의 '힘'에 대한 몇 가지의 우화parable가 될 것이다.

　　뉴욕에서 만난 수많은 사람들 속에서 누가 나 스스로를 가장 급진적으로 바꾸었는가 생각해 보면, 틀림없이 '페미니스트 여성들'과 '게이 남성들'이었다. 일본에서 독자로 태어나 아양 떨면서 성장한 나로서는 아무래도 남성중심주의적인 면모를 가지고 있었고, 아직도 그러한 심성이 많이 남아 있다. 머리로는 아무리 진보주의자를 자부한다고 해도, 일상적·현실적으로는 자신의 존재를 계속해서 해체하고 재구축해 주는 관계성이 없다면, 아무래도 성의식에 관한 것만은 어쩔 수 없이 바뀌기 어려울 것 같다. 뉴욕에서 저자의 첫 번째 애인은 아주 진지한 페미니스트였다. 1980년 가을에 만난 그녀의 인상은 아주 강렬했고, 결국 일본으로 돌아가지 않고 계속 그곳에서 살게 된 것도 어딘가 그녀와의 만남과 이별이 가져다 준 충격이 꼬리를 치켜세우고 있었기 때문인지 모른다. 그녀는 본래 조각가였지만, 당시 페미니즘의 다양한 조류를 작품 속에 담아 발전해 갔던 퍼포먼스아트(행위예술)와도 관계를 맺고 실천하고 있었다. 당시 그녀는 뉴욕대학 대학원NYU 퍼포먼스 이론학과에서 리차드 세크너Richard Schechner 3의 연구실에 참가하고 있었다. 세크너는 윌리엄 데포Willam Dafoe 4 등을 세상에 알린 현재 〈우스터 그룹〉Wooster Group 5의 전신인 〈퍼포먼스 그룹〉을 창시한 연출가이며, 뉴욕대학 퍼포먼스 이론학과에서는 현대연극 이론과 문화인류학을 연결시킬 이론적·실천적 조사를 지도하고 있었다. 그에 따르면, '퍼포먼스'란 모든 사회에서 행해지는 의례행위로부터 축제, 전통적 연극, 무도, 근대연극, 현대연극, 행위예술, 도시적 오락, 사회운동까지를 포함한 포괄적인 개념이며, 이것들의 내용을 이루는 인간관계 형성의 특성을 통하여 사회를 다시 생각하려고 하는 학문이라고 보았다. 당시 나에게 이것은 아주 자극적이었기 때문에, 몰래 숨어들어가서 청강할 정도였다. 학생들 모두가 무엇인가의 형태로 실천적인 퍼포먼스에 관여하면서, 이것을 주제로 논문을 쓰고 있었다. 어떤 사람은 할렘의 가스펠 교회에 잠입하였고, 어떤 사람은 코니아일랜드Coney Island의 길거리 퍼포먼스를 하는 곳에 참여했다. 또, 어떤 사람은 손

---

3. [옮긴이] 리차드 세크너(Richard Schechner, 1934~) : 뉴욕대학에서 퍼포먼스 연구를 하고 있으며, 『드라마 리뷰』의 편집장이자 스스로 〈East Coast Artists〉 사를 설립하여 예술감독을 담당하고 있다. 그는 1967년에서 1980년까지 〈The Performance Group〉(TPG, 1980년 이후 WG로 변경)의 디렉터로 활동하였다.

4. [옮긴이] 윌리엄 데포(Willam Dafoe, 1955~) : 위스콘신대학에서 드라마를 연구하였고, 전위예술 극단이 씨어터X에 참가하면서, 중퇴했다. 우리에게는 영화 〈스파이더맨 3〉 에서 악역으로 잘 알려져 있다.

5. 사이버링크 http://thewoostergroup.org 참조.

금을 보는 집시점쟁이에게 달라붙었고, 어떤 사람은 자신이 참가하는 사회운동을 주제로 하였다. 또 다른 사람은 스스로 일원으로 활동하던 전위연극단을 분석하고 있었다. 그중에서 나는 철저히 자신이 관계하고 있는 대상에 대해 거리를 두며 지적知的으로 분석한다고 하는 방법에 매료되었다. 이 방법이란 자신의 몸을 마치 칼로 자르는 듯한 퍼포먼스로서 깊은 감명을 받았다. 이 방법은 후술하게 될 주디스 버틀러Judith Butler 6의 수행적 젠더 이론Performative Gender Theory과도 조응해 가는 경향을 보인다.7 어쨌든 나는 이렇게 하여 이 연구실에서 줄곧 화제가 되고 있는 '퍼포먼스'를 실컷 둘러볼 수 있었다.

당시 뉴욕은 퍼포먼스 예술의 전성기였고, 소호, 이스트빌리지, 트라이베카Tribeca 등의 지역에 몇몇 퍼포먼스 공간이 있었으며, 매주 자극적이며 매력적인 이벤트가 열렸다.8 그중에서 가장 충격적이었던 것은 트라이베카의 프랭클린 장례식Franklyn Furnace을 중심으로 펼쳐진 일련의 급진적 페미니스트Radical Feminist들의 퍼포먼스였다. 이에 대해서는 뒤에 좀 더 상세하게 서술할 예정이

---

6. [옮긴이] 주디스 버틀러(Judith P. Butler, 1956~) : 미국 포스트구조주의 사상가로 알려져 있으며, 현재는 캘리포니아대학 버클리교에서 수사학과 비교문학 교수로 활동 중이다. 그는 스스로 동성애자임을 공언하면서 퀴어이론 등을 활용하여 '이성애는 인위적으로 만들어진 것이다'고 주장하며, 푸꼬의 이론에 근거하여 성의 체제가 남녀라는 이항대립으로 구성되어 있다는 것을 '억압'이라고 주장한다. 즉, 젠더는 문화적으로 규정된 구조물이며, 생물학적 성(섹스)와 구별되는 것이라고 생각한다. 더 나아가 생물학적 성조차도 문화적인 젠더의 규범에 의해 중층적으로 규정된 것이며, 문화적 젠더에 의해 오염되지 않은 순수한 성이란 있을 수 없다고 주장한다. 따라서 성적 규범은 문화의 레벨에서 벌어지는 착란행위(subversion)에 의해 변화할 수 있다고 생각한다. 버틀러의 이러한 생각은 종래의 여성만의 생득적이며 고유한 권리 확립이라는 페미니즘을 재고하도록 압박하였다. 그는 다양한 젠더 퍼포먼스에 의해 남녀라고 하는 억압적 이항대립 자체를 탈구축해 가는 착란적인 성적 실천이 필요하다고 하였다.
7. 예를 들어, 오늘날은 주디스의 시도도 세크너를 중심으로 조직된 퍼포먼스 이론의 문맥 속에 위치해 있다. "Performative Acts and Gender Constitution: An Essay in Phenomenology and Feminist Theory," included in *The Performance Studies Reader*, edited by Henry Bial, London and New York: Routledge, 2004.
8. 예를 들어, 이스트빌리지의 PS122, 소호의 Kitchen, 트라이베커의 Franklyn Furnace 등.

지만, 이 예술가들 중 많은 사람들은 실제로 매춘이나 스트리퍼로서 성노동을 하고 있던 여성들이었고, 그녀들이 스스로의 신체를 소재로 하여 펼치는 이벤트 중에는 그녀들의 존재성과 관련된 절실하며 풍요로운 정치적·사회적 문제들이 들어가 있었다. 타자의 욕망 대상으로서의 신체가 아닌, 자신 스스로를 욕망하는 신체를 통해 표현했다. 지금까지 보기만 할 뿐 보여지는 것으로부터 보호되어 온 남성들의 시선 그 자체에 대해 공연장의 모든 초점이 맞춰졌다. 이것은 오로지 남성적 시선만을 지니고 있던 '나'에게 아주 두려운 자기해체적 체험이었으며, 스스로 자신의 섹슈얼리티의 단독성을 받아들이지 않으면 안 되는 도술적인 해방의 경험이기도 했다. 뉴욕에 당도한지 얼마 안 된 나에게 이렇게 멋진 문화를 가르쳐 주었던 그녀는 나라는 한 '남자로서의' 질적 한계를 잔혹하게 가르쳐주면서 떠나 버렸다. 나는 비록 그녀에게 차였지만, 이것은 나에게 혹독한 교육, 혹은 계몽이었다고 생각한다.

또 다른 계몽으로 말할 수 있는 것은 1980년대 전반에 걸쳐 주로 직장에서 만난 게이 남성들이 있었다. 예술가 스튜디오든 화랑이든 예술 세계에서는 게이 남성들이 많이 있었다. 일본에서 '호모'라 불리는 이런 사람들에게 처음에 어떻게 대응하면 좋을지 몰라 불안한 마음도 있었지만, 그들과 접하게 되면서 그들과의 관계에서는 통상 남자와 남자 사이에 존재하는 거들먹거림 따위는 필요 없고, 그들 중 많은 사람들은 통상 남자에게는 없는 세세한 감수성, 배려, 그리고 아주 개인적인 문제에 대한 공감성이 넘치고 있다는 것을 알게 되었다. 다시 말해, 그들과의 사이에서 처음으로 '우정'이라는 것의 가능성을 폭 넓게 알게 되었다. 안타깝게도, 나에게는 어떤 남자와의 가벼운 연애감정을 교환한 것 이상으로 어떤 것도 일어나지는 않았기 때문에, 나의 젠더는 충분히 복수화되지는 못했다. 그렇지만, 그 속에서 그들로부터 결정적으로 중요한 것을 배우게 되었다. AIDS가 크게 유행하면서 게이사회는 커다란 위기에 휩싸였다. 오늘도 내일도 끊임없이 AIDS 발병과 그로 인해 사망자가 발생했다. 특히, 이스트빌리지의 문화적 장소, 예술 세계에서는 문자 그대로 '날아가는 새도 떨어뜨리듯' 누구라도 떨어져 나갔다. 그러나 그때, 기적이 일어났다! 나로서는 거의 기적으로 밖에 생각되지 않았던 것이 AIDS 위기의 깊은 수렁 속에서 일어났던 것이다. 애인들과 친구들이 서로 간병을 해 주는 네트워크가 생겨났던 것이다. 그때까지 주로 일본에서의 경험을 통해 나는 간병이란 병원의 간호사와 간병인들이 하는 것으로 대부분 여성이었고, 가족들 사이의 간병도 주로 여성들의 몫이었다. 마치 남성들은 간병영역으로부터 면죄부를 받은 듯 했다. 그렇지만, 이 당시 간병을 하던 이들은 거의 모두가 남성들이었고, 그것도 바쁘게 살던 젊은 남성들이 틀림없이 죽게 될 '타인'을 위해서 식사를 만들고 방을 청소하며 뒷일을 처리해 주는 등등 치료소 밖의 간병일을 기꺼이 받아들여 정신적인 지원과 24시간 내내 스스로 봉사하였다. 이런 모습은 나의 존재를 밑바닥부터 뒤흔드는 것이었다. 이는 마르셀 모스Marcel Mauss 9가 인류학적 조사를 통해 그토록 예증하려고 했던, 그리고 아나키스트들이 신봉해 왔던 인간사회의 최종적인 원리로서 직접적인 보상이 없는('교환'이 아닌) 행위, 다시 말해 '증여'贈與를 구체적으로 실천했던 것이었다.[10] 이러한 간호(간병)의 네트워크는 21세기적 운동의 발상이라고도 할 수 있는 〈액트 업〉ACT UP, Aids Coalition to Unleash Power 11을 낳은 토대가 되었다.

---

9. [옮긴이] 마르셀 모스(Marcel Mauss, 1872~1950) : 프랑스 사회학자, 문화인류학자로 뒤르켐의 이론에 근거하여 '원시적 민족'으로 불러지는 사람들의 종교사회학, 지식사회학을 연구했다. 대표저작으로는 『증여론』이 있으며, 교환체계에 대한 분석을 통하여, 종교와 법, 도덕, 경제의 제반영역으로 환원할 수 없는 '전체적 사회적 사실'이라는 개념을 설정하였고 레비스트로스의 구조인류학에 커다란 영향을 미쳤다. 또한 '신체기법'론은 지금도 사회학적 신체론의 기본적 문헌이 되고 있다.

10. 아나키즘과 증여에 대해서는 David Graeber의 두 가지 저작을 참조. David Graeber, *Toward Anthropological Theory of Value*, New York: Palgrave, 2001[데이비드 그레이버, 『가치이론에 대한 인류학적 접근』, 서정은 옮김, 그린비, 2009]; *Fragment of An Anarchist Anthropology*, Chicago: Prickly Paradigm Press, 2004.

11. *From ACT UP to the WTO*, edited by Benjamin Shepard and Ronald Hayduk, London/New York: Verso, 2002를 참조. http://www.actupny.org/

‘페미니스트의 여성들’과 ‘게이 남성들’은 많은 경우 동지이기도 했다. 그들 사이에는 굳은 단결이 있었다. ‘사상적 원리’나 ‘계율’戒律에 의한 것이 아니라 ‘정동’에 의한 단결이었다. 일상적 차원이든 정치·예술적 차원이든 그들은 항상 행동을 같이 했고, 아마도 뉴욕이 가장 자부할 수 있는 소수자들의 문화를 형성하고 있었다. 나에게 그녀들과 그들과의 만남이 특히 중요했던 이유는 ‘좌파’라는 이미지를 크게 뒤바꾸며 아주 구체적인 방향성을 제시해 주었다는 점에 있다. 이들은 특정의 중요한 텍스트를 남들 이상으로 깊고 세밀하게 읽은 후에, 그 원리를 경험세계에 끼어 맞추면서 무엇인가 변혁의 원리(혹은 그 부재)를 가르치려고 드는 ‘이론가=혁명가’가 아니다. 어디까지나 스스로의 욕망과 관계성이 지닌 과잉성promiscuity을 자율적 원리로 삼았다. 이들에 대한 세상의 매도에도 아랑 곳 하지 않고, 치마타에 사랑의 네트워크를 구축하여 도시공간에 사회적 풍요로움을 구축한 존재. 존재론적으로 급진적인 ‘행위자performer는 곧 혁명가’의 이미지이다. 이들은 축제적이고 다형적인 방식으로 자신들의 신체를 거리로 옮겨, 이를 도구로 활용하여 사회관계를 구축한 장인들이기도 하다.

이하에서는 두 장에 걸쳐 ‘정동노동情動勞動이라는 이미지’, ‘도시공간’(42번지/타임스쿼어), ‘예술’(급진적 페미니스트 퍼포먼스), ‘활동’(액트 업) 등을 참조 대상으로 하여 ‘그녀들’과 ‘그들’에 관계된 몇 가지 우화들을 설명해 가겠다.

비물질노동과 정동노동-그 중복과 차이

최근 ‘신체접촉’(Contact)과 ‘네트워킹’(Networking)의 차이에 대해 정리할 때, 어떤 친구가 다음과 같은 대비 사례를 가지고 왔다. ‘신체접촉이 지미 스튜어트(Jimmy Stuart)[12]라고 하면, 네트워킹은 톰 크루즈(Thomas Cruise)이다. 신체

---

12. [옮긴이] 지미 스튜어트(본명은 James Maitland Stewart, 1908~1997) : 영화배우로서 자신을 잘

접촉이 복잡한 탄수화물이라면, 네트워킹은 단순한 설탕이다. 신체접촉을 불교에서 말하는 선(禪)이라고 하면, 네트워킹은 진리탐구(Scientology)[13]이다. 또, 신체접촉이 하부구조에서의 변화를 일으킨다면, 네트워킹은 상부구조의 변화를 일으킨다'고 말이다.
— 사무엘 델라니(Samuel R. Delaney)[14]

간호사와 매춘부는 어딘가 닮아 있다.
— 마리안느 페어쓰풀(Marianne Fairthful, 어떤 콘서트에서)

　　잘 알려져 있듯, 자율주의 이론가들은[15] 포드주의적 경제시대에서 노동의 '주요 경향'dominant tendency은 공장노동자에 대한 생산영역과 재생산영역의 구별이었지만, 점차 이러한 구별이 감소되어 '사회전체가 공장이 된' 현대에서 노동의 '주요 경향'으로 손꼽을 수 있는 것은 '비물질노동'immaterial labor이라고 하였다. 인간이 사회를 만드는 방식 속에는 그 방식과 불가분한 생산이 들어있다. 사회를 만드는 방식에는 물질적 요인과 생산으로부터 만들어진 '지식', '커뮤니케이션', '정동' 등의 **비물질적인** 요인이 있다. 비물질적 요인의 어딘가에는 군집생물과 같은 사회를 연상시키는 생生정치적 사회상Bio-Political Image, 사이버네틱스cybernetics. 정동이라는 영역을 연결시키는 곳에서 발생하는 것으로 생

드러내지 않는 등장인물로 알려져 있다. 그렇지만 그는 다섯 번에 걸쳐 아카데미상 후보였고 한 번 수상하게 된다. 그는 코미디, 웨스턴, 전기, 스릴러물 등 광범위한 영화 장르에 출연하였는데, 그중에는 알프레드 히치콕(Alfred Hitchcock), 존 포드(John Ford), 빌리 와일더(Billy Wilder), 프랭크 카프라(Frank Capra), 안쏘니 만(Anthony Mann) 등의 작품도 있었다. 특히 그는 전통적 퍼포먼스를 통해 할리우드의 황금기를 수놓은 가장 순수한 배우로서 알려져 있다.

13. [옮긴이] 사이언톨로지(Scientology) : 미국인 론 허버드(L. Ron Hubbard)가 1965년 창설한 신흥 종교로 인간의 능력은 무한하며, 본성은 선하다는 전제 속에서, 자기 수양을 통하여 능력을 개발하려는 운동이다.

14. Samuel R. Delaney, *Times Square Red, Times Square Blue*, New York/London: New York University Press, 1999, p.141.

15. Maurizio Lazzarato, "Immaterial labor", included in *Radical Thought in Italy*, edited by Paolo Virno and Michael Hardt, Minneapolis/London: University of Minnesota Press, 1996 [마우리찌오 랏짜라또 지음, 「비물질노동」, 조정환 옮김, 『비물질노동과 다중』, 갈무리, 2005]; Michael Hardt, "Affective Labor", cyber link; www.makeworlds.org/node/60 등[마이클 하트 지음, 「정동적 노동」, 자율평론 번역모임 옮김, 『비물질노동과 다중』, 갈무리, 2005].

각된다. 참고로, 이러한 문맥에서 발생된 주요 산업으로는 건강과 간호, 교육, 금융, 운수, 엔터테인먼트, 광고 등이 있다. 나에게 이렇듯 두 개의 극히 상이한 노동형태가 동시에 공존한다는 것은 커다란 흥미를 불러일으키지만 또 어딘가 이상하다고 생각된다. 특히, 컴퓨터처럼 새로운 테크놀로지를 매개로 형성된 **네트워킹**과 오래전부터 존속해 왔던 신체의 직접적인 신체접촉을 매개로 한 '간호Care 노동'이 바로 여기에 해당된다.[16] 여기에서 두 가지 노동형태가 공통적인 접합의 요소가 됨으로서 처음으로 현대 사회의 주요 경향이 형성되었다는 말은 전적으로 옳은 지적이다. 이 중, 어느 한 쪽이 결여된다고 하면 충분한 사회적 구성을 이루기 어려울 것이며, 실제로 이 두 가지의 요소들은 불가분하게 짜여 있다. 특히, 오늘날의 최첨단의 액티비즘Activism은 인터넷과 직접행동 모두를 반드시 필요로 하며, 첨단 예술도 미디어와 신체를 집중적으로 사용하는 것을 필수적으로 요구한다. 이러한 극단의 공존은 새로움과 낡음의 공존, 가상Virtual과 현실Actual의 공존, 노동 세계에서는 어떤 의미에서 엘리트적이며 특수기술자의 노동과 치마타에만 존재하는 서비스 노동자의 공존 등이 있다. '비물질노동'이라는 새롭고 광범위한 범주 속에는 개념화의 가능성과 문제점을 동시에 내포한다고 생각된다. '비물질노동'이라는 개념화는 우선 새로운 사회형성의 특성을 제시하기 때문에, 미래의 가능성에 대한 시사점을 읽어낼 수 있게 한다. 그렇지만 바로 그 지점에서 한 발짝 뒤로 물러서지 않으면 안 된다. 왜냐하면, 이러한 영역 속에서도 계급과 인종, 젠더가 복잡하게 뒤섞여 있고, 이들 사이의 분단과 결절이 존재하기 때문이다. 이것이 현실이지

---

16. 모리무라 오사무(森村 修), 『간호(Care)의 윤리』(ケアの倫理), 다이슈칸쇼보(大修館書房), 2006년 참조. 이 책에는 '정동' 혹은 '우리들의 상처받기 쉬움(취약성, vulnerability)의 힘'을 '간호'라는 개념에서 출발하여 철학적인 규명을 이해하기 쉬운 평이한 문체로 명석하게 서술하고 있다. 전장과 후장의 주제를 설정할 때, 이 책으로부터 많은 영향을 받았다는 점에 대해 모리무라 씨에게 감사의 말을 전하고 싶다.

않을까?

제2부의 주제는 상기의 두 가지 노동 중에서 후자에 속하는 '비물질노동'이며, 그중에서도 '정동노동'으로 불려지는 영역에 관한 것이다. 이 영역은 수많은 페미니스트 이론가들이 문제시해 왔고, 역사적으로 여성의 책무로서 여겨진 것으로 어떤 경우에는 '혈연봉사'kin work 혹은 '간호노동'caring work이라 불린 것이다. 비非신체적 네트워킹을 담당하는 일에 비해, 신체접촉을 담당하는 '정동노동'은 대체로 하위계급에 속했던 일이었다. 네트워킹이 지적이며 남성이 담당하는 경향이 강하다면, 신체접촉은 육체적이며 여성(혹은 게이 남성)이 담당하는 경향이 강하다. 이것은 젠더를 남성성masculinity과 여성성femininity이라는 두 개로 고정화하여 계급화해 온 분업의 역사가 관여하고 있기 때문이다.

노동사를 연구하는 도로시 수 코블Dorothy Sue Cobble이 웨이트리스의 노동운동에 관한 저작[17] 속에서 웨이트리스는 단순한 일이 아닌 '어떤 종류의 은유'를 행한다고 강조했다. 본래 모든 여성이 주변 사람들에 대해 봉사하며, 그들을 자양慈養하도록 하는 **웨이트리스와 같은 존재**라는 것이다. 거꾸로 보자면, 웨이트리스란 '임금노동자'(=프로)로 뒤바뀐 자양자慈養者인 셈이다. 더 나아가, 코블은 웨이트리스가 새로운 서비스업에 관계된 노동자의 원형prototype이라고 한다. "웨이트리스라는 존재는 모든 일 속에서 젠더로서 기대되는 주요 요소를 표현한다. **외식을 할 수 있는 극장**에서 웨이트리스는 여러 명의 여성이 담당하는 역할을 동시에 연기한다. 특히, 남자 손님의 감정적·공상적 요구를 만족시키기 위해 그녀들은 언제나 시나리오를 재빨리 연기해 간다. 잔소리가 심한 부인이나 사랑에 넘치는 어머니, 매력적인 정부情婦, 상냥하고 순종적인 딸 등등. 한편 여성 손님은 아마도 다른 만남에서는 있을 수 없는 과도한 추종과 서비스를

---

17. Dorothy Sue Cobble, *Dishing It Out*, Urbana/Chicago: University of Illinois Press, 1991.

요구할 것이다. 그녀들도 가끔씩 봉사만 하는 것이 아니라 봉사 받고 싶기 때문이다."[18] 이렇게 보면, 레스토랑이란 단순한 음식을 먹는 곳이 아니라 다양한 형태의 '욕동'欲動(=굶주림)을 만족시키기 위한 곳이다. '먹는 것'은 가장 원시적인 차원에서 다양한 성적·감정적 연상을 불러일으킨다. 이런 의미에서, 웨이트리스란 세크너의 퍼포먼스 이론에서 봤듯이 충분하고도 남을 법한 실천가(행위자)가 되는 것이다.[19] 여기서 한 가지 독자들이 알아주었으면 하는 것은 뉴욕은 정말이지 멋진 웨이트리스와 웨이터들의 도시라는 것이다.

게다가, 코블은 만약 현재의 노동적 경향이 이대로 지속된다면, 포스트 산업사회의 경제를 대표하는 것은 컴퓨터 프로그래머나 데이터 입력자들이기보다는 개인적 서비스 노동자이지 않을까하고 강조한다. 개인적 서비스 노동자란 웨이트리스, 웨이터를 포함한 빌딩청소부, 개인비서, 가정부, 간호사, 요리사 등이다. 현대 도시공간은 이러한 서비스 노동자들로 넘쳐흐르고 있다. 적어도 뉴욕 치마타의 현실적인 풍경 속에서 가장 보편적으로 존재하는 것은 '정동노동'에 종사하는 노동자들이다. 이들은 '비물질노동' 속에서도 사회적인 하층에 위치하는 경향을 띤다. 서비스 직종에 속하는 종사자들은 대부분 소수로 구성되는 경우가 많다. 특히, 서비스 노동자 중에는 신체적인 퍼포먼스를 발휘할 수 있는, 다시 말해 수행적performative 기능을 제공할 수 있는 웨이터, 점원, 간호사, 개인비서 등의 직종에 실제로 많은 게이 남성들이 관련되어 있다. 즉, 전통적인 의미로 남성이 아닌 존재(젠더적 차이화=다종다양성을 획득해 온 존재)가 이 직종에서 일하고 있다. 또한, 그들이야말로 상기의 웨이트리스와 같이 존재론적 은유가 될 수 있는 '퍼포먼스 기능'을 획득하고 있다.

따라서 자율주의 이론가들이 주장하듯, 오늘날 다중으로서 노동자들이 기

---

18. 같은 책, p.2

19. 예를 들어, Richard Shechner, *Between Theater and Anthropology*, Philadelphia: University of Pennsylvania Press, 1981 참조.

계적 작업만 하는 것이 아니라, 직장에서 인간관계를 조직하는 활동가들처럼 정치적 활동가의 기능 내지는 '명인적 연주 예술'Virtuosity(Paolo Virno)[20]이 요구된다고 한다. 그렇지만, **이러한 예술성에도 불구하고** 계급적·인종적인 상하관계가 존재하고 있다는 것을 잊어서는 안 된다. 직장에서도 치마타에서도 하층민이 되면 될수록 이러한 정치·예술의 특수 기능Performance, 그것도 엄청난 노동력과 질을 동반하는 기능이 요청된다. 이것이 오늘날 현실은 아닐까? 그리고 '오늘날의 주요 경향으로서 정동노동이 존재한다'는 것의 의미는 아닐까? 바로 이것이 다중Multitude 문화의 위대함이 아닐까? 궁극적으로 서비스업 중에는 성적으로 분화된(젠더화) 노동으로서 성노동이 존재한다. 이것은 인간이 인간을 창조하기 위해 가장 본원적인 생산을 담당해 온 신체를 상품화한 것이다. 이러한 성노동은 노동하는 신체에 대한 극단적인 착취가 있지만, 자신의 욕망에 대한 '긍정'을 통해 '자율의 싹'이 나올 수 있게끔 한다. 나는 앞으로 급진적 페미니즘의 주장을 참조하여 예증해 갈 것이다.

　뉴욕의 치마타 공간 속에서 '정동노동'이 역사적으로 가장 명확히 정착했던 곳은 42번지에서 타임스퀘어 일대이다. 이곳은 과거 '나쁜 장소'(=음란함의 상징)으로서 생각되었고, 1990년대 줄리아니 시정부하에서는 해체=재편되어, 지금은 기업과 엔터테인먼트의 전당이 되었다. 예전에는 42번지 서쪽 방향에 있는 허드슨강변 근처에서 남쪽으로 이어지는 경로를 따라 각종 성노동자가 서 있는 모습이 보였다. 맨허튼 서부의 강기슭에서 웨스트빌리지West Village로 내려가면, 게이 지역으로 유명한 크리스토퍼 스트리트Christopher Street에 도달한다. 이곳에는 스톤월Stonewall 봉기을 비롯하여 뉴욕에서 벌어진 전투적 게이해방운동의 다양한 거점들이 존재했었다. 말 그대로 '투쟁하는 정

---

20. Paolo Virno, *A Grammer of the Multitude*, translated by Isabella Bertoletti, James Cascaito, and Andrea Casson, New York: Smiotext(e), 2004 [빠올로 비르노 지음, 『다중』, 김상운 옮김, 갈무리, 2004].

동'의 지대라고 할 수 있다.

진부한 나비 넥타이 – 42번가와 타임스퀘어

버라이어티 극장보다 약간 크게 만들어진 메트로폴리탄 극장은 구조도 달랐다. 말발굽 같은 U자모양의 발코니가 2층 높이로 설치되어 있었고, 벽은 검게 칠해져 있었다(버라이어티 극장은 어두운 청색이었다). 몇 개의 계단이 위아래로 향하고 있었기 때문에, 층과 층 사이에 교류도 하기 쉬웠고, 익숙하지 않은 사람을 데리고 와도 괜찮았다. 그렇지만, 이런 장소에서 과연 그 누가 '익숙하지 않은 것'처럼 보일까?
— 사무엘 델라니[21]

내가 뉴욕에서 최초로 빌린 아파트는 44번가와 10애비뉴가 교차하는 곳에 있는 주차장의 남쪽에 있었다. 당시는 1980년대 초로 월세는 매월 450달러, 침실은 3개가 있었고, 크기는 비교적 컸으며, 여기서 3명이 공동생활을 했었다. 같은 건물에 사는 대부분의 사람들은 푸에르토리코인들이었고, 영어는 별로 통하지 않았다. 가끔씩 심한 누수가 발생했지만, 그때마다 위층에 사는 사람들과 사태를 수습하기가 어려웠다. 건물은 낡았고, 남자 3명이 청소를 서로 미루다 보니 바퀴벌레들의 아성이 되어 버렸다. 부근의 주차장은 밤마다 여장을 한 남성 성매매자들이 모여 있었고, 시외에서 온 손님들이 '그녀들'을 차에 태우고 어디론가 사라졌다. 종종 마약도 판매되곤 했었다. 그런데, 44번지의 모퉁이를 동쪽 방향으로 돌아가면 연극학교로 유명한 '액터즈 스튜디오'Actors Studio가 있었다. '왜 하필 이런 장소에!'라는 의아심과 놀라움도 있었지만, 잘 생각해 보면 그곳은 원래 브로드웨이 극장가의 서쪽에 위치했기 때문에 배우를 지망하는 수많은 남녀들이 주변의 개인 아파트에 살고 있었던 것이다. 그리고 그중 대다수는 그 일대에서 웨이터나 웨이트리스를 하면서 생계를 유지하고 있었

---

21. Saumel R. Delaney, *Times Square Red, Times Square Blue*, New York/London: New York University Press, 1999

다. 42번가(통상 듀스deuce 거리)의 9애비뉴에서 6애비뉴까지 포르노 극장과 성性생산을 중심으로 한 환락가가 형성되어 있었고, 여기서 브로드웨이를 따라 북쪽으로 올라가면 극장가였던 타임스퀘어Times Square(거리가 '나비 넥타이' 상태로 교차하고 있기 때문에 통상 bow tie라고 한다)가 나왔다. 타임스퀘어 근처에는 레스토랑, 호텔, 각종 극장, 핍쇼Peep Show 22, 포르노 숍23 등 셀 수 없이 많은 각종 서비스산업이 있었고, 적어도 이 장르에 있어서는 부족한 점 없이 두루두루 갖추고 있었다. 내가 살던 아파트는 미드타운 서쪽 지역에 있었다. 이곳에는 오래 전부터 아일랜드계를 중심으로 독일계, 아프리카계 미국인계를 포함해서 통상 '지옥의 요리장'Hells Kitchen이라 불리는 슬럼이 있었다. 이 명칭은 19세기 후반에 그 일대에서 세력을 확대한 갱단의 이름에서 유래했다고 전해진다. 그 후, 20세기 초에는 그리스계, 동유럽계인들이 이주했고, 1940년대에는 남부에서 아프리카계 미국인과 푸에르토리코계 민중이 들어왔다. 브로드웨이를 세로축으로 하여 동서로 가로지르는 42번가와 그 북쪽에 위치한 타임스퀘어는 오랫동안 나쁜 장소, 그리고 브로드웨이의 뮤지컬을 중심으로 한 환락가·관광지로서 알려져 있었다. 이곳은 도쿄의 가부키쵸Kabuki-cho나 고르덴가이Golden-gai, 오사카의 신세카이Shinsekai, 츠텐카쿠Tsutenkaku로 비교할 수 있을 만한 비천하면서도 동시에 독특한 맛이 있는 장소였다. 이렇듯, 항상 '두 번째'(=재탕)인 듯 하면서도 오래된 '나비 넥타이'(=고급엔터테인먼트)의 향기를 풍기며, 묘한 그리움과 **밑도 끝도 없는 음란한[음란함이 깃든]** 장소였다. 나는 이러한 나쁜 장소가 대도시에서는 결코 없어 지지 않을 것이라 확신하며, 또 나쁜 장소가 없는 대도시는 단지 쓸쓸한 도시에 불과하다고 생각된다. 그러

---

22. 핍쇼(Peep Show)란 1명의 댄서 주변에 유리창을 통해 연결되어 있는 복수의 개별실이 둘러싸고 있는 형식의 스트립쇼로서, 손님이 현금을 지불하면 교섭 여하에 따라 유리창이 열리고 댄서와 다양하게 접촉할 수 있는 형식의 극장이다.
23. 포르노책, 비디오 등의 가게지만, 그 안에서 핍쇼(Peep Show)를 겸해서 벌였다.

그림10 크리스토퍼가와 브리카가의 모퉁이 부근(2005년 4월 8일), (YA)

나 안타깝게도 뉴욕은 나쁜 장소가 사라지는 방향으로 가고 있다.

본래 이곳의 명칭은 20세기 초에 뉴욕 최대의 신문사 『뉴욕타임즈』*New York Times*의 본사가 43번가에 세워지면서 유래했고, 사람들이 모이는 장소가 되었다. 그 후 1904년에는 A/R선 등 지하철 종착역이 되면서 브롱크스나 브룩클린의 주민들도 드나들기 쉽게 되었다. 동쪽으로 조금 가면 42번가와 웨스트 애비뉴West Avenue 사이에 뉴욕 최대의 그랜드센트럴역이 1913년 만들어지면서 시외와의 교통편도 크게 향상되었고 그 결과 교통의 중심지가 되었다. 다시 말해, 대중환락가로 바뀔 수 있는 최상의 조건을 갖춘 셈이었다. 제1차 세계대전 때까지 당시 다운타운이었던 보워리스트리트Bowery Street에 있었던 대부분의 극장들이 이곳으로 이주했다. 또한, 보드빌vaudeville 24, 틴 판 앨리Tin Pan

---

24. [옮긴이] 보드빌(vaudeville) : 무대에서 춤과 노래, 마술, 코미디극 등을 벌이는 각종 쇼 비지니스를

Alley 25 등 뮤지컬 쇼 비즈니스, 댄스홀 등의 다양한 엔터테인먼트가 번영하기 시작했다. 애스터 호텔Astor Hotel, 히커보커 호텔Hickerbocker Hotel 등의 거대 호텔, 유명한 레스토랑, 렉터즈Lechter's 26 등도 생겼다. 어떤 기록을 보면 1927년부터 28년까지 1년 동안 76개의 극장에서 264개의 쇼가 개최되었다고 한다. 그러나 1929년의 공황 후에는 변화가 찾아왔다. 42번가를 중심으로 많은 극장이 성산업과 관계된 영화관으로 탈바꿈했다. 스트립쇼를 호객용으로 하여 소극farce과 벌레스크burlesque 27극장이 번성하였다. 레스토랑, 호텔, 각종 쇼 등 모든 영역의 비즈니스가 값싼 차원으로 내려 앉았다. 이때부터 남성 실직자들 중 남성 성매매자가 된 사람들이 42번가 거리에 나란히 줄서 있기 시작했다. 나아가, 제2차 세계대전 때에는 모든 극장영업을 정지시켰기 때문에 이 일대의 불빛은 아주 희미하고 어둡게 변모해 갔다. 그 만큼 병사들을 위한 매춘부(여성, 남성)가 증대했고, 이 지대의 엔터테인먼트 전체가 성으로 변색되어 갔다. 그 후의 정경에 대해서는 존 슐레진저John Schulesinger 감독의 〈미드나잇 카우보이〉 Midnight Cowboy, 1968, 혹은 마틴 스코세즈Martin Scorsese 감독의 〈택시 드라이버〉 Taxi Driver, 1976를 본 사람이라면 잘 알 것이다.

역사가 크리스틴 스텐셀Christine Stensell에 따르면, 독립전쟁과 남북전쟁까지 미국의 북동부 치마타와 도시에서는 여성에 대한 새로운 이상형이 형성되었다고 한다.28 치마타로 나와서 일을 찾을 필요가 없는 풍족한 계급의 여성들

뜻한다. 1910년대부터 1920년대 찰리 채플린, 바스터 키튼, 로렐&하디, 맑스 형제, 지미 듀랑테 등은 이런 무대에서 익살극(slapstick comedy)을 공연한 후에 영화산업에 들어갔다. 영화산업의 발흥으로 보드빌은 점차 쇠퇴의 길로 들어서게 되었다.

25. [옮긴이] 틴 판 앨리(Tin Pan Alley) : 뉴욕시 맨하튼 28번가의 브로드웨이와 6애비뉴 사이에 있는 장소 명칭이다. 이곳은 브로드웨이 뮤지컬에 관계된 회사(레코드회사, 악보출판사, 연주자 매니지먼트 회사) 등이 모여 있었다. 각각의 회사에서 악곡 시연을 했기 때문에, 마치 냄비뚜껑(Pan)을 두드리는 듯 활기찬 소리로 거리는 가득했다. 이런 연유로 Tin Pan Alley라고 불리게 되었다.

26. [옮긴이] 렉터즈(Lechter's Housewares) : 주로 부엌용 도구를 파는 전국 체인 상점.

27. [옮긴이] 벌레스크(burlesque) : 스트립쇼 위주의 버라이어티 쇼.

그림11 42번가와 8애비뉴, 9애비뉴 사이(2005년 4월 9일), (YA)

은 가정 내에서 부인으로서, 그리고 어머니로서 모범적 행동을 취해 가족과 국민의 도덕적 수호자가 되어야 한다고 생각되었다. 그녀들은 '경애'Piety, '예절'Decorum, '미덕'Virtue의 모범을 제시해야 할 존재로서 여겨졌다. 이에 비해, 노동자계급의 여성, 즉 가정에서 벗어나 도시공간에서 일에 종사하는 여성들은 그 존재양태만으로도 도덕적 추락으로 간주되었다. 그러나 20세기에 접어들면서, 뉴욕 등 대도시공간은 이렇게 일하는 여성들, 혹은 가정의 멍에로부터 해방된 여성들이 크게 활보하여 대두하는 공간이 되어 갔다. 뉴욕에서는 타임스퀘어가 커다란 무대가 되었다. 여기서는 모든 종류의 여성들이 모이게 되면서, 모든 직종, 수많은 계급·인종의 여성들이 각종 엔터테인먼트를 추구했다. 전문적인 성노동자들도 있었지만, 도시공간에서 자유연애를 실천하는 여성이

---

28. Christine Stansell, *City of Women*, Urbana and Chicago: University of Illinois Press, 1987.

대규모로 출현하기도 했다. 이것이 도덕주의자들에게 위협으로 느끼게끔 하였고, 타임스퀘어는 "정도를 벗어난 여성들의 장소"로 불리기 시작했다. 그 후, 점차 자유연애에서 상업연애로 바뀌면서 이 거리도 변모해 갔다. 도덕주의자들은 1990년대의 젠트리피케이션 시기까지 타임스퀘어를 **언제나 정도를 일탈한 장소로서** 인식하였다.

도시에 대한 고찰을 통해 근대주의에 대한 분석을 한 것으로 유명한 마살 버만은 타임스퀘어와 여성의 관계를 논한 글에서[29], 타임스퀘어야말로 예전부터 게시판이나 광고가 넘쳐흘렀던 문자 그대로의 '빛'의 거리였다고 강조하고 있다. 미국 전체의, 혹은 뉴욕의 경기나 대사건의 영향은 이 거리의 게시판과 선전들이 내뿜는 빛의 양으로 드러났다.[30] 즉, 세상의 동향과 정황이 밝고 어두움으로 표현된 것이다. 여기서 버만은 타임스퀘어라는 장소가 역사적으로 여성을 '빛'Light으로서 취급하면서도, 여성들의 '권리'right는 무시해 왔다고 강조했다. 타임스퀘어에서 거의 모든 여성들, 즉 브로드웨이 여배우에서 댄서, 영화 속 여주인공, 웨이트리스, 비서, 스트리퍼, 매춘부까지 모두 기본적으로 하나의 상품으로 보일 뿐이었다. 그나마 여성 시민들이 자신들의 즐거움을 위해서 활보할 수 있는 공간조차도 대공황 이후에는 42번가 주변이 성산업지대로 바뀜에 따라 점차 활보할 수 있는 공간이 줄어들었다. 영화 〈택시 드라이버〉에서 로버트 드니로Robert De Niro가 시민경찰Civil Shepard을 자임하다가 포르노극장에 끌려가서 폭력을 당하는 장면은 이를 아주 잘 그려주고 있다. 〈포르

---

29. Marshall Berman, "Women and the metamorphoses of Times Square," published in *Dissent*, Fall, 2001.

30. 재정위기와 경기회복 동안 뉴욕의 42번가는 아주 어둡고 침침한 인상을 풍겼다. 그렇지만, 일본자본의 투자로 타임스퀘어에는 첨단 하이테크 게시판들이 빛을 내뿜고 있었다. 산토리(Suntory)나 소니(Sony)가 광고를 했다. 그리고 42번가의 쿵푸 전문극장에서는 치바 신이치(千葉真一)가 소니 치바라는 이름으로 스타가 되었다. 뉴욕시의 입장으로 보면 전지구적 자본이 구원해 주었다고 할 수도 있을지 모르겠다.

노그라피에 반대하는 여성들〉The Women Against Pornography, WAP 등의 여성단체
가 이 지역 전체를 대상으로 성산업 반대운동을 시도했다. 그러나 이 운동의
일부분은 이미 1980년대에 씨앗이 뿌려졌고, 1990년대에는 대대적으로 시정
부와 개발자들이 추진한 젠트리피케이션의 수중에 귀속되었다.[31] 현재 이 지
역에는 디즈니숍이나 영화관, 해군의 징병센터, 그리고 대기업 본사 등의 **빛이
넘쳐흐르고는 있지만**, 모두 일률적으로 똑같은 크기의 건물들이 병존하고 있는
모습만이 남아 있다. 과거, 남자와 여자를 포함한 뉴욕 민중들이 활보했던 거
리는 지금 관광객 중심의 디즈니 엔터테인먼트의 왕국이 되었다.[32]

　　게이, 흑인 소설가, 비평가인 사뮤엘 델라니Samuel R. Delaney는 『붉은 타임
즈 광장, 푸른 타임즈 광장』Times Square Red, Times Square Blue [33]이라는 아주 자극
적인 저서 속에서 이 지역에 대한 개발 이전과 개발 이후의 변화, 그리고 개발
에 관계된 도시적 문제의 제반 모습에 대해서 열띤 의견을 전개하고 있다. 그
자신도 42번가 부근의 성적 씬에 참가하여 이 지역의 치마타에 수많은 지인들
을 알고 있는 입장에서 견해를 피력해 갔다. 줄리아니를 중심으로 뉴욕시는
'반反42번가 이데올로기'를 전파하여, 이 지역에 결정적인 변화가 필요하다고
역설하였다. 42번가는 범죄를 없애고, 성도덕을 지키겠다는 줄리아니의 낯익
은 주장이 집중포화를 하던 곳이 되었다. 줄리아니는 이 지역에 대한 개발이

---

31. 예를 들어, 스스로를 '3인의 마녀'(Three Witches)라고 부르던 강력한 여성 그룹의 활동이 여기에
　　해당한다. 뉴욕주의 '도시개발회사'에 있던 레베카 로버트슨, '타임스퀘어 사업향상지구'의 그레첸
　　딕스트라, 〈New Forty Second Street Foundation〉의 코라 케한 등은 여성들의 포르노산업에
　　대한 노여움을 표출하면서 개발을 추진해갔다.
32. 　그러나 한밤중이 되면 각지에서 젊은이들이 모여들었고, 독자적인 자율공간을 형성하였다. 젠트
　　리피케이션에 의한 도시공간의 재편에도 아랑곳하지 않고, 민중들이 독자적으로 공간에 대한 사용
　　법을 만들어 간다는 희망의 근거를 제공하는 중요한 사례이다. 이 책에 사진을 제공해 준 아게마츠
　　유지(Agematsu Yuji)의 사진작품과 사진과 소리를 활용한 퍼포먼스로 표현되고 있다.
33. 　Samuel R. Delaney, *Times Square Red, Times Square Blue*, New York/London: New York
　　University Press, 1999, p.26.

‘여성의 입장에서 안전한 곳으로 만들기 위해’, ‘극장과 예술을 지원하기 위해’, ‘AIDS의 전파와 확장을 감소시키기 위해’, ‘매춘행위를 감소시키기 위해’ 절대적으로 필요하다고 주장했다. 여기에 반反포르노 운동이 보완되어 점차적으로 개발적 담론과 합체해 갔다. 개발업자들은 크고 작은 유령회사를 만들었다. 설령 개발 후에 임대인이 나타나지 않아 유령건물의 거리가 된다고 해도 적자가 나지 않도록 여러 가지 궁리를 했다. 은행 융자와 뉴욕시의 조성금, 일반 투자가를 유도함으로써 공사만 한다면 충분한 돈벌이가 될 수 있도록 하였다. 중요한 것은 이러한 개발의 결과로 이 지역이 어떻게 될 것인가가 아니라, 오로지 투자가들을 믿게끔 만드는 것에만 관심이 쏠려 있었다.[34] “어떤 의미에서 타임 스퀘어를 탈취한 것은 큰 힘이 작은 힘을 제거해 나가는 전례 없이 거대하며 노골적인 시위행위였다.”[35]

개발 후에 남겨진 공간에는 오랜 시간에 걸쳐 만들어 왔던 ‘자연스런 도시적’ 요소가 결여되었기 때문에 아주 따분하며 식상한 것만이 남게 되었다. 여러 가지 의미에서 다종다양성이 상실되어 버린 것이다. 예전에는 크고 작은 건조물이 나란히 즐비하여, 크고 작은 비즈니스가 병존하여 이뤄졌다. 대형회사의 사무실, 대극장, 대규모 엔터테인먼트 센터, 대형 레스토랑의 체인점만이 아니라, 각종 상점과 노점상이 있었고, 다양한 산업과 업종의 사무실이 있었다. 예를 들어, 42번가의 9애비뉴에서 7애비뉴 사이에는 포르노와 성산업 중심 지역이었다고는 하지만, 그곳을 벗어나면 젊은 여성 시민을 포함하여 여러 인종이 일상적으로 교류하는 공간이었다. 이처럼 다종다양한 요소들이 교차하던 공간이 완벽히 상실되었고, 단조롭고 동일한homogeneous 공간으로 환원되어 버렸다. 델라니는 “그 결과 대량의 자본이 유입되어야만 운영될 수 있는 사

---

34. 이러한 금융구조에 대해서는 Delaney의 같은 책, pp.149~152를 참조.
35. Delaney, 같은 책, p.172.

회공간이 되어 버렸고, 하부구조 차원에서 다양한 요소를 연결시킬 수 있는 여유란 있을 수 없게 되었다"고 한다.[36]

여기서 상실한 것은 여러 비즈니스의 공존(병존)에 따른 경제적인 기반만이 아니라, 다양한 계급과 인종이 서로 교류하며 접촉하는 풍요로운 사회성이다. 제인 제이콥스는 그녀의 고전인『미국 대도시의 죽음과 삶』[37]에서, 접촉이란 도시공간을 형성할 때 가장 본질적인 요인 중 하나이며, 근린공간의 안정과 올바른 사회형성에도 없어서는 안 될 요소라고 한다. 예를 들어, 공원과 같은 공공공간과 그 부근에 레스토랑, 공중화장실, 각종 소상점 등의 공공시설이 없다면, 어머니들은 마음껏 아이들을 뛰놀 수 있도록 풀어놓지 못하게 된다. 왜냐하면, 마음 한 구석에 자신들의 사생활이 위협당할 수 있다는 불안감으로 인해 민감해 지며, 결국 간間계급적Inter-Class 접촉에 변화가 생기게 된다는 것이다. 그녀들은 타인과 교류할 때, 타인을 집에 부르거나, 반대로 전혀 타인과 만나지 않는 전적으로 양극단적인 선택에 휩싸이게 된다. 여기서, 제이콥스의 공공공간의 필요성에 대해 델라니는 대담하게도 공공공간에서의 성행위까지 끼워 맞춘다. 그 스스로 거리낌 없이 공언하고 있듯이 오랜 세월 동안 영화관이나 공중목욕탕Bathhouse 등의 공공시설에서 성행위를 해 왔었고, 자유성행위promiscuity를 실천한 것이다. 42번가 부근도 역시 그의 무대였다. 그는 버만을 필두로 한 많은 도시학자들이 공유해 온 생각들을 비판하면서, "타임스퀘어 지구의 거의 모든 곳에서 벌어지는 동성애적 접촉은 상업적인 것이다"라는 생각은 잘못되었다고 주장한다. 그에 따르면, 오랫동안 공공시설에서 자유성행위가 이뤄져 왔기 때문이다.

나도 이곳에 살았을 때에는 몇 번인가 42번가 길가에 있는 포르노극장에

---

36. Delaney, 같은 책, p.178.

37. Jane Jacobs, *The Death and Life of Great American Cities*, New York: Vintage Books, 1961 [제인 제이콥스,『미국 대도시의 죽음과 삶』, 유강은 옮김, 그린비, 2010].

들어간 적이 있다. 그곳에서 인상적이었던 것은 영화 내용보다는 역시 극장공간과 공간 사용법이었다. 많은 극장이 20세기 초에 만들어진 콘서트홀이었으며, 경우에 따라서는 아르데코art-deco 계통의 아름다운 디자인과 탁월한 음향효과를 지니고 있었다. 극장에 따라서는 대부분의 손님들이 영화를 보기 위한 목적으로 온 것은 아니었다. 주변을 맴돌며 그 자리에서 사랑을 교환할 수 있는 상대를 찾기 위한 것이었다. 영화는 여성을 보기 위한 내용이었지만, 대부분의 손님들은 남자들이었기 때문에 실제로는 남자가 남자를 찾기 위한 장소였다. 극장 밖에는 남녀가 서로 손님을 끌어가기 위해 서 있었으며, 그 속에는 여자를 찾아서 성행위를 하기 위해 극장으로 들어오는 사람도 있었다. 그러나 극장 안은 주로 남성들끼리의 성행위 장소가 되었다. 나는 포르노극장이 복합적인 젠더가 서로 교류하며 성행위를 하기 위한 공공적 장소라는 생각에 크게 인상을 받았다.

공공공간을 무대로 하여, 복수의 상대와 적극적으로 성행위를 하는 것 자체가 게이문화에 중요한 "개방성=사회성"을 형성해 왔다. 이 점에 대해서는 다음 장의 자료 「퀴어 스페이스에 대해」에서 보다 상세하게 언급할 것이다. 그렇지만, AIDS 위기 이후, 특히 젠트리피케이션 이데올로기가 충분히 전파되던 상황에서는 영화관, 바, 공중목욕탕 등의 공공시설에서 성행위를 하는 것에 대한 비난이 집중되었고, 게이 공동체에서는 이에 대한 입장을 두고 대토론이 이뤄졌다. 그 결과, 기본적인 입장의 차이가 드러나기 시작했다. 어떤 이는 "단혼주의"monogamy를 지향하였고, 또 어떤 이는 "복혼주의"polygamy를 계승하면서 새로운 기술 개발과 그 전파를 지향해 갔다. 이른바 "안전한 성행위"를 실천하는 것이다. 델라니는 공공공간에서 만나는 복수의 상대와 성관계를 맺는 것은 도시문화의 중요한 요소이며, 자신의 집 밖에서 성행위를 할 수 없는 상황에서는 성 그 자체의 봉쇄로 연결되어 버린다고 생각한다. 따라서 그는 후자의 입장을 취했다. 그가 사상적으로 중요시했던 것은 "네트워크"network에 대한 "접촉"contact, 그것도 다종다양성 사이의 "접촉"으로 가능한 한 신체성을 수반하는 "네트워크"의 형성이라고 할 수 있을 것이다. 그에게 도시공간이 중요한 이유는 상류이든 중류이든 하류이든 관계없이 일부 계급으로 집중화되는 것이 아니라, 간間계급적inter-class인 횡단이 발생할 수 있기 때문이다. 이러한 문맥에서 그는 예전 맑스주의가 중시해 온 "계급분석"을 대신하여, "간間계급분석"inter-class analysis이 필요하다고 주장한다. 그에게 '42번가 + 타임스퀘어'는 다양한 차원에서 "횡단적 접촉"이 발생하는 중요한 장소 중 하나였던 것이다.

줄리아니의 젠트리피케이션은 어떤 의미에서 보자면, 뉴욕에서 물리적으로 '접촉'을 매개로 한 공간을 빼앗고, 주민의 마음과 생활형태에 '교외생활자와 같은 폐쇄성'을 심어놓은 것이다. 그는 AIDS 위기를 이용하여 필요 이상으로 성산업과 성적 교류가 가능한 "나쁜 장소"bad place에 대한 "공포"를 전파시켜 갔다. 이러한 필요 이상의 집착은 아마도 그가 본성적으로 지닌 "도시에 대한 당위론적 존재방식"(무릇 도시라면 이런 모습이어야 해!)에 비춰 볼 때, 당시의 모습을 견뎌낼 수가 없었기 때문일 것이다. 그는 지방의 작은 치마타에서 몰려오는 사람들이 뉴욕에 대해 갖는 공포(접촉에 대한 공포)를 이용하여, 도시의 당위론적 존재방식의 이미지를 모범으로 삼아 타임스퀘어에 대한 개발을 추진해 갔다. 이로써 그 후 타임스퀘어는 관광객 중심의 거리로 변모해 갔다. 그러나 델라니는 이렇게 덧붙인다. "실제 인구비율로 볼 때 폭력발생건수는 대도시 보다 작은 시골이 훨씬 높다는 것을 도시에서 생활하지 않는 사람들은" 잘 알고 있을까? 미국의 시골(=교외)이란 그 자체로 '위험'한 곳이자 또 다른 의미의 "음란한" 장소였던 것이다.[38]

그렇다면, 뉴욕 여성들은 개발과 젠트리피케이션 이후, 그 지역에 친근감

---

38. 예를 들어, 데이비드 린치(David K. Lynch) 감독의 영화 〈블루 벨벳〉(Blue Velvet)이나 TV시리즈 〈트윈 픽스〉(Twinpeaks), 그리고 존 워터스(John Waters)의 일련의 영화들은 "교외의 공포"를 그리고 있다.

을 가지고 기쁨에 넘쳐 들르게 되었던 것일까? 그렇지 않다! 저자가 알고 있는 수많은 여성들 사이에는 오히려 이상하리 만큼 철저한 보안관리와 어색한 인공성 때문에, 거의 가지 않는 장소가 되었다고 한다. 전술한 것처럼, 델라니는 본래 이 지역에는 성노동자 이외의 여성이 없었다고 하는 생각은 오산이라고 강조한다. 바와 레스토랑의 웨이트리스, 점원, 극장표 검사원 등 서비스 산업의 노동자는 물론, 이 근처에는 사무소가 많이 있었다. 43번가에는 의료기관의 노동자와 간호사들의 대규모 조합본부가 있었다. 내가 살던 아파트 부근에도 여배우를 지망하는 젊은 여성들이 많이 살고 있었다. 오히려 젠트리피케이션의 결과, 지금은 토지가격이 급상승하여 고급주택지대로 변모하고 있으며, 젊은이와 일반 민중은 살기 힘든 장소가 되어 가고 있다. 그렇다면, 개발자들은 이 지역을 여성에게 열린 지역으로 만들어 준 것이 아니라, 관광객과 오락 비즈니스와 고급주거자들만을 위해 열린 지역으로 만든 것에 불과하다. 이것은 뉴욕의 다른 지역 개발과 마찬가지로 "안전한 거리 만들기"를 구실로 행해진 이 지역의 "계급 바꾸기"의 그 이상 이하도 아니었다.

"매춘"은 커다란 문제이다. 이에 대해 정면으로 대답을 하는 것은 어깨가 무거운 일이다. 다만, 42번가에서 틀림없이 이야기할 수 있는 한 가지 사실은 성산업을 특정 장소로부터 구제驅除한다고 해서 매춘 그 자체가 말소되지 않는다는 것이다. 오히려 이러한 구제는 현실적으로 성산업 영역에서 노동해 온 사람들의 일용할 양식을 빼앗는 것에 불과하다. 그렇다면, 다른 차원에서 인류역사상 가장 오래된 전통으로 자부되었던 "매춘"이 **왜 하필** 다른 노동에 비해 아주 특별한 "악"으로 되어 버렸을까? 매춘이란 폐절되어야 하는 것일까? 다음 글을 통해 이러한 물음에 대한 급진적 담론과 실천을 소개하고 싶다.

여성들의 거리

나는 다시 도전했다. 14번가와 4애비뉴의 은행건물 근처 모퉁이에 서 있었다. 처음으로 유혹해 오는 남자, 그와 같이 가겠다. 그렇게 결심했다. 훤칠하며, 좋은 옷을 입은 남자가 가까이 다가왔다. "한잔 합시다. 어린 아가씨!" 그는 그렇게 말했다. 머리는 하얗고 60세 정도로 얼굴은 불그스름했다. "좋아요". 나는 말했다. 그는 내 팔을 잡고, 내가 모스트(Johann Most)[39]와 자주 갔던 유니온스퀘어(Union Square)에 있는 와인 바로 데려 가려고 했다. "여긴 싫어요!"라고 나는 소리쳤다. "왜 여기가 싫은 거지?" 이윽고 그는 13번가와 3애비뉴 사이에 있는 살롱의 뒷문으로 데리고 갔다. 어느 날 오후에 그곳에 가서 맥주 한 잔 했던 적이 있다. 당시 그곳은 깨끗하고 조용했다.
— 엠마 골드만[40]

뉴욕은 항상 여성들의 도시였다. 강하고 패기 있는 독립적인 여성의 도시였다. 앞서 인용한 크리스틴 스텐셀Christine Stensell에 따르면, 1840년대 이후, 젊은 여성 인구는 줄곧 남성 보다 많았다.[41] 부권적인 가정의 보호로부터 벗어나, 혹은 그 멍에로부터 해방된 독립적 존재로서 젊은 여성이 일찍부터 다수 존재하였고, 다운타운에서 집단적으로 하숙board house하거나 1인용 집합주택 등에 거주했었다. 대부분은 대서양을 건너 온 이민자였다.[42] 그녀들은 바느질공으로 일하면서 독립하였고, "가정의 귀감"이 되는 것 대신 도시공간에서 독립적으로 성적·소비자적 쾌락의 세계를 만들었던 것이다.[43] 로어이스트사이드에는 '집합주택 박물관'Tenement Museum [44]이라는 시설이 있고, 19세기의 생활공간을 보존하여 전파하고 있다. 박물관원의 설명에 따르자면, 당시 이 지역에서

---

39. 요한 모스트(Johann Most, 1846~1906) : 아나키스트지 『자유』(*Freiheit*) 편집장으로 골드만과는 공적·사적으로 관계를 맺었었다.

40. Emma Goldman, "What We Do About the Slaughter at Homestead", included in *Red Emma Speaks*, complided and edited by Alix Kates Shulman, Amherst, New York: Humanity Books, 1998, p.290.

41. 당시 남성들은 일을 찾기 위해 시외로 나가는 경향이 있었던 비해, 여성들은 도시 안에 남아 있는 경향이 강했던 것에서 기인한다.

42. 젊은 여성이 혼자서 이민해 오는 경우도 많았다고 한다.

43. Christine Stansell, *City of Women*, Urbana and Chicago: University of Illinois Press, 1987, p.83.

44. Tenement Museum, http://www.tenement.org/

가장 일반적인 직종이었던 바느질공에서 탈락하게 되면, 도시적 자유를 잃게
되어 먹고 살기 위해 특정 가정에 24시간 하녀로서 일하거나 매춘을 하는 수
밖에는 없었다고 한다. 뉴욕에는 항상 매춘이라는 직업이 있었지만, 매춘 문
제가 빈번히 공적인 화제가 된 것은 1850년대였다. 매춘에 대한 담론은 언제
나 "도덕의 추락"과 "공공위생"에 관련된 것이었다. 이렇게 보면 줄리아니의
젠트리피케이션에 관한 담론은 그 시대로부터 아무런 진전도 없었다고 할 수
있다. 또한, 이 속에는 또 하나의 논점이 관철되어 있다. "본성적으로 위험한
젊은 여성의 충동"impulse이라는 생각이다.[45] 예를 들어, 근대 일본의 '모던
걸'modern girl 등과도 비슷한 면이 있을지는 모르지만, 남북전쟁 후 노동자계급
의 번화가로 흥성했던 보워리가Bowery Street에는 타임스퀘어를 활보하는 여성
들보다 훨씬 앞서서 독립한 젊은 여성그룹 '보워리 걸즈'Bowery Girls가 출현했
었고, 이것이 도덕주의적인 담론에 기름을 부었다. 여기에 모여든 여성 프롤
레타리아들은 임금을 받고 독립을 쟁취하였고, 도시공간에 자율적으로 존재
했던 선구적인 여성그룹이었다. 그들의 존재는 빅토리아왕조 시대의 감성적
패러다임sentimental paradigm [46]을 훨씬 초월한 것이었다. 그녀들은 가정에 있던

---

45. Stansell, p.171.

46. [옮긴이] 빅토리아 왕조의 감성적 패러다임 : 18세기는 '포르노그래피의 황금시대'라고 일컬어질 정
    도로 쾌락주의가 유행하였으며, 사드(Marquis de Sade, 1740~1814) · 카사노바(Giacomo
    Casanova de Seingalt, 1725~1798) 등의 문인들은 성의 유토피아를 추구하였다. J. 클레란드의
    『퍼니힐』(1749), 사드의 『쥐스틴, 또는 미덕의 불행』(1791)에 대항하여 쓴 레티프 드 라 브르통
    (1734~1806)의 『앙티 쥐스틴』(1798) 등의 포르노그래피의 걸작은 이 시대의 것이다. 그러나 이
    와 같은 포르노그래피는 19세기에 이르면서 사회문제로 대두하기 시작하였다. 그 이유는, 18세기
    까지 일부 귀족과 대(大)부르주아의 전유물이던 포르노그래피가, 19세기에 접어들면서 중산계급
    의 상층부에서 책을 읽을 능력과 경제력을 가지게 되자 그 검열에 문제가 생겼기 때문이다. 19세기
    에는 복제기술의 발달과 시장의 확대로 대량의 포르노그래피가 쏟아져 나왔으며, 사진의 발명도 급
    속도로 이용되어 19세기 중엽에는 포르노사진이 나돌기 시작하였다. 빅토리아왕조(빅토리아시대)
    의 영국 중산계급 사이에서 특히 포르노그래피가 번창한 것은, 이 시대가 '표리'(表裏)를 엄하게 구
    분하였기 때문이다. 빅토리아왕조의 사람들은 표출될 수 있는 성적인 것은 결코 존재하지 않는 것
    처럼 행동하였다. 특히 여자와 아이들은 성적인 것에 접촉되지 않도록 규제되어 있었다. 일반 여성

여성들이 상상도 할 수 없는 화려한 복장을 입고 친구들과 보워리 거리를 활보
했다. 그녀들의 행동양식에는 자율성으로부터 파생되는 독특한 명랑함과 익
살스러움, 대담함이 있었다. 이것이 도덕주의자들과 부권적인 남성들에게는
매춘부처럼 보였던 것이다. 왜냐하면, 그때까지 독립적인 의지로 치마타에 존
재할 수 있었던 여성적 모델의 정형은 매춘부 밖에 없었기 때문이다. 도덕주의
자들의 입장에서 보자면, 젊고 독립적인 여성과 매춘부는 도시공간이 주는 자
유와 그 근저에 있는 여성들 스스로의 욕정에 대해 긍정하려는 충동에 의한 것
이라고 생각했다.

물론, 매춘은 성병, 빈곤, 원하지 않는 임신, 계급적 착취 등과 관계한다. 이
는 다양한 영역에서 문제시되었다. 그러나 당시의 매춘에 관한 도덕적 담론이
어떤 의미에서 가장 두려워했던 것은 기존의 남성과 여성의 상하관계의 변화,
즉 '젠더 관계'의 변화였다. 이러한 변화는 여성을 집에 가두어 앞으로도 계속
지배·통제하고 싶은 남성들에게 일종의 공포심을 심어주었다. 당시, 도시공
간 속에서 여성도 독자적인 욕망을 가진 존재라는 것이 점차 명확해지고 있었
지만, 이것을 "본성적으로 위험한 젊은 여성의 충동"으로 규정하고, 도덕적으
로 억누르려고 했던 것은 노동자계급 남성들도 같은 입장이었다. 이러한 생각
에 대해 과감히 싸우면서 스스로의 자율과 욕망의 자율을 추구했던 여성들이
어떤 경우에는 비유적 차원에서 매춘부와 동일시되었고, 실제로 매춘행위로

은 성적인 일에 무지했으며, 또한 사람들은 여성이 성적인 면에서 아이들처럼 순진하기를 바랐다.
가정에서는 성적인 말의 사용을 금하여 '다리'(leg)라는 말조차도 무례하다고 하였다. '표리'를 구분
하는 지표의 하나로서 음모(陰毛)가 있었다. 빅토리아왕조의 예술전에 출품된 수많은 누드에는 매
우 에로틱한 작품도 있었으나 음모를 묘사하지 않음으로써 포르노그래피와 구별하였다. 현대에 있
어서도 음모가 보이느냐 또는 그렇지 않느냐가 외설의 규준이 되고 있는 것은 아직도 빅토리아왕조
이래의 성적 도덕의 배경에 묻혀 있음을 시사해준다. 있는 것을 없는 것처럼 하여 표면으로부터 숨
어든 빅토리아왕조의 위선적 도덕은, 모든 것을 이면에 억지로 수용했기 때문에 이면의 세계가 거
대하게 팽창해버렸다. 겉으로 성실한 빅토리아왕조의 신사는 이면에서 창녀와 포르노그래피를 즐
겼다.

이어진 경우도 있었을 것이다. 이것은 "결코 행복한 선택은 아니었지만, 도덕적 존엄을 유지한 직종을 뛰어넘을 만큼 이점도 있었다. 가장 큰 것은 금전적인 필요성이었다. 매춘이란 돈을 버는 일이었다. 매춘은 견습공, 하녀, 점두판매원들이 받는 급여의 1주일분, 아니 1개월분이 되기도 했다. 집에서 어머니를 돕는 여성이나 정해진 기간 동안 고용살이를 하는 여성들에게는 남성으로부터 넘겨받는 현금 이외에 스스로 돈을 얻을 수 있는 수단이 없었던 것이다."[47] 매춘은 금전적으로 축복받지 못한 젊은 여성이 스스로 사회적으로 독립을 하기 위한 수단이기도 하며, 또한 자신의 욕망에 대한 실험이기도 했다. 스텐셀은 이렇게 말한다. "19세기 전체를 통해 뉴욕 노동자들의 세계는 …… 여성적 악덕vice과 여성적 미덕virtue의 변증법이 변덕스럽게 이랬다저랬다 자꾸 변해갔다. 커다란 억압과 작은 자유를 위한 싸움 속에서 여성들은 자신들의 성이 한 번도 경험하지 못한 가능성을 찾으려고 했다. 여기서 미국 여성사에서 값싼 셋집, 착취공장, 골목길, 거리 등의 공간이 주는 중요성이 숨어 있다."[48] 뉴욕은 몇몇 선구적인 여성 혹은 여걸을 낳은 도시이다. 초기의 대표적 인물 중 하나는 엠마 골드만Emma Goldman, 1869~1940이다. 리투아니아의 유대인계 중산계급 가족에서 태어난 그녀는 1885년 16세에 뉴욕으로 이주한다. 노동운동, 여성해방운동 등에 커다란 공헌을 한 국제적인 아나키스트 활동가이자 집필가이며, 특히 여성의 평등권, 성적해방, 피임기술·피임권, 노동운동에 정열적으로 관여했다. 그녀는 간호사·산파의 기술을 습득하여, 오랫동안 이를 직업으로 삼았다. 1893년 유니온스퀘어Union Square의 시계공 직인의 집회에서 착취와 경기의 하강 속에서 가족을 부양할 빵을 살 수 없다면 훔칠 권리가 있다고 주장하여 체포되었다는 이야기 등, 그녀에 대한 일화는 수 없이 많다. 그녀는 연인이

---

47. Stansell, p.181.
48. Stansell, p.221.

자 동지였던 활동가 알렉산더 버크만Alexander Berkman, 1870~1936이 구류되었을 때,[49] 금전적인 필요성 때문에 매춘을 시도했다. 그러나 그녀가 풋내기임을 안 남자가 성행위를 포기하고 바에서 서로 이야기하는 것만으로, (뜻하지 않게도) 선뜻 10달러를 지불해 주었기 때문에, '일'을 성취하지는 못했다. 그리고 남은 금액은 상트페테르부르크Saint Petersburg에 있던 언니로부터 얻게 되었다.[50]

매춘에 대한 그녀의 사상적 관점은 어디까지나 '사회적으로 여성의 종속적 입장을 나타내는 패러다임'이었으며, 그녀의 반反결혼제도 사상과 연결된다. 페미니즘의 관점에서 이러한 담론상의 태도는 그저 미적지근할 뿐이라는 비판의 목소리도 많다. 그러나 실천적 차원에서 (비록 실현되지 않았다고 하더라도) 실제로 매춘을 시도하고, 이에 대해 과감히 기록하였다는 것, 특히 생애에 걸쳐 산파 일을 해 왔다는 것과 자유연애를 믿고, 애인인 버크만(통칭 사샤)의 14년간에 걸친 복역 중에 그에 대한 사랑과 존경과는 별도로, 그녀 자신의 욕망을 긍정하고, 과감히 많은 남자들과 연애를 시도했다는 것 …… 이러한 측면을 고려하면, 당시의 수준에서 여성해방을 가장 아나키즘적으로 실천한 여성의 모습으로 떠오른다. 그녀야말로 신체적인 접촉을 정치적으로 가장 중시한 '정동'의 전사였다. 이런 의미에서 그녀는 오늘날 운동의 선구자였다.

현대 급진주의적 페미니스트이며, 철학자이자 실천가인 샤논 벨Shannon Bell은 『매춘부의 몸을 읽고, 쓰고, 다시 쓰기』Reading, Writing and Rewriting the Prostitute Body라는 책에서 '매춘'이라는 금기된 영역에서 여성억압의 원리적 문제를 발견하여, 그곳으로부터 여성해방의 계기를 추구하려고 한다. 그녀는 역사와 철학 두 가지 측면에서 매춘부라는 존재의 가능성과 다의성을 고대 그리스에서 발견하려고 한다. 고대 그리스라는 고층古層에서는 놀라울 정도로 풍부

---

49. 1892년 그는 펜실베니아주 홈스테드의 카네기 제강소 노동문제에 관여하여 매니저였던 헨리 클레이 프릭을 살해하려고 시도하다가 실패하여 14년간 형무소 생활을 보냈다.

50. Goldman, 앞의 책.

한 가능성을 지닌 '정동노동자'의 존재가 드러난다. 고층에서는 세 종류의 매춘부[51]가 존재했다. 헤타이라hetaira는 고급유녀로서 독자적으로 철학이나 정치에 참여하는 여성이었다. 그녀들이야말로 현대의 통념으로는 도저히 알 수 없는 존재적 가능성을 잉태한 태곳적 매춘부의 잔재라고 여겨진다. 딕테리아데스dicteriades는 통상적인 매춘부로서 매춘시설이나 거리에서 매춘을 했다. 그녀들은 우리들이 알고 있는 근대 매춘부와 거의 다르지 않다. 벨에 의하면, 딕테리아데스는 당시의 일반적인 가정의 부인이나 딸과 '마찬가지' 이었다. 그녀는 골드만과 같이 결혼과 매춘을 병치해서 생각했다. "결혼이란 서로 다른 계보를 가진 남성들 사이의•교환 도구이다. 딕테리아디스는 정부의 선박 및 병기구입을 위해 스스로를 '매춘세금'으로서 융자해 주었다."[52] 통상적인 가정의 부인이나 딸들도 결혼, 즉 교환이라는 형태를 통해 국가의 멍에로부터 자유롭지 못했다. 이 점에서 헤타이라는 전혀 달랐다. 그녀들은 경제적으로 독립하여 마음먹은 대로 도시를 활보할 수 있었다. 그녀들은 자유의지로 자신이 선호하는 남자와 연애할 수 있었다. 또한, 그녀들은 뛰어난 화술가들로서 남성들과 지적인 대화를 즐겼다. 또한, 그녀들은 약초에 대한 전문적인 학자이자 산파이기도 했다. 때로는 어머니, 왕자들의 애인, 관료, 예술가, 시인로서 활동했다. 그녀들이 제공하는 성적 서비스는 값비쌌고, 집에서는 많은 유녀들을 품에 안기도 했다.[53] 이것은 '정동의 전사'로서 골드만이 존재론적으로 지향했던 몇 가지의 요소와 혼재되어 있는 것처럼 느껴져 흥미롭다. 단, 재물을 축적하는 것은 골드

---

51. [옮긴이] 세 종류의 매춘부는 1. 헤타이라(코르티잔 철학자들과 정치적 배우들을 포함한 고급 매춘부들), 2. 아울레트리데스(플루트 연주자들, 무희들, 곡예사들), 3. 딕테리아데스(공창과 윤락가의 매춘부들)이다.

52. Shannon Bell, *Reading, Writing and Rewirting the Prostitute Body*, Bloomington and Indianapolis: Indiana University Press, 1994, p.25.

53. Bell, 윗책에서 인용된 Jess Wells, *A Herstory of Prostitution in Western Europe*, Berkley, CA: Shameless Hussy Press, 1982, pp.6~7.

만과 닮아 있지 않다. 그러나 여기서 벨은 상상하지 못한 전혀 새로운 요소를 환기시킨다. 그녀에 의하면, 헤타이라는 단순히 남성의 시점에서 보여진 존재가 아니었다. 그녀들은 그녀들 간의 사랑의 기쁨을 알고 있었다. 그녀들은 여성들만의 자율공간을 가지고 있었다. 이는 플라톤의 『향연』*Symposion*에서 아리스토파네스Aristophanes의 발언에도 나타나 있다. "원초적 여인의 한 부분으로서 여성은 남성보다는 여자에게 매력적이었다. 그녀들은 레즈비언이다."[54] 어쨌든 헤타이라와 아울레드리데스(플루트 연주자들, 무희들, 곡예사들) 속에는 근대적인 매춘의 존재양태를 뛰어넘은 요소가 넘쳐 있었다. 그렇지만, 우리들이 여기서 확인하고 싶은 것은 이러한 욕정을 둘러싼 존재의 가능성을 우리들은 이미 빼앗겨 버렸다는 것이다. 그러나 바로 그 때문에, 오늘날 매춘과 관련된 해방운동과 예술이 존재한다. 이러한 여성해방 운동은 헤타이라를 모범으로 하면서 동시에 아울레드리데스(=행위예술가)로서 행동한다.

벨에 의하면, "탈근대성에 이르러 처음으로 매춘부가 새로운 정치적 주체로서, 그것도 단일적 주체가 아니라 복수적 주체로서 나타났다."[55] 이로써 매춘부의 신체는 차이差異와 법정소송을 내재하는 모습으로 구축되기 시작했다. 매춘은 노동의 장·인권유린의 장이고, 힘, 성sex, 그리고 쾌락이다. 그녀들의 투쟁에는 서로 겹치고, 대립하고, 분열해 가는 세 가지 종류의 운동조직이 나타났다. 〈매춘부의 권리〉Prosititutes' right와 〈위스퍼〉Women Hurt in System of Prostitution Engaged in Revolt, WHISPER, 그리고 〈익명의 매춘부〉Prostitutes Anonymous다. 이들 투쟁의 핵심에는 매춘부의 '역능[힘]화'empowerment와 '희생화'victimization라는 이항대립이 존재하고 있다. 결코 서로 절충할 수 없는 이항이 복합적으로 중복되면서, 문제기제problematic로서의 매춘부를 형성하고 있다. 〈매춘부의 권리〉는 매

---

54. Plato, Symposium, trans. Micheal Joyce, *The Collected Dialogue of Plato*, edited by Edith Hamilton and Huntington Cairns, New York: Pantheon Books, 1966, 191p
55. Bell, 같은 책, p.99.

춘부를 섹스와 일의 경계선에 위치하는 새로운 주체로서 구성시킴으로서, 근대부터 계승되어 온 매춘부에 대한 동일한 사고의 틀을 바꾸려고 하였다. 이에 비해 다른 조직은 오로지 매춘부를 근대의 부정적 측면으로 파악하려고 한다. 이에 따라, 〈위스퍼〉는 매춘의 전면적 폐기를 호소하고, 〈익명의 매춘부〉는 매춘을 기피해야 할 것으로 생각하여, 매춘 실천가들을 매춘으로부터 이탈하도록 촉진하거나 지원하고 있다.[56]

이러한 세 종류의 운동단체는 모두 다 절실한 입장에서 출발했기 때문에, 모두 자신들의 확고한 근거를 가지고 있는 듯 보인다. 이 세 단체 모두 '여성이 자신의 신체를 스스로 통제한다'는 무엇과도 바꿀 수 없는 테제에서 출발했다. 이에 비해, 본질적으로 미하족[57]에 불과한 나는 그것의 옳고 그름과 우월함을 판단·비판할 근거는 없다. 다만, 벨의 담론에서는 〈매춘부의 권리〉 그룹을 포스트모던 운동으로서 중요시하고 있기 때문에, 그것의 연장선상에서 좀 더 깊게 살펴보겠다. 벨은 본질적으로 근대적 맑스주의는 매춘부를 노동자의 일종으로 생각했다고 한다. 이러한 관점에서는 매춘도 어디까지나 자본에 의한 인간(=노동력)의 상품화의 일종이다. 그렇지만, 이에 대해 벨은 궁극적으로 모든 노동자(=노동력)가 꼭 상품화로 귀결되는가에 대해 의문을 던진다. 특히 매춘에는 노동력으로 상품화하기 어려운 요소가 있고, 그것이 매춘부를 '역능[힘]화'시키는 원리라고 생각한다. 예를 들어, 〈매춘부의 권리〉 그룹은 매춘부를 노동자이면서 동시에 치료사, 성적 대리역, 교사, 테라피스트, 가이드, 성적 소수자, 정치적 활동가로 규정하고 있다. 여기에는 '역능[힘]화'와 '희생화'라는 이

---

56. Bell, 같은 책, p.99.
57. [옮긴이] 미하(족) : 어떤 사건에 대해 그것이 미디어에서 다뤄지고, 세간에 충분히 알려지고 나서야 그 화제에 대해 관심을 보이는 것을 의미한다. 특히 텔레비전이 보급되기 시작했던 1950년대 일본에서 쇼와초기(1920년대)에 태어난 여성들 중 '미이창', '하아창'이라는 이름이 많았던 것에서 연원한다.

항대립이 있긴 하지만, 이번 주제인 '비물질노동'의 전체 기반을 이루는 '정동 노동'의 권능이 지니고 있는 본질적 측면이 들어있기 때문에 전통적인 '매춘부 에 대한 부정적' 이미지를 뛰어넘으려는 것으로 보인다.

〈매춘부의 권리〉 그룹 속에는 몇몇 운동조직이 있지만, 뉴욕에서는 1970 년대 초에 결성된 〈PONY〉(뉴욕 매춘부 권리 그룹)Prostitutes of New York가 있다. 회원들 중에는 거리의 창부, 새디즘-마조히즘SM, 가학·피가학적 성도착자의 여주인 역, 폰섹스 노동자, 스트립바, 섹스작가, 맛사지사 등이 포함되어 있다. 이 그룹 의 기본적 생각은 다음과 같다. "여성들의 안전하고 합법적인 피임으로 작금의 소란스럽고 대처하기 곤란한 공격에 대해 〈PONY〉는 모든 여성의 성적 자유 를 지키며 확장시켜 가려는 지향을 갖는다. 우리들 여성이 섹스를 할 때, 그것 이 재생산을 위한 것이거나 레크레이션을 위한 것이거나 보수remuneration를 위 한 것일지라도, 이것은 사적인 문제이며, 여기에 대해 정부가 관여할 필요는 없다."58 참고로, AIDS 위기의 문맥에서 게이·레즈비언의 그룹과 함께 가장 정열적으로 투쟁한 것은 〈PONY〉 등 '매춘부의 권리' 그룹이었다.

〈PONY〉 멤버들 중에는 몇몇 중요한 행위예술가가 포함되어 있다. 1980 년대 초부터 중기에 걸쳐, 그녀들은 앞서 설명한 프랭클린 장례식Franklin Furnace나 PS122 등에서 왕성하게 활동했다. 예를 들어, 12명 정도의 멤버가 1981년에 〈카니발 날리지〉Carnival Knowledge라는 그룹을 결성하여, 노점, 핍쇼, 비치 이벤트, 캬바레, 가두시위행동 등을 다양하게 조직했다. 그리고 1984년 프랭클린 퍼니스에서 그간 활동을 집대성한 것이라고 할 만한 〈재림〉Second Coming이라는 이름으로 약 1개월 동안 전람회, 퍼포먼스, 토론을 실행했다.59 여기에는 그녀들 각자가 하고 있는 섹스 행위의 각종 장르가 포함되어 있을 뿐

---

58. "A Brief History of Our Life and Times," *PONY X-Press*, Vol, 1, 1990, Bell 같은 책, p.106.
59. Lucy R. Lippard, *The Pink Glass Swan*, New York: The New Press, 1995, pp.238~242를 참조.

만 아니라, 손님들을 끌어들여 성산업이라는 제도를 통상적인 문맥과는 다른 공적 담론의 장으로 끄집어내었다. 이 활동은 성산업을 음미해 볼 수 있는 장치를 마련한 아주 야심적인 시도였다. 이를 통해, 행위예술의 영역은 사회운동과 담론 사이에 존재하면서, 양자가 단독적으로 일으킬 수 없는 신체적 사건을 조직하였다. 즉, 사회운동과 담론을 연결시켜 보다 강력한 것으로 만들었다는 점이 중요하다. 이것은 과거 〈에이비씨 노 리오〉 등 이스트빌리지의 제1기 활동가의 공간, 즉 뉴욕의 도시공간에서 예술이 가장 실재적인 권능을 보여준 **귀중한 사례** 중 하나가 되었다. 그녀들은 스스로 매춘부임을 자인하는 행위예술가들로서 매춘부라는 존재가 지닌 가능성에 대한 긍정적인 접근을 시작한 것이다. 그녀들은 실제로 성에 관한 풍부한 경험을 지니고 있으며, 다양한 실험을 하고 있다. 그녀들은 '정동'을 끌어들여 헤타이라와 같은 풍부한 '정동적 지성'을 획득했던 사람들이었다.[60] 그리고 그녀들 중 많은 사람들은 헤타이라와 마찬가지로 여성들 간의 사랑을 실천한 사람이기도 했다.

〈PONY〉의 창립자 중 한 사람인 베로니카 베라Veronica Vera는 성노동자에 대해 '성의 전문가'로서 '생生에 본질적으로 자양분이 되는 성性'을 실천하는 사람들이라고 한다. 따라서 '상업적 섹스'는 '인류에 공헌한다'고 주장한다.[61] 그렇지만, 베라의 생각과는 달리, 또 다른 〈PONY〉 멤버이자 행위예술가 애니 스프링클은 매춘에 대해 그 어떠한 의미를 부여하는 것도 타당하지 않다고 경고한다. 실제로 매춘부의 일을 하고 있는 동안, 정신적, 신체적, 금전적으로 유린당한 경험 등 수많은 부정성否定性이 있다는 것을 인정한다. 그렇지만 그녀 역시 매춘에는 긍정적인 계기가 있다고 단언한다. 매춘이 늘 그런 것은 아니지만, 때로는 그녀 자신의 성적 욕망을 만족시킬 때가 있으며, 사람을 기분 좋게

---

60. 그녀들 개개인의 실천·기술·지식에 대해서는 Shannon Bell, *Whore Carnival*, New York: Autonomedia, 1995를 참조.
61. Statement of Purpose, *PONY X-Press*, Vol 1, no.1, 1990. Bell 같은 책, p.108.

하는 것, 상처받은 심신을 치유하는 기쁨도 있다고 한다.[62] 결국, 그녀는 매춘으로부터 전통적인 치료사에 가까운 의의를 발견하고 있다. 타인에게 잠재되어 있는 부정성否定性을 내부 깊숙한 곳에서 꺼내어, 이를 흡수하고 긍정적인 힘으로 전화시키는 '부정성과 긍정성'이 공존하기 때문에, 매춘의 효능을 인지해야 한다는 것이다.

앞서 서술한 것처럼, 벨은 성전문가들의 퍼포먼스 예술에서 매춘부의 신체에 들러 붙어있는 '유린당한 신체'와 '역능[힘]화된 신체'라는 이항대립이 있고, 이것은 어느 지점에 이르러 이항대립의 확장을 저지 받는다고 한다. '페미니스트/모친/좋은 여자good girl'와 '방정치 못한 여자/색녀male-idenetified/나쁜 여자Bad Girl'라는 전통적인 이항대립이 파괴된 것은 아니지만, 이제는 보다 넓은 영역에서 여성성에 관한 이항대립의 존립근거가 상실되어 경계를 잃어버린다고 한다.[63]

퍼포먼스는 타자에게 욕망되는 대상, 혹은 욕망되지 않은 대상이 된(구축된) 자들이 담론의 세계에 개입하여 사회성에 대해 도전하는 주체로서의 위치를 만들어 내기 위한 유효한 방법이라고 할 수 있다. 매춘부는 언제나 '비속함'과 축제의 침범자로 규정되어 왔던 존재이다. 이들은 퍼포먼스라는 방법을 통해 처음으로 살아 있는 저항을 구체적으로 표현하고, 정상적인 궤도를 일탈한 신체(=성적 외부자의 신체)의 지도map를 다시 만들고, 재정의를 내리며, 재포획함으로서 스스로를 재구성할 수 있는 것이다.[64]

리처드 세크너는 줄곧 이러한 퍼포먼스를 중시하고 지원해 온 사람 중 하나이다. 그는 42번가의 사회적 기능에 대해서도 적극적으로 생각한 사람이기도 하다. 그는 1980년대에 자신의 연극을 제작하는 것을 뒤로 미루고 교육활

---

62. Annie Sprinkle, *Post Porn Modernist*, Amsterdam: Torch Books, 1991, p.13.
63. Bell, 같은 책 p.137.
64. Bell, 같은 책 p.138.

동에 전력을 기울였지만, 유일하게 〈프로메테우스 프로젝트〉Prometheus Project
라는 작품을 연출했다. 물론, 주제는 그리스 신화에 나오는 프로메테우스—천
상의 불을 인간에게 제공하여 제우스의 분노를 산 결과, 쇠사슬에 묶여 헤라클
레스의 도움으로 구원받을 때까지 매일매일 독수리에게 간을 쪼여 먹히던 신
이다. 이 극의 줄거리는 그다지 기억하고 있지는 않지만, 인간의 고통을 수용
하는 특성(수고성受苦性)이 현대의 세계 상황에 비춰 볼 때, 다양한 형태로 재구
성되어 있다는 것으로 기억되고 있다. 그리고 그것의 핵심에는 애니 스프링클
과 그녀의 퍼포먼스가 삽입되어 있다. 그녀는 스스로 일상적으로 실천해 왔던
퍼블릭 서빅스 어나운스먼츠Public Cervix Announcements라는 행위 ─ 관객에게 그녀
의 내부를 회중전등으로 보이게 하는 행위 ─ 를 공개적으로 벌였다. 남자 관객들은
그녀를 엿보고 싶은 욕망과 함께 본인들도 욕망을 겉으로 드러내지 않으면 안
되는 상황에서 불안과 공포의 공황상태에 빠져든다. 놀라울 정도로 도취적인
체험이었다. 여기서 그녀의 신체 속 깊은 곳을 엿보고 싶다고 한 모든 관객은
프로메테우스처럼 쇠사슬에 묶여 고통을 감수하는 존재로 변해 버린다. 이로
써 그녀가 일상적으로 체험하는 고통을 감수하는 느낌에 대해 상념을 떠오르
도록 만드는 것이다. 그러나 그녀의 멋진 자태와 신체의 움직임은 또다시 이러
한 감상(=상념)으로부터 그녀 자신의 존재적 쾌락을 관객에게 가르쳐 주며, 그
녀의 가장 깊은 감정을 공유하도록 유도해 간다.

4장

정동의 조직론

기념비란 이미 일어난 무엇인가를 기념하여 축복하기 위한 것이 아니라, 그 봉기를 형성하고 있는 일관된 감정들(sensations), 예를 들어, 언제나 갱신되는 남성들과 여성들의 수난, 그들의 의문과 물음을 재창조하며, 또다시 재개되는 그들의 투쟁을 미래에 의탁하여 귀 기울이게 한다. 고난은 영원히 지속되며, 혁명이란 그 승리를 넘어 존속할 수 없다. 그렇다고 이러한 것이 무의미한 것일까? 아니다. 혁명의 성공이란 혁명 자체 내에서 밖에 존재하지 않는다. 이는 그것이 형성된 동안, 남성들과 여성들에게 진동과 포옹, 비상구를 제공한다. 또한, 항상 새로운 여행자들이 돌을 덧대어 벽을 만들어 가는 것과 같이 생성과정 속에서 어떤 기념비를 형성해 간다. 혁명의 승리란 내재적인 것이다. 그리고 그것은 사람들 사이에 형성되는 새로운 유대 속에 있다. 비록 그 유대가 혁명의 도화선 이상으로 존속되지 않으며, 분열과 배반의 길에 스스로를 양보한다고 하더라도 말이다.
— 들뢰즈 · 가따리[1]

---

1. Gilles Deleuze · Felix Guattari, *Qu'est-ce que la philosophie?*, Les Editions de Minuit, 1991, p.167; Gilles Deleuze · Felix Guattari, *What is Philosophy?*, translated form the French by Hugh Tomlinson and Garaham Burchell, New York Columbia University Press, 1994, pp. 176~177. [질 들뢰즈 · 펠릭스 가따리, 『철학이란 무엇인가?』, 이정임 · 윤정임 옮김, 현대미학사, 1995].

들어가며 : 퀴어운동에 대해

제2장의 주제는 '성적 소수자의 존재'였다. 이것은 뉴욕이라는 도시적 체험 속에서 '정동'이라고 하는 **철학적 개념**을 가장 구체적으로 생산(=투쟁)하는 형태를 보여준다. 제3장에서는 주로 '치마타에서 여성들의 투쟁'을 개괄적으로 묘사했다. 본 장에서는 '퀴어(성적 소수자)Queer운동의 제반 모습'을 소개하도록 하겠다.

나는 이미 '젠더라는 영역'이 계급과 인종을 횡단하여 다수화시킴으로써 투쟁의 계기를 활성화해 왔다는 것을 지적한 바 있다. 뉴욕에서 젠더는 할렘 르네상스Harlem Renaissance나 그리니치빌리지의 각종 문화와 정치운동, 비트닉Beatnik [2]에서 출발하여 유서 깊은 이스트빌리지의 문화·정치의 흐름을 거쳐 게이와 레즈비언의 해방운동에 이르기까지 도시적 문화생산과 액티비즘의 원동력으로서 윤활유와 같은 역할을 해 왔다. 다만, 이러한 운동에서조차 '젠더라는 영역'이 계급과 인종으로부터 전적으로 자유로웠다는 것을 의미하는 것은 아니었다. 예를 들어, 게이+레즈비언 운동의 발전과 함께 내재화되었던 계급과 인종이 내부로부터 자율화되고, 분파·분열되어 갔던 경향들이 관찰되었다. 이러한 운동 속에서도, 특히 초기에는 이성장자異性裝者, Transvestite, 약칭 TV, '소수 인종 레즈비언', '가창街娼, 거리의 창부'처럼 특수한 존재들의 주변부화Marginalization가 없었던 것은 아니다. 그렇지만, 이렇듯 '주변부화된 존재'는 1969년 스톤월 봉기와 1980년대 중반 AIDS 위기 이후에 현실 투쟁의 고조와 함께 다양한 당파로 분열되었고, 급진주의의 출현 속에서 존재유형에 대한 재인식과 함께 새로운 역할 분담과 연대를 실현해 갔다. 이러한 추세 속에서 바야흐로 성적 소

---

2. [옮긴이] 비트닉(Beatnik) : 비트세대의 구성원들을 총칭해서 부르는 표현이며, 1950년대 후반 주로 젊은이들을 중심으로 생활과 복장 등 전통적인 행동을 거부한 사회문화적 운동으로 확장되었다.

수자의 내부에서 이들의 고유한 존재성에 대한 인식과 이론이 발전하게 된 것이다. 이것은 이후에 '성적 소수자의 정체성 정치'로 개념화된다. 이런 의미로 '젠더'란 도시라는 큰 틀 속에서 계급과 인종을 횡단하며(대각선상으로 가르고) 다수화시킨다. 그러나 동시에 계급과 인종들을 자신들의 내부에 집어넣기라도 하듯, 차례로 포개어 넣는 상태를 만들어 왔다. 이러한 몇 가지 차원이 서로 착종錯綜하면서 얽히고설킨 '저항문화와 저항운동'은 여타의 운동에도 중대한 교훈을 심어 주고 있다.

첫 번째 차원은 운동의 제반 영역에 남겨진 '남성중심적 원리주의'를 붕괴시키고, 새로운 도시적 교류(=집합적 신체) 공간을 출현시켰다. 그리고 앞으로의 주제와 깊은 연관이 있는 두 번째 차원은 개개인의 신체가 내부에 이르기까지 온통 상품화되어 버린 신자유주의적 도시공간에서의 투쟁에 대해, 그동안 일반적으로는 사적인 것으로 간주하여 괄호 속에 묶어 왔던 '영역'을 과감하게 열어 공적 공간으로 부각시킴으로써 다종다양한 존재성이 숨 쉬고 있는 다종다양한 정동의 존재방식에 맞춰 고도로 분절시켰던 것에 있다. 그러나 '퀴어라는 호칭'으로 성적 소수자의 존재를 간단히 하나로 묶어서 정의해 버리는 것은 조심해야 할 것이다. 지드André Paul Guillaume Gide 3, 프루스트Marcel Proust 4, 주네 Jean Genet 5의 텍스트를 훌륭하게 분석했던 레오 베르사니Leo Bersani는 '호모스

---

3. [옮긴이] 앙드레 지드(André Paul Guillaume Gide, 1869~1951) : 프랑스 소설가. 소르본대학을 중퇴하고 소설 등에서 기성 기독교적 도덕과 윤리로부터 해방을 호소했다. 서양세계에서 광범위한 문학적 영향력을 발휘했으며, 그가 죽은 후 로마교황청은 그의 책을 금서로 규정했다. 정치적으로 처음에는 공산주의적이었으며, 반나치주의 반파시즘주의적이었다. 제2차 세계대전 전에는 반전·반파시즘 세계청년회의의 명예회장을 역임했다. 1936년 소련을 방문한 후, 반공산주의로 전화하여, 『소비에트 기행』에서 스탈린체제를 통렬하게 비판하였다.

4. [옮긴이] 마르셀 프루스트(Marcel Proust, 1871~1922) : 프랑스 지식인으로서 작가, 에세이스트, 비평가, 미식가로도 유명하다. 대표작으로는 『잃어버린 시간을 찾아서』가 있으며, 장편으로서의 완성도와 구성의 완벽함에 더해, 철학적인 시간론을 모티브로 하여 철학적 논의의 계기로서도 종종 다뤄진다.

5. [옮긴이] 장 주네(Jean Genet, 1910~1986) : 프랑스의 소설가·극작가·시인. 다채분방한 언어와

homos의 섹슈얼리티sexuality'는 궁극적으로 대부분의 개개인에게 단독적인 것이며, 이를 일률적으로 말하기란 무리가 있다고 하였다.6 이들은 일반적인 범주에 의해서가 아니라, 각각의 단독성에 있어서만 오직 에로스의 보편성을 지시하고 있다. 또한, 앤 체트코비치Ann Cvetkovich는 레즈비언 문화와 운동에 관한 저작7 속에서 다음과 같이 지적한다. "이상적으로 볼 때, 이것은 나와 같은 외부자outsider가 이야기할 것이 아니라, 어디까지나 내부자insider 밖에 알 수 없는 미묘한 감정과 뉘앙스를 파악할 수 있는 '내부자의 민속학'insider ethnography으로서 분석되고 제시되어야 할 것이다." 이렇듯 게이운동 및 레즈비언운동에는 중요한 차원이 있다는 것을 인식하고 최대한 존중할 필요가 있다. 이러한 운동은 도시의 한 가운데에서 형성되어 도시전체로 커다란 영향력을 미쳐왔던 것을 인식할 필요가 있다고 생각한다. 이들은 그 밖의 운동으로부터 영향을 받거나 영향을 미쳐왔다. 대표적인 예로는 〈게이해방전선〉Gay Liberation Front, GLF이 있다. 이들은 스톤월 봉기 전후부터 미국적 신좌파의 발흥 속에서 베트남 전쟁 반대운동과 〈블랙팬더당〉Black Panther Party 8으로부터 자극을 받아 공동투쟁을 벌이려고 했고, 그들에게 반성의 재료를 제공하였다(상세한 것은 이후에 언급하도록 하겠다). 또, AIDS 위기가 최고조에 다다랐을 때 출현한 〈액

문체로 악과 성성 등의 가치 전환을 표현했으며 전위작가 중에서도 특이한 세계를 확립하였다. 『꽃의 노트르담』, 『발코니』 등을 포함한 문제작·이색작 들을 만들었다.

6. Leo Bersani, *Homos*, Cambridge, London: Harvard University Press, 1995을 참조.

7. Ann Cvetkovich, *An Archive of Feelings*, Durham, London: Duke University Press, 2003을 참조.

8. [옮긴이] 〈블랙팬더당〉(Black Panther Party) : 1960년대 후반에서 1970년대에 걸쳐 미국에서 흑인민족주의 운동과 흑인해방투쟁을 전개해 간 급진적 정치조직이다. 이들은 도시부에 빈곤한 흑인 주거하는 게토지역을 경찰관의 폭력으로부터 방어하기 위해 결성되었고, 공산주의와 민족주의를 표방하며 혁명에 의한 흑인해방을 제창하였다. 또한 빈곤층의 아이들에 대한 무료 식사배급과 의료비가 무료인 〈인민병원〉을 건설하였다. 한국에서는 흑표당(黑豹党)으로 소개되었고, 흑인의 굳셈과 강인함을 표현하기에는 검은 표범이 적합하다는 스톡리 커마이클(Stokely Carmichael)의 말에서 유래된 이름이다.

트 업〉은 간디나 공민권운동으로부터 '시민불복종'civil-disobedience을 배워 그들의 사상을 가장 집중적으로 실천하였다. 이러한 운동의 방식은 기본적인 자세와 제반 전술 면에서 21세기 운동의 선구적 역할을 했다고 일컬어지고 있으며, 그 후 대부분의 주요 운동에도 커다란 영향을 주었다. 내가 여기서 말하고 싶은 것은 다음과 같다. 나처럼 문외한이라고 하더라도 '성적 소수자의 고유성'을 단순히 '새로운 학문'cultural studies적 문맥 속에서 '사회제도를 분석하기 위한 새로운 범주로서' 고찰하는 것이 아니라, 이것이 운동으로서 일관되게 관철해온 '정치적 생산성의 자취를 더듬는 노력(베르사니)[9]'을 중요시해야 한다. 이러한 운동 속에 개재되어 있는 '투쟁의 무기로서의 정동'에 대한 분석적 시점을 중시하는 관점을 견지할 때에만 비로소 '성적 소수자의 고유성'에 대해 접근하여 배울 수 있는 것이 허용되지 않을까 싶다.

AIDS 위기 속에서 게이운동과 레즈비언운동은 커다란 전기를 맞이하게 되었다. '퀴어'라고 불러지는 **전투적 범주**의 출현과 조우하게 된 것이다. 전투적 범주란 'HIV 바이러스의 상이한 위상'으로 이것은 계급과 인종, 그 밖의 존재적 범주를 다시금 불러 모으면서, 이들의 다양성이 '새로운 도시적 연대'를 형성하게 되었다. 즉, HIV 바이러스는 웨스트 빌리지의 백인남성들만이 아니라, 레즈비언, 이성애자, 인종적 소수자, 게토주민들의 문제, 그리고 주사로 감염된 라이가즈섬ligers island 형무소의 수인들의 문제이기도 했다. 이 운동은 게이와 레즈비언의 연대를 핵심으로 하여, 직접행동, 선전활동, 의학적 조사, 간병에 이르기까지 여러 가지의 전술을 통해 광범위한 영역에 걸쳐 뿌리를 내린 운동이 되었다. 또한, 이 운동은 연인들의 사랑과 우정, 그리고 동지애와 **그 이상의 관계성**을 낳았다. 그중에서도 〈액트 업〉은 '성'性과 '죽음'死이라는 인간존재의 근원적 바탕을 정면으로 마주보며 조직되었고, 전면적인 전선Holistic Front에

---

9. Leo Bersan, 앞의 책. p.6.

서 투쟁하는 운동으로서 형성되었다. 또한, 미술, 디자인, 미디어 관계의 일에 종사하는 멤버들이 다수 포함되어 있었기 때문에 예술, 선전, 영화를 대대적으로 도입한 운동이 되었다. 이 그룹은 포스터나 슬로건을 중심으로 뛰어난 선전 활동을 벌였다. 이들의 뛰어난 선전술은 아무리 강조해도 지나치지 않을 것이다. (앞 장에서 다뤘던 급진적 페미니스트들의 퍼포먼스와 마찬가지로) 젠트리피케이션과 함께 거대 화랑과 미술관을 무대로 하여 도시개발에 대해 무의식적으로 종속되어 버린 '시각중심주의적 예술'이 계속적으로 확장해 가던 모습을 뛰어 넘어, 이들의 (선전)활동은 예술이 도시공간에 적극적으로 작용해 가는 힘과 기술을 획득했었던 보기 드문 일례가 될 것이다.

1990년대 중반, 두 번째 AIDS 위기의 파도가 밀려왔다. 그때까지 급진주의자였던 구세대의 주요활동가들 중 몇몇은 이제 '과잉성행위'promiscuity가 도덕 결여라고 규정짓고, '단혼적 관계'를 장려하고, 공중목욕탕이나 게이클럽 등 공적 '퀴어 스페이스'에 대해 단속을 강화해야한다는 편을 들었다. 당시 미술이론가였던 더글러스 크림프Douglas Crimp는 일부러 비판적인 논객이 되어,『우울증과 도덕주의』Melancholia and Moralism이라는 귀중한 저작을 탄생시켰다.10 스톤월 봉기 이후 게이와 레즈비언 해방운동의 흐름 속에서 게이운동은 동성애에 대한 공포증에 대항하여 일부러 '과잉성행위'를 포함한 퀴어의 존재성을 긍정적으로 표현했다. 그러나 이러한 행동들이 도덕의 공백지대를 만들고 '무책임'한 난교를 일삼았기 때문에 병원균을 퍼뜨렸다고 믿는 '참회'가 게이들 내부에도 출현하여 퍼져갔다. 크림프는 오히려 이러한 도덕의 공백지대야말로 바로 게이들이 그동안 쟁취해 온 것이라고 주장한다. 그는 다음과 같이 토마스키넌Thomas Keenan 11의 탈구조적 정치·윤리관에 입각하여 **새로운 퀴어적 윤리**를

---

10. Douglas Crimp, *Melancholia and Moralism*, Cambridge, London: The MIT Press, 2002.
11. [옮긴이] 토마스 키넌(Thomas Keenan) : 바드칼리지(Bard College)(뉴욕소재)에서 문학이론을 가르친다. 또한, 〈Human Rights Project〉의 지도자이다. 대표작으로는 *Fables of Responsibility*

제창한다.

> …… 거꾸로 '책임'이라는 이름에 걸맞은 유일한 것은 지금까지의 모든 기반을 치워 버린 후에, 즉 우리들이 결정을 내릴 때 믿게 되는 규칙과 지식을 버릴 때 비로소 나타난다. 기반이 없다는 것은 존재에 대한 증명이 되지 않는다는 것을 의미하며, 우리들의 결정사항을 위해 참조할 만큼 의지할 만한 곳이 없다는 것을 뜻한다. 지금까지 '책임'은 항상 서양의 윤리적, 정치적, 문학적 전통 속에서 '행위된 것'을 '아는 것'으로 분절시키는 형태로 사고되어 왔다. 그렇지만, 이에 대해 우리들은 '책임'을 인식과 행동의 질서적 비대칭, 혹은 절편으로서 재정의하려고 한 것은 아닐까. 오히려, 마땅히 무엇인가를 해야 하는 것조차 알지 못 할 때, 그리고 우리들의 행동의 효과와 조건을 더 이상 계산할 수 없을 때, '자신'self을 포함하여 그 어디에도 의지할 곳이 없을 때, 우리들은 처음으로 '책임'이라는 것과 마주치게 되는 것이다.[12]

이것이 바로 AIDS 위기의 정점에서 '투쟁하는 정동'이 직면했던 상황이었다. 그렇기 때문에 크림프는 "참된 책임이란 오히려 성행위의 방향감각을 상실하게 되는 최고조의 상태에 있어서만 경험할 수 있는 것이다"라고 단정하면서, "나는 이러한 **참된 책임**을 퀴어라 부른다."[13]라고 주장한 것이다.

이러한 '책임' 속에 내던져진 '투쟁하는 정동'의 정치란 어떤 것이었을까, 다음의 글에서 살펴보도록 하자. 스톤월 봉기 이후의 게이와 레즈비언운동, 그리고 〈액트 업〉과 그 이후라는 두 가지의 역사적 계기를 다룰 것이다. 그렇지만, 이에 앞서 준비작업으로서 우선 다음과 같은 세 종류의 '자료'를 살펴볼 것이다. 뉴욕에서 게이와 레즈비언의 대략적인 연대기, '퀴어 스페이스'라고 하는

: *Aberrations and Predicaments in Ethics and Politics*(1997)가 있다.

12. Thomas Keena, *Fables of Responsibility*, Stanford: Stanford University Press, 1997, pp.1~2.

13. Douglas Crimp, 앞의 책, p.16.

도시적 생산개념이다.[14] 이 자료들에 대해서 이미 알고 있는 독자들은 건너뛰어도 좋을 듯 싶다.

뉴욕 게이의 개사(槪史)(자료1)

1665년, 당시 요크(현재 뉴욕)를 통치하던 공작은 항문성교를 '남자가 남자에 대한, 여자가 여자에 대한 부자연스런 성욕'이라고 규정하여 극형에 처했다. 1797년에는 사형보다는 가벼운 죄상으로 수정되었지만, 법적으로 죄로서 취급할 수 있었던 〈반항문성애법〉sodomy law은 이후 2003년 미국 최고재판소에서 위헌으로 판결날 때까지 오랫동안 지속되어 왔다. 뉴욕은 오래전부터 해양교통을 통해 세계 각지에서 모든 종류의 사람들이 왕래했던 장소였고, 그 때문에 게이문화는 늘 광범위하게 존재했다. 대부분의 게이들은 독신자용 값싼 숙소에 집중해서 있었다고 한다. 1890년에는 뉴욕에서 노동자들로 가장 북적대던 보워리의 살롱과 댄스홀에 이러한 문화가 가시적으로 출현하게 되었다. 1920년대에는 그리니치빌리지의 밀주를 마시던 술집들이 사교장이 되곤 했다. 그 사이 게이문화는 이성애자heterosexual도 포함하여 만인을 위해 '퍼포먼스 문화와 스펙터클 기법'을 많이 발전시켜 갔다. 6애비뉴에 있는 '폴과 죠의 레스토랑'Paul and Joe's Restaurant, 빌리지의 맥듀걸 스트리트MacDougal Street에 있던 '블랙 래빗'Black Rabbit 등은 게이 쇼 비즈니스가 번성했던 곳이다. 또, 할렘 르네상스의 문맥에서 유명한 '사보이 볼룸'Savoy Ballroom, '록클랜드 팔레스'Rockland Palace 등의 클럽 등도 본래는 '퀴어 스페이스'으로서 발전했던 곳이었다. 제2차 세계대전 시기에는 타임스퀘어에 있던 '애스터 호텔'Astor Hotel은 각지에서 몰

---

14. 주로 *The Encyclopedia of New York*, edited by Kenneth T. Jackson, New Haven, London: Yale University Press, 1995를 참조했다.

려 온 게이들의 사교장이었다. 애초에 뉴욕의 진보적 문화는 게이 작곡가·시인·극작가·소설가 덕택에 발전했다고 해도 과언은 아니다. 그렇지만, 그들이 지닌 엄청난 영향력 때문에, '게이문화'가 도시공간에서 가시화되면 될 수록 권력의 혹독한 공격대상이 되어 갔다. 정치가나 보수적인 기독교인들 및 경찰의 조직적 개입이 증가해 간 것이다. 2차 세계대전 후 10여 년간 '동성애 혐의'로 수천 명이 체포되었다.

1955년에는 도덕적인 혐의로 체포된 게이 남성들의 법적 방어를 목적으로 한 〈매타신 소사이어티〉Mattachine Society가 설립되었다. 이때, 점차 증가하기 시작했던 게이바는 시경찰과 주의 BATF(알콜, 담배, 화기물 단속국)The Bureau of Alcohol, Tobacco, and Firearms의 정기적인 단속에 시달리곤 했다. 예를 들어, 다음 장에 설명하게 될 크리스토퍼 스트리트의 '스톤월 인'Stone Wall Inn은 본래 조직 폭력단이 경영하던 바였다. 물을 탄 술은 비위생적이었고, 뉴욕 제6분서의 경찰관들이 게이 손님들을 인권적으로 유린해 가면서도 경영자로부터 뇌물을 챙겼던 곳으로 대충대충 단속하는 시늉만 하던 곳이었다.15 손님 입장에서 보자면 거의 만족하기 어려운 장소였다. 그런데, 1969년 6월 27일에는 통상적인 모습과는 달리 엄격한 단속이 이뤄졌다. 수 명의 체포자가 발생했고, 이것이 그동안 쌓여있던 불만들에 불을 지펴 폭동으로 변하게 만들었다. 이 봉기를 계기로 〈게이 해방 전선〉이 결성되었고, 그들은 신좌파와 공동투쟁을 지향했다. 그 후, 게이문제를 보다 중심적인 과제로 결성된 〈게이 활동가 연합〉Gay Activist Alliances이 만들어졌다. 이들은 레즈비언의 과격파인 〈급진적 레즈비언들〉Radical Lesbians과 공동투쟁을 벌이며, 당시 린제 뉴욕시장에 대한 항의시위를 벌였고, 동성애성Homosexuality을 정신병리로 규정한 〈미국심리학회〉The

---

15. 스톤월 인과 그곳에서 발생한 폭동에 대해서는 Martin Duberman, *Stone Wall*, New York: A Plume Book, 1994의 정황에 근거하고 있다.

American Psychological Association에 대한 항의도 감행했다. 1973년에는 주로 게이들의 주거문제와 취직에 관한 차별을 철폐할 것을 요구하며, 이러한 차별들을 위법행위로 정의하여 '게이 시민권'을 확립하기 위해 〈전국 게이 대책본부〉National Gay Taskforce가 결성되었다. 그러나 이러한 노력들이 부분적으로나마 실현되기 위해서는 1986년까지 시간이 걸렸다. 1970년대 뉴욕의 게이문화는 크게 번성했다. 수많은 문화적 영웅들이 자신의 성적 정체성에 대해 선언했고, 이로써 게이들이 바로 뉴욕의 진보적 문화를 주도하는 위치에 있었다는 것이 새롭게 공적으로 인지되었다. 게이들의 바나 클럽, 디스코 홀, 공중목욕탕, 정치단체, 연극단 등이 설립되었다.16 잡지로는 『컴아웃』Come Out, 1969, 『크리스토퍼 스트리트』Christopher Street, 1976, 『뉴욕네이티브』New York Native가 간행되었다. 1984년에는 게이·레즈비언의 공동체 센터로서 뉴욕에서 가장 귀중한 조직인 〈뉴욕 레즈비언 게이 공동체 서비스센터〉The New York City Lesbian and Gay Community Service Center가 41번가에 세워졌다.17

　　1970년대 후반부터 AIDS가 뉴욕에 만연하기 시작했다. 처음에는 게이 남성들 중심으로 나타났기 때문에 비공식적으로 '게이 암'Gay Cancer으로 불러졌다. 그러나 이것은 게이 공동체 외곽에서 일부 소근소근댈 뿐, 기본적으로 그다지 크게 인식되지 않았다. 그러나 점차 AIDS가 확산됨에 따라 모든 사람들에게 관계된 절실한 문제로서 인식되기 시작했다. 이 지점에서부터 게이에 대한 새로운 차별이 시작되었고, 폭력적 상황도 다수 발생하게 되었다. 1980년, 〈뉴욕 게이 레즈비언 반폭력 프로젝트〉New York City Gay and Lesbian Anti-Violence

---

16. 예를 들어, 극작가이자 연출가였던 찰스 루드람(1943~1987)이 주최한 〈The Ridiculous Theater Company〉는 스톤월 인에 가까운 제라든 광장에서 펼쳐졌는데, 이 극은 오랫동안 이성애자를 포함한 광범위한 고객들을 흡인했었다. 뉴욕의 선구적 문화란 게이문화를 빼고서는 존재할 수 없다는 일례가 된다.

17. 사이버링크 www.gaycenter.org 참조.

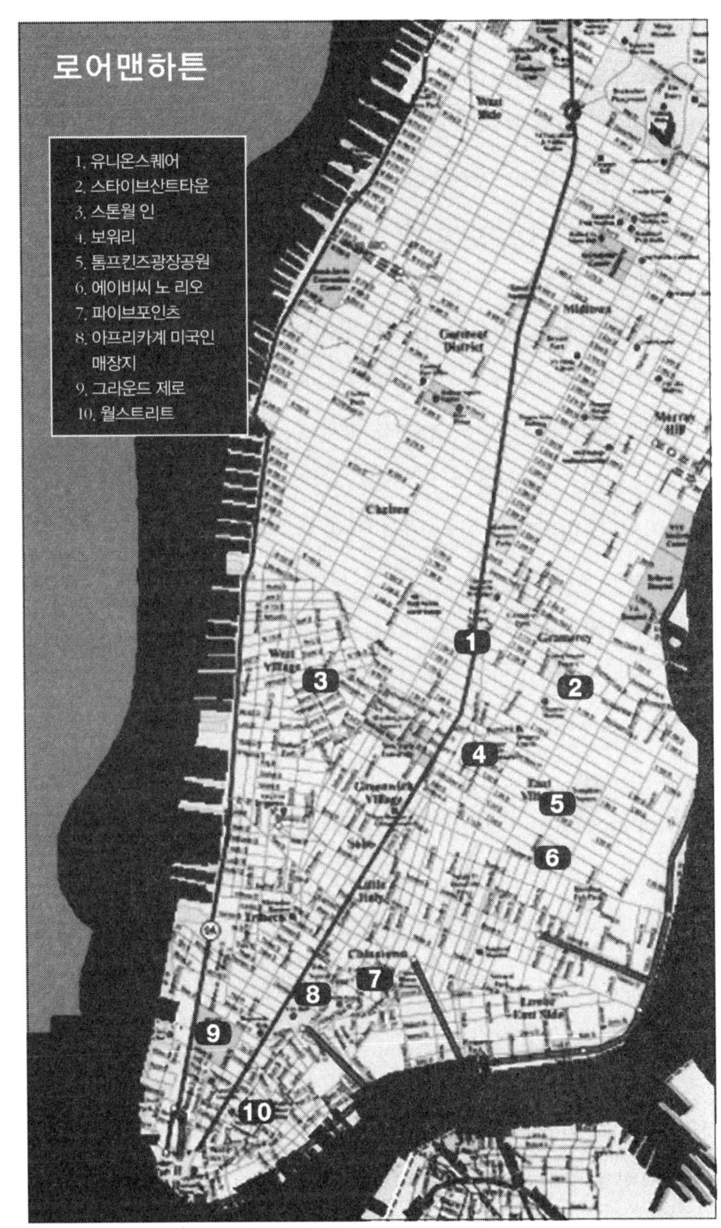

그림12 로어맨하튼(주요 장소)

Project가 결성되어, 게이에 대한 폭력을 공적 문제로서 인식하도록 호소했다. 1981년, 〈동성애 남성의 건강 위기〉Gay Men's Health Crisis, GMHC라는 보건교육 그룹이 결성되었다. 정부의 보다 적극적인 개입을 요청함과 동시에 환자에 대한 보호와 콘돔의 배포, 게이바에 교육용 서류를 배포하는 등의 일을 하였다. 또, 미디어에 대해서는 1985년 『뉴욕포스트』New York Post지에서 마치 AIDS의 책임이 게이에게 있는 듯 한 차별기사, 그리고 여타의 대형 신문사가 비슷한 논조를 펼치는 것에 대한 항의를 하기 위해 〈중상비방을 반대하는 게이 레즈비언 연합〉Gay and Lesbian Alliance against Defamation, GLAAD을 결성했다.

당시 레이건 대통령의 보수적 체제 속에서 미국 최고 재판소는 상기의 〈반항문 성애법〉의 철회를 보류하였고, 점차 확대해 가는 AIDS 위기도 무시되기 십상이었다. 이러한 상황 속에서 '게이'는 존재적으로 '활동가'가 될 수밖에 없었다. 결국, 뉴욕이 다른 어떤 도시보다도 AIDS의 피해를 크게 입게 되었다. 1986년, 당시 역학자epidemiologist들의 추정에 의하면, 게이 남성 중 반 이상, 그리고 정맥주사로 마약을 주입하던 사람들의 5분의 3 이상이 HIV 바이러스 감염자였다고 한다. 1987년, 당시 61명 중 1명의 임산부가 HIV 바이러스 감염자로 판정되었다고 한다. AIDS는 1980년 후반에는 25세부터 44세까지의 남성들의 주된 사망원인이 되었고, 15세부터 44세까지의 흑인 여성의 주요 사망원인이 되었다. 이는 도시공간에 파멸적인 효과를 초래했다. 이스트빌리지, 웨스트빌리지, 소호 등 '보헤미아=문화적 지역'에 커다란 타격을 주었고, 로어이스트사이드, 할렘Harlem, 사우스 브롱크스, 베드포드스타이브산트 등의 슬럼지대를 황폐하게 만든 사활적인 문제가 되었다.

1987년 1년 동안, 1만 명의 뉴욕인이 사망했다. 1991년에는 2만 명이 사망했다. 이미 레트로 바이러스retrovirus에 감염된 환자 수는 뉴욕시 건강관리 시스템과 사회복지제도의 능력을 훨씬 뛰어 넘고 있었다. 1987년에는 극작가 래리 크레이머Larry Kramer 18의 호소로 〈동성애 남성의 건강 위기〉 그룹에서 전투적인 〈액트 업〉이라는 조직이 결성되었다. 그 후, 1990년에는 퀴어 전체의 문제와 차별에 초점을 맞춘 급진적 저항집단인 〈성적 소수자의 국가〉Queer Nation가 결성되었다. 이성애자들의 클럽에 들어가 '키소-인소kiss-ins'(게이 커플이 공적 공간에서 키스하는 것)를 감행하였고, 게이를 비난하는 사람들에 대한 항의 집회를 벌였다. 또한, 전투적인 게이문학을 배포하여 퀴어의 자기주장을 강력하게 벌였다. 1991년, 부분적이나마 코치 시정부의 교육위원회에는 고교생에게 콘돔을 배포하도록 허용하게 되었고, 나아가 주사바늘을 교환해 주었다. 그러나 이러한 프로그램은 디킨즈 시정부로 넘어간 후에는 AIDS와 관련된 지원금이 삭감되면서 정지되었다. 당시, 미술계에는 예술가나 큐레이터, 그리고 그림 판매상을 포함하여 AIDS 환자에 대한 자금 원조를 위한 특별 전시나 경매가 활발히 진행되었다. 희생자들을 기리기 위하여 12월 1일은 '예술전시회가 없는 날'Day without Art로 지정했다. 그 후, 잠시나마 매년 이 날에는 거의 대부분의 화랑에서는 벽에서 작품들을 떼어 놓았다.19 1990년대 초기부터 '단백질 분해효소 저지제'protease inhibitor를 사용하게 되었고, 1993년에는 게이 커플들이 '동거자'domestic partner로서 뉴욕시에 등록할 수 있게 되었다. 이윽고 1990년대 중반에는 두 번째의 AIDS 확산의 파도가 밀려왔다. 그 후의 시대는 AIDS 액티비즘의 국제화로 옮겨갔다.

---

18. [옮긴이] 래리 크레이머(Larry Kramer, 1935~) : 미국의 극작가, 공공보건 변론가, 게이 인권 활동가이다. 그는 〈Gay Men's Health Crisis〉를 설립하였고, 특히 '에이즈 위기'(AIDS crisis)에 대한 중대한 실험을 담은 *The Normal Heart*를 집필했다. 그는 에이즈 및 HIV에서 시작하여 광범위한 공공보건 정책을 변혁시키려는 조직으로 〈액트 업〉을 창설하였다.

19. 그러나 이것은 하루 동안의 매출을 결정하는 것이기 때문에, 내가 근무하고 있던 〈Grace Borgenicht Gallery〉에서도 이러한 행동에 찬성하여 실천할 것인가를 두고 커다란 대립이 있었다.

뉴욕 레즈비언 개사(자료2)

오래전부터 권력에 의해 레즈비언들도 범죄자로 간주되어, 탄압의 대상이 되었다. 1890년 '트라이바디즘'Tribadism 20은 범죄로 간주되었다. 레즈비언 클럽으로서는 보워리의 아티스틱 클럽artistic club, 더 슬라이드the slide, 4애비뉴의 발하라 홀valhara hall 등이 있었다. 또한, 의학적으로 레즈비언을 이상적인 증상으로 생각하는 속설들이 넓게 퍼졌다. 극단적인 예로는 1893년 〈국제법 의학회의〉The International Medico Legal Congress에서 레즈비언들을 치유하기 위해서는 자궁적출hysterectomy을 할 필요가 있다고 주장되었다. 레즈비언 문화의 시작은 여성들의 동성애를 직접적으로 표현한 것은 아니지만, 앨버트 C. 군터Albert C. Gunther의 익살극 〈플로리다 마법〉의 1896년 브로드웨이 상연에서 비롯되었다. 당시에 이 극에는 장소 가릴 것 없이 욕설을 퍼붓고 담배를 피우며 여성을 유혹하는 남성적 여성이 출현했고, 이것에 크게 쇼크를 받은 보수적 비평가가 맹비난을 퍼부었다. 1899년에는 정부의 특별 조사위원회가 조직되어, 뉴욕시 내의 레즈비언 클럽을 적발하였다. 당시에는 남성처럼 꾸며 입고, 남성으로서 사회생활을 하던 여성들패싱, passing이 존재했다. 레즈비언이 공공연히 존재하기란 얼마나 어려웠는지를 보여준다. 1912년 여성 문필가, 활동가, 저널리스트, 보건개혁자, 사회주의자, 그리고 '자유연애'를 주장하는 사람들이 모여, 〈이단〉Heterodoxy이라는 단체를 결성하였다. 1940년까지 이 조직은 지속되었고, 회원들은 주에 2회 정도 그리니치빌리지의 점심식사 모임에 참석했다. 전체 1백 1십여 명의 구성원들 중 24명은 레즈비언이었다고 한다. 여기에는 게르트루드 스타인Gertrude Stein 21도 포함되어 있었다. 1922년 그리니치빌리지에서

---

20. 트라이바디즘(Tribadism)이란 여성끼리 클리토리스를 서로 자극하는 성행위이다.
21. [옮긴이] 게르트루드 스타인(Gertrude Stein, 1874~1946) : 미국 시인 겸 소설가. 소설이나 시에서 W. 제임스와 H. 베르그송의 영향을 받아 대담한 언어상의 실험을 시도했을 뿐만 아니라 새로운 예

상연된 쇼렘 아슈Sholem Asch 22의 이디쉬어Yiddish 23 연극 〈복수의 신〉God of Vengeance에는 분명히 레즈비언임을 알 수 있는 여성이 등장했다. 이 작품은 업타운에서 재상연된 후, 권력기관에 의해 곧바로 폐쇄되었고, 모든 스태프staff가 체포되었다. 또한, 1926년 자신의 부인이 레즈비언과 연애에 빠져 결혼생활이 파탄에 이르게 된다는 내용을 담은 프랑스 작가 에듀아르 부르데Edouard Bourdet 24의 〈사로잡힌 여자〉La prisonnière라는 작품이 브로드웨이에서 상연되었다. 당시, 몇 백의 여성 커플들이 매일처럼 연극을 보기 위해 찾아왔다고 한다. 당시 시장이었던 제임스 워커, 시경찰, 종교단체들이 결속하여 탄압하기 시작했다. 이 연극을 '외설행위'로 규정하여 폐쇄한 후, 주연 여배우인 헬렌 멘켈Helen Menkel을 체포하였다. 1927년, 무대에서 '성적 도착'을 상연하는 것을 금지했고, 만약 이를 어길 시에는 '시설폐쇄'를 합법화하는 〈패드락 법〉Padlock Law이 시의회를 통과하였고, 1967년까지 시행되었다.

한편, 1920년대에는 남장을 한 레즈비언 커플인 〈블랙키 앤 버블스 켄트〉Blackie and Bubbles Kent의 퍼포먼스가 정평을 얻게 되면서, 다운타운에 있는 몇몇 클럽 씬이 흥행하였다. 제1차 세계대전에는 흑인들이 할렘으로 이동하면

술운동의 비호자가 되었다. 제1차 세계대전 전후에 모더니스트로서 활약한 한 사람으로 '로스트 제너레이션'이란 말을 처음 사용했다. 특히 제1차 세계대전 후 미국 문학에 미친 영향은 크다. 주요 저서로 『3인의 생애』, 『텐더 버턴스』 등이 있다.

22. [옮긴이] 쇼렘 아슈(Sholem Asch, 1880~1957) : 유대계 소설가이자 극작가로 소설·희곡 등을 통해 유대어를 문학적으로 표현하는 데 기여하였다. 희곡 『복수의 신』을 비롯하여 『약자동맹』(弱者同盟) 등의 작품이 유명하다.

23. [옮긴이] 이디쉬어(Yiddish) : 독일어에 슬라브어와 히브리어를 섞어 히브리 문자로 씀. 유럽과 미국의 유대인 사이에서 주로 쓰인다.

24. [옮긴이] 에듀아르 부르데(Édouard Bourdet, 1887~1945) : 프랑스 극작가. 수법적으로는 오지에나 뒤마(아들)의 사실적 풍속극 계열이며, 교묘한 기교를 구사하여 당시의 부르주아 사회를 풍자하는 풍속희극으로 유명해졌다. 극단 〈코메디프랑세즈〉 지배인으로 있을 때(1936~1940), J. 코포, L. 쥐베, C. 뒬랭, G. 바티 등을 맞이하고, 새로운 연극미학(演劇美學)을 받아들여 연극계의 침체를 타개하였다. 대표작에 『사로잡힌 여자』(La prisonnière, 1926), 『약한 성(性)』(Le sexe faible, 1929), 『결혼의 신』(Hyménée, 1941) 등이 있다.

서 다운타운은 흑인 레즈비언의 문화적 중심지가 되었다. 1930년대에는 레즈비언 그룹의 사적인 파티가 왕성하게 열렸다. 레즈비언 클럽도 가게를 열었고, 글라디스 벤틀리Gladys Bentley 25, 마 레이니Ma Rainey 26 등의 레즈비언 엔터테이너들 주변에 글라디스 메이Gladys May, 케이스리 헤이워드Casely Hayward, 조지아 더글러스 존슨Geogia Douglas Johnson 등의 시인들이 모여들었다. 이 때문에 경찰들의 단속과 계속적으로 맞닥뜨리게 되었다. 1922년에는 레즈비언 활동가인 마벨 햄프튼Mabel Hampton 27이 체포되었고, 매춘 혐의를 받고 2년 동안이나 교정원에 감금되었다. 확실히 1930년대에서 1940년대에 걸쳐서 할렘과 빌리지에서 레즈비언의 씬은 번성했다. 그렇지만 경찰의 단속도 끊이지 않았고, 동성애자끼리 춤을 추는 자, 혹은 공식적인 여성의류를 입지 않은 자는 '이성장자'TV로서 거침없이 체포되었다. 게이 바처럼 레즈비언 바도 '풍속범죄를 단속하는 경관'vice squad과 시경찰, 바와 클럽을 경영하는 조직폭력배들이 서로 암묵적인 합의로 운영해 왔다. 매주 경찰은 단속을 벌이면서 경영자로부터 뇌물을 받아 챙겼지만, 여성들에 대한 인권유린은 갈수록 심해졌고, 성적 폭력이 가해지는 경우도 있었다.

6애비뉴와 8번가의 서쪽 모퉁이에 교회처럼 보이는 빨간 벽돌의 도서관이 있다. 이곳은 과거 여성전용 구치소Women's House of Detention가 있던 곳이다. 이 구치소는 1950년대는 구속된 레즈비언 애인을 바깥에서 부르기 위해 모여든 여성들로 언제나 둘러싸였다. 레즈비언이면서 〈블랙팬더당〉 당원이었던 안젤라 데이비스Angela Davis 28도 후에 이곳에 수감되었다. 이 시설은 1970년대에

---

25. [옮긴이] 글라디스 벤틀리(Gladys Bentley, 1907~1960) : 미국 여성 블루스 가수. 할렘 르네상스의 대표 가수.
26. [옮긴이] 마 레이니(Ma Rainey, 1886~1939) : 1920년대 최고의 고전적 블루스 가수. 블루스의 어머니라 칭송되며, 최초로 블루스를 스테이지 쇼로 만든 여성으로 일컬어진다.
27. [옮긴이] 마벨 햄프튼(Mabel Hampton, 1902~1989) : 미국 레즈비언 활동가. 할렘 르네상스 시대에는 댄서로 활약했으며, 흑인 및 레즈비언 · 게이 조직의 자선활동가.

폐쇄되었다. 바바라 깃팅스Barbara Gittings 29는 1958년 뉴욕 최초의 레즈비언 운동이었던 〈빌리티스의 딸들〉the Daughters of Bilitis이라는 조직을 소호의 로프트Loft에서 결성하여 거점을 마련했다. FBI가 자주 공갈과 협박을 하였기 때문에 조직원들은 가명으로 활동을 하였다. 1964년 〈뉴욕 성자유 연맹〉New York League for Sexual Freedom의 레즈비언 조직원들은 군대에서 동성애자를 받지 않는다는 것에 대한 항의로 미육군 건물 앞에서 집회를 벌였다. 1965년, 게이 조직인 〈매터신 소사이티〉Mattachine Society의 멤버들과 함께 레즈비언들은 쿠바 정부가 동성애자를 강제노동 수용소로 격리하는 것에 반대하여 유엔건물 앞에서 피켓시위를 벌였다. 『빌리지 보이스』Village Voice에 따르면 1969년 6월 27일에 일어난 스톤월 봉기는 1명의 레즈비언으로부터 시작되었다고 한다. 1969년에서 1970년까지 레즈비언 그룹들도 〈게이 해방 전선〉의 결성에 참가하여 그 일부가 되었다. 그리고 1970년에서 1974년에는 〈게이 활동가 연합〉에 참가하였다. 그러나 레즈비언 고유의 조직에 대한 필요성으로부터 1971년에 〈레즈비언 해방 위원회〉Lesbian Liberation Committee가 조직되었다. 같은 해 레즈비언 바를 대신하여 레즈비언 고유의 장소로서 〈레즈비언 페미니스트 해방〉Lesbian

---

28. [옮긴이] 안젤라 데이비스(Angela Yvonne Davis, 1944~) : 미국의 철학교수. 마르쿠제 교수의 지도 아래 박사후보생이 되었다. 로스앤젤레스 캘리포니아대학교의 전임강사로 임명되어 학생들을 지도했으나 1969년 대학평의회는 공산당에 가입했다는 이유로 그녀를 해직했다. 데이비스는 흑인 민족주의의 대변인으로 활동하는 가운데 〈솔레다드(감옥) 형제들〉의 일원인 청년 혁명가 조지 잭슨(George Jackson)에게 깊이 매료되었는데 1970년 8월 7일 잭슨의 형제인 조나단이 캘리포니아주 머린 군 법원에서 도주·납치극을 기도하다 판사를 살해하고 자신도 사살되는 사건이 발생했다. 데이비스는 연방수사국(FBI)의 일급 수배자 리스트에 올랐고 1970년 10월 뉴욕시에서 체포된 후 캘리포니아에서 납치·살인·공모 혐의로 기소되었다. 1972년 6월 4일 13주에 걸친 재판 끝에 전원 백인으로 구성된 배심원단은 모든 기소사실에 대하여 데이비스의 무죄를 평결했다. 1980년 공산당의 공천을 받아 부통령에 입후보했으나 낙선한 바 있다.
29. [옮긴이] 바바라 깃팅스(Barbara Gittings, 1932~2007) : 미국에서 초기 레즈비언/게이 노동자의 평등고용에 관한 시위행동을 조직한 인물. 레즈비언 운동조직인 〈빌리티스의 딸들〉(Daughters of Bilitis)의 지도자였고, 『사다리』(*The Ladder*)지의 편집자를 지냈다. 2008년 사망.

그림13 과거 여성보호소(2005년), (YA)

Feminist Liberation이 설치되었다. 1972년 대학교육의 현장에서 게이와 레즈비언 연구를 처음으로 집어넣으려는 시도로서 〈게이 대학 연합〉Gay Academic Union 이 결성되었다. 카라 제이Cara Jay, 에스터 뉴튼Aster Newton, 줄리아 페네로프Julia Penelope, 캐서린 스팀프슨Catherine Stimpson 등 레즈비언 이론가들을 중심으로 하여, 뉴욕시립대학CUNY 대학원에 레즈비언·게이연구센터CLAGS가 창설되었다. 또한 여기에는 〈성폭력반대 여성모임〉Women Against Rape, 〈게이여성들의 대안〉Gay Women's Alternative, 〈급진적 레즈비언들〉이 참가하였고, 1970년대에 커다란 영향력을 지녔던 〈여성임을 자각한 여성들〉The Women Identified-Women을 간행하였다.

그 후, 점차 정계에도 레즈비언을 자인하는 대표들이 들어가게 되었다. 1974년에 미국 최초의 인종적 소수자였던 레즈비언의 정치 사회조직인 〈살사 솔 시스터즈〉Salsa Soul Sisters가 결성되었다. 그 후, 흑인 레즈비언 및 시인들의 활약이 주목을 받게 되었다. 오드리 로드Audre Lorde 30, 쥬엘 고메스Jewel Gomes, 쉐릴 클라크Sheryl Clark, 패트 파커Pat Parker 31, 사파이어SAPPHIRE 등이다. 1977년 에는 레즈비언 활동가를 중심으로 게이들의 공민권을 쟁취하기 위해 〈레즈비언 게이 권리를 위한 연대〉The Coalition for Lesbian and Gay Rights라는 연합조직이 조직되었다. 1986년에는 마리 베드너Marie Bednar, 존 로비스John Lovis를 포함한 몇몇 레즈비언 판사가 뉴욕주의 각종 법정에 모습을 나타냈다. 코치 시정부의 시기에는 시청에 레즈비언과 게이 공동체 사무실이 마련되었다. 이윽고, AIDS 액티비즘의 시대가 도래하였고, 레즈비언 활동가들이 주도적인 역할을 담당

---

30. [옮긴이] 오드리 로드(Audre Lorde, 1934~1992) : 미국 시인, 작가, 운동가. 흑인 레즈비언 페미니스트로서 뉴욕 할렘에서 자라났다. 뉴욕 헌터 칼리지, 콜롬비아 대학에서 도서관학을 전공했으며 사서로 일했다. 로드는 자신을 '흑인 레즈비언 엄마 전사 시인'으로 정체화했다.

31. [옮긴이] 패트 파커(Pat Parker, 1944~1989) : 미국 흑인 여성 시인, 레즈비언. 〈블랙팬더당〉에 관여했으며, 1980년에는 〈흑인여성혁명회의〉(Black Women's Revolutionary Council)를 결성하였다. 두 번에 걸친 결혼 실패 후, 1960년대에 들어 자신의 성정체성에 대해 깨달았다고 한다.

하게 되었다. 1989년에는 레즈비언 고유의 운동이 아닌, 페미니스트 운동으로서 여성의 신체에 대한 자율성을 둘러싼 투쟁을 벌인 〈웸!〉Women's Health, Action and Mobilization, WHAM!, 여성의 건강, 행동, 대중동원이 결성되었다. 이 그룹은 〈액트 업〉과 합쳐서 1989년 12월 임신중절을 강하게 반대했던 오코너 추기경이 있는 성 패트릭교회St. Patrick Church를 향해 화려한 저항활동을 벌였다. 더 나아가, 1992년 7월에는 케지 최고재판소 판사가 여성이 임신중절을 신청한 시점에서 24시간 동안 의무적으로 다시 생각하게끔 하는 대기시간을 갖도록 한 판정에 대해 반대하며, 맨하튼과 뉴저지를 연결하는 홀랜드 터널Holland Tunnel 등 여러 맨하튼 지역에서 교통차단을 시도하는 직접행동을 감행하였다. 1990년대 중반, 뉴욕시에는 400개 이상의 레즈비언들의 정치, 사회, 종교조직이 나타났다. 그중 급진적 조직으로 〈성적 소수자의 국가〉, 〈핑크 팬더〉Pink Panthers, 〈다이크 행동기계〉Dyke Action Machine, DAM 등이 있었다.

　범주적으로 보면 '퀴어'란 게이, 레즈비언, 양성애자bisexual, 트랜스젠더의 집합체이른바 GLBT를 일컫는다. 1980년대에도 뉴욕에서 레즈비언은 그다지 폭넓게 인지된 개념이 아니었고, 양성애자와 트렌스젠더는 1990년대에도 별로 인지되지 못했다고 한다.32 퀴어 내부에서도 보다 빨리 '시민권'을 획득한 그룹과 그렇지 않은 그룹의 서열이 있었던 것이다. 그리고 전체적인 투쟁의 구도 속에서 봤을 때, 항상 퀴어 내부의 소수자(하층)가 밑으로부터 근본적인 변혁의 욕구를 끌어올려 전체를 급진화시켰다고 할 수 있다. 이러한 의미에서 1990년대 이후의 운동은 아래로부터의 주도권, 특히 레즈비언, 양성애자, 트렌스젠더 3자가 주도권을 가지고 있었다고 할 수 있다. 예를 들어, 〈액트 업〉이나 〈성적 소수자의 국가〉 내부에서 상기의 3자가 당시 활성화되고 있던 전지구

---

32. Liz Highleyman, "Radical Queers or Queer Radicals? Queer Activism and the Global Justice Movement," *From ACT-UP ot WTO*, edited by Benjamin Shepard and Ronald Hayduk, London, New York: Verso, 2002를 참조.

적 정의 운동Global Justice Movement에서 반反인종차별적인 스킨헤드나 블랙블록
Black bloc 33과 공동으로 투쟁하는 경우도 많았다. 이 시기에 세력을 키워왔던 것
은 다름 아닌 트렌스젠더화된 사람, 성전환자, 양성구유자兩性具有, Hermaphroditos
34라는 세 종류의 트렌스젠더들의 조직이었다. 이 조직은 이들 세 트렌스젠더
들의 정치·사회적 권리를 지키기 위한 조직으로서 〈젠더 팩〉Gender PAC, 젠더의
성적 옹호를 위한 연대, 혹은 보다 전투적이었던 〈성전환자 그룹〉Transsexual Menace이
있었다.

퀴어 스페이스에 대해(자료3)

퀴어 스페이스란 무엇인가? 이것은 아주 다의적인 개념이다. 예를 들어,
건축이론가인 아론 베츠키Aaron Betsky 35는 다음과 같이 설명한다.

퀴어들은 비밀스런 제스처와 드라마틱한 걸음걸이, 그리고 신체의 가장 미묘한
동작을 통해 몸과 몸의 친밀함을 창조하는 달인들이다. 과거, 그들은 도시의 주

---

33. [옮긴이] 블랙블록(Black bloc) : 저항운동, 집회, 계급투쟁, 반자본주의, 반세계화에 관련된 집회나
    행사가 있을 때 모여드는 '소활동가 그룹'(affinity group)이다. 권력으로부터 신원이 밝혀지는 것
    을 피하기 위한 전술로서 검은 복장을 입고 참여한다. 때문에 미디어에서는 마치 국제조직이라도
    되는 것처럼 인식하는 경우가 많지만 항의행동자들의 집단이 전술적으로 사용하는 그 이상의 의미
    는 없다.
34. [옮긴이] 양성구유(兩性具有) : 헤르마프로디토스(Hermaphroditos)라고 한다. 그리스 신화에서
    남여의 양성을 동시에 갖춘 신으로, 예술작품에서는 유방을 지닌 청년이나 남근을 지닌 여성 등으
    로 표현된다.
35. [옮긴이] 아론 베츠키(Aaron Betsky, 1958~) : 건축가, 비평가, 큐레이터, 교육자이자 건축디자인
    에 관한 작가이다. 그는 20세기 건축물에 대한 수많은 집필을 하였으며, 미학과 심리학, 그리고 인
    간의 성과 건축물과의 관계에 관한 글로 유명하다. 특히, 퀴어 이론에 대한 공간적 해석을 가미한 주
    요 인물로서도 정평을 얻고 있다.

요 거리에서 제스처를 활용하여 언어를 성공적으로 이식translate시켰다. 제스처
란 단지 정지된 것, 지시에 따르기만 하는 것, 혹은 단지 질서정연한 말만 하는 것
을 거부하는 듯이 건물들에 대해 물질적인 조응점point을 찾아낸다. 제스처를 지
닌 건물이란 왜곡되거나 과장되어 변형deformation된 것이다. 그것은 피부를 찢
고, 공간으로 뛰쳐나가 가끔씩 이해하기 어려운 말들을 내뱉는 것이다.[36]

더 나아가,

퀴어 스페이스는 신체를 물질과 포장 등 감각형식을 조작하기 위해 엇박자를 만
들어 간다. 이렇듯 가장 로맨틱한 모습으로 퀴어 스페이스는 제반 구조나 사회적
제한을 분해하고 성행위를 통해 신체를 관능적인 바다로 확장시키면서 자신과
타자 사이의 공간을 소거하려고 한다. 사회가 억누르는 물리적 질서(건물) 속에
서 우리들이 살아간다면, 퀴어 스페이스는 아주 작은 방이나 어두운 뒷골목에 자
기 자신의 인공적인 건축을 구축하는 장소를 찾아 나간다. 사회가 강압해 왔던
질서를 도용한 다음, 모든 현실과 자신을 순수한 감각과 신체경험으로 그 무엇인
가를 향해 해체해 가는 '거울의 공간'을 창조하는 것이다.[37]

상기의 두 개의 인용문에서 분명히 밝히고 있는 것은 아마도 다음 세 가지
일 것이다. 첫째, 퀴어 스페이스는 게이 공동체를 뛰어 넘어 도시의 제반 모습
에 커다란 영향을 미치고 있다는 것이다. 둘째, 건축으로서 어떤 과잉된 장식
성과 유동성을 가진 물리적인 공간구성으로서 나타난다. 이런 문맥에서 가장
중요한 것은 퀴어 스페이스가 기존의 건축 및 도시공간의 일부분에 특수한 용
법을 가미하여 공간을 변용시켜 갔다는 것이다. 특수한 용법이란 그곳에 기성

---

36. Aaron Betesky, *Queer Space, Architecture and the Same-Sex Desire*, New York: William
　　Morrow and Co. Inc., 1997. p.21.
37. Aaron Betesky, 같은 책, p.22.

의 사회를 "거울"로 마주하는 듯 반전되어 있는 서로 닮은 모양을 출현시켰다는 것, 혹은 그곳에 인간관계에서 비일상적인 에로티즘을 도입하여, 이곳에 있는 듯 없는 듯한 어떤 유토피아적인 공간을 출현시킨 것이다. 이러한 공간 용법은 우선 격리된 특수한 게이 공동체의 내부에 구성되지만, 동시에 외부 공동체에도 커다란 영향을 미친다. 이는 '보헤미아'와 그 형성에도 큰 영향을 끼쳐 왔다.

보헤미아가 형성되기 위해서는 통상적인 각종 공동체의 영역을 너머 공동체들을 대각선상으로 횡단하는 움직임이 필요하다. 그곳에는 사상과 사조, 이데올로기 등 다양한 결합성과 분단성이 개재되어 있으며, 동성애적인 연대가 최종적으로 전체를 미묘하며 강력하게 지탱하고 있다.[38] 이러한 흐름은 뉴욕의 도시공간에서 보자면, 할렘 르네상스의 시기와 그리니치빌리지, 1980년대의 이스트빌리지에서도 있었다. 이것은 성적 소수자의 공간인 퀴어 스페이스가 게이 공동체를 뛰어넘어 또 다른 세계에 대해서도 감응시켜 나간 힘(정동)Affect으로 볼 수 있다.

퀴어 스페이스의 물질적 기초는 게이들의 성행위 장소로서 공적 장소였던 치마타였다. 앞 장에서 델라니를 인용하면서 42번가에 대해 설명했듯이, 게이의 성행위에는 어떤 차원의 '공공성'公共性이 관여하고 있다. 게다가 공적 공간에서 만난 타자와의 사랑의 교환은 계급이나 인종, 그 밖의 개인성은 관계하지 않는다. 이러한 모든 것들은 대각선상으로 횡단하면서 이루어지는 교환交歡인 것이다. 이것은 만남의 장에 현전하는 신체만으로 이뤄진 '무명성과 무명성의 만남'이다. 이는 부권제를 바탕으로 통제되는 단혼monogamy에 대한 '공산주의

---

38. 예를 들어, 동성애의 '단독성'을 엄밀하게 분석한 레오 베르사니는 운동으로서의 게이와 인종적 소수자들과의 연대라는 안일한 이상주의를 회피하려고 한다. 이것은 이론적·원칙적으로 보면 전적으로 타당하다. 그렇지만, 오히려 여기서 중요한 것은 '동성애=퀴어 스페이스(Queer Space)'가 지닌 의도하지 않은 언외적 기능이다.

적' 복혼polygamy의 네트워크를 구성한다. 이러한 모습은 오늘날 긍정적인 의미를 포함하여 '과잉성행위'로 불러지고 있다. 특히, 항문성교가 위법이었기 때문에, 게이의 성행위는 언더그라운드가 될 수밖에 없으며, 성행위를 하기 위한 장소를 선택하는 것이 커다란 문제가 되었다. 이러한 이유로 퀴어 스페이스가 형성된 것이다. 예를 들어, 우선 한밤중의 공원, 특정 도로나 노상, 창고에 방치된 기차나 전차, 인기 없는 해안, YMCA의 작은 개별실, 싼 호텔, 백화점이나 역, 공원, 공공도서관의 화장실, 빈 발코니가 있는 영화관, 주차중인 자동차, 공중목욕탕 등등 아마 우리들 모두에게 뭔가 모를 그리움을 환기시킬만한 장소들이다.

1985년, 역사가이자 활동가였던 알랑 베르베Allan Berube 39는 「게이의 목욕탕 역사」40라는 글을 발표했다. 이 글은 내용만이 아니라 글을 쓰게 된 동기도 아주 독특하다. AIDS 위기에 따라 게이에 대한 탄압이 강화된 상황에서 필자는 문화유산으로서 게이의 공중목욕탕을 지키기 위해 캘리포니아주의 최고재판소에 법적 변론취지서legal brief로 이 글을 제출했다. 주된 요지는 공중목욕탕은 단순히 성행위를 위한 장소가 아니며, 게이바와 함께 게이의 사회적·정치적 정체성을 발전시키기 위한 긍정적인 기구였다는 것이다. 이런 측면에서 게이와 레즈비언의 역사에서 중요한 장소일뿐만 아니라, AIDS 위기와의 투쟁을 조직적으로 벌이기 위한 주요 장소로서도 보호되어야 한다고 하였다. 당시 확실한 증거도 없는 상태에서, 공적 성행위 장소가 HIV 바이러스를 전염시키는 장소로 비난받았던 것이다. 거꾸로, 이 장소를 '안전한 성행위를 교육하는 장

---

39. [옮긴이] 알랑 베르베(Allan Ronald Berube, 1946~2007) : 미국 역사가, 활동가, 독립학자. 스스로를 공동체에 바탕을 둔 연구가로 칭한다. 그의 연구 중 잘 알려진 것은 2차 세계대전 중에 군대에서의 동성애자에 대한 연구와 저서이다.

40. Allan Berube, "History of Gay Bathhouses," included in *Policing Public Sex*, edited by Dangerous Bedfellows, Boston: South End Press, 1995.

소'로 변환시키려는 운동이 시작되었다.

베르베의 글에는 게이 공중목욕탕 발전의 흔적을 살펴보고 있다. 아주 간략하게 표현하자면, 뉴욕에는 이미 20세기 초 게이 전용의 공중목욕탕이 나타났다. 예를 들어, 1918년에 찰스 더무스Charles Demuth의 수채화에는 맨하튼에 있던 라파예트 터키 목욕탕La Fayette Turk bath에서 그 자신도 남자들과 옆에 나란히 있는 정경이 그려져 있다. 1920년대부터 1930년대에 걸쳐 많은 터키풍 목욕탕, 러시아풍 목욕탕, 대중목욕탕, 건강 리조트, 스파spa 등등 공적인 레크레이션 공간이 게이화되어 번영하였다.[41] 제2차 세계대전 중에는 모처럼 전함 밖으로 나온 수병들, 해병대원들이 첼시의 에베라드 목욕탕Everad Bath, 할렘의 마운트 모리스 목욕탕Mt. Morris Bath, 42번가의 타임스퀘어 목욕탕Times Square Bath 등에서 '최후의 쾌락'을 즐긴 다음 전선으로 향했다고 한다. 이러한 공중목욕탕은 1950년대 게이 해방운동과 함께 커다란 전기를 맞게 되었다. 게이 및 레즈비언이 처음으로 공공의 장소에서 새로운 주체로 출현하여 자신들의 정체성을 표출하기 시작했던 것이다. 이와 함께 몇몇 게이바나 목욕탕이 개점하였다. 게이 문화와 통상적인 유흥과도 결합되었다. 예를 들어, 웨스트 74번가의 컨티넨털 목욕탕Continental Bath에서는 매주 토요일 캬바레 나이트 시간에 베틀 미들러Bette Midler, 캡 칼로웨이Cab Calloway, 타이니 팀Tiny Tim 등 수많은 유명 인사들이 출연했다. 또, 이때부터 게이바나 게이 목욕탕은 가족으로부터 소외된 게이나 레즈비언들이 동료들과 함께, 게이 프라이드 데이Gay Pride Day, 할로윈Halloween, 12월 31일, 크리스마스, 발렌타인데이 등 축제일에 파티를 여는 장소가 되었다. '공산주의적 가족'으로서의 게이 공동체의 형성인 것이다. 또한, 이때부터 이스트빌리지의 1애비뉴의 '클럽 바스'Club Bath가 오픈하였고, B

---

41. 이러한 예로서, 알랑 베르베의 논고에서는 지적하고 있지 않지만, 렘 콜하스의 『정신착란의 뉴욕』에서 묘사된 〈Downtown Athletic Club〉에서도 나타나고 있다.

형 간염 바이러스의 예방 프로그램도 실시하였다.

1980년대에는 게이 목욕탕의 대중화와 함께 설비도 충실해졌다. 공간구성은 준準공적이며 준準사적인 큰 방과 개별실이 마련되어 있었고, '영광의 홀'Glory Hall 등 다양한 차원으로 성행위를 할 수 있었다. 앞서 언급한 '클럽 바스'Club Bath를 포함하여 이스트빌리지의 진보적인 문화적 씬에서 게이 목욕탕은 커다란 역할을 수행했다. 이런 곳을 자주 가던 예술가, 비평가, 화상畵商, 작가, 음악가 등으로 이뤄진 네트워크 조직이 이스트빌리지의 새로운 문화를 담당하는 제1세대의 중추였다. 그러나 때마침 AIDS 위기가 발생했고, 게이 공동체는 전면적인 위기에 직면하였다. 단순히 '병'에 의해서만이 아니라, 국가로부터의 억압, 공공 미디어의 몰이해, 그리고 제약회사의 이익 우선주의에 맞서 싸워가면서, 스스로가 '간병'과 '의학적 연구'에 매진하게 되었다. 즉, 어쩔 수 없이 여러 전선戰線에서 싸워가지 않으면 안 되었다. 이러한 배경에서 〈액트 업〉이나 〈성적 소수자의 국가〉가 출현하게 되었다.

1980년대 후반, 〈액트 업〉의 최전성기에 게이 그룹은 뉴욕시의 보험과와 협력하여 안전한 성행위의 보급과 상업적 섹스 공간을 폐점하지 않고서도 HIV 바이러스에 대한 대책을 성공적으로 마련했다고 한다. 또, 처음부터 안전한 성행위를 방법론적으로 도입한 개별적인 섹스클럽도 새로운 사회운동으로서 개시되었다. 예를 들어, 당시 비교적 백인계가 많았던 클럽에서 잭스오브칼러Jacks of Color라는 클럽은 다수의 유색인종을 퀴어 스페이스에 끌어 들였다.42 이렇듯 AIDS 위기가 최고조에 다다른 상황, 아니 오히려 이런 상황이었기 때문에 퀴어의 성적 만족을 추구하기 위한 정치적·사회적·문화적 과제로서 퀴어 스페이스를 추진하기 위한 '정동의 투쟁'이 존재했던 것이다.

---

42. Kendall Thomas, "Going Public-A Conversation with Lidell Jackson and Jocelyn Taylor," included in *Policing Public Sex*, edited by Dangerous Bedfellows, Boston: South End Press, 1995을 참조.

당시, 게이 목욕탕은 빈번히 경찰 단속에 위협받아 왔다. 특히, 선거 직전, 국제회의, 만국박람회 등 특수한 이벤트를 개최하기 전에 더 많은 위협을 받았다. 또, 시경찰, 시장, 시청, 보건소, 지방검사 등의 공권력이 부정부패로 의심받거나 소환되는 시기에 새로운 공적을 올리는 것을 통해 자신들의 존재가치를 드러내지 않으면 안 되는 상황이나 정치가, 선거후보, 장관 등이 도덕적 담론을 강요할 필요가 있을 때 위협을 받아왔다. 이렇듯, 이 공간은 이곳의 특성 때문이 아니라, 권력자들의 상황에 따라 유린되었다. 이런 의미에서 이곳은 '공격을 유발하는vulnerable 공간'이었던 셈이다. 당연히 줄리아니 전 뉴욕시장의 입장에서 보면, 젠트리피케이션을 진행하기 위한 가장 좋은 구실이자 표적이었다. 1995년 10월, 뉴욕시는 새로운 〈토지용도지정법〉Zoning Law을 발령하여, 거주지, 학교, 종교시설의 500피트 이내에 'X 화장실 비즈니스'를 예외 없이 금지하게 되었다.[43]

스톤월의 전후

사태의 흐름을 역전시키기 위해서 경찰이 포위했을 때, 그들은 최악의 악몽과 직면했다. 뭐냐면 바로 여장한 사람들의 코러스 라인(chorus line)이었다! 그녀들은 '로켓' 모양으로 서로 어깨를 껴안고 하이힐을 신은 발을 차올리면서 농락하듯 노래했다.

We are the Stone Wall girls
우리는 스톤월 소녀들
We are our hair in curls
우리는 파마를 하고
We wear no underwear
우리는 속옷을 입지 않네
We show our pubic hair ······
우리는 음모를 보여주며
We wear our dungaree

---

43. Martin Duberman, *Stonewall*, New York, London: A Plume Book, 1993, pp.200~201.

1968년, 콜롬비아 대학의 게이 학생조직인 〈동성애 옹호 학생 연맹〉The Student Homophile League은 의학부에서 개최된 '동성애'(=병리적 증후)라는 생각에 바탕을 둔 패널토의에 뛰어 들어갔다. 그들은 이 학술회의의 내용에 정면으로 저항하면서 오히려 동성애에 관련된 '사회학적인 편견과 차별'을 문제시할 것을 호소했다. 이때부터 게이운동에도 직접 행동이 도입되기 시작했다. 당시는 공민권운동, 베트남 반전운동, 〈미국 민주 학생연합〉Students for a Democratic Society, SDS, 〈블랙팬더당〉, 〈이피〉Yippie 44 운동 등이 일제히 형성되기 시작했고, 대규모 반反권력 운동과 대안적Alternative 세계관과 행동양식도 발생하던 상황이었다. 게이나 레즈비언 해방운동은 자신들만의 고유한 동기와 문제들을 가지고 스스로를 형성하면서 당시의 거대한 지각변동 속에서 사회를 향해 뛰쳐나가던 시기였다. 게이 해방운동의 연합체인 〈북아메리카 동성애조직 연대회의〉North American Conference of Homophile Organizations는 흑인해방운동의 슬로건인 '검은 것이 아름답다'Black is beautiful를 인용하여 '게이는 훌륭하다'Gay is good 라고 주장하였다. 신좌파적 경향을 지닌 게이와 레즈비언의 젊은이들은 온건주의적이었던 〈매타신 소사이어티〉나 〈북아메리카 동성애조직 연대회의〉에 참가하기보다는 상황에 따라 〈미국 민주 학생연합〉이나 반전주의적인 급진적 조직, 혹은 〈블랙팬더당〉에 참가하는 것을 선택한 사람들이 많았다.45 그들은

---

44. [옮긴이] 〈이피〉(Youth International Party+Hippies, Yippie) : 〈이피〉는 히피와 비슷하지만 좀
    더 전투적이고 정치적이다. 1968년 베트남전 반대 시위를 계기로 창설되었다. 초창기 멤버는 애비
    호프만, 애니터 호프만, 폴 크라슬러가 있으며, 유명한 인물로는 제리 루빈, 스튜어트 알버트, 딕 그
    레고리 등이 있다.
45. Martin Duberman, 같은 책, p.171.

게이나 레즈비언들이 안고 있는 고유의 문제들에 대한 중요성에 대해 공유하였고, 보다 큰 '혁명'적 경향이 그들 전체를 감싸고 있었다. 이미 잘 알고 있듯, 그것이 성취되든 그렇지 않든 간에, 아주 미세한 차이화를 지향했던 분자적인 투쟁이 그 어딘가에서 보다 커다란 파장을 추구하기 시작했던 시대와 장소가 존재한다.

앞서 설명했듯, "스톤월 인"은 아직도 크리스토퍼 스트리트 53번가에 고스란히 그 흔적을 남기고 있다. 당시에는 수많은 게이바와 레즈비언바가 있었고, 모두 조직폭력단이 지배했다. 또, 성인만이 아니라, 예술가였던 데이비드 워너로비츠David Wajnarowicz의 소년 시절처럼,[46] 소년 길거리 성매매자와 소수 인종을 여럿 포함한 이성장자異性裝者; TV의 소년들과 그들을 사려고 '소년을 찾아다니는 동성애자'Chicken Hawks가 몰려들고 있었다. 대부분 나이어린 길거리 성매매자들은 홈리스들로서 공원에서 잠을 자거나 머무르곤 했다. 스톤월에 모여든 사람들에게도 계급이 있었다. 다시 말해, '스톤월 인'은 이상적인 게이 공동체의 공간은 아니었다. 사람들은 경찰 탄압과 마피아의 착취에 대해 지긋지긋해 하고 있었다. 1969년 6월 27일 금요일 밤, 경찰은 여느 때처럼 강제조사를 감행했다. 통상적으로는 신분증이 없는 사람과 이성장자만을 체포하여 얼마간의 뇌물을 받아 챙긴 후 해산하면 가게는 다시 문을 열고 영업을 재개하였다. 그렇지만, 그 날은 손님들과 종업원을 다양한 구실로 체포하여 연행하려고 하였다. 이 이례적인 움직임은 〈알콜 담배 화기 단속국〉The Bureau of Alcohol, Tobacco, and Firearms, BATF이 스톤월에서 판매되고 있던 술에서 공인 스탬프가 없는 것을 발견했고, 게다가 뉴욕시경찰과 제6관할구에서 바의 소유자와 마피아 사이의 뇌물을 주고받은 사실을 알고 있었기 때문이다. 그렇지만, 이례적인 체포와 연행을 계기로 민중적 봉기가 발생하게 되었다. 짐 폴라Jim Pola의 설명

---

46. David Wojnarowicz, *Close to the Knives*, New York: Vintage Books, 1991을 참조.

에 의하면, 1명의 남자역 레즈비언이 강제연행을 끝까지 거절하면서 저항하자, 이미 체포된 사람들이 저항을 하기 시작했다고 한다. 이에, 경찰은 더욱더 폭력적인 대응을 하게 되었고, 이것이 더 많은 군중들의 저항을 불러일으켰다고 한다. 체포자들은 도망쳤고, 가게 손님, 종업원, 통행인을 포함한 군중들은 6명의 경찰관에게 돌을 던지기 시작했다. 경찰관들은 바에 몇 시간 동안이나 갇혀 있게 되었다. 그 후, 경찰은 특별부대Tactical Patrol Force를 보내 군중을 해산시키려 했지만, 군중은 밀고 당기는 유연한 움직임을 반복하면서, 그 다음 날 이른 아침까지 이런 움직임은 계속되었다. 그 후로도 몇 일 동안, 밤마다 군중과 경찰의 대치국면과 긴장관계는 지속되었다. 금요일에 처음 발생하여 토요일까지 지속되다가 그 후 일요일, 월요일, 화요일 …… 점차 날이 갈수록 소강되는 것처럼 보였지만, 수요일에 다시 재점화되었다.

며칠 후, 시인 알렌 긴즈버그Allen Ginsberg 47는 『빌리지 보이스』지의 취재기자에게 다음과 같이 말했다. "우리들은 이 나라에서 가장 커다란 소수자 중 하나이다. 10퍼센트나 되기 때문이다. 이 봉기는 우리들이 자신들을 주장할 때가 도래했다는 것을 시사한다."48 자연발생적으로 보이는 이 봉기는 젊은 게이와 레즈비언에게 힘을 실어주게 되고, 그들의 운동에도 획기적인 비약, 전환, 재구성을 촉진하게 되었다. 그렇지만, 모든 게이들이 이것을 환영한 것은 아니었다. 게이 내부의 '계급성'을 반영하듯, 당시 게이 사회에서 가장 권위가 있고, 오래된 역사를 지닌 〈매타신 소사이어티〉는 "우리들 동성애자는 동포들에게 도시에서 평온한 행동을 유지하도록 탄원한다"49는 성명을 내놓았다. 이러한

---

47. [옮긴이] 알렌 긴즈버그(Allen Ginsberg, 1926~1997) : 비트제너레이션의 지도적인 미국 시인. 그의 시는 산만한 구성 가운데 예언적인 암시를 주면서 비트족(族)의 문화적 · 사회적인 비순응주의를 주장한 것이었고, 때때로 외설적인 표현을 즐겨 다루었다. 대표작 『아우성』(*Howl*, 1965)은 현대 미국 사회에 대한 격렬한 탄핵이며, 동시에 통절한 애가(哀歌)라고 할 만한 장편시이다.
48. Martin Duberman, 앞의 책, p.228.
49. "We homosexuals plead with our people to please help maintain peaceful and quite

반응의 차이는 얼마 후 나타난 새로운 게이 운동의 패러다임과 리더십의 변화를 예시하였다.

이미, 반전운동과 〈이피〉계의 활동가였던 짐 폴라는 스톤월 봉기 이후에 개최된 〈매타신 소사이어티〉의 모임에서 지도자들의 보수적인 자세를 비판하고, 레즈비언을 포함한 35명에서 40여명의 활동가를 이끌고 나갔다. 아마 그의 속내는 '동성애 옹호homophile 운동'을 해체시켜 '혁명운동'의 한 세력이 되려는 것이었을 것이다. 이들의 입장에서 보자면, '스톤월'은 게이운동과 흑인해방운동, 베트남 반전운동을 연결시키는 계기를 만들었다고 할 수 있다. 그 후, 폴라를 시작으로 게이운동의 과격파와 레즈비언의 과격파인 〈빌리티스의 딸들 뉴욕지부〉New York Daughters of Bilitis의 멤버들이 6애비뉴의 여성구치소에 잡혀 있던 〈블랙팬더당〉의 여성활동가들을 지원하기 위한 집회를 조직하였다. 그때, 〈매터신 소사이티〉가 참가하기를 거부함으로써 그들은 새로운 '게이조직'의 필요성을 느끼게 되었고, 〈게이 해방 전선〉이라는 이름으로 전투적인 게이와 레즈비언의 공동투쟁조직을 발족시켰다. 같은 해, 1969년 〈북아메리카 동성애조직 연대회의〉의 '젊은이들의 회합'에서 만장일치로 〈게이 해방 전선〉의 노선 지지를 채택한다. 이는 '동성애 옹호 운동'을 그 밖의 모든 소수자인 흑인, 페미니스트, 히스패닉, 선주민, 히피, 학생, 노동자의 운동과 연결시켜 혁명운동을 지향하여 공투해 간다는 것이었다.

이 그룹에 관해서는 항상 어떤 유명한 포스터(1970년)를 상기하게 된다. 가운데 윗부분에는 커다랗게 '우리를 드러내자!'Come out!라고 쓰여 있고, 하부에는 '형제들이여 게이해방전선에 참가하시오'Join the brothers and sisters of the Gay Liberation Front라고 새겨져 있다. 당시 폴라의 애인이었던 사진가 피터 후자Peter Hujar 50가 찍은 사진에는 뉴욕의 거리 한 가운데에서 15명의 남녀가 너무나 기

---

conduct on the streets of the village-Mattachine," Martin Duberman, 같은 책, p.207.

쁜 표정으로 하늘을 향해 맨주먹을 힘 있게 치켜 올리면서, 서로 어깨를 감싸고 행진하고 있는 모습을 취하고 있다. 포스터의 배경이 세피아 색조를 띄고 있기 때문에 더욱 예쁘다. 행진은 정연하게 대열을 이루기보다는 어디까지나 춤추듯 가볍게 약동하는 모습이다. 이러한 '기쁨'과 '투쟁의지'가 공존하는 모습은 당시 대부분의 전투적 집단들이 결여하고 있던 자신들의 '성=신체'에 대한 긍정으로부터 나오는 존재론적 힘을 표현하고 있다. 덧붙여서, 대부분의 멤버들은 흑인 공민권운동, 반전운동 등에 관여했던 풍부한 운동경험을 지니고 있었다고 전해진다. 그러나 그들은 그동안 좌파운동 속에 만연해 있던 남성중심주의를 반대한다는 새로운 시점을 도입시켰다. 여기서 "개인적인 것은 정치적이다"[51]라는 바로 오늘날의 중심적 주제에 접근했다.

1970년 전후의 시기는 국가와 반反국가 사이의 대립이 아주 격화되던 때였다. 시카고 시경이 〈블랙팬더당〉의 지도부를 급습하여 지도자인 프레드 햄프튼Fred Hampton [52]을 살해하였고, 이에 맞서 시카고에서 〈웨더맨〉Weatherman [53]

---

50. [옮긴이] 피터 후자(Peter Hujar, 1934~1987) : 미국 사진작가. 대표작으로는 〈캔디 달링〉(Candy Darling on Her Deathbed)이 있다. 이 작품은 후에 안토니와 존슨(Antony and the Johnsons)이 〈I Am a Bird Now〉라는 앨범의 표지로 하면서 유명해졌다. 1987년 에이즈로 사망했다.

51. Martin Duberman, 앞의 책, p.220.

52. [옮긴이] 프레드 햄프튼(Fred Hampton, 1948~1969) : 대학시절 〈전국유색인종향상협회〉(NAACP)에 가맹했고, 졸업 후에는 〈블랙팬더당〉에 입당하여 카리스마적 지도력으로 유명했다. 푸에르토리코인들의 자위조직인 〈영 로즈〉와 백인저소득층의 정당이었던 〈영페트리오트〉에서 당의 조직화를 적극적으로 시도했다. 1969년 12월 4일, 그의 행동에 위기감을 느끼고 있던 지역 경찰과 FBI가 손을 잡고 그의 숙소에 잠입하여 침대에서 자고 있던 그를 저격하였다. 생전에 그는 노암 촘스키로부터 "〈블랙팬더당〉 중에서 가장 재능 있고, 전도유망한 지도자 중 한 사람"으로 평가받기도 했다.

53. [옮긴이] 〈웨더맨〉(Weatherman) : 1970년대에 활동했던 미국 극좌테러조직이다. 조직명은 밥 딜런의 곡명에서 따왔다. 당시 멤버들은 유복한 가정 출신이 많았고 현재는 사회에 복귀했다. 미국 최대 반체제조직이었던 〈미국 민주 학생 연합〉에서 뛰쳐나온 극좌파 학생 그룹에 의해 창설되었다. 1970년대에는 당당하게 테러행동을 벌이겠다고 공표하면서 국회의사당, 형무소, 매스미디어, 대기업 등에 대해 폭탄설치와 폭파를 감행했다. 1975년 베트남 전쟁 종결 후 조직이 붕괴되었고, 멤버들도 다른 조직으로 옮기거나 자수하였다.

그림14 지하철 1호선, 크리스토퍼 스트리트역, 2005년 (YA)

은 '분노의 행동을 반복하던 날들'Days of Rage Action로 명명하면서 대중봉기를
지향하였다. 뉴욕에서는 〈미국 민주 학생연합〉의 〈웨더맨〉 분파가 그리니치
빌리지의 한 아파트에서 폭탄을 제조하다가 폭발하여, 경찰이 엄격한 수사를
펼치게 됨에 따라 일반시민에게도 영향을 미치기 시작하였다. 그때, 〈게이 해
방 전선〉의 내부에서 폴라 등은 열심히 〈블랙팬더당〉과의 공동투쟁을 계획했
었다. 그러나 커다란 균열이 발생했다. 당시, 활동가들 사이에 뿌리 깊게 잔존
하고 있던 게이에 대한 몰이해와 차별이 문제의 원인이었다. 이미 스톤월 봉기
의 발생 시점에서, 폴라는 다른 전선에서 투쟁했던 동지들과 연락하여 이 봉기
에 합류하여 참가하도록 호소하였다.[54] 그렇지만, 결국 어떤 그룹도 참가하지
않았다. 활동가 사회에서 게이를 주변화시키려는 의식이 강하게 자리 잡고 있

---

54. Martin Duberman, 앞의 책, p.198.

었고, 이러한 자세는 이들의 투쟁을 민중전체의 투쟁이라는 보다 큰 방향성으로 전개해 가려는 의지가 없었던 것으로 해석된다. 〈블랙팬더당〉의 입장은 1968년 엘드리지 클리버Eldrige Cleaver 55의 작품 『얼음 위의 혼』Soul on Ice 속에서 나온 것처럼, "동성애란 아기를 강간하려는 자나 제네럴 모터스GM를 혼자서 지배하려고 하는 자와 마찬가지로 병적인 것이다"56라고 비난하는 것이었다. 이것은 게이 활동가들에게 커다란 환멸감을 불러일으켰지만, 이에 아랑곳하지 않고, 폴라는 1970년 5월 뉴 해븐New Haven의 〈블랙팬더당〉 집회에 참가하여, 동성애에 대한 부정적이며 거만한 자세에 대해 비판하였다. 'faggot(동성애자)57'이라는 말을 사용하지 말 것, 성차별주의를 그만 둘 것'을 팬더당원들에게 절실하게 요청하였다. 이에 감명받은 휴이 뉴튼Huey P. Newton 58은 전투적 흑인 전체를 향하여 동성애에 대한 불안감을 버리고 그들 혹은 그녀들과 혁명적 연대를 하도록 호소하였다. 그 후, 팬더당은 〈게이 해방 전선〉에 대해 정식

---

55. [옮긴이] 엘드리지 클리버(Eldridge Cleaver, 1935~1995) : 미국 작가이자 〈블랙팬더당〉의 주요 인물. 폭행을 이유로 수감생활을 한 후, 그는 1966년에 잡지 『성벽』(*Ramparts*)의 편집장이 되었다. 1967년 〈블랙팬더당〉에 가입해서 정보부 장관을 역임하고 블랙팬더 신문도 함께 맡았다. 1968년 평화자유당의 대통령 후보였다. 그는 그의 아내이자 〈블랙팬더당〉의 지도자인 캐슬린 클리버와 함께 미국을 떠났으며, 결국 프랑스로 가기 전에 〈블랙팬더당〉의 알제리 국제 지부를 설립하였다. 클리버는 1971년 당으로부터 떨어져나갔으며 바비 씰로부터 자신에게 돌아서는 몇몇 당 지부와 함께 자기 자신의 조직 비전을 구성했다. 클리버는 1970년대 말 기독교도 및 기업가로 미국에 돌아왔다. 1991년 『이머지』(*Emerge*)지 기사에는 그의 현 거주지를 캘리포니아 버클리라고 적고 있다.
56. Eldrige Cleaver, *Soul on Ice*, New York: McGraw-Hall, 1968, p.110.
57. [옮긴이] faggot : 경멸스런 언어로 (남성) 동성애자를 지칭함.
58. [옮긴이] 휴이 뉴튼(Huey P. Newton, 1942~1989) : 〈블랙팬더당〉의 창립자. 1960년대 초반 메리트 주니어 대학에서 학생 활동가로 있을 때 같은 활동가였던 바비 씰을 만났다. 그와 씰은 〈블랙팬더당〉을 함께 설립했는데, 씰이 의장이었고 뉴튼이 방위장관을 맡았다. 뉴튼은 경찰 1명이 죽은 오클랜드 경찰과의 대결 이후 과실 치사로 1967년에 수감되었다. 이에 대해 〈블랙팬더당〉은 전국적인 "휴이 석방" 캠페인을 주도했으며, 이것은 1960년대 후반 내내 흑인 및 백인 급진주의자들을 활기차게 만들었다. 그는 이후 쿠바로 피했다가 1970년대 초반 사건에서 유래한 살인 및 폭력죄에 맞서기 위해 1970년대 후반에 돌아왔다. 뉴튼은 1980년 캘리포니아 대학에서 박사학위를 받았다. 그는 1989년 마약업자에게 치명적인 총상을 입기도 했다.

그림15 현재의 스톤월 인(스톤월 여관), 2005년. (YA)

적으로 필라델피아 템플대학에서 개최된 혁명적 인민의 제헌회의Revolutionary People's Constitutional Convention에 대표를 보내달라고 의뢰하였다.

'스톤월' 봉기는 웨스트빌리지에도 자극을 주었고, 몇몇 그룹들은 이러한 흐름을 호기로 활용하여 그 후에도 공동체를 강화시키려고 하였다. 크레이그 로드웰Craig Rodwell 59은 〈매타신 소사이어티〉 내부의 진보파이면서 신좌파운 동에도 관여하였다. 그는 뉴욕의 명물 중 하나가 된 게이+레즈비언을 위한 공동체 서점인 오스카 와일드 기념서점(1967년)의 창설자였다. 그는 〈동부지역 동성애 옹호 조직 연대회의〉Eastern Regional Conference of Homophile Organizations, ERCHO라는 대체적으로 보수적인 게이조직에 속해 있으면서도 〈게이 해방 전

---

59. [옮긴이] 크레이그 로드웰(Craig L. Rodwell, 1940~1993) : 미국 게이 인권 활동가. 게이 작가들의 활동을 적극 지원했던 〈오스카 와일드 메모리얼 북스토어〉(Oscar Wilde Memorial Bookstore) 를 창립했다.

선〉에도 공감하여, 스톤월 봉기를 공동체의 기억에 남기기 위한 '크리스토퍼 스트리트 해방일'이라는 이름의 행진March을 기획하였다. 1970년의 일이다. 이 것은 뉴욕의 기념행사가 되었고, 그 후 매년 6월 마지막 일요일에 개최되었다.

〈게이 해방 전선〉은 아주 비정형적인 조직구조와 아나키적인 논의방식을 지녔고, 그들의 관심사는 광범위했다. 〈게이 해방 전선〉 속에는 동성애의 문 제에 대해 보다 심도 깊게 초점을 맞추려는 운동조직 〈게이 활동가 연합〉the Gay Activist Alliance, GAA이 발족하였다. 이 조직은 오랫동안 지속된 '동성애 옹호 운동'의 한계를 넘어서 '동성애자에게도 시민권을!'이라는 구호로 게이의 생활 형태를 공적이며 절대적으로 긍정하려는 목적의식으로 급진적 게이·레즈비 언 운동을 전개했다. 그렇지만, 〈게이 해방 전선〉나 〈게이 활동가 연합〉 속에 서도 곧바로 계급과 인종과 성적 존재성을 둘러싸고 미세한 차이가 발생하기 시작하였다. 우선, 게이 남성과 레즈비언 여성의 차이가 있었고, 게이와 레즈 비언 운동 내부에도 다양한 인종적 소수자들간의 차이가 있었다.[60] 예를 들어, 이러한 차이와 분화는 1974년 흑인과 라틴계 레즈비언 조직 〈살사 소울 시스 터〉Salsa Soul Sisters를 결성하도록 추인했다. 이후, 게이·레즈비언 운동은 신좌 파의 종언과 함께 전체 혁명에 대한 지향을 버리고 다종다양하게 분화되었다. 그렇지만, 동시에 이들은 고유의 전선을 개척하였고, 1980년대를 향해 활성화 되어 갔다. 여기서 틀림없이 말할 수 있는 것은 이러한 흐름의 동인을 제공한 것은 '스톤월 봉기'였다는 것이다. (4장의 제명에 인용한 들뢰즈와 가따리와 관 련해서 말하자면, 이 봉기는 그 곳에서 종식되었지만, 그 후 '기념비'로서의 '새 로운 유대'가 지속적으로 형성되었던 것이다.)

---

60. 여기서 다루기 어렵지만, 이러한 흐름과 동시에 페미니스트 조직내부에서의 레즈비언들의 주변적 위치라는 문제도 있었다. 이러한 문제에 대해 예를 들어, 〈게이해방전선〉 내부의 여성부 멤버들은 1970년 제2차 〈Congress to Unite Women〉에서 Lavender Menace T-shirt를 입고 회의장에 난 입하여 자신들의 입장을 주장하려고 했다.

스톤월 봉기에 대해 잊어서는 안 되는 것은 그 봉기에 중심적으로 관여했던 비교적 젊고 인종적으로도 소수자인 이성장자 가창들의 존재이다. 그들은 〈게이 해방 전선〉이나 〈게이 활동가 연합〉 내부에서도 주변적인 존재였다. 히스패닉계 이성장자인 실비아 리베라Sylvia Rae Rivera는 소녀시절부터 42번가에서 가창으로서 매춘을 하였고, 후에는 손님이 되어 다양한 게이바의 씬에 참가하였던 사람이었다. 그녀는 우연히 스톤월 봉기를 경험하였고, 처음으로 자신의 내면에서 울려퍼지는 외침을 알게 되었다고 한다. 이것이 계기가 되어, 특정 조직의 지도적 활동가로서 성장해 갔다. 그 사이, 그녀는 〈게이 활동가 연합〉 멤버가 되었고, 동시에 자신의 인종적 정체성에 대한 의식도 갖게 되어 〈블랙팬더당〉과 푸에르토리코계 급진적 공동체 운동인 〈영 로즈〉Young Lords 당의 실천행동에도 참가하여 스스로를 단련시켜 갔다. 결국, 그녀는 자신의 성적 정체성에 바탕을 둔 조직 〈스타〉Street Transvestites Action Revolutionaries, STAR, 이성장자 혁명적 행동조직를 결성하였다. 그녀의 가창 일을 같이 하던 홈리스 소년·소녀들의 생활기반이 된 공동체를 만들어, 이를 기초로 그들의 이권을 지키기 위해 활동하였다. 이 조직은 본질적으로 권력에 맞서 투쟁하기 위한 운동조직이라 할 수 있다. 그녀는 소년·소녀들을 위해 이스트빌리지의 이스트 2번가의 213동의 폐옥을 개축하여 스타하우스STAR House라는 이름을 붙여 주거 공동체 센터를 운영하였다. 이 조직은 '주거'를 겸해 '댄스 홀'과 '교육기관'이라는 종합적인 기능을 담당하려고 했다. 그들 존재를 십분 활용한 공동체적 실천이었다. 안타깝게도 이 활동은 그다지 오래 지속되지 않았다.[61] 그렇지만, 그녀가 보여준 발자취의 의미는 크다고 할 수 있다.

그녀의 운동은 42번가 성산업지대로부터 출발하여 서쪽으로는 허드슨 강

---

61. 실비아 리베라(Sylvia Rae Rivera)에 대해서는 http://www.zmag.org/Zmag/articles/april92 bronski.htm을 참조

변의 남쪽으로 내려오며, 크리스토퍼 스트리트를 지나 그곳에서 다시 동쪽으로 이스트빌리지까지, 그리고 미드타운에서 다운타운에 걸쳐 있는 공간적으로 보자면 갈고랑이 모양을 띤 녹색 운동이었다. 이 과정에서 그녀가 만들었던 '퀴어 스페이스'는 '정동의 급진주의'를 견지하였고, 이러한 특성 때문에 보다 정치화되었고 혁명적인 공동체 운동의 가능성을 지향했던 것이다. 이는 1980년대에 크게 발흥한 이스트빌리지의 각종 공동체운동이나 예술적 씬art scene의 선구적 역할을 하였다. 이것은 하나의 악명 높은 장소(42번가)로부터 또 다른 악명 높은 장소(이스트빌리지)로 '투쟁하는 정동'이 옮겨간 것이지만, 그때 '악명 높은 장소'는 '투쟁하는 정동의 장소'로 곧 '사랑과 혁명의 장소'로 전화된 것이다.

〈액트 업〉과 그 주변

개인적인 슬픔(grief)을 공적으로 드러내는 것의 첫 걸음은 추도의례에서 시작된다. 예전에 나는 장례식에서 이미 이 세상에 없는 사람을 소리를 사용하여 구체적으로 표현하는 방법을 좋아했다. 과거 5년간 몇몇 장례식에 참석하였지만, 마지막에 가 본 장례식에서 분노에 가까운 감정이 솟아오르는 것을 경험했다. 장례식의 중간 쯤, 문득 얼마 전 장례식에서 보았던 많은 사람들이 이번 장례식에도 참석하고 있다는 것을 깨달았던 것이다. 나를 화나게 했던 것은 이 추도회실의 바깥 세상에 대해서는 아무런 반향도 일으키지 못한다는 사실이었다. A방송국에서 흘러나오는 손을 깨끗이 씻는 것을 장려하는 선전이 사회전체에 대해 훨씬 더 커다란 영향력을 가지고 있었다. 나는 분노를 억누르지 못하고 절규할 듯한 심정이었기 때문에, 그 자리를 벗어나 버렸다 …… 문득 나는 이런 생각을 했다. 연인이나 친구, 그리고 그 밖의 사람들이 이러한 병으로 죽을 때마다 연인과 친구, 그리고 이웃들이 차에 시체를 쌓고서, 시속 100마일의 스피드로 워싱턴으로 달려가 백악관의 문을 부수고, 현관 앞에서 목이 째져라 소리를 지르고, 입구 계단에 사체를 던져 버린다면 어떨까 하고.
— 데이비드 워나로비츠[62]

　　〈액트 업〉은 현재도 활발히 활동하는 조직이다. 2004년 여름 거의 일주일 동안 진행된 반反공화당 대회에서도 몇몇 과감한 직접행동에서 다시 한 번 투

---

62. David Wajnarowicz의 텍스트는 http://www.actupny.org/diva/polfunsyn.html에서 취득.

쟁의지의 강도와 관록을 보여주었다.[63] 이 조직은 1987년 AIDS 위기 속에서 새로운 형태의 연대행동이 절실히 필요하다는 인식 속에서 급진적 게이와 레즈비언의 연합체로서 발족하였다. 정치, 사회, 경제, 의료, 예술, 도시공간, 개인적 신체·쾌락에 이르기까지, 폭 넓은 영역에 걸친 행동을 개발하고 조직하였다. 모든 방면에 걸쳐 전면적인 활동holistic activism을 벌인 것이다. 1980년대 후반부터 1990년대에 걸쳐 수많은 직접행동(사무소 점거, 증권거래소 난입·방해, 교통로의 봉쇄, AIDS에 관한 국제회의나 정부관계의 사무소에의 저항집회 등)과 거리극장, 비디오·영화기록, 시각적으로 응축된 공공장소에서의 선전활동, 남아프리카의 반反인종격리운동에서 배운 정치적 장례식이라는 강렬한 미적 승화는 지금도 그것을 경험했던 뉴욕인들의 기억에 선명하게 남아 있다. 내용적으로는 공민권운동, 베트남 반전운동, 여성해방, 게이·레즈비언 해방운동에서부터 시민적 불복종에 이르기까지 다양한 운동형식을 받아들이면서 그 후 운동에 대해 새로운 모델을 제시한 것이었다. 그렇다면, 이러한 '새로움'은 도대체 어디서 온 것일까?

　　이들은 세상 사람들의 동성애에 대한 공포심과 나날이 급증하는 에이즈 사망률에 대한 분노와 슬픔이라는 감정의 도가니로부터 형성된 집단이었다. 이 조직의 결합은 게이와 레즈비언을 중심으로 한 폭 넓은 퀴어들 사이의 우정, 동지애, 간호, 성적 사랑들로 맺어져 있었지만, 도시공간을 향해 보다 넓게는 홈리스, 약물중독자, 게토의 하층민들에게 연합을 시도하는 운동이기도 했다. 또한, 이 운동은 한결같이 '성'과 '죽음'이라고 하는 존재의 근원에 관계된 절박한 문제들로 뒷받침되었다. 바로 그렇기 때문에, 영어로 말하자면 '휘발성'volatile적 요소, '생 그 자체'처럼 '강렬하지만 덧없이 사라지는 일과성一過性적 존재'에 대한 특별한 감수성과 이에 대처하는 기술을 발전시켜갔다. 이들의 실

---

63. 코소 이와사부로(高祖岩三郎), 「거대 코끼리와 종기」(巨象と腫瘤), 『정황』(情況), 2004년 11월호.

천에는 기본적인 두 가지 분업 형태가 있었다. 첫째, 예술가, 문필가, 저널리스트 등 몇몇 유명한 게이 남성들이 맺은 미디어와의 관계성에 있다. 둘째, 활동 경험을 지닌 레즈비언 여성들이 직접행동과 집회를 조직화하는 것이었다. 이것은 서로 다른 젠더간의 연대이면서 계급간 연대를 뜻한다. 여기서 중시된 요소 중 하나는 에이즈 데모 그래픽Aids Demo Graphics, 디바 티브이 비디오Diva-TV Videos, 그랜 퍼리의 공공 예술 프로젝트Gran Fury Public Art Projects 등의 문화적 프로젝트였다. 참고로, 1990년대 퀴어의 도시공간에서 정치·사회적 존재성에 관한 문제는 이미 개인적인 고백Come Out 차원을 뛰어넘었고, AIDS 위기 속에서 일부러 AIDS와 관계된 모든 문제를 공적 공간으로 드러내어 인정과 허가를 얻어내려는 목적을 지녔다. 바로 그곳에서 광의적 의미의 "예술"이 중요한 역할을 수행하였다.[64] AIDS라는 공적 '인식과 기억'이 아니라, 그것에 대항하거나 비판하려는 '인식과 기억'의 생산에 대해 주안점을 두고 있었다. 특히, 비디오 도큐먼트에 대해서는 '운동하는 것', '촬영하는 것', '보는 것' 사이의 운동론적인 공유와 교환관계가 존재했다. 그렇지만, HIV 바이러스 발생이 최고조로 달한 시점에서, 과거 도큐먼트에 등장하던 동지들이 차례로 죽어가는 상황 속에서, 각각의 멤버들에게 기록의 기능과 효과는 시시각각 변해가고 있었다.

과거에 참가했던 멤버로부터 들었던 이야기로는, 매주 월요일마다 열렸던 회합은 그 자체로 공적 공간에서 저항행동으로 생각될 정도로 활기를 띠고 있었다고 한다. 이 회합에서는 다양한 존재, 이데올로기, 계급 사이에 격렬한 의

---

64. 그래픽 디자인에서 가장 멋진 질적 수준을 자랑했던 〈액트 업〉의 일련의 포스터나 그랜 퍼리(Gran Fury), 페릭스 곤잘레스 토레스 등 예술가들의 공공 공간에서의 작품들은 이 시기 뉴욕의 도시공간 형성과 별도로 생각하기는 어렵다. 특히, 1989년 당시 버스 차체나 벽면 등 뉴욕의 모든 곳에 붙여진 다양한 인종과 젠더의 젊은이들이 가능한 모든 형태의 조합으로 쌍을 이뤄 서로 키스하고 있는 그랜 퍼리의 사진과 포스터 작품은 당시 중대한 의의를 지니고 있었다. 이는 AIDS 감염에 대한 무원칙적인 두려움을 경계함과 동시에 공공적인 성행위 문화를 적극적으로 긍정하고, 도시 일상의 한 부분으로 하려고 했던 도전이었다.

견이 교환되었고, 애인을 구하기 위해 배회하는 장소였기도 했다. 이후 레즈비언들은 별도로 레즈비언들만의 교류장으로서 다이크 디너스^{dyke dinners}를 만들었다. 이 회합은 다양한 입장의 차이를 고스란히 간직하지만 현 시점에서는 연합한다는 관점에서 운동의 목적과 수단을 분리하지 않는 아나키스트 고유의 '예시적 정치'^{prefigurative politics}의 결합체가 되었다. 더 나아가, 성적 결합을 적극적으로 도입하는 푸리에^{Charles Fourier}적 이상공동체를 상기시킬 만한 결합체였다. 이 운동조직이 경험한 것에 대한 분석은 미래의 세계변혁 운동의 가능성을 탐구할 때 중요한 작업이 될 것이다. (물론, 이 책과 같은 졸고가 거기까지의 큰 임무를 맡기에는 너무나 버겁지만, 아주 작은 실마리나마 되었으면 한다.)

뉴욕에서 이 운동의 궤적을 대략적으로 묘사하자면 다음과 같다.

1987년 3월, 래리 크레머^{Larry Kramer}는 〈레즈비언 게이 공동체 서비스센터〉에서 다음과 같은 내용을 호소하였다. 정부가 AIDS 문제에 개입하도록 촉진하는 것이 무엇보다 긴급히 요구되며, 공민권운동 형태의 비폭력적 직접행동이나 시민적 불복종을 조직하는 운동조직이 필요하다. 이것을 계기로 운동조직이 발족하였다. (앞서 살펴봤듯이, 폴라도 처음에는 여기에 참가했었다). 같은 해 3월 27일, 월스트리트에 처음 집회를 감행하여, 제약회사의 이익우선주의에 대한 저항을 펼쳤다. 이러한 운동은 빠르게 확산되었고, 1988년에는 이미 국제화되었다. 1988년, 성 패트릭 교회의 오코너^{Cormac M. O'Connor} 추기경은 임신중절을 실시하는 의료기관을 폐쇄해야 한다고 주장했다. 그는 일찍이 안전한 성행위에 관한 교육을 비판했었고, 병적 집착에 가까울 정도로 동성애에 대한 공포심을 신자들에게 유포해 왔었다. 이에 대해, 12월 5일(일요일) 〈웸!〉과 〈액트 업〉이 공동 행동으로서 '교회를 멈춰라'^{Stop the Church}를 조직했다. 5,000명의 활동가가 성 패트릭 교회에 대한 집회를 감행하여, 일요일 미사를 저지하였다. 또한, 1990년에는 중독자의 탈범죄화를 목적으로 약물중독자용 주사침

교환 프로그램을 발족시켰다. 같은 해 〈성적 소수자의 국가〉가 발족하여, 퀴어의 정체성을 정치적 문제로 생각했던 조직으로서 동성애에 대한 집단적 괴롭힘에 대해 적극적으로 투쟁하고 차별에 대한 항의행동을 활발히 벌였다. 이러한 과정에서 1992년에는 레즈비언 그룹 〈레즈비언 어벤져〉the Lesbian Avenger가 창설되었다. 또한, 〈액트 업〉 내부에서는 1990년 치료와 의료연구를 중심으로 한 〈HIV 치료 행동그룹〉Treatment Action Group, TAG이 발족되었다. 이 조직은 이후 분열·독립했지만, 직접행동의 형태를 버리고, 대학 연구기관에 속해 정부기관에 개입하여 제약회사와 공동작업을 시도하는 등 치료활동에 초점을 맞추었다.

1980년대 후반부터 1990년대 전반까지 AIDS의 영향으로 뉴욕에서는 거의 모든 병원이 만원상태였다.[65] 소수자인 게이나 약물중독자, 트랜스젠더 중에서 HIV 바이러스에 감염된 사람들은 병만이 아니라 직장과 가족을 잃고 홈리스가 된 경우가 많으며, 의료기관과 사회로부터 버림받고 있었다. 당시 뉴욕시의 AIDS 대응조직은 무능하였고 제대로 기능하지 못했다. 이에 대해, 〈액트 업〉은 주택위원회를 설치하였다. 그리고 1990년에는 주택위원회의 활동을 확산시키기 위해 병원에서 사회복지활동의 경험이 있는 사람을 중심으로 〈하우징 워크스〉(에이즈와 홈리스 지원조직)Housing Works를 발족시켰다. 이 조직은 성인의 재취업훈련, 사회투자개발 프로그램, 1차 진료클리닉의 역할까지 갖추었다. 이 그룹의 핵심은 인종적 소수자(흑인, 히스패닉)의 활동가들이었지만, 그중에서도 홈리스 혹은 과거에 홈리스였던 사람 중 직접행동을 마다하지 않는 사람들을 중심으로 〈직접 행동 지원〉Aids Into Direct Action, AIDA 그룹을 조직하여, 사회봉사와 사회운동을 양면에서 실천해 갔다. 또한, 대부분 불치상태에

---

65. 내 개인적인 기억으로 보자면, 당시 긴급병동의 대합실은 중병을 앓는 홈리스들로 넘쳐났고 지옥상태를 연상케 했다. 소년 시절 일본에서 정열적으로 읽던 시라토 산페이(白土三平, 1932~)의 만화에 나오는 음산한 마을의 정경마저 상기시켰다.

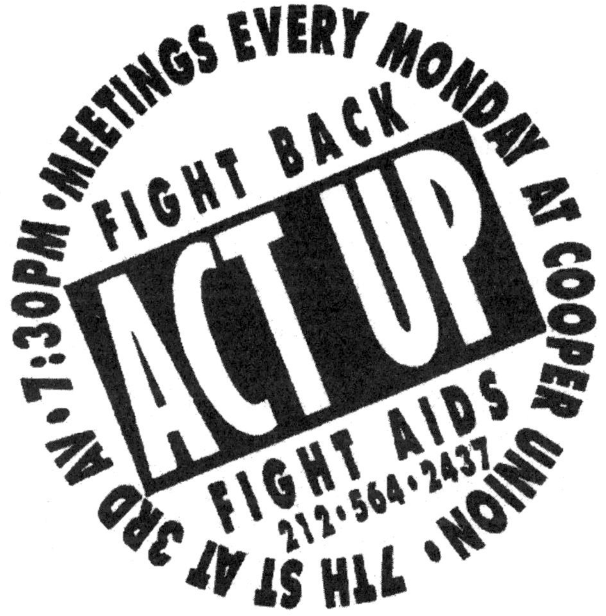

그림16 ACT UP의 월요 모임을 위한 호소

빠져 죽어가는 사람들의 이야기를 들으면서 가능한 한 환자들의 요구를 들어주고 좋은 죽음의 방식을 제공하기 위해 분투하였다. 그리고 그들의 이권을 지키기 위해 거리에서 격렬한 항의운동을 추진해 갔다.[66]

1992년 10월, 워싱턴에서 AIDS로 죽은 고인들을 추도하기 위한 메모리얼 퀼트Memorial Quilt [67] 전시회가 열렸을 때, 〈액트 업〉은 '화장火葬 행동'Ashes Action

---

66. 하우징 워크스에 대해서는 http://www.housingworks.org/HIV-intro.html을 참조.

67. [옮긴이] 메모리얼 퀼트 : AIDS 메모리얼 퀼트는 AIDS로 죽은 사람들을 기념하기 위한 행사로서 지금도 퀼트 모집과 기금모금을 동시에 진행하고 있다. 에이즈로 죽은 친구나 가족을 기념하여 여러 가지 디자인(주로 사각형)을 사용해 퀼트를 만들어서 본부에 보내면, 다시 이렇게 모인 조각들을 여러 개 더 퀼트로 만들어서 대형 퀼트를 만든다. 디자인은 여러 방식으로 해도 되지만 뒷부분은 헝겊으로 만들어야 하며, 예전에 전시된 퀼트는 이러한 '깃발 같은 것으로 바닥에 널어서 전시한다. 참

으로 이름 지어진 최초의 '정치적 장례식'을 감행하였다. 8천 명이나 되는 사람들이 참가했다. 그들은 경찰의 감시선을 뚫고, 죽은 친구나 가족의 재를 백악관의 잔디에 던졌다. 그 후, 이런 형태의 항의운동이 몇 번씩 반복되었다. 1994년 줄리아니 뉴욕시장은 시의 '쓰레기들'squeegee men을 청소할 것을 선언했다. 우리들이 말하던 '세계민중의 도시 뉴욕'에 대한 노골적인 선전포고였다! 실제로 홈리스들의 주거지를 무자비하게 치워 버렸고, 서서 오줌 싸는 사람(즉, 예전 홈리스였던 사람)과 마리화나 흡연자들, 이민자 중 야외에서 음식물을 판매하는 사람들 등등 줄리아니 시장 자신의 잣대로 보기에 '쓰레기들'인 이들에 대한 단속과 탄압을 강화해 갔다. 동시에 몇몇 공립병원을 개인에게 매각하여 뉴욕시 AIDS 대책과의 업무를 큰 폭으로 삭감해 갔다. 그는 놀라울 정도로 철저하게 '젠트리피케이션'을 실행해 갔다. 1995년 4월 25일, 이에 대응하여 민중들이 줄리아니 시정부에 대해 연합하여 항의행동을 일으켰다. 아침 통근시간에 수백 명의 홈리스 활동가들이 브룩클린 다리로 행진하여, 맨하튼 근교의 다리를 봉쇄하였다. 같은 시간 맨하튼 다리에서는 경찰폭력에 반대하는 활동가들이 다리를 봉쇄했다. 또, 퀸즈의 미드타운 터널도 〈액트 업〉의 지시에 따라 봉쇄되었다. 이것도 역시 뉴욕 민중사에서 기록에 남을 만한 사건이었다. 1997년, 줄리아니는 자신의 시정을 가장 강하게 비판한 것에 대한 앙갚음으로 〈하우징 워크스〉Housing Works에 대한 시의 원조금을 모두 종료시키도록 명령하였다. 이에 대해 〈하우징 워크스〉는 뉴욕시를 상대로 그 부당함에 대해 법정투쟁을 벌였다. 결국, 2005년 5월 27일 블룸버그 시정부는 실질적으로 줄리아니의 악행을 인정하고, 조정안에 따라 500만 달러를 〈하우징 워크스〉에게 지불하도록 지시하였다.

그 동안에도 아주 놀라운 기세로 AIDS는 세계적인 문제가 되어 갔다. 〈액

고로 미국인들은 누군가가 사망했을 때 퀼트를 제작하여 기념하는 관습이 넓게 퍼져있다.

트 업〉 중에도 예전부터 빈곤계급의 여성문제와 소수자의 여성문제에 관여해 왔던 사람들이 세계적으로 확산되는 AIDS를 방지하기 위한 운동을 추진해 갔다. 빈곤국, 발전도상국에서 AIDS의 폭발적인 확산은 새로운 차원의 과제를 불러 일으켰다. 빈곤국의 채무를 소멸시키고, 국제적인 AIDS 기금을 설립하여, 무엇보다 현지에서 AIDS의 특효약을 생산할 수 있는 허가를 취득하도록 하는 과제가 주어졌다. 이것은 미국의 독점자본에 대한 투쟁이었다. 2001년 뉴욕에서 개최된 유엔 전지구적 AIDS대회에서 〈뉴욕 액트 업〉New York ACT UP과 〈필라델피아 액트 업〉Philadelphia ACT UP이 합동으로 결성한 〈전지구적 건강권 프로젝트〉Health GAP(Global Access Project)는 상기의 문제에 관하여 몇 가지 제안을 하였다. 그리고 오늘날 AIDS 문제의 근원인 '도시에서의 개인의 신체와 성의 자주관리를 둘러싼 투쟁'은 전지구적 정의 운동의 일부가 되었다.

〈액트 업〉이 전면적인 운동이며 새로운 운동이 된 이유는 아마도 이전에는 누구도 예상하지 못했던 요소들간을 합체시켰기 때문일 것이다. 더글러스 크림프는 앞서 열거했던 그의 저작 안에 있는 「애도와 투쟁성」Mourning and Militancy이라는 강연과 논문에서, AIDS 운동을 지탱하고 있는 '애도'mourning와 '투쟁성'Militancy이라는 두 가지 서로 상반되는 요소들에 대해 언급하고 있다. 통상, 이 두 가지 영역은 '물과 기름'처럼 보인다. '심리적 영역'과 '정치적 영역', 혹은 '개인적 심정·치료'의 문제와 '공적 운동'의 문제로서 서로 따로 떨어져 있고, 결국 어느 한 쪽을 취하면 다른 한 쪽을 버리는 관계가 된다. 그리고 이 둘을 단지 '슬퍼하지 말라, 조직하라!'라는 슬로건으로 엮어내는 경우가 보통이었다. 어떤 의미에서 크림프는 이러한 모순과 대립을 반전시켜, 〈액트 업〉에서 전투성을 '정동적인affective 반응'으로 간주하고, 위로할 수 없는 심적 고통을 **어떻게든 억제하기 위한** 방법으로 해석한다.

이러한 '애도'와 '전투성'의 특수한 결합을 고찰하기 위한 유효한 실마리는 프로이드적 정신분석에 쓰이는 두 가지 대립적인 개념일 것이다. 첫 번째는 철저한 '조작'영어: Working-through, 독일어: Durcharbeitung, 불어: perlaboration이다. 이는 정신분석에 의해 주체가 스스로 마음속의 억압된 요인을 인지하고 그 반복적인 메카니즘으로부터 스스로를 해방시키는 마음의 움직임을 의미한다. 이렇게 함으로써 치유로 이어지는 하나의 방법이 된다. 이에 비해, '행동화'영어: Acting out, 독일어: Agieren, 불어: mise en acte는 무의식적 희망이나 공상을 지닌 주체가 (희망이나 공상이) 발생하는 원인과 그 반복적인 성질에 대한 이해를 거절하면서, 마침 지금 현재에 발생하고 있는 현장감을 통해 희망이나 공상을 되살리려는 상태이다. 이것은 치유로 다다르지 못하고, 병리의 반복적 표현이 된다. 전자는 트라우마의 해소라는 좋은 반응이 되며, 후자는 그 반복적 상연으로써 나쁜 반응으로 여겨진다. 이에 대해 레즈비언 이론가인 앤 츠베트코비치Ann Cvetkovich에 의하면, AIDS 위기 중 운동하는 〈액트 업〉에서는 더 이상 이러한 분류가 기능하지 않는다고 한다. 왜냐하면, '행동화'Acting Out로서 〈액트 업〉이 치마타에서 벌였던 행동은 개별의 내면에서는 결코 해소할 수 없는 트라우마를 공적 공간에서 상연하는 것이 되며, 이것이 트라우마에 대한 정치적인 대응이었다고 한다.[68] 바로 이것이 크림프가 말한 의미의 '비탄'(애도)과 '전투성'의 보기 드문 합성·결합이 된다. 운동조직으로서 〈액트 업〉이 지닌 힘은 '해소되지 않는 트라우마', '불완전 연소의 비탄' 속에 꿈틀 거리고 있다. 과거에 대해 계속 고집하는 것, 죽은 자와 함께 존재하는 것이 이 운동의 힘의 원동력이 되고 있는 것이다.

AIDS로 죽은 게이 남성의 장례식에서, 대개 가족들은 죽은 아들이나 형제의 성적 경향을 숨겼었다. 바로 이때, 연인이나 친구들은 여러 가지 의미에서 굴욕적인 경험을 했다.[69] 이에 대한 극단적인 반응으로서 앞서 소개했던 데이

---

68. Ann Cvetkovich, *An Archive of Feeling*, Durham, London: Duke University Press, 2003, p.164.

69. 예를 들어 내가 근무하고 있던 화랑의 어떤 동료는 오랫동안 함께 살아왔던 연인이 AIDS에 걸려 병

비드 워너로비츠의 몽상, 즉 백악관으로 향하는 '장례식 공격'이 나타난 것이다. 〈액트 업〉이 실천한 정치적 장례식이란 죽은 '예술가이자 동지'들의 꿈을 실현시키기 위한 행동이었다. 크림프가 고찰한 것처럼, 이는 통상 서로 동떨어진 '비탄'(애도)과 '전투성'의 영역을 헤집고 들어가 흐트러뜨린 다음, '정동'과 '정치운동'을 합금시켜내는 행위였다. 이를 실제로 본 사람들에게 이러한 '정동적 투쟁'의 충격은 너무나 커다란 것이었다. 이 행동은 상실감을 공통적 문화로 하여 그 감정을 공적 공간에 분출시킴으로써 정동적 투쟁의 불가시성不可視性과 정동적 투쟁에 대한 무시에 맞선 것이었다. 또한, 이것은 도시공간의 문맥에서 보자면, 하나의 '새로운 생산'이었다. 이것은 '퀴어 스페이스'의 극단적인 형태라고도 말할 수 있는 '친밀한 공적 공간'intimate public space의 가장 정치화된 표현이 되었다.

크림프의 강연과 논문이 급진적인 이유는 '애도' 대상의 범주 속에 이미 게이들이 충분히 즐길 수 없게 된 삶의 성적 접촉과 그 문화를 명확히 집어넣은 것에 있다. 그는 AIDS 위기 이후, 성행위를 경험하기 시작한 젊은 세대의 활동가들이 한 번쯤은 '정액'cum을 맛보고 싶었지만, 이미 그것은 불가능하기 때문에 '슬퍼하고' 있는 것을 듣게 되면서 다시금 이러한 상실감의 크기를 인식하게 된 것이다. 그는 게이들이 연인이나 친구들의 죽음, 그리고 자신에게 돌아올 죽음의 가능성과 마찬가지로 '불안한 성교'의 사멸을 탄식하고 있다고 인지했다. 1990년대 중반, AIDS 위기의 두 번째 파장 속에서 아이러니하게도 줄리아니의 젠트리피케이션에 '너무도 멋진 구실'을 제공해버린 '퀴어 스페이스=HIV 감염의 전당'이라는 환영幻影과 이를 부정하지 못하고 기세가 꺾인 동지

이 악화될 때에도, 그동안 떨어져서 살아왔던 친족들보다 훨씬 열심히 간병하여 그가 죽는 마지막 순간을 함께하였다. 그렇지만 죽은 사람이 게이였다는 것을 인정하지 않았던 친족들은 연인으로서 그의 존재조차 정당하게 수용하지 않았고, 장례식에서는 단순한 친구로 간주했다. 그 후 죽은 연인과 함께 구입하여 같이 살아왔던 아파트의 상속권을 둘러싸고 심한 투쟁을 벌이게 되었다.

들을 비판하기 위해 크림프는 진을 치고 있었다. 그는 모든 규제와 관리를 배제한 상태에서 성행위의 현장에서 개개인의 책임과 윤리, 아나키스트적인 윤리, 문화로서의 퀴어 스페이스의 유지와 안정적 성행위safe sex의 실천에 모든 희망을 걸었다. 바로 여기서 요청되는 것은 이미 '윤리화'(아나키화)되어 '정치 행위화'된 '퀴어들의 성행위'였다.

본성적으로 비극적인 이 운동은 우리들에게 커다란 교훈을 주었다. 일찍이 신좌파들의 '정치·사회운동'처럼, 개별 인간의 삶을 미래의 이상사회를 성취한다는 명목 하에 관리·통제하려고 했던 자세로부터 180도 바뀌게 만들었다. 이것은 '죽어 가는 사람들'을 위한 운동이었으며, 우리들 모두가 죽어가는 존재이며, 그곳으로부터 출발하는 것이 '가능하며, 또한 필요하다'는 것을 가르쳐 주었다. 이는 늦든 빠르든 죽어가는 우리들의 '상처받기 쉬운' 그러나 '활력이 넘치는' 존재성을 긍정하는 것으로부터 출발한다는 것을 가르쳐 주었다. AIDS에 관계된 운동만큼 확연하게 '인간의 욕망'에 대한 '통제 불가능성'을 드러낸 것은 달리 찾아볼 수 없을 것이다. 이는 불안전한 성행위, 약물사용, 과잉 성행위, 퀴어들간의 '위험과 위기'를 정치적으로 조직하기 위한 새로운 운동의 실천으로 이어졌다. 이 새로운 운동은 AIDS라는 극한적인 마이너스 기호를 매개로 하여, 이민국, 형무소, 국내외의 건강관리 시스템 등등 제반 문제에 대응하기 위해 '성문제'를 인종과 계급, 국민국가 등으로 관통시키려는 정치 전략을 견지했다. 어떤 의미에서 〈액트 업〉이 늘 유토피아적인 요소를 보이고 있는 것은 욕망이라는 예측 불가능한 특성에 대해 '공명정대함'justice으로 관여하려는 정치적 생활을 부분적으로나마 실천했기 때문은 아닐까.

증여의 액티비티즘

〈액트 업〉에서 활동하면서 생각하기 시작했던 것은 어쩔 수 없이 사람이 죽어간 다는 것은 하나의 호기oppoutunity이지 않을까하는 것이었다. 보통이라면 다양한 장애나 방어벽이 있고, 그들을 지원할 만한 특별한 기술이 없기 때문에, 결코 쉽게 근접할 수 없는 사람들과 가까워질 수 있는 호기였던 것이다. 죽음으로의 직행, 죽음과의 투쟁, 죽음을 저지하기 위한 고된 투쟁은 친밀하면서도 작은 세계에서만 가능하며, 통상 생각되는 세계에서는 결코 있을 수 없는 형태로 사람들이 근접하게 되고, 많은 것을 공유하며, 대화를 하고, 친근하게 지낼 수 있는 호기였던 것이다.[70]

'투쟁하는 정동'의 장을 정리하면서, 반드시 언급하지 않으면 안 되는 것으로 〈액트 업〉 등의 급진적 AIDS 운동에서 레즈비언들이 갖는 특수한 위치에 대한 것이다. 〈액트 업〉에서는 레즈비언들이 게이 남성에 비해 수적으로는 소수파였지만, 주도적인 위치를 점하고 있었다. 앞서 살펴봤듯이, 이 운동은 그녀들의 과거 정치운동에서의 경험과 조직력에 의존하고 있었다. 1987년 최초의 월스트리트 집회에서 이 행동의 조직자였던 에미 바우어Emmy Bauer도, 비디오 기록 책임자였던 진 카를로마스트Jean Carlomusto도 모두 경험과 조직력이 풍부했다. 성 패트릭 교회로의 항의행동은 카톨릭주의가 '성' 자체의 적이며, 여성의 신체적 쾌감에 대한 적敵이라는 것을 충분히 경험해 왔던 푸에르토리코계 레즈비언이 주도한 행동이었다. 직접행동의 정동적 필요성 혹은 '행동화'Acting Out 방법은 분명히 레즈비언 여성으로부터 기원했다. 이에 덧붙여 무엇과도 바꿀 수가 없는 것은 그녀들의 '간호의 실천'이었다.

---

70. Ann Gvetkovich, 앞의 책, p. 209에 인용된 작자의 인터뷰에서 나오는 하이디 도로라는 활동가의 발언.

앤 츠베트코비치는 『내부자 민족학』*Insider ethnography*에서, 죽어가던 AIDS 환자들을 간호했던 레즈비언 활동가들의 목소리들을 수록하고 있다.[71] 통상적인 글쓰기écriture에서는 거의 표현하기 힘든 미묘한 감정의 묘미가 다층적으로 존재하고 있다. 우선, 누구라도 예상할 수 있듯, 간호 노동은 믿기 어려울 만큼 고행이다. 또한, 그것에 대한 보상은 **통상적인 의미에서** 보자면 아주 보잘 것 없다. 또한, 환자와 간호사들의 관계는 가족관계나 연인관계와는 달랐다. 독자적인 퀴어적 에로티즘을 지닌 개인과 개인의 밀접한 관계성이 발전한 것이다. AIDS를 두려워한 사람들이 신체 안전을 위해 생활상의 다양한 기술적 세부사항을 고려하지 않으면 안 되는 것처럼, 이 **투쟁의 동맹자들** 또한 대략적인 정치 개념과 관계된 실천을 대신하여, 구매, 식사, 용변문제 등 실용적인 문제에 대해 고민해 가지 않으면 안 되었다. 간호란 가사노동, 즉 가정적이며 모성적인 '정동노동'이자, 그것도 타자가 타자에게 행하는 행위였던 것이다. 물론, 때로는 너무나도 어려운 요구를 하는 환자에게 노골적으로 반응하는 부치(레즈비언 남자역)butch의 엄격함과 거리감, 그리고 화나고 짜증남crankiness을 드러냈다가도, 다른 순간에는 간호의 근접성으로부터 오는 에로티즘, 신체적 부드러움이 그녀들을 감싸고 있다. 전통적으로 여성이라는 젠더에게 할당된 활동을 부치가 기분과 감정을 드러내지 않고 행했던 것이다. 앤 츠베트코비치에 따르면, 이러한 간호 운동에서는 레즈비언적 사랑의 남자역 부치와 여자역femme lover이라는 두 요소가 동시에 관찰된다고 한다. 간호사는 타인의 필요성에 종속된다는 의미에서, 우선 봉사하는 남자역butch과 비슷하다. 그러나 신체를 포옹할 때에는 타자에게 접촉되는 것을 적극적으로 허용하고 이를 즐기는 '여자역과 비슷하다.[72]

---

71. Ann Gvetkovich, 같은 책,
72. Ann Gvetkovich, 같은 책, p.224.

간호사는 타자의 고통을 목격하는 사람witness이며, 동시에 이를 물질적이며 감응적으로 경험하고 있다 …… .

이러한 여성은 확실히 자양적nurturing이지만, 모친적인 것은 아니다. 그 이유는 그녀들이 환자의 가족이 아니기 때문만이 아니라, 그녀들이 간호의 친밀함을 표현하는 별다른 모델을 지니고 있기 때문이다. 그중에서 가장 두드러진 것은 간호에 성적인 친밀함을 제공하려는 퀴어적 우정과 유대이다. 퀴어들이 성교를 할 때마다 신체를 재구성하는 방식처럼, 간호는 신체들 간의 관계들을 변모시킨다.[73]

일찍이 예를 찾기 힘든 '정동의 증여'가 〈액트 업〉과 AIDS와 관계된 급진적 운동의 근간을 지탱하고 있었다. 놀랍지 않은가! 물론, 이는 레즈비언만이 아니라, 실제로 게이 남성들에게도 미묘하게 다른 형태로 발생하고 있었다. 레즈비언 간호사였던 레베카 브라운Rebecca Brown은 자기의 간병 기록을 바탕으로 소설을 썼다. 이름하여 『신체가 준 선물』*The Gifts of the Body*[74]이다. 이 작품에서 그녀는 몇 명의 환자와의 접촉을 묘사하고 있다. 모든 경우 그녀는 자신이 간호를 선물하는 것만이 아니라, 간호를 받는 사람들로부터 서로 다른 '무엇인가'를 받았다고 말한다. 그러나 그것은 그녀가 행한 간호에 대한 보상이라는 의미가 아니다. 그녀의 간호와 마찬가지로 환자들이 의도하지 않고 주었던 '무엇인가'는 교환이 아니라 각기 별도의 순수한 증여였던 것이다. 이 책에서는 '교환없는 교환' 혹은 '계속 어긋나는 교환'의 감동적인 기록이 있다. 단적으로 말해 분노, 원한, 질투를 포함한 다양한 정서적 피로의 한계burnout 속에서 발견하는 환자들로부터의 선물이란 다종다양한 '정동'affect이다. 이 다종다양성은 '신체'the body라고 밖에 부를 수 없는 '(집합적) 신체'로부터 오는 증여이

---

73. Ann Gvetkovich, 같은 책, p.226.
74. Rebecca Brown, *The Gifts of the Body*, Magazine House, 2001.

다. 이는 성기를 통한 성교보다도 더 광범위한 영역에 걸친 신체적 교감이며, 가족, 애인, 친구보다도 어떤 의미에서는 보다 더 친밀한 간호 속에서만 발생하는 에로티즘이다.

이 증여의 모든 우화들 속에는 역시 중대한 교훈이 포함되어 있다. 우선, 환자도 간호사도 모두, 그리고 우리들 모두가 결국 타자에 의존해서 밖에 살수 없다는 것이다. 그러나 이것이 반드시 특정 타자에 대한 종속과 피지배를 의미하는 것이 아니다. 왜냐하면, 앞서 간호 운동에서 가족이나 자본주의적 교환과는 달리, '내'가 특정 타자로부터 받은 것은 '내'가 타인에게 준 것과는 등가적 교환을 할 수 없는 전혀 다른 것이기 때문이다. 이 경우, '보답' 그리고 '교환'이라고 한다면, 그것은 최악의 표현일 것이다. '나'는 자신이 예전에 받은 A에 대해 그것을 준 타자에게 돌려주는 것이 아니라, 어딘가 다른 타자에게 주는 것이다. 그때야말로 위와 같은 공산주의적인 에로스와 정동의 증여가 가능해질 것이다. 이렇듯, 증여는 원래 주인에게 돌려주는 것이 아니라, 타자를 향해 비정형적인 연쇄 상태로 퍼져가는 것, 그것이야말로 풍부한 세계를 구성한다. '개방적 교환'인 것이다. 본래 이 세상 누구도 '어머니'로부터, '대지'로부터 받은 증여를 '보답'하기란 불가능하다. 가족이나 국가를 만드는 것은 '보답'처럼 보이지만, 결코 그렇지 못하다. 이는 결코 고정화, 규칙화, 영속시킬 수 없는 '개방적 교환'을 각각 상이한 차원에서 포획·통제하려고 하는 무리한 행위인 것이다. 이것이야말로 '성'과 '죽음'으로부터 출발하는 운동이 주는 최대의 교훈이다.

3부

흑(아나키즘)과 적(볼셰비키즘), 그리고

5장 혁명운동의 밀월

6장 도시화와 변혁운동의 공생

7장 아나키, 자율, 예술 — 현대 뉴욕 액티비즘의 양상

5장

혁명운동의 밀월

확실히 군집과 계급의 사이에는 힘과 폭력의 관계가 존재한다. 그러나 같은 투쟁이라고 해도 전혀 이질적인 두 개의 모습으로 나타나며, 승리도 패배도 결코 같은 것이 될 수 없다. 군집의 운동은 가속화되어 눈부시게 변화한다. 혹은 장기간에 걸쳐 짙은 그림자를 드리우며 오랫동안 정체되어 있어도 계급에서 계급으로 옮겨가며 도약하여 급격한 변화를 거쳐 새로운 양자(量子)를 발산하거나 방출한다. 이윽고, 이 양자가 계급간의 관계를 수정하면서, 코드를 뛰어 넘으려고 하거나 영토를 재규정하려는 시도에 대해 의문시하며, 전혀 다른 별도의 장소에서 새로운 도주선을 긋는다. 이로써 계급의 재생산에는 언제나 가변적인 군집의 지도(地圖)가 재빠르게 통과해 간다.

— 들뢰즈 · 가따리[1]

들어가며 : 주의주장(Ism)과 도시적 사건(Urban Event)

'흑Black과 적Red, 그리고 ……'라고 시작했지만, 여기서는 뉴욕의 좌파사상사를 들추어, 어떤 우열을 따지려고 하는 것은 아니다. 확실히, '제1인터내셔널' 혹은 ⟨국제 노동자 협회⟩International Workingmen's Association에서 맑스주의와

---

1. 질 들뢰즈 · 펠릭스 가따리, 『천 개의 고원』, 우노 쿠니이치(宇野邦一), 東京 · 河出書房新社, 1994, pp. 254~255.

바쿠닌주의 간의 대립과 그 귀결이 갖는 역사적 영향을 생각해 보면, 현실의 운동 문맥에서 그들이 격심하게 대립해 왔던 것은 명확하다. 개인적으로 오늘날의 정세를 판단해 보면, 아무리 생각해도 '적'보다는 '흑'에 손을 들게 된다. 그렇다고 해도, 이것이 '적'의 역사적 공헌을 과소평가해도 좋다는 의미는 아니다. 향후에 보다 상세하게 다뤄 보겠지만, 흑은 조직화와 행동윤리에서 오늘날 적보다 실제적actual이었다. 또한, 실제 운동에서 점점 더 흑Black이 운동량을 증가시키고 있는 것에 비해, 두 세 개 정도의 경향을 제외하고 적Red은 대학의 연구실에서 조용히 연기만 피우는 듯한 느낌을 부정하기 어렵다. 그렇지만, 사회구조분석과 권력비판의 철저성에 있어서는 항상 적이 흑보다 뛰어났다. 오히려 오늘날에는 흑과 적의 사상적 원리의 대립보다도 **언외적인(비담론적) 공투관계**에 비중을 두고, 서로 접근해 가는 것이 보다 생산적일 것이라고 생각된다. 우리들은 어디까지나 이러한 양자의 유산 위에서 살아왔던 것이다.[2]

따라서 본 장의 목적은 뉴욕의 '아나키즘'과 '맑스주의'라고 하는 양대 **사상사적 관계**를 분석하는 것이 아니다. 오히려 그것의 징후를 배후로 하여 발생한 모든 집단의 뉴욕에서의 존재양태, 그것의 승리와 패배, 혹은 어떤 경우에는 사상적 통일체로서 뜻하지 않은 일탈, 혹은 해체의 모습을 살피고 분류하기 위한 것이다. 즉, 여기서 나는 어디까지나 도시적 사건들로서 이러한 운동들에 접근해 가고 싶다. 거리의 공간에 대해 주안점을 두고 살펴본다면, 의외로 아직도 아카데믹한 담론에는 다음과 같은 것이 상정되어 있다. 즉, 우선 사상이 있고, 운동이 있으며, 그것이 민중을 조직하고 있다는 식이다. 그러나 현실은 오히려 우선 민중의 떼적 신체mass corporeality가 좋든 싫든 상관없이 하나의 추세를 만들고 있으며, 그 선상에서 조직가가 나타나 바로 그곳에 지식인에 의한

---

2. 이 관계에 대해서는 「아나키 혹은 그 실천윤리의 파장역」, 『현대사상』 아나키즘 특집, 2004년 5월호, 세이도샤(青土社); 「새로운 아나키즘의 정치」, 데이비드 그레이버, 청취자─코소 이와사부로, 『VOL』, 창간호(創刊号), 이분샤(以文社), 2006년을 참조.

이론적 개입이 발생하고, 이를 분석·총괄하여 '당파운동'을 형성해 가다가 반드시 어딘가의 지점에서 무너지고, 분파가 생기며, 소멸하고, 또한 별도의 조직화가 시도된다.

여기서 이론과 실천의 변증법적 발전은 형성될 수 없다. 그렇다고 내가 말하려고 하는 것이 이론과 실천을 명확히 분리해서 후자의 전자에 대한 선행성을 강조하려는 것도 아니다. 사상과 이론의 구축도 그 자체로 멋진 실천의 일부이다. 그러나 거꾸로 체계화된 사상과는 명확히 구분되는 별도의 '운동의 패러다임'이라는 것이 **확실히 존재하며, 경우에 따라 보다 풍부하게 존재**하고 있다. 덧붙여서 말하자면, 구전되고 있는 혁명과 봉기의 역사, 혹은 '혁명의 전승'이라는 것이 존재한다. 이러한 '도시전설'에도 경의를 표하지만, 여기서는 다만 뉴욕 민중 혹은 '세계민중'으로서 미국의 선주민, 노예, 이민노동자들의 경험을 가장 우선적인 기반으로 생각하려고 한다.

우선, '떼적 신체'mass-corporeality와 그것의 **거대한 운동**이 있다. 그렇지만, 이것은 전통적 '조직화'에 대한 반대급부적인 '자연발생성'spontaneity이라는 개념으로 전해져 온 우발성contingency으로 인해 추동된 것은 아니다. 오히려, '세계민중'에게는 생활하는 것이 곧 즉자적인 조직화이며, 투쟁이며, 문화의 생산이었고, 이런 의미에서 '떼'(무리)mure; pack라는 단위는 '미시적 조직화'를 통해 복잡하게 얽히고설킨 착종체로 간주해야 할 것이다. 그리고 이것은 엄밀하게 보면 '자연발생적'이지 않다. 그리고 이것이 '군중'이 되기 위한 과정에서, **먼저 떼를 이룬 다음에** 비로소 떼를 정리하는 역할로서의 '초기의 노동결사'가 탄생했다. 게다가 19세기 전반에는 이민과 함께 유럽에서 전파된 '사회주의'가 '결사'를 '노동운동'으로 재구성했던 것이다. 동시에 '아나키즘'이 아주 실천적인 차원에서 현실 도시공간에서 투쟁의 다양한 전술적인 언어를 발명하고 있었다. 이것은 각지에서 풍부한 민중문화와 공동체를 구축했다. 그러나 1914년 제1차 세계대전의 발발과 1917년 러시아혁명, 1919년 2명의 대활동가인 엠마 골드

만과 알렉산더 버크만의 국외추방으로 대표되는 반체제주의자에 대한 탄압
등 일련의 사건을 계기로 ‘아나키스트적 추세’는 점차 쇠퇴해 간다. 이것을 전
후로 ‘미시적 조직화’를 **일제히** 법칙화(방법론화)하여, ‘거시적 조직화’를 지향
하면서, 역사의 운행을 통제하려고 했던 인류사상 가장 야심적인 실험으로서
의 맑스주의가 세계통일 조직으로서 각국을 영도하는 시대가 도래한다. 이것
은 세계 대공황 후 도시에서 커다란 영향력을 획득해 갔다. 그 후, ‘대중전선’의
구축을 통해 급진적인 핵심을 어떻게든 유지하려고 노력하면서도 힘이 확산
되는 것을 경험하였고, 동시에 혁명의 본가인 소비에트의 제반 문제의 영향 속
에 분파활동이 시작되었다. 또한, 뉴딜정책 하에서 국가에 의해 핵심을 흡수당
하여, 제2차 세계대전과 빨갱이 색출(마녀 사냥) 등 권력으로부터 집중적인 공
격을 받고 약체화되어 갔다. 그 후, 잠시나마 흩어져 있던 신좌파의 시대가 도
래했지만, 흑도 적도 사상적 독립성을 유지하고 있었던 예전 황금시대의 상태
는 아니었다. 상처투성이가 되어, 새로운 ‘도시화’ ― 앙리 르페브르가 말하듯 ― 라
는 상황에서 새로운 과제들에 대면하면서 재구축을 시도하게 된 것이다.

　본 장은 사상사를 목적으로 하고 있지 않다. 마침, 이에 아주 걸맞은 편리
한 상황으로서 뉴욕은 대사상가의 도시가 아니었다. 이른바, 혁명사상가라는
의미에서 트로츠키 정도가 러시아혁명 전후 두 번에 걸친 망명기에 뉴욕에 잠
시나마 들렀을 뿐이다. 트로츠키는 혁명 전에는 브롱크스에 거주하였고,3 이
스트빌리지에 있는 빌딩 지하에서 『새로운 세상』*Novy Mir*이라는 신문을 인쇄
하고 있었다. 그 후, 상황이 성숙됨에 따라 몰래 러시아로 들어가 수년간의 고
생 끝에 레닌과 함께 볼셰비키 혁명을 지도하게 된다. 재미있는 것은 혁명 직
후 브롱크스의 신문들은 자랑삼아 “브롱크스의 남자가 혁명을 주도!”라는 표제
를 게재했다는 것이다.4 또한, 제2차 세계대전 전부터 유대인계를 중심으로 중

---

3. 주소는 1552 Vyse Avenue이다.

요한 학자나 예술가들이 유럽에서 이주하거나 잠시 체류했지만, 이 와중에도 맑스주의 사상가들은 이상하리만큼 뉴욕에 아무런 흔적을 남기고 있지 않았다. 결국, 뉴욕은 대사상가, 대철학자, 혹은 대예술가로 대표되는 도시가 아니다. 뉴욕은 어디까지나 이름도 없는 민중과 활동가들의 도시이며, 현재도 그러하다.

본 장은 '근대산업과 이민노동자의 시대'를 주로 다룰 예정이다. 남부로부터 노예나 유럽이민자들의 이동 등 몇 번의 대규모 인구유입을 괴물처럼 흡수하고, 근대적 산업도시로서 팽창해 버린 뉴욕. 이 도시의 자본주의적 원시축적이 어떤 일정의 성과를 나타내기 시작한 남북전쟁 이후의 민중의 폭동과 노동운동을 살펴볼 것이며, 신좌파 이전 시대까지 살펴볼 예정이다. 따라서 각각의 주인공은 '잡다한 민중으로서 다중'이지만, 상처투성이가 되어 버린 흑과 적의 모든 이들도 같이 거론해 갈 것이다.

근대 노동운동 개사

그 어떤 프롤레타리아 운동 조직이라고 해도, 어느 기회와 순간에 폭발할 것인지 아닌지를 예측하고 계산한다는 것은 너무나 난해하다 …… 왜냐하면, 투쟁의 그 어떤 행위라도 절박한 경제적, 정치적, 사회적, 일반적·국소적, 물질적·심리적인 계기가 있으며, 상호 관계를 맺고 있기 때문에 어떤 단발적인 행위라도 수학문제처럼 구성되거나 해결되지 않는다 …… 혁명이란, 열린 영역에서 프롤레타리아에 의해 전개되는 작전행동이 아니다. 오히려, 이는 모든 사회적 기반 사이의 투쟁, 끊임없는 붕괴, 파괴, 치환의 한 가운데에서 일어나는 투쟁인 것이다.
— 로쟈 룩셈부르크[5]

선주민의 존재를 무시하듯 거들떠보지도 않은 채, 순수 이민사회로서 존재해 왔던 뉴욕에서는 항상 먼저 온 민족 혹은 종교 집단과 나중에 온 집단이

---

4. "Bronx Man Leads Revolution!" in *Bronx Home News*, publisher, James O' Fraherty.

5. Rosa Luxemburg, "Mass Strike, Party, and Trade Union," included in *Selected Writings of Rosa Luxemburg*, edited by Dick Howard, New York: Monthly Reviews Press, 1971, p.245.

계급관계와 차별관계를 형성하였고, 이것이 셀 수 없이 많은 대립을 낳았다. 미국의 국가체제는 이러한 과정을 통해 점차적으로 응고되어 결정화되었다. 여기서 권력이란 뉴욕에 도착한 집단들이 그때마다 세력을 확장한 것과 동일시되었고, 아니면 새로운 세력에게 그 지위를 빼앗기면서 미국이라는 국가체제에 대한 내용이 확정되어 왔다. 여기에서 정의나 윤리가 개재할 여지란 털끝 만큼도 없었다. 앵글로색슨족을 중심으로 비즈니스 정장을 입은 오늘날 권력가들의 웃음이 **한 없이 음흉하다고 느껴지는 이유는** 그들의 이러한 적나라한 역사가 깊게 관계하고 있기 때문이다. 한편, 부푼 희망을 안고 미국에 건너왔지만, 보증도 없이 생활고와 위기의 나날을 보내던 이민 신참자들의 생활과 노동조건은 투쟁을 발생시켰고, 이러한 투쟁이 집중적으로 표현되면서 폭동으로 변모되었다. 그리고 한층 더 방법론적인 방식을 취하면서 다양한 노동운동이 전개되었다. 폭동과 파업. 이 두 가지는 그 밖의 다른 것과 마찬가지로 뉴욕의 노동운동에서 가장 중심적인 언어가 되었다.

그렇다. 뉴욕의 시공간은 항상 눈앞에 존재하는 외부로부터 밀려 온 이민자들의 파도와 기성체제의 직접적인 관계에 의해 형성되어 왔다. 그리고 그 파도에는 다양한 민족의 문화만이 아니라, 그곳에 혼입된 '흑'Black과 '적'Red 등의 '변혁사상'도 포함되어 있었다. 우선, '이민민중'의 '노동생활조건'에 대한 자기표현으로서, 그리고 보다 고도의 정치적, 철학적, 문화적인 생산으로서 승화되기도 했다. 뉴욕이 항상 활성화된 도시공간이라고 하면, 이것은 외부를 보다 빨리 흡수하여 가장 민감하게 감응하려는 힘 때문이었다. 뉴욕에서는 '흑'이든 '적'이든 상관없이 그들의 이민공동체로부터 정열적인 환영을 받았다.

그렇지만, 이렇듯 수많은 이민자들 속에서도 특권적인 위치에 있던 것은 아주 특수한 두 민중이었다. 하나는 토지에서 쫓겨난 미국의 선주민이었고, 둘째는 자신의 의지로 이주한 것이 아니었던 흑인노예였다. 이 양자의 특수한 위상이 그 밖의 이민노동자의 투쟁과 문화형성을 밑바탕에서 지탱해 왔다는 것에는 이의가 없을 것이다. 전자는 자기를 비우는 것을 통해, 이 대지의 축복을 제공하였다. 동시에, 그들의 비존재非存在가 미국의 국가체제의 합법성에 도전하는 모든 세력에게 근거를 제공해 왔었고, 앞으로도 그러할 것이다. 또한, 후자는 항상 전지구적인 지각변동을 일으키는 최저변층의 힘으로서 미국의 근대화를 다방면에서 지탱해 왔다.

비록 뉴욕시 내부에서 발생한 것은 아니지만, 뉴욕이 미국 전역에 커다란 영향을 미쳤던 일례가 있다. 바로 '노동운동'에서 가장 중요한 사례로 손꼽히는 '언더그라운드 철도'Underground Railroad이다. 19세기 초, 남부의 흑인노예를 캐나다를 포함하여 북부의 노예제도가 없는 주로 도주시키는 비합법적인 교통운동이 조직되었다. 1810년부터 1850년까지 10만 명 가량의 노예를 해방시켰다고 전해지는 이 비밀교통망은 버지니아, 켄터키, 미조리 등 남부의 각주에서, 북쪽에 해당하는 주와 동서로는 매사추세추주부터 아이오와주까지 종횡무진으로 교통망이 연결되어 있었다.6 이러한 여정 속에 포함된 각 지역에서는 운반, 만남의 장소, 숨을 곳, 그 밖의 도망자들을 도와줄 다양한 설비가 비밀리에 운영되고 있었다. 참가자들은 노예 폐지주의자들이 중심이었지만, 그 속에는 자유흑인, 과거 노예였던 사람, 백인, 미국 선주민 등등 일반 민중들과 철도노동자가 다수 포함되어 있었다고 한다. (철도노동자에게 영광이 있기를!) 또한 소수자 종교단체도 그곳에서는 중요한 역할을 하고 있었다. 예를 들어, 반권력의 역사로 유명한 퀘이커 교도Quaker, 회중파Congregationist, 웨슬리파Wesley's 등이다. 이러한 반권력 투쟁의 네트워크가 최종적으로 남북전쟁의 결과를 좌우했다고 일컬어지고 있다. 남부에서는 이러한 노동력의 소실만이 아니라 노예도주로부터 자극받은 백인 빈농들이 북부로 탈출하도록 영향을 미쳤고, 그 결과 농업 기반이 약화되어 농업생산을 위해 카리브연안의 각지로 외

---

6. 사이버 링크 http://en.wikipedia.org/wiki/Undergroun_railroad의 지도를 참조.

주를 주기 시작했다. 이러한 사건의 흐름 전체가 남부의 전력상실로 귀결되었다. 통속적인 미국사에서는 링컨에 의해 대표되는 북부의 양식있는 백인지도자가 무력하며 불쌍한 흑인을 **도와준 덕택이라는** 어감을 짙게 띠고 있다. 그러나 사실은 그 반대였다. 어디까지나 노예의 투쟁이 이동하는 노동력 전체로서 북군에게 그 전쟁의 승리를 증여한 것이고, 게다가 북부의 모든 도시에서는 잉여가치의 창출이 없어서는 안 되는 상황에서, 항상 교체가능한 저변노동력으로서 근대적 산업의 발흥을 지탱했던 것이다.

뉴욕시 내에서도 이민노동자들이 스스로를 조직화하기 시작했다.

19세기 초에는 직인, 장인, 그리고 급진파를 포함한 〈노동자당〉Working Men's Party이 결성되었다. 또한, 1833년에서 1836년 사이에는 다양한 작은 조합들의 연합조직인 〈연합 노동조합〉General Trade Unions이 결성되었다.7 이러한 조직의 결성 배경에는 1820년대 말경 유럽에서 이주한 '공상적 사회주의'의 그림자가 짙게 드리우고 있다. 특히, 로버트 오웬Robert Owen에게 영향을 받은 노동자 그룹이 1. 유산상속의 폐지, 2. 부의 평등적 배분, 3. 국영 기숙사학교 운영을 통한 자녀의 교육 등을 주장했다. 1840년대 후반에는 아일랜드와 독일로부터 이민자들이 몰려왔고, 뉴욕시의 노동자 인구는 크게 증가했다. 초기 조합운동 내부에서 숙련공과 비숙련공, 인종간의 벽(인종차별), 그리고 다양한 정치정당과의 관련성 등 오늘날까지 꼬리를 무는 문제들이 나타나기 시작했다. 이 사이 윌리엄 웨이트링William Weightling을 시작으로 독일계 이민 조직이 맑스와 엥겔스의 '사회주의'를 처음으로 노동운동에 도입했다. 1850년경에는 뉴욕은 미국 내에서 특히 의복산업과 인쇄업을 중심으로 최대의 생산량을 자랑하는 매뉴팩쳐Manufacture의 도시가 되었다. 그리고 남북전쟁 중에는 물가상승에

---

7. 이하의 기본적 정보 데이터는 *The Encyclopedia of New York City*, edited by Kenneath T. Jackson, New Haven & London: Yale University Press, 1995를 참조.

영향을 받아 '임금인상 파업'이 통일된 조직적 움직임이든 그렇지 않든 간에 90 여건 발생하였다. 1863년에는 앞서 말했듯이 아일랜드계 이민자들이 흑인들에게 폭력을 행사하는 비극적인 '징병폭동'Draft riot이 벌어졌다. 남북전쟁 후에 웨이트링은 빅토리아 우드힐Victoria Woodhill 8, 테네시 클라핀Tennessee Claflin 9 등의 급진적인 개혁논자들과 함께 뉴욕에서 제1인터내셔널International Workingmen's Association 지부를 창설했다. 빅토리아 우드힐은 이 조직 내에서 초기 아나키스트계(자유의지론파)libertarian의 그룹을 조직하였다.

1868년 필라델피아에서 당시 비교적 진보적인 〈노동기사단〉Knights of Labor 이 비밀리에 결성되어, 뉴욕에서도 확산되어 갔다. 이 그룹의 기본 요구조항은 1. 1일 8시간 노동, 2. 아동노동 폐지, 3. 동일노동, 동일급여, 4. 개인은행(고리대업)의 폐지 등이었다. 이 조합의 특징은 원칙적으로는 누구라도 수용한다는 자세를 지녔고, 여성과 흑인(1883년 이후), 그리고 고용주조차도 가맹할 수 있었다.10 1872년에는 건설업에 종사하는 10만 명의 노동자가 1일 8시간 노동을 요구하며 3개월 간의 파업을 감행했고 결과적으로 그들의 요청이 받아 들여졌다. 한편, 1871년 파리 코뮌이 성사되었지만, 분파투쟁에서 부하린파가 이탈한 다음, 제1인터내셔널IWA은 이듬해 1872년에 뉴욕에 본부를 이동시켰다. 그렇지만, 4년 후인 1876년 필라델피아 회의를 끝으로 해산하게 되었는데, 주요 원인은 독일계 구성원의 철저한 노동조합주의와 급진적 변혁파에 대한 반감에서 기인한 것이라고 전해진다. 앞에서 살펴보았듯이, 1874년 톰프킨즈광장공원에서 전년도의 주가 폭락에 따른 경기악화로부터 구제해 줄 것을 요구하며,

---

8. [옮긴이] 빅토리아 우드힐(Victoria Claflin Woodhill, 1838~1927) : 미국 여성 참정권자. 여성인권과 자유연애, 노동개혁을 주장하는 활동가.

9. [옮긴이] 테네시 클라핀(Tennessee Celeste Claflin, 1844~1923) : 미국 여성 참정권자이며 합법적 매춘 옹호론자. 빅토리아 우드힐의 여동생.

10. 그러나 1882년 미국 정부의 〈중국인 제외법〉(Chinese Exclusion Act)을 지지하고, 점차 아일랜드계 주민들 중심으로 편향하게 된다.

독일계 사회주의자들이 조직한 노동자의 집회가 경찰의 무력탄압으로 막을 내리게 되었다. 1877년 〈사회노동당〉Socialist Labor Party, 이하 SLP이 독일계 이민자들을 중심으로 결성되었고, 그 후 이 조직은 맑스주의를 노동조합에 조직적으로 도입하는 역할을 담당하게 되었다.

1886년 〈노동기사단〉은 내부 투쟁으로 갑자기 약화되었고, 그 대신 사무엘 곰퍼스Samuel Gompers 11을 중심으로 〈미국 노동연맹〉American Federation of Labor, AFL이 결성되었다. 이 조합은 미국 최초의 거대 노동조합연합으로서 그 후 20세기 전반까지 최대 조직으로서 노동계에 군림하게 된다. 이 조직의 특징은 한마디로 하자면, '보수적'이었다. 숙련공 중심, 그리고 장인들의 세계를 모델로 한 작은 직종(부문)의 노동자그룹이 기반으로 한 것으로 '직종차별주의'craft unionism의 색체를 띠었다. 다른 한편, 〈SLP〉는 1890년에 다니엘 드 레온Daniel De Leon 12의 강력한 지도하에 그가 죽을 때까지 그의 체제가 지속되었다. 그는 맑스주의에 영향을 받았던 사회주의자였지만, 점차 의회주의적 경향으로 기울었다. 앞으로 하나의 주제로서 보다 상세하게 다루게 될 아나키스트계 노동조합 〈세계산업노동자〉Industrial Workers of the World, 이하 IWW와의 결합 속에서 그의 의회주의적 경향으로 인해 서로 분리되게 되었다. 〈IWW〉는 1905년 시카고에서 결성된 조직으로 통상적으로 〈워블리스〉Wobblies라고 불린다. 1910년 드 레온의 노선에 불만을 지닌 〈SLP〉 내부의 유대인계 노동자 그룹과 〈워블리스〉에 관여했던 사회주의자 유진 뎁스Eugene Debs 13가 이끄는 그룹이 연

---

11. [옮긴이] 사무엘 곰퍼스(Samuel Gompers, 1850~1924) : 미국 노동운동 지도자. 〈미국 노동 총연맹〉의 설립자. 공산주의 및 아나키즘을 부정하고, 노사협조를 바탕으로 노동자의 지위향상을 도모했다. 그의 노동조합에 대한 생각은 노동조합을 급진적으로 가는 것을 억제하는 것이며, 혁명을 위한 급진적 정치운동을 거부했다. 이러한 보수적 사상에 반대하여 급진파 노동운동가들은 1905년 전투적 노동조합인 세계산업노동자동맹(IWW)을 결성했다.

12. [옮긴이] 다니엘 드 레온(Daniel De Leon, 1852~1914) : 〈사회주의노동당〉(Socialist Labor Party, SLP) 창설자. 특히 스페니쉬 유대인 조직에 영향을 미쳤고 〈사회주의노동당〉의 절대적인 영향력을 미쳤던 사회주의자이다.

합하여 〈미국사회당〉Socialist Party of America, 이하 SPA이 결성되었다. 이 당은 시정부와 조합운동 쌍방에 대해 영향력을 미쳤고, 많은 지식인과 문화인을 당원으로 가입시켜 세력을 확대해 갔다. 화가 존 슬론John Sloan 14, 소설가 테오도르드 라이서Theodore Dreiser 15, 지식인 막스 이스트만Max Eastman 16, 저널리스트 존 리드John Reed, 흑인 사상가 W. E. B. 듀 보이스W. E. B. Du Bois 17 등 쟁쟁한 사람들이 포함되어 있었다. 후에 1919년 레닌에 의한 제3인터내셔널Communist International/Comintern에 초대받은 SPA좌파를 중심으로 미국 공산당이 결성되었고, 그 후 이들 대부분은 공산당 당원 및 동조자가 되었다.

남북전쟁 이후 남부에서 올라 온 흑인과 남유럽 및 동유럽, 러시아에서 온 이민자들의 파도가 점차 뉴욕으로 밀려들어오면서 뉴욕의 인구적 역학관계에는 새로운 차원의 모순이 가미되었고, 이로 인해 노동자 내부의 대립이 발생했다. 1900년 〈국제 여성 봉제 노동자 연맹〉The International Ladies' Garment Workers' Union, 이하 ILGWU은 새롭게 들어온 바느질공들을 중심으로 결성되었고, 다방면에 걸쳐 커다란 영향력을 미치게 되었다. 이 조직에는 아나키스트들이 다수 포함되어 있었다고 전해진다. 이러한 전투적 집단은 몇 번이고 파업을 조직하여,

---

13. [옮긴이] 유진 뎁스(Eugene Victor Debs, 1855~1926) : 미국 노동조합 지도자, 인터내셔널 노동조합의 설립 멤버, 〈국제산업노동자〉의 창립자. 1904, 1908, 1912, 1920년에 대통령선거에 출마하였고 이로써 미국 내에서 가장 유명한 사회주의자로서 알려졌다. 그에 관한 저서로는 어빙 스톤, 『유진 뎁스』(*Adversary in the house*), 1969이 있다.

14. [옮긴이] 존 슬론(John French Sloan, 1871~1951) : 미국 화가. 리얼리스트계 애쉬캔(Ashcan)학파의 중심인물. 주로 뉴욕에서 도시 근린생활의 본질을 파악하려는 작품을 많이 그렸다. 또한 20세기 초 사회주의적 신념에 근거하여 리얼리즘적 작품을 그렸다.

15. [옮긴이] 시어도어 드라이저(Theodore Herman Albert Dreiser, 1871~1945) : 미국 작가. 대표작으로는 『시스터 캐리』(*Sister Carrie*, 1900), 『한 미국인의 비극』(*An American Tragedy*, 1925)이 있다.

16. [옮긴이] 막스 이스트만(Max Forrester Eastman, 1883~1969) : 미국 사회주의자, 작가, 할렘 르네상스 후원자.

17. [옮긴이] W. E. B. 듀 보이스(William Edward Burghardt Du Bois, 1868~1963). 미국 흑인 공산주의자, 사회학자.

그때마다 힘을 강화시켰고, 1909년에는 젊은 유대인계와 이탈리아계 여성을 중심으로 '2만 명 파업'을 결행하였다. 당시 로어이스트사이드에는 이디쉬계 Yiddish를 중심으로 사회주의자와 아나키스트들의 문화가 존재했었다.[18] 또한, 이탈리아계나 그 밖의 이민사회 속에서도 유럽에서 온 급진적 사상과 운동이 퍼져가고 있었다. 각각의 언어로 다수의 급진적 신문들이 발행되었다. 당시 뉴욕은 문자 그대로 '다 언어지대'였다. 나중에 다시 언급하겠지만, 그리니치빌리지의 보헤미아에는 노동문제, 여성문제, 사회변혁문제에서 출발하여 현대예술에 이르기까지 각계의 의견교환을 목적으로 한 살롱이 문을 열었다. 또한, 앞서 설명한 〈워블리스〉를 포함한 활동가 및 사회당 계통의 사상가, 소설가, 예술가 등이 교류하면서 다양한 도시적 사건들이 발생한 것도 이 때였다.

　　뉴욕의 주된 얼굴 중 하나인 이탈리아계 이민자들과 관계된 운동으로는 1907년과 1919년에 두 번에 걸쳐 항만노동자의 거대한 파업이 있었다. 이탈리아계 항만노동자들은 대부분 브룩클린의 레드 훅Red Hook의 부두 근처에 살고 있었다. 한편, 아일랜드계 노동자들은 타이타닉호가 최종적으로 도착할 예정지였던 첼시의 부두 부근에서 거주하고 있었다. 이탈리아계 항만노동자들은 아일랜드계 노동자들에 비해 신참자일 뿐이었고, 흑인노동자와 함께 항만노동자로서는 최하층에 위치하고 있었다. 또한, 아직 아일랜드계처럼 조합으로 조직화되지 않았고, 기본적으로 일용직으로서 일을 얻지 못하는 사람들도 많았으며, 하루에 20시간이 넘는 노동을 할 경우도 있었다. 1880년대에 제정되어 1960년대까지 실시되었던 '인종격리정책'Jim Crow law의 영향 때문에, 경영자 측은 종종 인종대립을 이용하여 어떤 인종의 파업을 타인종을 부추겨서 파괴하는 등 치사한 책략을 구사하였다. 이러한 상황에서 보수적인 색채가 짙은

---

18. 예를 들어, 아브라함 케한(アブラハーム・ケーハン)이 주도한 신문 『전진』(*vorwärts*)가 이를 활성화시켰다.

AFL은 비숙련 산업 노동자의 운동을 조직하려는 패기와 열의는 없었다. 그렇
지만, 1907년 이탈리아계에서 발생한 파업은 결국 인종의 벽을 부수고, 이 업
계의 노동자 대다수를 포함한 3만 명의 총파업으로 발전했다. 이로써 계급이
형성된 것이다. 1919년 대파업에서도 이탈리아계 노동자들로부터 시작된 아
래로부터 투쟁을 통해 최종적으로는 인종의 벽을 무너뜨렸다. 파업을 감행한
사람들은 경영자측US Shipping Board과 중개에 섰던 아일랜드계 중심의 〈국제 항
만 노동자 조합〉International Longshoremen's Association, ILA 사이에 막후에서 협의된
임금합의를 거절하면서 파업에 돌입했다. 브룩클린 부두를 모두 봉쇄하고, 대
열을 짜서 브룩클린교에서 맨하튼으로 건너가 그곳에서 첼시에 있던 아일랜
드계 항만노동자와 합류하여, 15만 명을 동원한 미국사상 최대의 항만 파업을
실현시켰다.

　　이 파업은 뉴욕의 주요 산업 중 하나였던 해운산업에 심대한 영향을 미쳤
고, 노동자문화에도 커다란 자극이 되었다. 그렇지만, 그 후에는 그다지 회자
되지 않았다. 그 이유는 무엇 때문일까? 이탈리아계 이민이 신참 그룹으로부
터 미국 국민이 되는 과정에서, 무솔리니의 파시즘과 카톨릭 교회가 결탁한 전
략적인 개입도 있었고, 각각 공동체의 유력자들이 압력을 가하기 시작하면서
'이탈리아인'은 곧 '애국자'라는 이미지가 형성되었기 때문이다. 그 결과, 급진
적 이탈리아 이민자 운동은 망각의 저편으로 사라져 갔다. 영화나 텔레비전에
서 익숙한 '이탈리아계=남성중심주의 문화=보수적=마피아'라는 아주 극명한
뉴욕적 스테레오타입Stereotype이 형성되었다. 이러한 문맥은 이들의 투쟁이 은
폐되는 맥락과 같은 뿌리를 지니고 있다.[19] 예를 들어, 프랭크 시나트라Frank
Sinatra와 같은 인물이 1944년에서 1948년 사이 반파시스트 운동에 참가하여,

---

19. 이 부분에 대한 정황과 이탈리아계 급진주의에 대해서는 *The Lost World of Italian-American
　　Raicalism*, edited by Philip Cannistraro & Gerald Meyer, Westport, Connecticut and
　　London: Praeger, 2003를 참조.

FBI에 낙인찍혔던 것 등을 도대체 누가 자랑삼아 기억하고 있을까?

그 후, 제1차 세계대전의 영향으로 노동운동에 대한 탄압이 빈번히 이뤄졌다. 대표적으로는 '팔머 급습'Palmer Raids 20이 있다. 이 사건은 볼셰비키들에 의해 러시아혁명이 성취된 것을 보고, 정치권력이 그 영향력의 확대를 두려워하면서 하나의 방어책으로서 '붉은 공포red scare 정책'을 쓰기 위한 첫 번째 신호탄이 되었다. 그 일환으로 1919년 골드만과 버크만 커플은 국외로 추방당했다. 좌파 진영은 전반적으로 수세국면으로 돌아서지 않으면 안 되었다. 또한, 러시아혁명의 평가를 둘러싸고, 노동조합의 지도자들 사이에서도 논쟁의 불꽃이 점화되었고, 이것이 뉴욕에서 무력충돌로까지 발전해 갔다. 정부의 탄압이 전반적으로 강화되면서, 몇몇 노동조합이 붕괴되었다. 그곳에서 남아 있던 사람들 중에는 AFL의 보수주의에 대해 내부에서 대항하였다. 그 결과, 보다 새로운 방향으로 지향하기 위해 시드니 힐만Sidney Hillman이 지도한 〈전미 의복 공동 노동조합〉Amalgamated Clothing Workers of Americas, ACWA이 창설되었다(1914년). 힐만은 '대중단체교섭'collective bargaining이라는 전술을 도입했다고 한다. 그의 방향성은 '사회적 조합주의'social unionism라고 하는데, 이것은 조합원들에게 저렴한 가격으로 조합이 경영하는 주거시설과 실업보험을 제공하고, 노동자의 이익에 봉사하는 은행을 설립하는 등의 사회생활 전체를 대상으로 한 운동이었다. 당시 브롱크스에서 이 조합에 참여하던 4개의 조합을 위해 주거용 복합건물이 지어졌다. 이들 4개의 조합은 모두 당파성과 민족성이 다른 집단들이었다. 이 모든 것은 자녀들의 양육시설, 문화생산, 집회장, 출판 등 종합적인 기능을 지닌 노동자의 공동체 구축을 지향한 것이었다. 이는 〈브롱크스 급진주의자들〉Bronx Radicals라고 불러지면서 당시 뉴욕 노동자 문화의 금자탑을 이루

---

20. [옮긴이] 팔머 급습(Palmer Raids) : 1919년에서 1921년 사이에 지속된 미국 내 급진주의적 좌익주의자에 대한 급습을 지칭한다. 제1차 세계대전을 통해 전세계적으로 '레드 공포'가 확산되면서, 윌슨 정권하의 미첼 팔머라는 법무성장관의 이름을 따서 이러한 급습과 해체가 이뤄졌다.

게 되었다.[21]

그 후, 1920년대에는 뉴욕시에서 노동운동은 급격히 쇠퇴해 갔다. 게다가 대공황기는 이러한 쇠퇴의 속도에 박차를 가하게 된다. 1927년 스탈린은 트로츠키를 소비에트에서 추방하였다. 이에 발맞추어 공산당 내부에서도 분파활동이 발생하였고, 그 결과 1928년 〈미국 공산주의자 연맹(좌익반대파)〉Communist League of America가 결성되었다. 이 조직은 1938년경에 트로츠키당을 결성하게 되었다. 앞으로 설명하겠지만, 이러한 추세에는 '뉴욕 지식인들'이라는 다수의 유대인계 지식인들이 포함되어 있었다.

1930년 3월 6일, 공산당이 유니온광장에서 대대적인 집회를 조직하였다. 전년에 시작된 대공황이라는 혹독한 상황에서 노동계급이 자신들의 목소리를 낸 것이다. 공산당계 신문인 『데일리 워커』Daily Worker지에 따르면, 참가자는 10만 명이었다고 한다. 경찰이 개입하여, 시청으로 향하던 집회 참가자들을 실력으로 저지하였고, 그 과정에서 다수의 참가자들이 중경상을 입게 되었다. 당시, 공산당은 뉴욕시 전역에서 실업자를 조직하여, 임대주택에서 쫓겨나는 것을 막고, 구제 사무소에 진정서를 올리기 위한 집회를 조직하는 등 가장 활발하게 활동했다. 시내에서 당원은 5만 8천 명을 기록하고 있었다. 그러나 1933년 이후에는 점차 프랭클린 루즈벨트 대통령과 피오레로 라가디어 뉴욕시장이라는 대공황기 이후 뉴딜정책을 주도한 사람들의 시대로 흘러가게 되었다. 이들은 대공황 이후 국가권력이 재도약을 하기 위해 필요한 대책을 마련하는 것에 초점을 두었다. 1935년에는 훗날 뉴욕시장이 된 로버트 워그너Robert Wagner 상원의원이 제청한 〈워그너법〉Wagner Law이 가결되어 노동법이 크게 변화하게 되었다. 이 법안은 1. 대중단체교섭의 권리를 보증하고, 2. 노동조합의

---

21. Amalgamated Houses, Farband Houses, Sholem Aleichem Cooperative Allerton Coop 등이다. 시립미술관에서는 2004년 11월에서 2005년 3월까지 '브롱크스의 급진주의자들'이라 이름붙인 그룹의 지난 간 흔적(=궤적)을 뒤쫓는 전람회가 개최되었다.

그림17 현재의 유니온 스퀘어, 〈크리티컬 매스〉의 발표광경(2005년 6월 24일)

조직화에서 언론의 자유를 보증하며, 3. 노동조합과 조합원에게 부당한 노동행위에 저항하여 〈국민 노사관계 위원회〉 National Labor Relations Board에게 개정할 권리를 부여한다는 내용이었다. 미국 공산당은 원칙적으로 뉴딜 정책을 '파시즘'이라고 규정했지만, 이는 대체적으로 타당한 판단이었다. 초기 뉴딜의 〈산업부흥법〉 National Industrial Recovery Act, 이후 NRA은 어떤 의미에서 협조주의적 원칙으로 운영되었다. 직접적인 정부의 개입은 할 수 없도록 제한을 두었고, 모든 산업간의 가격, 생산, 노사관계 등을 대화를 통해 결정하려고 했다. 표면적으로는 이러한 모습을 표명했지만, NRA를 구성하고 있던 정부의 위원회는 노동자의 권리를 지키며, 생활수준을 걱정하기보다는 최종적으로 경영자 측의 요구를 받아들이거나 파업을 파괴하는 것에 정열적이었다. 이로 인해, 1930

 3부 흑(아나키즘)과 적(볼셰비키즘), 그리고

년대 초에는 미국 전역에서 총파업이라고 할 만한 대규모 파업이 발생했다. 서해안의 항만 노동자, 미네소타폴리스의 트럭 운전수, 오하이오의 자동차 공장 노동자들의 파업이 그러했다. 공산당도 적극적으로 찬성하면서 파업에 관여했다. 그즈음, 공공 교통기관 노동조합인 〈전미 교통 노동조합〉Transit Workers Union of America이 역시 공산당의 영향 아래서 결성되었다. 이 노동조합은 1937년 뉴욕에서 몇 가지 산발적인 파업과 연좌시위 등 직접행동을 반복하면서 뉴욕시의 교통망에 관계된 모든 조합들의 대표권을 장악하게 되었다.

1938년, 〈산별 노동조합 회의〉Congress of Industrial Organization, 이후 CIO가 조직되었다. 미국 노동조합사상 빛나는 이 조직의 탄생은 지배적인 AFL의 '직종별 조합주의'craft unionism와 달리, 산업 전체의 조직화를 지향하는 '산별 조합주의'industrial unionism을 표방했다. 여기에는 당시 산업노동자 속에 다수 포함되어 있던 '이민자들 중 비숙련 노동자'를 조직하지 않으면 안 된다는 사상적 의미가 들어 있었다. 비공식적이긴 하지만 이 노동조합의 결성에도 공산당원이 크게 관여했다. 다른 한편, 같은 해 브롱크스에서 태어난 라가디어LaGuardia 시장과 가까운 비트 마르칸토니오Vito Marcantonio를 중심으로 〈미국노동당〉American Labor Party, 이후 ALP이 결성되었다. 이들은 루즈벨트를 지지하면서 주로 뉴욕주를 중심으로 활동하였다.[22] 역시 루즈벨트를 지지하는 라가디어 시장은 적극적으로 공공사업을 개시하여 뉴욕시에 20만 개 정도의 직업을 준비하였다. 많은 노동운동 지도자들, 활동가들, 예술가들이 이 사업에 휩싸이게 되었고, 뉴딜이라는 만민동원 체제 속에서 불안정한 분파투쟁을 지속했던 수많은 좌파 진영들이 흡수되었다.

그 후, 트로츠키 추방에서 시작하여 모스크바 재판, 히틀러-스탈린협정으로 이어진 혁명의 본산지에서 일어난 소동으로부터 우왕좌왕 당황하던 공산

---

22. 듀 보이스는 1949년과 1950년에 이 당에서 상원의원으로 입후보하여 낙선하였다.

당은 점차 노동자운동 내부에서도 힘을 잃어갔다. 대공황 후의 극심한 혼란상황에서 정치권력은 두 가지 정책을 동시에 진행하였다. 하나는 뉴딜의 의사疑似적 사회주의가 노동운동의 많은 부분을 흡수한 것이고, 다른 하나는 '적색 공포'Red Scare를 선동하면서 반체제주의자들에 대한 탄압과 FBI를 동원하여 급진주의자에 대한 체포가 이뤄졌다. 이러한 상황에서 1941년 히틀러가 소련에 침공하자마자 공산당은 일제히 참전파로 입장을 바꿔 무조건적인 전쟁찬성파가 되었다. 이로써, 당에 동의하는 노동조합이라면 전쟁 중에는 파업을 정지한다는 선언을 하지 않으면 안 되는 형국이 된 것이다. 1942년, 흑인을 중심으로 한 강력한 철도관계Porter의 노동조합에서 노동운동가인 필립 란도르프Philip Randolph가 지도하는 〈철도 객실 승무원 노동조합〉Brotherhood of Sleeping Car Porters은 전시 노동 중의 인종차별에 항의하는 집회를 기획했지만 공산당은 이 조차도 비판하였다.

제2차 세계대전 후, 1947년 〈태프트 하틀리법〉Taft-Hartley Act이 가결되었다. 이 법은 상기의 〈워그너법〉을 철저하게 개악한 것으로서 노동자의 파업권·항의권을 크게 소멸시켰고, 공산당원이 조합에 개입을 할 수 없도록 만들었고, 조합을 경영의 일부로 삼으려는 내용이 들어 있었다. 트루먼 대통령조차 '노예=노동법'이라 부르며 거부권을 발동했을 정도였지만, 하원에서는 거부권도 무효하다고 가결하였다. 이를 바탕으로 냉전체제를 강화하기 위한 맥카시Joseph McCarthy 상원의원의 '마녀사냥'이 개시되었다. 이런 참담한 상황에서 반공적이었던 AFL과 과거 급진파였던 CIO가 1955년 합체하게 되었다.

전후 뉴욕시에는 다시 한 번 새로운 이민의 파도가 밀려왔고, 새롭고 보다 난해한 모순과 대립이 발생했다. 남부에서 올라 온 흑인 이주자와 카리브연안의 지역에서 온 이민자들이 증가하였고, 그와는 반비례하듯 뉴욕시에서 제반산업의 철수하기 시작했다. 바로 이 지점에서 처음으로 『뉴욕열전』이 문제시하는 도시공간의 현대사가 시작된다.

무장투쟁, 생디컬리즘, 그리고 다종다양성의 조합주의

생디컬리즘은 본질적으로 아나키즘의 경제적 표현이다. 그렇기 때문에 생디컬리스트 운동 내부에는 실로 많은 아나키스트들이 들어가 있던 것이다. 아나키즘은 모든 정치정당이 지닌 부패하며, 관료화된 기구에 익숙한 무능력한 속성에 대항한다. 사회를 자율화된 공간으로 재구축하려는 사명을 의식적으로 가졌던 아나키즘처럼, 생디컬리즘도 산업의 일선에서 오늘날 위대한 투쟁의 의식적인 요인으로서 노동자들을 경제의 일선에 배치한다.
— 엠마 골드만[23]

지금까지 우리들은 근대 뉴욕민중의 노동운동에 대한 개사에 대해 살펴보았다. 시간적 전후 상황은 다시 살펴보겠지만, 이번에는 뉴욕에서 일어난 몇 가지 흥미로운 흑(아나키즘)과 적(볼셰비키주의)의 동향에 대해 초점을 맞춰 보겠다.

뉴욕은 19세기 중반, 이미 세계 아나키즘의 중심 도시 중 하나였다. 제1차 인터내셔널 안에는 아나키스트 그룹을 주도했던 빅토리아 우드힐이 1870년대에는 『우드힐과 클라핀 위클리』*Woodhill and Claflin's Weekly*를 출판하여 선전활동을 하였고, 엠마 골드만의 스승격인 요한 모스트는 1880년대에 주로 독일계 노동자를 향해 독일어로 『자유』*Freiheit*를 출판하였다. 그는 골수 무장파로서 계급간의 불평등을 교정하기 위해서는 '다이나마이트 투쟁'이 필요하다고 주장했다. 당시, 뉴욕 각지의 노동자 공동체에서는 아나키즘의 사상과 문화가 퍼져 가고 있었다. 로어이스트사이드의 이디쉬계 공동체에서 『노동자의 친구』*Fraye arbeiter shtime*가 출판되었고, 브룩클린과 뉴저지주 패터슨Paterson에 있는 이탈리아인 공동체에서는 『아나키즘』*L'Anarchismo*이 상당히 폭 넓게 구독되고 있었다. 오늘날에는 믿기 어려울지도 모르지만, 당시 뉴욕에서 공상적 사회주의와 아나키즘이 이민자의 대중문화에 커다란 부분을 이루고 있었다. 이러한 문화에

---

23. Emma Goldman, "Syndicalism: its Theory and Practice," *Red Emma Speaks: An Emma Goldman Reader*, complied and edited by Alix kates Shulman, Amherst, New York: Humanity Books, 1998, p.91.

는 노동조합운동만이 아니라, 교육문제 등도 포함하여 실로 다양한 활동이 존재했었다. 이하에서는 아주 핵심적인 부분만을 소개하면서, 과거 아나키즘이 지닌 어떤 선구적인 특성들을 살펴보고 싶다.

지속적으로 확대해 가던 이민노동자의 아나키스트 공동체를 크게 뒤흔들고 급진화시켰던 것은 1886년 시카고에서 발발한 '헤이마켓 광장 사건'Haymarket affair이었다. 그 해, 노동절에는 당시 시카고의 다수 노동조합의 현안이었던 '1일 8시간 노동'을 요구하며 파업에 돌입하였다. 5월 3일 마코믹 제조소에 집결했던 파업중의 노동자를 어떤 예고나 경고도 없이 경찰대가 습격하여 6명의 노동자를 살해하고, 수 명에게 중경상을 입혔다. 다음 날 이에 분개한 노동자들이 헤이마켓 광장에서 대대적인 항의집회를 개최하였다. 경관대가 군집을 해산시키려고 덤벼들었을 때, 폭탄이 폭발하여 1명의 경찰관을 포함한 12명이 사망하였다. 그 후, 경관대는 군집을 향해 총을 난사하여 다수의 참가자를 살상하였다. 이때의 사상자수는 현재도 알 수 없다. 폭탄을 만들어 던진 인물은 최후까지 드러나지 않았다. 그럼에도 불구하고, 경찰은 8명의 집회 조직자를 주모자로서 체포하여, 그중 4명을 교수형에 처형했다.

이 사건은 전미에 충격을 주었고, 반체제파의 전의를 북돋는 결과가 되었다. 사건이 일어나기 1년 전, 아버지의 학대와 가정환경의 문제로 16세의 젊은 나이에 리투아니아에서 혈혈단신으로 이주해 왔던 엠마 골드만도 이 사건을 계기로 급진파의 전열에 들어서게 되었다. 1889년에는 그녀의 연인이자 평생 동지였던 알렉산더 버크만(통칭 사샤)과 만나게 된다. 버크만 역시 리투아니아계 이민자로서 그가 엠마를 모스트에게 소개했다고 전해지고 있다. 1892년 엠마와 사샤는 다른 동지들과 함께 펜실베니아주에서 홈스테드를 하던 카네기 철광 노동자들의 노동쟁의에 관여하였으며, 살인을 포함한 악랄한 수단으로 조합 해체공작을 진행하고 있던 현장감독인 헨리 크레이 프릭Henry Clay Frick에 대한 암살을 시도하였다. 암살이 실패로 끝나면서, 사샤는 그 후 14년간 형무소 생활을 보내게 되었다. 바로 이 시점에서 제 3장에서 소개한 엠마의 14번가 배회가 시작된다.24 그녀는 감옥에서 『아나키스트 옥중회상』*Life of An Anarchist*이라는 수기를 집필하였고, 서장에서는 이 쟁의에 대해서도 상세하게 다루고 있다.25 짧은 감옥생활 후 산파로 돌아온 엠마는 그 후 점차 활동가적 두각을 나타내며 청중을 끌어들이는 화술의 힘으로 절묘하게 조직력을 강화해 갔다. 그녀의 강연은 아나키즘, 조합운동, 여성문제, 자유연애, 피임, 정치비판으로부터 현대연극까지 폭 넓은 테마를 망라하고 있었으며, 어디에서도 만원사례이었다. 그녀는 미국 내에서만이 아니라 유럽으로도 연설을 위해 갔으며, 내친김에 런던에서 크로포트킨*P. A. Kropotkin*과 말라떼스따*Errico Malatesta* 26와 만났고, 오스트리아 빈에서는 스스로 사상적으로든 신체적으로든 천직이라고 믿었던 간호학과 산파술을 배웠다.27

　　1901년 윌리엄 맥킨리*William McKinley* 대통령이 뉴욕주 버팔로시에서 가끔 엠마의 강연을 듣던 폴란드계 아나키스트였던 레온 촐고스*Leon Frank Czolgosz* 28에 의해 암살된다. 이것을 계기로 정부와 경찰은 그녀를 공동모의자로 혐의를 씌우려고 하였지만, 이러한 모략은 증거불충분으로 실패하였다. 그러나 어쨌든 이러한 탄압 때문에 그 후 그녀는 수년간 활동이 불가능한 상태에 빠지게 되었다. 참고로, 엠마와 옛 스승인 모스트는 이 암살을 공식적으로 높게 평가

---

24. 코소 이와사부로(高祖岩三郎), '공공성을 묻다'(公共性を問う), 「투쟁하는 정동의 거리1」(戦う情動の街角 1), 『현대사상』(現代思想), 세이도샤, 2005년 5월호.

25. *Life of An Anarchist: the Alexander Berkman Reader*, edited by Gene Fellner, New York, London, Toronto, Melbourne: Seven Stories Press, 2005.

26. [옮긴이] 에리꼬 말라떼스따(Errico Malatesta, 1853~1932) : 이탈리안 아나코 코뮤니스트. 그는 여생의 대부분을 이탈리아에서 추방당했었고, 약 10여년을 감옥에 수감되었다. 수많은 급진주의 신문을 발행하였으며, 미하일 바쿠닌과의 친분으로도 유명하다.

27. 그녀가 재적했던 학교는 빈의 〈Allgemeines Krankenhaus〉였다.

28. [옮긴이] 레온 촐고스(Leon F. Czolgosz, 1873~1901) : 엠마 골드만과 알렉산더 버크만의 영향을 크게 받았으며, 당시 대통령이었던 윌리엄 맥킨리(William McKinley)를 저격하였고 이후 붙잡혀 사형당했다.

하고 있었다. 뉴욕에서는 이를 계기로 아나키스트에 대해 공적으로든 사적으로든 폭력이 아무런 거리낌없이 자행되었다. 보수적인 정치가 사이에서는 린치를 합법화Linch law하는 것을 장려하는 목소리조차 있었다. 1905년 모스트가 죽은 후, 뉴욕의 아나키즘 세계에서는 엠마와 사샤의 존재가 대두되었다. 엠마는 『어머니 지구』Mother Earth를 발간하였고, 사샤는 『블래스트』Blast를 발간하였다. 이 둘은 모두 미국의 얼터너티브 저널리즘 세계에서 독자적인 선례를 제공하였다. 특히, 엠마는 미국적인 '아나르카 페미니즘'Anarcha Feminism의 출발점이 되었다. 엠마는 그 후 1919년 국외로 추방될 때까지 뉴욕에서 투쟁을 지속했다. 유니온광장에서 메이데이를 조직하였고, 제1차 세계대전 전에는 반전운동을 전개하였으며, 볼셰비키 혁명을 주도한 레닌과 트로츠키를 그 누구보다 빨리 평가했다. 이러한 평가는 뉴욕에서 추방된 후, 모스크바에서 생활하면서 혁명 후의 사회를 경험할 때까지 견지되었다.

그렇다고 엠마가 대작을 저술한 인물은 아니다. 주로 일과 활동의 짬을 내어 강연원고와 『어머니 지구』의 사설 등 단문이 많았다. 이러한 활동내용은 그녀의 폭 넓은 활동영역에 비례하여 실로 다기에 걸쳐 있었다. 그러나 그중에서 핵심이 될 법한 것은 아마도 생태학적ecological 통찰을 포함한 여성문제에 대한 고찰, 아나키즘과 생디컬리즘에 대한 논고일 것이다. 유럽 활동가와 빈번히 연락을 취했던 그녀는 프랑스의 〈노동총동맹〉Confederation Generale de Travail, CGT 등 프랑스에서 일고 있던 생디컬리즘 운동으로부터 많은 것을 배웠고, 영향을 받았다. 그러나 동시에 소렐G. Sorel이나 베르그송H. Bergson 등이 제창한 생디컬리즘론에는 비판적이었다. 그녀에게 생디컬리즘이란 정당정치, 의회정치라는 방법 자체를 거절하고, 오로지 노동자의 생산현장에서의 직접행동direct action, 사보타지sabotage, 총파업을 중시한 것이었다. 게다가 이러한 노동자의 조합주의적 투쟁의 영역을 협동조합적 실천cooperative practise의 확장과 상호부조mutual aid의 논리로 충실화시켜, 그곳으로부터 사회혁명의 논리를 도출하려고 하였

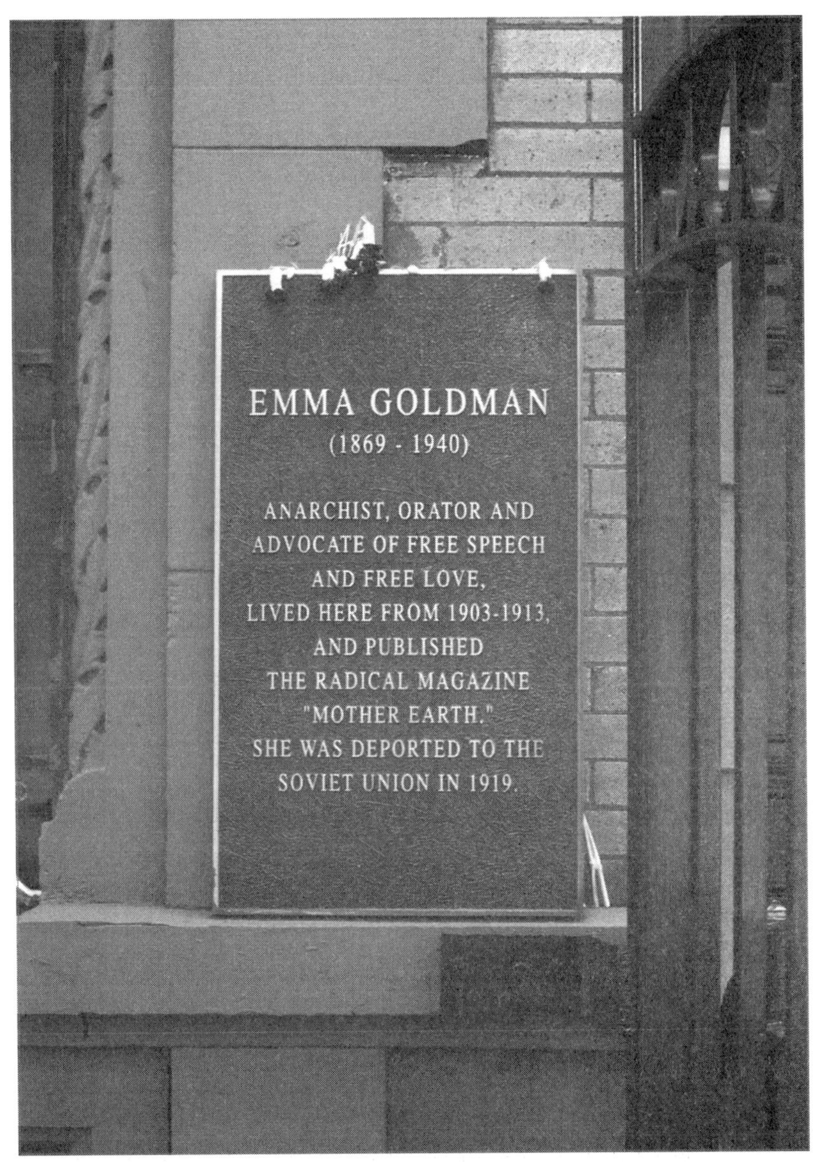

그림18 엠마가 살았던 이스트 13번가 210번지의 기념비, 매일 헌화하는 사람이 있다.

다. 예를 들어, 도시의 공장노동자와 지식인으로 된 협동조합과 빈농이 주축이 된 농촌을 연결하는 기능을 중시하였다.[29] 1912년 매사추세추주 로렌스에서 〈워블리스〉가 개입하여 발생한 제직製織노동자의 파업에서 실제로 근교에 살던 농민들이 먹을 것을 제공하였고, 또한 여성 입장에서 성적 쾌락에 대한 긍정과 피임의 합법화, 그리고 피임기술의 발전에 공헌한 마가릿 생어Margaret H. Sanger[30]를 중심으로 한 뉴욕의 페미니스트 활동가들은 파업 중인 노동자들의 자녀들을 시내로 이동시켜 보살폈다. 엠마는 이러한 조직화를 높게 평가하였고, 이것을 분석한 후에 그곳으로부터 '사회혁명(=네트워크) 이론'을 발전시키려고 시도했다.[31] 그녀는 노동자의 생활, 즉 생산에 없어서는 안 될 공동체적 문화활동도 생디컬리즘의 주요 부분이라고 강조했다. 그녀의 이러한 생각의 모델이 프랑스의 운동만이 아니라, 실은 실제로 눈앞에 있는 미국에서 발생하고 있었던 획기적인 조합운동 〈워블리스〉였다는 것은 틀림없다.

〈워블리스〉는 1905년 6월에 시카고에서 탄광노동자로서 자라나 근육질로 단련된 노동운동가 빅 빌 헤이우드Big Bill Haywood[32], 숙련된 노동조합 조직자인 마더 존스Mother Jones[33], 흑인이자 아나키스트 노동운동가로 헤이마켓 사건

---

29. Emma Goldman, "Syndicalism: its Theory and Practice," 앞의 책.

30. [옮긴이] 마가릿 생어(Margaret Higgins Sanger, 1879~1966) : 미국의 산아제한(수태조절)활동가이자, 〈미국 산아 제한 연맹〉(American Birth Control League, 이후 Planned Parenthood)의 창설자이다. 아이를 어떻게, 어느 시간에 낳을 지를 여성자신이 결정할 권리가 있다는 생각은 처음에는 치열한 반대에 직면했지만 점차 사람들과 법정의 지원을 쟁취하게 되었다.

31. 이 사례와 다음의 워블리스의 기술에 대해서는 만화 워블리스 *A Graphic History of the Industrial Worker of the World*, editedl by Paul Buhle and Niecole Schulman, London, New York: Verson, 2005. http://www.iww.org/를 참조

32. [옮긴이] 빅 빌 헤이우드(Big Bill Haywood, 1869~1928) : 미국 노동계급 운동사에서 가장 중요한 인물 중 하나이다. 그는 1800년대 말에서 1920년대에 걸쳐 벌어진 노동운동에서 지도적 역할을 수행하였다. 1918년 노동자 파업 중에 살해혐의를 받고 구속되었으나, 감옥을 탈출하여 소련으로 건너간다. 모스크바에서는 7년간 살았으나 혁명 후 스탈리주의의 대두와 함께, 레닌의 죽음, 트로츠키가 아무런 힘을 갖지 못하는 상황에서 그 또한 고독하게 죽음을 맞이했다.

33. [옮긴이] 마더 존즈(Mary Harris Jones 속칭 Mother Jones, 1830~1930년) : 미국 노동활동가. 그

의 미망인이기도 했던 루시 파슨즈Lucy Parsons 34 등 막대한 영향력을 지닌 활동가들과 SPA의 유진 뎁스와 SLP의 드 레온Daniel De Leon 의 참가로 결성되었다. '우리는 단 하나의 위대한 조합이다'We are the union, one big union라는 슬로건에 표현되어 있듯, 미국 이민사회에 걸맞게 다민족으로 구성되어 전산업과 전직종을 망라하는 종합적인 노동조합을 결성했다. 그 후 오늘날에 이르기까지 광대한 미국 각지의 다양한 산업에서 다양한 민족의 노동자들을 조직해 왔다. 이 운동에 대해 연구하고 있는 노동사가인 살바토레 살레르노Salvatore Salerno에 의하면, 〈워블리스〉는 생디컬리즘적 방법을 사용하였지만, 아나코 생디컬리즘Anarcho Syndicalism이 목적하는 것과는 선을 긋고 있다고 한다. 〈워블리스〉는 '아나르코 사회주의'라 불러야 할 것이라고 한다.35 이러한 해석은 엠마의 방향과도 교차하는 것이다. 참고로, 이곳의 조합활동가들의 모습은 존 도스 파소스John Dos Passos 36의 『U.S.A』시리즈 등 미국의 프롤레타리아 문학에도 다수 등장해 왔다. 이러한 활동의 역사적이며 공간적인 영역을 살피는 것을 통해, 미국적 민중, 혹은 세계이민의 본래 이미지(원상) — 그것도 죽은 이미지가 아니라 지속적으로 살아있는 이미지로서 — 를 파악할 수 있을 것이다. 그러나 이것은 새롭게 작업해 가지 않으면 안 된다. 이러한 작업은 오늘날 일세를 풍미하고 있는

녀는 가족을 잃고 화재로 전 재산을 잃은 후 생활을 위해 노동현장에 들어가면서 노동운동에 관계하였다. 〈노동기사단〉, 이후 1905년에는 〈세계산업노동자〉에 가맹하고, 이후 〈워블리스〉의 멤버가 되었다. 특히 그녀는 집회를 일으키는 노동자의 부인이나 자녀들을 조직한 것으로 유명하며, "우리들은 학교에 가고 싶다" 등의 기치로 전국적 행진을 시도하였다. 이 사건을 계기로 아동노동자의 실태에 관한 세간의 주목을 얻어낸다.

34. [옮긴이] 루시 파슨즈(Lucy Parsons, 1853~1942) : 급진주의적 미국 노동조합 조직가, 아나키스트.

35. Salvatore Salerno, "No God, No Master: Italian Anarchists and the Industrial Workers of the World," *The lost World of Italian American Radicalism*, edited by Philip Cannistraro &Gerald Meyer, Westport, Connecticut and London: Praeger, 2003.

36. [옮긴이] 도스 파소스(Dos Passos, 1896~1970) : 작가. 양대 전쟁 시기에 미국의 위선과 물질주의를 통렬히 비판한 것으로 유명하며, 미국과 유럽 문학에 커다란 영향을 미침. 대표작으로는 *U.S.A., Midcentury*가 있다.

'다중'이라고 하는 개념을 보다 구체적으로 상상하는 작업이 될 것이다.

마이클 하트와 안또니오 네그리의 『제국』*Empire*에서도 〈워블리스〉는 다음과 같이 특권적인 지위를 부여받는다.

> 〈워블리스〉의 영속적인 운동은 참된 내재론적 장정pilgrimage이며, 이것은 고정되어 안정된 규칙구조를 만들지 않고, 오랜 사회적 틀 내부에 새로운 사회를 만들어 왔다. 실제로, 공식적으로 좌파들의 비판은 예나 지금이나 강력한 파업을 일으켜 종종 이를 성공시키기는 하지만, 결코 그 후에 지속할 수 있는 조합구조를 남기지는 못했다. 〈워블리스〉가 폭 넓게 이동해 가는 이민자들 속에서 막대한 성공을 이뤄왔던 것도 그들이 다종다양한 노동력들의 모든 언어를 발화하고 있기 때문이다.[37]

이 그룹은 몇 번이고 부흥기와 침체기를 반복하면서도, 오늘날에는 1999년 시애틀의 반反WTO 이후의 전지구적 정의 운동에 참가하여, 현재 뉴욕에서는 스타벅스의 노동자를 조직화하려고 시도하고 있다.

〈워블리스〉의 야외극 혹은 '보헤미아의 쾌거'

"이봐요! 거기에 있는 분들!"이라고 헤이우드는 말했다.
"이 녀석이 여러 가지를 알고 싶어 하니까 가르쳐 줘. 전부를 말이야. 감추지 말고!"
라고 하자 그들은 모두 내 주위에 모여 들어와 악수하거나 미소를 띠며 환영해 주었다. "형무소에 들어오다니 가엾군 …… "이라고 말했다. "물어 봐. 뭐든지 대답해 줄 테니까. 넌 좋은 녀석이니까". 그리고 모두 실제로 여러 가지 답을 해 주었다. 그러나 모두 파업전야에 구치소에 잡혀 피곤한 기색이 역력했다. 그 속에서 몇 명은 공장 앞을 왔다 갔다 하는 행진을 할 뿐이었는데, 벽에 나란히 세워져 '불법집회죄 혐의'로 형무소에 잡혀왔다! 다른 사람은 피켓팅을 하고 귀가하는 도중 기차를 기다리며 선로에 서 있었을 뿐인데, '반란죄'로 운반차에 실려 왔다! 그들은 헤이우드와 걸리 플린[38]을

---

37. Michael Hardt&Antonio Negri, *Empire*, Cambridge, London: Harvard University Press, 2000, p.207. [마이클 하트 · 안토니오 네그리, 『제국』, 윤수종 옮김, 이학사, 2001]
38. [옮긴이] 걸리 플린(Elizabeth Gurley Flynn, 1890~1964) : IWW에서 활동했던 노동조합 리더, 액

기소했던 것과 마찬가지로 배심원들로부터 소추되었다. 이 멤버들 중 4명은 면화농장에서 일하던 사람들이었고, 다른 한 사람은 헤이우드가 파업을 계획했었던 에디슨회사의 이사였다. 그중 단 1명의 노동자도 없었다.
— 존 리드[39]

초기에 〈워블리스〉가 개입했던 곳 중 하나는 뉴저지주 패터슨이다. 이곳은 맨하튼에서 허드슨강 서안쪽의 뉴저지를 건너면 그다지 멀지 않은 곳에 있다. 주로 면화를 생산하던 공장지대로 이탈리아계 노동자들이 많았다. 이미 이 지역의 공동체에는 〈워블리스〉가 개입하기 이전부터 이민자들의 아나키스트적 문화가 번성하고 있었다. 예를 들어, 1890년대에는 〈'존재할 권리' 그룹〉Il Gruppo Diritto all'Esistenza이라는 멋진 이름의 그룹이 결성되어 있었고, 그들은 이탈리아어로 『사회문제』 La Questione Sociale라는 이론지를 출판하고 있었다. 또한 노동자용 값싼 팜플렛으로 이론 서적을 발행하는 출판사 사회학 서점Libreria Sociologica이 있었고, 엘리제 레클루스Elisée Reclus, 피터 크로포트킨Peter Kropotkin, 에리코 말라테스타Errico Malatesta, 아다 네그리Ada Negri, 레더 라파넬리 Leda Rafanelli, 미하일 바쿠닌Mikhail Bakunin, 요한 모스트Johann Most의 저작을 차례로 발행·소개하고 있었다. 더 나아가 〈'존재할 권리' 그룹〉의 내부에서 〈여성 해방 그룹〉Gruppo Emancipazione della Donna이 결성되어, 『사회문제』지를 통해 이탈리아계 사회가 지닌 특유의 부권제 혹은 여성을 가사노동에 묶어두기 위한 교회와 가정의 이데올로기를 정면으로 비판하고 있었다. 이렇듯 이탈리아계 노동자의 공동체 속에는 축제, 소풍, 연극, 시 등의 '문화공작대'를 통한 숙련공과 비숙련공의 합체, 폭 넓은 노동자의 공동체를 구축하려는 지향성이 있었다.[40]

티비스트, 페미니스트이다. 그녀는 〈미국 시민 자유 연합〉(American Civil Liberties Union)의 창설자였고, 여성의 인권과 산아제한, 여성 참정권에 관한 활동을 전개했다. 뒤늦게 그녀는 〈미국공산당〉의 의장이 되었고 소련을 방문하던 도중 사망했다.

39. John Reed, "War in Paterson," published in *The Masses*, 1913, transcribed by Sally Ryan for Marxists.org in 2000. http://www.marxists.org/archive/reed/works/1913/mass es06.html

1913년, 패터슨의 면화 공장지대 노동자들은 '1일 8시간 노동'을 요구하며 경영자측과 교섭 중이었다. 긴박한 상황 속에서 〈존재할 권리' 그룹〉은 〈워블리스〉의 개입을 의뢰했고, 몇 명의 숙련 조직자를 초대하여 2만 5천 명의 노동자가 파업에 돌입하게 되었다. 이 파업은 직물을 짜는 제작소에서 시작되어 염색 제작소로 퍼져갔다. 뉴욕에서는 엠마의 〈어머니 지구〉 그룹도 참가했다. 그녀는 이 시점에 이미 SPA나 SLP의 의회주의와는 다른 직접행동과 생디컬리스트 전략을 취하는 〈워블리스〉의 전산업 조합주의를 높게 평가하고 있었다. 그 시점에서부터 이 파업은 지역적인 사건에서 뉴욕이라는 도시적 사건으로 확대되었다. 이 때 도시적 사건으로 발전시키기 위해 큰 역할을 담당했던 것은 다름 아닌 그리니치빌리지에 형성되고 있던 보헤미아였다.

1912년 유복한 미국인 여성 마벨 닷지 루한Mabel Dodge Luhan은 잠시 살았던 이탈리아로부터 미국으로 돌아와 워싱턴광장 공원의 바로 북쪽인 5애비뉴 23번지에 살기 시작했다. 이미 진보적인 문화와 사회적 살롱을 조직하여 그곳에 참가하고 있던 게르트루드 스타인Gertrude Stein 등과 알게 되었던 그녀도 자신의 살롱을 열게 되었다. 바로 이 살롱을 통한 사교계가 지식인 및 예술가들과 노동운동을 연결하는 아주 드문 역할을 담당하게 되었다. 이 시대에 좌파지식인과 예술가가 연결되는 것은 그다지 보기 드문 것은 아니었다. 그렇지만 그곳에 활동가, 그것도 급진적인 노동운동가와 노동자 군집이 결합되는 것은 실로 보기 드문 현상이었다. 이 살롱에서는 밤마다 상이한 영역의 지식인들과 실천가들을 초대하여 강연 및 토론회가 개최되었다. 프로이드의 정신분석, 큐비즘, 자유연애, 수태조절, 아나키즘, 그리고 새로운 노동운동인 〈워블리스〉에 대해서도…… 이 시기 진보적인 조류가 모두 소개되고 강연되었다. 참가자들은 예를 들어 전년(1911년)에 사회주의와 진보적 문화를 연결하기 위한 취지

---

40. Salvatore Salerno, 앞의 책 참조.

로 『대중』*The Masses*이라는 잡지를 발행하여, 새로운 편집장으로 콜롬비아 대학을 방금 졸업한 막스 이스트만, 사진가 알프레드 스티글리츠Alfred Stieglitz, 화가 마스덴 하틀리Marsden Hartley와 존 슬롱John Sloan, 그리고 앞서 기술한 마가렛 생어, 엠마와 사샤, 더 나아가 〈워블리스〉 동부지구의 서기장인 빅 빌 헤이우드, 마찬가지로 지도자 중 하나로 로렌스의 파업을 지도하고 연설의 명인으로서 명성이 자자한 걸리 플린 등의 이름이 엿보인다. 이 때 빅 빌 헤이우드가 〈워블리스〉에 대해 강연하는 밤이나 엠마가 아나키즘에 대해 논의할 때는 어김없이 경찰의 검열이 있었다.

한편, 패터슨에서의 노동쟁의 상황은 날로 격화되면서, 식료품이 결핍되는 등 곤궁상태에 빠지게 되었다. 파업참가자들은 뉴욕 미디어를 활용하여 뉴욕 노동자들과 일반시민에게 현재의 절박한 상황을 알림으로써 파업에 대한 찬성과 협찬을 얻고자 하였고, 더 나아가 동시적인 행동으로 연결시키고자 하였다. 그러나 뉴욕의 주요 신문들은 관권의 압력에 굴하여, 그들의 요구에 반응할 기색은 없었다. 그러던 어느 날 밤, 빅 빌 헤이우드는 닷지의 살롱에서 이러한 상황을 보고했다. 그 자리에서 닷지는 어떤 의미에서는 순진한 생각일지도 모르는 낙천적이고 대담한 제안을 하였다. "만약 파업을 뉴욕으로 가지고 온다면 어떻겠습니까?" 닷지의 제안에 대해 모두들 동의하였다. 이 중에서 패터슨의 경과 상황을 파악하기 위한 역할을 하겠다고 자청한 사람이 있었는데, 그가 바로 존 리드였다. 그는 훗날 멕시코의 판쵸 빌라 혁명을 취재하였고, 10월 혁명의 현장으로 가서 『세계를 뒤흔든 열흘』[41]이라는 책을 썼으며, 제3인터내셔널(코민테른)의 미국 대표가 되어 모스크바의 붉은 광장에 묻히게 되었지만, 당시는 하버드대학을 방금 졸업한 젊은 저널리스트였다. 가볍게 발로 뛰는 일을 소화해내는 능력을 지닌 그는 곧바로 패터슨으로 달려가 많은 노동자들을

---

41. [옮긴이] 한국어본은 존 리드, 『세계를 뒤흔든 열흘』, 서찬석 옮김, 책갈피, 2005를 참조하라.

인터뷰하여 현지 상황을 파악하려고 했지만, 그 자신도 파업행동에 동참하여 경찰의 명령을 거부했다는 이유로 체포되어 얼마 동안 감옥에서 지내게 되었다. 앞서 소개한 인용글은 그 당시 상황을 기록한 「패터슨에서의 투쟁」War in Paterson에서 인용한 것이지만, 이는 『대중』지에도 게재되어 있다.[42]

이러한 노력이 효과를 거두게 되면서, '뉴욕에 파업을 가져오는 제안'이 실현되게 되었다. 1913년 6월 7일, 1천 5백 명의 노동자가 뉴저지에서 페리를 타고 맨하튼에 도착하였다. 그들은 빌리지 근처에서 5애비뉴를 너머 매디슨 스퀘어 가든까지 행진하였다. 그곳에서 닷지와 리드가 기획한 파업 중에 살해된 노동자들을 위한 '야외극'pageant을 거행하였다. 1만 5천 명의 관객들은 경찰대와 밀고 당기면서 의식을 수행하는 노동자들에 대해 탄성을 올렸고, 그 속에서 라 마르세이에즈(프랑스 국가)La Marseillaise와 인터내셔널가를 부르면서 죽은 이들에게 헌화하는 야외극의 절정부분에서는 감동으로 모두 다 흐느꼈다. 이 광경은 한 폭의 그림으로 전해지는데, 화가는 뉴욕적인 사회주의 리얼리스트이자 『대중』에서 잡지 디자인을 담당하고 있던 존 슬론이었다.

결국, 파업은 파괴되고 야외극도 경제적인 파탄으로 끝났으며, 이에 대한 총괄적인 평가를 둘러싸고, 빅 빌 헤이우드와 걸리 플린 사이에서 대립이 발생한다. 그렇지만, 이 행사는 도시공간에서 '혁명적 기념비' 중 하나로 남게 되었다. 앞서 기술했듯이, 그 후 상황은 '팔머 급습'으로 향하게 되었고, 조합활동가와 SPA, SLP의 지도자층, 급진적 지식인까지 거의 대부분이 체포되어 형무소 신세가 되었으며, 거의 모든 잡지는 검열 때문에 활동이 불가능하게 되었다.

이상의 시기가 어떤 의미에서 뉴욕에서는 좌파운동의 밀월시기였다. '사회주의'라는 이상을 지향하는 가운데, 흑과 적이 혼재하여 반反권력 투쟁을 벌여왔다. 또한, 흑에게는 무장투쟁이라는 극한적 선택지부터 생디컬리즘적 제반

---

42. John Reed, "War in Paterson," 앞의 책.

그림19 〈워블리스〉의 매디슨 스퀘어 가든에서의 식전 선언

투쟁에 이르기까지, 그들의 전술상의 폭과 형태가 거의 모두 나타났다고 할 수 있는 시기였다. 그 후, 러시아혁명의 성취를 계기로 뉴욕의 좌파사회는 볼세비키주의의 커다란 영향 하에 들어서게 되었다. 그리고 트로츠키를 추방한 후에는 급진적 지식인과 문화인은 당연히 트로츠키주의의 가능성에 승부수를 걸게 되었다. 반反체제운동의 전체적 흐름 속에서 신좌파까지 연결되어 가는 흐름을 보였다. 이 부분을 살펴보기 전에, 우선 이번 장에서는 이른바 '뉴욕 지식인들'이라 불린 유대계 급진파 지식인의 궤적에 대해 고찰해 보고 싶다.

뉴욕 지식인들의 궤적, 혹은 급진주의가 문화 속으로 흩어지다

언젠가는 말하지 않으면 안 되는 것이 있다. 적든 많든 트로츠키주의에서 출발한 반(反)스탈린주의가 어떻게 '예술을 위한 예술'로 바뀌어 앞으로 벌어질 사건들을 위해 영웅적으로 길을 깨끗이 청소해 두었는가를 말이다.
―― 클레멘트 그린버그(Clement Greenberg)[43]

미국 남서부에 대한 이야기를 하려고 한다. 멕시코 국경에서 그다지 멀지 않은 애리조나주 투슨시Tucson의 시립미술관에는 아주 인상적인 사진이 소장되어 있다. 나는 20여 년 전에 처음으로 본 이래로 가끔씩 상기할 때마다 그리움의 감정을 느꼈다. 이 이미지는 지금 이 순간 눈 앞에는 없는 것으로 추상으로서 회자된다. 세부적으로 보면, 틀릴 수 있는 가능성도 크지만, 어쨌든 이러한 정경은 대략 다음과 같다. 남방계의 커다란 나무 밑에 십여 명의 사람들이 서서 카메라를 응시하고 있다. 즉, 통상적인 기념사진이다. 그러나 이 세계 전체를 상징하는 듯한 나무의 형태와 스케일, 그리고 나무 밑에 서 있는 집단의

---

43. 인용구는 다음의 저작으로부터 전용한 것이다. Serge Guilbaut, *How New York Stole the Idea of Modern Art*, translated from the French by Arthur Goldhammer, Chicago, London: The University of Chicago Press, 1983, p.17.

특수성에서 인류사상 가장 보기 드문 사진이다.

이 집단의 중심에는 트로츠키와 앙드레 브르통André Breton이 서 있고, 그 옆에는 프리다 칼로Frida Kahlo 44와 디에고 리베라Diego Rivera 45라는 멕시코인 활동가와 예술가 부부의 얼굴이 보인다. 게다가 추측하기 어려운 서양인이 몇 명 있고, 그 주변을 무장한 멕시코 인민병이 둘러싸고 있다. 이 사진은 정치적 급진주의와 예술적 급진주의의 합체라는 의미에서 나에게는 오랫동안 특별한 아이콘이 되어 있었다. 그렇지만, 뉴욕 생활도 오래되어, 이 도시의 미술과 정치에 대해 역사적인 관계를 상세하게 알게 됨에 따라, 그곳에는 보다 복잡한 사정이 있다는 것 또한 알게 되었다. 아마도 서양인들은 결코 단일하지 않으며, 그 사이에 '뉴욕 지식인들'New York Intellectuals도 섞여 있을 것이다. 만약 그렇지 않다고 하더라도, 이 아이콘의 영향력이 어딘가에서 본질적으로 관여하고 있을 것이다. 다음은 이러한 일화에 관한 내용이다.

'뉴욕 지식인들'이란 누구인가?46 한 마디로 하자면, 아이작 도이처Isaac

---

44. [옮긴이] 프리다 칼로(Frida Kahlo, 1907~1954) : 멕시코에서 가장 유명한 화가. 교통사고로 입원 중에 독학으로 그림을 배운 후 디에고 리베라에게 재능을 인정받고 그와 결혼과 이혼, 재혼을 거듭한다. 유럽적 감성에 고취된 그녀는 지적이며 특징적인 독자적 초현실주의(Surréalisme)로 프랑스에서도 정평을 얻는다. 트로츠키와의 불륜 등 자유분방한 연애편력은 멕시코나 라틴아메리카 여성들의 이상상으로 그려져 몇 번이고 영화의 소재가 되었다. 멕시코 공산당원이었으며 멕시코에서 최초로 청바지를 입은 여성으로 묘사된다.

45. [옮긴이] 디에고 리베라(Diego Rivera, 1886~1957) : 멕시코에서 민중을 위한 예술을 부흥시키기 위한 운동에 동의하며 이탈리아에서 벽화를 연구했다. 이후 귀국하여 멕시코 벽화운동의 중심적 인물이 된다. 특히 멕시코 민족의 전통과 사회주의적인 문맥을 조합한 벽화를 공공 건물에 그렸다. 멕시코 〈국립궁전〉, 〈국립농학교〉에는 그의 대표작이 보존되어 있다. 또 멕시코 공산당에 입당하여 소련에 초대되었지만 1년 후 반소련운동의 혐의로 추방당한다. 뉴욕 록펠러센터에 〈Man at the Crossroads〉라는 벽화를 그리면서, 미국 건국자 옆에 레닌의 모습을 집어넣으려다 커다란 비판을 받고 완성직전에 파괴된다. 그는 트로츠키와도 교류가 있었으며, 한 때 트로츠키의 암살에 관련되어 있다는 소문도 팽배했었다.

46. Alan M. Wald, *The New York Intellectuals*, Chapel Hill, London: The University of North Carolina Press, 1987 및 Terry A. Cooney, *The Rise of The New York Intellectuals*, the University of Wisconsin Press, 1986.을 참조.

Deutscher 47가 "비非유대인적 유대인"에서 분석한 것처럼, 맑스와 로쟈, 그리고 트로츠키와 같이 국가를 갖지 않은 유대인계 공동체에서 태어난 사람들로, 국가가 없었기 때문에 보다 엄한 규율을 가지고 공동체적 삶을 영위했던 민족성으로부터 스스로를 분리시켜 보편성과 국제주의를 위해 투쟁하는 유대인계의 혁명적 지식인이 바로 뉴욕 지식인들이다. 적어도 이들은 출발점이 같고 공통의 지향을 가지고 있었다. 그렇지만 1930년대 이후 세계상황의 변화 속에서 어느 한쪽으로 치우치게 되었다. 이는 미국의 제국주의적 확장이라는 배경 속에서, 미국에서 좌파세력, 특히 공산당이 쇠퇴해 갔던 것과 대체적으로 관계가 깊었다. 이 집단은 '반反스탈린주의'를 지향한 시점에서 '트로츠키주의'의 시기를 끼고서 점차 '반反공산당', '좌파반대파'로서의 길로 향하게 되었다.

1930년대, 전미의 노동운동이 활발했던 때에 반反스탈린주의는 소수파였지만 혁명적인 계기를 지니고 있었다. 그러나 이미 고찰해 왔던 것처럼, 국민국가의 총동원체제가 시작되어 좌파의 대부분이 이 흐름 속에 흡수되기 시작하면서부터, 점차 좌파운동으로서의 현실적인 핵심들을 실추하게 되었고, 문화 내부의 전위주의로 바뀌면서 집단은 사방으로 흩어졌고, 개개인은 각자의 방향으로 전환되어 갔다. 이것의 가장 세속적이면서도 강력한 요인은 역시 이스라엘 건국이 관계되어 있었다고 말할 수 있다. 이 집단 속에는 실로 많은 사상, 전문분야, 인생이 있었기 때문에, 이루 다 말하기 어렵지만 대략적인 방향전환은 이 집단에 대해 중요한 연구를 행한 앨런 월드Alan M. Wald가 지적하듯, "맑스주의적 반공산주의로부터 자유주의적 반공주의"48로의 변천(혹은 전향)

---

47. [옮긴이] 아이작 도이처(Isaac Deutscher, 1907~1967) : 폴란드 공산당에 입당하여 당기관지의 편집을 맡았다. 스탈린 노선에 반대하였기 때문에 1932년 당으로부터 제명당했다. 저작으로는 *Stalin : a Political biography* (1949), *The prophet armed* (1954)[『무장한 예언자 트로츠키』, 김종철 옮김, 필맥, 2005], *The prophet unarmed* (1959)[『비무장한의 예언자 트로츠키』, 한지영 옮김, 필맥, 2007], *The prophet outcast* (1963)[『추방된 예언자 트로츠키』, 이주명 옮김, 필맥, 2007]으로 트로츠키 전기의 3부작을 완성했다.

이라고 부를 수 있을 것이다. 그 속에는 명확히 우경화된 사람들도 많지만, 보다 미묘한 궤적을 좇던 사람들도 많았다. 그렇지만, 뉴욕 지식인들이 중요한 이유는 '전향의 사례'를 나타내기 때문만이 아니라, 그 과정이 뉴욕의 근대와 현대문화의 형성과 축을 같이 하고 있기 때문이다. 지금부터는 이러한 변천에 대한 개략을 세르쥬 길보Serge Guilbaut의 명저인『뉴욕은 어떻게 현대 미술의 사상을 훔쳤을까?』How New York Stole the Idea of Modern Art에 의거하여 뉴욕적인 미술에 관계되어 있는 담론을 소재로 하여 전개해 갈 것이다.[49]

이 집단의 선배격은 막스 이스트만이다. 그는『대중』의 편집장이면서 동시에 SPA 좌파이기도 했다. 그는 볼셰비키 혁명의 열렬한 지지자였지만, 스탈린 문제로 트로츠키의 열렬한 동조자가 되었다. 1920년대의 장기에 걸친 소련 여행의 성과로서 레닌이 볼셰비키당 앞으로 보낸 '공개금지 유언'을 세상에 공개하였다. 그 내용은 스탈린에 대한 해임과 트로츠키에 대한 평가를 시사한 것이었다. 그 지점에서부터 서양세계에서 트로츠키에 대한 평가가 선두에 서게 되었다. 결과적으로는 많은 '뉴욕 지식인들'과 마찬가지로 트로츠키와 결별하게 되지만, 그때까지『러시아 혁명』등 트로츠키의 주요 저작에 대한 번역자이자 친구 혹은 지지자였었다. 그 때문에 스탈린은 그를 거명하며 공격하였고, 모스크바 재판 중에 미국 공산당 신문인『데일리 워커』지는 그를 '영국 스파이'라고 비난하였다. 그가 편집장을 담당했던『대중』을 둘러싼 조직으로서 1929년에 〈존 리드 클럽〉John Reed Club이 출범하였다. 이를 모체로 하여, 1934년에 창간된 것이 오랫동안 뉴욕의 문화와 언론계에서 일세를 풍미한『파르티잔 리뷰』Partisan Review였다. '뉴욕 지식인들'은 대개의 경우, 이 잡지에 기고하는 '작가들'로서 간주되었다. 문예평론가 필립 라프Philip Rahv를 중심으로 설립

---

48. Alan M Wald, 앞의 책, p.366.
49. Serge Guilbaut, 앞의 책.

된 이 잡지는 당초에는 미국 공산당과 긴밀한 관계였지만, 스탈린 문제를 계기로 결별하게 되었다. 이 잡지는 2003년까지 계속되었지만, 그 활동의 정점은 1960년대까지였다.[50] 이 잡지에 관여한 얼굴들에는 철학자 시드니 후크Sidney Hook, 문학자 제임스 파렐James T. Farrell, 소설가이자 연극평론가인 마리 맥커시 Mary T. McCarthy, 저널리스트이자 문예평론가인 에드먼드 윌슨Edmund Wilson, 문예평론가이자 소설가인 리오넬 트리링Lionel Trilling, 문학자인 어윙 호우Irvine Howe, 미술사가 마이어 샤피로Meyer Schapiro, 미술평론가 클레멘트 그린버그 Clement Greenberg, 한나 아렌트Hannah Arendt, 사회평론가 드와이트 맥도날드 Dwight Mcdonald 등이었다.

이 잡지가 창립된 이래, 1930년대 중반의 상황은 크게 요동치기 시작했다. 1935년 코민테른 제7차 대회에서 '반反파시즘'의 깃발 아래 계급간의 협력관계, 각국의 지식인과의 연합, 전술적인 의미에서 혁명가와 자유주의자와의 한정적인 연대가 노선으로 채택되었다. 이른바, '대중전선'popular front이었다. 이 때문에 세계에 있는 공산주의자는 부르주아 비판을 부드럽게 하게 되었다. 이것의 실천방법으로서 뉴욕에서는 1936년에 제1회 미국 예술가 회의인 제1회 전미 예술인 회의The First American Artists's Congress가 개최되었다. 34명의 참가자 중에 도시학자인 루이스 멈포드, 화가 스튜어트 데이비스Stuat Davis, 미술사가인 마이어 샤피로 등이 포함되어 있었다. 여기서 의장의 역할을 담당했던 데이비스는 근대 예술에서 사회·정치적 문제의식을 반영시키는 것의 중요성에 대한 문제제기를 했다.

이 시기는 미국 공산당 대약진의 시대이기도 했다. 당은 반쯤 애국주의에 호소하는 듯이 '공산주의는 곧 20세기 미국주의'라는 노선을 제창하였다. 당원

---

50. 예를 들어, 수잔 손탁(Susan Sontag)의 유명한 '캠프'(Camp)론도 여기서부터 처음으로 세상에 나왔다. 이 잡지는 오랫동안 뉴욕의 얼굴 중 하나였지만, 의외로 초기의 '반스탈린주의'적 관점, 즉 '트로츠키주의'와의 관계는 망각되어 있다.

수는 1929년에 1만 2천 명이었지만, 1939년에는 10만 명을 기록하고 있었다. 그러나 그 사이 동시에 내부에서는 반反대중전선이라고 하는 형태로 반스탈린주의가 발흥하고 있었다. 물론, 그 배경에는 트로츠키의 추방(1929년)과 모스크바 재판(1936~1938년)이 있었고, 히틀러-스탈린협정(1939년)이 있었다. 이스트만과 함께 트로츠키에 대해 호의적이었던 '뉴욕 지식인들'은 반스탈린주의=반공산당으로 변해갔다. 그러나 이는 동시에 지식인들이 일반당원 및 당과 가까운 조합들로부터 고립되는 것을 의미했다.

1936년, 친트로츠키파 사이에서 〈트로츠키 방어를 위한 미국위원회〉 American Committee for the Defense of Leon Trotsky가 발족되었다. 이를 모체로 하여 1938년, 트로츠키주의의 당인 〈사회노동자당〉 Social Workers Party이 발족되었고, 트로츠키가 지도하는 제4 인터내셔널의 미국 지부가 되었다. 동시에 잡지 『뉴 인터내셔널』 New International이 발간되었다. 그 사이 '뉴욕 지식인들'의 주변적인 움직임은, 예를 들어 『국가』 Nation지가 곧바로 트로츠키로부터 의견을 듣는 기획을 세웠고, 보다 야심적인 시도로 1937년 콜롬비아 대학 교수이면서 '뉴욕 지식인들'에 속해 있었던 몇몇 멤버들의 선생이기도 했던 철학자 존 듀이 John Dewey와 그의 제자인 제임스 파렐 James Farrel을 중심으로 한 조사위원회가 트로츠키의 진술을 듣기 위해 직접 멕시코를 방문하였다. 여기에는 트로츠키 옹호위원회의 멤버들뿐만 아니라, 변호사 몇 명, 그리고 반드시 친트로츠키주의자라고 할 수 없는 사람들도 참가하였다. 이 기획은 가능한 한 공식적인 조사위원회와 같은 체제를 취하려고 했었다. 공산주의자로서 혹은 공적 지식인으로서 공명정대함을 지향하는 대단한 열의가 있었다. 결과적으로 트로츠키의 진술은 참가자들의 대부분을 감동시켰고, 그의 무죄가 증명되었다고 한다. 그러나 트로츠키를 무죄라고 하는 상황 속에서, 쉘든 로드맨 Sheldon Rodman이나 시드니 훅 Sidney Hook 등은 이를 계기로 '맑스-레닌주의'의 독재주의적 성격 자체에 대한 불신을 갖게 되었고, 점차 자유주의에 대해 긍정하게 되었다. 이리하여 미국에서의 냉전 패러다임의 지배가 준비된다.

예를 들어, 트로츠키는 이전부터 듀이의 철학에 비판적이었으며, 이스트만에게도 위험성을 시사하였지만, 듀이의 사랑스런 제자이면서 맑스주의와 실용주의의 양면을 연구한 후쿠에게는 이것이 아주 고통스런 문제였다. 트로츠키를 높게 평가하면서 자유주의로 향해 가려는 것 없이, 오로지 반체제 좌파의 위치를 유지하려고 했던 사람들조차도 반드시 트로츠키 추종주의에 대해 일관적인 입장은 아니었다. 예를 들어, 최후까지 독립적인 좌파의 위치를 지니고 있었던 드와이트 맥도날드나 트리니다드 출신의 문필가이자 혁명가이며, 당시 디트로이트에 살고 있던 C. L. R. 제임스Cyril Lionel Robert James 51를 포함한 몇 명의 SWP 멤버들과 트로츠키 사이에 분열이 나타났고, 이는 소련에 대한 평가, 볼셰비키 일당독재에 대한 평가와 관련되어 있었다. 트로츠키가 소련에 대해 현재 약간 길을 일탈했다고 말하면서, 기본적으로 그 방향과 목적은 옳다고 평가하고 있던 것에 반해, 미국의 지식인과 활동가들은 소련 자체에 대해 환멸을 느끼기 시작했다. 거기서부터 우리들은 현대로 이어지는 맑스주의 내부의 **천의 분열과 생성**을 관찰하게 된다.

이러한 상황 아래서 『파르티잔 리뷰』와 그곳에 모여든 '뉴욕 지식인들'은 점차 고립되었고, 지식인 고유의 영토인 진보적 문화를 옹호하는 전선에만 몰

---

51. [옮긴이] C. L. R. 제임스(C. L. R. James, 1901~1989) : 트리나다 출신의 지식인. 범 아프리카주의 운동을 이끈 정치지도자로서 아프리카 독립운동을 지원하고 직접 참여하기도 했다. 1901년 아메리카의 트리니다드토바고에서 태어나 그곳에서 성장했다. 1932년에 런던으로 이주한 후 맑스주의자가 되어 정치활동을 했고, 특히 트로츠키주의에 동조했다. J. 케냐타, J. 은크루마 등 아프리카 식민지 해방운동 지도자들을 육성하고 지원하던 단체인 〈국제 아프리카 서비스 사무국〉에서 일하기도 했다. 1938년 미국으로 이주한 뒤에는 흑인운동이 사회주의혁명에서 갖는 의미와 역할을 이론화했다. 1960년대 범아프리카주의 운동이 확산되고 카리브 지역에서는 각 섬들의 독립운동이 활발해지자 제임스는 트리니다드로 가서 서인도제도연합의 결성을 위해 매진하는 한편 이 지역의 문화적 정체성을 찾기 위한 작업도 활발히 전개했다. 1962년 결국 서인도제도연합이 무산되자 런던으로 돌아가 말년을 보냈다. 그는 『블랙 자코뱅』 외에도 『세계혁명』, 『미국의 흑인문제에 대한 혁명적 회고』 등의 탁월한 저서들을 많이 남겼다.

두하게 되었다. 이러한 상황에서, 미술 영역에서의 담론은 대략 다음과 같은 형태로 나타나게 되었다. 첫 번째는, 대중전선의 문맥에서 스튜어트 데이비스에 의해 제기된 '정치와 예술'론에 대한 마이어 샤피로의 고도의 반론이 있었다. 데이비스는 정치에 봉사하는 예술을 제창하였고, 근대주의적 추상예술이 충분히 사회와 정치를 반영하고 있지 않다는 것에 문제를 삼았다. 이에 대해 샤피로의 반론 핵심은 '추상예술가들은 자유의 환상 속에서 작업하며, 상황의 복잡성이나 스스로의 입장이 지닌 희박성을 이해하고 있지 않다. 때문에, 그들이 자신들의 작품을 충분히 함축하여 파악할 수가 없는 것이다'[52]고 하였다. 이 논의에는 대략 두 가지의 함축이 개재되어 있다고 생각된다. 우선, '예술'이라는 것은 의식하려고 하든 그렇지 않든 관계없이 그것 자체가 '사회적·정치적' 위상을 내포하고 있다는 것이다. 이런 의미에서 그 내용에 관계없이 '예술'은 모두 '사회적·정치적'인 것이다. 혹은, 샤피로가 '사회적·정치적'으로 만들었다고 할 수 있다. 둘째로, 예술에 대한 '분석' 혹은 '비평'의 독립적인 기능이 필수적으로 요청된다. 샤피로는 여기서 어떤 의미의 '미술에 대한 담론'이라고도 불릴 수 있는 영역을 생산하였고, 그 연장선상에서 구축된 그의 업적은 오늘날 높게 평가받고 있다. 그러나 그의 초기 트로츠키주의와의 관계는 거의 알려지고 있지는 않다.

두 번째 예로는, 처음에 기술한 급진주의의 아이콘에 관계되는 일화이다. 1938년 『파르티잔 리뷰』는 트로츠키의 협력 속에서 디에고 리베라와 앙드레 브르통이 쓴 선언Manifesto 「독립 혁명 예술을 위하여」라는 것을 게재하였다. 이는 브르통과 리베라라는 예술에 종사하는 진보주의자와 트로츠키주의의 합체를 위한 시도였다. 이러한 프랑스적 전위예술과 트로츠키주의의 멤버구성과 결합 시도는 획기적이었고, 이 결합은 그 자체로 그들이 공표한 선언보다도

---

52. Serge Guilbaut, 앞의 책, p.24.

뉴욕 지식인과 문화인들에게 커다란 반향을 일으켰다. 또한, 여기서 트로츠키 자신의 소련 비판과 앙드레 브르통 자신의 경험을 반영한 프랑스 공산당 비판도 포함되어 있었다. 그러한 입장은 '파시즘도 아닌, 공산주의도 아닌' 무원칙주의에는 동의하지 않고, 어디까지나 '트로츠키주의에 기초한 혁명적 공산주의'를 철저히 관철시키려는 것이었다. 그렇지만, 여기서 회자된 것은 '참된 예술은 곧 혁명적'이라는 '전면적 전위예술주의'Total Avangard의 사상이었다. "참된 예술이 혁명적이지 않다는 것은 있을 수 없다. 완벽하며, 근원적인 사회의 변혁을 지향하지 않을 수는 없기 때문이다."53 바로 이 부분에서 브르통의 입장이 드러나 있고, 당시 이것은 매력적인 생각이었다. 트로츠키주의를 통해 세계의 제3세력 모두를 조직화하고, 정치적 전위와 예술적 전위를 합체시키는 것도 포함될 것이다. 이 양자 간의 합체가능성이 주는 매력이 바로 위에서 예로 든 아이콘의 매력이다. 그러나 선언에서 최종적으로 정치와 예술의 관계성은 명확히 제시하지 못했다. 그리고 우리들은 아직도 만족할 수 있는 이론을 가지고 있지 못하다.

그 이듬해, 1939년 『파르티잔 리뷰』는 일시적인 트로츠키주의자였던 미술평론가 클레멘트 그린버그의 유명한 논문인 「아방가르드와 키치」Avant-Garde and Kitsch 54를 게재했다. 이 논문은 전체적으로는 자본주의와 부르주아 대중문화에 대한 비판이면서, 부르주아 계급에 의한 키치의 정치적 전유에서 기인하는 문화의 위기를 호소하고 있다. 이에 대해 그는 전위예술의 비판적 기능을 주창하였다. 그러나 그린버그가 여기서 말한 비판적 기능이란, 이미 사회적·

---

53. Andre Breton and Diego Rivera, "Toward a Free Revolutionary Art," *Partisan Review 6*, No. 1(Autumn 1938): p.50.
54. Clement Greenberg, "Avant-Garde and Kitsch," included in *Clement Greenberg: The Collected Essays and Criticism*, Vo. 1, edited by John O'Brian, Chicago, London: The University of Chicago Press, 1986.

정치적 비판으로부터 예술 내부에서의 예술 자체에 대한 비판으로의 이행이 이미 완료된 후의 것이었다. 여기서는 이미 '혁명적 계기'라는 것이 개입할 여지란 없었다. 그리하여, 여기서부터 미술관 제도, 부동산과 밀접히 관련되어 있던 추상표현주의로부터 시작되는 미국 현대 미술의 세계제패가 시작된 것이다.[55]

그 후, 후크로 대표되는 '뉴욕 지식인들' 우파 중에는, 완전하게 미국의 국가정책과 인연을 맺고 있는 사람도 있었다. 알랭 월드는 다음과 같이 말한다. 그들(뉴욕 지식인들)은 "세계에서 미국이 차지하는 역할을 반+고립주의적 상태로부터 제국주의의 주요 세력으로 변모시키는 과정을 보다 원활하게 하였다. 그들은 정부, 사업가, 보수적 요인들이 선동하고 있는 반공이데올로기를 보다 세련된 변주곡으로 변화시켜 열광적인 지지자들이 되어 갔다. 이를 통해 '자유주의적 반공주의'는 제멋대로 작동하기 시작했다."[56] 이것은 극단적인 예이긴 하나, 그 밖의 많은 인사들은 제각각 적당하게 진보적인 자세를 겸비하면서 자신의 영역에서 중요한 일을 달성해 갔다. 오히려, 그 후에는 크나큰 공적이 있어서인지, 과거에 급진적인 트로츠키주의자였던 사실이 가려지기도 했다.

그 속에서도 예외가 있었다. 드와이트 맥도날드이다. 그는 어떤 의미에서 '사회혁명의 가능성'을 계속 가지고 있었던 보기 드문 사례가 된다. 그는 1940년에 SWP를 탈퇴하고, 그곳에서 분기한 〈노동자당〉Workers Party에 참가하였다. 이때에도 C. L. R. 제임스와 길을 같이 했다. 그리고 1943년『파르티잔 리뷰』와 결별한 후에 스스로 출판과 편집을 담당하면서 아주 독특한 잡지인『정치』Politics지를 창간하였다.[57] 참고로, 한나 아렌트는 그의 동조자 중 한 사람이었

---

55. 미술과 부동산(=젠트리피케이션)의 관계에 대해서는 코소 이와사부로(高祖岩三郎), 「뉴욕열전」, 제4회 「반백벽론」(反白壁論), 『현대사상』(現代思想), 2005년 3월호, 세이도샤 참조.
56. Alan M. Wald, 앞의 책, p.5

다. 또한, 그는 이 잡지와 연계한 시리즈를 통해, 미묘하게 아나키즘의 재평가에도 착수하여 독립적 좌파의 입장을 견지해 갔다. 그는 신좌파의 도래에도 중요한 영향을 미쳤다. 이는 1960년의 〈미국 민주 학생 연합〉의 제1차 전체대회에서 폐회 인사를 담당하면서 명확해 졌다.[58]

---

57. 이 잡지는 시몽 베이유, 알베르 카뮈, 빅토르 세르주, 조르주 바타이유, 쟝 폴 사르트르, 칼 야스퍼스, 시몬 드 보봐르 등의 유럽인들과 메리 맥커시, 폴 굿드만, 마이어 샤피로, 존 파드모아, 제임스 아지, 마살 맥루한 등 쟁쟁한 인물들이 논문을 게재했었다.

58. Dwight Macdonald, *The Root is Man, New York*, Autonomedia, 1995 및 서장 "'The Root is Man'-Then and Now," by Kevin Coogin을 참조.

노동자의 인종적 분단, 혹은 계급의 폐허(보론)

근린성과 복잡한 취업구성에 따른 인구분포는 뉴욕의 노동자들에게 민족적, 인종적, 종교적 충성을 소중하게 만들면서도 이를 극복하도록 만들어 왔다.
그러나 뉴욕인들은 원래부터 놀라울 정도로 시골뜨기였다.
— 죠수아 B. 프리만[1]

제3부에서는 뉴욕의 사회변혁운동을 대상으로 한다. 이 주제로 제5장에서 제6장으로 진행하기 전에 그것의 연결고리로서 여기서는 '뉴욕의 노동자'에 대해 고찰할 것이다. 뉴욕에서 '노동자'란 근원을 따지자면, 세계위기의 산물로서 도래한 세계민중(이민자)이다. 그 또는 그녀들을 '미국국민'이라는 분류로 정리하는 것은 궁극적으로는 불가능하다. 따라서 '그 또는 그녀들의 투쟁'을 기술한 '운동론'을 위해서라도, 이 '존재론'(계급과 인종의 교차)이 도움이 될 것이다. 이번 내용은 바로 이것을 지향한다.

과거 뉴욕은 노동자의 도시였다. 이는 문화적 표상으로 다양한 영역에서 충분히 표현되었다.[2] 특히, 제2차 세계대전 후 크게 발흥하게 된 노동운동을 포함하여, 예전 노동자의 존재는 도시극장의 무대를 장식하고 있었다. 그러나 현재 노동하는 신체의 이미지가 사라지고 있으며, 도시경관의 무대에서 보이지 않게 되어 가고 있다. 그러나 여전히 이 도시를 구성하고 있는 것은 이렇듯 보이지 않는 '노동하는 신체'이다. 여기서는 이미 무대 앞에 등장하지 않게 되어 버린 '존재'와 그 역사성에 대해 생각해 보고 싶다.

20세기 이전의 역사적인 뉴욕의 노동자 이미지는, 여성의 경우 뭐니뭐니해도 의복산업을 지탱하는 바느질공이 중심이었다.[3] 그리고 그곳에서 전락하

---

1. Joshua B. Freeman, *Working Class New York*, New York: The New York Press, 2000, p.33.
2. 예를 들어, 회화에서는 레지날드 마슈, 영화에서는 킹 비터의 〈The Crowd〉, 텔레비전에서는 브룩클린에 사는 버스 운전사와 그의 아내를 묘사한 〈하니무너즈〉(Honeymooners) 등등이 있다.
3. 뉴욕에도 고유의 '여공의 슬픈 역사'가 존재한다. 그중에서도 가장 비극적인 것은 현재 워싱턴광장 공

여 가창이 되어간 사람들의 일화도 많다. 남자의 경우는 항만노동자나 선원이 된 경우가 많았다. 전반적으로 뉴욕에서 노동이란 어디까지나 '교통의 산물'로 발생하여 점차 분기되어 갔던 직종이 주류를 형성했다. 19세기 초기, 이 도시에서 최초의 거대 공공 프로젝트로서 5대호와 허드슨강을 잇는 이리운하Erie Canal가 건설되었고, 더 나아가 각종 철도노선도 확충되어 내륙부와의 교통이 가능해졌다. 이것을 바탕으로 뉴욕은 제조업보다는 통상의 중심이 되었다.

또한, 특수한 '뉴욕적 제조업'이 탄생하게 되었다. 이는 조선, 운반용 나무통의 제조, 상인용 고급제품, 설탕정제 등이었다. 20세기에 들어서서도 뉴욕은 피츠버그(철강업)나 디트로이트(자동차산업)처럼 대공장 지대가 된 적은 없으며, 큰 기간산업을 바탕으로 통일된 노동자인구는 형성되지 않았다. 어디까지나 이 도시는 다종다양한 노동자의 잡거체였던 것이다. 때문에, 20세기 초기의 자동차, 석유, 고무 등의 산업 발생조차도 방관자로서 조망했을 뿐이다. 이러한 역사의 귀결로서 20세기 중기에는 노동사가인 조슈아 프리만Joshua B. Freeman이 '포드주의의 시대에서 비非포드주의적 도시'로 부르게 된 뉴욕이 형성되었던 것이다.4 예를 들어, 뉴욕에는 일찍부터 전등과 형광등 등의 산업이 번성하였지만, 그것조차도 남성중심의 특수기술자들이 개발 시기에 행했던 것에 국한될 뿐이었고, 일단 대부분의 여성 비숙련공의 벨트작업을 중심으로 한 대량생산의 시대로 이행되자마자 허드슨강 연안의 뉴저지나 그 안쪽의 내륙부로 이동되어 갔다. 그러나 그 후에도 대중소비재로서의 전등이 아닌, 특수

원 동쪽에 위치하고 있는 뉴욕대학의 주요 기숙사를 점하고 있는 〈Triangle Shirtwaist Co.〉에서 일어난 1911년의 대화재였다. 그때, 13세에서 23세에 이르는 이탈리아계, 유대인계의 여공 146명이 희생물이 되었다. 그녀들은 경영자의 지시에 따라 공방의 문이 닫혀 있었기 때문에 도망쳐 나갈 수가 없었다. 어떤 사람은 타 죽어 갔고, 어떤 이는 옥상에서 뛰어 내리다가 죽어갔다. 이에 대한 쟁의가 오랫동안 지속되었고, 최종적으로 공장 측의 유죄판결이 내려졌다. 이 사건이 여성 노동운동을 활성화시켰고, 최종적으로는 노동조건의 개선으로 이어졌다. 그렇다고 하더라도 이 사건은 너무나도 음산하였다.

4. Joshua B. Freeman, *Working Class New York*, New York: The New York Press, 2000.

한 과학용, 공업용, 군사용 전기기구 등의 제작소가 남아 있었다. 즉, 다양한 도구나 인재를 활용하여 다양한 제품을 생산하는 제작소로서 '유연한 전문화'flexible specialization의 제조업이 뉴욕 산업의 특색이 되었다.

또한, 뉴욕적 산업의 특색은 하나의 생산물에 관계된 다수 부문이 공생하는 것에 있다. 예를 들어, '의복산업' 지대는 아직도 남북으로 34번가에서 40번가에 이르는, 그리고 동서로는 6애비뉴에서 9애비뉴 사이에 존재하고 있다. 이 지구와 주변에는 버튼제조업, 미싱업자, 중매인, 은행, 운송업자, 원단업자, 포장업자, 패션 모델, 사진가, 영업업자 등이 가게나 사무소를 두고 각각 저자본의 가내공업중심의 생산체제를 마련하고 있었다. 뉴욕에서는 예전부터 통상적으로 외주에 의존하지 않는 다양한 분야(도매업자, 하청업자, 서비스업자)가 한 지역에 모여 있는 경향이 있었다. 의복산업은 대개의 경우 유대인계 가내사업으로서 형성되었지만, 숙련노동자는 백인 남성중심이었고, 여성과 유색인종에게는 정규고용이 아닌 비숙련노동이 맡겨졌다. 가족전원을 노동력으로 동원하였고, 이에 더해 필요한 노동을 구성하는 것이 주된 형태였다.

1945년 제2차 세계대전 종결 후, 뉴욕에도 '노동자의 시대'가 도래했다. 앞서 살펴봤듯이, 각종 조합이 활발히 활동하며 발언력을 강화시켜가고 있었다. 프리만에 따르면, "1930년대의 대중전선과 뉴딜정책의 유산을 통해 국민적 자기동일성과 위대함을 다원적으로 재규정하려는 것이 결실을 맺은 때가 바로 1940년대였다"[5]고 한다. 이 시기는 제2차 세계대전의 승리에 의해 탄력을 받은 미국적 민주주의의 시대에서 모든 백인민족들의 단결이 형성되었던 민족주의Nationalism의 시대이기도 했다. 또한, 미국 공산당이 진보적인 〈산별 노동조합회의〉에 대해 커다란 영향력을 발휘하던 시대이기도 했다. 당시 수준에서 보자면, 다민족 사회 미국의 영광은 무엇보다도 아프리카계 미국인 3명, 유대인

---

5. Joshua B. Freeman, 같은 책.

1명, 라틴계 1명, 폴란드계 2명, 슬로바키아계 1명, 이탈리아계 2명, 스칸디나비아계 2명, 이탈리아-헝가리계 1명이라고 하는 일세를 풍미했던 브룩클린 다저스의 1949년 팀 구성에서도 알 수 있다.

제2차 세계대전 후, 4반세기 동안 노동조합의 조직화는 그다지 곤란하지 않았다. 이것은 많은 노동자들에게 '조합'을 통해 보다 좋은 생활을 획득할 수 있다는 것과 같은 의미로 이해되었기 때문이었다. 당시 노동자의 각종 공동체는 아주 안정되어 있었다. 인종과 노동형태가 일치하고 있었고, 조합활동도 그 주변의 근린공간을 기반으로 하고 있었다. 대개의 경우, 아직 노동자들은 직장 근처에 살고 있었다. 예를 들어, 이탈리아계 항만노동자는 모두 브룩클린의 레드훅redhook에 주거하고 있었고, 맨하튼의 첼시에는 아일랜드계인들의 주거구가 있었다. 당시 뉴욕의 각 구의 인종구성은 브룩클린의 선셋파크Sunset Park는 스칸디나비아계가 있었고, 브라운즈힐Brownshill, 윌리암즈파크Williams Park, 보로파크Borough Park 등은 유대인계, 북부의 그린포인트Greenpoint는 폴란드계, 그리고 맨하튼의 할렘에는 아프리카계 미국인, 푸에르토리코계와 이탈리아계가 같이 점재하고 있었다. 차이나타운은 중국계, 어퍼이스트사이드Upper East side에는 독일계, 아일랜드계, 헝가리계가 있었다. 그리고 브롱크스에는 유대인계, 이탈리아계에 더해 아프리카계 미국인과 푸에르토리코계가 있었다. 이렇듯 인종마다 지역적 집합과 분리가 된 이유는 임대비용과 주택매매시의 인종차별의 결과이기도 했다.6

1952년의 통계에 따르면, 뉴욕의 인구 중 반수는 카톨릭계였고, 1/4은 유대인계였다고 한다. 백인 중에는 프로테스탄트가 16퍼센트밖에 안 되었고, 이는 미국에서는 특이한 예이다. 1940년대에는 백인계 이민자는 64만 1천 명이

---

6. 참고로, 1968년까지 연방법에서는 매매나 임차 시에 인종에 따라 선별하는 것을 위법으로 삼지 않았다.

었지만, 1960년에는 49만 2천 명으로 감소했다. 이와는 반대로, 남북 캐롤라이나주와 버지니아주, 조지아주로부터 이주한 아프리카계 미국인과 푸에르토리코계 이주가 증가해 갔다. 이 대이동은 1840년부터 1860년까지 아일랜드와 독일로부터 그리고 1890년부터 1915년까지 유대인계와 이탈리아계의 이동과 비교할 만하다고 할 수 있다.

이 시기부터 뉴욕에서 인종적 대립이 격화되어 갔다. 이 대립은 백인 내부의 문제로 먼저 나타났다. W. E. B. 듀 보이스가 몇 번씩이나 강조했듯, 백인 내부의 인종적 대립은 흑인이 아닌 사람이기 때문에 스스로 '인종적 보상'racial wages을 얻으려고 하였다. 백인 프로테스탄트를 정점으로 하여, 그 뒤를 밟아 미국으로 건너 온 유럽계의 각 민족들이 색체적인 계급화의 성격을 띠었고, 자신들을 '백인화'whitening시키기 위해 투쟁하였다. 이미 살펴보았듯, 당시 대부분의 유럽계 민족은 백인으로서 간주되지 않았다. 우선, 보헤미아인, 마쟈르인, 슬라브인계를 필두로 아일랜드인, 유대인, 이탈리아인도 백인으로 간주되지 않았으며, 나중에 푸에르토리코인들도 **표백화 투쟁**에 휩싸이게 되었다. 이러한 인종적 집단은 백인과 흑인의 중간에 위치하는 불안정한 장소로부터 탈출하여, 이 도시 속에서 확고한 위치를 얻기 위해 매진했다. 각각의 집단은 뉴욕 공간 속에서 자기의 민족적·인종적 동일성을 유지하면서 사회에 동화되기 위한 상승적 욕망을 위해 '분리된 동화'segmented assimilation를 실천해 갔다. 이러한 상황에서 백인계 노동자를 중심으로 형성된 수많은 노동조합은 당연히 인종적 편향으로부터 자유롭지 못했다.7

냉전 하에서 뉴욕은 반공反共의 시대를 맞이하게 되었다. 공산주의와 연관

---

7. 이에 대해서는 몇 가지 예를 들 수 있는데, 예를 들어 1957년 푸에르토리코계의 의복산업 노동자들이 〈국제 여성 의복 산업 노동조합〉(International Ladies Garment Workers Union, ILGWU)에 대해서, 인종적 우선주의에 따라 스페인어를 모국어로 하는 그녀들의 이익을 충분히 대표해야 하지만, 그렇지 않는 것에 대해 항의 행동을 하였다.

맺게 된 조합운동은 대부분 해체되어 활동가에 대한 법적 탄압이 격화되었고, 눈에 띄는 공산당원은 국외로 추방되었다. 이는 노동자의 생활에 커다란 영향을 미쳤다. 본 고장의 근린공간에 뿌리박은 조합운동의 소멸은 '평등'이라는 그때까지 구축해온 가치를 젊은 세대에게 전승할 수 없게 만들었고, 새롭게 형성되기 시작했던 여성들의 직장진출과 발언권 확대에도 종지부를 찍게 되었다. 1960년대에는 인플레이션 때문에 복지행정이 종언되었다. 많은 공공주택과 건강관리 프로그램이 폐지되었다. 공민권운동이 조금씩 고용차별의 소멸을 실현해 가기 시작했던 때에, 아이러니하게도 과거 이민자들에게 어느 정도 경제적 안정을 제공했던 초보적 수준의 직종들이 사라져 버렸다. 더 나아가, '도시공간'과 '노동자계급'의 인종적이며 경제적인 이중 층위가 형성되어 분단되어 갔다.

할렘은 20세기 초부터 아프리카계 미국인 지역이 되었다. 제2차 세계대전 후 아프리카계 미국인의 인구 증가는 주로 다른 지역에서 발생했다. 브룩클린의 베드포드 스타이브산트Bedford-Stuyvesant가 그중 하나인데, 1970년대에는 뉴욕에서 흑인 최대의 공동체가 되었다. 1950년대와 1960년대에는 역시 브룩클린의 (1830년대부터 흑인이 살고 있던) 크라운 하이츠Crown Heihts, 브라운즈빌Brownsville, 이스트 뉴욕East NY으로 대이주가 발생했다. 이것은 이미 진행되고 있던 백인 노동자계급의 다른 지역으로의 이주를 촉진시키게 된다. 이러한 슬럼지대에서 집주인의 '집중적 탈투자'가 발생했고, 근린공간의 폐허를 야기하였다.

베드포드 스타이브산트에서는 1960년대 초부터 슈퍼마켓이나 건설업 등 해당 지역에서 사업을 할 때 그 고장의 사람들을 고용하지 않는 것에 항의하는 노동쟁의가 발생하였다.8 이러한 운동은 점차 공민권운동으로 이어졌다. 동시

---

8. 예를 들어, A&P 슈퍼마켓이나 주립대학 병원 건설 등이 있다.

에 흑인지구에서는 여전히 '경찰의 폭거'가 계속 발생하고 있었다. 제2차 세계대전이 있기 전, 공황기에 성립된 〈라이온즈법〉Lions Law은 본 고장 지역의 주민들을 공무직에 우선적으로 취직시키는 것을 의무화하였다. 이에 따라 경찰과 소방서를 포함한 공공기관은 본 고장 주민을 우선하여 고용하기 위한 주거자 자격residency requirements을 마련했었다. 그렇지만, 이러한 조치가 취하되어 버렸다. 그 결과, 퀸즈나 스타텐아일랜드, 교외에 사는 백인 경찰관들이 이곳 아프리카계 미국인이 사는 흑인지구를 단속하게 되었고, 그 후부터 아주 심각한 갈등을 낳게 되었다. 그 결과, 매년 체포되어 형무소로 보내지는 인구가 특정 주거구로 집중되는 형태로 귀결되었다. 아프리카계 미국인의 공동체 운동지인 『마호가니 블루스』Mahogany Blues에 의하면, 뉴욕주의 형무소에 구류되어 있는 인구의 73퍼센트가 할렘, 사우스 브롱크스, 로어이스트사이드, 베드포드 스타이브산트, 브라운즈빌, 이스트 뉴욕, 사우스 자메이카의 출신이었다. 이 7개 지역에서는 HIV의 양성반응 비율도 높게 나타났다.[9]

백인을 중심으로 한 노동자의 교외로의 대이동이 시작되었다. 예를 들어, 퀸즈동부, 퀸즈와 브룩클린을 접하고 있는 자메이카만 지구, 브롱크스 북부 등 주변지역으로 이주하게 된 것이다. 거대한 공공주택 프로젝트가 브룩클린 남부의 캐나르시Canarsie 지구나 북 브롱크스에 건설되었다. 그리고 퀸즈동부에는 정원이 있는 아파트가 건설되었다. 이쯤부터, 퀸즈는 주로 공무원들의 주거지가 되었고, 맨하튼과 브롱크스를 뛰어 넘어 브룩클린 다음으로 인구가 많은 지역이 되었다. 다수의 이탈리아계, 아일랜드계 노동자의 가족은 퀸즈의 하워드비치Howard Beach나 남부오존파크South Ozone Park에 세워진 단독 주택으로 이주했다. 그리고 다른 교외지역의 인구도 증가하게 되었다. 1960년에는 롱 아일랜드 케이프의 낫소Nassau군의 40퍼센트에 이르는 취업 주민들은 맨하튼으로

---

9. 사이버링크 http://www.mahoganyblues.com 참조.

통근하였다. 이주한 집단들에게 노동운동의 성과란 무엇보다 생활을 안정화
시켜서 교외로 이동하기 쉽게 한 것에 있었다. 그러나 주거의 분산과 교외생활
의 안정이 결과적으로 노동운동을 쇠퇴시켜 가고 있었다.

　공민권운동 이후의 커다란 운동이라고 한다면, 단연 '베트남 반전운동'일
것이다. 1970년 5월 매일처럼 반복되던 반전 집회에 대한 백인 건설노동자의
'호전적인 폭동'이 발생하였다. 그들은 직장이었던 건설현장을 버리고, 성조기
를 손에 쥐고 월스트리트를 행진하던 반전집회의 대열을 습격했다. 더 나아가
켄트대학에서 경찰에게 살해된 학생들의 명복을 빌기 위해 당시의 린제 뉴욕
시장의 명령으로 반기를 내리게 된 성조기를 다시 올리라고 요구하였다. 몇 번
인가 항변 끝에 시청직원은 뜻을 굽히고 깃발을 올리게 되었다. 그들은 이것에
도 만족하지 않고, 가까운 페스대학에 들어가 반전학생들을 폭행하였다. 그 후
에도 며칠간에 걸쳐 이러한 폭동을 계속하였다. 이에 대해 뉴욕시경은 환영과
호평의 태도를 취했다. 또한, 닉슨대통령은 이 그룹을 절찬하였고, 그 대표자
를 공식적으로 워싱턴에 초대하였다. 이 사건은 위기에 처한 백인 남성의 남성
성을 재주장하며, 애국주의에 매진한다는 미국에서의 백인 남성 노동자의 위
상과 행동패턴을 노골적으로 표현한 사건이었다. 우리들은 이 사건으로부터
1863년의 '징병폭동', 그리고 오늘날 멕시코와 국경부근에서 이민자들을 계속
습격하고 있는 〈마이뉴트맨 프로젝트〉를 연결하는 '동일한 하나의 흐름'을 생
각하게 된다. 어느 것이든 미국에서 이러한 동향은 '인종의식'에 의해 '계급을
파괴하고', 제대로 된 '노동운동'을 불가능하게 하는 것이다.

　1970년대에 들어, 뉴욕시는 재정위기의 시대가 도래했다. 1973년에는 오
일쇼크가 있었고, 실업률은 상승하였다. 학교, 공원, 교통기관, 근린경비 등 공
공사업에 의존하고 있던 가난한 사람들이 그 누구보다도 피해를 입게 되었다.
세금이 상승하고, 급여는 삭감되었으며, 실업률이 증가했다. 이 때, 유색인종
학생, 빈곤가정의 학생에게 열려 있던 〈뉴욕시립대학〉CUNY이 등록비 인상을

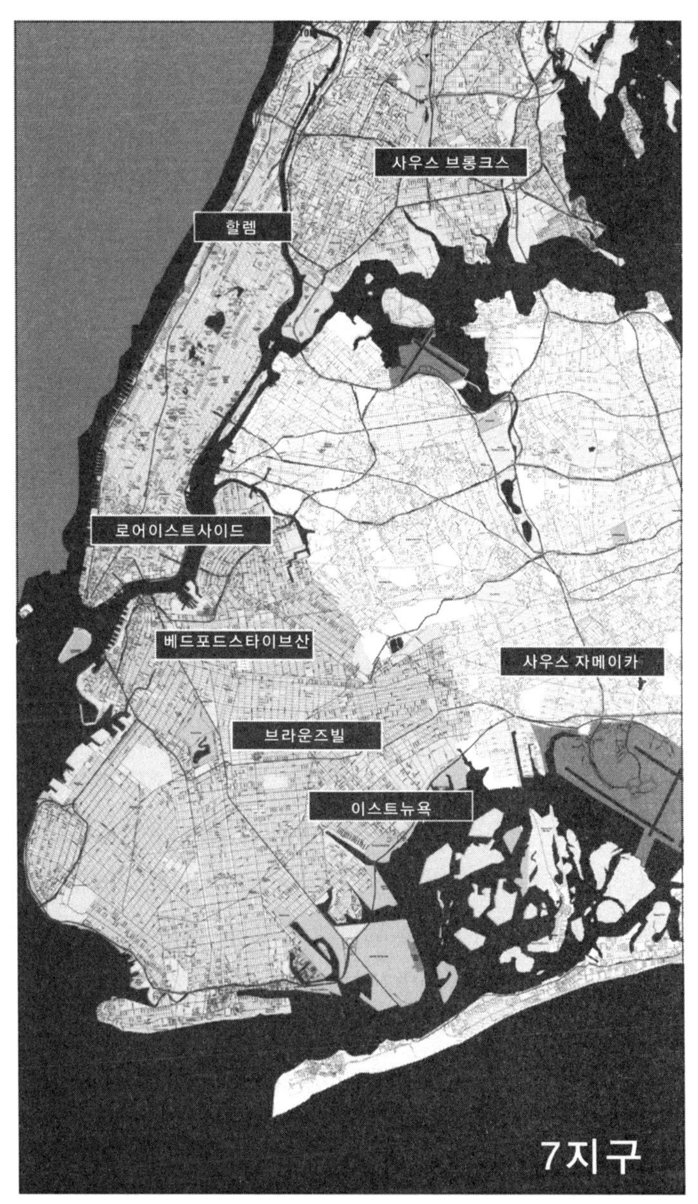

그림20 7지구(뉴욕주립 형무소에 복역하고 있는 73%의 사람들의 출신지역)

하게 되었다. 6만 2천 명의 학생들이 등록비를 지불하지 못하고, 어쩔 수 없이 자퇴하게 되었다. 더 나아가, 1980년에는 흑인계와 히스페닉계 학생의 비율은 4년 전보다 절반으로 줄어들었다. 공공사업이 사멸하였고, 오직 시장Market의 전제주의적 시대가 도래했던 것이다. 당시의 상황은 1980년의 대규모 파업으로 대중교통을 멈추게 했던 지하철과 버스를 필두로 공공사업이 쇠퇴하였고, 당국도 보고도 못 본 척 대충대충 **적당주의적인 태도를 취했다.** 이에 대해 시장자유주의는 새 시대의 기수로 활거하게 되었다.

이즈음부터 치마타와 미디어가 가시화된 사태에 대해 보는 경향이 변화되어 갔다. 노동자문화 혹은 '노동에 관한 담론'이 사라지면서, 대신 상징적으로 부상한 것이 증권매매, 은행, 금융, 보험, 광고, 회계, 법률사무소 등의 관리직, 경영자, 전문가들의 담론과 모습이었다. 박봉에 만족하며, 이렇다 할 보증도 없이 엘리트들을 일상적으로 지탱해 왔던 서비스 노동자들 ─ 청소업자, 경비원, 개호·보험노동자 등 ─ 의 모습은 흔하게 찾아 볼 수 있었음에도 불구하고, 표상=가시화되지는 않았다. 새로운 건축, 인테리어 디자인, 음식문화와 관련된 고급 패션가게boutique, 고급레스토랑, 호텔, 바, 클럽, 스포츠 센터 등이 미디어에서 크게 화제가 되었고, 그 사이 대부분 새롭게 이주한 이민들에 의해 구성된 일군의 설거지 아르바이트, 급사, 파출부, 청소부, 세탁사, 레스토랑 잡용부 등이 일자리를 전전하게 되었다. 그러나 그들의 존재를 평가하고, 그들의 말을 듣는 사람은 이미 이 도시의 표면적 세계에는 존재하지 않았다. 그렇다! 뉴욕은 아직도 노동자의 도시이다! 앞으로도 그러할 것이다. 그러나 뉴욕에서 '노동자'라는 범주는 항상 회귀하는 '인종'에 의해 분단되고, 또 신자유주의적 환경에 의해 말살되며, 소멸되는 위기에 처해있다.

1990년대 초, 브룩클린의 크라운하이츠에서 유대인계와 아프리카계 미국인의 대립을 포함한 수많은 인종에 관련된 항쟁이 발발하였다. 뉴욕의 정치적 담론에는 '인종'이 표면적인 무대를 점하게 되었다. 현재까지도 롱 아일랜드의 히스페닉계 하루벌이 노동자들과 백인 노동계급의 대립 등 뉴욕은 '인종'으로부터 해방되지 않았다. 이러한 조건은 일찍이 노동운동이 내포하고 있던 '계급의 가능성'을 해체해 버렸고, 모든 뉴욕인에게 '최악의 정치'를 계속해서 강요하려고 한다. 다만, 우리들이 명확히 인식하지 않으면 안 되는 것은, 예전의 '노동자의 시대'에서 '노동자의 이미지'는 어디까지나 백인중심의 것이었다는 것이다. 이에 대해, 아프리카계 미국인을 중심으로 소수자Minority는 자기주장에 대한 투쟁을 반복해 왔다. 그리하여, 오늘날 뉴욕은 점점 더 다종다양한 인종의 교환과 교류로 구성되었다. 그게 무엇이든 우리로선 이러한 도시를 긍정하지 않으면 안 된다. 뉴욕의 힘은 한 사람 한 사람이 마음속에서 어떻게 느끼며 무엇을 생각하는 것과는 관계없이, 우선 신체 수준에서 유일한 것이 아닌 복수의 타자들과 매우 밀접하게 접하고 있는 공간이 있다는 것이다. 우리들은 이를 통해서만 오직 새로운 계급을 상상할 수 있을 것이다.

6장

도시화와 변혁운동의 공생

나는 다음의 가설명제로부터 출발하려고 한다. 사회는 충분히 도시화(urbanized)되었다. 이 가설명제는 어떤 정의를 함유하고 있다. 도시 사회란 충분한 도시화의 과정에서 귀결되는 사회이다. 이 도시화는 오늘날은 가상세계(virtual)이지만, 장래에는 현실의 것(real)이 될 것이다.
—— 앙리 르페브르[1]

들어가며 : 분열생성(Schizogenesis)과 공생생성(Symbiogenesis)

'파리의 68혁명'의 2년 후인 1970년, 앙리 르페브르Henrin Lefevre는 『도시적 혁명』La Revolution urbaine을 썼다. 짧은 작품이었지만, 여기에는 4년 후 대작이 된 『공간의 생산』Production de l'espace으로 대표되는 르페브르의 도시에 대한 논고에서 전개되는 몇 가지 사고의 씨앗이 담겨 있다. 『도시적 혁명』을 쓸 때, '파

---

1. Henri Lefevre, *The Urban Revolution*, translated by Robert Bonanno, Minneapolis, London: University of Mineasota, 2003.

리의 68혁명'이 미쳤을 영향이란 충분히 상상하고도 남는다. 이 사건은 비록 시간적 차이가 있을 뿐 파리만이 아니라 뉴욕, 도쿄를 필두로 한 세계적 대도시에서 명백히 동시성을 지니며 발생하였다. 참고로, 뉴욕의 '68혁명'은 반드시 1968년에 한정되지 않고, 1960년대 전반과 1970년대 초기를 통해 관찰되는 사건들의 집적이라고 생각하는 것이 타당할 것이다. 앞서 살펴보았듯이, 뉴욕에서 1960년대는 로버트 모제스의 뉴욕 개조계획에 대한 다운타운 연합조직의 투쟁(1961년)을 시작으로 하여, 할렘의 인종폭동(1964년), 공민권운동의 격화 등등 도시공간을 무대로, 도시를 직접적인 대상으로 한 민중들의 투쟁이 크게 표면화되기 시작한 시대이기도 했다. 다른 한편, 대대적인 베트남 반전운동을 시작으로 1959년에 결성된 〈미국 민주 학생 연합〉을 중심으로 학생들의 급진적 정치 참여가 시작되었고, 학생들은 대학을 도시적 투쟁의 거점으로 변모시켜 가고 있었다. 게다가 〈이피〉(국제청년당) 및 〈이피〉에 영향을 미친 이스트빌리지의 아나키스트 그룹인 〈마더퍼커스〉Up Against the Wall Motherfuckers가 대안적인 도시투쟁의 광경을 연출하고 있었다. 이렇듯 새로운 투쟁의 분포를 보면 이 시기의 이슈는 '산업과 관련된 것'Industrial Nexus으로부터 '도시공간'Urban Space으로 이행하고 있는 듯 보인다. 이 책에서 르페브르의 중심적 개념은 '도시화'Urbanization이다. 구체적으로 보면, 과거에 모든 변화는 '산업화'industrialization로 인해 추동되었고 산업화를 위해 길을 비켜주었지만, 오늘날은 다른 차원에서 산업화를 능가해 버릴만한 (도시화의) 세계적 기세global impetus가 모습을 드러내고 있다. 이것은 산업화를 대신할 무엇인가가 아니라, 산업화를 다른 차원에서 통제하는 틀(프레임)로 생각하는 편이 나을 것이다 — 이것이 나의 해석이다. 지금까지 보이는 곳이나 보이지 않는 곳에서 도시화의 상대로 신자본주의Neo-Capitalism, 혹은 신자유주의Neo-Liberalism가 있었다. 이러한 문맥 속에서 도시화란 '생산의 사회화'를 뜻하는 별도의 명칭이기도 할 것이다. 르페브르에 따르면, '도시화'에서 "새로운 것이 있다면 사회공간의 전지구적이며 전체적 생산이라는 것이 있다."[2] 이는 지금까지 인간사회에 존재해 왔던 모든 도시형태(정치도시, 상업도시, 산업도시)를 집어삼키고, 세계와 일체화되는 '위기적이며 동시에 비판적 권역critical zone'이 되고 있다. 역설적으로 "도시적 현상은 오직 전체성의 관점에서만 이해되지만, 이러한 전체성을 파악하는 것은 결코 가능하지 않다."[3] 왜냐하면, '도시화'란 볼 수 없는 전세계 도시들의 네트워크, 혹은 '불가시적인 내재성'black box을 포함한 가상적인 대상이기 때문이다. 도시화의 운동에는 '외향적 파열'explosion과 '내향적 파열'implosion이 동시적으로 진행되며, '고유의 장소성'isotopy, '교통공간'heterotopy, '유토피아'utopia라는 세 종류의 서로 다른 차원의 '장소성'topos이 서로 중첩되며, '차이화를 포함한 현실'을 만든다. 따라서 이 운동은 '형식'form으로서 고찰될 수 있을 뿐, '체계'system로서 파악할 수 없다.

르페브르는 '국가'와 '도시적인 것'urban의 본성적인 비정합성을 정치적으로 중요하게 본다. '도시계획'이란 일종의 국가정책의 이데올로기로서 도시개발을 추진하기 위한 방법적 이성인 것에 비해, '도시적인 것'은 차이화를 지니며 도시계획을 지속적으로 어긋나게 하고 그로부터 끊임없이 도주해 가는 것이다. 이러한 생각은 '사회주의적 도시계획'에서조차도 도시적인 것은 **어긋나는** 대상으로 간주된다. 예를 들어, 마오주의는 맑스 엥겔스의 '공산주의 사회상'에 포함되어 있던 도시와 농촌의 모순 해소를 위해 중국 사회의 독특한 현상을 살펴보면서 문화대혁명 시기에 '하방운동'을 추진했다. 하방운동은 중국어에서 '코뮌'의 뉘앙스를 갖는 '인민공사'를 만능적인 것으로 승화시켜 '지방의 도시화'와 '도시의 지방화'를 목표로 하여 진행된 것이었다. 여기에는 모택동만의 '세계도시'에 관한 독자적인 이상이 있었다. 그러나 르페브르에 의하면, 이것은

---

2. 같은 책, p.155.
3. 같은 책, p.186.

본질적으로 반反도시적인 실천이었다. 오늘날 중국에서는 그의 계획과는 전혀 다른 불손한 '도시화'가 진행되어 왔던 것이 명확히 입증되었다. 르페브르는 현대의 '도시와 농촌의 모순'이란 이미 도시화 자체의 내부모순으로서 내포되어 있다고 믿고 있었다. 즉, 우리들은 도시화의 내부에서 모든 것을 생각하여 계획하지 않으면 안 되는 것이다. 여기에는 부정적인 것이든 긍정적인 것이든 그 모든 것이 포함된다. 이런 의미에서 "도시혁명은 지구적 현상이다."[4] 여기서 르페브르에게 '도시 혁명'의 뉘앙스는 이절적二折的, double fold으로 보인다. 즉, '도시화'라고 하는 혁명과 동시에 도시화에서의 혁명을 뜻한다.

확실히, 현재 우리들은 도시화라는 내재성immanence 속에서 혁명적 추세와 지옥이라는 양면을 발견할 수 있다. 다운타운에서 다인종과 다계급의 근접성, 혹은 공생symbiosis은 모순과 대립을 함의하면서도 그것 자체가 혁명적 가능성의 원천이었다. 바로 여기에서 '국가'가 통제할 수 없는 새로운 인간관계를 구축할 수 있는 가능성이 있었다. 그러나 이미 서장에서 분석했듯이, 그 가능성은 '교외의 생산'에 의해, 그리고 교외와 표리일체의 관계에 있는 도시중심의 젠트리피케이션에 의해 점차 와해되었다. 미국(뉴욕)에서는 '법적 인종분리정책'legal segregation과 함께 실질적인 의미에서는 한층 더 가혹한 '사회적 인종분리정책'social segregation으로 슬럼이 형성되었다. 과거 도시와 농촌의 모순과 어긋남(도주), 제1세계와 제3세계의 모순과 어긋남이 새로운 문맥에서 계승되어 집중화되어 갔다. 뉴욕의 1960년대와 그 이후의 민중투쟁은 커다란 틀에서 보자면 이러한 분리정책에 대한 투쟁이진 않았을까? 이를 '신좌파' 혹은 '68혁명'이라고 불러왔다. 그러나 보다 커다란 시점에서 보면, 통상 '68혁명'을 '학생주도', '직접 민주주의', '히피적 대항문화'counter-culture로서 동일시하는 것만이 아니라, 미래를 향한 일종의 '도시적 연합'urban coalition의 실험이지는 않았을까 하고

---

4. 같은 책, p.113.

생각해 볼 수 있다.

뉴욕의 1960년대와 1970년대의 투쟁에서 특징적인 것은 조합운동에서 도시지역의 공동체 운동으로 초점이 이동되었다는 것, 도시적 축제성과 경관(스펙터클)의 예찬, 학생 및 보헤미안적 좌파의 대두 등이었다. 이러한 모든 것의 출발점은 '도시화'에서 실질적인 가능성의 씨앗 내지는 '별도의 정치' — 오늘날의 용어로 말하자면 '미시적 정치'의 가능성 — 로서 퍼뜨려진 것이지만, 자본과 국가의 개입으로 그 씨앗의 발아가 억제되었다. 뉴욕의 '68혁명'과 신좌파운동은 미시적 정치의 가능성을 탈환하고 개발하기 위한 투쟁 내지는 그 서막이 아니었을까? 이것이 바로 이번 장의 전제이자 가설이다. 들뢰즈와 가따리의 개념이 기본적으로 표현하는 것처럼, '거시적 정치'와 '미시적 정치'란 말 그대로 크기의 문제만이 아니다. '국민', '정당', '계급', 어떤 경우에는 '인종' 등 커다란 틀과 이들의 분할은 이러한 개념들 사이를 교류하는 흐름 혹은 '양자류quantum flow와 같은 것이다. 틀이란 제도로서 고정되는 것이며, 분할이란 일시적이며 '한없이 덧없는 것'ephemeral으로 어떤 경우에는 특정의 상황을 생성시키는 결정적인 '흐름'이 된다. 이 '거시적인' 것과 '미시적인' 것은 분단과 흐름, 질화와 양화의 관계로서 고찰하지 않으면 안 된다. 중요한 것은 이들 중 어느 것을 취할 것인가가 아니라 이 양자가 지닌 동시적 존재성과 결코 쉽지 않은 관계성을 얼마만큼의 정치적 방법론을 통해 실천할 수 있을까라는 과제일 것이다.

'도시화'의 투쟁 속에서 점차 드러나기 시작된 것은 '분단'과 '흐름'이 아니었을까? 그러나 이러한 도시화에서 급진적인 정치적 시도들의 대부분은 지금까지 수 없이 많이 강조해 왔듯 무참한 결말로 끝나버렸다. 소수 그룹의 과격화와 고립된 테러, 그리고 내분과 그 귀결로서 쇠퇴 및 소멸, 끝없는 분열(혹은 분열생성)이 있었다. 역시 이것조차도 세계적 징후였다. 대개의 경우, 스스로가 출발점에서 배아하고 있던 '미시적 정치요소'를 진행시켜 가는 과정에서 거꾸로 '거시적 정치' 차원으로 취합되어 극단적인 집중화를 겪은 후에는 약체화되어 소멸되어 갔다.

잘 알려진 것처럼, '분열생성'schismogenesis이란 사이버넥티스5에 영향을 받은 미국 문화인류학자 그레고리 베이트슨Gregory Bateson이 발리섬 문화 등에 대한 현장조사field research를 진행한 뒤 창안한 개념이다. 발리섬에는 공동체가 몇 갈래로 나눠져 대립과 투쟁, 분기分岐하는 패턴을 반복하면서도 자신을 유지하는 모습이 함축되어 있다.6 여기에는 대칭적이며 상동적인 이항이 끝없이 대항하며 상호 경쟁해 가는 대칭적 분열생성Symmetrical Schismogenesis이 있다. 또한, 이러한 대칭성이 어딘가에서 붕괴하고, (서로의) 역할상의 차이화를 포함한 상보적 분열생성Complimentary Schismogenesis이 발생한다. 이러한 범주가 공동체의 인간관계 속에서 각각의 퇴행적degenerative 주기 혹은 재생적regenerative 주기를 형성해 가는 것이다.7

'거시적 정치'에 대한 '미시적 정치', 혹은 '분단'으로부터 유출되는 '흐름'은 아마도 '분열생성'과는 별도의 차원에서, 그러나 틀림없이 동시에 진행되고 있는 '공생생성'Symbiogenesis 8이라고 부를 수 있는 것과 관계를 맺고 있는 것은 아

---

5. [옮긴이] 사이버네틱스(cybernetics) : 제2차 세계대전 후, 미국 수학자인 노버트 비너(Norbert Wiener)가 제창한 것으로 인공두뇌학이라고도 한다. 통신공학과 제어공학을 융합하여, 생리학, 기계공학, 시스템공학을 통일적으로 다루며 사회현상에 적용시킨다.

6. Gregory Bateson, *Steps to and Ecology of Mind*, Chicago and London: The University of Chicago Press, 1972. 참조

7. 베이트슨은 상기의 두 종류의 분열생성에 또 하나의 개념을 보태는데, 이는 이 둘을 뛰어넘는 공동체의 관계형성과 관련된 **특권적인 개념**이다. 이 개념은 모자간의 성적 장난, 혹은 남자끼리의 싸움을 정지시키는 과정에서 나타나는 어떤 긴장의 지속상태, 즉 '고원'(정체상태 : plateau)이다. 유희개념과도 중복될 지도 모르는 미묘하며 자극적인 이러한 상태는 들뢰즈·가따리의 대표작 『천 개의 고원』의 제목에도 사용되어, 각각의 개념을 전개하는 장(field)을 지칭하는 것으로 되어 있다.

8. [옮긴이] 공생생성(Symbiogenesis) : 두 개의 개별 유기체가 통합되어, 새로운 하나의 유기체를 형성한다는 것을 뜻한다. 이러한 생각은 1926년 콘스탄틴 메레스코프스키(Konstantin Mereschkowsky)가 『공생생성과 종의 기원』(*Symbiogenesis and the Origin of Species*)이라는 저작 속에서 제창한 것으로, 엽록체의 기원 또한 원생동물 속에 남조가 들어가 있기 때문이라는 것이다. 현재는 엽록체만이 아니라, 미토콘트리아도 동일한 기원을 갖는다고 생각된다. 이러한 세포내의

닐까? 이것은 전혀 다른 곳에서 출현한 요소끼리의 관계성이 보다 커다란 문맥에서 공생관계를 만들어내는 상태이다. 여기서는 대립과 협조, 합작과는 다른, 말 그대로의 정치적 역학Dynamics이 상정된다.

제4장에서 설명했듯, 예를 들어 〈블랙팬더당〉과 게이해방전선의 **대각선상의 영향관계**는 이러한 '흐름' 내지 의식화된 '공생생성'의 징표이지는 않았을까? 아래에서 제시하는 〈웨더 언더그라운드〉Weather Underground와 〈블랙팬더당〉이라는 두 과격파가 마약류 대항문화에 대해 비공식적인 협조관계를 지닌 것도 같은 맥락은 아니었을까? 거꾸로 말하자면, 서로 사멸시킬 때까지 결말을 보지 않으면 안 되었던, 서로 닮은 집단끼리의 악성적인 분열생성이 존재했을 것이다. 이것은 어떤 강요된 공생관계 속에서 발생한다. 분열한 지 얼마 되지 않아, 하나의 전체로서 성장하려고 하는 두 세포가 하나의 폐쇄영역에 갇힌 형태로 서로 공생하면서도 그 장소에 대한 독점권과 각자의 '본래성'을 계속적으로 주장한다면 어떻게 될까? 이러한 문제는 언젠가 미래의 가따리가 남겨준 급진적 집단의 '분열증분석'Schizoanalysis 9으로서 계승되어 가지 않으면 안 될 것이다. 이 장에서는 이러한 생각의 연장선상에서 도대체 어디까지 살펴볼 수 있을까하는 왠지 모를 불안한 마음이 있지만, 우선 상기의 생각을 염두에 두면서, 뉴욕의 '신좌파' 내지는 '68혁명'에 대해 '도시화에서의 변혁운동'이라는 시

공생설을 지칭하여 공생생성이라고 한다.

9. [옮긴이] 분열증분석(Schizoanalysis) : 질 들뢰즈와 반정신의학자였던 펠릭스 가따리의 공동저작 속에서 발달된 개념이다. 스키조(Schizo)라는 개념은 정신분열증환자를 가리키는 말로서, 보다 일반적으로는 분열, 분할, 균열의 과정을 뜻한다. 이러한 분열, 분할, 균열은 전체성 사고에 대한 지향을 해체해 가는 들뢰즈와 가따리의 중요한 개념장치이다. 분열증분석의 전형은 흐름(flow)과 강렬성 같은 의도적으로 애매하게 만든 개념을 찬양하는 것에 있다. 들뢰즈와 가따리는 앙토냉 아르토, 프란츠 카프카와 같은 작가에게 나타나는 흐름과 강렬성의 과정에 관한 연구를 주요 관심사로 삼아왔다. 이와 같은 맥락에서, 들뢰즈와 가따리는 정신분석이란 오이디푸스 컴플렉스와 같은 자본주의와 상통하는 형식 속으로 욕망의 흐름을 이끄는 환원적 해석 양식이라고 보면서, 정신분석 비판도 주요 관심사로 두었다.

점으로부터 접근해 가겠다.

학생주도의 운동 혹은 '신좌파'의 과격화에 대해

바람이 어느 쪽으로 부는지 알기 위해 굳이 기상캐스터는 필요 없다.
— 밥 딜런(Bob Dylan), '지하실에서 젖는 향수'(Subterranean Homesick Blues)로부터

　이른바 '신좌파'이라는 명칭으로 **이러한** 운동을 묶어내는 것, 그리고 이러한 추세를 '1968년'이라는 특정의 해로 동일화시키는 것이 도대체 얼마나 유효한 것이었을까에 대해서는 오늘날도 크게 의문이 있다. 앞으로도 이 부분에 대해서는 더 많은 고찰이 필요할 것이다.[10] 그러나 어쨌든 이 시기의 운동은 세계적인 동시성 속에서 나타났고, 여기에는 몇 가지 공통점이 있다. 소련의 배반, 공산당 이탈, 노동운동 중심으로부터의 탈피 등…… 유럽의 제반 국가와 마찬가지로 미국에서도 트로츠키주의의 전통이 오래 지속되었다. 그렇지만, 트로츠키주의의 영향은 차치하고서라도 이를 '신좌파'의 일례로서 덧붙이는 것은 타당하지 않을 것이다. 오히려 미국에서의 외부 충격으로 치자면 쿠바혁명과 문화혁명을 통해 부활한 마오주의를 예로 드는 것이 온당할 것이다.[11] 또, 새삼스럽게 설명할 필요는 없지만, 사상적으로는 맑스·레닌 지상주의에 대한 허버트 마르쿠제Herbert Marcuse의 영향이 있었다고 생각된다. 나중에 언급하겠지만, 미국적인 문맥에서는 안젤라 데이비스Angela Y. Davis와 〈이피〉의 애비 호프만Abbie Hoffman이 모두 그의 학생이었다는 것은 특필할 만한 것이다. 게다가

---

10. 예를 들어, 파리의 1968년에 관해서는 Kristin Ross, *May '68 and Its Afterlives*, Chicago, London: The University of Chicago Press, 2002를 참조. 이 책은 1968년을 특별한 사건으로 취급하는 로망주의를 비판하며, 이를 재역사화한 후에 새롭게 그 의의를 묻고자 하였다.

11. 쿠바혁명이 미국좌파에게 준 충격에 대해서는 Van Gosse, *Where the Boys Are*, London, New York: Verso, 1993. 참조

보다 지역적인 요인으로서 아나키스트계의 시인이자 소설가, 사회평론가로서 1969년에 「성적 소수자의 정치학」The Politics of Being Queer이라는 제목의 에세이에서 자기고백을 한 것으로 알려진 폴 굿맨Paul Goodman 12, 어떤 의미에서 맑스주의를 바탕으로 하면서도 노동자 만능주의를 비판하고, 지식인의 역할을 상대적으로 고양시킨 사회학자인 라이트 밀즈Charles Wright Mills 13의 모든 저작이 미국 사회에 영향을 미쳤다. 저널리즘에서는 이미 『대중』과 『파르티잔 리뷰』의 전성기가 지나고, 드와이트 맥도날드가 창설한 『정치』나 뉴욕 지식인 중 1명이었던 어빙 하우Irving Howe가 창설한 사회민주주의 계열의 『디센트』Dissent가 이 세대들에겐 폭 넓게 읽혀지고 있었다. 참고로, 당시에 과거 트로츠키주의자였던 뉴욕지식인의 대다수는 반反신좌파의 주요 이데올로기를 담당하는 역할을 맡게 되었다.[14]

통사적으로 살펴보면, 미국 뉴욕의 신좌파가 위치하는 지점은 공민권운동 및 '블랙 파워'로부터 최대의 충격파를 받은 이후 히피로 대표되는 대항문화와 그 후의 게이 해방운동, 급진적 페미니즘으로 '운동의 추세'가 변모해 가는 중간 지점이었다고 생각된다. 운동사 속에서 일반적으로 생각될 만큼 드라마틱한 것은 아니지만, 독자적인 역사성을 지니고 있었다(이렇게 생각하는 것이

---

12. [옮긴이] 폴 굿맨(Paul Goodman, 1911~1972) : 1960년대 사회비평론자로 유명하며, 문학비평, 심리학 및 도시계획에 관한 비평으로도 많은 저작을 갖고 있다.

13. [옮긴이] 찰스 라이트 밀즈(Charles Wright Mills, 1916~1962) : 파슨즈를 정점으로 하고 있는 미국 사회학계의 정통파(구조기능주의)에 대한 통렬한 비판의 전개자로 알려지고 있다. 그중에서, 『사회학적 상상력』은 '한 사람의 인간의 생활과 한 사회의 역사란 양자를 함께 이해하지 않고서는 어느 쪽도 이해할 수 없다'고 하여 종래의 정통파를 비판하였다. 또한, 미국 사회의 정책결정에 영향을 미치는 권력층을 지칭하면서 파워엘리트라는 개념을 활용하였다. 이 개념을 통해, 권력층이 반드시 계급과 관계있는 것이 아니라 제도화된 위치에 놓임으로써 그러한 역할을 수행한다는 점을 강조하고 종래의 맑스주의적 정식화(=경제일원화)로부터 탈피하였다는 평가를 받는다.

14. 역사가 Paul Buhle에 의하면, 그들의 대부분은 CIA가 기획한 the American Committee for Cultural Freedom(ACCF)에 참가하였다고 한다. Paul Buhle, "How Sweet It Wasn't: The Scholars and the CIA," included in *The New Left Revisited*, ibid. 참조.

좋을 듯 싶다). 오늘날, 주요 논단의 경향은 이들 '신좌파'에 대해 비판적이다. 특히, 과격화와 동시에 진행된 '거시적 정치 지상주의', 혹은 '미시적 정치'와 연결되는 '정동과 관련된 영역'에 대한 경시, 그리고 여성의 독자적인 존재성과 입장에 대한 경시 등은 당연히 오늘날 좌파진영 전체의 반성의 재료가 되었다. 또한, 커다란 문제로서 역사가 앤드류 헌트Andrew Hunt가 강조하듯, '신좌파는 곧 〈미국 민주 학생 연합〉의 급진주의'라는 일종의 낭만적 도식은 부정적이든 긍정적이든 모두 저널리즘적 측면에서 보자면 아주 강렬하고 지배적인 것이었다고 한다. 이로 인해 1968년 이후에 나타난 한결 수수하지만 뿌리 깊은 각종 운동의 중요성이 퇴색되고 있다고 한다. 예를 들어, 페미니즘, 환경보호, 지역의 조직화, 전역병운동, 치카노Chicano 15와 미국선주민의 투쟁, 게이와 레즈비언 해방운동, 각종 공동체 운동, 반전운동, 스쾃터운동, 문화적 진보파의 실험 등이다.16

　　이러한 단서를 붙인 다음, 먼저 〈미국 민주 학생 연합〉에 대해 살펴보자. 통설적으로는 이들의 출발점은 1962년 미시간 주의 앤아버Ann Arbor에 있는 사회주의 교육 조직의 청년부 〈산업 민주주의 연맹〉League of Industrial Democracy의 멤버들이 쓴 유명한 「포트 휴런 성명」Port Huron Statement이라는 선언문이었다.17 이 선언문은 앞서 기술한 라이트 밀즈의 비판적 사회학, 공민권운동으로부터 직접 참가형 민주주의, 그리고 실존주의와 비트문학 등의 영향을 받았다. 또한, 미국의 청년들이 유복한 환경 속에서 각자의 이상을 지니고 있음에도 불

---

15. [옮긴이] 치카노(Chicano) : 멕시코계 아메리카인으로 주로 캘리포니아주 등 멕시코와 국경을 이루고 있는 주에 살고 있으며, 1960년대와 1970년대 사이에 민족적 정체성의 자부심에 기반을 둔 정치적·문학적인 투쟁을 벌였다.

16. Andrew Hunt, "How New Was the New Left," included in *the New Left Revisited*, edited by John McMillian and Paul Buhle, Philadelphia: Temple University Press, 2003. 참조.

17. "The Port Huron Statement"(1962) by Students for a Democratic Society (〈미국 민주 학생 연합〉), included in *The Radical Reader*, edited by Timothy Patrick McCarthy and John McMilllian, New York, London: The New Press, 2003, pp.468　476.을 참조.

구하고 자신도 인종차별 등과 같은 자국 내부 모순의 일부임을 인정하면서 진지한 반성과 함께 제국주의 국가로서의 미국에 대한 냉철한 비판을 하고 있다. "우리들은 적어도 검소하나 쾌적한 환경 속에서 성장하여 현재 대학을 다니고 있지만, 우리들이 살고 있는 이 세상에는 도저히 참고 있기에는 어려운 세대들이 있다"[18]라는 자기규정을 통해 평균적인 미국 학생의 자의식을 표명하였다. 그 후, 이 조직의 주필을 맡은 사람은 톰 헤이든Tom Hayden으로 그는 1960년대 전반에 걸쳐 뉴저지 주의 뉴어크Newark지역운동과 공민권운동, 〈이피〉운동에 깊이 관여했던 사람이었다.

현재 뉴욕시립대학CUNY 사회학 교수이자 오랫동안 독립 노동조합 운동조직자로서 2003년에는 뉴욕 주 주지사선거에 녹색당에서 출마한 스탠리 아로노비치Stanly Aronowitz도 1960년대 초 〈미국 민주 학생 연합〉이 처음으로 학외 조직화를 시도했을 때의 협력했던 사람이었다. 당시 그들은 조합운동에서 무시되기 쉬웠던 공동체의 조직화를 뉴어크에서 시도했다.[19] 뉴어크는 맨하튼에서 허드슨강 서안 너머로 보이는 산업도시이자 국제공항이 있었다. 비록 뉴욕의 위성도시로서 소도시에 불과했지만, 급진적 정치의 관점에서는 아주 중요한 장소로 1967년에는 커다란 인종폭동이 발생하였다. 뉴욕 동부 해안에 진출하던 〈블랙팬더당〉도 할렘지역보다도 빨리 이 지역에 거점을 마련하여 활동을 개시하였다. 이곳에서의 공동체 운동은 남부 지역의 공민권운동처럼 통상적인 '진정'과 '투표'로 지역문제를 개선해 가려는 방법을 취하지 않았다. 이곳에서는 '공동체'와 '조합'이라는 운동에 관계된 각기 다른 '고전적 상징'을 융합시키려는 시도가 벌어졌다. 여기서는 민중들 스스로의 '자기표상'self-representation, 혹은 자율의 획득을 목표로 하였다.[20] 〈미국 민주 학생 연

---

18. 같은 책, "The Port Huron Statement"에서 인용.

19. The Newark Community Union Project이다.

20. Stanly Aronowitz, *The Death and Rebirth of American Radicalism*, London, New York:

합〉 초기에 이러한 시도가 있었다는 것은 기억할 만한 것이다.

〈미국 민주 학생 연합〉 본부는 1962년에서 1965년까지 뉴욕에 있었지만 그 후에는 시카고로 이동하였다. 1965년은 미국의 신좌파운동에 있어서, 아니 미국 역사 전체에 있어서 커다란 전환점이 되었고, 베트남 전쟁의 격화와 전선 확대에 대응하여 도시에서 다양한 항의행동이 격렬하게 전개되던 시점이었다. 〈미국 민주 학생 연합〉의 뉴욕지부는 체스맨하튼 은행의 남아프리카 투자에 대해 대대적인 항의행동을 하였다. 그렇지만 〈미국 민주 학생 연합〉은 스스로를 '혁명적 정치정당'으로 만들어 가는 과정에서 그때까지 반전운동의 주도권을 가지고 있었지만, 점차 반전운동을 방기해 가고 있었다. 이를 대체하여 트로츠키주의자의 최대조직인 〈사회주의 노동당〉의 학생 반전조직인 〈베트남전 종전을 위한 학생행동위원회〉Student Mobilization Committee to End the War in Vietnam, SMC가 전선을 주도해 갔다. 이 때문에 모든 트로츠키주의 조직은 그 후에 미국에서 여러 반전활동의 중심적 세력이 되었다.

1968년 뉴욕에서 〈미국 민주 학생 연합〉의 중요 활동 중 하나는 콜롬비아 대학 분쟁이었다. 이 분쟁의 계기는 수 없이 많지만, 그중에서도 콜롬비아 대학이 할렘의 모닝사이드 파크Morningside Park 지구에 대학 운동장을 건설하려는 계획에 대한 반대활동이었다. 이곳은 주로 저소득자용 주택이 필요한 지역이었다. 이 반대활동에는 유력한 흑인 활동가인 랄프 브라운H. Ralph Brown, 스톡리 커마이클Stokly Carmichael 등이 참가했다. 학생들은 학장사무실이 있는 해밀튼 홀을 포함한 다섯 개의 빌딩을 1주일 동안 점거하였지만, 기동대의 개입으로 628명이 체포되었다. 그 후, 학장은 조사위원회로부터 '콜롬비아 대학의 근린 공동체와의 관계를 비건설적인 것으로 만들어 버렸다'는 이유로 비판받고 사임하였다. 콜롬비아 대학 분쟁은 도시공간의 문제에서 유래했다는 관점에

Routhledge, 1996. 참조

서 커다란 의미를 지닌다. 콜롬비아 대학을 방문한 사람들이라면 누구라도 알수 있듯, 그 장소는 할렘의 중심부와 인접하고 있다. 아카데믹한 분위기가 강조된 콜롬비아 대학의 신고전주의적 건축물들은 그 주변의 빈곤계급 주택지대와 '재앙적인 대조'demonic contrast를 이뤄 왔었다. 콜롬비아 대학은 언덕 위에있고, 공원을 중간에 두고 밑으로는 슬럼이 형성되어 있다. 공원은 대학과 본고장사람들을 격리하는 이른바 게토의 역할을 하고 있었다. 그리고 이 게토를파괴하는 형태로 학생운동과 공동체운동, 백인중심의 운동과 흑인운동 사이의 '양자류'가 형성되었던 것이다.

〈미국 민주 학생 연합〉이 점차 '혁명적 정치정당'으로 변모함에 따라, 〈미국 민주 학생 연합〉 내부의 분열생성이 점차 표면화되어 갔다. 1968~1969년경마오주의적 집단인 〈진보노동당〉Progressive Labor Party과 〈혁명적 청년 운동1, 2〉Revolutionary Youth Movement 1+Revolutionary Youth Movement 2로 양분되었다. 더 나아가, 〈혁명적 청년 운동1〉RYM1에서 〈웨더맨〉과 〈프레이리 파이어〉Prairie Fire라는 소그룹이 나왔고, 주류파인 〈혁명적 청년 운동2〉RYM2에서는 마오주의집단이 형성되었다. 그리고 제3의 분열생성으로써 각종 '새로운 페미니즘'이출현하게 되었다. 이는 신좌파 전반에 있었던 여성경시에 대한 여성들로부터의 답변이었다. 아마도 당시의 국제적인 징후라고 생각되지만, 미국에서도〈미국 민주 학생 연합〉, 모든 반전조직, 대항문화 그룹 등등 신좌파의 대다수당파 내부에서 분명히 여성들을 보충하려고 하였다. 통상적으로 여성들은 비서, 요리사, 차대접 등을 하였고, 심할 경우에는 지도자들의 섹스 파트너로 취급되었다고 한다. 그리고 제4의 분열생성은 비록 방계이긴 하지만 『해방』Liberation, 『텔로스』Telos, 『급진적 아메리카』Radical America 등 차세대를 담당할좌파잡지의 형성이라는 아주 중요한 흐름으로 분열되었다.

〈웨더맨〉은 그중에서도 과격파였다. 폭탄투쟁을 지향하며 '고독하고 도도한 전위'였다. 그러나 이상하리만큼 그들의 이미지에 비극적인 그림자는 적다.

방침과 행동 속에는 여러 가지로 비판받을 만한 것이 많다. 오늘날, 우리들은 이러한 과오를 반복하지 않는다. 그러나 동시에 당시의 정치적 상황과 사회적 상황 전체 속에서 이러한 소조직이 출현했다는 것은 어쩌면 불가피한 것은 아니었을까? 한쪽에는 흑인해방 운동, 다른 한쪽에는 〈이피〉라는 전체 투쟁의 공생생성 속에서는 어쩌면 불가피한 조건이었을지도 모른다고 나는 생각한다. 〈웨더맨〉은 고립되어 과격화된 것이 아니라, 오히려 어떤 네트워크를 만들어 가면서 과격화되어 갔다. 학생운동이 과격화된 것도 역시 당시 전세계에 걸쳐 발생했던 현상이었다. 그 가장 소박하며 절실한 이유는 미국에서 활동하던 학생들 대부분이 대중집회를 통한 방법으로 베트남 전쟁에 대한 반대집회의 효과가 없고, 오로지 경찰관에게 구타당할 뿐이라는 것에 대해 지쳐가고 있었을 것이다. 비록 다른 차원이지만 오늘날도 어딘가 이와 닮아 있지 않을까 하고 느끼게 된다. 한편, 당시 베트남 전쟁에서 희생자는 계속 증가하고 있었으며, 다른 한편으로 당파와 관계없이 정치가들은 지칠 줄 모르고 의미없는 성명서를 계속해서 발표했었다. 제대로 된 감성이라면 도저히 참을 수 없는 '악순환'들이 반복되었다. 이러한 상황에서 초조함에 사로잡혀 FBI의 대공산 방첩 프로그램COINTELPRO을 대표로 하는 무지막지한 국가권력의 탄압 앞에서 〈혁명적 청년운동1〉RYM1은 '혁명적 상황'이라는 인식을 강하게 품게 되었다. 그들은 이 혁명의 주체를 억압된 흑인대중과 대항문화를 가진 젊은이들로 보았다.

1969년, 〈미국 민주 학생 연합〉의 기관지 『뉴레프트 노츠』*New Left Notes*는 「행동파」*"Action Faction"*라는 〈혁명적 청년운동1〉의 성명을 게재하였다. 〈웨더맨〉이라는 이름은 성명의 마지막에 인용된 밥 딜런의 〈지하실에 젖는 향수〉*Subterranean Homesick Blues*서 온 것으로 '지금은 누구라도 혁명이 근접했음을 인식하고 있다'는 의미였다. 그 후, 1970년대 중반까지 이 소조직은 믿기 어려울 정도의 정열을 가지고 활동해 갔다. 1969년 6월에는 몇 명의 대표가 비밀리에 쿠바로 건너 가 북베트남 정부대표와 회견하였다. 그 후, 쿠바와 관계를 확립하고, 그룹의 몇 명을 베트남으로 보내게 된다. 1969년 10월 6일, 분노의 나날Days of Rage 캠페인이 시작되었다. 우선, 이 날은 1886년 시카고에서 발생한 헤이마켓 사건의 결과로 세워진 경찰 측 기념비를 폭파하였고, 10월 8일에는 시카고의 오피스가에서 수백 명의 폭동을 조직하였다. 이 때, 경찰에게 6명이 사살되었다. 1970년 5월, 미국정부에 선전포고를 하면서 이름을 〈웨더 언더그라운드〉로 변경한 후 지하조직이 되었다. 워싱턴의 연방의회 의사당, 국방성, 경찰서, 형무소 등의 물적 표적을 폭탄으로 공격해 갔다. 그러나 이렇게 극한적인 행동이 진행되는 동안, 마약 자유화 조직인 〈형제들의 영원한 사랑〉Brotherhood of Eternal Love은 자금을 원조하여, 지난 10년 동안 캘리포니아 구치소에서 복역하고 있던 LSD의 창도자인 티모시 리어리Timothy Francis Leary 21를 탈옥시킨 후 알제리로 도주시켰다. 그가 도주한 곳은 당시 〈블랙팬더당〉의 시설이었다. 〈웨더 언더그라운드〉 멤버들 사이에서 상호 연대를 확립시키기 위한 방편으로 LSD를 사용했다고 한다. 어쨌든 이 행동을 통해 조직이 지닌 대항문화라는 사상적인 공감이 격렬히 표현된 셈이었다. 또 〈웨더맨〉과 대항문화계 좌파로서 〈화이트팬더〉, 〈이피〉와 〈블랙팬더당〉 내부의 〈클리버파〉(Cleaver파, 중앙위원회파)의 유대가 확립되었다.

1970년 3월 폭탄제조소로 사용되었던 〈웨더 언더그라운드〉의 녹색위치 빌리지에 있는 아파트에서 오폭이 발생하여 3명의 멤버들이 사망하였다. 이

---

21. [옮긴이] 티모시 리어리(Timothy Leary, 1920~1996) : 미국의 대표적인 급진주의 반문화 작가이자 심리학자이다. 그는 하버드 대학 교수 시절 LSD를 이용한 실험을 계속하다 대학 강단에서 쫓겨났으며 쫓겨난 후에도 도피생활을 하며 실험을 계속하다 약물 소지혐의로 검거되어 철창신세를 지기도 했던 독특한 인물이다. 그는 약물을 이용한 의식의 확장을 옹호한 급진적 지식인이었으며 또 LSD사용을 권고하는 자신의 홈페이지를 운영하기도 했다. 그런가 하면 티모시 리어리는 히피주의의 마지막 순교자로 평가받는 인물이다. 그는 1960년대 히피주의의 주인공들이 하나 둘씩 변절해 보수적인 중산층이 되어가는 와중에도 끝까지 급진적 자유주의자로 남아 히피주의를 사수했다. 그래서 1996년 5월 31일 그가 사망하자 미국의 언론들은 마지막 히피가 사라졌다고 논평했다.

때, 살아남은 2명의 여성대원을 몰래 도주시켰던 사람은 바로 옆에 살고 있던 배우 더스틴 호프만의 부인이었던 앤 호프만이었다. 1971년에서 1973년까지 폭탄공격의 대상은 29명의 죄수를 학살했던 아티카 형무소였다. 아티카 형무소에 대한 보복조치로 교정국Correctional Association을 표적으로 폭탄공격을 감행했다. 또, 이들은 뉴욕 팬더당 지부를 소추했던 판사의 집과 클리포드라는 10세의 흑인 소년을 사살했던 경찰관에 대한 보복으로 103경찰서, 미국의 지원으로 쿠데타를 성공시킨 칠레에 대한 보복으로 ITT본부 등을 공격했다. 이러한 표적에 대한 공격을 거의 1975년까지 계속했다.[22] 이렇듯 정부에 대한 왕성한 실력행사에도 불구하고, 체포된 멤버들에게 실형 판결이 내려진 것은 아주 소수에 불과했다. 이는 〈정보자유법〉Freedom of Information Act, FOIA에 근거해 볼 때, 그동안 FBI가 얻은 증거는 거의 모두 위법적인 것이었고, 특히 대공산 방첩 프로그램으로 얻은 정보로 유죄판결을 확정시킬 수가 없었기 때문이었다.[23] 따라서 대부분은 판결 이후 사회에 복귀했다. 예를 들어, 일리노이 대학 교육학부 교수 빌 에이어즈Bill Ayers는 2001년 9·11관련 인터뷰에서 "나는 (사람을 대상으로 하지 않은) 폭탄 공격을 조금도 후회하고 있지 않다. 오히려 충분히 하지 못했다는 느낌이 든다"고 말하고 있다.[24]

지도자 중 한 사람이었던 버나딘 돈Bernadine Dorn은 "우리들이 우리 자신과 〈블랙팬더당〉, 흑인해방 투쟁을 위해 할 수 있는 최선의 것은 백인들의 혁명운동을 결성하는 것이다"[25]라고 하였다. 〈웨더맨〉은 자각적인 백인운동이었다. 그들 스스로의 자기규정에는 미국 사회 내부의 최하층인 흑인에 대한 공감

---

22. Ron Jacobs, *The Way the Wind Blows*, London, New York: Verso, 1997. 참조.
23. 지도자 중 한 사람인 버나딘 돈(Bernadine Dorn)의 자매 제니퍼 돈(Jeniffer Dorn)의 증언에 의하면, FBI는 그녀의 아들을 유괴할 계획까지 세우고 있었다고 한다. http://en.wikipedia.org/wiki/Weather_underground 참조.
24. http://en.wikipedia.org/wiki/Weather_underground 참조.
25. Ron Jacobs, 앞의 책, p.13.

이 넘쳐흘렀다. 당연히 백인에게 흑인은 타자이다. 아직도 그렇다. 그리고 이러한 타자로부터 발생한 미국 사회 전체의 해방을 위한 '정동의 흐름'을 이어받고, 이를 자신들의 자율 속에서 방향성을 만들어 갔다. 이러한 정치성이 〈웨더맨〉에게는 있었다. 오늘날 우리들은 그들이 해 왔던 것과 같은 '파괴공격을 위한 무장'은 생각하지 않을 것이다. 지금, 인류사적으로 가장 중요한 것은 '권력을 탈취하지 않고 세계를 바꾼다'는 방법을 짜내는 것일 것이다.[26] 동시에 또 다른 차원에서 점차 '대중집회라는 방법에는 한계를 느낀다'는 목소리가 일부 정열적인 활동가들 사이에서 나오기 시작하고 있다. 이러한 상황에서 신좌파 이후, 지금까지 주로 양적인 흐름과 분자적인 꿈틀거림, 그리고 미시적인 정치로서 조성되어온 투쟁의 영역에 어떤 힘의 집중(몰화)에 대한 욕망과 움직임이 확대될 가능성이 있다. 이는 어떤 거시적인 정치에 대한 욕구의 출현이 될 것이다. 이 경우, 서로 다른 차원의 정치를 어떻게 조정하고, 새로운 투쟁의 형태를 창조해 갈 것인가? 이를 생각한 후에 〈블랙팬더당〉이나 〈웨더맨〉 등 신좌파 내부의 과격파가 이뤄낸 것과 실패한 것은 참조할 만한 대상이 될 것이다. 들뢰즈가 강조하듯, 우리들은 "선한 자를 맹신해서는 안 된다".[27] 예를 들어, '조리분할과 구속'을 부수기 위해서는 '평활공간'平滑空間 [28]만으로는 불충분하다.

---

26. 사빠띠스따에 영향을 받은 사고의 철학적 분석은 John Holloway, *Change the World Without Taking Power, London*, Sterling, Virginia: Pluto Press, 2002 [존 홀러웨이, 『권력으로 세상을 바꿀 수 있는가?』, 조정환 옮김, 갈무리, 2002]를 참조.

27. 질 들뢰즈, 『기호와 사건』, 미야바야시 히로시(宮林寬) 옮김, 東京 · 河出書房新社, 1992년. 58쪽. [『대담 1972-1990』, 김종호 옮김, 솔출판사, 1994.]

28. [옮긴이] 들뢰즈와 가따리는 『천 개의 고원』에서 평활공간(平滑空間)이란 평평하고 윤기 있는 공간이라는 의미로, 유체로써 사물이 개방적 공간 속에 배분되는 것을 가른다고 했다. 또한, 평활공간의 대비적 개념으로서 조리공간(条里空間)이란 구획화된 공간으로서 지배를 위한 질서로서의 조리를 심어 넣은 공간이다. 따라서 조리공간은 폐쇄공간을 구분하여 그곳에 직선적이며, 고체적인 사물을 배분한다. 조리공간은 계량적인 공간으로 '공간을 점하기 위해 계량하는' 것이라고 한다면, 평활공간은 벡터(vector)적이며, 위상기하학(topology)적인 공간으로 '계량하지 않고 공간을 점하는' 것을 뜻한다. 예를 들어, 만리장성은 대자연이라는 평활공간을 만리장성 안의 제국의 조리공간과

인종 : 지역적 급진주의에 대해

우리들 뱃속이 텅 비어 배고플 때를 떠올리면서, 지금 우리의 아이들이 아침밥을 먹는 것을 보고 있노라면 참으로 아름답다. 교원들도 아침밥을 먹는 아이들은 학업도 크게 향상된다고 말한다. 예전에는 배고파 쓰러져서 학교에서 집으로 돌려보내진 아이들이 있었다. 그러나 우리 아이들에겐 먹을 것이 제공되고 있다. 지금은 〈블랙팬더당〉이 우리 아이들을 배고픔으로부터 고통받게 하지는 않을 것이기 때문에.
— 〈블랙팬더당〉, 1969년 3월 26일[29]

　　남부로부터 노예의 유입과 그 뒤를 이은 흑인이민자들의 이동과 마찬가지로 공민권운동의 기운도 남쪽에서 북쪽으로 향하는 양자量子였다. 이러한 양자는 미국 선주민과 달리 보다 복합적으로 대지를 박탈당한 사람들의 '살아가는 것은 곧 노동운동'이었다. 공민권운동은 1960년대 이후 대개는 교통기관 문제, 사회공간 문제, 주거지역의 문제, 경찰폭행의 문제 등등 도시 투쟁의 양상을 보여왔다. 이러한 흐름 속에서, 1960년대 노스 캐롤라이나주North Carolina 랠리Raleigh시 쇼우 대학에서 개최된 회의에서 출발한 〈전미 비폭력 학생 조정위원회〉Student Nonviolent Coordination Committee; 이하 SNCC가 극좌파를 이뤘다. 인종분리정책이나 그 밖의 인종차별적인 제도에 대해 투쟁하기 위해 비폭력적 직접행동을 강력하게 추진해 갔다. 〈SNCC〉보다 큰 연합조직 〈전미 인종 평등 회의〉Congress of Racial Equality, CORE는 가장 선구적인 〈자유를 가질 권리〉Freedom Right를 기획하였다. 또한, 남부에서도 최남부Deep South의 각 주에서는 인종분리정책을 **당연한 것으로** 받아들이고 행동했기 때문에 과감히 집단적으로 버스

구별시키는 역할을 한다. 평활공간의 등질성은 무한하게 근접하는 점들 사이에서 밖에 존재하지 못하며, 근방끼리의 접합은 특정 루트와는 관계없이 이뤄진다. 이는 유클리드적 조리공간처럼 시각적인 공간이기보다는 오히려 촉각적이며, 손으로 접촉하는 공간, 미세한 접촉행위의 공간이 된다. 평활공간은 운하도 수로도 지니지 않는 하나의 장소, 비물질적인 공간이며, 아주 특수한 형태의 다양체이다. 즉, 비계량적이며 중심을 지니지 않는 리좀적 다양체로서 공간을 '세는 것'(계량하는 것) 없이 점하는 다양체를 이룬다.

29. "Feed Our Children," included in *The Black Panthers Speak*, Cambridge: Da Capo Press, 1995, p. 168.

를 타고 남부로 향해 갔다. 그 후, 다양한 방법으로 인종분리의 선들을 파괴해 갔다. 1963년에는 유명한 워싱턴 대행진을 감행하였다. 1960년대 중반 이후부터는 열혈한이 되었던 카마이클S. Carmichael 30이 지도하였고, 그 이후에는 '분리정책 해소'에 따라 백인과 흑인의 평등하며 조화로운 사회를 요구하는 공민권운동 주류파에 대한 비판을 하면서, 흑인 독립을 주장하는 '블랙 파워운동'을 추진하였다. 동시에 베트남 반전운동에도 열렬히 개입해 갔다. 커마이클은 마틴 루터 킹의 '비폭력 시민적 불복종'에 반대하여, 흑인은 자기방어를 위해 폭력을 사용할 자유가 있다고 주장하였다. 그 후에는 인종적 억압을 무너뜨리기 위해 혁명적 폭력의 필요성을 주장한다.31

캘리포니아주 오클랜드에서 휴이 뉴튼과 밥 실Bobby Seale, 1936~ 을 중심으로 〈블랙팬더당〉이 발족하였다. 1967년에는 카마이클도 가맹하게 되었다. 〈블랙팬더당〉의 지도자 중에는 남녀를 불문하고 다양한 호남호걸들이 있었다. 멤버들만으로도 대소설이 될 만큼 충분한 재료이지만, 안타깝게도 여기서는 그것에 대한 설명은 접기로 하겠다. 〈블랙팬더당〉은 블랙 파워의 운동으로부터 큰 충격을 받았지만, '흑인 민족주의'에는 비판적이었으며, '모든 권력을 인민에게!'라고 주장하였다. 어디까지나 '백인중심의 권력구조를 해체하는 것을 목적으로' 했다. 이들의 사상적 근원은 맑스, 레닌, 마오, 프란츠 파농, 체 게바라 등이었다. 그리고 이들의 다양한 활동의 토대가 된 것은 '공동체 운동'이었다. 빈곤, 병, 범죄, 각종 중독, 주거공간의 붕괴 등 미국정부의 정책에서 기인한 모든 문제들을 안고 있던 공동체의 자력적인 갱생을 목적으로 하였다. 그들은 실제로 많은 프로그램을 고안하였다. 흑인에게 빈번히 나타나는 적혈구

---

30. 카마이클에 대해서는 그의 자서전인 *Ready For Revolution*, New York, London, Toronto, Sydney: Scribner, 2003를 참조.

31. 내가 여기서 문제시하는 '자기방어를 위한 〈블랙팬더당〉'은 지난 날 〈이슬람국가운동〉(Nation of Islam)이 주선하여 결성된 동명의 조직과는 관계없다.

이상sickle-cell anemia을 확인하는 무료테스트를 실시하였다. 당시, 50만 건 이상의 적혈구 이상 징후를 〈블랙팬더당〉이 다른 의료기관보다도 빨리 파악하였다고 전해지고 있다. 무료진료, 무료 음식제공을 비롯하여, 가장 감동적인 프로그램은 샌프란시스코에서 시작된 어린이들에 대한 무료 아침식사 제공이었다. 그리고 무료로 의류나 교육(정치·경제), 호신술을 실시하였다. 압도적 다수의 범죄자들이 있던 게토와 공동체에서 가족들이 형무소에 위문갈 수 있도록 무료버스를 제공하였다. 또한 무료로 구급차를 제공하였고, 알콜중독이나 마약중독에 대한 치료를 제공하였다. 이런 부분은 감동하지 않을 수 없는 것이다.

앞서 살펴봤듯, 미국 경찰과 흑인슬럼의 관계는 복잡하다. 예전에 슬럼지대에 살다가 교외로 이주했던 백인하층민들이 도시지배를 위해 다시 무장하여 돌아왔다는 어감이 강하다. 여기에는 역사적으로 누적된 인종차별로부터 기인한 반감과 현행 권력의 탄압들이 중층화되어 있었다. 이것이 도시공간을 무대로 매일처럼 음울한 극을 펼쳐가고 있었던 것이다. 〈블랙팬더당〉은 경찰을 '적의 침략군'으로 규정하였다. '경찰의 폭거'를 감시하기 위해 '무장한 시민 순찰 부대'를 조직하였다. 매일 일정한 지구 내에서 자동차로 경찰관을 추적하고 감시했다. 속이 탄 경찰관들은 그들을 체포하려고 하였지만, 그들이 지니고 있던 총은 모두 합법적으로 등록된 것이었기 때문에 손을 쓸 도리가 없었다. 국가체제에 있어서 가장 귀찮은 적의 출현이었던 셈이었다.

1969년 〈블랙팬더당〉은 북베트남과 포로교환을 계획하였다. 미국은 휴이 뉴튼을 시작으로 그 밖의 정치범(전범)을 석방하고, 그 대신 북베트남은 미국인 포로를 석방한다는 시나리오였다. 〈베트남 인민 해방 전선〉National Liberation Front 측은 기본적으로 이에 합의했다고 전해지고 있다. 〈블랙팬더당〉은 독자적으로 실행하기 위해서 미군포로의 가족을 향해서 교환희망자는 신청하도록 요청하였다. 어느 정도의 가족이 이에 응했는지는 명확하지 않지만, 실제 교환은 실현되지 않았다. 다만, 이를 통해 정치적인 의미에서 미국정부도 세계도 미국과 독립된 세력이 국내에 존재하고 있는 것을 알리게 되었다. 게다가 흥미로운 것은 〈블랙팬더당〉과 외부단체와의 연합이다. 1969년 〈블랙팬더당〉은 외부단체로서 〈파시즘 공격 회의〉National Committee to Combat Fascism, 이하 NCCF를 설립했다. 이 조직은 백인을 포함하여 미국 사회의 소수자와 하층 젊은이들의 연합조직으로서 오클랜드에서 대회의를 개최하였다. 마침 제시 잭슨이 관여했던 조직과 같은 이름으로 '레인보우 연합체'라고 불러졌다. 물론, 제시 잭슨의 조직과는 전혀 관계가 없다. 아마도, NCCF로부터 파생된 이름이었는지 모르겠다. 이 조직에 참가했던 그룹은 푸에르토리코계 〈영 로즈〉, 남부 아파라치아Southern Appalachia 및 북서부 아파라치아North-Western Appalachia 지역의 빈곤 백인계급을 조직화한 〈애국당〉Patriot Party 32, 중국계 〈의화권〉I. Wor Kuen 33, 서부 해안의 치카노 그룹 중 왕성한 활동을 벌이던 〈브라운 버레스〉Brown Beres 34, 그리고 〈웨더 언더그라운드〉가 결합하였다. 이로써 다양한 급진주의 집단의 대동단결을 지향하였다고 보인다.

동부 해안(뉴욕 근처의) 〈블랙팬더당〉의 개략적인 역사는 다음과 같다. 〈블랙팬더당〉은 1967년 10월, 미국 동부 해안 최초의 지부를 뉴욕에 창설하였다. 1968년 4월에는 브룩클린의 풀튼 스트리트fulton street에 지부를 설립하였다. 같은 해 12월에는 브룩클린에서 공동체가 학교를 통제할 수 있도록 요구하는 커다란 학생집회를 조직하였다. 1969년 2월에는 브룩클린 록커웨이 파크

---

32. [옮긴이] 이름과는 정반대로 네오 나치 세력인 〈백인애국당〉(White Patriot Party)과는 다른 좌파 조직이었다

33. [옮긴이] 〈의화권〉(義和拳, I Wor Kuen) : 미국에서 1960년대부터 1970년대에 걸쳐 공민권운동에 참가했던 중국계 미국인의 정치단체. 1967년 샌프란시스코에서 결성된 중국인들의 정치단체인 〈홍위당〉(紅衛党)의 영향을 받아, 뉴욕에서 결성되어 도시부의 게토에 있는 중국계 미국인의 자위 (自衛)를 목적으로 하였다.

34. 사이버링크 http://www.en.wikipedia.org/wiki/Youth_Lords, http://en.wikipedia.org/wiki/Patrior_Party_%281960s-1980s%29, http://en.wikipedia.org/wiki/Brown_Beret 참조.

Rockerway park의 카날시canalsea 고등학교의 학생들과 함께 '말콤X의 날'을 축제일로 할 것을 요구하며, 그리고 아프리카계 미국인의 문화센터 설립을 요구하며 시위행동을 벌였다. 5월에는 할렘지부를 설립하였다. 할렘에서 무료 조식제공 프로그램, 무료 정치교육, 주거문제 협력 프로그램을 시작하였다. 이에 대해, FBI본부는 전국의 FBI지부에 〈블랙팬더당〉의 무료 조식제공 프로그램을 실력으로 저지할 것을 명령하였다. 1970년 10월에는 맨하튼의 북쪽 워싱턴 하이츠에 연합조직인 NCCF지부를 설립하였다. 〈영 로즈〉를 시작으로 그 밖의 소수자 그룹 및 해당 지역의 비영리 주거조직과 협력을 통해 '주택범죄재판'을 주최하였다. 장소는 콜롬비아대학으로 당시 콜롬비아대학의 학생운동과 결합하여 이뤄진 일이었다.

이 시대에 FBI의 대공산 방첩 프로그램을 통해 가장 역점을 두었던 것은 정치·사회운동 조직이었던 〈블랙팬더당〉의 해체공작이었다. 전미에서 〈블랙팬더당〉 지부는 일상적으로 경찰의 수사와 공격의 대상이 되었다. 내부 잠입, 스파이공작, 공공광고를 통한 선전과 악의적 선동 등을 통해 〈블랙팬더당〉 내부의 분파투쟁을 선동하였다. 〈블랙팬더당〉 내부를 착란 시키기 위해 거짓된 정보를 무기명 편지로 보내기도 했다. 항상 감시받고, 죄상에 대해서도 거짓으로 부풀려 기소되거나 소추되었으며, 무장공격이나 방화, 암살도 일삼았다. 대부분의 지도자들은 형무소를 왔다 갔다 하는 모습을 반복했다. 극단적인 예로 들자면, 몇 명의 활동가들의 집이 공격을 받았고 가족들과 함께 살해되는 경우도 있었다. 마치 전쟁을 방불케하는 모습이었다! 아마도 이러한 행위는 국가가 국민에게 행할 수 있는 행동은 아닐 것이다. 아니, 오히려 국가란 자국민이나 타국민에 관계없이 필요한 경우에는 직접적인 폭력으로 응수하는 것을 전제로 삼는 기구일 것이다. 이러한 FBI의 방해공작과 공격이 효과를 거두면서, 〈블랙팬더당〉은 1971년경부터 분열의 조짐을 보이기 시작했다. 1971년 1월, 휴이 뉴튼(주류파)은 남캘리포니아 지부의 방어담당자였던 제로니모 플랫

Geronimo Pratt 35에 대한 추방을 발표하였다.36 플랫과 가까웠던 뉴욕의 할렘지부는 곤혼스러워 했다. 결과적으로 엘드리지 클리버를 중심으로 하는 뉴욕(중앙위원회파) 및 동부 해안의 〈블랙팬더당〉은 2월에 주류파의 추방을 통지하였다. 본부는 뉴욕으로 하였다. 그 즈음 1971년에 무장 지하조직인 〈흑인 해방군〉Black Liberation Army이 결성되었다. 이 조직은 폭탄투쟁, 강도, 형무소 파괴 등 순수 무장노선을 걸었다. 대부분의 회원들은 투옥되거나 사망하였고, 이 그룹은 붕괴해 갔다.37

분파와 함께 진행된 〈블랙팬더당〉의 또 하나의 중요한 활동은 국제연대 운동이었다. 클리버를 중심으로 하는 많은 회원들이 밀항하거나 비행기를 공중에서 납치해서 알제리에 결집하였다. 이들은 모두 세계의 반제국주의 세력과의 거대한 연합전선을 지향했다. (안타깝지만 이것에 대해서는 이 책에서는 상세하게 다루지 않겠다.)38 같은 시기, 미국 국내의 〈블랙팬더당〉에서는 전혀 다른 노선이 태동하기 시작했다. 이미 적대적 분파가 되어 버린 휴이 뉴튼이

---

35. [옮긴이] 제로니모 플랫(Elmer "Geronimo" Pratt, 1947~) : 일명 제로니모 지자가(Geronimo ji-Jaga)로도 일컫는다. 〈블랙팬더당〉의 지도자급 멤버로, FBI의 반공산대첩계획(COINTELPRO)에 의해 끊임없이 감시받는 존재였다. 그는 1972년 캐로린 올슨의 납치 · 살해혐의로 27년간 복역하였다. 그중 8년간은 군 형무소에 감금되었다. 그는 1997년에 석방된 이래로, 현재는 인권운동가로 활약하고 있다.
36. 참고로, 뉴튼은 죽기 직전에 이는 FBI의 공작에 혼동되어 일으킨 그의 잘못이라고 제로니모 플랫에게 사죄를 하였다.
37. 그러나 이 과정에서 기적적으로 연명하여 오늘날에는 흥미로운 활동을 하고 있는 인물이 있다. 아나키스트 팬더당원을 자칭하는 아샨티 알스톤이다. 그는 강도죄로 10년간 형무소에 살았고, 그 후에 '형무소'(=산업시스템)을 해체하기 위한 핵심 저항(Critical Resistance)의 코디네이터가 되었다. 더 나아가 1997년 이후에는 사빠띠스따와 연계해 가던 소수 인종의 연합조직인 〈에스탁시온 리브레〉(Estacion Libre)의 회원이 되어, 현재는 〈아나키스트 협회〉(The Institute of Anarchist Studies)의 집행 위원을 맡고 있다. http://www.criticalresistance.org/, http://www.estacionlibre.org/, http://www.anarchist-studies.org
38. 이에 대해서는 코소 이와사부로(高祖岩三郎), 「뉴욕열전」, 제14회 「할렘정치/사회체론」(「ハーレム政治 · 社会体論」), 『현대사상』, 2006년 1월호, 아오도샤를 참조.

국외로 탈출해 있는 동안, 1974년부터 1977년에 걸쳐 엘레인 브라운Elaine Brown 39이 여성으로서 의장을 맡았던 시기였다. 남성 중심주의적었던 〈블랙팬더당〉의 역사에서 드문 시기이기도 했다. 〈블랙팬더당〉은 처음으로 '젠더문제'에 대면하였다. '피억압'이라는 정의가 큰 틀의 정치와 사회적인 문제에서 기인하기보다는 '신체와 도시공간적인 문제'를 포함하게 되었다. 브라운 밑에서 보다 많은 여성들이 지도부에 기용되었다. 이에 따라, 다시 공동체와 밀접한 운동이 전개되었다. 본래 〈블랙팬더당〉의 가장 중요한 과제는 그들의 출발점이었던 캘리포니아주 오클랜드 지역의 아프리카계 빈곤계급의 힘을 끌어올리는 것이었다. 이런 맥락 속에서 브라운은 빈곤계급의 주거지구에 자금 지원을 결정하는 〈오클랜드 공동체 주택조합〉Oakland Community Housing Corporation의

---

39. [옮긴이] 엘레인 브라운(Elaine Brown, 1943~) : 미국 수감자의 인권옹호 활동가이자 작가이며 가수이다. 그녀는 〈블랙팬더당〉의 의장을 역임하였고, 2008년 녹색당의 대선후보로 나왔다.

위원을 맡아 시정부와도 관계를 맺어왔다. 그렇지만, 1977년 뉴튼이 귀환한 후에 브라운은 탈당하였고, 여성 지도자들도 직위를 해제 당하였다. 그 후, 뉴튼의 독제체제 속에서 〈블랙팬더당〉은 점차 붕괴해 갔다.

〈블랙팬더당〉이 할렘의 중심부에서 활동했던 것에 비해, 할렘 동쪽 지역의 히스패닉 슬럼에서 활약했던 것은 푸에르토리코계의 젊은 그룹인 〈영 로즈〉였다. 이 조직은 원래 시카고에서 출발한 조직이었지만, 1969년에 뉴욕 지부가 결성되었다. 할렘 동쪽의 111번지의 제2애비뉴와 제3애비뉴 사이의 1층에 위치한 점포에 본부가 있었다. 이곳에 있던 푸에르토리코인들은 흑인과는 다른 위상을 지니고 있었지만, 정치적, 경제적, 사회적 중심부로부터 주변화되었던 점에 있어서는 비슷한 위상을 공유하고 있었다. 미국 최고재판소의 판결에 의하면, 푸에르토리코는 '미국에 귀속되지만, 미국의 부분이지 않다'는 미묘한 속국 취급을 받아왔다. 푸에르토리코 민중들은 미국에 있어 **필수불가결한** 가장 값싼 노동력을 다양한 형태로 제공하였다. 〈영 로즈〉는 〈블랙팬더당〉과 유사한 무장집단으로서, 정치혁명과 자력갱생 프로그램을 실천했다.[40] 무료 조식제공, 쓸모없는 의류를 모아서 분배하는 활동clothing drives, 사설 보육원 운영 등을 실천하였다.

〈영 로즈〉는 스스로의 사명을 '빼앗겨 버린 엘 바리오(근린지역)El Bario의 치마타를 탈환하는 것'이라고 생각했다. 미디어가 주목할 만큼 아주 극렬한 항의행동을 벌였다. 예를 들어, '지역 쓰레기 수거 문제', '불충분한 보건 프로그램', '경찰의 폭력' 등에 대해 집중적인 항의행동을 펼쳐 나갔다. 1969년 12월, 지역 교회였던 퍼스트 스패니쉬 침례교회First Spanish Methodist Church가 지역원조 프로그램에 협력해 달라는 그들의 요청을 거절한 것에 대항하여 교회를 점령하였다. 그 후 잠시 동안 교회가 그들의 활동거점이 되었다. 1970년, 지역 내에

---

40. Miguel Melendez, *We Took the Streets*, New York: ST. Martin's Press, 2003를 참조

결핵이 만연하고 있는 상황에서, 이에 대한 대책으로서 엑스레이X-ray 촬영 설비가 있는 트럭을 포획하여, 지역주민에게 무료로 건강진단을 받도록 하였다. 또, 같은 해에는 건강보험이 없다는 이유로 지역민들의 치료를 거부하여, 다수의 지역민들을 죽게 만든 링컨 병원을 점령하였다. 이것이 바로 '브롱크스 도살장'이라 불리는 유명한 점령사건이었다. 이윽고, 1972년에 이 조직은 해산하게 되었지만, 그 후에도 펠리페 루치아노, 파블로 구스만, 리치 페레스 등 중심 멤버들은 라틴계 공동체 활동가로 활약해 갔다.

〈블랙팬더당〉이나 〈영 로즈〉 등 소수자의 급진주의 운동은 지역 공동체에 뿌리를 두고 지역문제에 대해 직시하였다. 이러한 상황 속에서 무장투쟁은 불가피한 해결책으로 원칙적으로 적용되었다. 〈웨더 언더그라운드〉는 특정 거점으로 지역 공동체를 가지고 있지 않았지만, 지역 공동체를 지닌 그룹들과 연계하며 별도의 형태로 지원을 시도하였다. 분명히, 그들은 민중으로부터 솟아나 다시금 소멸되어 갔지만, 소멸된 이유는 그들이 단순히 '인민과 연대'를 시도하지 않았기 때문이 아니었다. '연대'를 실천했던 〈블랙팬더당〉도 〈영 로즈〉도 어쨌든 소멸되어 버렸기 때문이다. 이들의 소멸은 오히려 '도시화'라는 추세 속에서 이들의 존재를 허용하지 않는 요인 — 그것도 단기간에 걸쳐서만 허용하는 요인 — 이 발생했기 때문은 아닐까? 아마 그것은 국가권력의 탄압일 것이다. 이러한 상황은 그 후에 진행된 '젠트리피케이션'과 그로부터 기인한 '근린 공간의 붕괴'라는 연속적인 관계 속에서 언젠가 다시금 검토해 보지 않으면 안 될 것이다.

글을 마치기에 앞서, 아무래도 한 가지 더 살펴보지 않으면 안 되는 것이 있다. 바로 〈블랙팬더당〉의 최대 약점이었던 여성문제이다. 이 문제에 접근하는 것은 우선 〈SNCC〉와 〈블랙팬더당〉의 언저리에 있었지만, 결코 중앙에서 활동하는 것을 피해 왔었던 안젤라 데이비스를 통해 살펴보는 것이 타당할 것이다. 그녀는 〈블랙팬더당〉의 혁명적 맑스주의와 인종 및 공동체 운동에 대해

그림22 〈영 로즈〉가 점거하여 잠시나마 거점으로 삼은 퍼스트 스패니쉬 침례교회(111번가와 렉싱턴 애비뉴의 모퉁이)

서 크게 공감을 하고 있었지만, 여성에 대한 성차별에 반감을 가지고 거리를 두고 있었다. 1968년 〈블랙팬더당〉과 〈미국공산당〉에 거의 동시에 가입했던 그녀의 행동양식에는 그녀의 복잡한 위치가 표현되어 있다. 그녀는 소르본에서 유학을 하였고, 마르쿠제의 제자로서 지식인이었다. 그녀는 1969년에 UCLA에서 취득한 철학과 조교수직을 당시 캘리포니아 주지사였던 정치가 로날드 레이건의 압력으로 인해 박탈당하였다. 그 후, 형무소 문제에 관여했지만, 그 과정에서 FBI의 대공산 방첩 프로그램과 관련이 있는 사건에 휩싸여 살인 공범자로서 지명 수배되었고, 1970년 10월에 뉴욕에서 체포되었다. 그 후, 1972년까지 그녀의 재판투쟁이 지속되었고, 형무소 시스템의 개선, 판결 시 인종차별의 철폐, 사형폐지운동 등을 활성화시켰다. 미세하며 날카로운 비판적 감성을 지닌 그녀의 모든 저작의 주제는 다양했지만, 그 중심 테마는 인종차별, 성차별과 자본주의가 교차하는 영역이었다. 맑스주의와 페미니즘을 축으로 하여, 보편적인 차별을 문제시하였던 것이다. 그녀는 이탈리아의 '가정노동에 임금을 달라!'는 운동에 공감하여, 이 운동에 상호보완적인 관점들을 제공하였다.

그녀의 〈블랙팬더당〉 비판의 핵심에는 그녀 스스로의 경험이 들어가 있다. 그녀에 따르면, 〈블랙팬더당〉은 원칙적으로는 게이, 레즈비언의 운동에 호의적이며, 여성권리에 대한 주장을 높게 평가하고 있었지만, 실제로 조직내부는 남성중심주의에 의해 통제되어 있었다. 필자는 〈블랙팬더당〉의 경험에 크게 관심과 공감을 가진 사람이지만, 바로 그렇기 때문에 그녀의 다음과 같은 혹독한 비판을 받아들이지 않으면 안 된다고 믿는다. 데이비스는 〈블랙팬더당〉의 혁명적 실천이란 본성적으로 남성적인 것이라고 파악하고 있었다. 상상 가능한 모든 〈블랙팬더당〉의 힘은 종종 폭력의 힘 그 자체와 일체화되어 있었다. 그것은 적에 대해서도 당 내부의 동료에 대해서도 그대로 적용되었다. 게다가 그 힘은 '성'과 동일화되었으며, 따라서 여성은 아무리 노력하여도 열성으로 간주되었다. 이러한 상황에서 〈블랙팬더당〉이 제아무리 혁명적 민주주의 이념의 기치를 내세운다고 하더라도 폭력배적이며 권위주의적인 조직원리에 의해 지도되는 것에 불과하다고 하였다. 이것은 무의식적이며 위험한 활동방식으로 정치를 성화性化하여 성을 정치화시킨 것이다.[41]

축제적 광경으로서 뉴욕 운동의 시원(始源)

블랙 마스터의 최의 행동(1966년 10월)은 뉴욕 근대미술관을 봉쇄한 것이었다.,

---

41. Angela Y. Davis, "The Making of a Revolutionary," *Women's Review of Books*(June 1993)의 게재 서평에서 인용.

이 미술관은 우리들에게 삶의 창조와 소외를 통해 인간에 대한 전면적인 억압의 상징이었다. 그러나 이 봉쇄행동은 우리들이 계획하던 사회적, 경제적, 문화적 공격의 극히 일부에 지나지 않았다. 다음 표적은 월스트리트였다. 특히, 월스트리트의 베트남 전쟁 개입, 그리고 그에 따른 미국 국내의 빈곤계급과 노동계급의 생활보조기금의 삭감과 보조기금 요구액의 3.2퍼센트라는 상한선 부여, 자녀들의 피를 강요하는 전쟁에 대한 공격이었다. 이러한 행동은 문화전선을 포기한다는 것을 뜻하지 않는다. 오히려 다양한 전쟁의 상관성을 드러내기 위한 것이다.

— 『검은 가면』, NO.3 1967년 1월호[42]

거리(street)라는 전장을 거대 신체가 이동할 때,
이는 수많은 다리로 걷는
배고픈 세포군과 분노로 미쳐버린 뱃속
분노의 내장, 분노의 피
화가 난 목청은 울부짖는다
'지금이다! 지금이야말로 이 신체가 보고, 이 신체가 느끼며
이 신체가 알며, 고통을 느끼고, 이 신체는
이미 더 이상 쇠사슬에 감싸여 고통을 받지 않는다!'
그리하여
거리라는 전장을 거대신체가 이동할 때,
거대빌딩들은 두려움에 휩싸여 흔들린다 ……

— Henry/uaw-mf[43]

    제6장의 마지막 주제로서 뉴욕에서 본성적으로 도시공간을 대상으로 하여 전개된 장엄한 축제성과 그에 수반된 급진적 좌파운동의 초기 사례를 들어볼까 한다. 아마 이러한 초기 사례를 '시원始源'이라고 이름을 붙인다면 과대포장이 될지도 모르겠다. 어쨌든 이러한 축제성의 요소가 신좌파 속에 있었다는 것을 다시 한 번 확인하는 것도 무의미한 일은 아닐 것이다. 신좌파에 의해 멸종되어 버린 요소들도 있지만, 동시에 신좌파에 의해 시작된 요소들이 있다. 여기서 살펴보려는 것은 신좌파에 의해 시작된 요소들이다. 새롭게 시작된 요소들은 어떤 의미에서 모든 것이 의식되어 있던 것은 아니지만, 뉴욕형의 상황주의라고 말해도 좋을 것이다. 예를 들어, 2004년 여름 뉴욕에서 개최된 공화당

---

42. "Wall St. is War St," included in *Black Mask & Up Against the Wall Motherfucker*, London: Unpopular Books & Sabotage Edituions, 1993, p. 21.
43. "Up Against the Wall Motherfucker"지에 게재된 시(詩), *Black Mask & Up Against the Wall Motherfucker*, London: Unpopular Books & Sabotage Edituions, 1993, p. 99.

대회에 반대하여 거의 1주일간에 걸쳐 이 도시의 여기저기에서 전개되었던 항의행동의 대부분은 이러한 경향 속에서 탄생한 것이었다고 할 수 있다.[44]

젠트리피케이션의 결과로 발생한 도시전반의 문제 중에서 체인점의 확대와 체인점의 독점적 지배에 대항하여, 독특한 연극적 저항performative resistance으로 유명한 레버랜드 빌리reverend billy [45]는 자신의 선구자로서 애비 호프만을 꼽는다. 그러나 2004년 반反공화당대회의 저항운동에 대해 빌리 자신은 저항운동 속에는 호프만적 요소가 넘쳐 있었지만, '호프만적인 FREE가 없었다'[46]고 한다. 도대체 어떤 의미일까? 'FREE'란 문자 그대로 '자유' 혹은 '무료'라는 뜻이지만, 호프만은 이것을 운동의 캐치프레이즈로 모든 문맥에서 사용하였다. 그렇지만, 이 말은 지금은 익숙해질 대로 익숙해졌기 때문에, 거의 아무런 의미 없이 사용되고 있다. 따라서 'FREE'라는 말이 지닌 반향이 예전에는 도대체 어떤 힘을 가지고 있었을까를 상상하기란 쉽지 않다. 아마도 이 말은 그의 운동 문맥에서 '모든 것'을 의미했던 것일 것이다. 또 한 가지 확실한 것은 당시는 지금과 달리, 하나의 '슬로건이자 정신이며 행동'이라는 집합이 커다란 집단 속에서 오랫동안 견고하게 기능할 수 있는 상황이었던 것은 아닐까 싶다. 최종적으로 'FREE'에는 반反공화당대회 행동에서는 볼 수 없었던 어떤 새로운 종류의 열망aspiration이나 힘이 있었던 것은 아닐까? 만약, 그렇다면 그 내용은 무엇이었을까?

애비 호프만의 〈이피〉로 대표되는 운동도 〈웨더 언더그라운드〉와 마찬가지로 백인 중심의 운동이었다. 〈이피〉는 흑인운동의 압도적인 힘을 느끼면서,

---

44. 코소 이와사부로(高祖岩三郎), 「거상과 종양」(「巨像と種瘤」), 『정황』(『情況』), 2004년 11월호 참조.

45. 사이버링크 http://www.revbilly.com을 참조.

46. Abbie Hoftman, *Revolution for the Hell of It*, New York: Tender Mouth Press, 2005에 게재되었던 빌 목사(Bill Talen)의 서문 참조.

자신들에게 무엇이 가능할 것인가를 스스로 평가하면서 시작되었다. 여기에 덧붙여서, 그 이전부터 이스트빌리지를 중심으로 활동하고 있던 대항문화와 아나키스트들의 커다란 영향이 있었다. 그들은 스스로가 도시적 존재양태를 전면적인 운동에 적용시키는 것에서부터 출발하였고, 이러한 운동의 흐름 속에서 필연적으로 '축제적 광경'이 탄생하게 된 것이다. 대항문화의 문맥에서 보자면, 활동가이자 연출가이며 동시에 배우인 두 사람을 살펴볼 필요가 있다. 첫 번째로 주디스 마란과 쥴리앙 베크가 1947년에 창설한 아나키스트 연극단 〈리빙 시어터〉Living Theater였다.47 두 번째로 시인인 알렝 긴스버그로 대표되는 비트닉이다. 이들의 급진적 문화의 숨결이 다운타운을 진동시켜 왔던 역사가 있었다. 도시공간을 토대로 생각해 보면, 〈이피〉는 할렘(슬럼)과 이스트빌리지(슬럼+보헤미아)라고 하는 두 가지의 지진으로부터 양자류quantum flow를 받아들이고, 이것을 전국의 신좌파들의 네트워크에 전파하는 역할을 맡았다고 할 수 있을지도 모른다.

〈블랙팬더당〉으로부터 자극을 받았던 백인운동은 많았지만, 그중에서도 문자 그대로의 〈화이트팬더당〉White Panther Party라는 운동도 결성되었다. 〈블랙팬더당〉의 휴이 뉴튼은 어떤 인터뷰에서 백인에게 필요한 것은 그들 자신의 블랙팬더당, 즉 화이트팬더당을 만드는 것이라고 말했다. 뉴튼의 발언을 그대로 받아들이면서 출발한 조직이 바로 〈화이트팬더당〉이다. 나중에 음악연구가이자 라디오 프로그램의 호스트가 된 존 싱크레어(1941~)와 그의 부인 레니 싱크레어(1940~)는 1968년 〈화이트팬더당〉을 창설하였고, 오레곤 주 포틀랜드 시에 당의 본부를 두었다. 그들의 목표는 '자본주의 폐기'와 '오염되지 않은 지구 만들기', '정치범 해방', '록큰롤 옹호', '공공공간에서의 섹스' 등 넓은 의미에서 '문화혁명'이었다. 〈웨더 언더그라운드〉와 마찬가지로, 맑스주의와

---

47. 사이버링크 http://www.livingtheatre.org/ 참조.

대항문화의 요소가 가미되어 있었고, 그 위에 생태학과 도시의 공공공간 탈환 등의 문제의식들이 결합되었다. 미시건주Michigan 앤아버시Ann Arbor의 FBI사무소를 폭파한 혐의로 지도자들이 일망타진되면서 점차 쇠퇴해 갔다.

다른 한편, 〈이피〉는 1967년에 결성되었다. 이 조직도 대항문화와 정치적 급진주의를 결합하였고, 이러한 결합을 가장 의도적이며 연극적performative으로 실천해 갔다. 결성 지도자 중 한 사람이었던 애비 호프만은 브랜다이스 대학Brandeis University에서 마르쿠제의 제자였지만, 〈SNCC〉에 참가하여 블랙 파워의 위력을 온몸으로 느끼게 되었다. 이 시대의 많은 백인 활동가들과 마찬가지로 비록 흑인은 아니지만, 흑인을 동경하고 있던 그는 스스로를 '백인 검둥이'White Nigar 48라고 규정했다. 그렇지만, 일정한 공동체에 자리를 잡은 운동이 아니라, 보다 광범위한 청중을 상대로 하여, 미디어에 호소하는 스페타클적이며 축제적인 저항운동을 전개해 갔다. 결성 직후의 행동으로서 베트남 반전운동으로 지칭하며, 5만 명의 인원을 펜타곤으로 모은 후 심령술로 그들을 공중 부양시키는 퍼포먼스를 감행하였다. 이들의 행동은 이러한 퍼포먼스, 개념예술, 항의행동을 합체했던 것이다. 이러한 스타일이 수많은 저항문화, 히피계의 플라워 칠드런Flower Children 49을 정치화하는 데에 공헌했다고 일컬어지고 있다. 1967년 7월에, 뉴저지 주의 뉴어크시에서 인종폭동이 발생하였다. 이때, 〈이피〉는 발 빠르게 지역주민의 구제 프로그램을 기획하였다. 1967년 8월 24일, 뉴욕 증권거래소의 갤러리에 위조된 달러지폐를 뿌리는 행동을 하였다. 당연히 그곳에 있던 사람들이 내가 먼저, 내가 먼저 하면서 지폐를 줍게 되었다. 그것은 그곳에 있던 사람들이 '언제나 하고 있던 행동'을 물리적(상징적)으로 연기하도록 만든 연출이었다고 전해지고 있다. 1968년 3월 〈이피〉는 6천 명을

---

48. Abbie Hoftman, 같은 책, p.71.
49. [옮긴이] 플라워 칠드런(Flower Children) : 1960년대 미국의 히피족으로 그들의 독특한 꽃을 표상한 의상과 장식스타일에서 유래한 말이다.

조직하여 뉴욕 최대의 철도 발착지인 그랜드 센트럴 역Grand Central Station에 대해 업무방해 행동을 감행하였다. 같은 해 8월에는, 대통령 후보 선출을 앞두고 있던 시카고의 민주당대회에서 전국의 반전조직을 결집시켜 대대적인 항의행동을 일으켰다. 이 때, 〈이피〉는 수 천 명을 동원하여 '날개달린 불멸의 돼지'Pigasus the Immoral라는 이름의 가공적 존재를 대통령 후보로 세워 선거전처럼 꾸며 퍼포먼스를 하였다. 이 때, 시카고 각지에서 특히 민주당대회가 열린 대회장 부근에서는 경찰대와 집회대의 격한 충돌이 발생했다. 미국 신좌파 역사상, 혹은 반전운동사상 기억에 남을 만한 날들이었다.

1969년 3월, 항의행동의 주모자로 8명의 활동가들이 기소되었다. 여기에는 〈이피〉의 지도자 중 한 사람인 제리 루빈Jerry Rubin, 〈미국 민주 학생 연합〉의 톰 헤이든, 〈블랙팬더당〉의 밥 실 등이 포함되었다. 실은 처음부터 판사를 '파시스트의 개', '돼지', '인종차별주의자' 등으로 불렀고, 법정모독죄로 4년 형을 받자마자 형무소로 보내졌다. 이 재판에서는 남은 사람들의 숫자를 일컬어 '시카고 세븐'이라고 불렀지만, 판사를 모독했던 것은 실만이 아니었다. 특히, 호프만과 루빈은 판사의 복장을 입고 나타나서, 호프만은 판사에게 마약 딜러를 소개하려고 한다든지, 그 후에도 연극적인 재판투쟁을 벌여갔다. 1972년에 이르러 그들에 대한 유죄판결이 취하되었다. 그 이유는 당시 판사들의 자세에서도 분명히 정치적 편견이 개입했었다는 것과 판사가 변호인에게 배심원의 문화적 편향에 관한 질문을 허용하지 않았던 것에서 기인했다. 법정투쟁이 벌어졌던 동안, 그리고 그 후에 1970년대 초반에 호프만을 시작으로 하는 다수의 백인 활동가들이 가장 힘을 실고 추진했던 또 하나의 운동은 구치소에 억류되어 있던 〈블랙팬더당〉 회원을 중심으로 한 수없이 많은 흑인활동가들의 법정투쟁을 지원하는 것이었다.

현재, 우리들은 다문화주의의 영향에서 각각의 문화가 어디나 할 것 없이 평등하게 발언하며, 똑같이 중요성을 지니고 있다는 생각을 믿고 있다. 이는 원칙적으로 타당하다. 그렇기 때문에, 신좌파의 문맥에서도 각 인종들이 각각의 위상으로부터 비슷한 강도로 투쟁했다고 **생각하고 싶다**. 그렇지만, 실제로는 그렇지 않았던 것은 아닐까? 미국의 신좌파의 중심은 어디까지나 가장 격심하게 국가권력으로부터 탄압을 받아왔던 흑인 급진주의이지 않았을까? 모든 운동이 흑인운동의 강도와 충격에 감화되었던 것은 아니었을까? 이렇게 말해도 과언은 아닐 것이라 믿는다. 바로 그렇기 때문에 이 투쟁을 지원하는 것이 특별한 의의를 지니는 것이다.

〈이피〉에 대해 또 하나 커다란 영향을 미쳤던 것은 아나키즘이었다. 엠마와 〈워블리스〉를 포함한 역사적인 흐름을 지닌 아나키즘과 이스트빌리지의 아나키스트 집단인 〈블랙마스크〉Black Mask의 영향이 있었다. 상황주의자 인터내셔널의 일파로 여겨지는 이 그룹은 오늘날 뉴욕 아나키스트들의 선구자라고 불릴지도 모른다. 〈블랙마스크〉는 1966년 화가인 벤 모레아Ben Morea, 시인던 게오르기아키스Dan Georgiakis를 중심으로 결성되었다. 예술과 생활의 일체성을 강조하면서, 이러한 것들이 자본주의에 봉사하는 것이 아니라, 혁명에 봉사해야 한다는 주장을 펼쳤다. 잡지 『블랙마스크』Black Mask를 발간하면서, 훗날 펑크(아나키적 펑크) 대항문화의 미적 감각을 개척해 갔다. 그들의 행동 속에는 현실적인 것과 상상적인 것이 동거하고 있었다. 전면적인 '폭동의 권유', '백지를 사용하여 시인 케네스 코치Kenneth Koch를 암살하는 전위적 행위', 1968년의 항쟁에서는 실제로 펜타곤에 잠입하기도 하였다. 필모아 이스트Philmore East를 점거하여 지배인이었던 빌 그라함Bill Grahame에게 1주일에 한 번 무료 콘서트를 요구하였다. 또한, 이스트빌리지 지역에서는 무료 숙박시설, 무료 식사 제공, 물물교환 중심의 개방상점의 개설, 과격파에 대한 의사 및 변호사 알선 등등을 실천했다. 참고로, 앤디 워홀Andrew Warhola을 총으로 쏘아 중상을 입혔던 발레리 소라나스Valerie Solanas는 이 그룹의 동조자였다고 전해진다.

이상이 신좌파 시대의 스펙터클적, 축제적 운동의 핵심 부분이다. 이것은

UP AGAINST THE WALL
MOTHER FUCKER

undated and unnumbered magazine

그림23 〈마더퍼커스〉의 표지

슬럼 지역의 소수 인종들의 지역운동과는 다른 보헤미아적 운동이었다. 그렇다고 하더라도 이스트빌리지 지역에는 다인종적 민중의 생활공간이 있었으며, 이 운동들은 바로 이곳으로부터 커다란 양자류를 얻을 수 있었다. 그렇지만, 신좌파 시대가 마무리되던 시점에는 도시공간 자체가 커다란 변화를 겪게되었다. 도시화라는 추세 속에서 '부負의 부분'인 젠트리피케이션이 본격적으로 시작된 것이다. 이로 인해 다인종적 민중의 공동체 공간에도 위기가 찾아왔다. 바로 이 시점에서부터 신좌파에서 출발하여 넓은 의미의 반反젠트리피케이션이라는 급진적인 전선을 계승해 나간 운동이 태동한다. 그것은 오랫동안 등장을 기다렸던 이스트빌리지의 스쾃운동과 뜰운동, 그리고 게이와 레즈비언의 해방운동이다. 이러한 운동들은 각각 필연적으로 도시적인 장대한 광경(스펙터클)으로 축제성을 구사하면서 급진적인 투쟁을 전개해 갔다.

그 후, 2004년 여름, 레버랜드 빌리Reverend Billy가 지금의 투쟁 속에는 'FREE'가 없다고 말했을 때의 그 결여란 도대체 무엇이었을까? 이 투쟁은 스펙터클성-축제성을 충분히 배아하고 있었다. 그러나 확실히 그곳에는 결여된 것이 있다. 그것은 바로 양자류 중 '정正의 부분'으로 남부로부터 올라 온 공민권운동의 열기(양자류)이자 〈블랙팬더당〉으로부터 영향을 받은 것이었다. 또한, 슬럼 공간의 '고뇌이자 힘'이 결여되어 있었다. 이러한 결여로부터 'FREE'라는 슬로건이 지닌 강도intensity와 보편성universality이 상실되어 있던 것이다. 그러나 이러한 결여 속에는 더 이상 우리들이 원하지 않는 것도 있다. 바로 '부負의 부분'이다. 이것은 '여성에 대한 경시로 귀결되어 버린 남근주의적 폭력주의'이며, '자신만이 정통이라고 믿는 사상적 적류주의'이다. 이러한 정正과 부負는 분리하기 어려운 하나의 부분이었던 것일까? 아무리 그렇다고 하더라도 현재 우리들은 스스로가 필요한 것만을 희구할 뿐이다.

어쨌든 지금 우리들이 직면하고 있는 것은 르페브르가 간파하고 있듯, 아마도 도시화라는 추세가 개별 도시공간을 뛰어 넘어 버린 다음의 문제들이다.

도시화는 개별 국민국가의 도시와 시골의 경계와 영지를 넘어서 대지와 다시 만나고 있다. 국가가 보호하는 영지는 지구의 표면을 '조리條理적 공간으로' 만들면서 끝없이 확대하고 있지만, 동시에 일찍이 볼 수 없었던 엄청난 강도로 자연재해와 유민들의 양자류가 밀려와 '조리적 공간화를 더 이상 용납하지 않을 것이야!'라고 울부짓고 있다. 이른바, 도시문화의 용어로는 더 이상 형언할 수 없는 지경에 이른 것일지도 모른다. 도시화는 이러한 파괴를 그 근저에 내포하고 있다. 그때, 우리들은 미국 선주민들의 목소리를 다시금 듣지 않으면 안 된다. 이른바 '제4세계'의 목소리를……

7장

아나키, 자율, 예술 — 현대 뉴욕 액티비즘의 양상

이 반역적 소리가 자아내는 메아리는 몇몇 타자들의 소리로 뒤바뀌며 스스로를 갱신한다. 좀처럼 귀 기울이려고 하지 않던 권력을 앞에 두고, 수많은 소리와 소리들의 네트워크로 바뀌어 버린 메아리는 스스로에게 말을 건다. 스스로가 하나이면서 여럿임을 알고, 스스로가 묻고 듣는다. 이들은 모두 욕망이라는 관점에서 동등하다는 것을 인지하고 있으며, 자신들이 만들어낸 소리의 음조와 음계가 모두 다양하다는 것을 이해하고 있다.
— 부사령관 마르꼬스(Subcomandante Marcos)[1]

들어가며 : '액티비즘'의 가능성과 미정성(未定性)

2006년 4월 29일은 '이라크 전쟁 반대의 날'이었다. 〈평화와 정의를 위한 연합〉United for Peace and Justice, UFPJ이 대중 시위와 집회를 조직하여, 각 참가그

---

1. Subcomandante Marcos, "Tomorrow Begins Today(Closing Remarks at the First intercontinental Encuentro For Humanity and against Neoliberalism, August 3, 1996)," *Our Weapons-Selected Writings, Subcomandante Insurgente Marcos*, edited by Juana Ponce de Léon, New York, London, Sydney, Toronto: Seven Stories Press, 2001, p.122.

룹이 의견을 펼치기 위해 텐트촌에서 축제를 열었다. 참가한 총인원은 주최 측 집계로 약 35만 명이었다. 그리고 그 다음 날인 5월 1일 노동절에는 이민자들을 중심으로 시위와 집회가 개최되었다. 이 날 집회는 지난 2005년 12월에 보수파 의원인 센센브레너Jim Sensenbrenner에 의해 발안된 〈이민법 개정안〉H. R. 4437 2과 '미등록 이민노동자 탄압'으로부터 촉진된 항의운동을 전국적으로 확산시키는 계기가 되었다. 총 참가인원은 약 50만 명이었다. 나에게 이 날의 운동은 인상적이었다. 그것은 지금까지 보아왔던 뉴욕에서의 항의행동 중 가장 강렬한 것이었기 때문이었다. (안타깝게도 이 장의 주제는 아니다.) 이 두 가지의 행동에서 방계로 개입했던 그룹들이 있었다. 그들은 항의행동에 큰 흐름을 형성하면서도, 각기 자신들만의 독립된 주장과 공인되지 않은 지류적 집회feeder Demonstration를 벌였다. 그들은 바로 뉴욕에서 활동을 재개하기 시작했던 아나코 생디컬리스트 노동조합인 〈워블리스〉, 그리고 1960년대 신좌파 운동 조직으로서 최근 재건된 〈미국 민주 학생 연합〉, 또한 뉴욕 근교에서 아나키스트와 자율주의의 연합과 조직화를 기획하고 있는 〈뉴욕 메트로 아나키스트 연합〉New York Metro Alliance of Anarchists, NYMAA, 그리고 전통적인 강경파 반전조직 〈전쟁 반대 연맹〉War Resisters League의 연합조직으로서 스스로를 〈반권위주의 블럭〉Anti Authoritarian Bloc이라고 명명하는 그룹들이다.3

이들 그룹들이 표방하고 있는 '반反권위주의'는 특정의 '권위'나 '당파' 혹은

---

2. [옮긴이] 〈H. R.4437〉(미국 하원법안4437) : 정식명칭은 〈2005년 국경방어, 반테러, 불법이주통제법〉(The Border Protection, Anti-terrorism, and Illegal Immigration Control Act of 2005)이다. 제109회 미국 의회의 법안으로 2005년 12월 16일 239표 대 182표(공화당 92퍼센트의 지지, 민주당 82퍼센트의 반대)로 가결되었다. 그러나 이 법안은 사원에서는 가결되지 못했다. 발안자는 위스콘신 주 공화당 하원의원인 짐 센센브레나였고, 그의 이름을 따서 〈센센브레나 법안〉이라고 부른다. 이 법안은 2006년 이민자들의 권리를 옹호하기 위한 집회와 항의를 자극한 최초의 입법적 행위였다.

3. http://www.iww.org, http://www.studentsforademocraticsociety.org, http://www.anarconyc.net/nymaa.html, http://www.warresisters.org 등 〈전쟁 반대 연맹〉 그룹차원으로 노동절에 참가하지 않았다.

'지도자'에 의해 주도되는 것이 아닌 '직접 민주주의'에 의한 자유연합, 혹은 '수평적'인 운동을 지향한다는 어감이 들어가 있다. 다시 말해, 하향top-down식의 지시와 지령에 의존한 과거의 시민운동 및 NGO, 혁명운동으로부터 스스로를 분별하려고 하는 견고한 의지를 표현하고 있다.[4] 이 장에서 다루는 '뉴욕 액티비스트'Newyork Activist라 불리는 대상은 대부분 이러한 행동에 참가한 그룹과 중복된다. (다만, 〈전쟁 반대 연맹〉은 논외로 하겠다.) 뉴욕 액티비스트들은 1994년 사빠띠스따 봉기로부터 자극받은 다음, 시애틀과 퀘벡 등에 집결하여 WTO, IMF, NAFTA 등의 신자유주의의 국제화와 대결하였다. 이들은 세계민주주의 운동연합을 지향하는 세계 사회 포럼World Social Forum, WSF에서 한 축을 담당했던 전지구적 정의 운동 속에 나타난 활동가들이기도 하다.[5] 사람에 따라 공헌 정도와 관여방식은 다르지만, 그들은 '다른 세계는 가능하다!'Another World is Possible!라는 이상에 기초하여, 다양하게 조직화 활동을 전개한다. 합법적인 집회나 집회를 넘어 고전적인 시민 불복종과 각종 블랙블록(집회참가 그룹) 행동을 포함한 '직접행동'을 마다하지 않는 사람들이다. 이번 장의 주제는 이러한 액티비스트와 액티비스트들의 행동과 사상에 대해 다룰 것이다.

먼저, 나에 대해 말하자면, 아마 나 자신은 '액티비스트'라기보다는 액티비스트라는 '존재'에 관심을 가지며, 또 지속적으로 관심을 갖고 싶다. 가능한 한 나는 이러한 이상형에 가까이 가려는 사람이라고 정의하는 것이 온당할 것이다. 내가 아무리 나이를 먹거나 발버둥을 쳐도 결국 나는 세계변혁이라는 '지고지순한 가치'로 회귀해 버린다. 그렇지만, 나는 이러한 가치를 지금 충분히 체현할 수 없다는 개인적 한계를 느끼고 있다. 그렇지만 다른 차원에서 보면, '액티비스트'라는 개념의 적용 범위란 원리적으로 정해져 있는 것이 아니다.

---

4. 참고로, UFPJ는 위에서 결정하여, 직접행동을 포함한 '복합적 전술' 노선을 버렸다고 하여 집중적인 비판을 받았다.

5. http://www.nadir.org/nadir/initiativ/agp/free/wsf/ 참조.

현대 액티비즘은 예전의 운동과 비교해 볼 때, 모든 의미에서 유연하며 유동적인 '실천형태' 속에 관계되어 있는 개개인의 정열과 의지와 힘에 맞춰 그 어디까지라도 개입해 갈 수 있는 미정未定의 가능성을 지닌 운동이다. 생활형태, 신체성, 정동, 인간관계, '가치'를 형성하는 총체적 변혁에 이르기까지 미정의 가능성을 지닌다. '액티비즘'이라는 개념은 힘과 가능성을 현재진행형으로 확대하고 있다. 이러한 가능성과 미결정성은 무엇보다도 그들이 기치를 세우고 있는 이상사회를 '바로 지금 이 운동단체' 속에서 실현하는 것 이외에는 존재하지 않는다는 '예시적 정치' [6]의 원리에서 기인하고 있다.

내가 고교생 시절이었던 시점에는 일본에서 신좌파가 벼랑 끝에 몰린 상황이었고, 그 '운동'에 조금이나마 관여하였다. 그리고 일본 내 운동의 참혹한 좌절로부터 '가치의 편역遍歷'이 시작되었다. 그 후로 나는 '존재와 자유'에 관계하고 있는 듯 보이는 '문화', '예술', '이론'이라는 영역에서 탈출구를 찾아 다녔다. 뉴욕에 건너온 후, 몇몇 문화적 직종을 전전하던 시기와 겹쳐 있었다. 그러나 20세기가 끝날 무렵, 이러한 문화적 실천들도 예외 없이 신자유주의에 포괄되어 가는 것이 명백해졌다. 젠트리피케이션의 길잡이적 역할을 담당하던 예술과 '포스트모던적 조건'을 몰주체적으로 전제로 삼은 이론들이 지적·문화적 상황을 이끌고 있다. 이러한 추세에 대한 다양한 비판들은 '가치 전환'을 지향할 만큼의 위력을 지니지 못했다. 치마타는 고전적 맑스주의가 가르쳐왔던 이윤과 욕망만을 원리로 하여 살고 있는 '경제적 인간'과·모든 이상과 사회성을

---

6. [옮긴이] 예시적 정치(prefigurative politics) : 의도적으로, 자신들이 만들고 싶은 사회와 비슷하게 조직을 만드는 것을 뜻한다. 특히, 그레이버는 기존의 혁명운동에 대해 '정치기구의 통제권을 장악함으로써 자본주의를 극복하려고 한 다양한 시도'가 실패했다고 보면서, '낡은 사회의 껍질 속에서' '새로운 사회를' 건설하기 위해서는 이러한 예시적 정치를 통해 조직을 운영해야 한다고 생각한다. 따라서 '목적이 수단을 정당화한다'거나 '혁명가의 책무는 국가권력을 획득하는 일이다'라고 하는 사고를 거절하면서, '지배기구의 실태를 폭로하고, 그 부당성을 밝혀내며, 해체하는' 한편, 거대한 '자율적 공간'을 획득하여 '참가형 운영'을 실현해야 한다고 보았다.

박탈당한 '냉소적 개인'으로 환원되어 버렸고, 서로가 서로를 속이면서 추월하는 것 이외에는 생각할 수 없는 지옥이 되어 버렸다.

그러나 이러한 폐쇄상태를 능가하는 '새로운 운동'이 내가 전혀 예상하지 못한 곳에서 실제로 조직화되어 퍼져가기 시작하고 있다. 그것이 바로 전지구적 저스티스 운동이었다. 이 운동은 내가 지금까지 가지고 있던 '세계를 변혁하는 운동'에 대한 통념을 밑바닥으로부터 뒤흔드는 것이었다. 평균연령이 나보다 젊은 이 '액티비스트 그룹'과 뒤섞여서, 나는 그들로부터 많은 것을 배우며, 그 연장선상에서 나만의 '새로운 가치 구축'을 향해 더듬더듬 거리면서 앞으로 나아가고 있다. 이미 노성한 학자들의 입장에서 보면 순진하게naive하게 보일지도 모르지만, 오랜 좌파의 역사 속에서 양성해 온 이론적 경험들을 모두 받아들이려는 것보다는 이론적 경험들을 어디론가 백지상태로 환원시켜, '지금 바로 이 곳'의 활동을 위한 '직접적 전제'에서부터 재출발하려고 한다. 확실히, 9·11 이후 미국의 군사체제의 탄압 속에서 좀처럼 이러한 힘이 발휘되기 어려운 것도 사실이다. 그렇지만, 액티비스트들의 거들먹거리지 않는 진지한 '발걸음'에는 몇 가지 '진실'이 포함되어 있다.

신좌파시대의 활동가와 오늘날의 액티비스트를 구별하는 가장 극명한 차이는 무엇인가? 전자가 미래에 실현되어야 할 이상을 위해 **'이념'에 봉사하는 자**들이었다면, 후자는 자기존재와 존재의 일부분으로 구성된 집합성을 뛰어넘어 존재하는 가치란 이 세상에 존재하지 않으며, 이러한 집합성이 운동의 출발점이자 귀결점이라고 한 것에 있다. 따라서 둘 사이에는 커다란 '이론상' 위상의 차이가 있다. 전자에서 모든 원리를 구성하는 '이론'은 절대적이다. 즉, 이론은 출발점이자 실천을 통해 다시금 되돌아오는 회귀점이 된다. 그렇기 때문에 일반 민중들이 잘 모르는 사이에 규정되어 살고 있는 세계의 경제구조 법칙을 파악하여, 그것으로부터 세계변혁의 원리를 도출한 사람과 이러한 '외재적 법칙'에 말을 부여하는 사람이 해방운동의 지도자가 되었다. 그리고 이 운동에서 투쟁하는 활동가들은 **그의 사상에 봉사하는** '병사'가 되었다. 이 경우, '투쟁 자체'는 해방을 위한 필요악이며, 희생적 행위가 되었다. 여기에는 행복이나 환희의 요소가 있을 수 없고, 또한 있어서는 안 되었다. 활동가의 최종적인 입지는 **부여된** '사명감'이었다. 이에 대해, 후자는 '투쟁이 곧바로 액티비즘(삶 그 자체로서의 투쟁 — 옮긴이)이 되는 것'이야말로 가장 풍요롭고 더욱더 크게 키워 가야할 목적이 된다. 요컨대, 오늘날 액티비스트의 **이론적 주안점**은 '이 행동'을 위한 '실용주의적 낙천주의'를 획득하는 것이다.

'액티비스트' 속에는 상이한 이론적 입장들이 존재하며 이론적 입장 차이로부터 일상적인 대립과 투쟁이 발생한다. 단, 이러한 입장 차이로 인해 서로를 증오하거나 파괴하고 죽이는 것은 있을 수 없다. 이들은 대립과 투쟁을 반복하면서 원리적으로는 서로의 입장 차이를 커다란 운동의 일부로 취급한다. 투쟁 전술에 대해서도 직접행동파는 비폭력주의를 경시하고, 같은 부류끼리 행동하는 정예주의 및 분파주의는 가능한 한 회피된다. 거꾸로, 비폭력주의자들이 모든 비합법적인 직접행동을 단속해서도 안 된다. 언제나 전술에 대한 합의성을 통해 강력한 '유연단체'를 형성해 왔지만, 몇몇 '유연단체'가 한 단위로 참가하여 전체를 형성하는 대행동의 내부에는 합법에서 비합법에 이르는 몇 가지 단계가 존재할 수 있으며, 행동 형태도 강한 '퍼포먼스형'에서 '대결형'까지 몇 갈래의 방식이 존재할 수 있다. 이러한 전체의 배합과 자리매김은 '스폭스 평의회'Spokes Council에서 서로 조정하여 결정한다.7 즉, 이들은 '직접민주주의'를 땅에 뿌리박도록 하고자 하는 것이다.

'액티비즘'은 철저한 '반反전위주의'이다. 액티비스트는 스스로가 민중을 지도한다고 생각하지 않는다. 그들은 자신들도 민중의 일부라고 생각한다. 따라

---

7. 직접민주주의적인 합의방법에 대해서는 「새로운 아나키즘의 정치」, 데이비드 그레이버, 인터뷰어= 코소 이와사부로, 『VOL』, 창간호, 도쿄 이분샤, 2006년을 참조.

서 조직화란 지도가 아닌 네트워크의 확장인 것이다. 또, 지성이란 그것을 겸비한 자가 가지고 있지 못한 자를 가르치기 위해 있는 것이 아니라, 누구라도 필요한 경우에 '조사'하여 획득하고, 또 타자와 공유하기 위해 있는 것이다. 액티비즘은 특정 영웅을 만들어내는 장이 아니다. 누구라도 같은 강도로 자신을 주장하는 참된 의미의 '이종 혼합적 사회'를 형성하려고 하는 장이다. 이러한 존재양태는 우리들에게 전혀 새로운 '집합적 존재성'의 환희를 가르쳐 준다. 또한 이 존재양태는 경제지상주의가 깊게 신봉하는 '이익'과는 다른 차원의 '환희 원리'를 집단적으로 개발하여, 신자유주의에 의해 절대화되었던 '사적 개인'의 대극적 존재성을 지칭하고 있다.

이 장의 기획은 대략적으로 말하자면 다음과 같다. 우선, 현대 뉴욕의 액티비즘이 형성된 전제로서 전지구적 정의 운동의 궤적을 대략적으로 추적하겠다. 그 속에서 현대 뉴욕의 활동이 직면하고 있는 '조직화'의 상황을 분석할 것이다. 그리고 상기의 움직임을 지탱해 왔던 '현대 액티비즘론'의 두 가지 사례를 소개하겠다. 마지막 결론으로 향후의 가능성의 측면에서 한 가지 확실한 방향으로 생각되는 '액티비즘과 예술의 교차점'에 대해 고찰할 것이다.

지구적 공공공간(Planetary Public Space)의 개발

2월 15일, 전세계 곳곳에서 커다란 집회가 발생했다…… 이 집회에는 선전과 슬로건 등을 결정하는 집합적 지성이 존재했다…… 모든 운동의 운동이라는 사상 속에서 집합적 지성이 형성되었다. 전위주의의 지배는 끝났다…… 우리들은 새로운 양식(conscience)을 형성하고 있다. 즉, 우리는 모두 지식인이며, 액티비스트이다.
— 루카 카사리니(Luca Casarini)[8]

---

8. Luca Casarini의 발언은 'ANTICAPITALISM AND ACADEMICS'라는 제목의 좌담회에서 인용되었다. 조직자는 Stephen Lehman이었다. *Radical Society*, Oct-Dec 203에 게재되어 있다.

대도시metropolis로서의 뉴욕은 고유의 장소이지만 세계의 다른 도시들과의 도시적 관계성, 그리고 다른 지역과의 지역적 관계성이 물질화된 '다원적이며 이종적인multi-heterotopia 장소'이기도 하다. 비록 시공간적 범위span가 다르다고 하더라도, 뉴욕에서 민중이란 본성적으로 '이동하는 자들'migrant이며, 이들의 '생활'과 '문화'의 '투쟁'도 또한 역동적이며 간지역적 성격을 띤다. 도시가 갖는 이러한 특성 때문에 우리들은 항상 도시를 매개로 '세계 전체'라는 '상상적 영역'을 실천적으로 파악할 수 있었고 개발해 왔던 것이다. 그리고 세계의 권력구조의 변천과 교통 및 커뮤니케이션의 발전과 더불어 이러한 '상상적 영역'의 질적인 변천도 커졌다. 앞으로 이러한 상상적 영역은 '이미 획득된 물리적 장'이 아니라, 점점 더 신속하며 강력하게, 그리고 광범위하게 '창조와 투쟁'을 공유하기 위한 '가능성의 장'이 되고 있다.

19세기 후반, 〈국제 노동자 협회〉의 시기부터 대서양을 사이에 두고 뉴욕과 같은 간도시적 공간은 투쟁하는 민중들의 전지구적 운동을 가능하게 하였다. 맑스주의, 아나키즘, 그리고 공상적 사회주의 등 대부분의 혁명운동은 많든 적든 간도시적인 성격을 띠었다. 특히, 〈워블리스〉는 1905년 시카고에서 결성된 이래 간도시적인 특성뿐만 아니라, 언제나 이동하는 민중들과 함께 '이동하는 운동'이 되었다. 신좌파운동과 그 후의 조류들 속에서 일관된 민중운동의 '전지구적' 관계성은 그 후에도 다양한 형태로 강화되어 왔다. 그리고 사회주의권의 붕괴 이후, 신자유주의의 세계적 확장이라는 문맥 속에서도 '투쟁하는 민중의 전지구적 운동'을 새롭게 재조직화하여 나타나거나 새로운 방법론을 만들어 내기 시작한 것이 바로 전지구적 정의 운동이었다.

GJM의 기원에 대해서는 1970년대 중반 IMF에 대항하여 발생한 몇몇 반란을 가리킬 수도 있을 것이다. 그러나 새로운 사상적 패러다임을 형성했다는 의미에서 NAFTA의 통제 하에서 1994년에 벌어진 사빠띠스따 봉기를 기점으로 보는 것이 타당할 것이다. 멕시코의 한적한 시골 마을에서 일어난 사빠띠스따

운동은 당시에 유행했던 그 어떤 학문이나 예술, 국제회의보다도 '전지구적 연합' 의 가능성을 열었던 것이다. 이에 자극을 받아 1995년에는 WTO에 대한 항의운 동이 많이 발생하였다. 그 후, 1996년 사빠띠스따가 정글에서 이메일로 소집한 세계 풀뿌리운동grassroots의 '대륙간 회의'encuentro가 성사되었다. 이 만남에서는 전지구적 행동의 조정자 역할로서 〈세계 동시 행동〉People's Global Action, 이하 PGA이 발족되었다. PGA는 1998년 5월에 제네바에서 열린 WTO 각료회의 이 후부터 전지구적 동시 행동을 선동하는 역할을 하였다. 이러한 흐름 속에서, 대부분의 사람들은 GJM의 출발점으로 인식하고 있는 1999년 시애틀의 반反 WTO운동으로 결집하였다. 그 후, GJM은 강한 기세로 세계은행, IMF, WTO, G8 등 '제국'이 국제회의를 열 때마다 선진 자본주의 국가의 대규모 산업 및 기

업의 이익을 만들기 위한 무원칙적인 전지구화Globalization에 대해 강렬한 반대 의사를 표시해 왔다. 그 후, 9·11로부터 시작된 '테러와의 전쟁' 시기에는 '제국의 통제'가 가장 강력했던 뉴욕과 같은 도시에서 반대의사를 표시하기가 점점 더 곤란해졌다. 그렇지만 GJM은 미국 주도로 벌어지고 있는 세계전쟁을 반대하는 반전운동과 결합하여 '2003년 2월 15일'에 인류사상 가장 많은 대중을 동원한 전 세계 동시집회를 실현시켰다. 또한, 약 500여개가 넘는 풀뿌리 운동단체들은 2005년 12월 이후 미국에 거주하는 '미등록 이민자에 대한 탄압'에 대항하여 투쟁했다. 이들 단체들은 이러한 탄압의 원흉으로 NAFTA를 지목하면서 NAFTA의 폐지를 요구하였다. 이들 단체들은 이후 GJM과 밀접히 연동되어 갈 가능성이 크다고 할 수 있다.

GJM이 가진 또 하나의 얼굴은 세계 사회 포럼이다. 이 포럼은 대도시가 벌이고 있는 '세계적 동시개발'이라는 신자유주의적 세계화에 맞서 대안적 세계화운동을 지향하고 있다. 이 포럼은 '세계적 동시행동'을 방법론적으로 확립하여 만들어진 회합의 장으로 소위 '차이의 이성'理性을 대표하려고 한다. 세계에서 모여든 개인, 지식인, 각종 운동조직의 대표자들이 민주적인 토론방식과 문제의 공유, 정보교환, 연합을 지향하고 있는 것이다. 더구나 여기서는 활동가와 학자들의 토론과 함께 개최된 지역에서 항의운동을 한다는 두 가지 측면이 결합되어 있다. 〈세계 동시 행동〉과 〈WSF〉를 통해 GJM은 전지구적 민주주의라는 비젼을 **가장 견고하게, 그리고 집합적으로 상상할 수 있는 장**이 되었다.

WSF는 스위스의 다보스Davos에서 개최되었던 세계경제포럼WEF에 대항하여 만들어졌다. 첫 번째 회의는 2001년 1월 브라질 노동당PT 집정하에서 포르또 알레그레Porto Alegre에서 시의 지원 아래 개최되었다. 이 때, 프랑스에서 발족했던　〈아탁〉Association pour la Taxation des Transactions pour l'Aide aux Citoyensm ATTAC을 필두로 하여 몇몇 그룹이 참가하였다. 그 후, 지역 문제를 중요시하는 방향으로 세분화되어, 〈유럽 사회 포럼〉European Social Forum, ESF, 〈아시아 사회 포럼〉Asian Social Forum, ASF 등 지역 사회 포럼으로 분화되어갔다.

그렇지만, WSF는 내부에서 비판의 대상이 되기도 했다. 예를 들어, 중요한 방침이 공개적으로 결정되는 것이 아니라, 무대 뒤에서 사전협의를 통해 결정되어 버렸다. 모든 참가자가 평등하게 대우받는 것이 아니라, 유명한 지식인과 강력한 NGO 조직이 우선되었다. 국가의 개입을 금지하고 있음에도 불구하고, 브라질, 베네수엘라, 프랑스 등 국가의 관료들이 환영받기도 했다. 이런 모습은 WSF를 구성하는 운동 형태들 사이의 차이를 반영하고 있다고 한다. 예를 들어, 〈아탁〉과 PGA의 차이가 그러하다.9 〈아탁〉은 노벨상을 받은 경제학자인 제임스 토빈James Tobin이 1978년에 주장했던 세금대책안을 바탕으로 금융투자에 대한 특별세를 거두는 것을 통해 세계경제의 불균형을 해소하여 국가의 복지강화를 이루려고 하였다. 이른바 '사회민주주의적 조직'이다. 이에 반해, PGA는 자본주의에 의한 인류와 지구의 파괴에 대항하는 투쟁과 대안의 구축을 위한 연결, 혹은 세계 시장에 대한 저항의 세계적인 조정 역할을 맡고 있다.

요약하자면, GJM을 급진적 표현으로 삼고 있는 오늘날의 '세계민주주의 운동'에 폭 넓게 공존하고 있는 NGO와 풀뿌리 민주주의 운동 사이에 있는 변혁 운동상의 차이가 결집되어 있다. 이것은 '시민사회'가 붕괴한 후, 어떻게 '공공공간'을 (재)구축할 것인가라는 방법론을 둘러싼 차이이기도 하다. 또한, '국가' 내지 '관료기구'에 의존할 것인가라는 '정치사상'의 차이이기도 하다. 전자는 국가(혹은 관료기구)의 보호를 위해 '공공'의 역할을 강화하고, 자본의 폭거를 단속하려고 한다. 이는 일찍이 존재했었지만, 지금은 상실된 '시민사회'를 회복하려는 시도이다. 이에 비해, 후자는 전지구적 대지 위에서 자본주의와 투

---

9. Heather Gautney, "The World Social Forum: From Protest to Politics?", *Situations*, Vol.1, 2005. http://ojs.gc.cuny.edu/index.php/situations/index

쟁하면서 '새로운 사회'의 구축을 지향한다. 혹은, 투쟁하는 것을 통해 일찍이 존재하지 않았던 '전지구적 공공공간'을 구축하려는 시도이다.

철학자이며, 뉴욕사회포럼의 조직자 중 한 사람인 마이크 멘서M. Menser는 이러한 WSF 내부의 대립을 '최대 민주주의'maximal Democracy와 '최소 민주주의'minimal Democracy의 대립으로 생각한다.10 전자는 참가형으로 인권과 사회정의에 대해 구심적인 형태를 띤 민주주의이다. 대부분의 경우, 대의제가 아닌 직접민주주의를 취하며, 국가(관료기구)를 폐기한다. 후자는 오히려 현실 세계에 산재하는 (신)자유주의적 통치사상에 따라 전지구적 자본주의 이해를 바탕으로 하여 '공적 영역과 사적 영역'의 구별에 따르면서 민주화를 도모하는 것이다. 나는 이 문맥에서 '액티비즘'은 PGA에 해당한다고 생각한다. 왜냐하면, PGA는 어디까지나 '최대 민주주의'를 옹호하려고 하는 운동이기 때문이다.

정확히 보자면, PGA는 1997년 스페인에서 개최된 제2회 사빠띠스따의 '대륙간 회의'encuentro에서 결성되었다. 그곳에는 브라질에서 미사용된 토지를 농지로 개척하려는 '무토지농민운동'MST과 인도에서 유전자 변형 곡식을 만드는 '몬산토사'Monsanto Company의 농작물을 태워버리기 위한 운동을 실천하고 있는 '카르나타카주Karnataka 농민조합'KKRS의 대의원들이 참가하였고, 그들을 중심으로 PGA라는 조직을 구상하였다. PGA는 엄밀히 말해 '조직'이 아니다. 앞서 살펴봤듯이, 세계의 저항운동 커뮤니케이션과 '조정 역할'을 담당하는 '지원자'이다. PGA는 대륙별로 '소집자'convenors는 선출되어 있지만 지도자는 없다. 이들의 기본방침은 아주 간단명료하며, 신자유주의를 반대하는 것만이 아니라, 보다 폭 넓은 반反자본주의, 반反권력주의(젠더문제의 중시), 시민불복종, 직접행동 실천 등 누구라도 이해할 수 있는 몇몇 항목만을 가지고 있을 뿐이다.11

---

10. Menser, "The Global Social Forum Movement." *Situations*, Vol.1, 2005. http://ojs.gc.cuny.edu/index.php/situations/index

11. http://www.nadir.org/nadir/initiativ/agp/index.html 참조.

PGA는 1998년 5월 제노바 이래로 세계 동시행동의 '선동적 역할'을 담당하였다. 이러한 '기관없는 운동'의 역할은 실로 중요하다. 자신의 존재를 겉으로 끄집어내어 GJM을 통제하려고 하기보다는, 어디까지나 '음지'에서 순수한 조정기능을 관철하려고 한다. 이른바, '제국'의 세계지배의 틈바구니에서 '잠재적 공공공간'을 형성하려고 해 왔다. 또한, 일찍이 보기 어려운 방식으로 남반구와 선진국 대도시 민중들의 자율공간을 연결하는 시도이기도 했다.

이미 살펴보았듯이, 뉴욕시 정부는 '이성화理性化된 권위'를 가지고 신자유주의에 봉사해 왔다. 시정부는 고육지책으로 '탈투자'라는 정책 없는 정책을 도입하여 수많은 근린공간을 황폐하게 만들었다. 그러나 바로 그 시점에서부터 '뜰운동'이라는 보기 드문 형태의 민중적 자율운동이 발생했다. 권위의 쇠퇴로부터 자율이 생성된다는 것, 혹은 자율이 '쇠퇴'를 이용하여 성장하고 있다고 하는 현상이다. GJM의 성과를 보면, 이것이 전지구적 공간에도 꼭 맞아떨어진다고 보인다. 제국의 통제나 신자유주의적 시장경제 속에서도 틈바구니와 와해점이 편재하고 있다. 그리고 이것이 자율공간 속으로 뿔뿔이 씨앗을 뿌리면서散種 이어져 가는 것이다.

당인가 연합인가? — 현재의 조직화에 얽혀있는 정경

사회민주적 운동에 있어서 조차 …… '조직'은 선전선동(프로파간다)을 위한 인위적인 구성이 아니라, 계급투쟁의 역사적인 산물로 간주된다. 그리고 이러한 역사적 산물에 대한 사회민주주의의 역할이란 단순히 정치적 의식을 불러일으키는 것뿐이다.
— 로자 룩셈부르크[12]

---

12. Rosa Luxembrug, "Organizational Questions of Russian Social Democracy," included *The Rosa Luxembrug Reader*, edited by Peter Hundis and Kevin B. Anderson, New York: Morton Review Press, 2004, p.249.

노동은 사회적인 과정이다. 각 산업들은 사회의 생산적 신체의 일부이다. 사회적 총생산은 관계성과 협업에 의해 형성된다. 살아있는 기관을 형성하는 세포처럼, 단독적으로 신체로부터 분리되어서는 살 수 없는 것이다. 따라서 직장에서 노동의 조직화는 노동자가 맡은 임무의 절반에 불과하다. 그것보다 중요한 임무는 다른 산업과 결합하면서 그들을 사회조직으로써 합체하는 것에 있다.
— 안톤 판네쿡(Anton Pannekoek)[13]

뉴욕 주변에 있는 '액티비스트'들의 사상적 경향은 아나키즘이 주류를 이룬다. 직업적 특성상 분석을 중시하는 '좌파지식인'의 사상적 관심은 자율주의를 포함한 다양한 경향을 지닌 맑스주의가 주류이지만, 액티비스트와 액티비스트 계통의 지식인들 사이에서는 아나키즘이 중심축을 이룬다. 그러나 여기에서 아나키즘은 전통적인 '주의'doctrine이기보다는 아나키즘의 토대 위에 자율주의나 다른 맑스주의를 포함한 다양한 경향들을 참조해 가는 보다 유연한 '아나키즘'이다. 이렇듯 다양한 그룹의 연합을 '반反권위주의자'anti-authoritarians 라고 부르고 있다. 그렇다면, 왜 아나키즘이 주류인가, 혹은 왜 아나키즘이 그들의 토대가 되고 있는가? 이러한 문제는 이론자체의 문제이기보다는 현대 '**액티비즘'의 조직화에서 불가피한 동향**과 관계한다고 생각된다.

1999년 시애틀에서 열린 WTO 항의운동 이후, 북미에서 PGA와의 연계 liaison를 위해 GJM과 함께 '동시행동'을 조직해 왔던 〈직접행동 네트워크〉가 있다. 이 조직은 미국 선주민이나 퀘이커교도의 전통으로부터 배운 직접 민주주의적 합의제를 바탕으로 합법과 비합법을 포함한 다양한 전술적 행동을 결정하고 조정하는 방법론을 미국 전역에 있는 액티비스트 사회에 전파한 후에 소멸되어 갔다.[14] 그 후, 반反이라크전쟁 운동이나 반反대통령취임식 행동을 포함하여, 모든 행동을 조직할 때에는 이러한 방법론이 사용되었다. 그렇지만, 현재 전미의 액티비스트를 연결하는 커다란 연합조직은 존재하지 않는다.

---

13. Anton Panneckoek, *Workers' Councils*, Edinburgh, London, Oakland: AK Press, 2003, p.23. [안톤 판네쿡, 『노동자 평의회』, 황선길 옮김, 빛나는전망, 2005]
14. DAN에 대해서는 「새로운 아나키즘의 정치」, 데이비드 그레이버, 같은 책을 참조.

DAN 이후, 뉴욕 액티비스트들은 학제적·활동가적 회의, 이벤트 공간 및 출판 조직을 매개로 한 전달과 인터넷과 이메일을 매개로 정보교환을 하는 등 아주 비공식적이며 비정형적인 인간관계 속에서 입소문을 따라 그때그때 발생하는 투쟁 계획을 공유해 왔다.[15]

이러한 상황은 조금씩 변화되고 있다. 최근, 뉴욕에서는 새로운 '조직화'가 진행되면서, '조직화'와 '조직론'이 실천과 이론에서 주된 관심거리로 부각되고 있다. 이러한 경향은 2004년 공화당 전국대회RNC에서 권력의 무자비한 무차별 체포와 탄압 때문에 저항행동이 만족할 만한 결과를 얻지 못했다는 것을 포함하여, GJM과 함께 '동시행동'을 벌이는 것이 전미에서 좀처럼 실현하기 어렵다는 지금의 상황을 좋든 싫든 반영한 것으로 여겨진다. 따라서 '조직화'의 경향은 비록 작은 규모라고 하더라도 도시공간의 틈바구니 속에 착실히 잠입해 들어가는 경향을 포함하여 진행되고 있다. 이것은 마치 화려하게 전개되었던 GJM의 운동경험을 도시의 공동체 내부로 들여와 다시금 음미하는 시도처럼 보이기도 한다. 지금부터는 두세 가지의 사례를 들어 '조직화'의 사상적 패러다임에 대해서도 생각해 보겠다.

앞에서 언급하였듯이, 〈워블리스〉는 본격적으로 뉴욕 주변의 비정규직 노동자들을 조직화하기 시작했다. 체인점에서 일하는 미조직노동자나 미등록 이민노동자의 조직화를 시작한 것이다. 그리고 2005년에서 2006년에 걸쳐 약 1년 반 동안 시내에 있는 몇몇 스타벅스 커피 지점의 노동자를 조직하여, 임금과 노동조건에 관한 위법행위를 적발하고 개선을 위한 투쟁을 벌였다. 제4부에

---

15. 회의로는, The New York Social Forum: http://www.nadir.org/nadir/initiativ/agp/space/nyc_social_forum.htm, The Life After Capitalism: http://www.thenation.com/blogs/actnow?pid=1686, The Left Forum: http://www.leftforum.org

이벤트 공간으로는, Brecht Forum: http://www.brechtforum.org, Bluestockings: http://www.bluestockings.com, Autonomedia: http://www.autonomedia.org, Mayday Books: http://www.maydaybooks.net, The New Square: http://new-space.mahost.org

서 다시 다루게 될 것이지만, 브룩클린의 부시위크bushwick 지구에 있는 라틴계 이민노동자의 운동인 〈발걸음으로 길을 내자〉Make-the Road-by-Walking와 연합하여 미등록 이민노동자의 조직화를 시작하였다.

1960년대의 신좌파운동의 중심이었던 〈미국 민주 학생 연합〉의 과거 주요 활동가들은 2003년에 코네티컷Connecticut주의 고교생 그룹과 함께 〈미국 민주 학생 연합〉를 재건하였다. 재건한 동기는 공민권에서 반전운동까지 다양한 전선에 걸친 학생운동이 지금 필요하다는 문제의식이 있었기 때문이었다. 그 후, 전국의 몇몇 대학에서 지부를 결성하였다. 2006년 1월 17일 '마틴 루터 킹의 날'에는 각 지부들이 합동으로 기자회견을 하면서 '〈미국 민주 학생 연합〉의 재결성'을 공표하였다. 같은 해 8월에는 시카고에서 전국대회가 개최되었다. 그 사이 〈미국 민주 학생 연합〉은 이라크반전운동 등 몇몇 가두행동에도 참가하였다. 그리고 고용법문제로 프랑스 학생운동에 대한 연대와 지원 성명을 발표했다. 3월 19일 이라크 전쟁기념일에는 타임스퀘어에서 시민불복종 행동을 벌려 17명이 체포되었다. 학생투쟁으로는 뉴욕의 페이스 대학에서 교내 언론 통제에 대항하여 자유발언운동Free Speech Movement이 전개되었다.

위 두 가지 사례는 현재 상황에서 아주 신선한 빛을 뿜는 학생운동의 부활을 나타낸다. 이는 미국이 지극히 반동화되는 상황에서 중년 이상의 세대들이 보여준 너무나 무력한 모습과 대비해 볼 때, 젊은 세대가 결국 일어섰다는 것을 보여준다. 이 세대들은 새로운 문맥에서 '변혁에 대한 의지'와 '조직화에 대한 정열'을 몸으로 표현한다. 젊은 '액티비스트'들은 과거에 비판되었던 '동시행동'을 위해 대기업의 CEO을 쫓아다니며 전세계의 대도시를 넘나들었을 뿐만 아니라, 운동을 본격적으로 정착화시키기 시작했다.

이들은 인맥으로 보자면 〈워블리스〉나 〈미국 민주 학생 연합〉에 가깝지만 반드시 중복된 것은 아니었다. 이들은 뉴욕 주변의 독립된 '액티비스트들'을 연합시키려 하였다. 뉴욕의 다섯 개 구에서 모든 문제에 밀착하여 운동을

그림25 스타벅스 앞에서 피켓시위를 하는 〈워블리스〉(2005년 6월 4일)

벌이려고 하였다. 대표적으로는 〈아나키스트 뉴욕 메트로 연합〉NYMAA이 있다. 이 조직은 아나키스트적인 경향이 상당히 강하지만, 폭 넓게 '반反 권위주의자들'을 끌어들이려고 한다. 2006년의 시점에서 보자면 이러한 움직임은 아직 형성되고 있는 단계이기 때문에 조직규약이나 조직구성도 수시로 변경되고 있지만, GJM 이후의 경험을 바탕으로 도시의 네트워크 속에 보다 밀도 있게 정착하려는 의욕이 느껴진다. 이들의 선전문구 중에는 '아나키즘에게 조직화가 가능할 것인가?' 라는 물음이 있다. 그리고 곧바로 '물론!'이라고 답변하며, '모든 아나키스트, 반反 권위주의자, 반反자본주의적 풀뿌리 민주주의자, 그리고 동조자들에게!'라는 기본방침을 제창하고 있다.

그림26 부시 대통령 취임식에서 성조기를 태우는 활동가들(2005년 1월 20일, 워싱턴)

NYMAA는 뉴욕 도심에 살고 있는 아나키스트들과 반反권위주의자들로 구성된 폭 넓은 조직이다. NYMAA는 사회혁명을 지향하는 조직이다. 우리들의 최종적 목표는 모든 권위주의, 계급서열, 지배형태를 폐기하고, 참된 해방으로써 자기 관리적이며 직접 민주주의적인 사회를 구축하는 데 공헌하는 것이다. 이 목표를 위해, 우리들의 당면 과제는 이 운동을 성장시켜 확장하며, 사상을 전파함으로써 아나키스트들을 같은 투쟁의 무대로 집결시키는 것이다.[16]

이 조직은 정통 아나키스트적인 다섯 가지 전술목표를 세운 후에, 세 가지 요소로 된 조직을 생각해 내고 있다.

---

16. http://www.anarco-nyc.net/nymaa/structur.html 참조.

A. 지역조합. 우리 그룹은 각 지역의 블럭과 근린지구 등 지리적인 영역에 관심을 집중하여, 해당지역의 필요성과 조건에 대응하여 행동한다. 새로운 지역조합을 만드는 것은 NYMAA의 총회에서 제안하며 토의한 후 반대가 없는 한 승인된다. 지역조합은 자체의 활동방법을 스스로 결정한다. 3인 및 3인 이상의 인원이 한 지역 단위를 구성한다.

B. 조사위원회. 지역에 관계없이 내외적인 특별한 계획을 추진하는 그룹이다. NYMAA의 총회에서 투표로 승인된다. 조사위원회는 스스로 활동방법을 결정한다. 2명 및 2명 이상의 인원으로 형성된다.

C. 코커스(회의파)caucus 17. 같은 형태의 억압을 경험하면서, 자신들의 특수한 관점에서 출발하여 NYMAA의 내부방침에 영향을 미치려고 하는 집합으로 구성된다. 코커스는 언제라도 만들 수 있으며, 투표 등으로 승인받을 필요없이 스스로 활동방법을 결정한다.

총회의 개최나 정보망의 확립, 통일적 행동 이외에 일상적인 조직화의 기본구조를 만들고 있는 것은 상기의 세 가지 요소이다. 내가 여기에 관심을 갖는 것은 이것이 아주 경제적으로 '도시민중'의 존재양태를 파악하고 있기 때문이다. 세 가지 요소들은 오랫동안 살면서 익숙해진 '지역'(거주환경)과 자신들의 '사상적 관심 및 방향성'(희망), 그리고 '존재성'(인종, 젠더, 계급, 직종, 생활형태 등)이라는 것을 포괄하고 있다. 또한, '도시공간'이라는 의미에서 흥미로운 점은 조사위원회 중 한 단체가 스콰운동의 부활을 지향하면서 뉴욕에서 사용되고 있지 않은 토지와 건물의 분포 등에 관한 독자적인 지도를 작성하려고 추진하고 있다는 것이다.

---

17. [옮긴이] 코커스(caucus) : 어원은 북아메리카 인디언인 알공킨족의 '원로' 또는 '추장회의'를 뜻하는 말에서 유래되었다는 설, 18세기 초 미국 보스턴의 정치단체 '코커스 클럽'에서 유래되었다는 설 등이 있다. 미국에서는 특수한 형태의 정당집회, 곧 정해진 숫자의 정당 간부나 선거인단이 모여 공직 선거에 나설 정당의 후보자를 선출하거나 지명대회에 참석할 대의원을 선출하는 회의를 가리킨다.

상기의 세 가지 단위(지역조합, 조사위원회, 코커스)는 뉴욕의 젊은 '액티비스트'들의 조직화에 관련된 활동으로서 괄목할 만하다. 이들에 대해서는 이전 세대의 활동가들이 '조직화'에 대한 문제제기를 하고 있다.

스탠리 아로노비츠Stanley Aronowitz는 노동자계급 출신으로 노동조합 경험을 했었고, 그 후에 잠시나마 학자가 된 사람이다. 교육활동과 주로 미국 좌파운동에 관한 집필활동 속에서 정치·사회·조합운동을 계속적으로 전개해 가면서 뉴욕의 좌파 공동체에서는 젊은 세대를 지원하는 역할을 하였다. 젊은 활동가나 지식인들 중에는 뉴욕시립대학에서 그의 밑에서 배운 인물들이 많다. 아로노비츠는 최근 「새로운 급진주의 정당을 만들 시기인가?」라는 제목의 논문을 제출하면서, 이와 관련된 강연을 하고 있다.[18]

그는 '당'party에 대한 집념을 버리고 있지 않으며 '당을 재건해야 한다'고 생각하고 있다. 부시정권에 대한 미국인들의 실망, 민주당의 무능력, 공식적인 조합운동의 분열과 타락 등등 정치적 공백 속에서 미국은 '새로운 급진주의 대중정당'을 결성할 시기가 무르익고 있다고 한다. 물론, 그 또한 '전위당'이라는 사상이 역사적 실패로 끝났거나, 혹은 거의 실현가능성이 없다는 것을 충분히 인식하고 있다. 그렇지만, 다양한 전선과 당파를 네트워크로 묶어낼 수 있는 '급진주의 대중정당'의 가능성을 모색해야 한다고 생각하고 있다. 앞서, WSF의 내부에는 서로 상이한 경향들이 있는 것에서 알 수 있듯, 오늘날 '세계변혁 운동'의 패러다임은 과거처럼 '볼셰비키(혁명), 사회민주주의(개혁), 자유연합(아나키즘)'들의 경합이 아니라, '사회민주주의(개혁)와 자유연합(아나키즘)'의 경합이 되고 있다. 아로노비츠는 당에 대한 집념을 버리지 않고, 사회민주주의와 자유연합의 패러다임 대립을 급진주의 대중정당의 내부로 끌어들이려고 하고 있다.

---

18. Stanley Aronowitz, "Is it Time For A Radical Party?", *Situations*, Vol.2, 2006.

아로노비츠는 당의 실현가능성을 미국적인 문맥에서 고찰한다. 그는 토머스 제퍼슨의 '독립선언'에 쓰여 있는 민중에 의한 '정부해체와 전복의 합법성'을 중시하고, 이것이 그 후 어떻게 왜곡되어 왔던가를 분석하고 있다. 미국 정치사는 '당'의 실패와 연속된 실패의 역사였다. 공산당의 대중운동에서 전술적인 실패, 소비에트사회주의의 실패, 그리고 대항세력 전반이 '당'에 대한 신뢰를 상실했다. 그것만이 아니라, 미국의 세계적인 패권확장과 함께 공화당과 민주당이라고 하는 2대 정당체제가 정착하게 됨에 따라 참된 대안적 가능성이 박탈당했다고 보고 있다. 그는 '20세기 최대의 불행'으로 신좌파가 '대중정당'의 결성을 지향하지 못했다는 것, 혹은 지향할 수 없었다는 것을 지적한다. 또, 1980년대 이후에는 좌파 전반이 '단일한(부분적인) 문제에 대한 운동'으로 분산되어 갔다고 한다.

'당'의 역사적 실패는 두 가지의 본질적 요인이 있다. 하나는 변혁운동이 그 토대로 삼고 있는 '노동자 운동'의 본성에 관계된 것이다. 노동조합은 역사적으로 많든 적든 '당'과 일치하지 못하는 경향을 안고 있었다. '노동운동'은 자본에 대한 직접행동을 기본으로 하고 있지만, 이에 대해 정권과 통치를 목적으로 하는 당(사회민주당)은 자본의 관리자가 되었다. 바로 여기에 본성적인 모순이 일어난다. 〈워블리스〉가 주장하는 노동자의 직접행동을 중심으로 했던 '산업적 조합주의'industrial unionism, 혹은 '아나코 생디컬리즘'anarcho syndicalism이 선구적으로 보여주고 있는 점이기도 하다. 다른 하나는 정권과 통치를 목적하는 당(사회민주당)에 의한 정치적 개입에는 한계가 있다는 점이다. 이것이 계급의 물질적 이익을 추구할 때 경제적이며 복지적인 문제에만 국한되어 버릴 수밖에 없는 이유가 되었다.

아로노비츠는 이러한 한계를 살짝 빗겨가려고 한다. 대안적 선택지로서 제시한 것은 로쟈 룩셈부르크, 안톤 판네쿡Anton Pannekoek, 루카치, 그람시 등의 위상을 새롭게 예증해 간다. 그는 베른슈타인이나 레닌과는 미묘한 차이를

그림27 〈크리티컬 매스〉 자전거 집단의 반공화당 전국대회행동(2004년 8월)

보이는 룩셈부르크의 입장을 중요시한다. 즉, 룩셈부르크에게 가장 중요한 것은 '자연발생성'이 아니라 '투쟁'이었다는 것이다. 그녀는 정치적 개입이 하는 역할이란 실제적으로는 이것저것 섞여 있는 착종체의 '계급투쟁'에 대해 일정한 의식을 부여하는 것이라고 보았다.

룩셈부르크는 '당'에 관한 생각에도 레닌적인 전위당에 의한 계급의식의 주입을 부정하고, '당'의 본체를 '노동자 운동'으로 생각했다. 이것은 운동 속에서 양성된 분파의 조정과 통일을 도모하기 위해 필수적인 것이지만, 이러한 역할이 너무 지나치면 위험할 수 있다는 점을 지적했다. 요컨대, 그녀에게 당이란 계급투쟁 경향을 뜻하며, 이러한 노선은 지도자나 역사과학에 의해서가 아니라, 오직 실천에 의해서만, 그때그때 교정되고 획득되어야 한다는 것이었다.

다음으로 참조할 인물로는 네덜란드의 천문학자이자 혁명이론가인 안톤 판네쿡의 '노동자 평의회'Workers' Councils에 관련된 사상이다. '노동자 주체'를

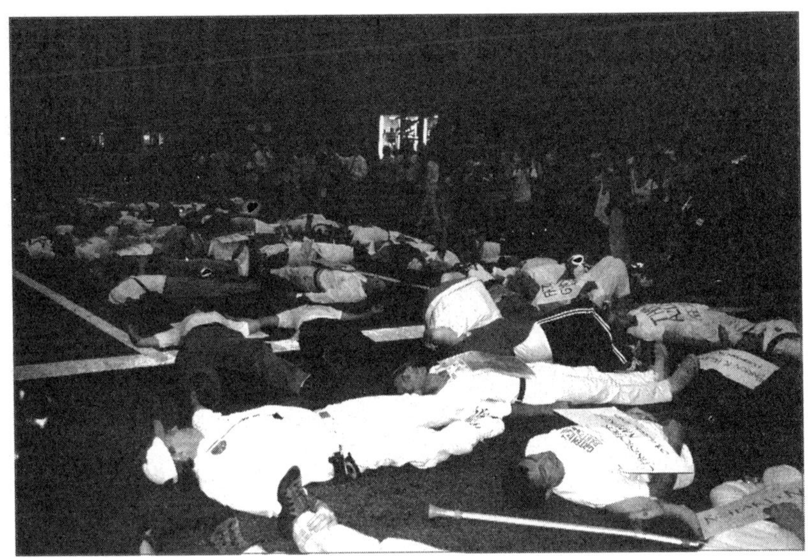

그림28 〈전쟁 반대 연맹〉의 시위, 반공화당 전국대회행동(2004년 8월) (YA)

중시하는 아로노비츠는 맑스주의적 '정치정당'을 해체하고, 아나키즘(연합)으로 접근해 갔다. 판네쿡는 맑스주의의 경제와 정치 분석에 대한 영향을 견지하면서도 볼셰비키나 사회민주당의 정치중심주의를 피하고, 아나키즘의 연방주의적 원리에 근거한 노동자의 정치조직을 구상하였다.[19] 더 나아가 아로노비츠는 혁명적 추세가 퇴조기에 이를 때에는 '투쟁'의 사회적·문화적 기능에 관한 루카치 및 그람시의 교훈을 강조하고 역점을 두었다.

아로노비츠의 사상은 현시점에서 '새로운 정당'은 어떻게 가능할 것인가라는 물음에 대해 명료한 답을 내고 있지 않다. 오히려 그가 역점을 둔 것은 '당'이 과거에 어떻게 실패하였고, 이에 대해 어떤 대안적 선택이 요구되는가를 집요하게 열거했다. 그 최종적인 메시지로서 우선 러시아 맑스주의 경험과의 연

---

19. Anton Panneckoek, *Workers' Councils*, 앞의 책 참조.

그림29 반공화당 전국대회행동에서 급진적 치어리더들(Radical Cheerleaders)(2004년 8월)

속성을 완전히 잘라 버린 다음, 그 위에 세계변혁을 이룰 수 있는 정치정당의 가능성을 **모두**가 재고해 보자고 제안한다. 그는 사회민주주의적 '정치'의 한계를 인식하는 한편, GJM에 관계된 아나키스트·반反권위주의자들과 마찬가지로 국가권력에 대한 개입을 한꺼번에 부정하는 입장을 취한 것은 아니다. 그 사이를 오가고 있는 것이 그의 위치이다. 아마도 이런 태도는 젊은 액티비스트 세대에게는 답답하게 보일 것이다. 그렇지만, 국가권력이 엄연히 존재하고 있는 상황에서 '별도의 세계를 조직화하는 것', 그리고 GJM[WSF]에서 아나키즘의 반反국가주의와 사회민주적인 전략이 미묘하게 공존하고 있는 상황을 생각해 보면, '조직론'의 영역에서 이러한 문제적 가능성이 가져올 파장범위(스펙트럼)를 제시하기에는 조심스러운 점이 있다.

예시적 정치의 이론, 혹은 존 홀러웨이와 데이비드 그레이버

맑스주의적 혁명운동의 과오는 국가의 자본주의적 성질을 부정한 것에 있기보다는 국가가 자본주의적인 사회관계의 촘촘한 그물망으로 통합되는 정도를 잘 못 본 탓에 있다.
— 존 홀러웨이[20]

마르셀 모스의 작업이 최종적으로 맑스를 보완할 것이다. 즉, 그것이 사회주의의 또 다른 측면을 대표하고 있기 때문이다. 맑스의 작업은 자본주의에 대한 명석하고 일관된 비판을 하고 있다. 그러나 모스가 관찰한 것처럼, 맑스는 보다 타당한 사회가 어떤 것인가를 추측하는 것을 조심스럽게 회피했다. 이와는 반대로 모스의 경향은 자본주의의 역할을 이해하기보다는 그 밖에 있을지도 모르는 것을 이해하고 창조하는 것에 관심을 보인다.
— 데이비드 그레이버[21]

여기까지 뉴욕의 '액티비즘' 배경을 이루는 GJM과 뉴욕에서 '조직화'의 제반 문제와 경향에 대해 관찰해 왔다. 이들의 특징을 정리하면, 첫 번째 특징으로서 이들은 현대세계의 학문적 탐구 및 이론적 분석으로부터 도출된 운동이 아니었다. 운동과 이론이 동시적으로 서로 얽혀있는 추세였던 것이다. 지금부터는 뉴욕에서 이러한 운동에 기초적인 언어(힘)를 제공하면서, '행동'을 활성화시켜 온 2명의 '액티비스트'이자 '학자'인 사람들의 사고에 대해 고찰하고 싶다. 철학자 존 홀러웨이의 『권력으로 세상을 바꿀 수 있는가?』(2002)와 인류학자인 데이비드 그레이버David Graeber의 『가치의 인류학적 이론을 지향하며』(2001)을 바탕으로 고찰해 가겠다.[22]

이 두 작품은 '액티비스트'들 사이에서 아주 열성적으로 읽혀졌다. 그렇지만, '학자'들 사이에서는 거의 대부분 화제가 되지 못했다. 왜 그럴까? 내 생각

---

20. John Holloway, *Change the World Without Taking Power* (London, Sterling, Virginia: Pluto Press, 2002) p.14. [존 홀러웨이, 『권력으로 세상을 바꿀 수 있는가?』, 조정환 옮김, 갈무리, 2002]
21. David Graeber, *Toward an Anthropological Theory of Value*(New York: Palgrqve, 2000), p.163. [데이비드 그레이버, 『가치이론에 대한 인류학적 접근』, 서정은 옮김, 그린비, 2009]
22. David Graeber가 보다 직접적인 아나키즘에 대해 쓴 짧고 읽기 쉬운 단편으로 *Fragments of An Anarchist Anthropology*(Chicago: Prickly Paradigm Press, 2004)가 있다.

으로는 이 두 작품이 학문적으로 뒤떨어진 것은 아니기 때문에 질적으로 우열을 논할 수는 없을 것 같다. 일단 분류상으로 보면 홀러웨이는 맑스주의자이고 그레이버는 아나키스트인 점을 상기시킴으로서 '분석에 강한 맑스주의'와 '정념의 아나키즘'이라는 식의 정형화된 구분을 하려는 것으로부터 영향을 받은 것도 아니었다. 이 두 가지 작품에 공통적인 것은 대략적으로 살펴볼 때, 사회를 가능한 한 동태적으로 파악하려고 하며, '변혁의 법칙성'이 아니라 '변혁의 가능성'을 추구하고 있다는 점, 그리고 변혁의 주체를 미정未定의 가능성을 담고 있는 것으로서 생각하여 주체에 대한 규정(명명)을 피하고 있다는 점 등일 것이다. 비록 학자들의 세계에서 그다지 호감을 얻지 못하고 있을지도 모르지만, 이들의 공통점은 '긍정의 존재론'보다는 '변증법'에 의거하고 있는 것이다. 그러나 이것은 단순히 이론적인 문맥에서 '존재론'의 특정 형태를 뽑아내어 이론의 출발점으로 삼고 있는 것이 아니라, 본성적으로 액티비스트의 행동의 '동인'動因을 구성하려는 의지로부터 출발하고 있다. 이러한 것에 대해 생각해 봄으로써 '좌파이론' 일반과는 다른, 오늘날의 '액티비즘 이론'의 영역이라는 것이 명확히 드러날지도 모른다. 아니면, 오늘날의 '액티비즘과 이론'의 관계가 조금이나마 명확하게 될지도 모른다. 아래는 상기의 이러한 목적과 의도를 보다 상세하게 표현한 것이다.

존 홀러웨이는 특이한 이력을 가진 철학자이다. 스코틀랜드에서 태어나 1970년대부터 1980년대까지 에딘버러Edinburgh에서 가르치면서 〈열린 맑스주의〉Open Marxism 그룹에 관여하였다.23 그 후, 1991년에 멕시코로 건너가 〈푸에블라 자율대학〉Universided Autonoma de Puebla의 '사회과학연구소'에서 교편을 잡기 시작했다. 그리고 그곳에서 운명적으로 1994년의 사빠띠스따 봉기가 발생했다. 그 이후 이 운동의 주된 지적 지원자가 되었다. 아니 거꾸로 그 자신이

---

23. Open Marxism에 대해서는 http://affinityproject.org/traditions/openmarxisms.html 참조

그림30 시민불복종 연습 전 반공화당 전국대회행동(2004년 8월)

사빠띠스따의 충격을 통해 새로운 변혁운동 패러다임을 간파하게 되었고, 새로운 이론적 방향으로 나아갔다고도 말할 수 있다.[24]

그는 태초에 있었던 것은 성 요한St. Johann의 '말'Logos이 아니라, 거절의 '절규'였다고 한다. 그의 책 속에서는 이러한 '부정'이 일관된 흐름을 유지하고 있다. 우선, 권력에 대한 부정이자 계급규정을 포함한 모든 '동일화'同一化와 '명명'命名에 대한 부정을 한다. 이런 과정을 통하여 그는 '통합' 없는 '부정' 속에서 모든 가능성을 찾아보려고 한다. 이런 의미에서 그가 '긍정의 존재론'의 역방향으로 갔기 때문에 '알튀세르Louis Althusser 이후 스피노자적 맑스주의'에 집착해 왔던 사람들로부터 회피되었던 이유가 되지 않았을까 생각된다.

---

24. Martin Sitrin, "Walking We Ask Questions"-An Interview with John Holloway, http://www.anarchist-studies.org/article/articleview/78/1/9/

　그의 책 제목이기도한『권력으로 세상을 바꿀 수 있는가?』에서 그가 말하고자 한 것은 특정 '권력을 탈취하는 투쟁'이 아니라 '권력자체에 반대하는 투쟁', '권력을 분해하는 투쟁'이라고 할 수 있다. 문제는 누구의 권력인가가 아니라, '권력의 존재' 그 자체이며, 권력이라는 것 자체의 해체만이 혁명운동이다는 것이다. 그는 '반권력'反權力이라고 하기보다는 '권력의 영역을 반대하는 것'anti-power라고 부른다. 사빠띠스따 이후 GJM('액티비즘')에서 확대되기 시작했던 것은 이러한 '권력의 영역을 반대하는 것'이라고 한다. 이것이야말로 '자율의 영역'이며, 이러한 투쟁에는 더 이상 '혁명인가, 개혁인가'라는 구별은 존재하지 않는다. 그의 책이 지닌 의도는 '비합리적이며 그늘에 감춰진 "권력의 영역"에 대해 조명하는 것이다. 권력의 영역에 대한 조명은 이미 권력에 흡수되어 버린 정통적 사회과학으로는 도저히 할 수 없는 것이다.' 이러한 투쟁은 권력을 형성하는 'power-over'(~에 대한 권력)에 대해 'power-to'(~을 하는 힘)이며, 이것이 '액티비즘'에게 무한한 가능성을 보증해 준다고 한다. 즉, 그에게 있어 투쟁은 '수단'이 아니라, 그것 자체가 '목적'이다. 바로 이런 관점에서 '투쟁의 도구화와 (계층)서열화'를 거절하는 것이다.

　다음으로 데이비드 그레이버에게도 공통되는 특징이지만, 홀러웨이의 기본적 존재관은 우리들의 행위로부터 사회적 협업까지, 우리들이 동일화시켜 인식하는 대상들은 모두 '과정'이라는 헤라클레이토스Herakleitos, B.C 500 25적 생성유전에 의거하고 있다. 이러한 생각은 낭만주의자라고 불릴지도 모르겠지만, 그는 아주 철저히 '유명론唯名論을 거절하는 것'을 지향하였고, '정의'와 '명

---

25. [옮긴이] 헤라클레이토스(Herakleitos, BC 540?~BC 480?) : 그리스의 철학자로 '만물은 유전한다'고 말했다. 우주에는 서로 상반하는 것의 다툼이 있고, 만물은 이와 같은 다툼에서 생겨난다는 것이었다. 이러한 다툼에 숨겨진 '반발조화(反撥調和)'야말로 로고스이며, 이를 통해 불→물→흙으로 전화(하행)되며, 역으로 흙→물→불로 환원된다(상행)라는 유전의 법칙을 주장했다. 여기에서는 생성의 끊임없는 순환을 표현하고 있다.

명'(규정), '복종'을 동일시하고 있다. 즉, 그는 참된 '비판적·혁명적 주체'의 본질은 '정의할 수 없는 성질'(정의불가능성)에 있다고 보고 있다. 이것은 끝없이 풍부하게 펼쳐지는 '권력의 영역을 부정否定하고 반反하는 것'과도 조응하고 있다. '불복종이라는 절규는 비동일성의 절규이다'라고 보는 것이다. 이러한 '비非동일적', '반反권력의 영역'은 여기저기에 펼쳐져 있는 불가시성의 영역이며, '아직 존재하지 않은 것'의 잠재력을 나타내고 있다. 이 맥락에서 독자들은 아마 사빠띠스따의 마스크나 블랙블록의 검은 무명성, 즉 '얼굴 없는 자들의 투쟁'을 상기할 것이다.

홀러웨이는 이탈리아의 자율주의의 특성을 크게 평가하면서 그곳으로부터 분기해 나왔다. 그가 평가한 특성이란 마리오 뜨론띠Mario Tronti의 '지배보다 투쟁이 선행한다'는 원근법, 즉 '맑스주의의 코페르니쿠스적 전환'에 대한 평가이다. 자본의 사회적 발전은 노동자의 투쟁(생활이자 저항이며 문화생산인 투쟁)에 종속된다. 자본을 움직이는 동력은 노동계급의 투쟁이며, 이것이야말로 사회적 관계를 형성하고 있다. 이리하여 노동자의 '계급구성'은 공장노동을 뛰어넘어 '사회적 계급'을 형성한다.

그러나 마이클 하트와 안또니오 네그리의 『제국』에서는 이러한 역동성이 '실증과학'이 되어 버렸다고 홀러웨이는 지적하고 있다. '제국'이라는 영역은 정치와 경제가 통합된 '세계자본주의'라는 폐쇄된 체계를 형성하지만, 이러한 생각 속에서 '변증법'이 '단순 부정의 운동'으로서가 아니라, '통합의 논리'로서 파악되어 버리고 있다고 한다. 게다가 그는 자본주의에 관해 근대에서 포스트모던에 이르게 된 과정, 즉 산업자본에서 정보자본에 이르는 고유의 단계적 발전이란 없다고 한다. 요컨대, 역사란 자본주의 발전의 법칙이 아니라, 어디까지나 '계급투쟁'의 역사라고 한다. (이 경우 홀러웨이는 '계급투쟁'Class Struggle이란 우선 '분류classification에 대한 투쟁'이라고 정의한다.) 결국, 그는 하트와 네그리가 '자본'을 충분히 '계급투쟁'으로서 파악하지 못했다고 보고 있다.

이러한 문맥에서 자본주의의 위기(경제공황)는 다음 발전을 위한 단계가 아니라, 궁극적인 '부정'否定으로 나타난다. 다시 말해, 자본주의 위기는 "계급 투쟁에서의 궁극적인 전환점이 되며, 자본과 반反노동(인간성)의 상호거절이 자본의 지배를 재구조화하거나 거꾸로 통제의 종식으로 이끌어가는 계기가 된다."26 이것은 자본주의의 사회적 관계의 붕괴이며, 여기에는 그 어떤 가능성도 열려 있다는 것을 의미한다. 홀러웨이에게 자본주의 사회란 봉건제가 붕괴한 후, 혼동을 겨우겨우 수습하여 통제하기 위한 기구이다. '특정 개인에 의한 특정 개인에 대한 지배'로부터 '매개媒介를 통한 지배'로 전환한 것이다. 자본주의에서는 '가치의 혼동'만 있을 뿐이며, 지배계급은 이를 봉인해 두려고 할 뿐이다.

"자본주의에서 '주체성'이란 어디까지나 '부정성' "이다. 무슨 말일까? 자본과 노동계급의 관계는 철두철미한 '내재적 관계'라는 것이다. 그렇다면, 그들간의 투쟁은 '부정적인 것'이 될 수밖에 없다. 이는 부단히 자신의 품안으로 끌어안으려는 추세에 대한 투쟁이며, 외재적인 적에 대한 투쟁일 뿐만 아니라, 우리 자신과의 투쟁이 되기도 한다. 그렇지만, 이곳에 '객관적 모순'이란 없다. 우리 자신, 그리고 우리들이야말로 자본주의의 모순인 것이다. 그렇기 때문에 외재적으로 파악할 수 있는 법칙이란 없다. 그 대신 투쟁에는 엄청난 변혁가능성이 잠재되어 있다. 현대 '액티비즘'이 주장하듯, 이러한 본성은 '지금 이 곳에서' '존재론적으로' 끝없이 관계를 맺을 수 있는 가능성을 잉태하고 있다고 할 수 있다.

그러나 '어떻게?'라는 물음에 대한 답변은 없다. 이것은 '시나리오에 대한 거절'이지만, '물으면서 전진한다'고 하는 사빠띠스따의 실천론과 뜻을 같이 한다. 또한, '투쟁하는 자' 중심의 관점에서 사고하려는 원칙과도 관계하며, '예시

---

26. John Holloway, 앞의 책, p.195.

적 정치'prefigurable politics를 통해 '바로 지금'을 포함한 모든 가능성을 전면적으로 구가할 필요가 있다고 한다.

1990년대에 들어 '액티비스트'의 세계에서는 맑스주의에 비해 아나키즘이 세력을 키워 왔다. 그러나 이론적으로도 조직적으로 상징적인 지도자를 세우고 있지 않는, 말 그대로의 '얼굴 없는 운동'이었다. 데이비드 그레이버는 전문적인 인류학적 견지와 철학적 사고를 구사하여, 이러한 '무명성의 힘'에 대해 이론적인 기초를 제시하려고 했다.

그레이버는 인류학 분야에서 주목을 끌며 전도유망한 학자이자 GJM에서 폭 넓게 알려진 액티비스트이다. 이스트빌리지에서 태어나 첼시Chelsea지구에 있는 〈국제여성 봉제공 조합〉International Ladies Garment Workers Union이 만든 노동자 집합주택에서 성장한 순수한 뉴요커이기도 하다. 아버지는 '국제여단'International Brigade의 일원으로서 스페인 내전에 참전한 맑스주의자였고, 스페인에서 아나키스트들과 멋진 공동투쟁의 경험을 가지고 있었다. 이러한 이야기를 아들인 데이비드 그레이버에게 종종 들려주었다고 한다. 어머니도 조합에서 열심히 활동했던 사람이었다. 유소년기부터 우수했던 그는 우수학생으로 명문인 안도바Andover에 입학했다. 그 후, 시카고 대학에서 인류학자가 되었다. 그는 교편을 잡으면서도 상황주의자에서부터 포스트구조주의 등으로 대표되는 프랑스 현대사상이 미국으로 도입되는 방식 등 과거 30년간 미국 내 진보적 지식인의 지적 경향에는 그다지 물들지 않았다. 그 속에 있는 '사이비 급진주의' 때문이었다. 1999년 시애틀의 WTO 항의운동으로부터 큰 충격을 받은 후, 그는 DAN 및 PGA에서 정열적인 활동을 개시하였다.[27]

'모든 정치·경제적 투쟁은 가치를 둘러싼 투쟁이다'라고 한 그레이버의 이론적 기초는 '인류학적 가치론'이었다. 이 이론은 아주 잘 정련된 것으로 인류

---

27. David Graeber, 앞의 책 참조.

학을 잘 모르는 나는 그 흐름을 제대로 뒤쫓기란 여간 버거운 일이다. 인류학을 전공하는 사람들에게는 미안한 일이지만, 지금부터 나는 아주 간단하게 단순화하여 오로지 '액티비즘'의 시점으로부터 그의 '가치론'을 개관하려고 한다.

그레이버의 가치론은 한 마디로 정의한다면, '사물의 가치론'에 대한 '행위의 가치론'이다. 그는 최종적으로 가치를 부여받는 것은 '사물'이 아니라 '행동'이지 않으면 안 된다는 방향성 속에서 가치론을 구축하려고 하였다. 그에 따르면, 지금까지 인류학적 가치론은 이 두 가지 관점 사이를 오락가락 했다고 한다. 가치를 개인의 욕망으로 간주하는 '경제학적'인 관점과 가치를 '의미생산적 차이'로 간주하는 '언어학적'(소쉬르적)인 관점이 있다. 즉, 지금까지는 '가치'를 오로지 '욕망'과 '의미'를 통해 고찰해 왔던 것이다. 그러나 이것은 가치의 사회적 형성과 잠재적 가능성을 충분히 파악한 것이 아니다. 그는 가치에 대한 해석을 '위조된 동전'의 양면이라고 부른다. 반면, "행위에 감춰진 생성적인 힘으로부터 출발하는 것은 전혀 다른 문제기제problematic를 낳는다. 가치는……통상 이러저러하게 사회적으로 인지가능한 형식으로 반영되어, 사람들이 스스로에 대해 스스로의 행동의 중요성을 표상하는 방법이 된다. 그렇지만, 가치의 원류는 이러한 형식자체가 아니다"[28]라고 한다. 가치의 형성이라는 것은 '변혁을 하기 위한 잠재력'이다. 즉, 가치란 이미 고정된 사회관계에 대한 공공적인 인지가 아니라, 사람들이 그러한 인지를 통해 '전혀 새로운 사회관계를 구축하는 것을 포함하여' 거의 모든 것을 이룰 수 있는 가능성을 잉태한 것으로 보고 있다. 이러한 전제로부터 그는 '가치'를 끝없이 '운동'運動시켜 세계변혁의 가능성으로 무한정 근접시키려고 한다. 정치의 최종적인 모험은 가치를 충당하기 위한 투쟁 이상으로, '무엇이 가치인가'라는 기준을 세워내는 것이다. 그러나 이러한 투쟁은 통상적인 수단으로는 이룰 수 없다. 여기에는 '사회의 전

---

28. David Graeber, 같은 책, p.47.

체성'이라는 **환상적인 영역**이 눈앞에 나타나기 때문이다. 사회가 스스로에 대해 갖는 이상형은 사회가 실제로 기능하는 방법과는 일치하지 않는다. 이른바 사회는 '결론없는 대화'(바쿠닌^{Mikhail Bakhtin})에 의해 형성된 복합적 현실이다. 바로 여기에서부터 '상상적인 전체상'에서의 투쟁이라고 하는 그레이버가 가장 중요시하는 주제 중 하나가 나타난다.

맑스주의에 대해 그는 아나키즘의 순수성과 독립성을 주장하는 아나키스트는 아니었다. 오히려 맑스주의의 저작을 정독하여 많이 참조하였다. 그렇지만, 그는 맑스주의에 대해 두 가지 비판을 하고 있다. 첫째, 실제 투쟁이라는 공동적인 상호작용의 장에서 생산된 '혁명적 지성'을 맑스주의는 집요할 정도로 특정의 '지적 거인'과 동일화시켜 왔다. 둘째, '자신의 이해관계^{利害關係}를 위해서만 행동하는 인간'이라는 경제지상주의적 가정을 버리지 못한다는 것이다. 특히, 두 번째는 '행위적 가치론'의 다음 표적이 된다. 그레이버는 '외재적 법칙에 의해서만 세계가 바뀐다', 따라서 '사회적으로 **의미 있는 현상**을 모두 잘라 버린 곳에서부터 출발해야한다'는 분석방식에 대해, 그렇다면 우리의 삶이 어떻게 존재할 수 있을까를 고민한다. 그 결과, 다른 삶과 다른 세계를 상정하려는 기획, 즉 '도덕적 계획'이 필요하다고 생각한다. 여기서 그는 맑스**를 보완하기 위해** 마르셀 모스를 도입한 것이다.

맑스는 자본주의의 내적 모순과 운동법칙을 이해하기 위한 뛰어난 작업을 하였다. 이는 인간 지성의 비판적 기능 중 가장 중요한 성과였다. 다만, 우리가 운동의 계기 없이 한결같이 '비판'만을 추구할 경우, '존재하는 모든 것에 대한 냉소적 시점' 이외에는 아무것도 남지 않게 된다. 이러한 사례가 맑스주의 학자들의 작업 속에는 편재하고 있다. 이에 대해, 모스는 자본주의의 비판을 위해 보편적이며 도덕적 토대를 찾기 위해 자본주의를 대체할 사회의 열쇠로서 '다른 사회 연구'^{ethnography}를 추구했다. 비록 모스의 노력도 맑스가 지적하듯 '사회적 전체성이란 최종적으로 권력과 지배의 형태라는 인식'을 망각한다면 무원칙적인 낙천주의에 빠지고 말 것이다. 그렇지만, 모스의 가르침은 현대 '액티비즘'에서 점차 중요해지고 있다. 왜냐하면, 이는 '공산주의'가 아주 먼 꿈의 세계에서가 아니라, 민중들이 사는 치마타의 여기저기에 실재하고 있는 것을 가리키면서 변혁을 위한 실천적인 방법을 제시하고 있기 때문이다.

모스는 '공산주의'가 반드시 '개인적 소유'를 전면적으로 부정한 것은 아니라고 보았다. 공산주의와 개인주의는 대립항이 아니라는 것이다. 또한, 공산주의란 문자 그대로 공동소유를 표현한 것이 아니다. 프랑스의 〈마우스 그룹〉Mouvement Anti-Utilitariste dans les Sciences Sociales, MAUSS은 '증여'가 '근대의 숨겨진 얼굴이다'[29]라고 하지만, 공산주의에는 '증여'가 편재하며 실재하고 있다. 즉, 이는 우리들이 일상적으로 친구관계, 가족관계, 직장 등등 모든 장소에서 '협력'과 '증여'를 실천하고 있다는 것이다. 이는 편재하고 있지만, 결코 숨겨진 것은 아니다. '시장의 무명성'은 '실제로 우리들이 사회생활의 대부분을 타인에게 의존한다'는 사실을 은폐하도록 이끌고 있을 뿐이다.

모스에게 '사회계약의 기본형태'는 공산주의 자체이다. 그는 이를 '전면적 공조'total prestation, 혹은 '전면적 상호원조'total reciprocity라고 부른다. 이것은 '시장경제의 분신'이라고 불릴 법한 '증여의 경쟁'potlatch과는 다른 뜻을 지닌다. 전면적 공조에서 증여는 다시 되돌려 줄 필요는 없다. 왜냐하면, 이는 모든 개인과 모든 그룹 사이의 항구적인 관계로서 형성되어 있기 때문이다. 이러한 관계가 항구적인 이유는 되돌려 준다고 해서 해소될 수 있는 것이 아니기 때문이다. 여기서 그레이버는 '폐쇄계closed의 호조성互助性'과 '개방계open-ended의 호조성'을 구분한다. 개방계의 호조성에 상응하는 '공산주의'는 '항구성의 이미지' 속에서 구축된다고 한다. 아마도 '항구성'은 '시간적 영원'만이 아니라 '공간적 무한'이기도 할 것이다. 이렇게 상정할 때 오직 기존에 널려있는 '공산주의적

---

29. Guy Nicholas, "Le don ritual, face voil_e de la modernite," *Revre du MAUSS* 12;7~29, 1991.

실천'을 '사회화'할 수 있는 전망이 성립할 수 있다. 바로 여기에서 앞서 살펴본 제4장의 '간호운동'을 상기해 주기 바란다.

'사회'란 항상 행동적인 계획active project이 복합적으로 상호 중복되는 영역이다. '가치'란 그 행동이 현실적 것이든 상상적인 것이든 보다 커다란 사회적 전체성으로 자리매김 되는 것으로 행위자에게 의미를 부여하기도 하며 부여받기도 하는 것이다. 여기서 '변증법적인 방법'을 취한다고 하는 것은 시간의 바깥에 존재하는 추상적인 계기를 통해 사태를 상상하는 것이 아니다. 변증법적 방법이란 이러한 모든 행동들이 어떻게 이루어질 수 있는가라는 잠재력의 잉태 여부에 따라 정의되는 것이다. 그레이버가 이끌어 낸 모스의 이론은 어디까지나 '실천'과 '제도'를 잠재력의 측면에서 생각한 것이다. 또한, 불평등, 소외, 부정不正의 재생산에 봉사하지 않는 '상상의 전체성 영역'을 전제로 하면서 변혁의 실천을 지향할 것을 가르치고 있다. 자연히 이러한 자세는 우리들을 '실용주의적 낙천주의'로 자리매김한다.

그러나 투쟁의 장으로서의 '상상적 전체'는 동시에 가치의 형성이라는 양의兩意적인 장이기도 하다. 만약, 우리들이 이러한 장을 '구조'라고 부른다면, 이것은 고정된 것이 아니라 가늠하기 힘든 유동적인 것이다. 이러한 장에서는 스스로 존재하지 않음非在으로써 하나의 '권력'으로 감지될 수 있다. 즉, 스스로의 행동적 잠재력에 대해 경이로움을 느낄 수 있는 장이다. 이 영역은 앞서 홀러웨이가 말한 '반反권력의 영역'을 상기시킨다. 이는 풍부한 가능성으로 넘치는 장이지만, 자기 자신도 적敵의 일부분이 된다.

홀러웨이의 '반反권력의 영역'과 그레이버의 '가치창조(상상)의 장'은 오늘날 '액티비즘'이 제1원리로 삼고 있는 '예시적 정치'의 또 다른 이론적 표현으로 생각할 수 있다. '예시적 정치'란 해방운동을 지향하는 자들이 타도해야 할 적들의 제도(국가권력)를 모방하여 스스로 제도를 형성시키는 것이 아니라, 이러한 운동을 형성하는 집단의 집합성 속에서 이미 '지금 이곳에서' 해방된 관계성을 형성하도록 노력하지 않으면 안 된다는 윤리적 결의를 갖는다. 이는 거의 대부분의 해방운동이 역사적으로 반복해 왔던 '목적을 위해서는 수단을 가리지 않는다'라는 자기기만과 단절하려고 하는 젊은 세대로부터 터져 나온 요청이다. 이 운동조직에게 유일한 무기는 스스로가 구축한 운동조직의 '정동'이다. 어떠한 강제력도 행사하지 않는 이러한 '액티비즘'은 스스로의 창조력에 의해 모두가 생각하지도 못했던 풍부한 정치적·문화적 투쟁을 전개하는 것을 통해 확산된다. 또한, 운동의 존재성의 확장은 이러한 '감염주의'contaminationism를 바탕으로 한 투쟁 이외의 다른 길은 없다. 이것은 사람들에게 그 어떤 것도 강제하거나 강요하는 것 없이 그들의 자유의지로 얼마든지 존재할 수 있는 관계방식을 스스로 결정하도록 한다. 이미 이러한 모습은 사빠띠스따나 PGA가 넓혀온 사상과 방법론을 통해 예증되어 있다.

'예시적 정치'는 그 이름과는 달리 미래를 향한 시간적 발전에 대한 상정을 괄호 속에 묶어두는 운동이다. 미래는 순식간에 찾아오지만, 미래로의 발전을 투사적投射的으로 방법화시키는 것은 국가나 도시개발업자가 특기로 가지고 있을 법한 '권력이 하는 일'이다. 이에 비해, '예시적 정치'는 현재를 최대한 풍성하게 하면서도 사빠띠스따처럼 '전진하며 묻기'를 하는 것이다. 홀러웨이가 '존재론적'으로, 그리고 그레이버가 '윤리철학적'으로 제시한 것처럼, '도래해야 할 이상사회는 지금 이곳에서 밖에 존재하지 않는다'. 따라서 '액티비즘'이란 지금 이곳에서 실천하는 것 이외는 존재하지 않는다고 할 수 있다. 여기에는 '역사의 연속성을 분쇄하고 열 수 있는'[30] 가능성이 개재하고 있다. 개개인의 기능과 의욕과 정열에 대응하여 끝없이 개입할 수 있는 가능성을 내포하고 있다.

---

30. W. Benjamin, 「역사 개념에 대해」, 『벤야민 콜렉션(1), 근대의 의미』, 아사이 켄지로 편역(浅井健次郎編訳), 쿠보 테츠시 옮김(久保哲司訳), 도쿄치쿠마학예문고(東京·ちくま学芸文庫), 1995년, 660쪽.

액티비스트의 예술, 혹은 '노동'과 '학예'의 재회를 추구하며

…… 예술작품들이 가장 공통적인 요소와 모습으로 전파해 왔던 사회는 노동의 자기 회귀를 통해 형성될 수 있다. 왜냐 하면, 노동의 자기 회귀란 노동이 스스로가 지닌 본래의 미적 본성으로 회귀하는 것이기 때문이다. 즉, 근본적으로 상이 한 정치적·사회적 존재론의 기준으로 다시 회귀하기 때문이다.
— 브루노 굴리(Bruno Gulli)[31]

일반적으로 말해서 나는 '예술'art에 대해 비판적이다. 실제로 '현대 미술의 제도'는 점차 거대화되면서 도시공간이나 전지구적 문화교류 공간에서 '괴물 적인' 영향력을 미치고 있지만, 이에 대한 비판적 반성은 존재하지 않기 때문 이다. 수많은 스타 예술가들이 일상 업무 속에서 만들어 내는 냉소적이며 대부 분 무의미한 작품들과 이런 작품들이 주류인 화랑과 미술관의 네트워크 속에 서 무원칙적으로 서로 상을 주고받는 것이 당연시되어 있다. 또, 이들 작품들 은 천문학적 가격으로 매매되고 있다. 이런 모습들을 보면서 정말이지 엉터리 라고 생각하지 않는 편이 어려울 지경에 이르렀다. 한편으로 이러한 '대형쓰레 기'를 전시하고 수집하는 과잉된 '사상누각'을 건설하는 과정에서 세계의 전통 적인 근린공간이 파괴된다. 예술의 가능성을 믿고 예술에 대한 재건에 관계했 던 경험이 있는 한 사람으로서 아주 안타까운 마음이 든다.

그렇지만, 속내를 표현하자면 나는 예술의 그 어딘가에 지금 화제로 삼고 있는 '액티비즘'과 미묘하게 교차하며 쌍방을 갱신할 수 있는 가능성을 지니 고 있다고 생각한다. 다음에서는 이러한 '배경'과 '가능성'에 대해 생각해 보고 싶다.

예술의 가능성은 예술제도가 어떤 식으로 정형화된다고 하더라도 그 틀로 부터 벗어나 새로운 '창작행동'을 이룰 수 있도록 하는 '재생력'에 있다. 예술의 핵심은 1960년대에 뉴욕의 개념 예술가인 조셉 코수스Joshep Kosuth [32]가 지극

---

31. Burno Gulli, *Labor of Fire*, Philadelphia : Temple University Press, 2005, p.189.

히 '연역적·도식적·환원주의적'으로 제시한 것처럼, '물체'와 '개념'이 어긋난 차원과 유리성遊離性에 있다.33 (이러한 관점에서 나는 한 순간 홀러웨이와 거리를 두겠지만) '예술'의 제1 본성은 '명명성'命名性에 있다. 예술은 현존하는 작품의 집합이며, 이를 전시하고 매매하는 제도이자 그것의 담론이다. 그와 동시에 이러한 현재의 사건들로부터 끝없이 벗어나면서, 새로운 문맥에서 다시금 구축하기 위한 '동인'同因을 내부에 배아하고 있다. 이러한 동인은 바로 '명명성의 자유'이다. 현대 미술의 공헌은 변기를 예술로 명명한 뒤샹Marcel Duchamp을 필두로 '자유로운 명명(이름붙이기)의 실천'을 통해 '예술 개념'을 끝없이 확장할 수 있음을 제시한 것에 있다. 물론, 대부분의 미술관이나 화랑은 도시공간의 젠트리피케이션과 같이 진행된 '하얀 벽의 제도'(화랑의 하얀 벽에 예술품을 전시하는 제도)34에 흡수되었지만, 이에 저항하며 일부러 주변부에 위치하면서 거꾸로 모든 새롭고 전혀 생각하지도 못한 제도적 틀을 구축하는 것도 가능하다.

그렇다고 하더라도 이렇듯 자유로운 명명성이 또다시 '참된 예술'을 내세우며, 새로운 '미학의 체계'와 '예술적 파벌'과 '사상누각'을 세우기 위한 것이 되어서는 안 된다. 오히려 예술작품의 '이름'을 치마타의 무명성 속으로 방출(해방)시키는 것도 가능하다. (여기서 나는 다시금 홀러웨이와 합류한다.) 앞의 서문에서 인용한 이탈리아의 자율주의자 집단 〈위반〉Disobbedienti, 과거 Tute Bianche의 대변인이었던 루카 카사리니Luca Casarini는 '우리들은 모두 액티비스

---

32. [옮긴이] 조셉 코수스(Joseph Kosuth, 1945~) : 미국의 대표적인 개념주의 예술가이다. 그는 예술의 본질을 예술 자체에 대한 탐구보다는 그 주변적인 것에 초점을 맞추었다. 따라서 그의 예술은 자기참조적(self-referential)이며, 뒤샹 이후 시대의 예술의 본질에 관한 물음을 얼마나 많이 하느냐에 따라 예술가의 가치가 결정된다고 보았다.

33. Joshep Kosuth의 초기작품, 예를 들어 〈One and Three Chairs〉, 1965년

34. 코소 이와사부로(高祖岩三郎), '반백벽론'(反白壁論), 『현대사상』(『現代思想』), 2005년 3월호. 세이도샤.

트이다'는 말과 같은 의미로 우리들이 모두 '예술가이다'라고 하였다. 이러한 방향을 지향하며 '예술'의 '유명론'唯名論을 전개해 가지 않으면 안 된다.

내가 이렇게 말할 수 있는 것은 무엇보다 역사적으로 자유로운 명명성을 지닌 예술적 실천이 존재했기 때문이며, 향후에도 더욱 확대되어 갈 징후가 있다. 이러한 단독적 실천은 '하얀 벽의 제도'를 능가할 수 있는 예술의 가능성을 짊어지고 있다. 이 계보를 미세하게 분석하는 것은 본 글의 취지가 아니지만, 가볍게 예를 들자면 다음과 같다. 〈워블리스〉가 역사적으로 키워 온 그래픽 예술과 포크송, 상황주의자, 네덜란드의 프로보Provos, 시카고 초현실주의자 …… 35 여기에 치마타의 그래피티 작가들을 더하지 않는다면 이미 저 세상에 간 작가들이 혓바닥을 내밀고 읍소를 할 것이다. 또한, 〈게이 해방 전선〉과 〈액트 업〉의 멋진 선전활동과 가두시위를 예술로 부르지 않는다면, 도대체 무엇이 예술이 될 것인가? 오늘날에는 〈예스맨〉Critical Art Ensemble, Yes Men, Electric Disturbance Theater …… 등 〈개입주의〉interventionism라는 형태의 실천들이 독자적인 '퍼포먼스'를 통해 급진적이며 정련된 사회적 실천을 행하고 있다.36 덧붙여서 도시공간에 대한 개입이라는 의미에서 제2장에서 주제로 삼은 로어이스트 사이드의 스쾃 문화조직인 〈에이비씨 노 리오〉의 모든 시도를 예술로 간주해야 할 것이다. 또, 게이 공동체를 중심으로 생산된 '무명'의 성적 소수자의 공간 구축을 위한 실천, 치마타 공간에서 일시적인 자율권TAZ을 획득하려고 했던 〈거리를 되찾자〉Reclaim the Street나 자전거 집단주행 〈크리티컬 매스〉도 '예술'로 명명해야 할 것이다.

이들은 모두 예술과 액티비즘이 교차하는 지점을 명료하게 보여주고 있다.

---

35. 이 부분에 대해서는 *Dancing in th Streets*, Edited by Franklin Resemont and Charles Radcliffe, Chicago: Charles Kerr, 2005를 참조.
36. *Interventionism*, edited by Nato Thompson and Gregory Sholette et al, North Adams, Massachusetts: MASS MoCA Publication, 2005를 참조.

그러나 왜 예술과 액티비즘이 서로 교차할 수 있었을까? 이들은 서로 상이한 차원이면서도 본성적으로 '소외되지 않은 본래의 노동'을 지향하고 있기 때문이다.

'예술'에는 두 가지 얼굴이 있다. '현실적 얼굴'과 '잠재적 얼굴'이다. '현실적 얼굴'은 천문학적인 숫자의 상품생산과 유통이다. 예술은 헝그리 스포츠에 가까운 엄격한 경쟁의 세계이다. 성공하면 억만장자, 실패하면 …… 그렇지만, '잠재적 얼굴'은 유토피아적 지향, 즉 '소외되지 않은 본래의 노동'으로 어떤 보상을 위해 하는 행동이 아닌 '무상無償의 생산'을 예시像示하고 있다. 루마니아에서 태어나서 파리에서 활동한 조각가 콘스탄틴 브랑쿠시Constantin Brâncuşi 37는 자신의 제작 방식에 대해 '제왕처럼 명령하고 노예처럼 고역을 한다'고 하였다. 이 말이 이러한 예술의 이중성을 멋지게 표현하고 있다. 맑스가 말한 것처럼, 노동을 고통이나 쾌락으로 하는 것은 노동의 물리적인 내용이 아니라, 노동이 어떤 사회적 문맥 속에 놓여 있는가에 따라서 결정된다. 그렇다면, 자신이 스스로 명령하는 노동은 그 어떤 중노동이라고 해도 기쁨이며 쾌락이며 아름다움이 될 것이다. '소외되지 않은 노동'을 추구하며, 예술가를 지향하는 젊은이들이 대도시에 모여든다. 그렇지만, 대부분의 경우, 예술을 통해 하루하루의 일용할 양식을 얻을 수는 없다. 따라서 이들은 다양한 비공식적 노동에 종사하면서 한편으로 '무상의 생산'을 실천하고 있다.

여기서 관계된 흥미로운 문제는 포스트포드주의 시대의 노동 특징으로 분석되어 온 이른바 '정동노동'의 영역과 예술이 합치하고 있다는 점이다. 1980년대 초부터 포드주의적 기간基幹산업을 대신하여 번성하기 시작했던 몇몇 정보산업과 서비스산업에 취직하는 젊은이들이 각지에서 뉴욕으로 몰려들었다.

---

37. [옮긴이] 콘스탄틴 브랑쿠시(Constantin Brâncuşi, 1876~1957) : 루마니아출신의 20세기 대표적 조각가. 특히, 미니멀 아트의 선구적 조각가로 유명.

도쿄에서 온 나도 그중 한 사람이었다. 웨이트리스, 웨이터, 건설노동자, 바텐더, 요리사, 점원, 예술가의 조수, 프리랜서 디자이너, 웹 마스터, 컴퓨터 프로그래머, 컴퓨터 기사······ 그들은 예전 포드주의적 공장에서 일했던 노동자가 사회로 집단적으로 이동한 모습Exodus을 보여준다. 그들은 대부분 일을 하면서 짬을 내어 참된 노동(=예술)을 실천하고 있었다.

'정동노동'은 본성적으로 '예술'과 유사하다. 시각적 디자인과 시각예술의 유사성은 물론, 웨이트리스와 웨이터가 매일 실천하고 있는 것은 배려와 기술적인 측면에서 광범위한 의미의 '퍼포먼스'이다. 더 나아가 궁극적으로 '예술' 자체가 '정동노동'의 일종이다.

그렇지만, 비공식 노동자들은 '예술'을 실천할 수 있다는 '기쁨'과 '희망' 때문에, 매일 과혹하며 불안정한 '노동조건'을 견디어 낼 수 있었음을 잊어서는 안 된다. 노동자를 관리하는 사람들은 비공식 노동자들이 증가하고 있는 덕을 톡톡히 보고 있으며, 그들의 입장으로도 노동자들이 자신들의 '기쁨'과 '희망'을 위해 불안정한 일상을 견디고 있다는 것은 좋은 일이다. 이러한 상황에 장단을 맞추듯 미디어는 점차 개인화되어 가는 도시문화적 신호를 일상적으로 그들에게 송신한다. 미디어는 그들에게 성공(=가능성)할 수 있다는 환상을 부여하며 정련된 문화를 향수할 수 있도록 그들의 자의식형성에 안내자 역할을 한다. 문화평론가 브라이언 홈스Brian Homes는 끊임없이 예술화되어 가는 다중을 '유연한 인격'flexible personality이라고 부르며, 새로운 지배와 관리체제의 지표로 분석하고 있다.[38]

바로 여기에서 '액티비스트'를 등장시키지 않으면 안 될 것 같다. '정동노동'이란 본성상 집단의 사회적 신체를 '에테르'ether[정기精氣]로 삼으면서 결합

---

38. Brian Holmes, "The Flexible Personality: For a New Cultural Critique," *Economising Culture*, New York: Autonomedia, 2004.

하는 힘과 동의어이다. 이러한 의미에서 정동노동이란 '액티비즘'을 형성하는 인간관계의 조직화에 관계된 주요 기술 ― 빠올로 비르노가 묘기virtuosity 39라 고 불렀던 ― 을 지탱하는 것이다. 즉, '예술'도 '액티비즘'도 결국은 '정동노동'이라 불리는 '노동을 뛰어넘은 노동'의 변종이라고 볼 수 있다. '예술'과 '액티비즘'은 자본주의 사회에서 본질적으로 '소외된 노동'으로부터 '본래의 노동'으로 되돌아 가려는 쌍둥이 자매와 같은 유사성을 지니고 있다. 다만, 여기에는 무시할 수 없는 차이가 있다. '액티비스트'들은 '소외되지 않은 노동'과 '무상의 생산'을 개인으로서가 아닌 집단적 관계성 속에서 보다 의식적으로 획득하려고 한다. 그리고 이 집단을 세계화하려고 한다. 말을 바꾸자면, '액티비스트'는 스스로 '소외되지 않은 노동'과 '무상의 생산'을 추구하며, 사회적·역사적 근거와 조건에 대해 의식적인 사람들인 것이다.

실은 '예술의 생산'이라고 해도, 다른 모든 생산과 같이 협업에 의해 이뤄지는 요소가 크다. 그렇지만, 현재의 제도적인 틀 속에서는 이러한 모습은 찾아보기 힘들다. 예술의 실천이 '천문학적 가격의 상품가치'로 변환된 시대에, '천재'라고 칭송되는 몇몇 특정 개인의 이름으로 표상되어 예술의 협업적 본질을 은폐하고 있기 때문이다. 한편, 19세기에서 20세기의 근대미술시대 이후의 진보적인 예술 중 일부분은 '개인주의'를 바탕으로 했던 예술 제도적 틀을 해체하여 '소외되지 않은 노동'을 '공통으로 기획'하려는 시도가 있었다. 러시아의 아방가르드авангард 40, 바우하우스Bauhaus 41, 데 스틸De Stijl 42, 플럭서스Fluxus

---

39. [옮긴이] virtuosity에 대해서는 빠올로 비르노, 『다중』, 김상운 옮김, 갈무리, 2004를 참조.
40. [옮긴이] 러시아 아방가르드(авангард) : 19세기 말경부터 소비에트연방의 탄생과 함께 시작하여 스탈린시대가 대두될 때까지 소비에트 연방의 전위예술, 특히 맑스주의적 문학과 예술의 경향과 이 활동에 관여하여 활약한 예술가들이 전개한 예술운동이다. 이들은 표현상의 변혁과 정치적 혁명을 중복시켜, 근대예술과 대중생활의 다양한 측면을 사회적·정치적인 문제와 연관시켜 인식하였다. 특히, 이들은 혁명후의 새로운 생활에 대한 찬미를 추구하며 구성하였다. 그러나 스탈린시대라는 억압적 힘에 의해 생산효율을 높이기 위한 실천적 운동으로서 '생산주의자'로 전향할 수밖에 없는 환경에 처하게 되었다.

43 …… 다른 한편, '작품이라고 불릴 수 있는 상품'을 반드시 필요로 하는 제도에 의해 이러한 실천은 다시금 '천재=개인'의 '고유한 이름'으로 재귀속되었다.

'액티비즘'과 '예술'은 결국 서로 헤어졌던 쌍둥이 자매처럼 다시 재회할 수 있는 방향으로 나아갔다. '액티비즘'의 실천 내용도 '국가권력을 탈취하는 것'을 포기한 단계에서 '정동' 영역으로부터 영향을 받아 전술을 도입하기 시작했다. 이것은 또한 '예시적 정치'의 주요 성향 중 하나였다. 즉, '액티비즘'은 '정동노동=예술'로부터 자극을 받아 이러한 요소를 도입하고 있는 것이다. 그리고 '예술' 쪽에서도 '정동노동'(=액티비즘)에 대해 눈을 뜨기 시작한다. '정동노동'이라는 범주는 도시공간을 무대로 삼아 예술과 액티비즘에 대해 '소외되지 않는 본래의 노동을 추구한다'는 본성을 '기술적이며 존재론적으로' 가르치면서 이 양자를 연결시키려고 한다. 액티비즘과 예술이 교차하는 실천 혹은 '액티비스트의 예술'은 이러한 경향의 역사적인 증거가 되고 있다. 여기서 나는 향후 보다 활성화될 것이라고 생각되는 '액티비스트의 예술'을 굳이 정의하려고 생각하지는 않는다. 다만, 여기서 한 가지 확실히 말할 수 있는 것은 액티비스트

---

41. [옮긴이] 바우하우스(Bauhaus) : 1919년 독일 바이마르에 설립된 미술(공예, 사진, 디자인 등을 포함)과 건축에 관한 종합적인 교육을 실시한 학교이다. 이러한 흐름을 취한 합리주의적 기능주의적 예술을 지칭하는 말로서도 활용된다.

42. [옮긴이] 데 스틸(De Stijl) : 네덜란드어로 양식을 의미한다. 1917년에서 1931년까지 지속된 미술 경향으로 회화, 건축, 실내장식, 디자인, 가구 등에 영향을 미친 총체적 예술 운동이었다. 20세기 초에 일어난 많은 근대운동들 중 특히 데 스틸 운동은 예술사에 있어서 전무후무하게 화가와 건축가들이 동일한 이념과 미학을 가지고 작업하였다는 점과 제반 예술 영역의 이념을 건축에 통합적으로 나타내려 했다는 점이 중요하다.

43. [옮긴이] 플럭서스(Fluxus) : '변화', '움직임', '흐름'을 뜻하는 라틴어에서 유래한다. 1960년대 초부터 1970년대에 걸쳐 일어난 국제적인 전위예술 운동이다. 표현 형식에서는 처음에는 다양한 재료를 혼합해 많은 미술 형식을 동시에 표현함으로써 조화를 이루지 못하는 것처럼 보이면서도 희화적이고 개방적인 경향을 보였으며, 갈수록 이러한 요소들은 줄어들고 대신 구체적이고 시공간을 강조하는 개인적 경향으로 바뀌었다. 이 운동은 음악과 시각예술, 무대예술과 시 등 다양한 예술 형식을 융합한 통합적인 예술 개념을 탄생시켰으며, 메일예술·개념미술·포스트모더니즘·행위예술 등 현대 예술사조를 직접 탄생시키기거나 여러 예술 운동에 많은 영향을 주었다.

의 예술이 '하얀 벽의 제도'와 전혀 관계가 없다고 말하지는 않겠지만, 최소한의 예술로서 남을 것이라고 생각된다. 액티비스트의 예술은 오히려 도시공간이라는 문맥에서 스스로를 '명명'하는 예술이 될 것이다.

철학자 브루노 굴리는 『화염의 노동』*Labor of Fire*이라는 새로운 저작에서 노동의 존재론적 양상을 추구하고 있다. 그는 일용할 양식을 위한 노동으로서의 '생산노동'과 예술창조를 위한 노동으로서의 '살아있는 노동'을 최종적으로 구분한다. 그는 '노동이 자신에게 회귀하는 것', 즉 노동이 자신의 본성을 발견하는 것은 스스로가 예술적 본성과 합체함으로써 가능하다고 결론을 맺고 있다. 그러나 이러한 '궁극적 언어'를 예증하는 것은 상기의 역사적 배경이 있기 때문이다. 다시 말해, 맑스주의적 일당 독재의 혁명운동이 붕괴하고, 그 후 다종다양한 운동의 발흥 속에서 '액티비즘'이 출현하였고, '예술'이 근대에서 현대에 넘어 오면서 제도적인 자기해체를 진행시켜 도시공간에 '정동노동'이 크게 대두해 왔다는 역사적 사건들이 있기 때문이다.

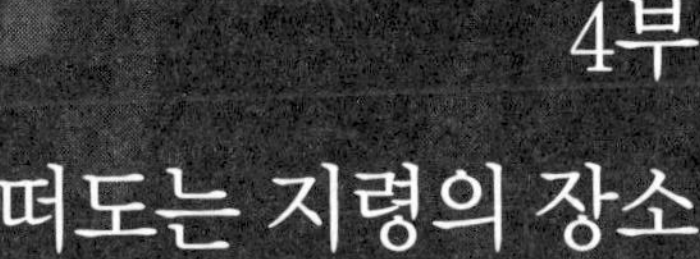

4부
떠도는 지령의 장소

운동하는 장소, 혹은 장소의 촉수

뉴욕은 완벽한 '이민도시'이다. 뉴욕에서 '민중'이란 이동하는 사람들, 즉 이민移民이다. 이 도시는 전세계로부터 다양한 이유로 건너온 사람들을 수용하여, 그 또는 그녀들을 자양분으로 삼아 발전해 왔다. 이러한 이유로 뉴욕은 미국이나 다른 어떤 나라의 민족주의로도 포섭되지 않는다. '국민국가'를 뛰어넘어 이동하는 인류라는 운동을 보여준다.

체류시간과 거주시간의 길고 짧음은 모두 각양각색이지만, 이민移民은 언젠가 '동일한 장소'로부터 떠날 것이다. 혹은 그 어떤 장소라 할지라도 이민자들은 항상적인 왕복운동의 중계점으로 삼는다. 특정 공동체의 주거구라고 하여도 그 곳에서 영원히 정착하지 않는다. 결국, 이러한 의미에서 도시공간이란 '이동하는 장소'이다. 사람들의 출입과 이동에 따라 물질적 구성도 변모하여 흥망성쇠를 이뤄간다. 이러한 의미에서 그 어떤 도시도 지속적으로 변해 가는 전지구적 네트워크에 있어서 하나의 시공간적인 결절지점에 불과하다. 체류시에 시간적인 장단이 있다고 해도 장대한 인류역사의 교통운동에 불과하다.

따라서 '국민의 이름'으로 아무리 영원성을 표상하려고 해도 궁극적으로 모든 민중은 '移=民'이다. 이렇듯 뉴욕은 이동하는 운동으로써 인류의 지표가 되며, 뉴욕의 역사로 볼 때 모든 국경의 무효성을 주장하는 것은 아무런 거리낌이 필요 없다.

뉴욕에 사는 민중들의 대부분은 다른 장소의 역사와 생활, 문화를 등에 짊어지고 있다. 그렇기 때문에 뉴욕에는 리오 데 자네이로, 포르트 오 프랑스, 상판, 킨샤샤, 파레르모, 더블린, 가쟈시티, 뭄바이, 상하이, 서울, 오사카가가 있는 것이다. 그리고 세계의 여러 도시에 뉴욕이 또한 있다. 무슨 말인가?

민중이 살고, 투쟁하며, 교류하는 '치마타 공간'이란 물질적으로 고정된 건축공간과 다르다. 요컨대, 치마타란 이동하는 민중의 집합적 신체의 운동이다. 이동하는 민중은 이동하는 곳마다 자신들의 치마타를 만들고, 치마타들을 연결시켜 간다. 이는 '건축=장소의 고정화'로부터 도주하는 양자量子의 운동이다. 따라서 하나의 도시 내부에는 다른 도시의 이름이 산재한다. 도시들이 서로 지명을 교환하고 있는 것이다. 하나의 도시는 다른 몇몇 도시의 '지령'地靈: Genius Locii을 흡수하면서 살고 있다. 민중의 이동과 함께 도시들은 촉수를 늘어뜨려 서로 얽혀가는 것이다. 이러한 네트워크가 바로 리좀Rhizome이다.

그렇기 때문에 한 도시에 대해 충분히 설명하기 위해서는 최종적으로 도시 자체에 대해서가 아니라, 그 밖의 도시와의 관련을 고려하지 않으면 안 된다. 도시를 형성하는 사람도 자본도 그들 사이를 왕복하는 유체(흐름)이기 때문이다. '통치제도', '상징체계'로서의 도시는 자신의 장소적 중심성을 주장하지만, 그 실재는 사람과 자본의 교통을 통한 이동과 운동이다. 이러한 '도시운동', 혹은 '도시관계'는 하나의 도시 내부에서 다종다양한 이민자들의 주거구가 지닌 지역성과 지역성들 사이의 상극相克으로 표현되는 한편, 지리적으로는 광역적인 도시들 간의 위계적 관계성으로 나타난다.

예를 들어, '할렘'의 '장소성'을 살펴보자.

할렘은 이동하는 아프리카 출신 민중들의 수도가 되었다. 안타깝게도 흑인민중은 이 땅의 부동산을 충분히 소유하지 못했지만, 하나의 **운동체로서** 그 또는 그녀들의 희망aspiration의 중심이었다. '운동으로서의 할렘'의 혼soul은 장소적인 특성을 뜻하는 것은 아니었다. 제1차 세계대전 후, 세계 대공황시기까지(할렘 르네상스라 불리는 시대) 할렘은 세계 속으로 촉수를 뻗쳐 나갔다. 다시 말해, 이 시대 할렘의 흑인들의 활동범위는 그 인원이 많든 적든 간에 전지구적이었다.

이러한 모습은 자메이카에서 태어난 시인이자 활동가인 클로드 맥케이Claude McKay 1의 소설 『할렘으로의 귀향』Home to Harlem, 1928에 극명하게 그려져 있다.2 작품 자체로 당시의 '세계지도'가 될 만하다. 이 작품의 주인공 제이크는 남부에서 태어나 할렘으로 이주한 사람이었다. 그는 제1차 세계대전에 종군하지만, 전역을 하기 전에 '싸울 필요가 없는 상대와 싸운다'는 것에 대해 혐오를 느끼며 탈주한다. 그는 유럽에서 북미로 향하는 화물선에서 허드렛일을 하면서 카리브해를 경유하여 할렘으로 돌아온다. 그 후 그는 장거리 철도인 풀맨pullman 침대차의 식당차 급사가 되어 필라델피아, 볼티모아, 워싱턴, 피츠버그 등의 각 도시와 뉴욕 사이를 왕복한다. 휴일에 그의 활동범위는 할렘에 있는 레녹스애비뉴Lennox avenue의 중심지였지만, 종종 지하철을 이용하여 브룩클린으로 가서 마타이어애비뉴의 '렌트 파티'(파티주최자의 집세를 마련하기 위한 파티)rent party에도 참가한다. (이에 대해서는 제12장에서 다룰 것이다.) 이렇듯, 할렘은 그 장소에 체류하지 않는 거주자들의 이동을 통해 끊임없이 모든 외부지역의 혼soul을 흡수했던 것이다.

할렘은 다종다양한 클럽들로 번성했다. 이러한 씬이 도시적 음악형성의

---

1. [옮긴이] 클로드 맥케이(Claude McKay, 1889~1948) : 자메이카인으로 작가이자 공산주의자. 젊은 나이에 뉴욕으로 건너와서 할렘 르네상스에 커다란 공헌했다. 그 후, 유럽과 아프리카를 방랑했다.
2. Claude Makay, *Home to Harlem*, Boston: Northeastern University Press, 1987.

모체가 되었다. 흑인전용 클럽에서는 상류 노동자(벨보이, 집사, 철도노동자, 웨이터, 웨이트리스, 하녀)와 하류의 노동자(항만노동자, 주방보조, 세탁, 화장실청소부)가 뒤섞여 서로 진을 마시고 춤을 추며 나이트의 라이브쇼를 즐겼다. 클럽과 할렘 거리에 대한 기술記述 중에서 흥미로운 것은 할렘에서 흑인의 신체는 '흑인'으로 일괄적으로 불리는 것이 아니라 그 속에서 무수한 색의 구별로 기호화되어 있다는 점이다. 검은 갈색dim brown, 갈색clear brown, 짙은 갈색rich brown, 밤색chestnut, 구리색copper, 황색yellow, 니어화이트색near-white, 마호가니색mahogany, 휘회색gleaming anthracite 등등이다. (『할렘으로의 귀향』은 '색'에 대해 뛰어난 필체로 쓴 소설이다.) 이러한 모든 '인간적 색소'human pigmentation가 클럽 안에서 각각 독자적인 에로티즘을 자아내며 서로 경쟁하며 사랑에 빠져들었다. 이러한 색채적 다양성은 카리브해역 지구에서 발생한 혼혈화amalgamation의 표식이기도 하다. 클럽 씬에서 흑백의 혼혈인 물라또mulatto 3를 나타내는 '황색'yellow — 황인종과는 관계없다 — 이 하나의 미적 전형典型으로 그려지고 있었다는 점을 기록해 두고 싶다.

이 할렘이라는 세계에 카리브해역과 서인도제도의 문화적 개입이 가져다준 결정적인 충격은 '희망'과 '앎'知, '젠더'였다. 제이크의 친구로 아이티에서 태어난 레이몬드는 제이크와 같이 침대차에서 일하는 젊은 학생이다. 프랑스어가 모국어인 그는 제이크에게 전혀 새로운 세계의 모습을 보여준다. 그것은 사회주의이며, 문학 세계이며, 그리스 고전에 그려진 동성애의 세계이다. 흑인이었던 제이크 자신의 인종상 특징만으로는 알 수 없었던, 그리고 미국 남부농원과 북부도시를 왕복하는 것만으로는 상상할 수 없었던 가능성의 세계를 가르쳐 준 것이다. 이것이 20세기 초 카리브해역 지구가 할렘에 대해 긍정적인 문

---

3. [옮긴이] 물라또(mulatto) : 중남 아메리카에 사는 여러 종류의 혼혈 가운데 특히 백인과 흑인의 제1대 혼혈아를 가리키는 말이다.

화적 개입을 했던 측면을 보여준다.

이 소설의 마지막을 장식하는 것은 제이크와 여자 친구인 펠리스가 시카고로 여행을 가는 것이다. 시대 설정은 정확하게는 모르지만, 1919년에 전미 25개 도시에서 주로 KKK단Ku Klux Klan 주도한 흑인에 대한 집단적 폭행(린치)이 발생했다. '붉은 여름'red summer이라 불리고 있다. 이 시기에 28명의 흑인이 린치(=살해)받았다. 시카고와 워싱턴은 이러한 린치가 벌어졌던 최악의 무대였다. 그렇다면, 우리들의 주인공 제이크와 펠리스는 이 사건이 발생했던 시카고로 뛰어들어 갔을까?

제4부에서는 '장소와 장소의 이동'이라는 주제로, 내가 판단하기에 뉴욕적인 몇몇 장소를 고유의 역사성과의 관계 속에서 전개해 가고 싶다. 시대적으로는 앞서거니 뒤서거니 하지만, 시간적 순서는 다음과 같다. 지하철을 통해 뉴욕의 다섯 구의 공간에 대해 논할 것이다(제8장). 그리고 맨하튼의 노예 및 사회적 외부자social outcaster에 대해 다룰 것이며(제9장), 19세기의 슬럼 '파이브포인츠'(제10장), '차이나타운Chinatown'(제11장), 할렘(제12장), 브롱크스(제13장), 브룩클린(14장)에 대해 다룰 것이다. 독자 여러분들이 언젠가 다음의 일화들을 읽고, 일화의 배경이 된 장소를 유람할 수 있다면 좋겠다.

물론 항상 만남이란 불가피한 마찰을 만들어 낸다. 다양한 주체들을 서로 부딪치게끔 한 단순한 결과이다. 예를 들어, 프로타지(frottage)[1]가 고전적인 도시적 도착(到錯)이었던 것처럼, 도시적 마찰은 그곳에 경계가 있다는 것을 알린다. 마찰이란 도시의 복잡한 사회적 요소들이 기울어져 있음(gradient)으로 인해 생겨난 증후군적 요소이다.

이러한 차이를 알리는 마찰이란 도시 내의 경계와 저항가능성의 원점을 가리킨다.

그렇지만, 공중의 편의(accommodation)라는 생각은 이러한 저항들 속에서 도출된 것이다. 공중의 편의란 도시생활의 물리적 성질이 과장되어 나타난 결과이다.

이런 의미에서 함께 생활하기 위한 유일한 훈련은 함께 사는 것이다는 말은 결코 동어반복(tautology)이 될 수 없다. 인종적 관용성은 타자가 존재하지 않는 상황(非在)에서는 절대적으로 구현될 수 없다. 바로 그 때문에, 반(反)유대인주의와 모든 인종차별의 형태는 유대인과 인종적으로 다른 타자가 눈앞에 존재하지 않는 곳에서 우선 육성되는 것이다.
— 마이클 소킨(Micheal Sorkin)[2]

'뉴욕에서 아주 재미있다고 느끼는 것은 무엇인가?' 라는 어떤 미국인의 질문에 대해 사카이 다카시酒井隆史는 조금도 당황하는 기색 없이 '지하철'이라고

---

1. [옮긴이] 프로타지(Frottage) : 올록볼록한 거친 실물 위에 종이를 놓고 연필, 크레용 등으로 문질러서 표현하는 기법이다.
2. *Giving Ground-The Politics of Propinquity*, Edited by Joan Copječ and Michael Sorkin, London, New York: Verso, 1999, p.7 "Introduction-Traffic in Democracy" 참조.

대답했다. 나도 마찬가지다. 그러나 이 말은 내가 뉴욕에 처음 왔을 때의 지하철 모습을 뚜렷이 상기시켜 주었다. 당시에는 뉴욕시의 재정난이 심하여 지하철은 믿기 어려울 정도로 참혹한 환경이었다. 시설정비나 위생상태는 최악으로 화장실은 전체가 오물로 뒤섞여서 위험하고 도무지 사용할 수 있는 상태가 아니었다. 아직까지도 공중화장실을 완전히 정비하는 데까지 손을 다 쓰지 못해 폐쇄된 곳도 있지만, 당시에는 대부분이 관리없는 상태로 방치되면서 마약매매와 마약주입용으로 사용되었다. 하루 24시간, 쉬지 않고 운행하는 **멋진 서비스**라고 해도, 한 밤중에 주변지역에서 도심(특히, 타임스퀘어)으로 들어오는 지하철 노선들은 여전히 무서웠다. 항상 얼마 간의 돈을 공갈용에 대비하여 꺼내기 쉽게 해 둘 필요가 있었다. 거지나 공갈협박자만이 아니라 피부에 큰 병을 입은 여성이나 무슨 영문인지 자신의 몸에 라이터로 불을 붙이려고 하는 남성 등등 극한적인 세계가 그곳에 있었다. 그러나 나에게 예전에도 지금도 이렇게까지 자극적인 공간은 없었다. 상류계급을 제외한3 다양한 인종과 계급, 그리고 젠더가 자신만의 독특한 냄새를 풍기며 문화와 풍습을 거리낌 없이 표현했다. 그들은 서로에 대해 익숙했던 것은 아니었지만, 서로 존중하면서 오히려 **어떤 의미의 공감성**을 그 밑바탕에 깔고 있는 듯한 분위기였다. 나는 이곳에 세계가 있다는 것을 실감했다. 그리고 이곳을 출발점으로 하여 무한하게 넓은 세계로 뻗어 나갈 수 있을 것 같은 느낌을 받았다.

  뉴욕에서 이민 노동자들은 다양한 공동체로 분단된 삶을 살고 있다. 그들은 매일 지하철을 사용하여 통근하고 있지만, 대부분 사용 구간이 한정되어 있기 때문에 다른 공동체까지 방문하는 경우는 거의 없다. 특히, 그들의 자녀들

---

3. 맨하튼에 직업을 가진 사람들 중에서도 경영자나 사장급은 대개의 경우 맨하튼에서는 어퍼이스트사이드나 롱아일랜드 포트의 동부, 코네티컷 등의 고급주택지에 살고 있는 경우가 많다. 그들은 자동차나 그랜드 센트럴 역에서 출발하는 철도로 통근하고 있다. 그들의 생활은 지하철과는 전혀 관계가 없다.

이 **일부러** 지하철 여행을 하는 것은 언제나 커다란 사건이었다. 이 속에 존재하는 거리감은 지리적 거리이기보다는 분리된 공동체와 공동체 사이의 거리였다. 어떤 의미에서 내부에 몇 갈래의 경계가 그어져 있는 '세계'를 여행하는 경험과 같을 것이다. 예를 들어, 전위적 영화작가인 쉐리 클라크Shirley Clarke, 1919~1997가 찍은 〈쿨 월드〉The Cool World, 1963에서는 할렘에 사는 한 젊은이가 지금까지 보지 못했던 바다를 향해 코니아일랜드Coney Island로 대모험을 감행하면서 자신들의 세계가 폐쇄되어 있음을 인식하게 된다. 또, 솔 유리크Sol Yurick의 원작으로 월터 힐Walter Hill 감독이 만든 영화 〈전사〉The Warriors, 1979에서는 거꾸로 코니아일랜드에 사는 젊은 갱단이 할렘 북쪽의 브롱크스에 있는 반코틀랜드 공원Van CortLandt Park을 향해 가는 과정에서 온갖 곤란과 역경을 겪은 후, 자신들의 고장으로 되돌아오는 것을 그렸다. 이 여정에서 그들은 F노선, I노선, R노선 등 몇 갈래의 지하철노선에서 갈아타고 내리면서 각 고장의 갱들과 싸운다. 마지막에 주인공은 애인을 얻고서 자신들의 공동체로 돌아온다는 내용이다. 브롱크스 북부와 브룩클린 남부 해변의 코니아일랜드라는 두 장소 사이에 뉴욕의 거의 대부분이 몰려있다. 초기 '라이팅'writing으로 불렸던 그래피티 운동은 지하철 차량에 자신들의 이름을 새겨, 뉴욕 각지에 있는 청소년들에게 자신들의 존재를 알리고, 거꾸로 (이러한 활동을 통해) 자신들에 대해서도 잘 알게 되었다. 그래피티 운동은 뉴욕의 모든 지하철 네트워크를 있는 그대로 사용하여 마치 식물의 잔뿌리처럼―리좀적rhizome 커뮤니케이션을 발판으로 하였다.4 그래피티 운동은 소년과 소녀들이 태어나고 자란 공동체의 틀을 뛰어넘어 외부나 타자와 연대하는 것을 **본래적으로 욕망한다**는 것을 보여주며, 뉴욕에서는 지하철이 이러한 욕망을 실현시켰다고 할 수 있다.

---

4. 「그 이름을 공공권에 새기자!」(「その名を公共圈に記しつづけよ！」), 『현대사상』(『現代思想』), '특집 그래피티'(特集グラフィティ), 2003년 10월호 참조.

여기서 다시, 뉴욕의 도시공간을 대략적으로 파악하기 위해서 다섯 개 구의 특징을 나름대로 정의해 보면 다음과 같다. (1) 브롱크스는 개발과 탈투자로 인해 가장 심하게 유린된 지구이다. (2) 퀸즈는 조직화된 노동자들의 공동체가 있는 지역으로 비교적 안정된 지구이다. (3) 맨하튼은 기존 주민들을 점차 추방하여, 비즈니스와 관공청, 고급 아파트로 변천해 가고 있으며, 도시화의 폭력(젠트리피케이션)의 중심지이다. (4) 스타텐 아일랜드는 맨하튼에서 페리로만 이동가능하며, 하층 백인중심의 사회에서 다인종적 사회로 변화하고 있지만, 교통상의 한계 때문에 문화적 보수성과 정체로부터 좀처럼 벗어나지 못하고 있는 폐쇄closed된 지구이다. (5) 브룩클린은 맨하튼과 바깥 세상을 중계하는 축소된 전세계(작은 우주)이다. 이러한 다섯 개의 지구에는 늘 새로운 이민자들이 건너 온 결과, 노동하는 신체의 편성 또한 항상 변화한다.

미국 정부는 이민에 대해 항상 이중으로 결박된double-bind 자세를 견지해 왔다. 한편으로 값싸고 신원보증이 필요없는 노동력을 필요로 하기 때문에 이민자들을 환영하면서도, 다른 한편으로 자국 노동자들이 얻게 될 파이와 취직난을 고려하면서 이민을 억제해야 할 필요성을 가지고 있다. 이민정책은 이러한 양극단을 오가고 있다. 이미 잘 알려진 것처럼, 9·11 테러 이후, 국토안전성의 개입으로 수많은 이민자들이 부당하게 국외로 추방되었지만, 미국이 이민자들을 받아들이지 않을 수는 없다. 제2차 세계대전 후에 개정된 법을 살펴보면, 1965년에 제정된 〈하트 세라법〉Hart-Cellar Immigration Act은 이민법을 보다 유연하게 만들었고, 이로써 미국으로의 이민이 수월해 졌다. 이것을 계기로 새로운 이민자들이 밀려 들어왔고, 다종다양한 '뉴욕적 노동자'의 세계를 만들었다. 1965년 이후, 그리스, 이탈리아, 콜롬비아, 에쿠아도르, 인도, 한국, 아일랜드, 러시아계 유대인 등이 몰려 들어왔다. 그리고 1980년대에는 도미니카공화국, 자메이카, 중국(주로 복건성 출신자), 기아나, 아이티 등에서 들어왔다. 이러한 이민자들의 대거 유입과 함께 근린공간에도 커다란 변화가 일어나기 시작했다. 브룩클린의 크라운하이츠Crown heights와 플랫부쉬에는 아프리칸-캐리비안계의 주민들이 증가하였고, 퀸즈의 플러싱Flushing에는 중국계(타이완), 일본계(뒤에 소멸됨), 한국계, 인도계, 파키스탄계와 아시아계가 중심이 되었다. 맨하튼의 최북부에 있는 워싱턴하이츠Washington heights와 조지워싱턴 브리지J. Washington Bridge의 건너편에 있는 뉴저지주의 해안지구인 인우드Inwood에는 도미니카공화국 출신자들이 늘어나고 있다. 원래 이곳은 아일랜드계가 많이 살고 있었지만, 1980년대 후반부터 줄어들기 시작했다. 또한, 퀸즈의 잭슨하이츠Jackson heights에는 여전히 가장 다종다양한 민족성을 지닌 지역으로 남아있다.

이러한 새로운 이민의 흐름과 함께 발생한 것이 인종에 의한 사업과 업무분담의 재편이었다. 한국계의 채소가게, 중동계와 카리브계, 그리고 아프리카계의 택시운전수, 남아시아계의 신문가판상, 러시아인 이발사, 멕시코인의 잡부 등. 이러한 사람들은 각자 공동체에 주거하면서 자신들의 직장을 향해 통근한다. 즉, 지역별로 주거자의 변천에 따라 지하철의 각 노선에 대한 이용자도 변해 왔다. 예를 들어, 20세기 초, 유대인계 바느질공의 경우는 지하철을 통해 맨하튼 중심부에 있는 의복산업지구에 통근하기 편한 브롱크스의 크로토나Crotona, 킹스 브리지Kings Bridge, 베르함 파크웨이Berham Parkway(2, 5, 6번지), 브룩클린의 윌리엄스버그Williamasburg, 브라운즈빌딩Browns Building, 브라이튼 비치Brighton Beach(B, L, M호선)에 주거하고 있었다. 지금까지 기본적으로 이런 패턴이 계승되어 왔다. 나는 F호선의 23번 지역 부근에 살고 있지만, 근처 이발소에 근무하는 러시아인은 F호선과 B호선을 갈아타면서 브라이튼 비치에서 통근하고 있다. 또, 신문가판상을 하고 있는 인도인과 채소가게를 하고 있는 한국인, 각종 레스토랑에서 잡부역을 하고 있는 멕시코계인들은 아직까지 확고한 공동체를 구축하고 있지 못하며, 브룩클린의 깊숙한 지역이나 브롱크스의 북단, 스타텐 아일랜드, 혹은 뉴저지 주 연안에서 통근하고 있지 않을까

싶다.5

뉴욕의 지하철 노선은 20세기 초에 개통된 세 종류의 노선이 각각 확장과 분기를 통해 교차하는 네트워크를 형성하고 있다. 이러한 복잡한 지하철을 통합관리하는 곳은 MTA(뉴욕시 교통국)Metropolitan Transit Authority이다.6 이들 중 23개의 독특한 노선과 그 노선이 통과하는 곳을 개관하면 다음과 같다.7

뉴욕의 지하철을 일컫는 '4호선'4 Line은 브롱크스 북부의 반코트랜드 공원Van Courtland Park에 있는 우드론 지구를 기점으로 하고 있다. 이곳은 뉴욕 최대의 묘지(우드론 묘지)Woodlawn Cemetery로도 유명한 곳이다. 여기에서 남쪽으로 내려가면 유니버시티 하이츠(베트남, 캄보디아계)University Heights가 있고, 이곳을 통과하여 양키즈 스타디움Yankee Stadium과 뉴욕주 최고재판소가 있는 브롱크스 남부의 그랜드 콘코스Grand Concourse로 이어진다. 이곳에서 아래로 더 내려가면 이스트 할렘(푸에르토리코, 쿠바, 최근에는 멕시코계)East Harlem이 있고, 이곳을 지나 미술관이 많기로 유명한 어퍼 이스트사이드(백인상류계급)Upper East Side 지역을 통과하여 그랜드 센트럴역Grand Central Station에 도착한다. 그랜드 센트럴역은 장대한 내부공간으로 아주 멋진 곳이다. 그랜드 센트럴역에서 시청 주변의 다운타운 거리를 통과한 후, 맨하튼의 남단을 빠져나와 브룩클린으로 들어간다. 이곳에서 동쪽으로 더 나아가면 슬럼지구로 유명한 베

---

5. 멕시코에서 돈을 벌기 위해 뉴욕으로 온 노동자에 대해서는 이케모리 켄이치 "뉴욕의 미스테코족", 도쿄, 트란스뷰, 2003년(池森憲一, 『ニューヨークのミステコ族』, 東京・トランスヴュー, 2003)을 참조. 개인적인 감상으로는 이 책은 그들과 함께 뉴욕에서 노동하며 그들의 고향을 방문한 경험을 생생하게 그리고 있다.

6. IRT(Interborough Rapid Transit)는 1904년 10월에 개통했지만, 처음에는 다운타운에서 그랜드 센트럴역과 웨스트 타임스퀘어, 브로드웨이를 돌며 145번지를 북쪽으로 향했다. BMT (Brooklyn Manhattan Transit)는 1900년 이전에는 브룩클린 내부만을 도는 BRT(Brooklyn Rapid Transit)라는 증기기관차였으나, 1900년부터 1920년 사이에 전기로 바꾼 후에는 지하철로 변모했다. IND(Independent Subway System)은 본래 불황기(1929~1940)에 설치되어 제2차 세계대전 후에 확장된 노선이다.

7. MTA의 지하철 노선도를 참조. http://www.mta.nyc.ny.us/nyct/maps/submap.htm

그림32 G호선의 브로드웨이역 구내(브룩클린)

드포드 스타이브산트(아프리카계 미국인계)Bedford Styvesant와 만나게 되고, 이곳을 지나 종점인 플랫부쉬(서인도제도계)에 다다른다.

4호선 중 'A호선'은 급행이지만, 아마도 가장 장대한 노선일 것이다. 이 노선은 맨하튼 북쪽 끝에 위치한 인우드지구(도미니카계 지구)Inwood를 기점으로 하여, 과거 할렘 르네상스 시대에 주택지였던 슈가 힐Sugar Hill의 언덕을 통과하여 아폴로 극장Apolo Theater 등이 밀집한 할렘 번화가의 부근을 지나간다. 여기에서 다시, 센트럴파크의 서쪽을 따라 링컨센터 주변 지역으로 내려가면 타임스퀘어의 서쪽에 위치한 포트 오소로티Port Authority로 연결된다. 여기에서 매디슨 스퀘어 가든Madison Square Garden과 중앙우체국을 빠져나오면 뉴욕대학New York University과 그리니치빌리지Greenwich Village가 있는 워싱턴 광장Washington

그림32 지하철A호선, 145번가역의 승강구(할렘)

Square에서 여러 노선들과 만난다. A호선은 다시 여기에서 동쪽으로 나아가 차이나타운Chinatown이 있는 카날스트리트Canal Street의 서쪽을 관통하여 맨하튼 남부로 향한 다음 동남쪽 방향으로 돌아간다. 이곳에서는 최근까지 수산시장으로 번성했던 풀튼스트리트Fulton Street 주변지역을 만난다. 다시금 지하철은 강을 건너 브룩클린에 다다르고, 시청Borough Hall을 통과하여 동쪽으로 향한다. 이렇게 하여 A호선은 베드포드 스타이브산트Bedford Styvesant나 이스트 뉴욕East NY, 자메이카 남부 등 모든 민중적 지역을 거치게 된다. 여기에서 남쪽으로 더 내려가 JFK국제공항의 출입구를 통과하여, 자메이카만Jamaica Bay의 물 위를 스칠 듯 달려가다 보면 대서양의 수평선을 향해 가늘고 길게 뻗은 파로커웨이(아일랜드계)Far Rockaway 반도에 이른다.

'F호선'은 가장 다양한 이민자 가족들의 거주지역을 통과하는 노선이다. 출발점은 퀸즈의 자메이카(서인도제도계)이며, 이곳은 야외시장이 다양하게 형성되어 있기 때문에 이국적 정취가 물씬 풍긴다. F호선은 이곳에서 출발하여 가장 다양한 인종적 색체를 지닌 잭슨하이츠(인도, 벵갈, 콜롬비아, 아르헨티나, 우루과이)Jackson Heights를 지난 다음 서쪽으로 향한다. 서쪽에는 롱아일랜드시티(그리스계)Long Island City가 있고, 이곳에서 강을 넘어 근대적인 집합주택과 병원으로 이뤄진 가장 뉴욕적인 루즈벨트아일랜드Roosevelt Island를 통과한다. 이곳에서 다시 맨하튼의 동쪽 미드타운과 센트럴 공원을 살짝 흩고 지나 남쪽으로 내려가면 록펠러센터Rockefeller Center가 나오는데 이 인근에는 의복산업지구 및 한인타운이 있다. 지하철은 이곳에서 좀 더 내려가 워싱턴 광장을 지나 로어이스트사이드와 차이나타운의 동부 지역을 살펴보면서 강을 건넌다. 이윽고, 눈이 부실 정도로 젠트리피케이션이 진행된 브룩클린의 덤보Down Under the Brooklyn Bridge Overpass, DUMBO가 나온다. 여기에서 다시 동쪽으로 가면 시청을 거쳐 코블힐(이탈리아계)Cobble Hill을 지나고, 파크슬로프Park Slope를 지나치게 된다. 이곳은 최근 젊은이들이나 레즈비언 커플들이 늘어나는 지역이다. 맨하튼의 센트럴 공원이 백인부유계급의 공원이라면, 파크슬로프는 특히 여름에 카리브해역 계통의 음악 콘서트가 빈번히 열리면서 세계민중의 공원으로서의 면모를 보여주고 있다. 지하철은 계속해서 파크슬로프를 통과한 다음 프로스펙트 공원Prospect Park을 지나면서 선셋파크(중국. 푸에르토리코, 멕시코계)Sunset Park 부근과 오션파크웨이(시리아계 유대인)Ocean Parkway를 잇따라 지나친다. 이곳에서 다시 남쪽으로 향해 가면 코니아일랜드Coney Island에 이른다.

'4호선' 중에서 2호선은 소수자의 언어들이 자신을 표현하는 지역들을 거쳐가는 노선이라고 할 수 있다. 2호선은 브롱크스 북부의 웨이크필드(자메이카, 카리브계)Wakefield를 출발하여, 새로운 이민자 밀집지역인 트레몽트(가나, 자메이카, 기아나, 중남미, 에쿠아도르)Tremont를 통과한 다음, 오래전부터 이민자들의 지역이었던 벨몽트(이탈리아, 알바니아계)Belmont를 지나친다. 여기서 브롱크스 동물원의 남쪽으로 내려가면, 고가 철로를 통해 **한 동안 활활 타오르던** 브롱크스가 내려다 보인다. 이곳에서 그래피티의 본거지인 심슨 스트리트Simpson Street를 통과하여 강을 넘으면, 할렘의 중추신경인 말콤 엑스 블루버드Malcolm X Boulevard가 나온다. 여기에서 지하철은 남쪽으로 더 내려가 센트럴 파크의 북쪽에서 다시 남서쪽으로 선회한 다음, 96번지 부근에서부터 브로드웨이의 남쪽으로 내려온다. 남쪽에는 타임스퀘어가 있고, 이곳을 통과하여 웨스트빌리지에 있는 게이들의 거리인 크리스토퍼 스트리트를 지난다. 그리고 저명한 예술가들과 고급 레스토랑이 많은 트라이베카와 월스트리트 지역을 지난 다음, 강을 건너 브룩클린에 있는 시청을 돌아 동쪽에 있는 베드포드스타이브산트와 프로스펙트 공원 옆을 지나 플랫부쉬(서인도제도계)에 이르게 된다.8

---

8. 참고로, 뉴욕의 7대 슬럼을 지나는 노선은 다음과 같다. (1)사우스 브롱크스=웨스트노선, (2)할렘=A호선, 웨스트노선, (3)로어이스트사이드=F호선, (4)베드포드 스타이브산트=G호선, (5)브라운즈힐=3호선, 웨스트호선, (6)이스트 뉴욕=L호선, A호선, (7)사우스 자메이커=A호선.

　　뉴욕 지하철은 뉴욕시의 재정난 때문에, 1970년대 이후 시설의 노후화와 정비부족 등으로 각종 사고들이 빈발하였고, 승무원에 대한 처우도 열악해졌다. 당시 코치^{Ed Koch} 뉴욕시장은 재정 축소를 장려하는 한편, 재계의 엘리트 집단을 참가시킬 수 있는 경제발전 정책을 우선시하였다. 대기업을 지원하며 다양한 서비스산업에 대해 투자함으로써 여행자들을 뉴욕으로 끌어들이려고 하였다. 예를 들어, 그래피티를 혐오했던 그는 지하철 설비를 향상시키기보다는 그래피티를 방지할 수 있는 대책 마련에 거대 비용을 지출했다.

　　이러한 상황 하에서, 1980년 4월에 지하철과 버스 승무원들의 파업이 발생했다. 이 파업은 신자유주의 시대에 돌입하기 직전에 발생했던 뉴욕 최후의 대파업이라고 일컬어지고 있다. 파업을 조직한 것은 〈운수 노동조합〉Transit Workers Union, TWU Local 100이었지만, 일반 조합원들 사이에서는 당시 노조위원장이었던 존 로John Law에 대한 불만이 누적되어 있었다. 로는 일반 조합원에게 30퍼센트의 임금인상을 약속했었다. 그러나 실제로는 MTA의 사장이었던 리차드 라비치Richard Lavich와 뒤에서 밀거래를 하였고, 이미 파업 종결에 대한 시나리오가 작성되어 있었다. 이 시나리오란 MTA측이 향후 2년 동안 6퍼센트의 임금인상을 제안하였지만, 로는 이것을 거부하고, 고생한 끝에 7퍼센트를 얻어낸다는 식의 협상 시나리오였다. 이런 맥락에 대해 분노했던 조합원들은 협상 결과를 거부했다. 그 결과, 1980년 4월 1일 뉴욕시의 지하철과 버스의 운행이 전면적으로 정지되었다. 이것은 1966년 이후에 14년 만에 벌어진 운수부문 노동자의 대파업으로써 이후에도 커다란 영향을 미쳤다. 이 파업은 11일 동안 지속되었지만, 최종적인 타결안은 다음과 같다. MTA측은 앞서 로와 작성했던 시나리오를 대폭 수정하여, 초년 도에는 9퍼센트의 임금상승, 2년째는 8퍼센트의 임금상승, 동시에 '소비자물가지수'Cost of Living Adjustment의 상승에 맞춰 임금을 조정하는 프로그램'에 따라 향후 2년간 20퍼센트 이상의 임금인상에 상응하는 결과가 나올 수 있도록 한다는 것이었다. 다만, 여기에는 노동조합원들도 양보해야 할 사항들이 몇 가지 있었다. 예를 들어, 유급휴가 삭감과 초임급 삭감 등이다. 이에 대해 최종적인 결정 투표에서 찬반이 엇갈렸고, 계속해서 파업을 하겠다는 열기에는 분열이 생겼고, 결과적으로 파업은 마무리되었다. 그러나 이 파업은 어떤 의미에서 노동자들의 승리였다. 그렇지만, 1967년에 제정된 〈테일러법〉Taylor Law 9에 의해, 파업에 따른 벌금형이 부과되었다. 이런 의미에서 최후 단계에서 보조를 맞추지 못한 점을 포함하여 파업을 일으켰던 노동자들의 정치적 패배라고도 볼 수 있다.

그 후에 뉴욕 지하철은 그래피티를 그리기 어렵도록 설계된 가와사키나 미츠비시가 만든 차량을 도입하였고, 점차 뉴욕 지하철은 깨끗해졌다. 지금까지 사용되었던 토큰 대신, 현재 일본에서 사용하는 것처럼 자석에 등록된 카드가 사용되기 시작했다. 요금도 1980년에 50센트였던 것이 지금은 급상승하여 2달러가 되었다.

어쨌든 뉴욕 민중은 지하철을 계속 탈 것이다. 일하러 가기 위해, 혹은 친구를 만나기 위해 움직이는 네트워크를 계속 사용할 것이다. 이 네트워크는 롱아일랜드와 접해 있는 남동쪽 끝에 지상 교통의 종착점으로서 'A호선'의 하워드 비치역, 즉 JFK국제공항이 있다. 그곳을 더 나아가면 비非장소적 교통의 세계가 있다. 과거의 이민자들과 달리, **한 곳에서 오래 정착해 살지 않는** 오늘날의 이민자들은 JFK국제공항에서 자신들의 본국을 오갈 것이다. 또한, 그들은 일상적으로 본국에 있는 가족들에게 송금하며, 모국과 정보교환을 하고, 정치에 참가하기도 할 것이다. 이렇듯, 이민자들의 신체는 이제 장소를 뛰어넘어 국가 간의 관계와 자본의 힘이 교차하거나 다수의 장소와 권력이 교차하는 장이 되

---

9. [옮긴이] 〈테일러법〉(Taylor Law) : 정식 명칭은 〈공공기관 노동자 공정노동법〉(Public Employees' Fair Employment Act)이다. 명칭에서 알 수 있듯, 공공서비스를 담당하는 교사, 청소국, 지하철 등의 노동자들의 파업을 막기 위해 파업에 따른 벌금과 구금을 할 수 있도록 마련된 법안으로 1967년 뉴욕주 노동부의 조지 테일러에 의해 입안된 법이다.

었다. 뉴욕도 또한 미국 권력만이 아니라, 세계의 다양한 장소와 소수인종의 권력이 투쟁하며 절충하는 장이다. 이렇듯 **세계와 통해 있는** 장소에서 일찍이 백인노동자를 모델로 하여 형성된 편협한 '계급'은 당연히 무효할 것이며, 이미 백白에서 흑黑으로 빛을 분광시키는 미봉책만으로는 해결할 수 없는 다종다양한 차원의 문제가 관통하여 들어오고 있다. 이렇듯 새로운 '계급의 이미지'를 파악하기 위해서는 자동차에 탈 것이 아니라 계속 지하철을 타는 것이 필수적이다.[10]

---

10. 뉴욕의 이민사를 보면, 많은 나라들 — 그중에서도 발전도상국 — 이 자국민의 해외 거주를 장려해 왔던 것을 알 수 있다. 이것은 자국의 경제적·정치적 이해관계와 얽혀있기 때문이었다. 정치운동이라는 의미에서도 뉴욕은 아일랜드 독립을 추진한 신페인당의 커다란 거점이었으며, 이스라엘을 건국할 때에는 유대인계 주민들이 대폭적으로 원조했던 곳이었다.

9장

회귀하는 히드라

17세기 초 영국이 식민지를 확장하던 시기부터 19세기 초 도시산업화에 이르기까지 지배자들은 점차 세계적으로 확산되는 노동체계에 질서를 잡기가 어려운 것을 표현하기 위해 헤라클레스와 히드라의 신화를 참조하였다. 그들은 땅에서 쫓겨난 농민들, 추방된 중범죄자들, 하인들, 종교적 급진주의자들, 해적들, 도시 노동자들, 병사들, 선원들 그리고 아프리카의 노예들을 항상 변화하는 몇 개의 머리를 지닌 괴물에 비유했다. 그 머리들은 원래 지배자였던 헤라클레스에 의해 생산적으로 결합되었던 것이었다. 그런데 그 머리들은 곧 그들의 지배자들에 대항하는 새로운 협동의 형태들 —— 해상반란과 파업에서부터 폭동, 봉기 및 혁명에 이르는 것들 —— 을 개발했다. 마침 그들의 경험은 그들이 생산한 상품들처럼 대서양의 동쪽 방향을 떠도는 해류를 타고 순환하였다.
— 피터 라인보우, 마커스 레디커[1]

　　1991년 6월 어느 날, 뉴욕 다운타운에 있는 시청에서 북쪽으로 겨우 두 블럭 떨어진 공사 현장에서 다수의 인골이 발굴되었다.[2] (그림33 참조) 이곳은 17

---

1. Peter Linebaugh and Marcus Rediker, *The Many-Headed Hydra*, Boston: Beacon Press, 2000, pp. 3~4 [피터 라인보우 · 마커스 레디커, 『히드라』, 정남영 · 손지태 옮김, 갈무리, 2008. 12~13쪽].
2. 290 Broadway의 Foley Square Federal Building의 뒤편이다.

그림33 아프리카인 매장지의 임시 제단

세기부터 18세기에 사역된 흑인노예들의 공동묘지였다. 이 발견으로 당시 그 곳에는 2만 명 정도가 매장되었고, 1790년에 폐쇄된 후, 그 위에 도로와 건축물이 세워져 기억의 지하 속으로 묻혀 사라졌다는 것을 알게 되었다. 그 후 2세기 동안, 이 장소는 세계도시의 경제 중심지가 되었다. 이와 동시에 묻혀 사라진 것은 뉴욕 식민지의 발전에 필수적이었던 노예들과 그들의 노동이었다. 발굴된 뼈에는 당시 노예노동의 과혹함이 다양한 형태로 새겨져 있었다. 사고로 인한 골절과 탈골, 과잉노동, 영양결핍, 병 등으로 쇠약해 진 것뿐만 아니라, 아이들의 뼈에도 무거운 것을 나르다가 생긴 흔적이 있었다. 또, 노예들이 생산한 문화적 흔적도 발견되었다. 그들은 서양을 수용하면서도 어떻게 해서든 아프리카의 전통을 유지하려고 했다. 시체는 최후 심판의 날에 재림할 그리스

도를 대면하기라도 할 듯 서쪽을 향해 있었고, 매장된 별보배고동cowrie이라는
조개의 껍데기로 된 무덤과 그 밖의 주물呪物에는 사후 아프리카에 돌아가고자
하는 염원이 담겨 있었다.3 이 매장지역은 1993년 정식으로 '아프리카인 매장
지'African Burial Ground로 지정되어 유적으로 인정되었다. 유적에 대한 디자인은
2004년에 결정되었고, 현재 건설 중이다.

이 사건은 지금까지 주류였던 '백인의 거리로서의 뉴욕'의 이미지를 붕괴
시켰다. 즉, 역사적으로 노예노동에 의존해 왔던 남부에 비해 노예제를 반대했
던 북부라는 이미지, 특히 '자유의 여신'으로 상징된 도시 뉴욕이라는 고정된
관념stereotype에 의문을 제기하게 만들었다. 역사가 레슬리 해리스Leslie M. Harris
는 "오늘날 많은 사람들에게 뉴욕의 흑인 이미지는 20세기에 번성했던 할렘에
서 기인한다. 그러나 흑인들이 20세기 초에 할렘에 도달했던 것은 지난 두 세
기 반 동안 백인사회가 그들에게 맨하튼의 북쪽으로 몰아갔던 북상운동을 연
속적으로 물려받은 것에 불과하다."4 그렇다. 뉴욕에서 흑인의 역사는 맨하튼
의 북쪽으로 이동하던 운동이었다. 흑인들은 몇 번이고 박해를 받아 거주지를
버릴 수밖에 없었고, 새로운 지역으로 이주할 때마다 새로운 꿈과 희망을 품으
면서 식민주의 초기부터 노예감독으로 군림해 왔던 서양 백인들의 권력과 싸
워 왔던 것이다.

이러한 북상운동은 처음부터 전지구적 식민주의, 특히 '삼각무역'으로 인해
추진되었다. 유럽의 식민주의자들은 대서양을 순환하는 해류를 타고 유럽에
서 아프리카로, 아프리카에서 카리브해로, 카리브해에서 북아메리카로 궤적
을 늘어뜨려 갔다. 그들은 노예화된 아프리카인과 유럽에서 온 이민자들을 신
대륙의 각 거점으로 보냈다. 그곳에서 초기 개척자 인구들은 점차 선주민을 소

---

3. Leslie M. Harris, *In the Shadow of Slavery*, Chicago, London: The University of Chicago
Press, 2003를 참조.
4. Leslie M. Harris, 같은 책, p.2

멸시키면서 항구적인 식민지를 확립시켰다. 이러한 식민지들은 유럽 열강을 위한 주요 원산물 공급원이자 유럽의 상품시장이 되었으며, 유럽의 과잉인구를 수납하는 공간이 되었다. 또, 유럽열강들의 영토확장을 위한 군사기지가 되기도 하였다. 맨하튼은 이러한 식민주의의 세계 전략 속에서 가장 중요한 거점중 하나였고, 지금으로 치면 핼리버턴사Halliburton Company 5처럼 반+군사적이며 독점기업인 네덜란드 서인도회사Dutch West India Company의 거점이었다. 당시에는 뉴암스테르담이라는 이름으로 출발하여 지금도 그러한 역사성을 계승하고 있다.

1626년부터 1664년 동안, 적어도 467명의 노예가 뉴암스테르담에 강제로 이송되었다. 그들은 콩고, 앙골라, 황금해안Gold Coast 등에 살던 주민이었던 것 같다. 네덜란드가 통치하던 시기에 이 아프리카 노예들은 요새축성, 도로정비, 상품운반 등에서부터 요리나 세탁 등 가사 보조노동에 이르기까지 모든 육체노동에 종사했다. 뉴암스테르담에서 노예는 교회에서 혼례를 올리고, 그 사이에서 생긴 자녀는 회사의 소유물로 등록되었다. 그 후, 노예노동의 필요성이 일시적으로 감소한 후, 10여명의 노예를 자유화시켰지만, 이들에게는 필요시에 소환에 응한다거나 생애에 걸쳐 물품이나 화폐를 바치는 등 엄격한 조건이 뒤따르고 있었다.6

1664년 8월 27일, 영국이 무력으로 뉴암스테르담의 통치권을 탈취한 다음, 이 지역을 뉴요크, 즉 뉴욕이라 불렀다. 네덜란드는 노예를 포함한 모든 재산의 소유권을 영국에게 양도하였다. 노예들에게 1665년 영국 식민지의 소유권

---

5. [옮긴이] 핼리버턴사(Halliburton Company) : 미국의 에너지 공급, 에너지 관련기기 제작 및 건설 회사로 대표적인 독점 기업 중 하나이다. 본사는 텍사스주 달라스이다.

6. 이 부분의 사적 데이터는 *The Encyclopedia of New York City*, New haven, London: Yale University Press, 1991; James Trager, *The New York Chronology*, New York: HarperResource, 2003.를 참조

법에 근거한 무기한의 강제노동이 의무적으로 부과되었고 그들은 상속이 가능한 동산動産이 되었다. 네덜란드 시대와는 달리, 흑인들의 결혼은 법적으로 허가되지 않았다. 그리고 영국 식민주의자들의 '노예'라는 개념 속에는 뉴욕 근처에 살고 있으면서 식민지 정부와 강화조약을 맺지 않은 부족의 선주민(인디언)들도 체포되어 뒤섞여 있었지만, 이들에 대한 공적인 기록에는 모두 '니그로들'로 표기되어 있었다. 그 후, 유럽 각지에서 건너 온 다양한 개척자들과 노예 및 자유 흑인들이 크게 증가하였고, 이와 더불어 각자의 이권과 노동을 둘러싼 소동이 빈번히 발생했다. 특히, 유럽 각지에서 온 이민노동자들은 스스로의 노동권리를 지킨다는 명목으로 노예를 소매상이나 선박장에서 일하도록 하거나 손작업을 하는 일자리에 취업시키는 것에 대해 항의했다. 이러한 이유로 1680년대에는 노예수입이 제한되었다. 이 시기에 비난의 대상이 된 곳은 노예매매를 독점하던 로얄 아프리카 무역회사Royal African Company였다. 식민지 정부는 노예수입에 대해 관세를 매김으로써 이러한 활동을 제한하려고 했지만 노예밀수는 끊이지 않았다. 18세기 초에 흑인은 뉴욕의 전체 인구(약 1만 8천 명) 중 14.2퍼센트에 달했다.

당시, 뉴욕의 상류계급이었던 영국계 통치자나 영국 및 네덜란드 엘리트들에게 무엇보다 골칫거리였던 것은 유럽에서 건너 온 개척자들이 교회나 국가의 권위를 인정하지 않고, 서로 이권을 둘러싼 쟁탈 속에서 통치불능의 상태에 빠지는 것이었다. 바로 여기에서 통치 및 통치의 기술로 가장 유효했던 것이 흑인노예와 자유흑인, 그리고 그 밖의 소수자를 주변화시킴으로써 그동안 서로 으르렁거리던 개척자들을 통일시키려는 전략이었다. 바로 여기서부터 파생된 사회관계가 오늘날까지 미국의 모든 도시와 거리를 규정하게 되었다. 이러한 문맥에서 흑인은 '공포'의 대상이자 '자애'(자비)의 대상이 되어 갔다. 즉, 흑인들은 모든 상황에서 박해를 받으면서도 그리스도교의 포교 대상자가 되었다. 이러한 이중으로 결박된 상태double-bind가 미국 흑인들의 역사를 구성하는 중심축이다.

모든 유럽열강의 식민지 정책과 마찬가지로, 영국도 식민지 확대를 하는 첫 번째 목적은 '세계의 그리스도화'라고 생각했다.7 18세기 초, 영국 국교회는 〈복음선교회〉Society of the Propagation of the Gospel, SPG를 뉴욕에 보냈다. 이 선교단은 우선 뉴욕 근처의 선주민에 대한 포교를 시도했지만 좋은 결과를 얻을 수 없었다. 그 후 초점을 바꾸어 시내에 있는 흑인인구에 접근해갔다. 그러나 그 과정에서 노예소유자들의 커다란 저항에 직면했다. '크리스찬 노예'라는 것은 논리적 모순을 일으키는 개념이었기 때문이었다. 식민지법에 기입된 '자유로운 그리스도 교도와 이교도자 노예'라는 이항대립을 붕괴시키는 개념이었기 때문이었다. 그리스도교에서 같은 신자를 노예화하는 것은 엄하게 금지되어 있었다. 이 부분을 감안하여, 17세기 그리스도교 식민주의자들은 비그리스도교만을 노예화해 왔다. 이교도자 노예를 이제 와서 그리스도교로 개종시킨다면 어떤 상황이 벌어질까? 우리들의 '자산'을 인간화(=자유화)시키지 않으면 안 된다는 것인가? 등의 불안을 품게 된 것이다.

여기서 SPG는 노예소유자의 반대를 누르기 위해서 뉴욕 식민지 의회에 그리스도 교도가 된 노예도 생애에 걸쳐 노예의 신분에 속박된다는 것을 명기한 법규를 통과시켰다. 참으로 자신들의 입맛에 맞는 '자애'였다. 이것이 바로 1706년 제정된 〈니그로, 인디언Indian, 물라또 등 노예들의 세례를 장려하는 법〉이었다. 이 법에는 "니그로, 인디언, 물라또, 메스티조mestizo 8 등 어떤 노예가 세례를 받더라도, 세례를 통해 노예들이 자유로 되지 않는다"9라고 명기되

---

7. 특히, 멕시코의 식민지화에 대해서는 *Tzvetan Todorov, La conquete de l'Amerique*, Paris: Editions du Seuil, 1982를 참조.

8. [옮긴이] 메스티조(Mestizo) : 중남미 원주민인 아메리카인디언과 에스파냐계·포르투갈계 백인과의 혼혈인종.

9. 법규명은 〈An Act to Incourage the Baptizing of Negro, Indian, and mulatto Slaves〉. 또, 인용구는 Thelma Wills Foote' p.127.

그림34 노예매매의 독점기업이었던 로열아프리카 무역회사가 있던 빌딩(중앙)(뉴욕주식시장과 같은 블록에 위치)

어 있다. 게다가 결론 부분에서 "비非그리스도 교도"인 "니그로, 인디언, 물라또, 메스티조 등 노예 어머니로부터 태어난 모든 아이들(사생아)은 노예가 된다"고 규정해 놓았다. 역사가인 텔마 윌스 푸트Thelma Wills Foote는 이 새로운 법을 통해, 노예라는 범주가 법적으로 재구축되었으며, 결과적으로 '비非그리스도 교도'라는 용어가 니그로, 인디언, 물라또, 메스티조라는 혼혈을 포함하여 소수자의 각 인종으로 슬쩍 대체되었다고 한다. 이 법을 통해 '노예'라는 범주는 순수하게 '세습적인 것'으로 전환되었다.[10] 더 나아가, '사생아'bastard라는 말을 규정함으로써 노예들의 성적 결합과 합법적인 결혼제도가 분리되었고, 노예이든 자유인이든 자신들의 자손에 대해 부권적 권한을 박탈당하게 되었다.

현대 미국 사회를 규정하는 다양하며 중대한 문제가 바로 여기에 있다. 그 모든 것을 논의하는 것은 불가능하지만, 상기의 문맥 속에서 두세 가지 문제를 열거해 보면, (1) 실제로 자유인이든 노예이든 니그로, 인디언, 물라또, 메스티조 등의 인종적 범주를 짊어지고 살아가는 사람들은 이 법을 통해 모두 '노예'라는 기호(혹은 '노예화'의 가능성)를 부여받고 잠식당하게 되었다. 바로 이 지점에서 모계와 동일화된 혈통을 강조함으로써 오늘날까지 '소수자'가 제도화되어 존속되어 왔다. (2) 부계를 제외하고 모계를 중심으로 하는 것을 통해 소수자 여성들이 저주받은 '노예의 피'의 생산자가 되어 버렸다. 이후, 대대로 그 어떤 배합이 될지라도, 피부색과 신체의 모습 등이 어떤 모습의 아이가 태어나더라도, 소수자 여성의 자손인 한 노예가 되었다. 그렇지만, 이 법은 이러한 여성에 대한 성적 욕망을 금기시하게 만들었고, 특히 서양 남성 사이에서 태어나는 혼혈아를 억제하는 형태로 귀결되었다.

이러한 법이 제정되었다고 해도, 노예소유자의 '불안'은 해소되지 않았다고 한다. 자신들의 노예를 세례하여 정신적으로 다른 그리스도 교도와 동등한

---

10. Thelma Wills Foote', 같은 책, p.127.

위치로 이끄는 것이 서열(인종적 분단)의 붕괴로 이어지지 않을까 하고 두려워했다. 물론, 이러한 불안은 옳았다. 노예들의 자기해방 운동에서 운동의 주체를 형성하는 데에는 다양한 요소들이 활용되었을 것이다. 그리스도교만이 아니라, 그들 자신이 신체적으로 배아하고 있던 아프리카 문화가 커다란 핵심이 되었다. 그렇지만, 흑인과 그리스도교의 특수한 관계와 그들만의 독자적인 그리스도교를 형성한 것이 중요한 역할을 하였다. 그리스도교는 노예주가 자신들에게 베푸는 '자애'의 종교가 아니라, 그들 자신의 '투쟁하는 종교'로 활용되었다.

18세기 초, 뉴욕의 시가지는 맨하튼의 극히 일부에 불과했지만, 이곳은 활기를 띠고 있는 세계무역의 덕택에 점점 더 번성해 갔다. 재물을 잃은 평민, 유랑하는 범죄자, 기간한정제의 날품팔이, 종교적 급진주의자, 해적, 도시노동자, 병사, 선원, 아프리카 노예 등 세계에서 온 민중이 모두 모여 들었다. 특히, 항구나 부두, 터번은 그들이 교류하며 공통의 관심을 공유하던 장소였다. 이러한 그룹들의 집합이야말로 권력이 가장 '두려워해야 할 위협'이었다. 피터 라인보우Peter Linebaugh와 마커스 레디커Marcus Rediker는 『히드라』*The Many-Headed Hydra*라는 흥미로운 역사서에서 식민지의 확대와 함께 환대서양으로 확장된 '다양한 노동력'과 그 경험을 질서의 상징인 헤라클레스의 숙적인 '히드라'의 형상으로 분석하고 있다. 히드라야말로 역사적으로 형성된 민중으로서 '조직될 수밖에 없는 다종다양한 신체'로서 '하나의 힘'으로 전지구적 계급투쟁을 맡고 있다. 이러한 히드라의 거점으로 뉴욕에서는 '터번'이 중요한 역할을 하였다. 지금은 아이리쉬 퍼브Irish pub로 여기저기서 가끔씩 예전의 이름들이 발견되지만, 터번은 하층계급을 위한 요리집, 맥주광장, 여관 등이었다. 이 민중적인 공공 공간에서는 당국의 검열로부터 자유롭게 히드라의 다종다양한 신체가 일제히 만나서 노래하며, 춤추고, 사랑을 나눴으며, 교역을 하거나 희망을 공유하다가 봉기를 위해 모의도 하던 곳이라고 전해진다.[11]

당시에는 기록할 만큼 크지 않은 노예들의 작은 저항이 일상처럼 벌어졌던 것 같다. 영국 식민지 시대에 뉴욕의 노예들은 자기의 욕망을 억누르면서 주인가족에게 봉사를 하는 톰 아저씨Uncle Tom처럼 '좋은 노예'가 아니라, 진정한 자기이해를 바탕으로 과감하게 '투쟁하는 노예'였다고 생각하는 편이 나을 것이다. 그들은 카리브해역이나 남미, 그리고 아프리카에서 막 도착한 문자 그대로의 타자他者였다. 그들 대부분에게 뉴욕 사회의 언어, 습관, 도덕, 종교 등등은 어느 것도 의미 있는 것이 되지 못했다. 이런 상황에서 뉴욕적인 것을 갑자기 강요받는다면 누구라도 그것에 저항할 것이다. 아마 이것은 사실일 것이다. 그들(히드라)은 관습이나 언어도 다종다양했으며, 서로가 타자들로서 '순수한 이종성'heterogenuity을 지녔다. 따라서 지배자들의 '두려움'은 세계 각지에서 강제로 끌려온 히드라가 갑작스런 강요에 대해 스스로 반항할 이유를 완전히 이해하고 있었기 때문에 틀림없이 이들을 '두렵게' 생각했을 것이다.

이러한 '두려움'이 표출된 최초의 커다란 반란이 1712년 4월 7일에 발생했다. 한밤중 2시경에 24명의 무장한 흑인이 백인 집에 쳐 들어가 불을 지피고 9명을 살해했다. 이 불은 대규모의 봉기를 일으키기 위한 신호였다고 한다. 군이 출동하여 이를 진압하였다. 그 후, 식민지 지사였던 로버트 헌트Robert Hunt는 사병들을 토벌대로 조직하여, 시내에 남아 있던 반란군을 체포하였다. 그렇지만, 시외로 도주한 반란자들은 스스로 자해를 선택했다고 한다. 식민지 권력은 결국 70여 명의 피의자를 체포하였다. 그중 18명이 보란 듯 아주 잔인한 방법으로 사형을 당한다. 3명은 교수대에서, 1명은 쇠사슬에 묶인 채로 아사하였고, 3명은 화형으로, 그리고 1명은 8~9시간에 걸쳐 약한 불에 타 죽었다. 그리

---

11. Peter Linebaugh and Marcus Rediker, 앞의 책. 혹은 같은 저작자의 "The Many Headed Hydra-Sailors, Slaves, and the Atlantic Working Class in the Eighteenth Century," included in *Gone to Croatan-Origins of North American Dropout Culture*, edited by Ron Sakolsky and James Koehnline, New York: Autonomedia, 1993을 참조.

고 나머지는 마차에 묶여 이리저리 끌려가면서 죽어갔다 …… 모든 시체는 썩을 때까지 걸려 있었다. 나중에 이러한 반란의 원인을 두고 SPG의 포교활동으로 노예들이 인간화된 탓이다는 불만의 목소리도 나왔다. 그러나 이에 대한 반론으로 어느 종군목사는 다음과 같이 보고하였다. 이 반란을 지도한 것은 세례받은 노예가 아니라 아프리카의 황금해안 부근(코로만티Coromantee이나 포포pawpaw)에서 잡혀온 이교도 노예이다.[12] 이 반란의 결과, 식민지 의회는 지사의 의견을 존중하여 흑인에 대한 규약을 보다 엄격히 제정하였다. 이는 상기의 1706년 제정된 규약을 재확인하면서, 더 나아가 일반인보다 훨씬 엄격하게 노예만을 대상으로 한 형법을 제정하였다. 이것은 노예들이 일반인과 접촉하는 것을 지금 보다 엄격히 하여 노예해방manumission에 대한 엄격한 제한을 가하였다. 또, 자유흑인에 관해서는 1707년에 제정된 부동산 소유, 양도, 상속에 대해 제한을 두었다.

1741년, 약탈과 방화가 끊임없이 발생했고, 지배자들의 심신이 '공포'로 부르르 떨고 있었다. 마침 그때, 3월 17일 아일랜드의 노예해방의 날이었던 성 패트릭의 날에 영국 식민지 최대의 '조지 요새'Fort George에서 방화가 발생했다. 이 방화로 요새만이 아니라 부근의 주지사 관저나 교회 등도 불에 탔다. 그 동안 13번 정도 발생했던 방화 중에서 가장 큰 불이었고, 1만 2천 명 정도의 도시 인구를 공포에 휩싸이게 했다. 이것은 두 번째 노예반란으로 추정된다. 그때, 맨하튼 끝 부분의 서쪽에 있던 존 휴슨이라는 터번에 모인 사람들에게 혐의가 씌워졌다. 식민지 정부는 이 방화를 두고 아일랜드에서 온 병사, 카리브에서 온 수병, 아프리카의 노예 등 '지구상 모든 국민국가에서 추방된 자들'의 짓이라고 하였다. 앞서 소개한 『히드라』에서는 이 당시 주모자로 의심받은 두 사람

---

12. Thelma Wills Foote, 앞의 책, p.133. 그녀는 이러한 문맥에서 아프리카에서 노예제는 서양식민지의 노예제와는 달리 얼마나 관용적이었던가를 상세하게 설명하면서, 서양식민지의 노예제가 아프리카 노예들에게 얼마나 많은 반감을 샀는지에 대해서 설명하고 있다.

에 대해 이종적 결합hybrid이 가미된 사랑이야기를 섞어서 이 사건을 분석하고 있다. 이 두 사람은 불에 탄 조지 요새에 근무했던 존 구인이라는 병사와 터번에서 매춘을 하던 페그라는 니그로였다. 『히드라』에 따르면, 점주였던 존 휴슨은 어떤 의미에서 호걸이자 반역적 범죄자였다. 이 터번은 작은 양산박13과 같은 곳으로 여러 가지 위법행위가 일어나고 있었다. 노예와 일반시민이 교류하는 것조차 금지되어 있던 당시, 여기서는 흑인, 백인, 평민, 노예, 선원, 매춘부들이 모두 들어와서 술 마시고 떠들었고, 노예소유자나 고용주에 저항할 계획을 세우고, 절도품을 서로 매매하기도 했다. 단골들 사이에는 소박한 공산주의자도 있었고, 돈이 없으면 먹고 마시는 것이 공짜였고, 타 지역에서 의지할 곳 없는 사람들이 들어와도 거절하지 않았다고 한다. 여기에 모여든 사람들은 뉴욕의 '잡색 시민들motley subjects을 위해 잡다한 정부가 존재해야한다'고 믿고 있었다.14 이 사람들이 방화나 강도의 주모자였는지 아니었는지는 지금도 알 길이 없다. 그렇지만, 그들은 대개 단두대의 이슬로 사라졌다. 현재 이 터번이 있던 주변과 물가는 매립되어 당시보다 훨씬 앞으로 나와 있고, 깨끗하게 개발된 공원지대가 되어 당시의 풍경은 전혀 남아 있지 않다. 그러나 문득 물가를 보면, 물 밑에서 그들의 웃어재끼는 모습과 반주를 치며 부르는 노랫소리가 들리는 것처럼 느껴진다.

　　18세기 초부터 중반에 걸쳐, 식민지 뉴욕은 도시영역을 북쪽으로 넓혀갔다. 오랫동안 도시(=문명지역)를 자연(=야만지역)으로부터 구분해 왔던 성벽(현재의 월스트리트)을 무너뜨리고 브로드웨이를 따라 줄곧 북진해 갔다. 이러한 확장 속에서, 영국 본국의 의회가 개척자에게 과세한 세금과 규제를 둘러

---

13. [옮긴이] 양산박(梁山泊) : 중국 산동성의 남동쪽 제녕시의 양산에 있는 위험한 저습지대로 송나라 때 송강과 임충이 이곳에 들어가 살았던 것이 수호전에 기록된 것에서 유래한다. 그 의미는 호걸이나 야심가가 모이는 장소라는 뜻으로 사용된다.
14. Peter Linebaugh and Marcus Rediker, 앞의 책. 제6장을 참조.

싸고 식민지 지배자와 개척자 사이에 정치적 대립이 격화되었다. 왕실로부터 임명된 식민지 권위에 대한 개척자들의 반감이 점차 사회운동으로 성장하여 '독립전쟁'으로 발전하였다. 그러나 이는 어디까지나 '서양백인' 개척자들을 중심으로 한 전쟁이었다.[15] 이러한 상황에 맞춰 흑인노예들도 노예소유주에 대한 저항을 벌였다. 노예로 태어나 반反노예의 시詩를 쓴 여성 시인 필리스 위틀리Phillis Wheatley[16]가 최초의 시집을 출판한 것도 독립전쟁 직전이었다. 이 커다란 사회적 동란 속에서 노예사회 내부에서 '노예제반대', '자유 획득'이라는 주제가 제창되었고 서로 공유하게 되었다. 당시, 영국령이었던 북미 전토에서 발생했던 일련의 도망과 봉기는, 비록 분산된 것이지만 참가인원이나 향후 전망의 측면에서, C. L. R. 제임스의 명저『블랙 자코뱅』The Black Jacobins에 소개된 아이티 혁명 이전에 벌어진 가장 대규모의 '흑인 혁명운동'이었다고 전해진다. 백인권력의 분열과 독립주의자들(반역자들)과 영국계 식민지 지배자들의 분열을 틈타 수많은 노예들이 도망쳤다. 추정치로 보면, 전체 인원은 50만 명 중 8~10만 명이 이러한 노동운동(대이동)에 참가했다고 전해진다.

　뉴욕항은 전략상 독립주의자들과 식민지를 이어주는 요점이었다. 따라서 이곳을 진압하는 것이 영국 측에게 있어서는 최대의 전략적 과제였다. 1776년 9월 영국은 이곳을 제압하는 데 성공하였고, 이곳을 작전본부로 삼았다. 그 후, 전쟁이 종료될 때까지 이곳에 머물렀다. 전쟁 중 뉴욕에는 무수한 전쟁 난민들이 유입되면서 뉴욕은 거대한 캠프로 바뀌었고, 미국 각지에서 도망쳐 온 노예들의 천국이기도 했다. 1779년 영국의 국세조사에 의하면, 1만 2천 명 이상의

---

15. 미국 독립전쟁에 대해서는 Howard Zinn, *People's history of the United States*, New York Hrper Collins, 1980 [하워드 진, 『미국민중사 1, 2』, 유강은 옮김, 이후, 2006]을 참조.

16. [옮긴이] 필립스 위틀리(Phillis Wheatley, 1753~1784) : 아프리카 감비아 출생으로 노예로 태어나 8살 때 아프리카에서 납치되어 미국으로 팔려갔다. 위틀리가의 노예로 팔려갔지만, 다행히 노예주였던 위틀리부인의 도움으로 글과 그림 등을 배우며, 13세에 첫 시집을 발표했다. 유럽에도 이름이 알려진 그녀는 이후 자유인으로 풀렸지만, 어느 사회에도 속하지 못하는 제한된 삶을 살았다.

도망친 노예들이 이곳에 머물렀다고 한다. 이런 상황 아래서 영국 측은 적극적으로 노예들을 징병하였고, 그들 중 8백 명 정도가 참전했다. 이러한 노예들의 선택에 대해 어떤 운명의 장난 같은 냉소적 경향을 볼 수도 있을 것이다. 그러나 예를 들어 그 속에 '에티오피아 연대'가 '노예에게 자유를'Liberation to Slaves이라고 명기한 군기를 올리고 싸웠다는 것을 알게 된다면, 이것은 어디까지나 그들 자신을 위한 참전이었다고 이해할 수 있다. 그들의 목적은 오직 한 가지-노예의 '자기해방'이었다. 이런 '사정'으로 인해 그들은 영국 측에 가담하여 전쟁을 했다. 그러나 영국은 점차 거점을 잃으면서, 전쟁은 독립주의자들의 승리 쪽으로 기울게 되었다. 1779년 6월 30일, 이러한 상황 아래서 헨리 클린톤경Sir Henry Clinton은 '필립스버그 포고'Philipsburg Proclamation를 발표했다. 영국 측 편에 든 모든 노예들을 영국령의 모든 곳에 취업을 하도록 보증한다는 것이었다. 또한, 도망친 노예에 대해서도 영국 측의 전선 후방에 도달한 다음에는 다시 노예로 되돌아가는 것이 아니라 자유인으로서 노동할 수 있다고 보증했다. 이는 반드시 그들이 참전하지 않는다고 해도 시민으로서 후방에서 활동하는 것을 환영한다는 의미였다. 이것은 전시상태에서 영국 측의 노동력 부족에서 기인한 포고였다고 할 수 있다.

1783년 4월 23일에서 6월 31일까지 영국 측이 철퇴직전이었던 최후의 몇 일간, 3천 명 정도의 흑인 난민을 태운 약 81척의 배가 뉴욕항을 떠났다. 영국은 패전 직전에 노예들과의 약속을 지키려고 했다. 그중 약 74퍼센트는 캐나다의 노바 스코샤Nova Scotia, 그리고 뉴 브런즈웍New Brunswick으로 보내졌다. 그 후, 그들은 그곳에 흑인 공동체를 만들었다. 그리고 1792년 캐나다로 건너 온 흑인들 중 1,196명은 아프리카의 곡물해안으로 향하여 시에라리온Sierra Leone의 건국에 참가하였다. 미국에서의 전쟁은 독립군이 승리하였다. 영국 측과 미국 독립주의자들의 최후의 쟁점은 도망친 흑인노예에 대한 조치였다. 1783년 5월, 독립주의자의 대표였던 조지 워싱턴 장군과 영국 측 가이 칼튼Sir Guy

Carleton 장군이 이 문제에 대해 토의하였다. 워싱턴 장군은 영국이 노예를 방출한 것과 자유를 준 것에 대해 비난하였고, 그들을 모두 원래의 소유자에게 되돌려 줄 것을 요청하였다. 칼튼은 기본적으로 이를 거절하였다.[17]

우리들은 '미국 독립=자유의 승리'라고 하는 화려한 이야기에 빠져든 채, 흑인노예들이 독립전쟁 당시 지닌 위상과 제3자로서의 입장을 잊어서는 안 될 것이다. 미국은 건국 초부터 이러한 '틈'을 안고 있었던 것이다.

---

17. 이 부분에 대한 일화는 모두 Thelma Wills Foote, 앞의 책, 제7장을 참조.

10장

디킨즈의 파이브포인츠

사무치게 고통스런 거리가 우리들을 안내해 가는 곳, 이곳은 도대체 어떤 장소인가? 마치 나병에 걸린 것처럼 흐물흐물 거리는 집들이 늘어서 있고, 그 일각에 있는 몇 채의 집들은 지금이라도 무너져 내릴 듯하다. 바깥에 있는 나무 계단을 사용하지 않으면 근접하기조차 어렵다. 발밑에서 삐익-삑하며 흔들리는 계단의 저편에 무엇이 있을까? 희미하게 촛불 이 타오르고 침대 속에 어쩌면 감춰져 있을지 모르는 것들을 제외하면 마음의 위로가 될 만한 것이란 도무지 찾아보기 어려운 흉흉한 방. 침대 옆에서 한 남자가 앉아 있다. 팔꿈치를 무릎 위에 올려서 양손으로 얼굴을 감싸고 있다. "뭐가 잘못된 거야?"라고 먼저 방에 들어간 경관이 묻는다. "열 때문이야" 남자가 얼굴도 들지 못한 채 대답한다. 이런 곳에서 화상을 입은 머리로 어떤 망상을 할지 상상해 보면 좋을 것이다.[1]

오호! 알맥스의 여주인의 위세를 보라! 풍만한 가슴을 지닌 살찐 혼혈 여성으로, 반짝이며 빛나는 눈과 얼굴은 다채색의 손수건처럼 우아하게 장식되어 있다. 또, 화려한 장식을 한 남편도 결코 그녀의 그늘에 감쳐져 버릴 만한 인물이 아니다. 남편은 배의 급사처럼 술에 찌들어 파란 재킷을 입고 새끼손가락에는 두꺼운 금으로 된 반지를 끼고 있다. 목 주위에는 반짝이는 금으로 된 회중시계의 시계줄이 주렁주렁 달려 있다. 이렇게 보게 되어서 얼마나 영광스러운가! 기대하시는 주문은 무엇으로 할까요? 댄스입니까? 알겠습니다. 곧바로. '언제나처럼 브레이크 다운을!'
— 찰스 디킨즈[2]

---

1. Charles Dickens, "From American Notes for General Circulation," included in *Empire City*, edited by Kenneth T. Jackson and David S. Dumbar, New York: Columbia University Press, 2002, p.192.
2. Charles Dickens 같은 책. p.204.

19세기 초 10여 년 동안, 뉴욕에는 노예를 매매하던 백인들이 있었다. 그러나 자유흑인이 증가함에 따라 노예상인은 감소해 갔다. 1790년대에는 1대 2의 비율로 노예가 많았지만, 1800년대에는 3대 2의 비율이 되었고, 1810년에는 다시 7대 1의 비율이 되었다. 노예노동은 남부농업지대에 남아 있었고, 북부 도시에는 산업노동자의 시대가 되었다. 그러나 산업노동자라고 해도, 고정된 계급 및 직종을 뜻하는 것이 아니라, 늘 필요와 불필요, 희소성과 과잉에 따라 '바깥' 세계와의 관계 속에서 유입되거나 버려진 불안정한 존재였다. 그리고 인종차별은 가장 편리한 관문 역할을 담당해 왔다.

18세기 중반부터 뉴욕시에서는 노예제 폐지론이 있었다. 1781년에는 〈뉴욕 노예 해방 모임〉New York Manumission Society이 설립되어, 노예제가 미국 독립의 민주주의적 이상과 모순된다고 주장하였다. 구체적으로 법을 바꾸려는 움직임은 1770년대에서 1780년대에 일어났지만 아무것도 실현하지 못하고, 1799년에 이르러 처음으로 〈해방법〉Emancipation Law이 의회를 통과했다. 그러나 이 법은 노예들을 모두 해방시키는 것이 아니라, 그 노예들의 아이들에게만 해당된다는 조건부 해방이었다. 노예였던 어머니로부터 태어난 아이는 노예는 아니었다고 해도 여자는 25세까지, 남자는 28세까지, 각각 노예주가 기간을 한정하여 노예노동을 의무적으로 부과indentures하였다. 1817년이 되서야 주지사였던 다니엘 톰프킨즈가 주의회를 설득하여 노예제를 폐지하는 방향으로 움직이기 시작했지만, 체결이 이뤄지기까지는 10번의 크리스마스가 경과했다. 1827년 7월 4일, 결국 노예제가 폐지되었다. 그 날과 그 다음 날인 7월 5일, 흑인들은 도시로 뛰쳐나와 서로 축복하거나 교회에서 감사의 기도를 올렸다.

그러나 노예해방은 '차별의 종언'을 의미하는 것은 아니었다. 자유흑인에게 선거권과 직종·노동조건, 주거조건, 그 밖의 모든 영역에서 실존적 차원의 차별이 존속하고 있었다. 선거권은 1821년 주의회가 250달러 이상의 자산이 있는 흑인에 대해서만 제한적으로 부여했다. 이러한 제한 때문에 흑인 유권자가 1825년에는 겨우 16명, 1835년에는 겨우 68명밖에 없었다. 19세기 뉴욕의 흑인 노동은 남자는 '육체노동', 여자는 '하녀'가 거의 대부분이었다. 이러한 상황에서, 예를 들어, '짐마차 끌기'cartmen는 매력적인 일이었다. 1840년대에는 몇몇 흑인들이 시에 면허를 신청했다. 그러나 당시 시장이었던 아이작 바리언 Isaac Varian은 '현재 이 일에 종사하는 백인들이 흑인을 공격할 것이다'는 이유로 각하하였다. 백인을 포함한 지원 그룹이 형성되면서, 이 운동은 작은 사회운동으로 성장했지만, 백인들의 '노예제도 폐지론자들'의 운동과는 무관했다. 이즈음, 노예해방운동은 과도기적인 상황 속에서 내부적인 모순을 껴안고 있었다. '남부의 노예해방'을 주도로 해 갈 것인가, 아니면 '도시에 사는 자유흑인들의 이권향상'을 중심으로 할 것인가를 두고 분열되었다. 전자에는 백인 활동가들도 크게 참여했다. 그러나 후자는 흑인의 자주적 투쟁이었다. 이것의 차이는 후자가 남부의 노예문제와 자신들의 도시 내 노동문제를 동일시하며 하나의 중대한 문제로 파악한 것에 있다고 한다면, 전자는 어디까지나 흑인의 '도덕적 개선', '지적 향상'이라는 관점에서 접근했던 것이다. 즉, 전자는 노예에 대한 '자애'였고, 후자는 '흑인의 노동문제'에 직면했던 것이다. 이런 측면에서 노예이든 자유흑인이든 모두 차별문제를 안고 있는 흑인 노동자 전체의 문제들과의 투쟁이었다.

흑인노예에 대한 자유와 해방의 흐름 속에서, 흑인들은 점차 자신들의 주거지를 추구하며 독립해 갔다. 그들은 일찍이 노예주들이 집중적으로 모여 살던 맨하튼 하부의 동쪽 끝을 피해, 우선 현재의 차이나타운과 리틀 이탈리아의 두 지역에 걸쳐있던 '파이브포인츠'에 살았고, 그곳에서 휴스톤 스트리트 Houston Street 남쪽의 소호에서 서쪽 트라이베커TriBeCa 지역 일대로 이주했다.[3]

---

3. 특이한 예로서 앤드류 윌리암즈라고 하는 이름을 가진 젊은 구두닦이가 지금의 센트럴파크의 서쪽에 있는 83번지에서 88번지 부근의 농지 3구획을 백인 마차끌기로부터 샀다. 잇따라서 아프리칸 메소디스트교회의 이사 중 한 사람인 에피퍼니 데이비스가 인접한 12구회를 사들였다. 이는 〈Seven

파이브포인츠는 다섯 개의 교차점을 중심으로 넓게 퍼져가는 지역이라는 의미에서 이러한 이름이 붙여졌다. 1830년대에는 뉴욕 최대의 흑인 주거지구가 되었고, 동시에 최대의 매춘지역이 되었다. 그렇지만, 1840년대 중기 이후에는 아일랜드에서 대규모 기근이 발생하여, 아일랜드계 이민자들이 대대적으로 건너왔다. 그때까지는 오직 흑인들만 종사했던 육체노동이나 서비스노동을 두 인종이 서로 분할하지 않으면 안 되게 되었다. 점차 아일랜드계 이민자들이 이러한 일에 진출하면서 흑인들을 대체하였다. 이와 동시에, 그동안 흑인에게만 맞춰졌던 차별이 이번에는 이민자들에게도 전이되기 시작했다. 이로써 아일랜드계는 '백인 검둥이'White Niggers, Wigger라 불리고, 흑인은 '그을린 아일랜드인'Smoked Irish라는 식으로 조롱받았다. 이렇게 차별을 받는 두 인종들은 1840년대부터 1850년대에 걸쳐 극단적인 긴장을 내포하면서도 이 공간을 나누어 공유해 갔다. 그리고 이 공간은 공생적 공간이었기 때문에, 당연히 이웃끼리의 우정과 사랑이 생겼고, 다수의 물라또를 낳게 되었다.

파이브포인츠는 악명 높은 슬럼이었다. 범죄, 빈곤, 질병, 매춘 등 이 세상의 모든 악惡이 바로 이곳에 있는 듯한 신화가 형성되었다. 특히, 노예제 찬성론자, 반反평등론자의 입장을 취하는 선동적인 저널리스트나 보수적 종교자들은 이 지대를 악의 근원으로 전형화시키려고 했다. 이러한 선동은 다인종적 공생에 대한 혐오감을 전파하였고, 시정부는 언론을 통해 광신적인 말살운동을 조직했다. 실제로 인종혼합에 대한 공포심이야말로 인종차별에 대한 주요 담론을 이뤘으며, 1863년 징병을 둘러싸고 집단적으로 흑인을 유린한 〈징병폭동〉Draft Riot을 일으키도록 한 것이었다고 한다.

영국의 대문호가 찰스 디킨즈는 1842년에 뉴욕을 방문하여 뉴욕에 대한

Village〉 라 불리는 흑인 공동체의 발전으로 이어졌다. 1855년에는 아마도 3백 명이 살고 있었다고 한다. 그러나 센트럴파크 건설 기획이 시작되어 그들의 주거구를 강제적으로 사들이게 된다. 이에 따라 1857년경에 주민들이 뿔뿔이 흩어지고 그들의 교회나 학교, 집도 붕괴되었다.

체험을 바탕으로 『미국잡기』*American Notes for General Circulation*이라는 제목의 수기를 발표했다. 이 글은 그의 도시에 대한 관찰을 농밀하게 압축시킨 흥미로운 글이다. 간단히 말하자면, 디킨즈는 뉴욕에 대해 억누르기 어려울 정도의 매혹과 강한 혐오감을 동시에 지니고 있었다. 그에게 뉴욕은 '선과 악이 대량으로 혼입되어 뒤범벅이 된' 장소였다. 왕성한 항만의 움직임을 조망하며, 우아한 브로드웨이를 거닐며, 월스트리트의 주식시장에서는 '아라비안나이트'처럼 들뜬 자본주의에 대해 논할 수 있었다. 또한, 싸구려 술집과 여관이 모여 있던 보워리Bowery에서는 '모든 종류의 굴요리'에 흥미를 보였고, 형무소를 방문하여 사형제도에 대해 생각했다. 그러나 그 역시 파이브포인츠에 들어갈 때는 2명의 경찰관에게 호위를 의탁했다. 확실히 그는 이러한 슬럼생활의 참혹한 상태에 대해 혐오감을 느꼈고, 때로는 이곳에 사는 주민들에게 '돼지들' 혹은 '도시의 쓰레기를 먹는 자들'city scavengers이라고 하는 차별적 표현들을 퍼부었다. 그러나 이 대문호도 혼혈 여주인과 흑인 주인이 경영하는 알맥스라고 하는 환락점의 음악과 댄스 퍼포먼스에 대해서는 그 멋진 풍경에 감동하여 흥분에 찬 필체로 찬사를 보냈다. 디킨즈는 이러한 문장으로 흔들리고 있었다. 그가 믿고 있는 '도덕'으로는 억누르기 힘든 '매혹'을 사이에 두고 흔들렸던 것이다. 최종적으로는 그는 이 애증적인 슬럼 공간에 대해 미세한 표현을 함으로써 전체적으로 찬사를 보내고 있는 듯 보인다.[4]

앞서 등장했던 역사가 레슬리 해리스에 따르면, 파이브포인츠에 대해 악의 원천(근원론)이 형성된 것은 디킨즈가 개입했던 충격 때문이었다. 즉, 디킨즈의 저작으로 인해 뉴욕시의 인종적 혼합과 빈곤의 근원이 파이브포인츠로 규정되었고, 디킨즈 저작의 영향을 받아 남북전쟁에 이르기까지 노동자계급들 사이의 간■인종적 교류에 대해 뉴욕에 사는 백인 중간계급의 저널리스트

---

4. Charles Dickens, 앞의 책.

와 개혁자들은 도덕적인 혐오감을 품게 되었던 것이다. 디킨즈의 저작은 처음 3일간 5만부가 팔렸고, 이어서 각지의 신문이 글의 일부를 실었다. 이것이 다수의 독자들에게 반향('분노'와 '매료')을 일으켰고, 그 결과 오늘날 '조사 저널리즘'investigative journalism이라는 장르가 확립되었다. 이후, 뉴욕에 사는 다수의 저널리스트들은 늘 경찰의 보고에 근거해 기사를 써왔던 간접적 접근으로부터 탈바꿈하여 자신의 신체를 활용하여 파이브포인츠에 잠입하면서 자신의 반응도 그 일부라는 기술description 방식, 즉 설화를 형성해 갔다. 어떤 사람은 슬럼 생활을 낭만주의적으로 묘사했지만, 대부분은 '혐오'와 '공포'를 확산시켰다. 그들은 디킨즈가 판단하기 힘들었던 것을 미리부터 정해 놓고 시작했던 것이다.

당시 뉴욕에서 알맥스와 같이 흑인이 사업(오락사업이나 가게)을 운영할 수 있는 장소는 파이브포인츠에 한정되어 있었다. 그들은 백인이 소유한 빌딩을 빌려 매춘, 터번, 클럽, 값싼 여관 등을 경영했다. 이렇게 보면, 도덕적 책임은 백인 소유자들에게도 있었지만, 이곳을 혐오하던 백인 저널리스트들은 흑인은 곧 도덕적으로 부패한 사람이라는 식의 논리를 전파하였고, 급기야 노예제도를 긍정하는 주장까지 이어나갔다.5

이상과 같은 담론 형성을 배경으로 하여, 남북전쟁 전, 백인노동자는 흑인에 대해 '반감'을 점차 키워갔다.6 이러한 감정은 인종간의 노동문제에서 발발하였고, 다인종들의 혼재에 대한 도덕적인 혐오감을 통해 고정화되고 강화되어 갔으며, 종종 폭력사태로 발전하기도 했다. 점차 법적인 측면에서 흑인에게

---

5. Leslie M. Harris, *In the Shadow of Slavery*, Chicago, London: The University of Chicago Press, 2003. 제8장을 참조.
6. 예를 들어, 아일랜드계 중심의 뉴욕 항만노동자는 파업 중에 회사측이 흑인노동자를 고용했기 때문에 흑인 일반을 '파업파괴자'로 간주하여 증오심을 키웠다. 그리고 해변이나 부두지대에서 긴장감이 고조되었다.

불리한 사건들이 발생했다. 흑인의 선거권을 둘러싸고 흑인 및 백인 노예폐지론자들이 반복적으로 진정을 냈지만 뉴욕주 의회는 흑인 선거권을 계속 기각하였다. 더 나아가 흑인의 이권을 확대하는 것에 대해서는 후퇴하는 현상까지 발생하였다. 1840년 뉴욕의 흑인은 도망친 노예들을 배심원이 입회한 상황에서 재판한다는 재판권을 획득했지만, 2년 후 최고재판소는 이것을 박탈했다. 1850년에는 1793년에 모든 도망노예를 모르는 척 내버려 둔 자 내지는 이들을 지원하는 자를 처벌한다는 〈도망노예법〉Fugitive Slave Act이 다시 채결되어, 이후 모든 흑인을 재 노예화하려는 위험성이 높아졌다.7 또한, 1857년 최고재판소는 미국헌법에서 자유흑인 및 노예흑인은 미국시민이 아니라는 판결을 내렸다. 이러한 몇 가지 위협과 압박 속에서 시내에서 바깥으로 떠나간 흑인이 증가하였다.8

이윽고, 남북전쟁이 발발했다. 뉴욕시의 흑인은 노예해방이라고 하는 목적을 위해 참전할 준비가 되어 있었다. 참전에 대비하여 군사훈련까지 시작했지만, 경찰은 이를 저지했다. 많은 흑인들이 북군에 지원했지만, 1862년 6월까지 이들의 신청은 각하되었다. 같은 해 9월, 「노예해방 선언」Emancipation Proclamation을 링컨이 발령했다. 내용은 1863년을 원년으로 하여, 북부동맹Union의 결정에 역행하는 남부의 모든 주에 있는 노예들은 자유가 된다는 결정이었다. 그러나 남부라고 해도 9월부터 다음해 1월까지 북부동맹을 따르는 주에 있는 백인들에 대해서는 노예에 대한 소유권이 상실되지 않는다는 조건을 붙였다. 이렇듯 굴절된 내용에도 불구하고, 이 전쟁의 커다란 목적 중 하나가 노예해방에 있다는 것을 명시했다는 점에서 자유흑인, 노예, 노예제도 폐지론

---

7. 뉴욕의 상인조합은 매매의 관점에서 남부의 유니온 탈퇴를 두려워하여 '도망노예법'에 찬성한다.

8. 흑인과 백인의 노예해방논자들 속에는 뉴욕주 북방 및 캐나다로 이주를 돕거나 서인도제도나 아프리카로 이주하는 것을 도운 케이스가 있었다. 그러나 대부분은 미국에 남았다(Leslie M. Harris, 앞의 책 참조).

자들은 대환영을 하였다. 뉴욕에서는 노예제 반대론이 점차 확산되었지만, 아일랜드계를 중심으로 한 민주당계의 노예제 찬성론자들의 불안을 가속시켰다. 1860년, 공화당의 링컨이 대통령으로 선출될 때부터 민주당은 아일랜드계 및 독일계 주민에게 남부의 노예가 해방되어 북부로 이주해 오게 될 경우, 일자리 위기가 발생할 것이며, 이에 대비해야 한다고 경고했다. 그리고 1863년 〈징병법〉이 발령되었다. 20세부터 35세까지의 모든 남성시민과 35세부터 45세까지의 미혼 남성시민은 군사의무가 있었다. 정부는 이에 해당하는 모든 남성들을 징집하였다. 다만, 그중 대신 징병에 응할 수 있는 사람을 구할 수 있는 자나 300달러를 정부에 지불할 수 있는 자는 징병을 면할 수 있었다. 시민으로 간주되지 않은 흑인은 징병으로부터 면제된다는 내용이었다.

1863년 6월에도 계속해서 징집이 이뤄졌고, 노예제 찬성주의자, 반전주의자, 민주당계는 '니거(흑인)Nigger의 전쟁'을 위해 '우리들을 희생시킬 것인가!'라고 하는 물음을 내뱉으면서 백인노동자의 분노를 자극했다. 여기서 말하는 '우리들'이란 아일랜드계와 독일계의 백인노동자들이었고, 이들 백인 하층계급의 단결을 목적으로 하던 정치적 선동이었다. 대단히 놀라운 선동이었다. 결국, 그 해 7월 13일 아침 6시에 5시간에 걸친 소란과 학살이 시작되었다. 세상에 잘 알려져 있는 '징병폭동'draft riot이 발생했다. 방화, 파괴, 폭행 …… 폭도들은 처음에는 군사관계 시설과 정부관계 시설만을 습격하면서 그들의 행동을 방해하는 자들을 공격했지만, 점차 그 방향이 흑인을 향하게 되었다. 길을 걷던 흑인이나 흑인들의 정치적, 경제적, 종교적 시설 등 모든 것이 표적이 되었다. 흑인 고아시설, 유명한 노예폐지론자들의 집, 상점, 통행인, 점두판매인, 특히 항만지구의 다양한 흑인시설 …… 11명의 흑인을 보란 듯 사형私刑, lynch시켰다. 적어도 105명이 다양한 방법으로 살해되었다. 결국, 수 백 명의 흑인이 뉴욕을 떠나고, 그 후 몇 개월 동안 뉴욕은 '하얗게 변했다.' 이 사건은 디킨즈의 글을 단순화시켜 읽은 선동적인 저널리스트나 개혁론자의 담론이 필요 이상으로 성공했던 것을 증명한다. 백인들은 이러한 행위에 의해 **일시적**으로 이 도시를 제압하고, **일시적**으로 흑인들을 추방했다. 그리고 일시적으로 그들의 동포와 그들 자신이 흑인들과 맺었던 '간■인종적 공생의 쾌락'에 대한 죄악감과 수치심을 씻어 버릴 수 있었다.

다인종이 잡거했던 파이브포인츠는 폭동이 일어났을 때 이상하리 만큼 조용했고, 대부분 피해를 입지 않았다. 그 이유는 폭도들이 그다지 이곳을 공격하지 않았기 때문이다. 짐작해 볼 수밖에 없지만, 여기가 그들 부모들이 아일랜드에서 온 직후에 살았던 장소였기 때문이지 않을까 생각된다. 혹은, 그들의 부모들이 아직도 살고 있는 장소였기 때문일지도 모른다. 그리고 이 폭동을 전후로 일어난 23번의 폭동도 이곳에서는 간■인종적 협력체제에 의해 쉽게 저지되었다. 폭도들이 흑인이 경영하는 약품점을 습격하려고 할 때, 이 지역에 살던 아일랜드인들이 방어했다고 전해진다. 이는 흑인 점주들이 종종 이 지역에 사는 주민에게 신용대출을 했기 때문이라고 한다.9 바깥세상에서는 흑인과 아일랜드인들의 관계가 이토록 혐오하며 증오하는 관계가 되었지만, 파이브포인츠에서는 인종적으로 변별하는 코드와는 전혀 다른 관계성이 유지되었다. 이것은 **단순히 이웃하여 사는 자들끼리 상호부조**한 것이다. 이러한 관계는 비공식적이며 우연적인 것이지만, 이 장소에서 맺어진 공동체들 사이의 접촉과 신체적 공감성으로 전환되어 형성된 것이다. 위기에 직면한 민중들에게 가장 소중한 것은 이러한 관계이며, 슬럼이야말로 이러한 기회를 제공한다. 이러한 의미에서, 슬럼이란 **우리들 모두의 부모이다. 우리들은 모두 이곳으로부터 유래했다.** 그러나 우리들은 모두 당연히 이곳으로부터 빠져나가려고 할 것이다. 보다 안정된 사회적, 경제적 위상을 추구하며 …… 혹은 보다 확고한 원리를 추구하면서 말이다. 이때, 우리들은 그 무엇보다 우리들의 부모를 혐오한다. 그리고 부

---

9. Leslie M. Harris, 같은 책 제9장 참조.

모들이 이 혼돈된 관계성 속에서 우연히 길러 온 혈통 — 아마 자신들 속에도 흐르고 있을 지도 모르지만 — 을 혐오하게 된다.

이상이 파이브포인츠에 대한 이야기다.

1864년 3월 5일, 승리한 북군은 뉴욕으로 개선했다. 이 때, 흑인부대도 흑백인 10만 명 이상의 군중 앞에 푸른 정규의 군복을 입고 화려하게 개선했다. 특히, 그들을 축복하여 뉴욕시경찰 장관과 북군 특수부대 유니온리그의 멤버들이 보호를 맡았다. 이는 남북전쟁 후 신체제와 흑인의 정을 표시하는 행위였다. 그러나 우리들이 이미 알고 있듯, 이것을 통해 인종차별이라는 문제가 해결된 것은 아니다. 콜롬비아 대학에서 아프리카계 미국인의 사상사를 연구해 온 마츠모토 미오松本未生가 강조하듯, '인종'이란 언제나 이미 '인종=차별'인 것이다. 그것 이외의 존재방식은 있을 수 없다. 이러한 의미에서, 이것은 아직도 모든 제도의 토대로 존속하고 있다. 존속하는 한, 인종차별과 관계해서 발생했던 과거의 사건들은 다른 모습으로, 몇 번씩 반복되는 것이다.

11장

포위된 차이나타운의 수수께끼

미국 대중들의 상상 속에서 차이나타운은 항상 키메라(chimera)[1]적 모습이었다.
— 잔 린(Jan Lin)[2]

왜 '차이나타운'이 존재할까? 차이나타운이 존재하는 것은 명백한 사실이지만, 여기에는 커다란 수수께끼가 숨어있다. 많든 적든 모든 이민사회가 각각의 공동체를 형성했지만, 이렇게까지 강고하며 확장적인 형태로 도시 속에 포위된 영역enclave을 유지하고 있는 것은 아주 드물다. 확실히, 여기에는 중국계 이민사회의 '분리된 존재성'이 관여하고 있다. 그들은 미국 사회에 동화되지

---

1. [옮긴이] 키메라(chimera) : 그리스 신화에서 사자·염소·뱀이 합체한 상상의 동물의 이름(그리스어로는 키마이라). 즉, 하나의 물체 속에 서로 다른 유전자형이 접촉하여 존재하는 현상을 뜻한다.
2. Jan Lin, *Reconstructing Chinatown*, Minneapolis, London: University of Minnesota Press, 1998, p.1.

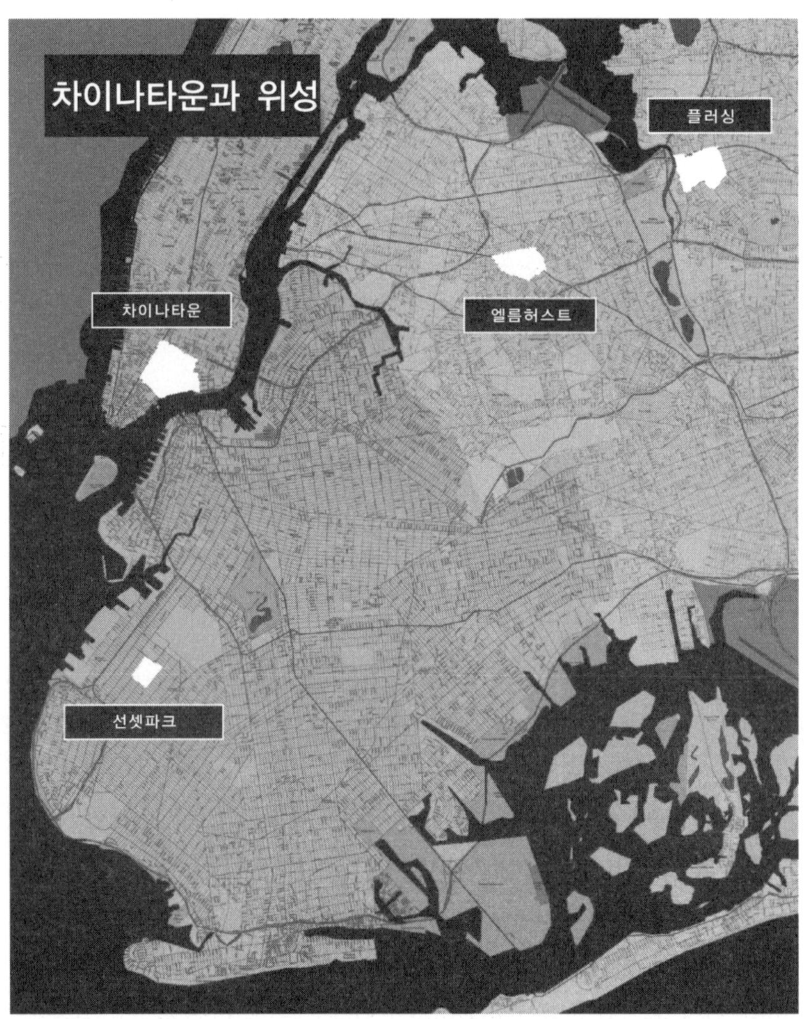

그림35 차이나타운과 위성(Chinatown and Constellation)

않고, 언어, 문화, 사회구조의 모든 면에서 자신들의 것을 일관되게 견지하고 있다. 이러한 완고함은 왜 형성된 것일까? 그리고 우리들과 같은 외부자outsider에게 이들은 식사, 차, 침과 뜸, 중국적 문물 등 이국적 정서를 통해서만 접할 수 있다. 그리고 현대 차이나타운에 대한 문화적 취미는 19세기 유럽과 미국에서 일었던 귀족적인 중국 취미chinoiserie와 같은 고품격적인 성격이기보다 대중적인 성격을 지닌다.

이러한 문화적·경제적인 분리성, 도시 내의 포위된 상태는 도대체 어디서부터 기인했던 것일까? 또, 이러한 이국적 취미를 형성한 물질적 기반은 무엇일까? 일상적인 대화 속에서 대개 미국인들은 차이나타운의 특성을 전통적인 씨족사회의 구성과 유교, 보수적·내향적 기질 등에서 착안하여 '중국인'의 민족성으로부터 발견하려고 한다. 그러나 이것은 잘못된 것이다. 오히려, 이들의 특성은 미국이라는 포스트 식민지적 토양이 중국인 이민자들에게 강요해 왔던 사회적·역사적 조건에 의해 만들어진 것이다. 지금부터는 이러한 문제에 대한 해답을 중심으로 뉴욕의 차이나타운과 중국계 이민자들의 역사에 대해 부연해 보겠다.

차이나타운은 맨하튼의 동남쪽으로 거의 35개 구획을 차지하는 곳에 있다. 대략적으로 말하자면, 로어이스트사이드의 남서쪽과 남단의 월스트리트, 시청가의 북동쪽에 위치한다. 현재, 인구는 7만 명에서 15만 명으로 추산된다. 인구가 불명료한 이유는 미등록 이민자들이 다양하고 많이 있기 때문이다. 구시가의 모습과 인구 밀집이라는 측면에서 오늘날 맨하튼에서는 보기 드물다고 할 수 있다. 여기에는 차이나타운이 일찍이 '흑인계+아일랜드계'의 슬럼이었던 '파이브포인츠'를 포함하여 발전해 온 역사성이 관계한다. 줄줄이 늘어서 있는 노화된 임대 아파트, 수많은 공장들이 수용된 산업용 건물, 레스토랑, 노점상, 야외시장 등에서 쇼핑객들이 복잡하게 뒤엉켜 있다. 같은 아시아인으로서 이러한 공간에 정겹고 그리운 느낌마저 갖게 된다. 그렇지만, 바로 이런 모습 때문에 차이나타운은 비난받아 왔다. 극도의 혼잡함, 더러운 건물, 매춘·도박·갱단의 폭력 등 범죄, 미등록 이민자, 착취 노동, 빈곤, 비위생 …… .

미국 헌법이 형성될 때, 자유와 자기결정권을 인정받은 '개인 모델'이란 개신교계 백인남성에게 제한된 이야기였다. 이 개신교계 백인 '종족'이 개인의 이익을 위해 자연자원을 '산업적'·'이성적'으로 활용하며 서쪽으로 영토를 확장시켰다는 것이 바로 미국 근대사의 주된 담론이다. 서쪽으로 확장시키는 과정에서 처음 등장한 것이 '중국인 노동력'이다. 이 과정에서 중국인에 대한 정형적인 모습이 확립되었다. 미국에서 중국인 이민자들에 대한 입장은 노동문제, 미국과 중국의 정치적 관계, 그리고 보다 신화적인 차원에서 형성된 '오리엔탈리즘'의 영향 속에서 언제나 유동쳤다.[3] 대략적으로 말하자면, 양극단 사이를 오가던 움직임이라고 할 수 있다. 호화스런 중국식 그릇에 대한 취미로부터 고품격의 귀족적인 중국 취미가 한편에 있다면, 서양세계를 오염시킨다는 식의 '황인족의 위협'yellow peril과 중국인에 대한 〈입국거부법〉(1882년), 그리고 순종적으로 일하는 '소수인종 모델'이라는 모순적인 모습들이 동시에 존재했다. 따라서 중국인은 미국인들에게 이러한 이미지들이 상상적으로 통합됨으로써 '키메라적인 존재'가 되었다. 이러한 '중국인들에 대한 이미지'에 기반하여 다른 동아시아 이민자들의 이미지가 '첨가'되었다. 이러한 의미에서 미국에서 '동아시아'라는 범주는 어디까지나 중국인들의 주변에 형성된 것이다.

뉴욕은 중국과의 교역을 통해 거대 항구도시로 발전할 수 있었다고 한다. 그렇지만 점차로 강력해진 뉴욕 상인은 과거 동경의 대상이었던 대제국을 통제하려고 하였다. '자유무역권'을 구실로 뉴욕 상인들도 중국에 아편을 수출하였고, 그 대신 일시적으로 중국인 하층노동자들을 남아프리카와 카리브해로

---

3. 오리엔탈리즘의 시점에서 차이나타운의 형성을 바라 본 책으로는 John Kuo Wei Tchen, *New York Before Chinatown*, Baltimore, London: The Johns Hopkins University Press, 1999.가 있다.

보냈다.[4] 그리고 중국이 아편전쟁에 패배한 후에는 중국인 전체를 열세한 인종으로 간주하기 시작했다. 뉴욕에서 최초의 중국인 이민자들은 1784년부터 1850년 사이에 왔다. 처음에는 단기 체류를 하는 해병과 상인들이 중심이었지만, 그 후 지역 여성들과 결혼한 남성 공동체가 형성되었다. 대개의 경우 결혼 상대는 파이브포인츠에 주재하는 아일랜드계 여성이었다. 아일랜드 여성 만세! 그러나 이들 커플은 하나의 '정형'이 되어, 미국 전역에 희화화의 대상이 되었다.[5] 이후, 뉴욕에서 중국인은 점차 증가했다. 1859년 『뉴욕타임즈』의 통계로 보면 뉴욕에 사는 중국인은 150명으로 해병, 요리사, 캔디와 시거를 파는 노점상, 아시아인 해병 숙박소의 관리인 등이었다.

그 후, 중국에서 태평천국의 난이 발생했고, 미국 캘리포니아에서 금이 발견됨에 따라 미국 서부해안으로 중국인 이민자들이 몰려 왔다. 그렇지만, 1860년 〈수정헌법 제5조〉에서 '아프리카계 사람들'까지 시민권을 확장하여 부여했지만, 세금을 부과할 수 없었던 인디언, 몽골계, 중국인들은 제외하였다. 1860년대에 이미 무일푼의 노동자들을 미국에 보내기 위한 '신용 티켓 시스템'이 있었다. 즉, 미국에 도착한 후 교통비 등 제반 경비에 대한 빚을 갚을 때까지 거의 무료로 노동한다는 계약이었다. 바로 이때, 미국 서해안 지역에 있던 백인노동자와 마찰이 발생하면서 중국인 노동자들은 박해받기 시작했다. 참고로, 캘리포니아주가 형성될 때 중국인 노동자들의 공헌은 아주 컸다. 1만 2천 명의 중국계 인구가 종사했던 대륙간 철도 개통은 말할 것도 없고, 캘리포니아 일대의 과일농장의 기초를 이룬 것도 그들이었다고 전해진다.[6] 그러나 1862년부터 1869년 사이 중국인에 대한 배척운동이 심해졌고, 그 동안 박해받던 중국인 광부들과 대륙간 철도가 완성됨에 따라 직업을 잃은 중국인 노동자들이 뉴

---

4. John Kuo Wei Tchen, 같은 책 서문 참조.
5. John Kuo Wei Tchen, 같은 책 5장 참조.
6. Peter Kwong, *The New Chinatown*, New York : Hill & amp; Wang, 1996, p.25.

욕으로 이주했다. 이로써, 1870년대 뉴욕에서 중국인들은 2천 명 이상으로 증가했다.

중국인 노동자에 대한 차별은 역시 노동문제로부터 기인했다. 그들은 백인 노동자의 관점에서 보자면, '비인간적인' 저임금으로도 일을 하는 아주 위협적인 존재였다. 그들은 어떤 열악한 조건이라도 대기업에 고용되었고, 중소기업에게는 위협적인 존재였으며, 숙련노동자를 두렵게 하였다. 이윽고, 1870년대에는 여러 노동조합이 중국인 노동자를 배제하는 운동을 활성화시켰다. 뉴저지주 벨빌Bellville에 있는 증기세탁장에서 전투적인 아일랜드계 여성노동자가 파업을 감행했을 때, 그녀들을 대신하여 샌프란시스코에서 약 3백 명의 중국인 노동자가 보내졌다. 그들은 1880년대 초에 해고된 다음, 뉴욕 차이나타운에서 '손세탁점'을 시작했다. 차이나타운의 전신은 현재 카날스트리트Canal Street 와 모트스트리트Mott Street 일대에 있다. 1882년 〈중국인 입국거부법〉Chinese Exclusion Act이 성립하면서, 차이나타운은 가족을 초청할 수 없는 남성들만의 공동체가 되어 버렸다. 그렇지만 동시에 불법이민자들, 보다 정확히 말하자면, **'미등록 이민자'**가 증가해 갔다. 차이나타운은 제2차 세계대전까지 공식적인 통계로 보면 4천 명 이하의 작은 공동체였다.

이렇듯, '포위된 영역'에 있는 차이나타운은 미국 전역에서 일고 있던 박해와 체류의 비합법화, 차별 속에서 그들이 연명할 수 있는 유일한 장소였다. **이러한 포위된 영역은 그들을 보호하였고, 동시에 그들을 가두었다.** 미국의 모든 회사에서 이와 같은 배제의 역학이 기능하고 있었기 때문에, 중국인 노동자는 '비숙련 노동력'으로만 머무를 수밖에 없었다. '손세탁점'이 번성했던 것은 그들이 이것을 특별히 잘하기 때문도, 그렇다고 좋아했기 때문도 아니었다. 단지 자본이 필요 없었고, 말이 필요 없었으며, 기술이 필요 없었기 때문이었다. 대부분의 중국인 노동자의 이상理想은 박해받는 미국에 정착하기보다는 돈을 벌어서 가능한 한 빨리 중국으로 돌아가는 것이었다. 그 때문에 미국 회사에 취직하지 않는 '체류자'sojourner라고 하는 이민 방식이 형성되었다. 그러나 1890년대 들어서서 레스토랑을 개업하는 사업가가 나타나게 되었고, 관광객을 유인하게 되었다. 차이나타운의 공동체에는 '팡'fang/fong이라는 조직이 형성되었다. 이 조직은 가부장적이며 권위주의적으로 통제되며, 혈연성과 출신지 별로 조성된 집단조직으로서 일시 체류자를 위한 숙소, 경제적 지원, 사회적 행사나 문화행사 등을 통괄했다. 20세기 초, 중국 본토에서는 가부장적·권위주의적 지배가 그 기반을 상실하고 있었지만, 뉴욕 차이나타운에서는 그대로 존속되었다. 이러한 조직의 연장선상에서 〈중국인 권익 연합〉Chinese Consolidated Benevolent Association, CCBA이 결성되었고, 차이나타운에 있는 사람들을 돌보아 주면서 사람들을 통제하고 지배했다. 〈중국인 권익 연합〉이하 CCBA은 이후 국민당과 밀접한 관계를 확립·유지해 갔다. 피터 꿩Peter Kwong은 『새로운 차이나타운』The New Chinatown이라는 차이나타운의 민중사를 그리면서 차이나타운을 계급투쟁의 시점으로 분석했다. 여기서 CCBA과 차이나타운 민중들과의 관계는 엘리트 상인과 이민노동자의 대립으로서 고찰하였다.7 또, 차이나타운에서 힘을 지닌 또 다른 조직으로서 '결사'tong가 있었고, 이들은 야쿠자나 갱단처럼 비밀결사 조직이었다. 그들은 CCBA의 지도자들과 음지와 양지에서 밀접한 관계를 유지하면서, 뒤 세계를 지배하고 있었다. 1924년은 차이나타운에서 결사들 간의 전쟁의 시대였다.

차이나타운과 좌파운동의 관계는 1910년대부터 1920년대까지 중국 본토에서 손문의 영향으로 시작되었고, 1920년대에는 미국 좌파운동에서 〈워블리스〉가 개입하여 다소 영향을 미쳤지만, 얼마만큼의 영향력을 미쳤는가는 정확하지 않다. 그 후, 미국 공산당이 몇 번이고 조직화를 시도했었다. 1929년 국민당과 공산당 사이에 분열이 생겨 차이나타운에도 영향을 미치면서 뉴욕에서

---

7. Peter Kwong, 같은 책 참조.

도 두 파가 형성되었다. 같은 해, 샌프란시스코에서 공산당계 조직이었던 〈중국인노동자농민을 위한 대혁명적 연대〉Grand Revolutionary Alliance of Chinese Workers and Peasants, ACWP가 결성되었다. 이 조직은 그 후 필라델피아로 옮겨 이름을 〈반제국주의 중국인 연합〉The Chinese Anti-Imperialist Alliance of America, CAIA으로 변경했다. 그 후 다시 뉴욕으로 옮겼다. 차이나타운에서 공산당에 동조하는 사람들을 흡수하여 미국공산당과 관계를 맺으면서 『차이니즈 뱅가드』Chinese Vanguard라는 기관지를 발간하였다. 당시에 이 잡지는 젊은 지식인과 노동자를 크게 고무시켰다. 그러나 CCBA가 개입하여 차이나타운의 신문가판대에서 판매하는 것을 금지하였기 때문에 개인적으로 몰래 배포할 수밖에 없었다. CAIA는 차이나타운에서 일정의 영향력을 지녔지만, 이민자들에게는 침투되지 못했다고 전해진다.

1933년, 차이나타운의 주요 산업이었던 세탁점에 커다란 위기가 찾아왔다. 뉴욕시는 노골적으로 중국인의 세탁점 사업을 소멸시키기 위해, 뉴욕시에 있는 모든 세탁업자에게 25달러의 면허비를 청구하였고, 동시에 미국 시민이 지 않으면 안 된다는 규약을 부과하였다. 세탁점을 운영하던 사람들은 CCBA의 지도자들에게 지원을 요청했지만, CCBA는 변호사를 통해 교섭을 하겠으니 변호사 선임비용을 모으자고 제안하였다. CCBA는 기본적으로 민중으로부터 돈을 우려내려는 것 이외에는 뭔가 해 볼 생각이란 없었다. 그러나 이 해 처음으로 차이나타운에서 전투적 노동조합인 〈뉴욕 손세탁노동조합〉Chinese Hand Laundry Alliance of New York, 이하 CHLA이 결성되었다.8 세탁점을 운영하는 사람들은 차이나타운의 CCBA과의 관계를 끊고, 자신들을 위해 스스로 일어섰던 것이다. 결성대회는 모트스트리트의 카톨릭 교회에서 열렸다. 이후, CHLA는 미국정부와 중국인 공동체의 유력자들에 대해 투쟁을 벌여갔다. 이에 대해

---

8. Renqiu Yu, *To Save China, To Save Ourselves*, Philadelphia: Temple University Press, 1992.

CCBA는 종종 '결사'를 고용하여 조합을 위압하였다.

이후, 〈뉴욕 손세탁노동조합〉은 독자적인 방식으로 자신들의 활동을 정치운동으로도 확대시켜 갔다. 1930~1940년대에는 본토의 반일전쟁을 지원하기 위한 해외운동의 모체로서 〈해외중국인 연합 뉴욕전선〉The New York Overseas Chinese United Front을 결성하였다. 일본제국주의와 국공분열로 전란에 빠진 '중국을 구원하는 것'이 이민자인 '우리들을 구원하는 것'이라고 주장했다. '중국을 구원하여, 우리들을 구원하자'는 캠페인을 벌였다. 중국의 곤경과 일본제국주의의 악행을 세계에 알리기 위해 '인민외교'people's diplomacy운동을 추진하기도 했다. 참고로, 『중국의 붉은 별』로 유명한 에드가 스노우Edgar Snow는 연안의 공산당본부에서 CHLA가 기증한 구급차를 보고 감동했다고 한다.9 CHLA의 중요한 계획 중 하나는 『차이니스 데일리 뉴스』라는 신문의 발간이었다. 이민노동자의 입장에서 몇몇 진지한 문제제기를 신문을 통해 하였다. 그중 하나로 인종문제에 대한 언급이 있었다. 지금까지 중국인은 흑인과 유대인을 차별하는 풍조를 지니고 있었지만, 이는 잘못된 것이라는 자기비판으로부터 시작되어, 폴 로프슨이 중국의 반일전쟁에 대한 지원 콘서트를 개최한 것을 크게 칭찬하며, '우리들 중국인들도 역시 인종차별의 피해자이지 않은가? 모든 소수자는 연대해야 한다'고 호소했다.10

CHLA는 기본적으로 백인중심의 조합운동과의 연합을 거절해 왔다. 그 이유로 들자면, 우선 세탁업은 혹독한 육체노동에 비해 저임금을 받는 직종이며, 이 점에서 명확히 '노동자계급'으로서 간주되어야 했지만, 분류상으로는 '사업주'이기 때문에 노동자가 되지 못했다. 이러한 도식적인 생각에 사로잡혔던 미국 노동조합의 태도는 방향을 정하지 못했다. CHLA도 마찬가지로 미국 노동

---

9. Edgar Snow, *The Battle for Asia*(New York: Random House, 1941), p.281. Renqiu Yu, 앞의 책에서 인용.

10. Renqiu Yu, 같은 책, pp.119~120.

그림36 〈전투적 손세탁점조합〉이 결성되었던 모토 스트리트의 교회

조합에 대한 역사적 불신감이 있었다. 그들은 〈미국 노동 총연맹〉American Federation of Labor, AFL의 인종차별주의에 대해 깊은 비탄과 분노를 느끼고 있었다. 예를 들어, 1933년 AFL계의 선원조합이었던 〈국제 선원 노동조합〉The Seamen's International Union, SIU은 중국인 선원들이 값싼 임금으로 고용되기 때문에 이민국에 강제적인 국외 추방을 요청하기도 했다.

그러나 제2차 세계대전에서 미국과 중국이 같은 편이 되면서 중국이민자들의 입장이 향상되었다. 그 결과, 1943년 루즈벨트 대통령이 〈중국인 입국거부법〉을 해제하였다. 이에 따라 이미 주재하고 있던 이민자들은 시민권을 획득하였고, 연간 105명까지 중국인의 이민이 허용되었다. 여기서부터 본격적인 인구증가가 시작되었다. 또한, 중국계 미국인이 징병되어 참전하게 됨에 따라 제2차 세계대전 중 처음으로 '산업노동'의 자격이 중국인에게도 부여되었다. 중국인 선원이 〈전국 선원 노동조합〉National Maritime Union, NMU에 가맹하고, 중국인이 미국 노동운동에도 가맹하는 계기가 되었다. 이러한 평가 속에서 중국인은 흑인처럼 폭동을 일으키지 않고, 일을 열심히 하는 '소수인종 모델'이라는 전형적 틀이 형성되었다.[11] 또한, 뉴욕의 차이나타운은 '동업자들의 게토'gilded ghetto로 불려졌다.

전후 1945년, 샌프란시스코에서 유엔회의가 개최되었고, 국민당대표와 공산당대표가 함께 참가했다. 국민당대표는 뉴욕에서 호화 호텔에 숙박했지만,

---

11. '소수인종 모델'(model minority)이라는 개념이 최초로 사용된 것은 사회통계학자 윌리암 피터생으로 부터라고 전해진다. 그는 아시아계 미국인과 유대인계 미국인이 과거에는 주변부화 되었지만, 현재 성공적인 사례가 되는 '소수자 모델'이라고 부르며, '문제의 소수자'(=흑인, 히스패닉)들과 구별하였다. 너무나도 단순화된 정형적 범주가 형성된 배경에는 자본주의 경제체제와 사회주의 경제체제 중 어느 쪽이 더 나은가라는 한 시기를 풍미했던 논쟁으로부터 유래한다. 즉 자본주의에서 자유경쟁은 빈곤한 아프리카계 미국인처럼 불평등한 것으로 귀결된다. 그렇지만 동아시아 이민자들을 보면 이러한 불평등조차도 '우수함'으로 제패할 수 있다는 식의 지극히 위험한 결론이 함축되어 있다. 이러한 논리는 '차별반대 투쟁'에 대한 반대테제로서 제기되면서 그 자체로 '차별적 개념'으로 기능한다.

차이나타운에는 방문조차하지 않았다. 이에 비해 중국공산당 대표는 수많은 공동체 회의에 참가했다. 이러한 영향 속에서 차이나타운에서는 중국공산당을 지지하는 기운이 고조되었다. 그러나 1950년대 한국전쟁이 발발한 후 중국인은 다시금 적국 국민으로 간주되었다. 차이나타운에서 장개석에 대해 비판적인 자들은 매카시즘의 검열 대상이 되었고, FBI의 탄압 대상이 되었다. 때마침 차이나타운에서는 국민당CCBA의 지지가 회복되었다. 다른 한편, 1965년 〈이민법 개정〉Hart-Cellar Immigration Act이 이뤄졌고, 이 법은 공민권운동 시대를 상징하였다. 이로써 비非서양인 소수자에 대해 가해 왔던 인종차별적인 이민의 제한이 대폭 해제되었다. 1968년 7월 1일 이후 연간 2만 명의 중국인 이민자의 입국이 허용되었다.

1969년, 신좌파시대의 차이나타운에는 〈의화권〉이라는 운동이 나타났다. 차이나타운의 2세대 청년을 중심으로 하는 운동으로 〈블랙팬더당〉이나 〈영로즈〉를 모델로 하였다. 이들은 중국의 문화대혁명에도 영향을 받았으며, 급진적인 기풍을 확고히 하면서도 공동체 운동을 추진하였다. 또한 이들은 영화관을 빌릴 수 없었기 때문에 주차장에서 중국공산당이 제작한 영화를 연속적으로 상연했다. 차이나타운의 공동체에서는 무상의 의료봉사, 무상의 법률상담, 무상의 임대문제 상담 등을 벌였다. 1974년, 〈공자 광장〉Confucius Plaza에 세워질 30층짜리 공공주택 프로젝트에 중국인 노동자를 고용하지 않는 것에 반대하여 커다란 항의행동을 조직하였고, 결과적으로 이 계획을 수정하도록 만들었다. 또, 1975년에는 중국인에 대한 경찰의 폭력에 항의를 벌였다. 피터 권도 이 운동을 조직하는 데에 참가했다. 그에 따르면, 1930년대의 CAIA와 마찬가지로 1970년대의 '의화권'도 도식적인 '전위주의'에 빠져 들면서 이민자들 속에 침투할 수 없었던 한계를 드러냈다고 한다.[12]

---

12. Peter Kwon, 같은 책, p.177.

이즈음, 원래 이탈리아계와 동유럽계가 담당하던 의복산업의 노동은 점차 그 동안 종사했던 노동자들이 은퇴하고 같은 민족의 공동체가 교외로 빠져 나감에 따라 중국인들로 대체되었다. 그 후, 차이나타운은 새로운 의복산업의 중심지가 되었다. 이로써 차이나타운이 확장되기 시작했다. 즉, 차이나타운은 포위된 영역 내에서 자신의 영역을 확보한 후, 화교자본을 끌어들임으로써 더 크게 확장할 수 있었다. 리틀 이탈리와 로어이스트사이드의 일부를 잠식하던 이러한 확장은 현재도 지속되고 있다. 실제로 현재 뉴욕 차이나타운의 활기를 살펴보면 경이로울 뿐이다. 당시 차이나타운의 인구 구성은 광동계가 중심이었지만, 홍콩과 타이완으로부터 건너 온 이민자들도 증가했다. 1970년대에는 동남아시아에 사는 화교, 그중에서 베트남의 정세불안 때문에 이주했던 베트남인들이 들어 왔다. 1979년에 중국과 국교를 정상화한 후, 중국으로부터 온 이민자들도 증가했다. 그 결과, 차이나타운은 다원적 중화세계 전체를 잠식해 가는 포위된 영역으로 성장했다. 예를 들어, 카날스트리트의 서쪽에는 베트남계 중국인의 점포가 많이 있고, 이스트브로드웨이에는 푸조우福州 13계가 차지하고 있으며, 차오저우潮州 14계는 여러 곳에 분산되어 있다. 그리고 원조우溫州 15계는 노점상을 하며 차이나타운 전체에 걸쳐 퍼져있다.

차이나타운에는 독자적인 '국제금융=은행'도 발전했다. 중화 세계의 국제화가 차이나타운을 매개로 하여 시작되었다. 대로변에는 수많은 건물들이 개축되었고, 독자적인 젠트리피케이션이 이뤄졌다. 현재 이곳 차이나타운에는 전지구적 자본의 경제와 이민자들(=비공식 노동자)의 경제라는 '이중성'이 묻혀 있다. '전지구적 도시' 내에 제3세계가 내재화된 것이다. 이러한 흐름은 전통적인 포위된 영역=폐쇄성으로 인해 점점 '노동조건의 열악화'를 조장하고

---

13. [옮긴이] 푸조우(福州) : 중국 푸젠성(福建省, 복건성)의 성 소재지.
14. [옮긴이] 차오조우(潮州) : 중국 광동성(廣東省)에 있는 시로 전세계 화교들의 출신지로 유명.
15. [옮긴이] 원조우(溫州) : 중국 저장성(浙江省) 남부에 있는 도시.

있다.

　1980년대 차이나타운 내부에는 '전지구적 도시화'가 진행되기 시작했다. 이후, 1990년대에 걸쳐 차이나타운에서만 400개의 의복공장이 생겼고, 2만 명의 노동자가 일하게 되었다. 이때, 차이나타운에서 최대 레스토랑인 '실버 팔레스'Silver Palace는 노동조건이 열악하기로 유명했다. 나도 언젠가 차를 마시기 위해 이곳을 지나친 적이 있지만, 어떤 때에는 노동쟁의가 벌어져 점포 앞에 피켓들이 눈에 띄었다. 나는 노동자들의 피켓을 망가뜨리고 싶지는 않았기 때문에 친구들과 상의해서 다른 곳으로 갔었다. 이들은 갱단의 협박이나 수많은 고통을 겪으면서 몇 년 후에는 노동조합을 만들었다. 이것은 차이나타운 레스토랑에서 최초로 조합을 이룬 눈부신 승리였다. 여기서 일하는 사람들은 주간 40시간 노동, 단체교섭권, 건강보험, 유급휴가, 직장의 안전성 확보 등을 이루었다. 그러나 그 후 경영자는 파산선언을 하고 다시 이 모든 것을 무효화했다. 레스토랑이 문을 닫은 후에도 법정투쟁이 계속되었고, 결국 2003년 50만 달러를 배상한다는 합의가 성립했다.[16]

　1993년 여름, 뉴욕항에 '골든 벤처'Golden Venture라는 증기운반선이 도착했다. 286명의 복주 출신의 농민이 타고 있었다. 그들은 한 사람당 3만 달러의 '신용티켓'으로 112일간 배를 타고 해변에 도착하여 모래사장에서 벌벌 떨고 있었다. 이 사건으로 비밀결사 조직인 〈백호〉White Tigers, 〈푸칭〉the Fuching, 〈퉁안〉the Tong An 등의 조직이 밀입국smulggling을 알선한 사실이 명백히 밝혀졌다. 이 사건은 또다시 반反이민에 대한 감정과 반反이민정책에 불을 지폈지만, 그후에도 밀입국은 계속되고 있다. 현재 '신용티켓 가격'은 평균 6만 8천 달러가 든다고 한다. 그들은 미국으로 건너온 후, 주야로 일하면서 이 돈을 갚지 않으면 안 된다. 이런 방법으로 미국으로 건너 온 대부분의 이민자들은 복주나 온주 출신

---

16. http://www.thevillager.com/villager_12/silverpalace.html 참조.

자들이다. 나이키나 K마트 등 외국기업이 한 발 앞서서 중국 내 경제특구 지역의 경제발전에 개입했지만, 이로 인해 노동인구가 이 지역으로 집중되었고, 그 결과 본래 그들이 살고 있던 지역의 공동체와 산업이 파괴되었다.

현재 차이나타운은 지역적 확장과 함께 뉴욕의 각지에 위성지역을 띄우고 있다. 퀸즈의 엘름허스트Elmhurst나 플러싱Flushing, 브룩클린의 선셋파크Sunset Park 등이다. 이러한 위성들은 모태가 되는 차이나타운과 마찬가지로 포위된 영역을 형성하고 있다.

중국계 이민자들이 포위된 영역을 형성하는 이유는 무엇일까? 앞서 기술했듯, 미국 사회의 압력에 의해 그들 대부분은 다른 이민자들처럼 성공적으로 교외로 이주할 수 없었기 때문이다. 미국에서 이민자들의 역사는 어떤 의미에서 미국으로 건너온 순서에 따라 도시내부에서 교외로 이주해 갔다. 중국계 이민자들은 대다수가 무등록 이민자(비공식 노동자)에 머물렀고, 차이나타운이라고 하는 포위된 영역에 잔류했다. 그렇기 때문에, 이곳만이 맨하튼에서 싸구려 여관을 지니고 있는 예외적인 곳이 되었다. 여관에는 개별실도 없고, 침대는 서로 잇대어 있으며, 하룻밤에 10~15달러 정도의 간이 호텔이 즐비해 있다. 이곳은 레스토랑 종업원(남자)과 재봉사(여자)의 '주거지'permanent address로 되어 있다.

12장

할렘 풍경론

'아프로 아메리칸 부동산 회사'는 주식 구입 신청을 받고 있습니다. 지금이야말로 구입하실 때입니다. '인종문제'를 해결하기 위해 뭔가 하려고 하시는 분이나 '인종경쟁'(race) 속에서 선두에 서고자 하시는 분이라면 신청하십시오.
— 아프로 아메리칸 부동산 회사(The Afro-American Realty Company, Prospectus), 1904[1]

할렘의 개사

할렘은 낡은 건축물들이 상처 없이 그대로 남아 있다. 이곳은 전근대와 근대 건축물의 보고이다. 그렇지만, 이것은 이 지역이 경제적으로 활성화되어 있지 않다는 증거이기도 하다. 1911년부터 1990년에 이르는 긴 시간 동안, 이 지역에서 개인주택과 상업용 투자는 거의 없었고, 이것은 아마도 이 지역을 궁핍하게 만든 외적인 원인 중 하나일 것이다. 바로 이런 이유로 1870년부터 1910

---

1. Gilbert Osofsky, *Harlem: The Making of a Ghetto*, Chicago: Elephant Paperback, 1963, p.92.

년 사이의 건축 붐 시기에 지어진 건축물들은 상처 없이 깨끗이 남아 있는 것이다. 할렘은 뉴욕에서 가장 가난하고 문제도 많은 지역이었다. 언제나 다른 지역을 능가할 만큼 높은 실업률, 범죄율, 사망률을 보이고 있었다. 지난 20세기에는 적어도 6번의 폭동이 발생했다. 1935년, 1943년, 1964년, 1968년, 1977년, 1995년의 사건에 대해서는 어디를 찾아봐도 알 수 있을 만큼 유명하다. 마틴 루터 킹 목사의 암살로 촉발된 1968년의 폭동을 제외하면, 나머지 폭동의 원인은 한결같이 '경찰의 폭력'에 의해 발생한 것이었다. 앞서 설명했듯이 이러한 폭동은 백인 하층계급이 흑인 지역에 대해 자행했던 역사적인 차별관계로부터 비롯된 것이었다.

할렘에서 사람들은 항상 생활과 정치적인 면에서 투쟁을 강요받았다. 이곳에서 벌어진 격렬한 투쟁은 할렘을 미국 흑인들의 정신적 수도이자 희망의 중추로 만들었지만, 동시에 고난의 상징이 되기도 했다. 이 지역에서 문화와 정치를 주관했던 것은 '운동으로서의 할렘'이지 물질적인 소유권을 지닌 '장소로서의 할렘'을 뜻하지 않는다는 점을 주의하지 않으면 안 될 것이다. 다시 말해, 언제나 흑인의 집합적 존재와 관련된 할렘이라는 장소도 땅과 비즈니스적 의미에서 흑인의 손에 귀속되지 않았다. 이러한 사정은 지금도 변함이 없다. 예전이나 지금이나 '소비자로서의 흑인'과 '노동자·생산자로서의 흑인' 사이의 괴리가 문제이다. 상점과 주택은 대부분 백인들이 소유했고, 흑인들은 값싼 상품과 건물의 소비자 혹은 임차인이었다. 흑인들을 적극적으로 고용하여 기업에 종사하도록 하는 일은 거의 없었다. 이러한 모습은 현재 할렘에 진출하고 있는 대형 체인점에서도 기본적으로는 변함이 없다. 바로 여기에 할렘의 노동 문제와 높은 실업률 문제가 있다. 할렘의 흑인이라는 집합적 존재가 자율을 추구하며 투쟁을 벌일 때, 최대의 장벽은 일과 토지 소유권의 문제였다. 백인과 통합을 지향했던 '공민권 운동'에서도 이러한 직업과 토지 소유권과 관련된 자율의 질적인 측면을 둘러싸고, 최종적으로 만족할 수 없었던 '흑인 민족주의'Black Nationalism가 필연적으로 태동하였다. 흑인 민족주의는 경제, 문화, 정치 등 모든 측면에서 '흑인고유의 영역'을 수립하고자 했다. 이것은 토지도 경제도 문화도 모두 박탈당한 후, 아무것도 없는 상태에서 민중들이 다양한 차원의 자율을 창출시키려고 했던 커다란 희망이자 바람이었다. '운동으로서의 할렘'을 살펴보면, 식민지에 내재화된 불가피한 타율 속에서 어떻게 하면 자율을 창출할 수 있을 것인가라는 흑인들의 고된 투쟁이 몇 겹으로 깊이 새겨져 있다. '운동으로서의 할렘'은 타율과 자율 사이에서 요동쳐 왔다.

맨하튼의 다른 지역처럼, 할렘도 처음에는 네덜란드인들이 개척했다. 네덜란드의 서인도회사는 선주민이 사용했던 맨하튼 남부에서 '목초지'meadow로 이르는 들길을 흑인 노예들을 써서 정비하였다. 그 곳을 신할렘Nieuw Haarlem이라고 이름붙였다. 맨하튼의 동쪽은 당시에 대부분이 간석지였고, 할렘강과 그 반대편의 브롱크스, 서쪽으로는 허드슨강 사이에 끼어 점점 좁아지는 형태를 띤 땅이었다. 지금은 산업화의 영향으로 형태가 보이지 않지만, 뉴욕에서 가장 아름다운 자연적 이점을 풍성하게 지닌 지대였다. 1664년, 뉴욕의 모든 개척지는 영국의 손에 들어가게 되었고, 이후 할렘Harlem이라는 이름이 되었다. 지금의 할렘하이츠Harlem Heights와 모닝델하이츠Morningdell Heights에 걸쳐 있는 지역은 1776년 독립전쟁의 종지부를 찍는 마지막 전장이었다. 할렘의 남부지역은 현재 스패니쉬할렘Spanish Harlem이며, 19세기에는 주로 농장지대였다. 이 지역에 사는 영주들의 가옥은 주로 서쪽으로 허드슨강이 내려다보이는 높은 지대에 세워졌다. 당시 유일한 도심이었던 맨하튼 남단에서 할렘농장으로 이르는 교통은 주로 할렘강 하류의 이스트강을 오가는 증기선에 의존했다. 그리고 강이 얼어붙는 겨울에는 마차로 이동했다.

1831년, 뉴욕 23번지에서 할렘을 잇는 철도가 건설되었다. 신대륙에도 산업혁명의 열기가 점화된 결과였다. 1880년대에는 2애비뉴, 3애비뉴, 8애비뉴, 9애비뉴에 남북으로 운행하는 고가철로를 달리는 철도가 관통하게 되었다. 이에 따라, 타운하우스Townhouse, 아파트, 집합주택 등 각종 주거형태를 망라하는 도시개발이 급속도로 진행되었다. 1889년에는 향후 인구이동까지 고려하여 이스턴Eastern 125번지에 할렘 오페라 하우스Harlem Opera House가 지어졌다. 1896년부터 1904년 사이에는 레녹스애비뉴Lenox Avenue의 북쪽으로 향하는 지하철이 개통되었고, 이로 인해 이 지역에 대한 개발이 촉진되었다. 1900년대 이 지역의 주된 인구구성은 독일계와 독일계 유대인, 동유럽계 유대인이었다. 그 후, 로어이스트사이드에서 건너 온 사람을 포함하여 점차 유대인계가 증가했다. 이 지역이 가장 활성화되었던 1917년에는 15만 명 정도가 있었지만, 1920년대에는 브롱크스, 브룩클린, 퀸즈로 인구들이 이동하였고, 그 후에는 감소해 갔다.

이스트강 연안에 있는 스페인 할렘은 처음에는 이탈리아계 이민자들이 있던 곳이었다. 1920년대에서 1930년대 초에 걸쳐 이탈리아인들은 피오델로 라 구아디아Fiorello La Guardia 뉴욕시장과 그를 이어 사회주의자였던 비트 마르칸토니Vito Marcantoni를 리더로 하여 정치적으로 민족색을 표현했다. 점차 이탈리아계인들은 교외로 이동하였고, 푸에르토리코계 주민들이 늘어났다. 본래 19세기부터 푸에르토리코인들은 뉴욕으로 이주하기 시작했지만, 처음에는 브룩클린의 레드 훅Red Hook이나 맨하튼의 첼시, 로어이스트사이드에 모여 살았다. 그들은 담배 재배상tabaqueros 2이 많았고, 숙련공과 반숙련공이 주를 이루었다. 쿠바계와 연합하여 스페인으로부터 독립운동을 벌였던 〈도스 안틸라스〉Dos Antillas의 거점도 뉴욕에 있었다. 1898년 미서전쟁(미국과 스페인 전쟁)에서 스페인이 미국에 항복한 다음, 푸에르토리코계인들의 상황은 크게 변화하였다. 1917년 〈존스법〉Jones law 3을 통해 시민권을 얻기까지 그들의 존재는 허공에

---

2. [옮긴이] 타바쿠어(tabaqueros) : 가난한 담배 재배자 혹은 쿠바산 시가를 일컫는다.

3. [옮긴이] 〈존스법〉(Jones Law, Jones Act) : 본래는 필리핀인의 장래의 정치상태에 관하여 미국 국민의 의도를 명백히 하고 필리핀을 위하여 보다 광범위한 자치를 부여하려고 제정된 법률이었지만,

매달린 듯 불안한 상태였다. 20세기 초부터 푸에르토리코계인들은 이스트할렘을 점유하기 시작하였다. 1926년까지는 남북으로 90번지에서 116번지까지, 동서로는 1번가에서 5번가까지의 구역에 걸쳐 있었는데, 이 중 남북으로 110번지에서 112번지까지, 동서로 5번가에서 맨하튼 애비뉴까지의 구역이 엘 바리오 혹은 히스패닉 할렘이었다. 이들의 공동체 내부에는 다양한 상호부조 조직이 있었고, 스페인어로 된 각종 신문을 배포함으로써, 이들만의 문화와 공동체의 유대가 소중히 간직되었다. 이러한 모습은 어떤 의미에서 오늘날까지 계속되고 있다. 20세기 중반, 스페인 할렘은 빠른 인구증가를 보였다. 1940년부터 1970년 사이, 이들의 인구는 6만 1천 명에서 81만 7천 7백 명으로 증가하였다. 1950년에는 푸에르토리코인의 날이 공인되었고, 이 지역에 사는 푸에르토리코계 지도자가 시정부에 참여하기 시작했다. 1960년대 이후에는 취직난과 생활공간이 황폐해짐에 따라 빈곤과의 험난한 투쟁이 시작되었다. 〈영 로즈〉를 시작으로 〈푸에르토리코 사회주의당〉Puerto Rican Socialist Party, PSP, 〈푸에르토리코 학생연합〉El Comite Puerto Rican Students' Union 등 이민 2세대의 전투적 그룹이 활약하기 시작했던 것도 이즈음이었다. 이렇듯 왕성한 활동을 보인 공동체 운동의 관점에서 스패니쉬 할렘과 로어이스트사이드에 거주하는 푸에르토리코인들을 뉴요리컨스Nuyoricans라고 부르고 있다. 그리고 1990년대에 들어, 스패니쉬 할렘에는 멕시코나 남미의 각국에서 온 이민자들이 증가하기 시작했다.

제10장에서 뉴욕 흑인의 북상운동을 남북전쟁이 종결하는 시점까지 살펴보았다. 지금부터는 제10장의 연속편으로 그들이 할렘에 도착할 때까지 겪은 고난과 역경을 할렘에 대한 역사적 개관을 통해 알아보도록 하겠다.

이와 동시에 1917년 푸에르토리코를 미국의 영토로 선언하고 모든 푸에르토리코인을 미국 시민으로 만들었다.

　　그동안 흑인이 선거권을 획득하기 위한 조건이었던 자산자격을 철폐하도
록 주장했던 제안들이 1869년 뉴욕주 주의회 선거에서 각하되었다. 그러나 이
듬 해 미국 전체 주가 3/4이상 의결함으로써 마침내 흑인은 백인과 동등한 선
거권을 획득하였다. 이것이 바로 〈수정헌법 제15조〉 "미국 시민의 투표권은
미국이나 또는 그 어떤 나라에서도, 인종, 피부색, 또는 그 사람의 이전 직위나
환경에 의해 제한되어서는 안 된다"4의 체결이었다.

　　징병폭동이 발생한 후, 뉴욕 다운타운에서 아프리카계-미국인들은 뉴욕
의 북쪽으로 이동했다. 특히, 웨스트 10번지에서 30번지, 혹은 그 북쪽에 있는
텐더로인Tenderloin 지구에 모여들면서 이곳도 역시 슬럼화되어 악명 높은 장소
가 되었다. 그러나 이곳에 세워진 '마셜 호텔', '마카오 호텔'은 아프리카계-미
국인들의 독자적인 쇼비즈니스의 중심지로서 '블랙 보헤미아'로 불러졌고, 그
후에는 할렘에서 만개할 흑인 고유의 문화영역을 확립할 태세를 갖추게 되었
다. 뉴욕시의 흑인은 남부에서 올라 온 이민자들도 많았기 때문에 1865년에
9,943명이었지만 1890년에는 2만 3,601명, 1900년에는 6만 666명으로 증가했
다. 그렇지만, 여전히 전체 인구의 2퍼센트에 불과했다. 이에 비해, 남유럽과
북유럽에서 이민자들이 쇄도하면서, 그들은 변함없이 직업과 거주지를 둘러
싸고 흑인들과 인종대립을 일으켰다. 오늘날 우리들이 알고 있는 상황과는 달
리, 뉴욕의 흑인은 인구적 측면에서 극소수였으며, 이러한 상황 속에서 대립이
일어났던 것이다.

　　1900년 8월 15일, 텐더로인 지구에서도 인종폭동이 발생했다. 매일 기온이
33도 전후를 오르내리는 기록적인 무더위 속에서, 어떤 한 흑인이 41번지와 8
애비뉴 부근에서 약속을 기다리고 있던 애인이 매춘혐의로 사복경찰관들에게

---

4. [옮긴이] 〈수정헌법 제15조〉 : 1870년 2월 3일, "미국 시민의 투표권은 미국이나 또는 그 어떤 나라에
　　서도, 인종, 피부색, 또는 그 사람의 이전 직위나 환경에 의해 제한되어서는 안 된다."

체포되는 장면을 목격했다. 당연히 그녀가 폭행당하고 있다고 생각했던 흑인은 경찰들 속으로 헤집고 들어갔다. 경찰관들은 그를 구타하면서 인종적인 학대를 자행했다. 이에, 흑인 남성은 경찰관에게 칼을 휘둘렀고, 경찰관이 죽게 된 사건이 벌어졌다. 이로 인해, 텐더로인 지구에서 인종적인 긴장이 고조되었다. 어떤 백인 여성은 근처에 사는 흑인들에 대한 '공포심' 때문에 경찰에 보호를 요청했다. 흑인과 백인 사이의 싸움도 커다란 대립으로 발전했다. 백인들은 집단으로 뭉쳐 흑인을 보기만 하면 공격하기 시작했다. 경찰은 백인들의 집단적인 폭행을 모르는 척 지나치거나 폭행에 가담하기도 했다. 벨뷰병원Bellevue Hospital에는 머리를 얻어맞은 흑인 부상자들이 계속해서 실려왔고, 경찰서로도 연행되었다. 당시 어떤 정치가는 이러한 상황을 보고받고서, '도대체 백인은 폭동참가자가 없는가?'라고 의심할 정도였다고 한다. 이에 대해 변명이라도 할 듯이 겨우 백인소년 1명이 체포되었다고 한다.

폭동 후에도 긴장은 지속되었고, 흑인들 대부분은 권총으로 무장하기 시작했다. 이에 대해 흑인들만을 대상으로 계엄령이 발포되었다. 시인 폴 로렌스 던바Paul Laurence Dunbar 5는 이곳을 찾아와서 어떻게든 평화 상태를 확립하려고 시도했지만 긴장상태는 완화되지 않았다. 수많은 흑인이 권총불법 소지죄로 체포되었다. 그 후에도 매일처럼 폭력적 상황이 벌어졌다. 이러한 상황 속에서 경찰의 대응에 항의하면서, 죄가 있는 자를 재판하고 희생자에게 배상할 것을 요구하는 운동이 벌어졌다. 이 운동을 지도했던 사람 중 1명이 성 마르크 감리교The St. Mark's African Methodist Episcopal Church의 목사였던 W. H. 브룩스W. H. Brooks였다. 그는 후에 〈전미 유색인 지위향상 협회〉National Association for the Advancement of Colored People, NAACP를 창설하였다. 같은 해, 9월 12일 카네기 홀

---

5. [옮긴이] 폴 로렌스 던바(Paul Laurence Dunbar, 1872~1906) : 미국 시인 겸 소설가. 노예의 아들로 태어나 엘리베이터 보이 등을 하면서 시작(詩作)에 전념하였고, 주요저서로는 시집 『사랑과 웃음의 서정시』, 『햇빛과 그림자의 서정시』, 소설 『광신자』, 『신들의 놀이』등이 있다.

에서 3천 5백 명의 흑인이 모여 〈시민 보호 연맹〉Citizens' Protective League이 결성
되었다.6

　　이러한 상황 속에서 흑인들은 할렘으로 집단탈주Exodus를 시작했다. 처음
할렘으로 들어온 사람들은 백인 주민들의 조직적 저항에 부딪쳤다. 유대인계
주민을 중심으로 한 지역조직 〈서부지역 발전 연합〉The West Side Improvement
Association은 흑인의 이동을 반대했다. 이들은 은행에 압력을 가하여 흑인에 대
한 주택대출을 정지시키려고 했다. 뉴욕시의 거대 신문사들도 이러한 흐름에
동조하는 기사를 게재했다고 한다. 그렇지만, 이미 세계도시로 성장해 버린 뉴
욕과 이를 지탱하는 뉴욕의 산업화는 이러한 반대에 흔들릴 수 없었다. 맨하튼
중부의 텐더로인 지구는 지하철 노선들이 만나는 지점에도 가까웠고, 펜실베
니아 철도회사가 거대한 터미널을 건설하였다. 이 때문에 이곳에 눈독을 들이
면서 개발 붐이 일어났다. 대다수의 흑인들은 퇴거하도록 종용받았지만, 토지
를 소유하고 있던 일부 흑인들의 손에는 거액의 돈이 들어왔다. 이 자본은 싫
든 좋든 '백인 할렘'은 물론 '흑인 할렘'을 구축하는데 활용되었다.

　　흑인할렘을 구축할 때, 크게 활약했던 것이 〈아프로 아메리칸 부동산회
사〉The Afro-American Realty Company와 이 회사를 설립한 필립 페이튼 주니어Philip
Payton Jr.였다. 비교적 밝은 피부색을 지닌 그는 백인 집주인과 흑인 입주자 사
이를 중개하였다. 집주인에게는 평균적인 임대료보다 10퍼센트정도 가격을
더 쳐주었고, 그 대신 흑인 세입자들을 집중적으로 들어오게 하였다.7 이러한
방법으로, 이 회사는 1904년부터 1908년까지 단기간에 집중적으로 흑인들이

---

6. 텐더로인 폭동에 대해서는 Gilbert Osofsky의 같은 책 3장 참조. *The Encyclopedia of New York
　　City*, edited by Kenneth T. Jackson, New Haven and London: Yale University Press, 1995.
　　James Tragger, The New York Chronology, New York: HarperCollins Books, 2003를 참조.

7. Gilbert Osofsky, *Harlem: The Making of a Ghetto*, Chicago: Elephant Paperback, 1963,
　　Chapter 7참조.

할렘으로 이주하도록 하였고, 블랙 할렘의 기초를 만들었다. 그는 매사추세츠 주 출신으로 다양한 직종을 경험한 다음 부동산업계에 대해 재미를 느꼈다. 사상적으로는 부커 T. 워싱턴Booker Taliaferro Washington 8을 존경했으며, 〈흑인 사업가 연맹〉National Negro Business League의 명예회원이 되었다. 그의 신념은 그가 말했듯 '인종기업'Race Enterprise으로서 흑인들의 고유한 자본을 축적하는 것이었다. 참고로, 부커 T. 워싱턴은 버지니아주의 노예로 태어난 저명한 활동가였으며, W. E. B 듀. 보이스와 적대적인 관계에 있었다. 듀 보이스는 그를 비판하면서 '대 조정자'Great Accomodator라고 불렀지만, 사실 워싱턴은 현실주의자였으며, 백인과 협조하여 자선사업가의 도움을 최대한 끌어내려고 하였다. 그는 해방 후 흑인의 '직업훈련'을 중시하였으나, 듀 보이스처럼 '전면적 교육'을 주장하는 사람들과 대립했다.

이렇듯, '부동산 운동'Real Estate Activism을 통해 토지사용의 권한을 획득하여, 그 위에 다른 모든 활동의 씨앗을 뿌렸다. 대표적으로는 흑인교회로서 1914년 성 제임스 장로교회St James Presbyterian Church가 50번지에서 이주해 왔고, 1923년에는 아비시니안Abyssinian 침례교회가 이주해 왔다. 흑인조직 중에서 가장 경제적으로 막강한 교회들의 기능은 종교적 측면만이 아닌 지역경제의 발전을 돕는 것이었다. 1920년대부터 1930년대에 걸쳐 할렘의 흑인은 맨하튼 남부만이 아니라 미국남부에서 이주해 온 사람들도 있었기 때문에 12만 명 정도 증가하였고 전체적으로 20만 명을 넘게 되었다. 이러한 인구증가의 상황 속에서 민중들은 좁은 공간에서 잡거하게 되었다. 다운타운과 마찬가지로, 주거지에 대한 수요증가와 함께 임대료가 상승하면서 아파트 하나에 복수의 가족이 공동 주거하는 형태가 활발해졌다. 이런 맥락에서 출현한 것이 '렌트파티'Rent

---

8. [옮긴이] 부커 T. 워싱턴(Booker Taliaferro Washington, 1856~1915) : 미국의 온건주의적 교육가 · 개혁가. 1895~1915년 미국 흑인들의 가장 영향력 있는 대변인이었다.

Party였다. 세입자들은 임대료를 지불해야 할 날이 가까워지면 유료 파티를 개최하였던 것이다. 음식을 준비하고, 때때로 밀주도 제공했다. 참가자들도 통상적인 외식보다는 싼 값으로 즐길 수 있었기 때문에 기꺼이 모여들었다. 이런 모습은 가정살림의 위기를 구원해 주는 것이면서 동시에 서로 잘 모르는 사람들과 통성명하며 교류하는 새로운 즐거움이 있었다. 이것은 도시화 속에 나타난 민중문화의 한 형태라 할 수 있을 것이다. 이러한 새로운 도시적 교류를 바탕으로 흑인의 근대적 문화들이 집중적으로 꽃을 피우게 된 할렘 르네상스의 시대가 도래하게 된 것이다.9

문학, 미술, 음악에 걸쳐 다양한 운동의 기저에는 할렘의 정치, 사회적 경향이 스며있었다. 한 가지 예를 들면, 1910년 할렘에서 결성된 〈전미 도시 연맹〉 National Urban League은 『기회』*Opportunity*라는 기관지를 편찬하였고, 1911년에 결성된 NAACP는 『위기』(듀 보이스가 편집을 담당함) *The Crisis*를 통해 젊은 흑인 작가와 문화를 육성하였다. 이 두 조직은 선두에 서서 공민권운동을 담당

---

9. '할렘 르네상스'를 예시하는 사건으로서, 사람들은 대부분 사상가 W. E. B. 듀 보이스의 *The Souls of Black Folk*(1903)이라는 책을 지목한다(W. E. B. Du Bois, *The Soul of Black Folk*, New York: Barnes & Noble Classics, 2003.). 이 저서는 각 장의 권두에 흑인의 애가(哀歌)를 악보와 함께 싣고 있으며, 여기서 그는 흑인의 역사적 존재를 새롭게 학술적 연구대상으로 만들었고, 이로써 미국사에서 흑인의 위치를 확립시켜 지금까지의 미국사를 다시 쓰도록 영향을 끼쳤다. 그는 권두에서 "20세기의 여명기에 흑인이라는 존재의 기묘한 의미를 독자에게 제시해 갈 것이다"고 공언하고 있다. 그는 흑인의 역사적 체험을 하나의 '민족문화'로서 다룬다. 이 '민족문화'의 내용은 그 속에 복수의 목소리를 담고 있는 '혼'(soul)이라고 한다. 이 혼의 본질은 '이중의식'이라는 개념으로 설명할 수 있다. 즉, "두 개의 혼, 두 개의 사고, 두 개의 화합할 수 없는 분투, 두 개의 서로 투쟁하는 이상(理想) — 이들은 완고한 힘만이 서로 흩어지는 것을 방지하며, 검은 신체 속에 잠자고 있다." 이러한 "흑인이기 때문에 기묘한 의미"를 드러내는 '이중의식'이란 흑인민중이 아프리카계 – 미국인이라는 국민의식을 획득하는 과정에서 발생하는 '이중화'이다. 우선 그들은 백인들의 의식 속에서 열등한 자신을 보지 않으면 안 된다. 타자의 눈으로 자신들을 보지 않으면 안 된다. 동시에, 자신의 '본래성', 즉 자신들의 '기원'을 탐구하여 '동일성'을 획득하려고 한다. 이렇듯, 흑인들은 자의식을 구성하는 역학이 이중화되어 있다. 이것은 아프리카계 – 미국인의 타율과 자율 사이에서 진폭을 주관하는 핵심이며, 때에 따라 '미국'과 '아프리카'로 표상되기도 하며, '백인=권력의 눈'과 '흑인(=반권력)의 눈'으로서 나타나기도 한다. 할렘 르네상스는 이러한 진폭운동의 출발점이었다.

하였다. 무엇보다 할렘 르네상스에 영향을 미친 것은 1918년 마커스 가베이
Marcus Mosiah Garvey가 자메이카에서 들여 온 〈범세계 니그로 발전 협회〉
Universal Negro Improvement Association and African Communities League, UNLAACL라는 지
금까지와는 전혀 다른 아프리카 중심주의사상이었다.

'문화운동'에는 몇 가지 상이한 경향이 나타났다. 초기문학을 예로 들자면,
듀 보이스는 흑인의 예술과 문화를 '흑인을 위한 선전활동의 의무'를 수행하기
위한 것으로 생각했다. 랭스턴 휴즈Langston Hughes 10는 시인으로서 이러한 사
상을 몸소 실현하기 위해 "재즈와 같은 흑인의 혼을 노래한 시"를 쓰려고 했다.
"백인세계가 지닌 권태로움에 대해 반역하는 톰톰"11과 같은 시를 썼다. 이상
의 경향과는 별도의 차원에서 문화운동에 호응했던 것에는 아프리카 중심주
의가 있었다. 많은 소설가나 시인을 육성했던 철학자·미학자였던 아랑 록Alan
Lock은 흑인문화가 독자성을 획득하기 위해서는 아프리카 전통을 모델로 해야
한다고 주장했다. 그에게 할렘이란 그곳에 사는 흑인민중들의 완전히 '자기충
족된 세계'the world unto itself였다. 신생 아일랜드인에게 더블린이나 체코인들에
게 프라하가 있는 것처럼, 이러한 도시들과 비교할 수 있는 수도로서 할렘은
흑인 시온주의Negro Zionism의 중심이 되어야 할 곳이었다. 또, 근래에 들어와
점차 호평을 받기 시작했던 조라 닐 허스턴Zora Neale Hurston 12은 콜롬비아 대

---

10. [옮긴이] 랭스턴 휴즈(Langston James Mercer Hughes, 1902~1967) : 미국의 대표적인 흑인 시
   인. 1930년대에는 정치적으로 급진적인 운동가가 되어 소련, 일본, 하이티 등지를 여행하고 스페인
   내란 때에는 기자로 일하기도 하였다.
11. Langston Huhges, "The Negro Artist and the racial Mountain," included in *The Portable
   Harlem Renaissance*, edited by David Levering Lewis, Penguin Books, 1994.
12. [옮긴이] 조라 닐 허스턴(Zora Neale Hurston, 1903~1960) : 미국의 흑인 민속학자, 작가. 남부 시
   골 흑인거주지역의 목소리로 흑인 문화를 찬양한 '할렘 문예부흥'에 기여했다. 콜럼비아대학교에서
   프란츠 보아스에게 인류학을 공부하면서 인종에 대한 과학적 접근을 했다. 그녀는 인류학자로서 아
   이티를 여행하면서 부두교를 연구했다. 자연스럽게 자신의 혈통에 관심이 기울어진 그녀는 궁극적
   으로 학계의 전통적인 견해를 거부했다. 1931년 랭스턴 휴스와 함께『뮬 본 : 니그로의 삶에 대한 3
   막 희극』(*Mule Bone : A Comedy of Negro Life in Three Act*)을 완성했다. 그녀는 2번째로『그

학에서 프란츠 보아스Franz Boas 13의 제자이자 우수한 인류학자였다. 그녀는 자신의 출신으로서 동일시해 왔던 남부 노예들의 구어를 그대로 사용하여 소설을 씀으로써 흑인 전통문화를 보존하려고 했다. 즉, '인종이라는 기호'는 모든 참가자들의 '공통유산 및 운명'으로서 모든 문화생산의 영역에서 다종다양한 방향으로 추구되었다.

할렘에서는 점차 노동문제도 표면화되었다. 유대인계가 소유하는 125번지의 작은 상점에서 그 지역에 사는 흑인을 고용시키도록 하는 기나긴 투쟁이 시작되었다. 1930년대에는 공산당 조직이 불매운동을 활발히 전개했다. 또한, 아비시니안 침례교회의 목사였던 아담 클레이튼 파웰 주니어Adam Clayton Powell, Jr가 할렘출신으로는 최초의 국회의원으로 할렘지역의 이해관계를 대표하기 위해 도전했다. 그러나 대공황이 도래하면서 할렘의 경제는 황폐화되었고, 이때부터 할렘 르네상스도 종말에 이르게 되었다. 뉴욕에서는 흑인의 50퍼센트가 직업을 잃었다. 그렇지만, 흑인들은 할렘으로 몰려들었다. 그 결과, 할렘의 인구밀도는 맨하튼의 다른 지역에 비해 두 배 이상 높았다. 이러한 인구증가는 2차 세계대전 후 교외로 이주를 시작할 때까지 지속되었다.

할렘 공동체의 궁핍한 상황은 도처에서 확인되었다. 제시 그레이Jesse Gray 14는 1950년대부터 1960년대에 걸쳐 임차파업Rent Strike을 몇 번씩 반복적으로 지도하였다. 당시, 할렘에서 부모와 함께 살던 아이들은 전체 인구의 절반에 불과했다. 1960년대 중반에는 공민권운동의 흐름 속에서 〈인종통합 교육을 위

들의 눈이 신을 보고 있었다』(*Their Eyes Were Watching God*, 1937)를 발표해 폭넓은 찬사와 논란을 일으켰다. 이 책에서는 흑인의 열등성에 관한 신화를 인정하지 않았지만 또한 흑인을 이 신화의 희생자로 그리지도 않았는데, 이 때문에 그녀는 흑인들에게 비판의 대상이 되기도 했다.

13. [옮긴이] 프란츠 보아스(Franz Boas, 1858~1942) : 독일 태생 미국의 인류학자. 20세기에 주류를 이룬 상대주의적이고 문화중심적인 인류학을 확립했다. 그는 북아메리카 인디언 문화와 언어 분야의 뛰어난 연구자였고 미국의 인류학을 발전시킨 여러 학자들의 위대한 스승이기도 했다.

14. [옮긴이] 제시 그레이(Jesse Gray, 1924~1988) : 1960년대 할렘에서 발생한 임차파업(rent strike)의 지도자. 이후 뉴욕주 주의원으로 활약했다.

한 도시 위원회〉City Wide Committee for Integrated Schools가 시립학교에서 인종분리
가 아닌 인종통합적인 교육을 실시할 것과 교육위원회 위원장의 사임을 요구
하며 수업거부를 하도록 조직하였다. 또한, 〈전미 인종 평등 회의〉는 다양한
직종의 고용문제를 둘러싸고 뉴욕시와 할렘 공동체의 중개역을 맡았다. 이러
한 투쟁 속에서 보다 급진적인 지도자인 말콤 엑스나 〈이슬람 국가운동〉Nation
of Islam 15이 커다란 지지를 획득해 갔다. 그리고 〈블랙팬더당〉이 등장했다.

---

15. [옮긴이] 〈이슬람국가운동〉(Nation of Islam) : 미국의 흑인 이슬람교도로 구성된 급진주의 흑인
    단체. 20세기에 미국의 유사 종교단체인 여러 흑인 민족주의단체에서 발전한 종교 · 문화 공동체.
    이중 가장 유명한 단체는 1913년 예언자 드루 알리가 뉴저지 주 뉴어크에 세운 무어 과학 사원이다.
    원래 이름이 티머시 드루인 예언자 알리는 모든 흑인이 무어(그리고 이슬람) 태생이라고 말하면서
    인종적인 억압에서 해방될 수 있는 유일한 방법으로서 이슬람 세계로 다시 돌아갈 것을 주장했다.
    1914년 마커스 가비가 세운 세속단체 〈세계흑인지위향상협회〉에서도 이러한 견해를 지지했는데
    이는 나중에 〈이슬람국가운동〉의 이념으로 발전했다. 〈이슬람국가운동〉을 시작한 것은 파르드
    무하마드(W. D. 파르드 또는 왈리 파라드라고도 함)였는데, 그는 1877년 메카에서 태어난 정통 이
    슬람교도라고 한다. 그는 1930년 미국으로 이주하여 1년 후 디트로이트에 이슬람 사원을 세웠다.
    파르드의 초기 신도들 대부분은 미국 남부지역 출신 흑인 이주민들이었다. 이들은 심한 인종차별정
    책과 열악한 경제적 조건 때문에 북부 산업대도시 흑인 빈민가에 밀집해 살았다. 흑인들에게 파르
    드는 '버림받은 서구 이슬람 민족'을 해방하기 위해 나타난 알라의 화신이었다. 파르드의 가르침을
    따르고 흑인 자신에 관한 진리를 배우게 되면, 백인 '노예주들'을 물리치고 세계 여러 민족들 사이에
    서 최고의 존엄적 지위를 되찾게 된다는 것이었다. 〈이슬람국가운동〉을 발전시킨 주요인물은 엘리
    자 무하마드였다. 1934년 파르드의 불가사의한 실종 후 무하마드는 그를 계승하여 〈이슬람국가운
    동〉의 지도자가 되었으며, 곧 시카고에 2번째 사원을 세웠다. 〈이슬람국가운동〉은 처음에는 천천
    히 퍼져나갔으나 제2차 세계대전이 끝나자 아프리카를 휩쓸던 흑인 민족주의의 영향을 받게 되었
    다. 이슬람 국가는 흑인 대중의 억눌린 욕구불만을 직접 이용했으며, 비폭력을 공언하기는 했지만
    투쟁을 통해 불만을 해결하려 했다. 그 후 곧 흑인 인구가 많은 모든 대도시마다 〈이슬람국가운동〉
    의 사원이 생겨났다. 무하마드의 지도에 따라 이슬람 국가는 '흑인'의 도덕적 · 문화적 우월성을 가
    르쳤으며 알라의 뜻에 따라 흑인은 이 세상의 문화적 · 정치적 지도자가 되도록 예정되어 있다고 설
    교했다. 그의 주장에 따르면 그리스도교는 비(非)백인 민족들을 노예로 삼기 위해 백인들이 사용하
    는 주요한 계략이었으므로 흑인들은 기꺼이 그리스도교를 버리고 이슬람으로 개종했다. 또한 백인
    종은 지배 기간이 끝나고 있는 악마의 종족이었다. 한편 이슬람 국가의 흑인 신도들은 타락한 형제
    들(범죄자, 마약중독자 등)을 구원하기 위해 함께 노력하며, 흑인의 참된 역사를 배우고, 경제적인
    자립을 위해 애쓰며, 선과 악의 마지막 결전인 아마겟돈 전쟁을 위해 준비해야 했다. 1960년대에
    〈이슬람국가운동〉은 엘리자 무하마드의 대변인 말콤 엑스로 인해 전국적으로 유명해졌다. 말콤 엑
    스는 흑인으로서의 자부심과 이슬람 원리에 대한 힘차고 명쾌한 논리 덕분에 특히 흑인 청년들 사

이 시대의 문화운동의 특징은 할렘 르네상스의 시대에 비해 보다 더 대중 노선을 지향하며, 블랙파워에서 급진적 흑인 민족주의로 변모해 갔다. 여기에 는 대중소비사회의 도래와 매스미디어의 발흥이라는 토대가 깔려 있었다. 말 할 것도 없이, 할렘문화 중에서 할렘의 공동체를 뛰어 넘어 바깥 세계에 가장 커다란 영향력을 과시했던 것은 음악이었다. 푸에르토리코계인들의 살사, 듀 크 엘링턴Duke Ellington 16의 재즈를 계승한 찰리 밍거스Charles Mingus 17, 그리고 존 콜트레인John William Coltrane 18의 프리재즈가 있었다. 더 나아가 펑크와 힙합 이 탄생했으며, 할렘에서 북쪽으로 이동하여 브롱크스까지 옮겨갔다. 그 사이,

---

이에서 문화영웅이 되었다. 그 당시 C. 에릭 링컨이 쓴 『미국의 블랙무슬림』(*The Black Muslims in America*, 1961)이 출간되면서 블랙무슬림이라는 이름은 비록 공식명칭은 아니었지만 〈이슬람 국가운동〉을 가리키는 대중적인 이름으로 자리 잡았다. 그러나 파벌 사이의 불화로 마침내 말콤 엑 스가 자격을 박탈당하게 되고, 그의 지도 아래 이슬람 국가의 경쟁 단체인 무슬림 모스크가 창설되 었다. 두 단체 사이의 폭력적인 분쟁이 1965년 말콤 엑스의 암살에 한 요인으로 작용했다는 의혹이 있다. 1970년대 후반 무하마드의 아들인 워리스 딘(또는 월리스 D.) 무하마드가 그를 계승하게 되 면서 이슬람 국가의 사회적·지적·정신적인 방향과 발전에 관한 일련의 변화가 일어났다. 이 시기 중 흑인 의식, 인종 차별주의, 파르드의 신격화에 대한 모든 가르침이 부정되었으며 단체의 명칭도 미국 무슬림 선교회로 바뀌었다. 1985년 5월 W. D. 무하마드가 전세계 정통 이슬람 공동체의 일원 이 되기 위해 미국 무슬림 선교회로 해산한다고 발표한 후, 이전의 〈이슬람국가운동〉의 특징이었 던 중앙집권적인 지도력과 조직은 사라졌지만, 사원의 조직망과 여기서 실시하던 종교·교육·경 제 프로그램은 계속 운영되었다. 뉴욕시에 있는 한 분파가 루이스 파라한의 지도에 따라 이슬람 국 가라는 명칭과 기본 이념을 계속 유지하고 있다.

16. [옮긴이] 듀크 엘링턴(Duke Ellington, 1899~1974) : 미국의 재즈피아노 연주자·작곡가·편곡
    자·밴드리더. 할렘을 근거지로 밴드활동하다가 클럽에 출연하여 성공을 거두었으며 레코드와 연
    주여행으로 세계적인 명성을 얻었다. 『흑갈색(黑褐色)의 환상곡』, 『할렘』 등의 명작을 남겼다.

17. [옮긴이] 찰리 밍거스(Charlie Mingus 본명은 Charles Mingus, 1922~1979) : 미국의 재즈 작곡가,
    베이스 연주자, 피아니스트, 밴드 리더. 주로 독주자들의 즉흥연주로 연주하도록 작곡된 그의 음악
    은 1950, 1960년대 재즈의 흐름을 주도했으며 녹음 음악계에서 영향력 있는 위치를 차지하여 많은
    녹음을 남겼다. 작품으로는 〈Goodbye, Porkpie Hat〉, 〈피테칸트로푸스 에렉투
    스〉(Pithecanthropus Erectus)가 있다.

18. [옮긴이] 존 콜트레인(John William Coltrane, 1926~1967) : 미국의 재즈색소폰 연주자이자 작곡
    가. 1960년대 후반에 들어 프리재즈에 심취하여 〈Crescent〉, 〈A Love Supreme〉,
    〈Expressions〉 등의 앨범을 발표. 자세한 것은 johncoltrane.com 참조.

보다 급진적인 문화운동이 나타나기도 했는데, 이슈마엘 리드Ishmael Scott Reed 19의 문필활동, 아미리 바라카Amiri Baraka 20의 시–연극운동이었던 '흑인예술운동'The Black Arts Repertory Theatre/School과 시–음악운동이었던 〈마지막 시인들〉The Last Poets를 꼽을 수 있다.21

할렘지역에서 아파트나 집합주택 건물들이 노화됨에 따라, 집주인들은 점차 건물들을 '개별 아파트'single room occupancy로 하룻밤을 머무를 수 있는 여관으로 바꿔갔다. 그러나 돈벌이는 뉴욕시가 부과하는 부동산세를 낼 만큼 충분하지 않았고, 결과적으로 많은 건물들이 버려져 갔다. 이로 인해 방화와 마약 교환을 끌어들이게 되었다. 1970년대 이후 할렘 전체의 주거지역이 변해 버린 것은 이것 때문이었다. 폐허가 된 집들은 '공중폭격으로 불타버린'bombed-out 지대로 묘사되었다. 이리하여 1980년대에는 할렘지역의 60퍼센트에 해당하는 건물들이 뉴욕시의 소유물로 바꼈고, 거대 창고처럼 저장된 상태로 남게 되었

---

19. [옮긴이] 이슈마엘 리드(Ishmael Scott Reed, 1938~) : 미국 시인, 수필가, 소설가. 가장 대표적인 아프리칸 아메리칸 문필자 중 하나. 생생하고 코메디적인 풍자로 우파를 비평하였다. 대표작으로는 *Yellow Back Radio Broke Down*(1969), *Mumbo Jumbo*(1972), *The Last Days of Louisiana Red*(1974) 등이 있다.

20. [옮긴이] 아미리 바라카(Amiri Baraka, 1934~) : 미국 흑인 급진주의 시인, 드라마, 에세이, 음악 평론가이다.

21. 〈마지막 시인들〉은 '랩의 원조' 내지는 '공민권시대의 래퍼'로서 유명했다. 멤버들 대부분은 급진주의 활동가들로서 〈SNCC〉, 〈미국 민주 학생 연합〉, 〈블랙팬더당〉과 같은 하드코어 운동에 관여하거나 그 주위에 있었다. 1970년에 시작된 '시인=활동가'들의 '연주=활동'은 거리를 중심으로 퍼포먼스를 펼쳤다. 랩의 원형이라 할 수 있는 '시의 음(音), 즉 노래'는 가두에서 대중들에 대한 호소와 노래가 합체된 것으로부터 출발한다. 이 그룹의 이름은 남아프리카의 시인인 크고시칠레(Willie Kgositsile)가 주장한 혁명적 상황에서 예술적 시를 잠시 젖혀 두어야 할 필요성에서 비롯되었다. "시간의 모태 속에서 혁명이 부하하려고 할 때, 단지 예술만을 운운하는 것은 있을 수 없다. 그대가 듣게 될 유일한 시는 악당들의 골수에 꽂을 창끝이다 …… 우리들은 **세계 최후의 시인**인 것이다." 그렇다면, 혁명적 상황이란 도대체 언제 발생하는가 — 이에 대한 고찰이야 어떻든 간에 이들의 활동은 항상 치마타의 공간에 대응하여 상황에 맞서왔다. 그들의 '시의 음'(=활동)은 항상 이러한 '혁명 전야=임박한 상황'과 같은 긴장상태를 안고 있다. 사어버링크 http://www.math.buffalo.edu/~sww/LAST-POETS/last_poets0.html, 코소 이와사부로(高祖岩三郎), 「도시 속의 시」(「都市の中の詩」), 『한 권의 책』(『一冊の本』), 아사히신문사, 2006년 4월호 참조.

다. 할렘 공동체에는 결핵과 에이즈, 각종 암이 발생하였다. 젊은 남성들 사이에서 실업률은 30퍼센트를 기록하였고, 대부분의 가정은 모자가정으로 어머니가 생계를 유지하였고, 특히 10대의 모자가정이 증가했다. 1990년의 조사에 의하면, 할렘은 세계최저의 출생률 지역으로 방글라데시를 능가하였다. 1996년 조사에 의하면, 할렘에서 살고 있는 현재 15세부터 60세에 이르는 여성들 중 생존해 있는 사람은 65퍼센트 정도로 인도와 비슷한 평균수명을 보였다. 남성의 경우는 겨우 37퍼센트에 불과했고, 이는 앙골라의 수준이었다.

이렇듯 할렘 공동체는 궁핍한 상황이었지만, 젠트리피케이션은 공동체를 지원하기는커녕, 살기 위해 설치해 놓았던 최후의 방어벽을 민중으로부터 빼앗아 제거해 버렸다. 그 대신 깨끗한 투자용 건물로 변모시키기 위해 젠트리피케이션의 파도가 밀려들어 온 것이다. 100년 만에 줄리아니 뉴욕시장은 투자를 개시하였다. 1990년에서 2000년 사이에 할렘의 가옥들은 14퍼센트가 증가했다. 1990년대에 센트럴할렘의 부동산의 평균적인 가격 상승률은 300퍼센트(맨하튼의 다른 지역의 평균은 12퍼센트)나 껑충 뛰었다. 1994년에 시작된 125번지에 대한 개발을 필두로, 거대 쇼핑센터인 '할렘USA'가 건설되었다. 1994년 10월에는 125번지에서의 노점판매가 금지되었다. 상점주인들과 노점상인들은 오랫 동안 대립관계에 있었지만, 뉴욕시는 상점주인들의 이익을 대표한다는 명목으로 할렘의 공공공간에 개입하였고, 노점상들을 해체했다. 이때, 그 동안 서아프리카계인들과 이슬람계 그룹들 사이에 벌어졌던 대립을 일시적으로 보류하고, 이들 노점상인들 사이에 대연합이 형성되었다. 모리스 파웰Morris Powell과 알 샤프톤Al Sharpton 목사의 지도 아래 노점상인들은 125번지에서 가두시위를 벌였고, 아담 크레이튼 파웰 스테이트 빌딩에서 궐기대회를 열었다.

이 사건은 젠트리피케이션이라고 하는 것이 단순히 건물에 대한 투자나 개축만의 문제가 아니라는 것을 가르쳐준다. 이는 '공공 공간'의 위상을 완전히 새롭게 기록하려는 것이었다. 지금까지 치마타에서 벌어진 군집신체 mass-corporality의 왕래를 '위법행위'로 규정하면서 제거해야 할 대상으로 만들었고, 오직 거대 자본이 허용하는 교통과 왕래만을 '합법적'으로 인정함으로써 결과적으로는 국가의 보호 속에 놓이게 된 것이다. 이로써, 공공공간은 두 가지의 기로에 서게 되었다. 즉, 대기업이나 대형체인점이 소유하는 방법과 대기업 및 대형체인점의 통제 속에 놓인 안뜰과 보도 등의 공간을 일반민중이 허락받고 사용하는 방법이었다. 당연히, 이런 공간은 항상 보안의 시선으로 감시받는 공간이 된다. 이렇게 되면, 일단 젠트리피케이션이 되어 버린 공간에서 존재할 수 있는 권리 및 그 곳에 문화를 구축할 수 있는 권리를 주장하기는 어려워진다. 왜냐하면, 이러한 권리를 주장하려는 사람들의 논거에는 이전부터 '그 곳에 있었다'라는 과거의 사실이 있을 뿐, 젠트리피케이션이 진행되면 이들의 논리는 더 이상 의미를 이루지 못하기 때문이다. 어차피 처음부터 장소가 없었던 자들, 소유하지 않는 자들의 투쟁으로 바뀌어 갈 것이다.

그렇지만, 어쨌든 독자들에게 오늘날의 할렘을 소개해 두고 싶다.

할렘유람

할렘을 유람한다는 것은 나에게는 항상 어떤 '특권적인 체험'이다. 할렘유람은 일상적인 여정이기보다는 확실한 결의를 가지고 참가하는 '집회', '콘서트', '전람회', '유람'이며, 단순한 유람이기보다는 '문화탐방'이라는 특별한 행사에 가깝다. 이러한 행사에 참가할 수 있다는 것, 그 장소에 갈 수 있다는 것 자체가 명예로운 것이다. 다운타운에 살고 있는 나로서는 흑인 공동체에 그다지 친숙하지 않다. 이런 내 자신이 '흑인문화·히스패닉문화'에 대해 가지고 있는 거리감으로부터 오는 특별한 행사로서 의미를 이룬다. 어쩌면 나는 할렘에 대해 단순한 미하족(이미 세상에서 유행한 다음에 그것을 뒤따르는 사람)에 불과할지 모르겠다. 그렇지만, 나 스스로 미하족같은 위상이기 때문에 할렘에 대해 논하지 않으면 안 될 것 같다.

1980년대 초반, 나는 일본에서 뉴욕으로 건너오기 전에 자칭 뉴욕의 지식인들로부터 센트럴파크의 북쪽에 있는 '지도에 나오지 않은 거리'에는 결코 가지 않는 것이 좋다고 전해 들었다. 그렇지만, 나는 그런 이야기를 들었기 때문에, 오히려 가보지 않을 수 없었다. 또 예전부터 할렘이 없는 뉴욕이 있을 수 있을까라는 기분이 있었다. 그러나 실제로 가보면, 그곳은 역시 마음대로 걸어다닐 수 있는 장소는 아니었다. 당시에는 할렘의 어디를 가더라도 오늘날에는 결코 상상할 수 없는 긴장이 뒤따랐다. 특히, 그곳에는 번화가라고 하더라도 사람들의 떠드는 모습, 몸짓, 복장, 냄새 등 강렬한 문화적 색채가 있었고, 나는 마치 전기충격을 받은 것처럼 스스로가 외부인outsider임을 의식하게 되었다. 이렇듯 현기증이 날 만큼 자극적인 체험이 주는 보상이 있었다. 그것은 늘 내 자신을 기이한 존재Oddity로 감지할 수 있게 한 것이다. 다시 말해, 그곳에 있는 활기찬 사람들과 비교해 보면, 자신이 딱딱한 **나무판자나 막대기처럼 무표정**하며 정말로 보잘 것 없는 존재로 생각되곤 했다. 게다가 수 블록에 걸쳐 반쯤 폐옥으로 변해 버린 게토의 모습은 너무나도 '비일상적인 특성'을 지닌 탓에 아주 '무시무시한 장소'로 기억되곤 했다. 그 후, 나는 자전거를 타는 습관을 갖게 되었다. 그 이유는 할렘뿐만 아니라 브롱크스 남부와 브룩클린의 베드포드 스타이브산트, 이스트뉴욕이라는 **무섭지만 매력적인 장소와 그 문화**를 가능한 한 가까이서 체험하기 위해서였다.

그렇지만, 이러한 '공포'는 범죄율이나 마약매매 등 물리적 위험성에 대한 반응 이상의 것이었다. 이러한 공포에는 두려움이 동거하고 있다. 즉, 타자의 강렬한 문화가 가장 집중적이며 적나라하게 표현되는 장소에 대한 '두려움'이 있다. 바로 그 때문에 이 '두려움'에는 억누르기 어려운 매혹이 감돌며, 이것으

할렘

1. 엘 바리오
2. 퍼스트 스페인 감리교
3. 그래피티의 전당
4. 시장
5. 마커스 가베이 공원
6. 말콤 차베스 할렘 마켓
7. 모닝사이드 공원
8. 전(前) 〈블랙팬더당〉 할렘지부
9. 테레지아호텔
10. 아담 클레이튼 파웰 쥬니어 스테이트 오피스 빌딩
11. 아폴로극장
12. 할렘 스튜디오 박물관
13. 전(前) 〈미국공산당〉의 할렘지부
14. 던버 아파트
15. 전(前) 랄프 엘리슨의 주택
16. 전(前) 듀크 엘링턴의 주택
17. 브롱크스의 전망지점
18. 아르누보풍의 고층건물
19. 맨하튼에서 가장 오래된 맨션
20. 오듀봉무도회장

그림37 할렘 유람 지도

로부터 벗어날 수 없는 것이다. 할렘으로 대표되는 흑인문화에는 흑인문화에 대한 '두려움'을 빼고서 말하기 어려운 '집합적 신체의 힘'이 있다. 이 때문에 '두려움'과 만남이 주는 충격은 점차 쾌락으로 바뀌어 간다. 부지불식간에 우리들은 '타자의 문화'를 '신체적 행위'로부터 배워간다. 이렇듯, 최초에 갖게 된 두려움과 만남의 수수께끼를 계속 생각해 낼 수 있도록 하기 위해, 우리들은 열심히 그것에 대해 '특별한 담론'을 구축하려고 한다. 따라서 할렘에 대해 말할 때는 우선 처음에 가졌던 '두려움'의 기억을 떠올리며, 그것에 대해 감사를 표현하지 않으면 안 된다. 즉, 예의로써 이 거리의 세세한 모습을 가능한 한 상세하게 말함으로써 찬사를 하지 않으면 안 된다.

그렇지만, 그 후에는 할렘도 굳이 자전거로 갈 필요가 없는 장소로 바뀌었다. 이미 충분히 익숙해진 젠트리피케이션을 통한 도시공간의 폭력적 변화때문이었다. 1980년대 후반에서 1990년대 초까지, 영화배우를 포함하여 흑인 중산계급들은 할렘 르네상스와 관계가 깊은 역사성이 풍부한 주거공간을 찾아 슈거힐을 중심으로 이주했었다. 이러한 흐름을 뒤쫓듯이, 1990년대의 줄리아니 뉴욕시 정부로부터 100퍼센트 지원을 받은 젠트리피케이션의 광풍이 불어닥쳤다. 우선, 광풍은 주택지였던 슈거힐지역 보다도 대중들의 공간이었던 125번지 부근의 번화가에 노골적으로 불어닥쳤다. 이후에는 할렘의 중심지에도 '스타벅스', '올드 네이비', '디즈니 스토어', '바디 숍' 등의 체인점이 들어섰고, 그 어디에도 있을 법한 아주 진부한 상점가로 변질되고 말았다. 그리고 125번지에서 방사선상으로 개발을 기다리는 폐옥에 뒤섞여서 건설현장들도 증가하였다. 이로써 할렘은 점차 모양을 '풍부한 혼돈'에서부터 '가난한 정연'整然으로 변화시키고 있었다. 틀림없이 체인점이나 콘도미니엄이 세워질 곳에는 유리와 금속프레임으로 날림공사를 한 건축물이 자기증식을 할 것이다. 이와 동시에, 주변 임대아파트 주거지구에도 점차 백인의 젊은 커플들이 이주를 시작하고 있다. 매년 관광객들도 늘어나 주말에는 남부 흑인의 전통음식Soul Food

전문 레스토랑인 '실비아즈'나 할렘에서 가장 유서 깊은 곳이라고 전해지는 아비시니안 침례교회에는 유럽계와 아시아계의 단체가 줄을 서고 있다.

그러나 흑인들의 할렘은 존속하고 있다. 감소하고 있기는 하지만, 향료나 화장기름, 아프리카계 문물, 흑인 민족주의계의 책을 판매하는 옛 노점상인들이 삼삼오오 모여 있고, 야외 바베큐집에서는 기름기 많은 고기 냄새를 풍기고 있다. 또, 개발의 손이 아직 뻗치지 못한 블록도 여기저기 남아 있고, 주민들끼리의 수다도 여전하다. 할렘인들만의 특유의 친숙한 사람들끼리 교감하는 낯익은 웃음소리나 몸짓, 손짓도 과장된 형태로 대화 속에 스며들어 이어지고 있다. 이곳에는 체인점의 확대, 건설 붐이라는 형태로 들어오고 있는 폭력적인 외부자본과 지역 민중들의 신체가 일상풍경 속에 서로 어긋난 모습을 취하면서 공존하고 있다. 이런 의미에서 현재 할렘에는 근대 도시가 생성시켜 온 도시적 공동체의 생존이 걸려있다. 흑인 할렘의 소멸가능성은 한 가지 타입의 도시 소멸의 가능성이기도 하다.

내가 좋아하는 할렘 유람의 길은 다음과 같다.[22] 우선, 맨하튼 동부를 남북으로 빠져나오는 지하철 6호선 96번 지역에서 내린다. 여기서부터 렉싱턴 Lexington 애비뉴를 따라 북쪽으로 올라간다. 이 지점은 남쪽으로는 백인 부유계급의 중심적인 주택가가 있고, 북쪽에는 스패니쉬 할렘의 분수령이 된다. 100번지를 지나면, 평탄한 남쪽 지역과는 달리 갑자기 나무판자가 늘어나면서 이질적인 세계에 들어왔음을 실감하게 된다. 나무판자가 늘어난다는 것은 높은 언덕에 오른다는 것이다. 이곳에서 동쪽을 바라보면, 군데군데 할렘강의 수면과 다리로 이어져 있는 브롱크스의 산업지대가 아래로 내려 보인다. 이곳 주변의 엘 바리오 지역에는 아직도 예전의 임대 아파트가 많이 남아 있고, 식료

---

22. 나에게 할렘을 유람하는 법을 가르쳐 준 사람은 스스로 할렘을 사랑하며, 할렘에 살고 있는 일본인 저널리스트인 야마키 유리코(八巻由利子)씨이다. 이 자리를 빌려 그녀에게 감사를 표하고 싶다.

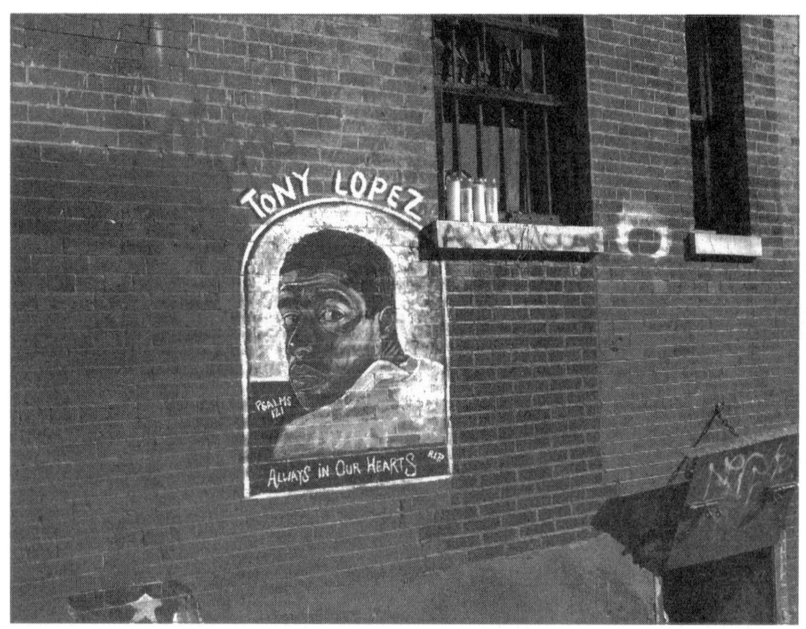

그림38 엘 바리오의 벽화가였던 제임스 데 라 베가가 그린 토니 로페스(복서?)의 초상

품과 잡화를 파는 가게에는 낮부터 주민들이 웅성웅성 모여 있다. 여름에는 길가에 테이블을 꺼내어 도미노에 열중하는 사람들도 있다. 무슨 이유인지 푸에르토리코계 지역에는 이발소와 헤어살롱이 많다. 각종 작은 교회나 지역민의 회원제 사교클럽도 보인다. 렉싱턴애비뉴를 따라 늘어서 있는 건물들 벽면에는 이 지역의 벽화가로 유명한 제임스 데 라 베가James De La Vega 23의 작품이 이 지역의 역사를 계승하고 있다. 여기서 더 북쪽으로 올라가면, 11번지와 렉싱턴애비뉴의 모퉁이가 나온다. 이곳은 1960년대 후반에서부터 1970년대 초에 걸쳐 이 지역의 영웅적인 조직이었던 〈영 로즈〉가 거점으로 삼은 퍼스트

---

23. [옮긴이] 제임스 데 라 베가(James De La Vega) : 뉴욕 스페인 할렘(엘 바리오)에 거주하며, 그래피티 예술가. 이스트할렘에서는 거의 전 지역에서 그의 벽화(murals) · 그래피티를 발견할 수 있다.

스페인 감리교The First Spanish Methodist Church가 여전히 공동체 센터로 기능하고 있다.24(그림37 2번 참조) 이곳은 푸에르토리코계 이민자들이 공동의 공간을 사용하면서 만들어 낸 풍요로운 전통들의 증거이기도 하다. 흑인할렘에서는 점차 사라져 버린 공간사용의 기술이 흑인할렘 주변에는 아직도 살아 있는 것이다.

이곳에서 서쪽으로 살짝 꺾인 곳에는 파크애비뉴와 106번지의 모퉁이가 나오는데, 이곳은 온통 그래피티로 뒤덮인 운동장이 있다. 여기서 '그래피티 작가'들은 치마타의 현실에 놓여 있는 벽에 도전하는 것과는 달리, 함께 만나서 작품을 경쟁하듯 그리던 특별한 장소였다.25(그림37 3번 참조) 탯츠 크루Tats Cru라는 프로모션 그룹이 공립중학교의 뜰을 빌려서 1년에 몇 번이고 집합적인 신작품 제작대회를 개최하고 있다.26 이곳의 옆을 관통하는 파크애비뉴를 따라 북으로 올라가면, 롱 아일랜드 철도를 고가선으로 들어올린 돌담이 있는데, 이곳은 스페인 할렘과 흑인할렘의 경계가 된다. 그렇기 때문에 이 장소는 이들 두 인종의 젊은이들을 중심으로 다민족적Multi-Ethnic적으로 승화된 그래피티의 '전당'Hall of Fame으로서 최적의 장소가 되고 있다.

여기서 조금 더 북쪽으로 올라가면, 이스트 116번지를 따라 렉싱턴과 파크애비뉴 사이에 블록이 있다. 이곳은 20세기 초에 이주하기 시작했던 푸에르토리코계인들의 시장La Marqueta으로 번성했다. 지금은 흑인할렘의 중심지인 웨스트 125번지와 마찬가지로 체인점이 그 역할을 대신함으로써 옛 풍미를 느낄

---

24. 코소 이와사부로(高祖岩三郎), '도시화 속의 변혁운동의 공존'(都市化における変革運動の共棲),「뉴욕열전」, 제11회(第11回),『현대사상』(現代思想), 2003年 10月号, 東京·青土社 참조.
25. 코소 이와사부로,「그 이름을 공공권에 새기자!」,『현대사상』, 2003년 10월호 참조.(高祖岩三郎,「その名を公共圏に記し続けよ!」,『現代思想』2003年10月号, 特集·グラフィティ, 東京·青土社).
26. 탯츠 크루에 대해서는 http://www.tatscru.com/ 참조.

수 없는 그저 그런 대로大路가 되어 버렸다.(그림37 4번 참조) 여기에서 서쪽으로 가면 드디어 흑인할렘, 즉 센트럴할렘이 나온다. 동서로 보면 파크애비뉴에서 5번가, 남북으로는 116번지에서 마커스 가베이Marcus Garvey 공원의 동쪽까지의 일대가 현재는 개발이 진행 중이다. 이 일대는 주택용 신축건물이 건설 중이거나 이미 다 지어진 건물들은 새로운 주민들을 기다리며, 무인지대를 형성하고 있기 때문에 너무나 쓸쓸하고 안타깝다. 이와는 대조적으로, 5번가의 시발점이자 종점이었던 마커스가베이 공원은 황량한 모습으로 여기저기에 자연석들이 널브러져 있는 작은 산을 정면에서 크게 두드려서 꺼낸 듯 아름답고 웅장하게 위치해 있다. 또한, 공원 주변의 낡은 주거지들도 한가하고 고요하다.(그림37 5번 참조) 116번지에서 서쪽으로 향하면 말콤엑스블루버드Malcom X Boulevard, Lenox Avenue의 남쪽에는 말콤 차베스 할렘 마켓Malcolm chavez Harlem Market이 있다. 1994년 10월, 줄리아니 뉴욕시정부는 125번지와 말콤 엑스 블루버드의 교차점을 중심으로 전통적으로 장사를 해 왔던 노점상을 법으로 금지시켰고, 대다수의 노점상을 이 시장 건물에 수용시켰다. 어설픈 '흥행용 상점' 혹은 '디즈니'적인 절충주의적 공간에 표류하는 슬픈 기억이 젠트리피케이션에 **대한 패배**의 슬픔과 겹쳐지고 있는 듯하다.(그림37 6번 참조)

이곳의 북서부 일대는 흑인들의 할렘이다. 흑인할렘에 가기 전에 116번지에서 서쪽 방향으로 가다 보면 콜롬비아 대학과 할렘이 얇은 피부막처럼 접해 있는 모닝사이드하이츠Morningside Heights가 있다. 앞서 살펴봤듯, 모닝사이드 공원은 역사적으로 '빈-부', '흑-백', '범죄-권위', '노상생활-가정생활', '언덕 위-언덕 아래'라고 하는 미국 사회의 양극단이 가장 적나라하게 접하면서 충돌해 왔던(드물게 연대하는 경우도 있지만) '특권적 장소'이다. 일찍이 이 공원을 경계로 언덕 위와 아래는 확연한 대조를 이루고 있었다. 그러나 언덕 아래의 상황이 젠트리피케이션이 진행되면서 이러한 대립도 점차 완화되었다.(그림 37 7번 참조)

다시 동쪽으로 몇 블록을 되돌아 가다가 북쪽으로 올라가다 보면, 흑인할 렘의 심장부가 나온다. 아담 크레이튼 파웰 주니어 블루버드(7번가)와 121번 지의 서쪽에는 예전 〈블랙팬더당〉의 할렘지부가 있었지만, 지금은 헤어살롱 이 되어 있다.(그림37 8번 참조) 이곳에서 세 블럭 정도 북쪽에 위치한 124번지와 125번지의 사이에는 테레지아호텔Hotel Theresia이 있다. 지금은 사무실 건물로 사용되고 있다.(그림37 9번 참조) 이곳은 1960년, 쿠바혁명이 발생한 1년 후에 유엔 에서 연설하기 위해 피델 카스트로가 묵었던 곳으로 유명하다. 미국정부는 다 양한 공작을 통해 카스트로가 뉴욕에 체재하는 것을 방해하려고 했지만, 말콤 엑스의 주선으로 카스트로는 이 건물의 9층에서 묵게 되었다. 할렘과 혁명직 후의 쿠바 사이에서 빚어진 아름다운 연대였다.[27]

아마 이 사건은 할렘이 '자율지역'autonomos zone으로서 독자적으로 판단하 고 행동할 수 있었다는 증거일 것이다. 카스트로는 여기서 말콤 엑스 및 흐루 시초프와 회담하였다. 이 호텔의 바로 북쪽의 아담 클레이튼 파웰 주니어 블 루버드와 125번지의 모퉁이는 말콤 엑스가 여러 번 대중 앞에서 연설했던 장 소로 알려지고 있다. 이 지역의 누추한 거리를 그 속에 있던 일화들을 투영시 켜 바라본다면, 이 사건은 아프리카계-미국인의 혁명적 급진주의(블랙팬더) 의 기념비이자, 흑인 민족주의(말콤 엑스)가 이룬 국제적 연대의 기념비일 것 이다.

125번지의 북쪽에는 1973년 건설된 할렘 최대의 고층빌딩인 아담 클레이 튼 파웰 쥬니어 스테이트 오피스 빌딩이 나온다. 이 건물은 일거리가 없던 할렘 주민들을 고용하지 않았기 때문에, 지역 민중들로부터 대대적인 항의운동을 받았던 곳이다. 참고로 대수롭지 않은 이야기지만, 현재는 빌 클린턴의 사무소

---

27. 코소 이와사부로, 「도시화 속의 변혁운동의 공존」(都市化における変革運動の共棲), 『뉴욕열전』, 제11회 참조.

그림39 카스트로는 테레지아호텔의 9층에 40개의 방을 확보해 두었다.

가 있는 곳으로 유명하다.(그림37 10번 참조) 이곳에서 125번지를 향해 서쪽으로 가
다 보면, 블랙 엔터테인먼트의 전당인 아폴로극장이 나온다.(그림37 11번 참조)

이번에는 거꾸로 동쪽으로 향해 가다 보면, 오른쪽과 남쪽에는 할렘 스튜
디오 박물관Studio Museum of Harlem이 나온다. 이곳은 뉴욕에서 흑인의 근대미술
과 현대 미술을 중심으로 전시를 기획하는 유일한 미술관이다.[28](그림37 12번 참조)
그리고 125번지와 말콤 엑스 블루버드의 북동쪽 모퉁이에는 1920년대와 1930
년대 미국공산당의 할렘지부가 있었다.(그림37 13번 참조) 이 부근이 할렘 정치사의
중심이었다. 여기서 말콤 엑스 블루버드를 따라 북쪽으로 138번지 인근의 일
대는 할렘의 정치적인 사적史跡들이 즐비해 있다(일찍이 할렘을 기록했던 사진
가 제임스 반 더 지James Van Der Zee의 사진을 참조하기 바람[29]). 마커스 가베이
를 시작으로 휴버트 해리슨Hubert Henry Harrison 30, 아르투로 숀버그Arturo
Schonberg, 클로드 맥케이 등 카리브 해역 출신의 활동가들과 A. 필립 랜돌프A.
Philip Randolph 31와 같은 노동운동가들이 활동한 곳이기도 하다.

할렘 유람의 다음 단계는 할렘 르네상스로 대표되는 문화유적들이다. 정
치사의 영역과 문화사의 영역이 이처럼 확실히 구분되어 있는 예도 드물지만,
이 문화유적들은 '계급성'에 따라 구별되어 있다. 지금까지 우리는 할렘의 대
중적인 번화가, 혹은 정치사적 영역으로서 비교적 하층계급의 주거공간에 인

---

28. Studio Museum of Harlem은 http://www.studiomuseum.org 참조.

29. James Van Der Zee(1886~1983), http://www.artcyclopedia.com/artists/van_der_zee_ja
mes.html

30. [옮긴이] 휴버트 해리슨(Hubert Henry Harrison, 1883~1927) : 주로 할렘을 무대로 한 미국 흑인
작가, 언변자, 교육자, 비평가이자 급진적 정치가. 필립 랜돌프(A. Philip Randolph)는 그를 할렘
급진주의의 아버지라고 불렀다.

31. [옮긴이] 필립 랜돌프(A(sa) Philip Randolph, 1889~1979) : 미국의 노동조합주의자, 시민권 운동
지도자. 미국 흑인사회의 정의와 평등을 위해 헌신적이고 끈기있는 투쟁을 벌였다. 잡지『메신저』
(The Messenger, 1929년 이후에는『흑인 노동자』Black Worker로 개칭됨)를 창간했고, 그 잡지
를 통해서 전시 산업과 군대 내에서의 흑인 지위향상을 주장했다. 전후 랜돌프는 뉴욕의 랜드 사회
과학대학에서 강의를 하였으며, 낙선을 했지만 사회당의 공천으로 공직에 출마하기도 했다.

그림40 쓸쓸이 재건축되기를 기다리는 아파트(랄프 넬슨이 살았던 곳이다)

접해 있던 다운타운을 살펴봤다. 이와는 달리, 북쪽으로 가면, 점차 중간층과 상층의 주거지역(교외)이 나오며, 이곳은 20세기 초부터 중기에 걸친 '문화적 사적'이 펼쳐진다. 1920년에 건설된 던버 아파트Dunver Apartment라는 집합주택이 문화적 사적의 시작이었다. 남북으로는 149번지와 150번지 사이에 있고, 동서로는 아담 클레이트 파웰 쥬니어 블루버드(7번가)와 8번가 사이에 걸쳐있다.(그림37 14번 참조) 이 거대한 건물에는 지금도 사람이 살고 있으며, 공동으로 사용하는 안뜰을 포함하여 경제적이며 당당하게 공간을 확보하고 있다. 여기에는 댄서였던 빌 로빈슨Bill Robinson, 활동가 A. 필립 랜돌프, 활동가이자 사상가인 W. E. B. 듀 보이스, 예술가인 E. 심스 캠벨E. Simms Campbell 32, 가수이자 연기자인 폴 로브슨Paul LeRoy Bustill Robeson 33 등 쟁쟁한 사람들이 살았었다. 여기에서 동남쪽에는 예전 코튼 클럽 및 사보이 볼룸의 흔적이 있다. 할렘강 일대에는 지금이야 뉴욕시의 거대 집합주택 프로젝트로 운영되고 있지만, 예전에는 풍광명미(風光明媚)한 장소였다.

여기에서 서쪽으로 향하면, 드디어 슈거힐Sugar Hill이 나온다. 이곳의 중심은 세인트 니콜라스 블루버드Saint Nicolas Boulevard이며, 이곳에서 북쪽으로 가면 18세기에서 20세기 사이에 거의 200년간 세워진 주택들이 혼재해 있다. 어

---

32. [옮긴이] E. 심스 캠벨(E. Simms Campbell, 1906~1971) : 일반 대중잡지에 정기적으로 작품을 발표한 미국 최초의 흑인 만화가. 1933년 『에스콰이어』(*Esquire*)지가 창간되면서 수석만화가가 되어 많을 때는 한 호에 12편의 그림을 싣기도 했다. 그의 작품은 『코스모폴리탄』(*Cosmopolitan*), 『뉴요커』(*The New Yorker*), 『플레이보이』(*Playboy*) 등의 잡지에도 실렸다. 그는 주로 할렘을 배경으로 관능적인 여인들을 녹색 그림으로 유명하다.
33. [옮긴이] 폴 로브슨(Paul LeRoy Bustill Robeson, 1898~1976) : 미국의 흑인 배우, 가수. 변호사 자격을 얻어 법률사무소에서 근무하다가 배우로 전향, 1925년 〈황제 존스〉에서 주연을 맡았고, 같은 해 뉴욕에서 '흑인 영가 리사이틀'을 열어 호평을 받았다. 1928년 제롬 컨의 걸작 뮤지컬 〈쇼 보트〉에서 부른 노래 〈올드 맨 리버〉로 이름을 떨쳤고, 1930년 런던에서 셰익스피어의 비극 〈오셀로〉에 출연하여 성공을 거두었다. 제2차 세계대전 후 한때 위험인물로 지목받아 해외여행을 금지당하기도 했으나, 1958년 연방 최고재판소 판결로 복권, 다시 가수생활을 하였고 유럽 여러 나라에서 공연도 가졌다.

떤 건물은 새롭게 개축하기 위해 봉쇄되어 있고, 또 어떤 것은 개축이 진행되고 있다. 그리고 어떤 것은 지금도 사용되고 있다. 이러한 모습은 생생하게 건축양식의 역사를 보여주며, 마치 시간의 덫에 걸린 듯 환상성幻想性을 통해 도시의 물질적 생성과정을 보여주고 있다. 시티 칼리지City College의 북쪽에 있는 해밀튼 테라스Hamilton Terrasse 일대에는 한적한 주택지가 펼쳐져 있지만, 도로변에 위치한 세인트 니콜라스 블루버드에는 개발의 촉수가 뚜렷이 느껴진다. 예를 들어, 랄프 엘리슨Ralph Ellison 34이 『보이지 않는 사람』Invisible man을 썼다고 전해지는 한 아파트는 재건축을 쓸쓸하게 기다리고 있다.(그림37 15번 참조) 또, 북쪽으로 올라가면 듀크 엘링턴이 살았던 아파트는 이제 낡고 검게 그을린 채로 외롭게 서 있다.(그림37 16번 참조) 여기서 23블록 정도 북쪽으로 걸어가다 보면, 세인트 니콜라스 애비뉴의 동쪽으로 에지콤 애비뉴Edgecombe Avenue와 159번지의 교차점이 나온다. 이곳에는 할렘에서도 유명한 아르 누보Art Nouveau풍35의 고층건물이 있다. 만년의 폴 로브슨과 카운트 베이시Count Basie 36가 살았던 곳으로 알려지고 있는 곳이다. 현재는 이 건물의 어느 한 개인 아파트에서는 매주 일요일 재즈콘서트가 무료로 개최되고 있으며, 관광객에게는 그다지 알

---

34. [옮긴이] 랄프 엘리슨(Ralph Ellison, 1914~1994) : 미국의 교사 · 작가. 처녀작이며 유일한 장편소설인 『보이지 않는 사람』(*Invisible Man*)으로 유명해졌다. 이 소설은 할렘으로 가서 백인의 압제에 맞서 싸우다가 결국 동료 흑인들에게 버림받은 채 죽는 남부 흑인을 녹색 작품이다. 『보이지 않는 사람』 이후에 수필집 『그림자와 행동』(*Shadow and Act*)(1964)이 마지막 작품이지만 흑인의 문화 · 민속 · 창작에 관해 강의했고, 미국의 여러 대학에서 가르쳤다
35. [옮긴이] 아르 누보(Art Nouveau) : 1890년경~1910년에 유럽과 미국에서 유행한 장식예술 양식. 길고 구불구불하며 유기적인 선을 사용하는 것이 특징인데, 주로 건축물, 실내장식, 보석세공, 유리 디자인, 포스터, 삽화 등에 쓰였으며 19세기 예술과 디자인의 대부분을 주도했던 모방적 역사주의로부터 벗어나 새로운 양식을 창조하려는 계획적인 시도였다. 아르 누보란 아르 누보 작품을 많이 전시한 파리의 한 화랑에서 만들어진 용어이다.
36. [옮긴이] 카운트 베이시(Count Basie, 1904~1984) : 재즈 역사상 중요한 빅 밴드의 리더이며, 모던 재즈 반주 양식의 선구자로 칭송된다. 대표작으로는 〈One O'Clock Jump〉, 〈Jumpin' at the Woodside〉 등이 있다.

그림41 에지콤 애비뉴 555의 천정과 로비(폴 롭슨이 살았다)

려지지 않은 진귀한 명소이다.(그림37 18번 참조)

이 고층건물은 동쪽 옆 방향으로 할렘강이 내려다보이는 경사면과 접해 있는 일등지이지만, 북쪽에 맞닿은 곳에는 맨하튼에서 가장 오래된 1765년에 건축된 맨션이 있다.(그림37 19번 참조) 이 맨션은 영국 식민지 군대의 대령이었던 로저 모리스Roger Morris가 피서를 위해 지은 것으로, 서쪽에는 노예들의 집합가옥이 18세기 풍경 그대로 늘어서 있다. 이 일대의 건물들은 1930년대 후반 할렘 르네상스의 후기와 18세기 후기의 식민지 시대로 시간여행을 하도록 유혹한다. 그리고 바로 서쪽으로 한 블록 정도 나아가면 현재 진행 중인 젠트리피케이션의 메마른 풍경으로 회귀한다. 이 얼마나 강렬한 시간차 공격인가!

그러나 시간여행은 엄밀하게 말하자면 이것이 끝이 아니다. 할렘 최후의

종말이라고도 할 수 있는 '1965년'이 기다리고 있다. 지금 있는 이곳도 사실 할렘의 북단에 위치하고 있지만, 이곳으로부터 다시 7블록 정도 북으로 더 올라가면 세인트 니콜라스 애비뉴와 브로드웨이가 만나는 바로 앞에 166번지가 있다. 이곳에는 '오듀봉무도회장'Audubon Ballroom이 있다. 이곳은 말콤 엑스가 엘리자 무하마드가 주도했던 〈이슬람 국가운동〉에서 이탈한 후, 그 이듬해 암살당한 곳이기도 하다.(그림37 20번 참조) 현재 이 건물의 주요부는 말콤 엑스의 기념관이 되어 있다. 이 부근은 맨하튼 북단부에 있는 워싱턴하이츠에 근접해 있고, 악어 입처럼 좁아지는 형상을 하는 지역이다. 때문에 서북쪽으로 올라오는 브로드웨이와 동북으로 올라오는 세인트 니콜라스 애비뉴가 이 지점에서 교차하게 되는 것이다. 이 부근에는 브로드웨이를 따라 동쪽으로 브롱크스만이

아니라 서쪽으로 허드슨강과 뉴저지주가 멀리 보인다. 나는 여기 168번지 역에서 지하철 1호선을 타고 웨스트 22번지에 있는 집으로 돌아온다.

랄프 엘리슨은 할렘을 '업타운에서 흑인이 살고 있는 곳'이라고 말했다고 한다. 만약 그의 정의를 따르자면, '할렘'이란 흑인들이 살고 있는 곳이라면 그 어디에도 존재하는 **그 무엇**에 해당한다고 말할 수 있다. 즉, '할렘'이란 단순히 '특정 장소'에 국한된 것이 아니다. 이는 아프리카에서 신대륙으로 강제로 끌려온 노예의 자손으로서, 흑인들 각자가 스스로의 자율을 추구해 온 운동의 '집중적 표현', 혹은 '지표'인 것이다. 지금까지 살펴본 것처럼, 노예로서 강제로 끌려와 신대륙에 도착한 흑인들이 맨하튼의 북쪽으로 올라가는 운동의 끄트머리에서 20세기 초에 겨우 할렘이라고 불리는 땅에 다다른 것이다. 여기에서 그들의 정치와 문화가 충분히 표현되기 시작했다. 이러한 '집중적 실험'을 하기 위해서는 무엇보다 그들만의 고유의 장소가 없어서는 안 되었고, 할렘은 그 역할을 해 왔던 것이다. 이로써 '장소로서의 할렘'은 '운동으로서의 할렘'으로 결실을 맺게 된 것이다. 그러나 이렇듯 과거에는 동일성을 지녔던 '장소'와 '운동'이 지금은 유리·분리되기 시작하고 있다.[37]

---

37. 할렘과 브롱크스에 대해 보다 상세한 기술은 코소 이와사부로, 「할렘운동체론」, 『뉴욕열전』 제13회, 2005년 12월호; 「할렘의 정치사회체론」, 『뉴욕열전』, 제14회, 2006년 1월호; '브롱크스, 혹은 대지의 끝에서 본 도시론', 「뉴욕열전」, 『현대사상』 참조.

13장

브롱크스 – 불꽃의 지역에서

신사숙녀 여러분, 바로 저기 …… 브롱크스가 불타고 있습니다!
— 하워드 코셀(Howard Cosell), 양키즈 스타디움에서 1977년 월드시리즈 실황중계를 하던 중, 붉게 타오르는 사우스 브롱크스의 지평선을 영상으로 비추며, 당시 스포츠 캐스터가 이 모습에 대해 탄식하면서[1]

화염에 휩싸인 치마타의 문제들

브롱크스는 다양한 의미에서 '뉴욕의 최북단'이다. 공간적으로 뉴욕 다섯 구 중 최북단에 위치해 있다. 이러한 공간적 조건 이외로 도시론적인 고찰을 해 보면, 몇 가지 극단적인 문제들을 우리들에게 던져주고 있다. 지역적 차별,

---

1. Jeff Chang, *Can't Stop, Won't Stop*, New York: St. Martin's Press, 2005. p.10. 및 Marshall Berman의 논문. published in *Urban Mythologies: The Bronx Rpresented Since the 1960s*, a catalogue for the exhibition of the same title, that took place in The Bronx Museum of Arts from April 8th through September 5th 1999.

근린공간의 파괴, 생활공간의 소멸, 그리고 부활을 위한 고난한 투쟁 …… 이로
부터 파생되는 문제기제들의 극한성은 '브롱크스'를 보다 드라마틱하게 만들
며, 이 모습은 9·11을 훨씬 능가하고 있다. 자동차 교통(고속도로)의 보급, 교
외를 우선시했던 반反도시적인 정책, 탈산업화, 백인의 이동, 직업과 주택에서
의 인종차별, 근린지역의 공동체보다 기업을 우선시했던 경제정책 등등 신자
유주의 경제정책의 정점에 서 있던 일련의 개발계획으로 모든 것이 유린당한
장소라 할 수 있다. 그렇지만, 이런 상황 속에서도 민중들은 '살아가며·(삶을)
생산'해 왔다. '이런 상황 속에서도'라고 한 말 속에는 모든 것을 내포하고 있
다. 이러한 생각이 이 장의 출발점이자 회귀점이다.

　　뉴욕시의 도로개발계획은 19세기 후반부터 존속해 왔던 유대인, 이탈리아
계, 흑인들의 주거지역을 아주 간단히 철거해 버렸다. 브롱크스 지역이 황폐화
됨에 따라, 점차 백인들은 다른 장소로 이동하기 시작했다. 이에 발맞추어, 할
렘과 로어이스트사이드, 브룩클린 등에서 슬럼에 대한 소토掃討계획이 진행되
었고, 주로 흑인과 히스패닉계 주민들이 집단적으로 브롱크스로 이주해 왔다.
브롱크스는 흑인 공동체로서 고유의 왕성한 정치적·문화적 운동의 장소였던
할렘으로부터도 상당히 떨어져 있는 번외지였다. 그 후, 뉴욕시의 재정파탄 위
기 속에서 그 영향을 가장 크게 받게 되었고, 이 지역 민중들의 생활조건은 황
폐의 일변도를 달리고 있었다. 여기에 결정타를 날리듯, 브롱크스로부터 멀리
떨어진 맨하튼에 고급주택을 건설하기 위해 뉴욕시는 '지역원조 프로그램'의
자금을 확보·유용할 필요가 있었고, 그 때문에 원래 예정했던 브롱크스에 대
한 원조도 대폭적으로 축소되었다. 또한, 이 지역 민중들은 집주인으로부터도
버림받았다. 이로 인해, 주거공간의 하부구조를 더 이상 유지할 수 없었으며,
매일같이 보험금을 노리는 방화가 각 치마타마다 발생했다. 그때마다 대부분
의 여론은 주민들 스스로가 벌인 일이라고 생각했다. 유명한 야구 스포츠 캐스
터였던 하워드 고젤도 이러한 풍조를 맹신했고, 앞의 인용문처럼 탄식한 다음,

'이 사람들은 도대체 자기에 대한 존엄이 있을까?'라고 힐난했다. 그렇지만, 그의 관심은 주거지역의 방화를 지켜볼 뿐, 불을 끄는 데 있었던 것도 아니었다.[2] 브롱크스 주민들 사이에서는 도시적 역병이라고 할 만한 결핵, 약물(마약)중독, 범죄, 가정붕괴, 유아사망율 상승, AIDS가 만연했다. 역사상 가장 잔혹한 구조적인 '도시살상'urbicide의 예라고 할 수 있다. 그러나 어떻게든 이러한 상태를 개선하여 부활시키려는 민중의 투쟁은 지속되었고, 다양한 형태로 전개되었다. 이 중, 가장 집중적이며 강렬한 흐름으로서 젊은 세대들 사이에 나타난 힙합이 있다. 힙합은 그래피티, 랩, 브레이크 댄스가 결합된 종합적 문화혁명이었다. 브롱크스에서 문화를 생산하는 일은 삶의 질을 반영하는 상부구조의 측면이 아니라, 그 자체가 생사를 건 투쟁이었다.

브롱크스에서는 도시를 둘러싸고 세 가지의 근본적 문제들이 교차한다. (1) 도시생태학, (2) 도시의 권리, (3) 토지·가옥의 영유권이었다. (1)는 '도시의 자연사' 혹은 '도시와 자연의 변증법'에 관한 문제이다.[3] 2005년 여름, 허리케인 카트리나의 영향으로 뉴올리언즈의 흑인 주거지역이 파괴되면서 도시와 자연이 직접적으로 연결되어 있음을 비극적으로 알 수 있었다. 도시는 자연으로 진출하고, 자연은 그 도시를 자신의 심연 속에 구성하고 있다. 도시란 더 이상 성벽으로 방어되지 못한다. 도시계획과 개발, 그리고 구획화zoning를 둘러싼 정책은 도시와 자연 사이의 연결쇠같은 역할을 하며, 이로써 자연력이 거시적이든 미시적이든 어떤 방식으로든 도시공간에 영향을 미친다는 것이 분명해졌다. 점차 전지구적인 측면에서 대도시를 견고하게 유지하기란 곤란해지고 있으며, 피해의 규모도 도시규모에 비례하여 거대화되고 있다. 브롱크스는 데

---

2. Marshall Berman의 같은 논문에서 인용.

3. 특히, 브롱크스에 관해서는 Deborah Wallace, Rodrick Wallace, *A Plague on Your Houses*, London, New York: Verso, 1998.을 참조. 또 일반론으로서는 Mike Davis, *Dead Cities*, New York: The New Press, 2002.

보라 워레스Deborah Wallace와 로드릭 워레스Rodrick Wallace의 뛰어난 연구가 상세하게 분석하듯, 결과적으로 이 지역에 대한 탈투자는 마치 '공중폭격'과 같은 엄청난 효과를 낳았던 것이다. 이른바 '불에 의한 감염'contention이라고 할 수 있다. 쉽게 말해, 방관하는 정책이 '불'이라는 자연력을 불러들였고, 이 불은 주거지역을 붕괴시켰다. 몇 블록에 걸쳐, 깨진 기와나 벽돌, 잡초들로 뒤범벅이 되었고, 이렇게 파괴된 거리에 하나의 자연으로서 거주자들의 신체에도 결핵, 약물(마약)중독, 범죄, 가정붕괴, 유아사망율 상승, AIDS와 같은 도시적 징후군urban syndrome이 집중적으로 나타났던 것이다.[4]

(2) '도시의 권리'는 '자연권'과 개개인의 사회적 현실에 대응하는 '계약상의 권한'과 달리, 앙리 르페브르가 이론적으로 추출했던 도시의 '중심성'centrality을 둘러싼 만인의 권리이다. 이제 '총체적 도시'city, '건축적 도시'urban [5], '공간'space 등의 개념들은 전지구적 현실과 대응한다는 의미에서 전지구적 권리를 뜻한다. 도시의 '중심성'이란 사람들의 집합, 생산물의 집합, 모든 주체와 객체의 집합이며, 커뮤니케이션, 정보, 교환의 네트워크 혹은 회로의 집합이다. 르페브르는 만인이 이러한 도시적 본질에 대해 똑같이 접근과 접속, 그리고 사용가능한 사회를 상정했다.[6] 르페브르에게 이러한 사회는 곧 '공간의 생산'을 의미하는 것이었다. 이러한 의미에서 브롱크스는 '공간적 생산성'을 가장 잔혹하게 박탈당한 장소이다. 브롱크스 지역 전체는 뉴욕시로부터 '도시의 권리'를 빼앗

---

4. Deborah Wallace, Rodrick Wallace 같은 책 참조.

5. [옮긴이] 도시라는 말은 우리나라에는 한 단어로만 되어 있다. 하지만 영어 등의 서구계열의 언어에서는 분명히 다양하며 서로 다른 뜻을 지닌 단어를 사용한다. 먼저 City는 문화, 언어, 행정, 조직 등의 사회적인 전반적인 것을 총체적으로 일컫는다. 그러나 Urban은 도시라는 건물과 건축물, 도로 지형 등의 비사회적 형태를 일컫는 말이다. 우리가 일반적으로 쓰는 도시는 City가 아니라 Urban에 가깝다. 보통 도시는 조직화되고 인공적으로 만들어진 어떤 곳이기 때문이다. 그러나 도시 즉 Urban 안에서 City가 필연적으로 발생한다.

6. Henri Lefevbre, *Writings on Cities*, translated and edited y Eleonore Kofman and Elizabeth Lebas, Malden, Oxford, Carlton: Blackwell Publishing, 1996. 제3장 Space and Politics 참조.

그림43 봉쇄되어 공사를 기다리는 〈태양의 집〉(2006년 1월)

긴 결과, 주민들의 생존조차 위협받는 상황이 되었다. 뉴욕시는 브롱크스에 대해 노골적인 차별과 분리정책을 실시했던 것이다. 이러한 정책은 **구조적이며 직접적으로 공공공간의 사유화라는** 탈산업화와 신자유주의의 핵심적인 경제정책을 통해 이뤄졌다. 그리고 도시민중들이 자신들의 근린공간을 치유하는 운동으로부터 다음과 같은 것을 배웠다. 즉, 공공공간이란 본래 '귀찮은 대용품'이 아니며, 그것을 국가가 제공해 줄 것이라고 기다리기만 해서는 안 된다는 것이었다. 민중들은 자신의 생존을 위해 스스로 공공성을 창조하고, 쟁취해 가지 않으면 안 된다. 이것은 역사적으로 아나키즘이 상정해 온 '공공 공간' 이전의 '공통 공간'common space의 존재를 엿보게 한다.

(3)은 이른바 현재적이면서 동시에 역사적인 문제로 이미 '자유 거주운동'

이라는 문맥에서 다뤘던 문제이기도 하다. 미국의 현행 헌법에 제정되어 있는 토지·건축물 소유의 합법성은 미국 선주민의 역사적 존재를 뒤엎지 않으면 안 된다. 때문에 소유에 대한 정통성은 근원적으로 와해되어 있다. 그렇지만, 신자유주의의 구조적 폭력은 이러한 역사적 맥락을 보다 강렬하게 표출하고 있고, 마치 불에 그슬린 듯 역겨운 냄새를 가중시키고 있다.

　지도나 항공사진을 보면서 새롭게 확인할 수 있는 것은 뉴욕의 다섯 구 속에서 브롱크스만이 북아메리카 대륙과 연결되어 있다는 것이다. 아무렇지 않은 문제일지도 모르지만 이것이 주는 의미는 작지 않다. 퀸즈와 브룩클린은 옆으로 길게 뻗은 롱아일랜드섬의 서쪽 끝에 위치해 있고, 맨하튼은 이스트강을 끼고 서쪽에 위치한 작은 섬이다. 또, 스타텐은 맨하튼의 남서쪽에 위치하면서 허드슨강의 반대편에 있는 뉴저지와 다리로 연결되어 있다. 브롱크스는 롱아일랜드 해협에서 유입되는 해류를 사이에 두고 퀸즈 북쪽에 위치하며, 또 할렘강을 사이에 두고 맨하튼 북쪽에 위치하고 있다. 롱아일랜드 해협의 해류와 브롱크스 남부에서 서쪽으로 맨하튼을 바라보며 남하하면서 형성된 이스트강은 해수로서 남쪽의 브룩클린을 감싸면서 대서양과 연결된다. 이에 비해 브롱크스와 맨하튼의 서쪽을 남하하는 허드슨강의 물은 강물로서 뉴저지와 스타텐에서 대서양의 해수와 섞인다. 해수에 의해 나눠진 브롱크스와 그 남쪽의 맨하튼, 퀸즈, 브룩클린은 문화기호적으로도 나눠져 있다. 바다를 통한 교역의 흔적과 식민주의적 개입의 흔적이 새겨져 있다. 즉, 개척시기 이후의 역사 속에서 해외에서 이주해 온 유럽인에게 북쪽의 브롱크스는 다른 인종과 살게 되는 야만의 땅이었지만, 부의 원천으로서 미개척의 오지(미국 내륙)이기도 했다. 바로 여기서 뉴욕 고유의 '시점의 전환'이 작용한다. 외국에서 들어와 대륙의 끝에 있는 섬에 정착한 사람들의 시점이 중심이 되어 내륙의 시점을 타자의 시점으로 전환시켰기 때문이다. 지금이야 뉴욕은 곧 진보이고, 미국 내륙은 보수라는 상호모순과 대립으로서 표상되기도 하지만, 실은 이러한 표피 밑에는 본

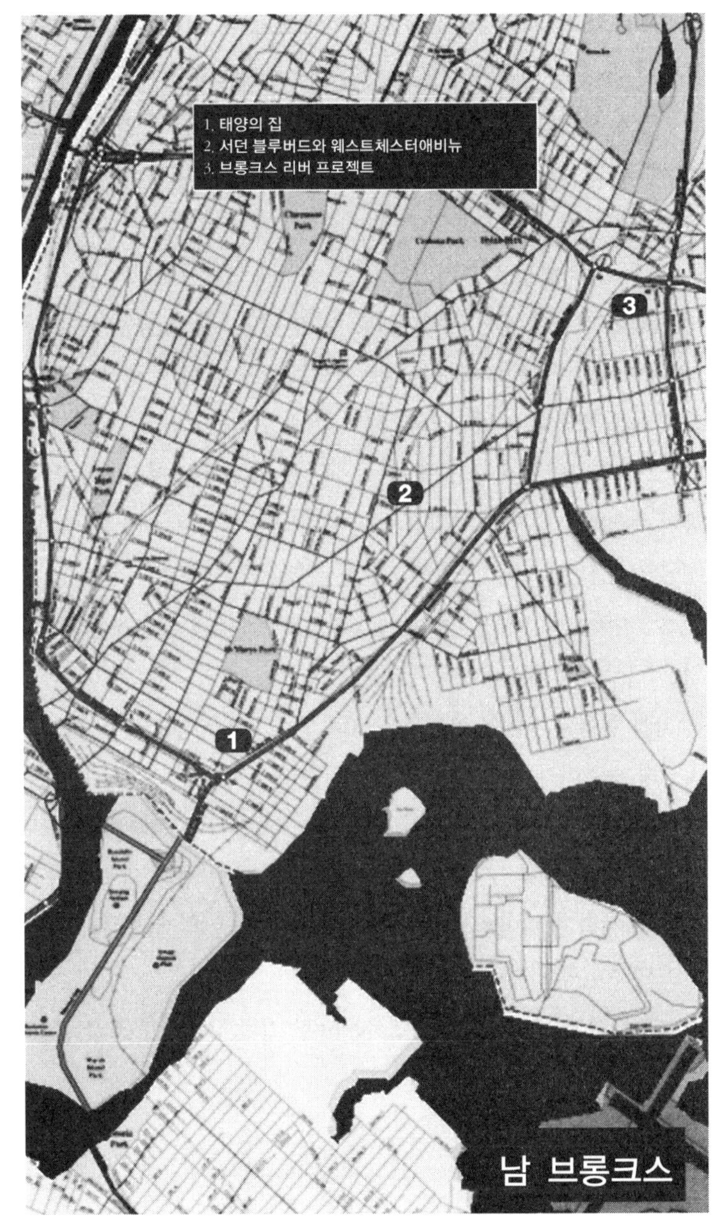

그림44 남 브롱크스의 세 개의 주요 장소

질적으로 개척자와 미국 선주민 사이의 넘을 수 없는 장벽이 놓여 있다. 맨하튼에서 바라 본 내륙에 대한 시점이 개척자들로 하여금 북아메리카의 대지와 선주민을 자기들 마음대로 강탈하고 유린하는 것을 가능하게 하였다. 따라서 맨하튼과 브롱크스 사이의 균열은 미국의 토지에 대한 영유권을 계속 위협할 만한 것이다.

이렇듯, 바닷물로 분리되어 있는 브롱크스는 뉴욕의 다섯 구 중에서 개발과 산업화가 가장 더딘 지역이었다. 여러 이민자들의 공동체는 충분히 성장하기 전에 싹이 뽑혔고, 역사를 물질적으로 뒤덮을 만큼 성장하지도 못했다. 아직도 다른 지역에 비해 산업이 적고, 전체 토지면적의 24퍼센트가 자연공원이다. 그중 하나인 뉴욕 식물원에는 예전 이 일대에 넓게 퍼져있던 헴록(미나리과의 독초)hemlock으로 이뤄진 숲이 보존되어 있으며, 맨하튼 북부에서 브롱크스에 걸쳐 살았던 웩퀘스긱Weckquaesgeek족의 녹색 벽화가 남아 있다.7

이 지역에는 식물원, 동물원, 묘지, 그리고 몇몇 해수욕장을 포함한 자연공원, 서북부 리버데일Riverdale에 있는 중고급 주택지, 그랜드콩코스Grand Concourse를 따라 형성된 거대한 아파트들, 고속도로, 산업·창고지대, 흑인 및 푸에르토리코계 슬럼이라는 전혀 관계없는 것들이 어우러져 이뤄내는 비관계적 관계성 혹은 뒤죽박죽된 관계성이 존재한다. 이 때문에 서쪽에 있는 다른 구처럼 집합적인 이미지를 구성하기 어렵다. 브롱크스는 문화적 기호가 빈약한 지역이다. 도시적인 의미에서 보자면 '황무지'이며, 어떻게 취급해도 상관없는 '야생의 영역'이었던 것이다.

다만, 현재 우리들은 그곳에서 태어난 가장 강력한 문화를 알고 있다.

---

7. 사이버링크 www.nybg.org 참조.

떼(Pack)들의 문화혁명

It's like a jungle sometimes
때로는 정글같아요.
It makes me wonder
나를 놀라게 하죠.
How I keep from going under.
얼마나 바닥에서 벗어나게끔 하는지

Don't push me, 'cause
나를 떠밀지 말아요.
I'm close to the edge,
왜냐면 나는 벼랑 끝에 있거든요.
I'm trying not to lose my head, Huhh huh huh huhh.
나는 내 머리를 잃고 싶지 않아 발버둥 칩니다. 후후후
— 그랜드마스터 플래쉬(Grand Master Flash & The Furious Five)[8]

1980년대 초, 뉴욕 지하철은 황폐하게 버려진 지하세계였다. 그러나 그곳에서 지금 전세계의 젊은이들 사이에 공유되고 있는 힙합문화가 뉴욕시 당국과의 격한 투쟁 속에서 형성되었다. 지하철 차량을 온통 뒤덮은 그래피티, 불량소년들Homeboys이 들고 다닌 거대한 게토 블라스터(대형 휴대용 스테레오)Ghetto Blaster에서 있는 힘껏 터져나오는 록음악, 그리고 차량과 역, 광장에서 볼 수 있는 브레이크 댄스는 강한 상관관계를 지니고 있었다. 누구도 예측할 수 없던 '진짜 이벤트'가 열린 것이다. 도대체 이것을 무엇이라 할 것인가? 문화인가? 아니면, 정치인가?

이 이벤트에 대한 정의야 어쨌든, 이것들은 틀림없이 뉴욕 도시공간 전체를 뒤바꿨다. 이것은 모두 같은 공동체에서 발생하여 상호작용하면서 발전한 것이었다. 또한, 할렘이라는 특정 장소와 동일화된 문화운동과는 달리 가동성을 지닌 것으로 브롱크스의 근린공간 이곳저곳에서 발전된 것이었지만, 그곳

---

8. Grand Master Flash & The Furious Five, "The Message"의 가사에서 인용.

으로부터 바깥 세계를 향해 네트워크를 구축하려는 것이 주된 동인이었다. 즉, '탈장소적 욕동'을 내포하고 있었다. 할렘 보다 황폐화된 브롱크스에서 나온 것이기 때문에, 새로운 타입의 보다 가동적이며 발전적인 공동체를 지향했던 것이다. 여기서 지하철이 중요한 역할을 했다. 게토 블라스터를 지니고 지하철 차내와 구내에서 록을 트는 것은 자신만이 듣기 위한 것이 아니라, 자신의 동료들을 끼고서 DJ나 록바Lock Bar의 작품을 바깥으로 전파하려는 사명감이 넘쳐흐른 것이었다. 그들의 얼굴은 이러한 음악을 공중에게 들려주기 위해 아름답게 긴장하고 있었다. 그리고 지하철 노선상에서 만나는 그들의 대부분은 이미 알고 지내는 사이였으며, 서로 독특한 인사를 나누고 있었다. 이러한 모습은 우리들이 바라기만 한다면, 모든 지하철의 노선이 근린공간으로 바뀔 수 있다고 하는 **혁명적 가능성**을 시사하고 있었던 것이다.

그들 대부분은 사우스 브롱크스에서 자라난 빈곤한 흑인 및 히스패닉계의 청소년이었다. 교육이라고 해도 고등학교 정도가 한계였고, 간혹 운이 좋아 직업훈련학교에 가는 경우도 있었다. 뉴욕시의 '탈산업화'에 의해 그들이 하고자 했던 일은 감소추세였었고, 맥도날드 등 체인점에서 일하거나 아니면 일을 얻지 못하고 방황하기 일쑤였다. 1970년대 이후부터 오늘날까지 힙합문화가 생긴 결과, 음악계에서 성공하는 사람들도 많이 있었지만, 그들이 처음부터 성공하고자 지향했던 것은 아니었다. 아마 성공하리라고는 생각조차 하지 못했다고 하는 것이 그들의 심정이었을 것이다. 결과적으로 성공보다 훨씬 중요한 것은 이러한 문화생산이 그들 자신의 '역능[힘]화'로 연결되었다고 하는 것이다. 아마도 밑바닥까지 추락해버린 공동체를 등에 짊어진 젊은 세대가 그곳으로부터 자기를 재형성할 수밖에 없었던 '극한 속의 긍정'을 통해 이러한 역능[힘]화가 지탱되었다고 볼 수 있다. 서두에서 그랜드마스터 플래쉬Grand Master Flash & The Furious Five의 가사 중 일부로 메세지를 소개했다.9 이 노래는 1982년의 히트송으로 랩이 세상에 호평을 얻을 수 있는 계기를 만들었다. 이 노래의 메세지는 자신들의 공동체 문제, 사람들의 자기파괴적 경향을 혹독하게 꼬집고 있다. 이와 동시에 이러한 모습을 인지한 시점에서, 똑바로 정면으로부터 이 문제들을 생각하려는 진지한 계기를 마련하고 있다.

중요한 것은 힙합에서 팬이나 '작사가', '음악가', '댄서'들 모두가 '패거리'crew 혹은 '친구'를 형성했다는 것이다. 랩의 정열적인 연구자인 트리시아 로즈Tricia Rose는 "이들은 갱단에 가깝고, 간^間문화적 유대로 연결되어 있는 새로운 가족이었다. 복잡하고 어려운 환경에서도 단열재와 같은 역할과 지원을 하면서, 새로운 사회운동의 기초가 될 가능성을 지니고 있었다."[10] 이것은 이 책이 관심을 지니고 있는 들뢰즈·가따리가 엘리아스 카네티Elias Canetti로부터 인용한 '떼'meutre/pack 11라는 개념과 관계된다. 나중에 설명하겠지만, 아프리카 밤바타Afrika Bambaataa 12의 경우처럼 이러한 '떼'야말로 '소년갱단'이 그대로 '힙합을 생산하는 그룹'으로 전향할 수 있었던 '혁명적 집단성'의 원리였다고 할 수 있다.

그래피티는 패거리 그룹과 내부적으로 형제관계 및 협력관계로 맺어져 있었다. 이것은 그들이 공유하고 있었던 표현에 대한 욕망이 있었기 때문이었다. 즉, 자기명명이라고 하는 의미에서 '이름을 새긴다'는 것, 이를 바탕으로 공공권을 개척해 가는 행위였던 것이다.[13] 그들은 떼를 이루면서 누구라도 손쉽고

---

9. '메세지'는 여성 프로듀서인 실비아 로빈슨이 활약한 슈거힐 레코즈에서 배포했다.

10. Tricia Rose, *Black Noise*, Middletown, Connecticut: Wesley University Press, 1994, p.34.

11. 질 들뢰즈·펠릭스 가따리, 『천 개의 고원』, 우노 쿠니이치(宇野邦一), 東京·河出書房新社, 1994. pp.50~51.

12. [옮긴이] 아프리카 밤바타(Afrika Bambaataa, 본명 Kevin Donovan, 1957~) : 일렉트로펑크의 선구자이며, 힙합씬에서는 3대 DJ 중 하나로 뽑힌다. 특히, 힙합 비트 메이킹의 원천과도 같은 샘플링을 통해 전혀 새로운 사운드 메이킹을 선보이면서 힙합 음악에서 비트의 창작 범위를 크게 펼쳐 놓는 중요한 인물이다.

13. 코소 이와사부로, 「그 이름을 공공권에 새기자!」 참조(高祖岩三郎, 「その名を公共圏に記し続けよ!」, 『現代思想』, グラフィティ特集号, 2003年10月号, 東京·青土社).

그림45 웨스트체스터 애비뉴와 심슨 스트리트 외곽의 벽

싸게 구입할 수 있는 스프레이 페인트를 사용하여, 쇠퇴해 가는 근린공간과 시의 억압적인 공공공간을 재구성했다. 사우스 브롱크스의 서던 블루버드Southern Boulevard와 웨스트체스터애비뉴west chester avenue 부근이 발상지 중 한 곳으로 알려지고 있다. 지금도 그곳에는 타소 크루Tasso crew가 작품들을 계속 그리고 있다.

랩과 브레이크 댄스는 '블록 파티'block party가 발생원이었다고 전해진다. 1970년대 이후, 블록 파티는 할렘과 브롱크스뿐만 아니라 브룩클린을 포함한 뉴욕의 소수자 지역 전체에 걸쳐 대중화된 지역의 '축제'였다. 가로 한 블록을 단위로 하여, 주변 근린공간을 휩싸면서 벌어지는 행사로서, 부근에 사는 주민들이 음식과 음료를 가지고 와서 음악과 댄스를 즐겼고, 행사가 벌어진 블록의 교통은 차단되었다. 이 축제에는 DJ가 등장하였고, 음악용 전원은 거의 모두 무단으로 가로등에서 빼서 썼다. 비록 위법이었지만, 경찰도 무시하는 경우가 많았다고 한다. 아마도 한 지역의 모든 근린공간을 범죄화시키는 것을 두려워했을 것이다. 이는 폭동으로 발전하기 쉽기 때문이다! 더 나아가 래퍼나 DJ는 자신들이 만든 작품을 테이프로 녹화하여 동료들에게 배포하였고, 동료들은 이를 각지로 실어 나르면서 볼륨을 최대한 크게 틀었다. 그래피티와 마찬가지로 뉴욕 전역을 무대로 한 경연과 합작이었다. 이른바 '휴대용 블록 파티'였던 것이다. 남서부 브롱크스의 브롱크스 리버 프로젝트라고 불리는 집단주택이 블록 파티의 중요 발생지였다. 여기서는 블랙 스페이더스black spaders라는 갱단이 암암리에 활약하고 있었고, 아프리카 밤바타, 쿨 디제이 제지 제이Kool DJ Jazzy Jay 등이 태어나고 자라면서 활동했던 장소였다.

브레이크 댄스도 지하철 차내와 역내를 시작으로 뉴욕 각지의 광장에서 활동했다. 그들은 곡예술 같은 움직임과 마임적 움직임, 그리고 믿기 어려울 정도로 몸을 비틀고 회전하며 뒤축으로 도는 모습 등을 연속적으로 보여주며, 자신들의 몸을 사용하여, 트랜스포머(전자변압기)나 미래주의적 로봇을 연상시키는 이미지를 구현했다. 이것의 역사적 계보는 아프리카계 미국인의 전통적 댄스였던 린디 합(스윙댄스의 일종)Lindy Hop, 찰스톤Charleston, 플래쉬 댄스 Flashdance와 아프리카계 브라질인의 격투기인 카포에라Capoiera, 그리고 타임스 퀘어 영화관에서 인기를 끌고 있었던 가라테영화의 치바 신이치Sonny Chiba의 기술들을 지적할 수 있다. 이러한 요소들은 다시금 블록 파티에서 발전하여 지하철을 통해 뉴욕 전역으로 퍼져갔다. 브레이크 댄스의 'break'란 레게나 디스코, DJ퍼포먼스의 중간 중간에 주로 춤을 추기 위해 타악기의 음악만이 흘러갈 때 잠깐 보여주기 위해 추는 춤이라는 의미에서 그렇게 불려졌다. 초기에 활약한 푸에르토리코계 중심의 락 스테이이 크루Rock Steady Crew는 센트럴 브롱크스에서 시작되었다.

트리시아 로즈에 의하면, 그래피티와 랩, 그리고 브레이크 댄스에는 어떤 형식적인 일관성이 있다고 한다. 이들은 모두 '흐름'flow, '층화'layering, '단절'rupture로 구성된다. "흐름으로 리듬적인 움직임과 계속성, 회귀성을 만들고, 층화를 통해 이러한 계속성을 반복적으로 강화시키고 윤색하지만, 단절을 통해 때때로 이러한 계속성에 대해 도전하고 위협함으로써 오히려 계속성을 두드러지게 한다."14 이러한 흐름과 층화, 단절이야말로 문화영역에서 사회적 탈각과 단절을 제어(통제)하며, 사회적 탈각과 단절에 대항할 수 있는 **긍정적인 행위를 하도록 하는** 전환점의 맹아가 된다. 바로 형식 속에 심어진 힙합의 저항성이었다.

　　AIDS 때문에 조산아로 태어난 시인이자 비평가인 던컨 스미스Duncan Smith는 1980년대 초 백인지식인으로서는 일찍부터 힙합문화를 중시하고 옹호했다. 그는 뛰어난 그래피티론에서 그래피티와 랩을 "쓰고 그리는 것의 권리"로 정의했다.15 이는 완전히 사회공간을 박탈당한 유색인종 청소년들이 스스로의 '언어, 즉 이름'을 창출하고, 이를 환경에 새겨 넣는 절박한 계기를 포함하고 있다고 보았다. 도시 이론가인 마셜 버만도 1970년대 후반에 할렘에서 그의 학생이 주최했던 록 파티를 관찰하면서 '언어의 힘'을 발견하고 감동을 받았다. 파티에서는 한 사람 한 사람의 청소년이 마이크를 들고 자신들의 언어로 이야기하는 기술을 습득하고 있었다. 바로 이것이 그가 시립대에서 학생들에게 가르치려고 했던 것이었지만, 이미 학생들은 자신의 내부로부터 자율적으로 뛰어 나왔고,16 이것은 결정적인 전회轉回가 되었다. 이것을 단지 도시공간이 철저히 유린당했기 때문에, 이것에 대해 자동적으로 자기를 치유하기 위한 자연발생적 작용으로 간주한다면 너무나 단순한 생각이다. 그곳에는 무수한 젊은이들의

---

14. Tricia Rose, 앞의 책, p.53.

15. Duncan Smith, "The Truth of Graffiti," *Art & Text*, no.17, pp.84~95, Aprill 1985. Tricia Rose 앞의 책, p.59.

16. Marshall Berman의 앞의 논문.

그림46 아프리카 밤바타가 태어나서 성장한 브롱크스 리버 프로젝트

투쟁이 있었고, 오직 이들의 투쟁이 쌓여 '힙합적 회전'이 형성되었던 것이다.

디제이 쿨 허크DJ Kool Herc, 1955~ 는 자메이카계 미국인이다. 그는 자메이카의 보컬 스타일인 덥Dub 17과 댄스 홀 스타일이라는 음향시스템에서 힌트를 얻어서 브레이크비트Break-beat deejaying를 확립했다. '브레이크'break에서 흘러나오는 음악들을 추출하여 반복적인 루프loop 18를 만들고, 이를 바탕으로 독자적인 음악체계를 만들었다. 디제이쿨허크의 브레이크비트는 전통적인 DJ보다 임팩트가 컸고, 특히 야외 퍼포먼스에 적합했다. 또, 턴테이블에게 말을 걸듯

---

17. [옮긴이] 덥(dub) : 자메이카 음악의 한 종류로, 1970년대의 레게음악에 그 기원을 두고 있다. 덥 음악의 사운드는 대개 보컬부분을 제외하고 확장된 에코사운드나 잔향 효과를 추가하는 형태로 믹싱한다.
18. [옮긴이] 루프(loop) : 샘플한 원곡을 아무런 변형 없이 사용하는 것.

악기처럼 활용한 것도 그였다. 그의 활동영역은 브롱크스 서부였다. 그랜드마스터 플래쉬Grandmaster Flash는 바베이도스Barbados에서 태어나, 브롱크스 남부 및 브롱크스 중부에서 활약했다. 그는 디제이쿨허크의 노선을 한 단계 더 발전시켜 스크래치scratch 19를 발명했고, '디제잉'Djing=DJ 20과 컷팅, 믹싱을 통합했다. 로즈에 의하면, "(나는) 이 세상에 정착해버린 턴테이블에 대한 사용법을 구조적이라기보다는 문화적인 적응가능성을 분명히 하려고 했다."21고 한다. 따라서 이 두 사람의 시기부터 블록 파티 전체의 시선이 DJ로 집중되기 시작했다. 바로 거기에서 랩이 시작된 것이다. 즉, 래퍼는 '힘은 곧 소리이며 언어다'는 토대 위에서 출현한 것이다. 그들은 "위엄, 설득력, 자신, 힘을 과시하면서 1950년대의 흑인용 라디오 쟈키를 연상시킬 듯 연출하며, 말을 하듯이 노래ditties를 불렀다."22 그 후, 급진적 저항정신 및 반골정신이라는 의미에서 갱스터 랩으로 계승되면서, 래퍼는 1960년대 후반에서 1970년대 초기에 활약한 할렘 거리의 전투적 선동시인들인 〈마지막 시인들〉 계보를 잇는다.23

그렇다면, 아프리카 밤바타는 누구인가?

현재 중년이 된 그는 분위기상으로 선 라Sun Ra 24와 조지 클린턴George Clinton 25 사이에 위치하는 듯한 약간 '신비주의적'인 '수장'이라는 느낌의 준準

---

19. [옮긴이] 스크래치(scratch) : DJ들이 턴테이블 속의 LP를 긁는 기법.

20. [옮긴이] 디제잉(DJing) : 레코드판으로 음악을 틀거나 비트를 만드는 것을 뜻하며, 힙합을 이루는 랩, 그래피티, 브레이크 댄스와 함께 4 가지 중요 요소 중 하나이다.

21. Tricia Rose, 앞의 책, p.53.

22. Tricia Rose, 앞의 책, p.55.

23. 그 밖에 트리시아 로즈는 질 스코트 헤론, 라디오 쟈키였던 더글라스 쟈코 핸더슨, 래퍼적 소울 가수였던 미리 잭슨 등을 언급하고 있다. 〈마지막 시인들〉에 대해서는 코소 이와사부로 「도시 속의 시」, 『한 권의 책』, 2008년 4월호, 아사히신문을 참조(高祖岩三郎, 「都市の中の詩」, 『一冊の本』, 2006年4月号, 朝日新聞社)

24. [옮긴이] 선 라(Sun Ra, 본명 Le Sony'r Ra, 1914~1993) : 재즈 작곡가, 밴드리더, 피아니스트, 신써싸이저 연주자이자 시인이며 철학가.

25. [옮긴이] 조지 클린턴(George Clinton, 1941~) : 펑크음악의 대부. P. Funk의 창시자. 1970년대와

슈퍼스타적 존재이다. 그는 원래 소년갱이었지만, 나중에 그룹 전원을 힙합집단인 〈줄루 네이션〉Zulu Nation으로 이끌어 간 위업을 달성했다. 그의 활동영역은 브롱크스의 동쪽인 브롱크스 리버 프로젝트 주변 일대였다. 〈줄루 네이션〉은 최초의 종합적 힙합조직이었고, 남아프리카에서 대영제국에 대해 세금에 반대하는 봉기를 일으킨 〈줄루랜드〉Zululand, 뉴올리언즈에서 가장 유명했던 흑인 마디그라Mardi Gras 26 그룹인 〈줄루 크루〉Zulu Krewe로부터 영감을 얻었다.27 〈줄루 네이션〉의 활동에는 '디제잉', '엠씽'Mcing=Master of Ceremonies 28), '비보잉'b-boying, 브레이크 댄싱, '그래피티 라이팅'Graffiti Writing이 있다. 그는 래퍼이자 그래피티 작가였지만, 자신의 나이에 대해서는 어떤 이유에서 인지 밝히지 않는다. 다만, 그의 어머니가 간호사로서 1960년대의 급진적 정치사상을 배경으로 성장했던 것은 확실하다. 그의 가정은 토론을 아주 좋아하는 편이었고, 특히 흑인운동에 초점을 맞춰 주로 '통합인가 분리인가', 혹은 '한 표인가 총알인가'라는 관점에서 토론을 많이 했다고 한다. 또, 숙부인 밤바타 번치니Bambaataa Bunchinji는 유명한 블랙 무슬림의 교도였다. 아마 그가 이슬람적 신비주의의 경향을 보이는 것이 이것 때문일지도 모른다. 그의 음악에 영향을 미친 것은 제임스 브라운James Brown 29, 슬라이 스톤Sly Stone 30, 펑커델릭Funkadelic 31이었다.

1980년 초에 〈Parliament and Funkadelic〉의 리더였으며, 1981년 솔로로 활동. 제임스 브라운(James Brown)과 슬리 스톤(Sly Stone)과 함께 펑크음악에서 가장 중요한 혁신가로 불러진다.

26. [옮긴이] 마디그라(Mardi Gras) : 프랑스어로 사육제를 뜻하며, '육식을 하는 화요일' 혹은 참회 화요일(Shrove Tuesday)로 해석된다. 또 다른 해석으로는 게이들의 축제라는 의미로 사용된다. 미국에서는 크루(Krewe)라는 그룹을 형성하여 식을 거행하는데, 이 그룹이 되기 위해서는 누군가의 소개나 추천이 없이는 들어갈 수 없다. 때문에, 흑인들의 게토에서는 그들이 살고 있는 지역에서 독자적으로 마디그라 축제를 하였다.

27. 〈줄루 네이션〉은 www.zulunation.com 참조, 그리고 이 부분에 대한 정보는 Jeff Chang, *Can't Stop, Won't Stop*, New York: St. Martin's Press, 2005를 참조.

28. [옮긴이] 엠씽(MCing) : DJ의 음악에 맞춰 랩을 하는 것(Rapping)으로, Microphone Checker라는 뜻에서 기원한다.

29. [옮긴이] 제임스 브라운(James Brown, 1933~2006) : R&B, 랩, 디스코, 펑크, 힙합을 창시하였다.

이 지역의 다른 소년들과 마찬가지로 그도 소년시절에는 갱단에 가담했다. 처음 가담한 그룹은 브롱크스 리버 프로젝트 주변에서 세력을 지니고 있던 〈파워〉P.O.W.E.R. : People's Organization for War and Energetic Revolutionaries였다. 그렇지만, 그는 적대와 비적대의 그룹과는 상관없이 독자적인 행동을 취하면서, 다른 갱단 멤버들과도 초당파적 교류를 계속 펼쳐갔다. 이러한 그의 행동은 변덕스러운 것이 아니라, 늘 일관성을 지닌 것이었기 때문에 광범위하게 신뢰를 얻을 수 있었다. 이러한 과정에서 브롱크스데일Bronxdale의 〈블랙 스페이드〉Black Spades에 가맹하여 군사사령관으로 임명되었다. 그의 초상 사진을 보면 알 수 있듯, 싸움은 철저할 정도로 강했다. 고등학교에서 백인 갱과의 투쟁을 지휘하였고, 또 그의 갱단 형제들이 경찰에 살해당했을 때는 복수를 생각하여 모의도 했지만, 마지막에는 계획을 그만두었다. 이러한 활동들 속에서 그의 정열이 향한 곳은 '디제잉'이었으며, 과거 갱단의 단원들로부터 DJ의 기술을 배웠다. 이 시점에서부터 블랙 스페이드의 시대로 바뀌었다. 그는 〈브롱크스 리버조직〉Bronx River Organization을 결성하여, 브롱크스 리버 프로젝트에 있는 커다란 광장을 사용하여 블록 파티를 기획하기 시작했다. 다른 DJ들은 서로가 각자의 영역을 지키며, 타인의 영역에는 개입하지 않았지만, 밤바타가 파티를 열 때만은 라이벌 패거리들도 마음내키는 대로 참가할 수 있었다. 랩 스타일은 디제이 쿨 허크의 영향을 많이 받아 불연속성을 강조했지만, 그 속에 자신들만의 포괄적인 프레임을 구축하였다. 초기의 구성은 대개 대립적인 요소를 집어넣었다.

이 분야에서 후대의 음악가들이 그의 영향으로부터 벗어나기란 어려울 정도로 지대한 영향을 미쳤다. 〈I got you〉, 〈Out of Site〉, 〈Sex Machine〉가 있고, 〈Say it loud-I'm Black and I'm proud〉라는 곡은 흑인운동에도 영향을 미쳤다.

30. [옮긴이] 슬라이 스톤(Sly Stone, 1943~) : 1960~70년대 미국에서 소울, 펑크, 싸이키델리의 선구자였으며, 특히 그가 조직한 〈Sly & the Family Stone〉이 유명하다.

31. [옮긴이] 펑커델릭(Funkadelic) : 아프리카계-미국인 음악밴드로서 1970년대에는 가장 유명한 밴드였다. 이 밴드의 자매조직으로 〈Parliament〉가 있었고, 둘 다 조지 클린턴(George Clinton)이 지도했다.

예를 들어, 그랜드 펑크 철도선로Grand Funk Railroad나 몽키즈Monkey's의 곡을 인용하여 그 속에 슬라이 스톤, 제임스 브라운, 말콤 엑스의 연설을 브레이크하여 도입하는 등의 모습을 띠었다.

후에 그는 〈줄루 킹 댄서스〉Zulu King Dancers를 조직하였고, 그 속에서 남여 래퍼들이 참가하여 〈줄루 내이션〉을 결성하였다. "줄루의 일은 연명하는 것이다. 지구 위를 거니는 모든 생명체에게 마음을 열어 접촉하고, 서로가 진실 ─ 지식과 지혜, 인식 ─ 을 주고받는 것이다. 이러한 것을 존중하는 사람들을 존경하며, 결코 공격적이 되거나 억압하지 않는다. 타자에 대해서도 스스로에 대해서도 평화적인 관계를 유지한다. 다만, 평화를 바라지 않는 자가 줄루를 공격한다면 알라신과 여호와의 이름으로 줄루는 투쟁할 것을 명령받는다."[32]

그는 '갱단으로서의 떼'를 '힙합 떼'로 전환시켰다. 그러나 '갱단으로서의 떼' 속에는 이미 이러한 전환이 가능했던, 혹은 이를 갈구하는 요인이 있었다. 랩, 그래피티, 브레이크 댄스의 영역에서는 갱단과 힙합 그룹의 무리들이 중복되어 있었다. 이렇듯, 어떤 영역에서라도 '떼'와 '영역'을 통하여 타자의 세계들과 교류하였던 것이다. 갱단이 '영역'을 집중화하여 확장하는 몰mole적 움직임이었다면, 힙합은 '영역'과 접촉하면서 타자와 네트워크를 통해 교류하고 확장해 가는 분자적 움직임이었다는 것에 차이가 있다. 그러나 어느 특정 시점에서부터 전자에서 후자로의 흐름이 주가 되었다. 떼 속에서 일제히 이러한 흐름과 추세가 대립 및 투쟁으로부터 생산적인 제반 관계로 전환된 것이다. 대립적인 긴장감이 축제적인 에너지로 전환된 것이다. 그리고 힙합은 계급 및 인종을 더욱더 세분화하여, 이들을 가로지르면서 미세한 분자적 운동이 되었다. 바로 여기에서 아프리카 밤바타는 이러한 집합적인 '이름'이라고 할 수 있다.

---

32. Jeff Chang, 같은 책, p.101 참조.

14장

상상의 세계공동체 브룩클린 자전거 유람

우리들에게 '혼돈'이란 사실 일반적으로 '혼돈적'이라고 이해되는 것의 반대방향으로 회전하는 것이다. 우리는 어떤 새로운 여건이 열리고 있다는 것을 느끼면서 갖는 '혼돈'이라는 이념의 주변을 맴돌아 왔다. 새로운 여건이란 '관계성' 혹은 계속 이동하는 '전체성'이지만, 그곳에서 '질서'는 계속적으로 유동하며, 이러한 '비질서'는 영원히 상상가능한 것이다.
— 에듀아르 글리상[1]

대륙의 군도적(群島的) 세계

브룩클린은 집합성의 측면에서 인종적 마이너리티(소수)가 메이저리티(다수)가 되는 장소이다. 이곳은 대부분의 비非서양적 마이너리티가 고유한 이민의 역사성을 간직하면서 구축해 온 공동체들로 구성되어 있고, 각종 긴장과 대립, 투쟁, 혹은 얼마 간의 협조를 유지하면서 공생하고 있는 장이다. 이렇듯, 브룩클린은 아주 굳건한 '다종다양성'multiplicity이 뿌리박고 있기 때문에, 여타

---

1. E'douard Glissant, *Poetique de la Relation*, Paris: Gallimard, 1990. p.147.

서양인의 공동체라고 해도 여기서는 그저 하나의 소수자적인 지역성으로 밖에 생각되지 않는다. 이러한 의미에서, 이곳은 이스트강을 사이에 두고 맨하튼의 건너편에서 맨하튼을 대체할 대안적 모습을 온몸으로 피력하고 있는 곳이라고 할 수 있다.

맨하튼은 중성적인 용모를 기반으로 하고 있다. 그렇지만, 실제로는 오로지 서양 백인을 중심으로 하는 자본의 이해관계에 의해 운영되는 장소이다. 이에 비해, 브룩클린은 베드타운Bedtown과 같은 성격이 강하며, 교회가 많은 주택지로서 정의되는 경우가 많다. 확실히 이런 측면이 없는 것도 아니다. 그러나 내가 관찰한 바에 따르면, 이러한 모습으로부터 일탈한 요소들도 상당히 많이 있다. 이곳 브룩클린에도 고유한 다운타운, 비즈니스 거리, 진보적 문화, 주택지대와 게토, 공장지대, 공원, 피서지, 폐기물 처리장 등등 대략적으로 도시라고 불릴 만한 모든 기능이 독자적으로 구비되어 있다. 오히려, 브룩클린은 맨하튼의 압도적인 영향을 받고 있지만, 맨하튼에 대한 저항성을 내포하면서 독자적으로 발전해 온 도시이다. 언제나 브룩클린은 뉴욕의 다섯 구 중에서 가장 인구밀도가 높았고, 일시적이나마 독립적인 '시정'市政, municipality을 확립하여, 미국 내에서 세 번째로 큰 도시이기도 했다. 희미하게나마 아직도 '분리주의'secession적 여운이 남아 있기도 하다.

여러분은 어딘가 잘 모르는 곳에 갔을 때, 왠지 모를 그리움의 향수에 사로잡혀 본 적이 있는가? 이것은 단순한 기시감도 시각적으로 닮은 장소적 대상이 주는 어떤 연상도 아니다. 어쨌든 자신의 출신지와는 전혀 관계없는 장소를 향수어린 감정으로 느낄 수 있는 체험이 있다. 그리고 그 대상은 폐허, 번화가, 공장지대 등등의 다양한 모습을 띤다. 이러한 체험은 내가 도시유람을 하게 된 주된 동기가 되었고, 특히 브룩클린에는 이러한 감정을 환기시키는 장소들이 도처에 깔려 있다. 그중, 한 가지 유형으로 들자면, 근린공간의 일상성이라는 것이 있다. 사람들의 생활들이 드러나 있는 근린공간에는 아마도 민족성

을 뛰어넘는 동일한 형태의 '애정'affection이나 '상처받기 쉬움'vulnerability, '슬
픔'sorrow, '열기'power가 흐르고 있다. 이러한 의미에서 브룩클린에 대해 이야기
를 한다는 것은 '세계의 일상성'과 '정동'에 대해 이야기하는 것에 가깝다고 할
수 있다.

브룩클린에는 수 없이 많은 공동체가 있다. 이들의 전체성은 하나의 힘을
중심으로 원심적으로 퍼져 나가거나 하나의 힘 속에 포위된 '대륙적 구성'을
이루는 것이 아니라, 개별적인 중심을 가진 무수한 영토들이 모자이크 파편처
럼 서로 침입해 들어가고 접해 있는 '군도'群島를 형성하고 있다. 브룩클린은 지
리상으로 반도이지만, 각각의 공동체의 분포는 하나의 '군도적 세계'를 형성하
고 있다. 이러한 브룩클린의 다양한 문화 속에서, 몇몇 지구로 분산되어 주변
의 공동체에 **활기를 부여하고 있는 것**은 다름 아닌 카리브해역계의 문화이다. 그
렇기 때문에, 브룩클린은 구조적으로도 사실적으로도 '이중적 군도'라고 표현
해도 좋을 만한 장소이다. 여기서 프랑스령 마르티니크 섬martinique island에서
태어난 시인이자 철학자인 에듀아르 글리상을 소개하기로 하자. 그는 서인도
제도, 카리브해역의 독자적인 역사와 지리적 경험을 바탕으로 한 시적·철학
적 고찰을 발전시켜, '군도적 세계', '관계성'의 시학, '크레올'Créole 2, '전全 세계'
라고 하는 제반 개념을 다졌다. 그는 인류사 속에서 가장 잔혹하며 거대한 영

---

2. [옮긴이] 크레올(Créole) : 신대륙발견 후 아메리카 대륙에서 태어난 에스파냐인과 프랑스인의 자손
들을 일컫는 말이다. 에스파냐어(語)로는 크리오요(Criollo)이다. 원래는 신대륙에서 태어난 순수
에스파냐인(人)에 한정되었으나, 북아메리카·라틴아메리카·서인도제도 등에서 태어난 에스파냐
인·프랑스인, 이들과 신대륙의 흑인 사이에서 태어난 사람들을 일컫는 말로 의미가 확대되었다. 16
세기 중엽 에스파냐의 식민지 개척이 한참일 때, 에스파냐에서는 신대륙에서 태어난 크레올을 위험
인물들로 생각해 주요 관직에 임명하지 않았다. 그러나 19세기 초 유럽에 유학해 자유사상을 접한 크
레올의 후손들은 본토 출신의 에스파냐인들에게 불만을 품고 독립운동을 펼치기도 하였다. 지금은
미국 루이지애나주(州)에 정착한 에스파냐인·프랑스인, 또는 이들과 흑인 사이에서 태어난 혼혈 및
그 자손을 가리키는 경우가 많다. 특히 20세기에 들어서는 백인과 흑인의 혼혈을 크레올로 인식하는
경우가 많은데, 이는 1910년경부터 1920년경까지 이들 혼혈을 중심으로 유행한 재즈 형식인 뉴올리
언스재즈에 힘입은 바가 크다.

향력을 끼친 경험으로 노예 삼각무역을 손꼽는다. 그는 노예 삼각무역의 시공간적인 역사적 유산으로서 '군도적 공간'과 '크레올화'creolization에 대해 깊은 사색을 하였고, 그 경험은 너무나 불행한 기억이지만, 우리들은 여전히 이러한 역사성에 의해 규정받는다고 한다. 그는 그 경험이 비록 우리들의 역사적·공간적 경험 속에서 특수한 문제들에 대한 대답을 주지 않는다고 해도, 이 모든 문제에 대해 대답할 수 있는 가능성의 토대를 제공하는 '공통의 장'이라고 한다. 그리고 내 생각으로는 뉴욕지구에서 브룩클린이 바로 '공통의 장이 될 가능성'을 지니고 있다고 생각된다.

런던과 파리는 모두 템즈강과 세느강이라고 하는 강의 양변에서 번성한 공간이다. 당연하지만, 강의 양변이 똑같이 하나의 도시인 것이다. 이 두 도시를 뒤따르듯, 상하이도 예전에는 쓸쓸하고 한적할 뿐이었던 황포강에 대해 엄청난 개발을 하고 있다. 이에 비해, 뉴욕은 맨하튼이라고 하는 섬(중앙)을 중심으로 번성한 도시였고, 적어도 강의 양변을 발달시키려는 생각은 지금까지 없었다. 그러나 그동안 탈산업화로 인해 쓸쓸하고 한적했던 브룩클린의 서쪽 끝 이스트 강변에 향후 대규모 개발이 예측되면서, 향후 뉴욕도 이스트강 양변으로 확대되어 갈 도시라는 공간개념이 형성되고 있다. 이렇게 되면, 브룩클린은 그동안 지니고 있었던 상대적 독립성을 상실하고, 점차 맨하튼처럼 변해 갈 것이다.

이상의 요점을 전제로 하여, 브룩클린이라고 하는 '혼돈', 혹은 지속적으로 이동하는 '전체성'에 대해 살펴보는 것이 이번 장의 취지이다. 그러나 이 기획에는 특별히 중심적인 문제는 없다. 나는 이 글 속에서 자전거를 타고 가면서 보이는 장면들에 국한하여, 각 지역만의 고유 문제에 얽혀 있는 이야기를 연결시켜 언급해 갈 것이다. 그리고 자전거 유람의 경로와 방법을 통해, 각각의 상이한 지역들과 그들의 문제들이 어떻게 연결되어 있거나, 혹은 연결되어 있지 않은지에 대해 살펴볼 것이다. 그리고 '크레올화'가 어떻게 발생했는지, 아니면 발생하지 않았는지에 대해서도 어느 정도로 상세히 다룰 것인지에 대해서는 아직 결정하지 않았지만 다뤄 갈 것이다. 여기에 얽혀 있는 다양한 이야기와 문제들이 복잡하게 뒤섞여 혼돈을 초래할 가능성이 크지만, 어쨌든 이것을 이야기해 나가기 위한 준비 단계로서 브룩클린에 대한 간략한 역사로부터 출발하고자 한다.

브룩클린 개사

어느 흑인 홈리스가 차갑게 얼어붙은 뉴욕의 보도 위에 종이박스를 뒤집어쓰고 살고 있다고 해서 그가 크레올화된 것에 대해 용인한다는 말이 될까? 그는 자신의 인종과 '타자'의 입장에서 본 그의 특수성이 현재 자신의 상태와 크게 관계하고 있음을 알고 있다.
소멸 위기에 처해 있는 미국 인디언의 사회가 적어도 처음에 그들을 자신들의 전통문화로부터 내쫓아 버린 요인이 바로 크레올화에서 기인했다는 것을 알게 될 때. 과연 크레올화라는 이름 아래 스스로를 옹호할 수 있을까?
문제의 핵심은 바로 크레올화에 있다. 미국의 수많은 모순의 모든 것, '전(全)—세계'가 일으키는 경련은 우리들이 우리들의 상상 속에서 조상 대대로 내려온 전통문화와 복합적 문화가 빚어내는 상극, 그리고 단일한 뿌리를 지닌 정체성과 관계성으로 이뤄진 정체성의 상극을 극복할 수 없는 한 결코 해결할 수 없는 문제인 것이다.
— 에듀아르 글리상[3]

브룩클린에는 문시Munsee어족에 속하는 레나페스Lenapes 혹은 델라웨어린스Delawareans족이 살았었다. 그들은 자메이카만灣이 내려다 보이는 카날시canalsea 부근을 본거지로 했었다. 이곳에 1524년 지오바니 다 베라짜노의 배가 도착했지만, 선주민들과 제대로 만나게 된 것은 1609년에 도착한 헨리 허드슨Henry Hudson이었다. 그의 뒤를 따라 1623년에는 네덜란드가 이 땅을 항구적인 식민지로 만들기로 하였다. 1635년 네덜란드의 서인도회사는 맨하튼을 뉴암스테르담New Amsterdam이라 불렀던 것에 맞춰 브룩클린을 뉴네덜란드New Netherland라고 명명하였다. 네덜란드인은 농지에 적합한 이 땅을 선주민으로부

---

3. E'douard Glissant, 『전세계론』, 카키카와 쿠니오, 도쿄 미스즈쇼보, 2000년, 33쪽(『全—世界論』, 垣川邦夫訳, 東京·みすず書房, 2000年, p.33).

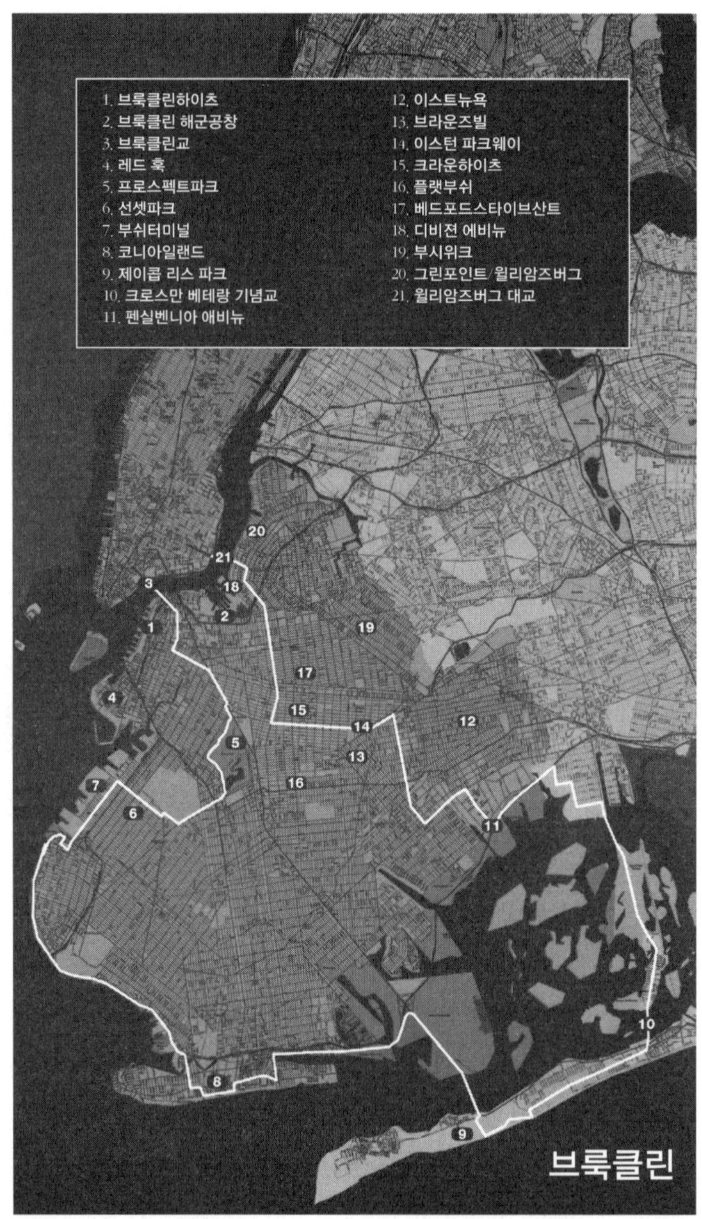

그림47 브룩클린 자전거 유람 지도

터 매수하려는 공작을 벌였고, 동시에 식민지 전체를 크리스트교화하기 위해 개척자들에게 선주민의 주거지역으로 확산해 가는 것을 장려했다. 그들은 선주민에게 토지소유라는 생각을 들이대면서 과세를 부과하였고, 이로 인해 대립이 격화하게 되었다. 점차, 브룩클린 내에는 1646년 브뤽켈렌Breuckelen, 현재 Brooklyn, 1645년 그라베센드Gravesend, 1647년 플랫랜즈Flatlands, 1652년 플랫부쉬, 1657년 뉴위트레흐트New Utrecht, 1661년 부시위크라는 여섯 개의 '마을'township이 확립되어 연합을 형성하게 되었다. 당시, 네덜란드계는 서쪽 지구, 영국계인들은 동쪽 지구라는 분리와 통합이 확립되었다. 이 때, 롱아일랜드에서 뉴암스테르담까지 농지를 중심으로 노예제와 기간한정의 고용제가 도입되었다.

역사가 크레이그 스티븐 와일더Craig Steven Wilder에 따르면, "자유롭지 않은 사람들의 유입이 선주민들의 인구감소에 선봉장 역할을 하였다. 당시 식민지 당국의 주된 관심사는 불만을 품은 자유 거주자들의 위험성과 하층민들의 불안정한 결합의 가능성을 제거하는 것에 있었다."4 이로 인해, 신대륙에 도착했던 이들은 쓸모없이 오랫동안 그저 장기체류하는 자들이 되어 버렸다. 크리스트교를 기반으로 하는 뉴암스테르담의 권력은 타인종과 타종교에 대한 차별을 핵심으로 하는 사회체제를 확립하였다. 당시, 흑인을 포함하여 유대인과 퀘이커교도를 박해하였고, 그들의 개척활동을 억제시켰다. 이것이 '민족성=계급성'이라는 오늘날에도 존속하는 미국 사회 지배체제의 기반이 된다. 1680년까지 브룩클린의 선주민 인구는 싹이 동날 정도로 사라져 버렸다. 1682년 브룩클린은 영국의 통치 아래서 왕의 통치지역Kings County이 되었고, 브룩클린에서 영국 통치자들과 네덜란드계 농민이라는 계급관계가 정착하였다.

1786년부터 1790년까지 브룩클린은 북아메리카에서 다섯 번째로 큰 노예

---

4. Craig Steven Wilder, *A Convenant of Color*, New York: Columbia University Press, 2000, p.8.

소유의 지역이 되었다. 독립전쟁 중인 1776년 8월에는 〈롱아일랜드의 전투〉Battle of Long Island 5 등이 벌어졌다. 1799년에는 지역 신문인 『롱아일랜드 신문』Long Island Courier이 발간되었다. 1800년경에 브룩클린 인구 중 1/4은 노예로 구성되었다. 그러나 1827년 뉴욕주의 노예해방령이 공포될 때까지 거의 모든 노예들이 도망쳐 나갔다. 1814년, 로버트 풀튼Robert Fulton의 증기 페리선이 개통하게 됨에 따라, 현재의 브룩클린 하이츠Brooklyn Heights는 맨하튼에 사무소를 둔 유복한 실업가, 변호사, 의사의 주거지역이 되었다. 이곳 부근은 지금도 그 당시의 브라운스톤Brownstone 6이 남아있다.(그림47 1번 참조) 1834년, 그동안 맨하튼을 본거지로 했던 뉴욕의 '지배적 권력'의 반대를 무릅쓰고 브룩클린시가 독립하였다. 남부의 자메이카만까지 뻗어 나가려는 도시계획을 고안하였고, 1836년에는 자메이카만까지 증기기차가 개통하게 되었다. 1855년까지 브룩클린은 이민자들의 지역이 되었다. 인구의 반수 이상이 아일랜드, 독일, 영국 등 외국에서 태어난 사람들이었다. 이즈음, 브룩클린은 '내 집'my home이 있는 지역이라는 이미지가 형성되어 사람들이 정착하기 시작했다. 더 나아가, 이스트강을 따라 그린포인트Greenpoint에서 레드훅Redhook에 이르는 강변 일대에는 항만의 기능이 발전하게 되었다. 또한, 당시만 해도 노예노동으로 지탱되었던 남부지역의 산업과 교역함으로써 브룩클린의 경제는 크게 성장했고, 그 덕에 지역 은행=금융경제도 발달하였다. 1860년에는 26만 6천 661명이라는 인

---

5. [옮긴이] 롱아일랜드 전투(Battle of Long Island) : 미국 독립전쟁 시기에 1776년 8월 22일부터 8월 30일에 걸쳐, 조지 워싱턴이 이끄는 미국 군대와 영국 군대가 전투를 벌였다. 브룩클린이 주요 전장이 되었고, 이 전투에서 조지 워싱턴이 이끄는 미국 군대가 대패함에 따라 1786년 독립전쟁이 끝날 때까지 롱아일랜드의 주요 지역을 중심으로 영국군대가 주둔하게 되었다.

6. [옮긴이] 브라운스톤(Brownstone) : 암갈색 사암으로 건축재료로 활용되었다. 뉴욕과 보스톤에서는 테라스 하우스(terraced house)라는 의미로 활용되며, 당시로는 고급 주거지를 뜻하기도 한다. 그러나 원래 영국에서는 18~19세기 산업혁명 과정에서 노동자를 대단위로 수용하기 위해 고안된 주거형태였고, 대개 2~3층이고 좌우로 길게 벌린 형태의 건물에 플랫(flat)이나 2층 구조 가구들이 질서정연 하게 배치되어 있는 가옥 구조를 일컫는다.

구로 뉴욕과 필라델피아 다음으로 인구가 많은 대도시가 되었다. 바야흐로 근대산업 시대였던 것이다. 이에 따라, 중간계급과 노동자계급의 주거지역이 분리되기 시작했다. 대략적으로 말하자면, 맨하튼에 가까운 북서부 지역은 중간계급이 살았고, 이에 비해 남부와 롱아일랜드에 면접해 있는 동부 지역은 노동자들의 지역이 되었다. 현재도 이러한 공간구성이 계승되고 있다.

브룩클린의 백인들 중에는 흑인 공동체가 하고 있던 노예제 폐지투쟁을 지지하는 사람도 많았다. 그렇지만, 그들의 태도는 분리주의를 기반으로 한 것이었다. 이에 대해, 흑인이든 백인이든 아랑곳 하지 않고 노예제 폐지주의자에 대해 혹독한 공격이 감행되었다. 와일더에 따르면, 브룩클린에 살던 시인 월터 휘트먼Walter Whitman 7은 이 문제에 관해 분열병적인 입장을 취했다. 그는 한편으로 흑인을 경시하면서도, 다른 한편 남부의 농원소유자의 특권을 도덕적으로 혐오하고 있었다. 아마 이것은 당시 브룩클린에 살던 일반적인 백인들의 입장이었을 것이라고 추정된다.8 맨하튼에서 징병폭동이 발생하면서, 브룩클린에서도 백인노동자가 흑인에 대해 공격하는 일이 여러 차례 발생했다. 1862년 흑인고용에 대해 시기와 분노에 휩싸인 아일랜드계 노동자들은 레드훅 지역의 담배공장에서 집회를 벌였고, 약 2천 명에서 3천 명이 참가했다고 전해진다. 1863년의 징병폭동 시기 동안에는 많은 흑인들이 브룩클린의 해방된 노예 주거지역인 베드포드Bedford로 도주하였다.

이 시기에 이미 현재 미국의 양당체제가 확립되었다. 브룩클린에서는 독일계 주민을 기반으로 한 공화당과 아일랜드계 주민을 기반으로 한 민주당이

---

7. [옮긴이] 월터 휘트먼(Walter Whitman, 1819~1892) : 미국 시인, 수필가, 저널리스트, 휴머니스트. 초월주의에서 사실주의로 가는 과도기를 대표하는 인물로 그의 작품에는 양자의 특색이 엿보인다. 특히, 그의 대표작인 〈Leaves of Grass〉은 성적 표현이 노골적이라고 하여 비판을 받기도 하지만, 한편으로 '자유시의 아버지'라고 불리기도 한다.
8. Craig Steven Wilder, 같은 책, pp.88~89.

있었다. 1870년대, 프로스펙트 공원Prospect Park이 개원하였고, 코니아일랜드 Coney Island가 유원지로 변모했다. 1883년에는 맨하튼과 브룩클린이 가장 근접하는 지점에 브룩클린교Brooklyn Bridge가 개통하게 됨에 따라, 이후 브룩클린이 다시 뉴욕시로 편입되도록 일조하게 된다.

1895년, 뉴욕 최초의 노동조합조직인 〈노동기사단〉이 브룩클린의 노면전차 파업을 일으켰다. 뉴욕 사상 최초의 대규모 파업으로 운전수와 차장, 청소부, 기관사 등 5천 명의 노동자가 50개에 이르는 노선 조업을 정지하고 투쟁을 벌였다. 이에 대응하여, 시는 외부에서 노동자를 끌어들여 파업을 무너뜨리려고 하였고, 마지막 수단으로 군대가 출동하였다.9 맨하튼과 브룩클린이라고 하는 두 도시는 항상 이스트강과 그 사이를 오가는 페리에 대한 통제권을 둘러싸고 다퉈왔다. 또한, 어느 쪽이 어느 쪽에 통합되는가하는 향후 예측 가능한 사태를 둘러싸고서도 팽팽한 긴장감이 계속되었다. 브룩클린측은 맨하튼이 브룩클린으로 통합되는 것이 정치적 질의 향상과 세금삭감, 땅 값의 상승을 일으킬 수 있기 때문에 보다 강한 대도시를 만들 수 있다고 주장했다. 이는 양당 (공화당과 민주당)간의 대립이기도 했다. 휴 맥크라클린Hugh McCracklin이 지도한 노동자·이민자를 기반으로 한 민주당이 세스 로Sath Raw 등이 중심이 된 비교적 상류계급에 기반을 둔 공화당을 앞서 있었지만, 역학 관계는 역전되어 있었기 때문에, 결국 맨하튼과의 결합을 강하게 염원했던 공화당의 의견이 통과되었다. 1898년, 브룩클린은 뉴욕시에 통합되었다. 그 날, 브룩클린의 중심지에서는 '브룩클린 사망!'이라는 호외가 배포되었다. 1900년 브룩클린은 인구 100만 명을 넘었다. 1908년, 지하철이 브룩클린으로 들어섰고, 1909년에는 맨하튼교와 윌리암스버그 대교大橋가 차례차례로 개통했다. 20세기 초의 코니아

---

9. 이러한 모습은 그 후에 쓰인 시어도어 드라이저(Theodore Dreiser)의 소설 『시스터 캐리』(*Sister Carrie*, 1900)에 묘사되어 있다.

일랜드는 새로운 형태의 대중오락 시설을 발명해 갔다. 브룩클린의 북서부 강변은 주요 산업지대로 성장했고, 1920년대에는 전미의 25퍼센트의 무역을 담당하게 되었다. 야구의 인기가 높아짐에 따라 당시 브룩클린 다저스Brooklyn Dodgers는 브룩클린인들의 희망을 대표하게 되었다.

1924년의 〈존슨 이민법〉Johnson Immigration Act은 제1차 세계대전 후 지속된 '붉은 공포'Red Scare의 영향 속에서 반反이민적 정책을 반영한 법안이었다. 존슨 이민법에서는 서양 세계 이외의 인종(유대인, 이탈리아인, 동유럽인, 아시아인 등)의 이민자 수를 제한하였다. 이러한 조치에도 불구하고 동유럽과 남부지역으로부터 흑인 이민자들이 증가했고, 1930년대 브룩클린은 뉴욕 다섯 구 중에서 250만 명으로 가장 인구가 많았다. 이에 따라, 브룩클린의 각 지역에서 단독주택들이 임대용 아파트로 개축되었다. 이러한 인구증가 속에서 향후 뉴욕의 도시공간을 특징짓는 거주지역상의 인종차별이 확립되었다. 즉, "정부의 권위와 공적 자금이 은행, 보험회사, 개발업자에게 투입되기 전까지 브룩클린의 각 지역은 인종적으로 분리되지 않았었다."10 정부, 은행, 부동산, 보험회사의 연합은 〈주택 소유자 자금 대출 회사〉the Home Owners' Loan Corporation, HOLC를 통해, 브룩클린의 전 거주지역의 안정을 무너뜨려갔다. HOLC는 1933년에 뉴딜정책을 담당하는 부서로 발족한 조직이었다. '은행의 신용붕괴'를 방지하기 위해 부동산 대출에 대해 개입해 가기 시작했다. 사실, 이들의 역할은 저임금 지역의 단독주택 구입을 지원하기 위한 것이었지만, 점차 방향을 바꾸어 갔다. 브룩클린의 각 지역 부동산업자들과 유착하여, 이윤을 보증해 주는 지역적 가이드라인(등급)을 설정하였다. 그리고 해당 지역 자치단체의 정책과 저항을 차단해 가면서 개발사업을 지도하였다. 그들은 교외지역을 우선적으로 지도하였다. 브룩클린에서는 백인지구였던 베이리지Bay ridge만 유일하게 A등급으

---

10. Craig Steven Wilder, 앞의 책, p.185.

로 인가를 받았다. 이것은 브룩클린 내의 지역차별을 유발하였고, 게토를 출현시켰다.

1954년 브룩클린의 강변에 있던 산업지대에는 23만 5천 명의 종사자가 있었다. 브룩클린은 비非포드주의적 도시 뉴욕에서 예외적으로 포드주의적 산업지구였다. 브루클린 해군공창Brooklyn Navy Yard은 1800년 해군이 이스트강에 면접해 있던 윌리엄즈버그와 레드훅 사이에 걸쳐 있는 토지를 구입하여 설치되었다.(그림47 2번 참조) 이곳은 미서전쟁(1892년) 때에 군함제조소로 활용되었다. 제2차 세계대전 중에는 미국 최대의 해군 직속 조선소가 되어, 최대 7만 1천 명의 남녀가 일하고 있었다. 전쟁이 끝난 후, 1966년에 이곳이 폐쇄되면서 이 지역 노동자들에게 커다란 '충격'과 '통한'을 심어 주었다. 당시의 폐쇄가 준 충격은 1957년 브룩클린의 야구팀이었던 브룩클린 다저스가 로스엔젤레스로 이전했던 것만큼 컸다. 이후 '탈산업화'의 흐름 속에서 브룩클린 전체의 산업도 쇠퇴해 갔다. 1954년에 23만 5천 명이었던 종사자들은 1970년대에는 20만 명이하로 감소되었다. 특히, 브룩클린의 주요 산업이었던 해군과 맥주제조업의 대부분이 새로운 자본에 대한 투자를 함으로써 얻게 되는 세금공제의 특전을 바라면서 줄줄이 폐업하게 되었다. 항만노동자들의 조합이었던 〈국제 항만 노동자 협회〉International Longshoremen's Association, ILA는 오랫 동안 투쟁한 끝에 연간 수입보장을 획득하는 등의 활약을 했다. 그러나 1960년~1970년대의 '콘테이너 혁명'에 의해 대부분의 항만노동자는 일자리를 잃게 되었다.

제2차 세계대전 후, 이민의 흐름은 흑인과 라틴계를 뒤이어 비자 문제가 없는 푸에르토리코인의 이주가 활발히 이뤄졌고, 카리브해역에서 건너 온 이민자들도 많았다. 이들은 베드포드 스타이브산트Bedford-Stuyvesant, 크라운하이츠Crown Heights, 이스트플랫부쉬East Flatbush로 퍼져갔다. 1960년대에는 브라운즈빌딩Browns Building과 이스트뉴욕East Newyork 등 일찍이 뉴욕 노동계급의 주거지역이었던 곳은 황폐해지면서 게토화되어 갔다. 현대 미국에서 '공간생산'

의 기본 패턴은 인종차별에 의한 지역적 분리를 기반으로 하고 있다. 여기에는 백인노동자들의 교외 이주와 그 후에 유입된 유색인종의 주거지역이 게토화 되는 형태로 진행되었다. 이러한 패턴이 '보편적인 노동자계급'을 공간적으로 분단시켰고, '자동차', '쇼핑몰', '잔디'에 유혹되어 교외생활의 인질이 되어 버 린 백인노동자를 한결같이 자본주의적 이데올로기 속에 묶어 두는 원동력이 되었다. 특히, 석유가격을 중심으로 전개된 '교외의 생산'이야말로 현대 미국의 지배와 통제의 중추기관이 되었다.

이러한 '교외의 생산'을 화려하게 조직한 사람은 다름 아닌 로버트 모제스 이다. 1964년 4월, 퀸즈의 플러싱 메도우 코로나 공원Flushing Meadows-Corona Park에서는 그의 주선으로 '만국박람회'가 개최되었다. 이것은 도시 내의 지역 적 차별을 기반으로 한 개발과 개발에 항의하는 '공민권운동' 사이의 대립이 격화되던 상황 속에서 치러진 이벤트였다. 〈전미 인종 평등 회의〉의 브룩클 린 지부는 이 박람회를 공민권의 침해로 규정하고 개회식 당일 저항행동을 감행하려고 하였다. 이 조직은 다음과 같은 도로에 차를 몰고 왔다 갔다 하는 왕복운동으로 교통을 마비하려는 계획을 짰다. 그랜드센트럴파크웨이Grand Central Parkway, 브룩클린-퀸즈 고속도로Brooklyn-Queens Expressway, 인터보로 파 크웨이Inter-borough Parkway, 벨트 파크웨이Belt Parkway, 반위크 고속도로Vanwick Expressway. 공민권운동의 중추조직이었던 〈유색인종 발전을 위한 국가연합〉 the National Association of Advancement of Colored People, NAACP의 브룩클린 지부도 이 계획에 협찬하였고, 전국 네트워크도 이 계획을 묵인하거나 동조하는 태도를 보였다. 1만 명 조직원을 지닌 〈미국 위생 노동조합〉The Sanitation Workers' Union 은 이 날 자동차를 움직이라는 명령이 떨어져도 집에서 대기하는 형태로 명령 을 실행하지 않겠다는 것을 발표했다. 이에 당황한 뉴욕시의 인권담당 행정관 은 브룩클린의 CORE를 설득하려고 했다. 이에 대해, 브룩클린 CORE가 제출 한 요구사항은 (1) 시의 모든 건설현장을 일시적으로 봉쇄할 것, (2) 배심원들이 인종차별적인 노동조합을 조사할 것, (3) 슬럼에서 임대 아파트에 대한 임대료 지불반대 파업을 인허할 것, (4) 배심원은 슬럼의 집주인을 조사할 것, (5) 모든 고등학교에서 학생들의 인종적 분리를 해제할 것, (6) 게토지구에서의 학교건설을 중지할 것, (7) 경찰의 폭력을 조사하기 위해 공공 조사위원회를 설치할 것 등이었다(이 요구사항은 '뉴욕의 도시공간' 어디에서나 인종차별이 이뤄지고 있다는 것을 우리들에게 다시금 인식시켜 준다.) 결국, 교섭은 결렬되었다. 시는 당일 차를 움직일 수 있는 트럭운전수를 고용하기로 했다. 그렇지만, 행사 당일 지하철 운행에 대한 일시적 방해와 시장 공저 앞에서 피켓시위를 벌인 것 말고는 고속도로에서는 아무것도 발생하지 않았다. 브룩클린 CORE는 실제로 방해행동을 조직했다고 하기보다는 선전활동에 강점을 지니고 있었다고 한다. 그러나 '인종과 노동의 관계', '인종과 주거의 관계', '인종과 교육의 관계'를 미디어를 통해 광범위하게 알리고, 박람회를 보러 온 손님을 크게 줄였다는 점을 생각해 보면, 이러한 행동은 성공했다고 말할 수 있을 것이다.

1965년, 국민과 민족성에 의한 이민제한과 차별을 철폐하는 〈하트 세라 법〉이 의회를 통과함에 따라 이후에는 보다 많은 이민자들이 밀려 들어왔다. 그 후에 발생한 사건들에 대해서는 자전거 유람의 여정 속에서 살펴보겠지만, 그 전에 뉴욕시장이었던 루덜프 줄리아니와 브룩클린의 관계에 대해 두 가지 일화를 소개해 보겠다.

1997년 아이티계 이민자였던 애브너 루이마Abner Louima에게 브룩클린 제7분서 경찰관 수 명이 집단으로 폭력을 가하는 사건이 발생했다. 이것은 일찍이 브롱크스에서 발생한 아마두 디아로에 대한 총격살인과 함께 악명높은 뉴욕 경찰의 폭행police brutality으로 기억된다. 플랫부쉬 지구에 있는 아이티계 클럽에서 말다툼하던 끝에 체포된 루이마는 경찰서로 연행되는 도중에 연타를 얻어맞고, 그 후에 경찰서 화장실에서 자루걸레 막대기로 혹독한 성폭행을 당한 후에 병원에 실려 갔다. 루이마의 말에 따르면, 경찰관들은 폭행을 하면서 그가 반항하는 것에 대해 '지금은 딘킨즈의 시대가 아니라, 줄리아니의 시대야!'라고 했다고 한다. 그렇다! '줄리아니의 시대'라는 것은 스타벅스 커피전문점과 갭GAP 의류체인점이 도시 곳곳에 넓게 퍼지면서, 공적 공간에서 '성적인 것'과 '가난한 자에 관계된 것'이 전면적으로 제거되던 시대였다. 동시에 경찰관은 무엇을 해도 좋다는 식의 면죄부가 부여되었던 시대였다. 그 결과, 경찰관의 권력남용이 각지에서 발생했고, 뉴욕시는 그것을 뒤처리하는 비용으로 1997년에만 2,900만 달러를 썼고, 줄리아니가 시장으로 있던 시기를 통틀어 9,800만 달러를 지불했다고 한다. 줄리아니를 당선시킨 강력한 지지단체 중 하나는 '경찰관 공제회'police benevolent society였다.[11] **의리가 두터운** 줄리아니는 모든 방법을 동원해서 경찰의 부패를 폭로하는 조사위원회 및 심문위원회를 무너뜨리려고 하였다. 그의 시정은 시민들로부터 선출된 시의회City Council와의 투쟁의 역사였다.[12]

1999년 영국의 수집가인 사치Charles Saatchi [13]의 수집작품을 모은 〈센세이션〉Sensation이라는 전람회가 브룩클린 미술관에서 개최되었다. 그곳에 전시된 영국인 예술가 크리스 오필리Chris Ofili [14]의 작품인 '성 처녀 마리아'는 원시적

---

11. 참고로, 이 조직이 취했던 전화모금은 폭력단의 위협적인 모습을 연상시킨다. 어쩐 일인지 전화를 거는 상대의 개인명이나 직업을 알고 있어서, 친구처럼 격 없는 말투로 말을 걸다가 위협적인 분위기로 자금을 요구했다. 우리 집에서는 이 조직이 전화해 올 경우에, 곧바로 전화하지 말 것을 요구하고 전화를 끊는 방식을 취했다.

12. Sasha Torres, "Giuliani Time: Urban Policing and *Brooklyn South*", *Zero Tolerance,* edited by Andrea McArdle and Tanya Erzen, New York, London: New York University Press, 2001.

13. [옮긴이] 찰스 사치(Charles Saatchi, 1943~) : 전세계적으로 유명한 광고대리점인 〈Saatchi & Saatchi〉의 창립자.

14. [옮긴이] 크리스 오필리(Chris Ofili, 1968~) : 나이지리아 혈통의 영국 화가. 1997년 찰스 사치의 기획으로 로열 아카데미에서 열린 '센세이션 Sensation' 전시를 통해 높은 명성을 얻었다. 그는 yBa(young British artists)의 대표작가로서 1998년 '터너 프라이즈'를 수상하였다.

표현주의 스타일을 구사하여 흑인여성을 마돈나로서 그려낸 작품이었다. 이 작품은 벽에 걸어둔 것이 아니라, 바닥에 설치된 두 개의 커다란 코끼리의 똥 위에 설치되었다. 작자는 '흑인 마돈나'이든 '코끼리의 똥'이든 크리스트교에 대한 '모독'과는 상관없이 그 자신의 출신지인 아프리카의 문화를 환기시키기 위해 사용했다고 한다. **어떤 이유에서인지 몰라도**, 미치광이처럼 분노한 줄리아니는 시립 미술관에 대한 원조를 끊어버렸고, 곧바로 퇴거 명령을 내렸다. 예술가를 중심으로 커다란 저항운동이 발생했다. 브룩클린의 지방재판소 판사였던 나나 거숀Nina Gershon은 줄리아니가 '언론의 자유'를 규정한 〈미연방 수정 헌법 제1조〉the First Amendment를 침해했다고 판결하여, 원조금의 지불과 퇴거 명령을 철회하도록 명령했다.

임기 말에 가까워지면서 평판이 떨어졌던 줄리아니는 9·11 이후, 다시금 인기를 회복하는 듯 보였다. 왜 다시 인기를 회복할까 하는 부분은 나로서는 이해하기 어렵지만, 미디어는 모두 다 그의 사후 조치를 절찬했다. 조지 부시 미대통령의 인기도 이러한 경향을 띠었다.[15] 그리고 현재 우리들은 아직도 그들의 시대를 살고 있다. 그러고 보니, 9·11이 일어났을 때, 세계무역 센터빌딩 자리에서는 강렬한 냄새와 거대한 연기가 피어올랐고, 마침 북서쪽에서 바람이 불어닥치는 바람에 맨하튼의 동남쪽에 있는 브룩클린으로 그 연기가 밀려왔었다. 그리고 브룩클린 하이츠Brooklyn Heights나 파크 슬로프Park Slope의 주택지에는 하얀 잿더미가 쌓여 갔다.

---

15. 향후 분명히 미디어의 책임은 추궁되어야 할 것이다. 현재 미국에서 '주요 미디어'는 이미 권력의 일부분이 되어 있으며, 정부와 마찬가지로 저항운동의 대상으로 삼으려고 하는 활동가도 증가하고 있다.

브룩클린 자전거 유람

노상에서 태어난다는 것은 평생 방랑하면서 자유롭게 산다는 것이다. 우연히 발생한 일, 사건, 드라마, 운동을 의미한다. 그것은 결국 꿈이다. 당신의 방랑에 대해 형이상학적인 확신을 부여할지도 모르는 서로 관계없는 사실들의 조화인 것이다. 노상에서 당신은 도대체 인간이란 무엇인가에 대해 배운다. 그 대신에 당신은 처음으로 인간을 창안할 것이다. 열린 노상에서 존재하지 않는 것은 단지 위조된 인공물에 불과하며, 사실이 아닌 추론된 '문학'에 불과하다. 그 어떤 '모험'조차도 노상에서 벌어지는 것에 필적하지 못한다.

—— 헨리 밀러(Henry Miller)[16]

브룩클린으로 자전거를 타고 들어가는 길은 수많은 길이 있다. 그 어떤 길이든 독자적인 세계관을 표현하고 있지만, 그중에서도 나는 대체로 많은 지역을 포괄하며 어느 한 쪽에도 치우치지 않는 전형적인 모습을 비추고자 한다. 브룩클린교를 건넌 다음, 다운타운을 통과하여 프로스펙트 공원을 지나면 남서부에서 바다를 향해 불쑥 튀어 나온 타원형의 보도를 해안선을 따라 앞으로 나아가면 남쪽 끝에 코니아일랜드에 다다르게 된다. 그곳에서 동쪽으로 가다가 자메이카만을 돌아서 내륙으로 되돌아오게 된다. 이곳에서 북쪽으로 올라가면 이스턴 파크웨이가 나오고, 이곳을 가로질러 베드포드 애비뉴에 이른 다음 북쪽으로 더 올라가면 윌리암즈버그 대교大橋를 건너 맨하튼으로 돌아오는 길이다.(그림47의 흰색 선)

(여정1. 브룩클린교 → 아담스 스트리트Adams Street → 브루글린 플레이스Brooklyn Place → 아틀란틱 애비뉴Atlantic Avenue → 딘 스트리트Dean Street에서 좌회전 → 플랫부쉬 애비뉴Flatbush Avenue에서 우회전(커다란 오르막 언덕) → 그랜드 아미 플라자Grand Army Plaza → 프로스펙트 공원Prospect Park, 공원 내의 웨스트 드라이브West Drive의 남단까지 주행)

---

16. Herry Miller, "The Fourteenth Ward," included in *The Brooklyn Reader*, edited by Andrea Wyatt Sexton and Alice Leccese Powers, New York: Crown Trade Paperbacks, 1994, pp.161~162.

브룩클린교는 1883년 5월에 완성되었다. 이 다리의 정치·경제적 영향은 앞서 살펴봤다. 기술자였던 존 오가스터스 로브링John Augustus Roebling과 그의 아들이 2대에 걸친 고투 속에서 완성한 다리이다. 이 다리의 구조는 아름답다. 시각적인 아름다움에 맞춰 다리의 기복도 완만하게 만들어졌기 때문에, 자전거로 오르고 내려가면 딱 기분이 좋을 정도의 땀이 난다. 다리의 양쪽에 우뚝 솟은 '탑, 즉 고정기체'anckerage와 철근 와이어 케이블로 지탱되는 적교吊橋라는 구조는 당시에는 혁명적인 기술혁신이었다고 전해진다. 시인 월터 휘트먼이나 하트 크레인Harold Hart Crane 17, 화가 존 마린John Marin 18과 조지프 스텔라Joseph Stella 19가 이 다리에 자신들의 작품을 바쳤다고 한다. 헨리 제임스Henry James 20는 '기계적 괴물'이라고 매도하기도 했다. 이와 반대로 루이스 멈퍼드Lewis Mumford 21는 이 다리에 대해 절찬했었다.(그림47 3번 참조) 다리를 내려가면 브룩클린의 다운타운이 나오고, 시청, 비즈니스, 번화가로 연결된다.

이 주변 지역의 현안은 뉴저지 네츠New Jersey Nets라는 농구팀의 스타디움을 이전시키기 위한 아틀란틱 야즈The Atlantic Yards 개발계획이다. 앞서 살펴봤듯이, 주택문제를 중심으로 활동하고 있는 NPO조직 〈공동체 개혁 연합〉Association of

---

17. [옮긴이] 하트 크레인(Harold Hart Crane, 1899~1932) : 짧은 생애를 살았지만 미국의 가장 뛰어난 시인 중의 한 사람으로 꼽히는 미국 시인. 대표작 『다리』(*The Bridge*)는 W. 휘트먼적인 전통을 계승해 새로운 '미국의 신화'를 긍정적으로 그렸으며, 그 표현도 감각적·신비적 실험을 대담하게 시도한 작품이다.
18. [옮긴이] 존 마린(John Marin, 1870~1953) : 미국의 화가. 인상파의 영향과 야수파, 입체파까지 아우르며 독특한 화풍을 만들어냈다. 미국 근대 미술의 기반이 된 모더니즘 운동에 참여하기도 했다.
19. [옮긴이] 조지프 스텔라(Joseph Stella, 1877~1946) : 미국의 미래주의를 선도한 이탈리아계 화가. 뉴욕의 도시 풍경을 소재로 작업했고 1920년대 이후 단순하고도 사실적인 작품을 제작했다.
20. [옮긴이] 헨리 제임스(Henry James, 1843~1916) : 미국 소설가 겸 비평가. '영어로 쓴 가장 뛰어난 소설' 중의 하나로 평가받은 장편 『어떤 부인의 초상』 등 그의 작품 대부분은 '국제 문제'를 다뤘다. 그 밖에 자신의 작품 해설을 모은 『소설의 기교』는 소설 이론의 명저로 알려졌다.
21. [옮긴이] 루이스 멈퍼드(Lewis Mumford, 1895~1990) : 미국의 철학자·역사가·문명비평가. 저서는 『유토피아 이야기』, 『역사 속의 도시』(1961) 등이다. 인간 생활환경이면서, 주체적 생존조건인 '문명' 발전에 대한 총괄적 시각의 규명이 관심이었다. 펜실베니아대학교 교수였다.

Conmmunity Organizations for Reform Now, 이하 ACORN과 메이저 개발업자가 협력하여 이 계획을 통과시키려고 하고 있다. 역시 이 계획안도 프랑크 게리Frank Owen Gehry 22가 설계한 것이다. '이젠 그만 좀 하지!'Enough is enough라고 말하고 싶을 정도다! 주민들은 이 계획에 따라 이뤄진 다운타운의 커다란 변화를 '브룩클린의 맨하튼화'로 생각하여 반대운동을 벌이고 있다.23

이 길로 가는 도중에 아틀란틱 애비뉴Atlantic Avenue와 교차점에서 서쪽 강변으로 향하게 되면, 아랍계의 가게가 즐비해 있다. 백년을 이어온 전통을 지닌 상점가이다. 시리아계, 레바논계, 이라크계, 요르단계 주민들이 여기서 쇼핑을 하고 있다. 일반적인 음식 매니어들도 많이 방문한다. 또, 9·11 이후에는 이 지역을 인종차별로부터 지켜내기 위한 단체가 조직되었다.

여기에서 서남쪽의 고와너스만Gowanus Bay에 걸쳐 있는 강변 지역 일대를 레드훅이라고 한다.(그림47 4번 참조) 레드훅은 남북전쟁 이후에 주로 선착장 및 부두, 그리고 조선소가 있었던 곳이며, 그곳에서 일하던 노동자들의 오래된 주택지대가 펼쳐져 있다. 뉴욕에서 항만노동운동의 메카로서 푸에르토리코계 및 쿠바계의 담배생산 조합인 〈타바퀴로스〉Tabaqueros의 집합소, 〈워블리스〉의 지부가 있었던 곳이다. 참고로, 알 카포네가 시카고로 이주하기 전에 여기서 소년범죄 조직을 통솔했었다. 1946년 고와너스 하이웨이, 벨트 파크웨이, 브룩클린 밧테리 터널 등 몇몇 고속도로가 건설되면서, 레드훅은 그 영향으로 강변

---

22. [옮긴이] 프랑크 게리(Frank Owen Gehry, 1930~) : 게리의 건축은 후기 구조주의인 해체주의 건축가로 분류되고 있다. 그는 1980년대 비례와 대칭이 관습화된 고급예술과 현실세계의 불일치에서 비롯된 해체주의적 비판에서 출발하였다. 특히, 그는 기존 사고의 차원을 초월하기 위하여, 1.건축 디자인에 인간이 가지고 있지 못하는 자연 이미지를 그대로 반영하려는 시도, 2.규칙과 질서에 얽매어 있는 기존의 사고 형식을 깨뜨리는 의미에서 자유로운 형태를 선호, 3.순간적인 동적 변화 속에 나타나는 우연적 형태를 창출하는 등의 생각으로 Bilbao 구겐하임 미술관, 네셔널 네덜란드 빌딩, 디즈니 콘서트 홀 등을 건축했다. 보다 상세한 것은 http://en.wikipedia.org/wiki/Frank_Gehry를 참조.
23. 사이버링크 http://www.nolandgrab.org/archives/2005/02/atlantic_yards.html 참조.

그림47 드럼서클의 연주풍경

지역이나 다운타운으로부터도 동떨어지게 되었고, 그 결과 탈산업화와 함께 황폐해졌다. 남쪽에서 이 지역에 들어오는 고와누스 운하는 예전에 레드훅의 산업발전에 필수적인 설비였다. 이 수로를 따라 석탄과 목재, 벽돌, 돌, 주물, 페인트 및 잉크, 도금, 제분, 제지 등의 공장이 번성하게 되었고, 20세기 초에 이미 대공해지대를 과시할 정도였다. 그렇지만, 1960년대 초를 즈음하여 이 지역은 거의 사용되지 않게 되었고, 이른바 '사수지대'死水地帶가 되었다. 그 후, 1990년경부터 이곳에 거주하기 시작한 예술가를 중심으로 환경 회복운동이 일어났다.

프로스펙트 공원의 입구에 있는 그랜드 아미 프라자Grand Army Plaza의 서쪽 일대는 파크 슬로프Park Slope라 불리는 주택지대가 있다. 이곳은 이름 그대로 서쪽의 강변을 향하여 가파르게 내려가는 사면에 형성되어 있다. 이 주변은 문학가들의 서클이 많은 곳으로 알려졌는데, 윌리암즈버그에서 태어난 소설가

헨리 밀러Henry Miller가 만년에 거주하였던 곳이기도 하다. 센트럴파크가 백인 부르주아의 이미지라고 한다면, 프로스펙트 공원은 소수자들의 공원이다.(그림 47 5번 참조) 이 공원에서는 여름 주말에 가족과 함께 바베큐를 즐기는 광경이 자주 보인다. 센트럴파크를 설계했던 프레드릭 로 옴스테드에 의해 1860년에 설계된 곳이다. 입구에 있는 그랜드 아미 프라자는 향후 국민들의 대규모 집회를 예측한 듯 신고전주의적인 광장의 면모를 갖추고 있다. 당시 옴스테드는 센트럴파크와 이곳을 큰 대로로 연결시키려는 웅장한 계획도 세웠었다.

공원 내에는 뉴욕에서 가장 멋진 문화유산 중 하나이자 가장 브룩클린적인 쿨차kulcha라고 부르는 '드럼 서클'이 존재한다. 날씨만 좋다면 매주 일요일 오후에는 어디에서부터인가 사람들이 모여들고, 각종 드럼을 중심으로 한 대합주大合奏를 벌여 해가 질 때까지 계속한다. 원칙적으로 어떤 악기라도 환영받으며, 각종 타악기들의 자유로운 출입 속에서 이들이 만들어 내는 커다란 운율은 이곳에 찾아오는 모든 이들을 공감하도록 하며 황홀한 상태로 만든다. 1968년에 아프리카계 드럼 및 문화 동호회인 〈콩고광장 드러머〉Congo Square Drummers가 이벤트로 벌였던 것이지만, 높은 인기와 좋은 평판을 받고 있기 때문에, 공원 측에서도 단지 내버려두는 것만이 아니라 문화유산으로서 공인하여 이곳을 드러머의 숲Drummers' Grove이라고 명명하였다. 드럼 서클은 공원의 동남쪽 모퉁이 부근에 위치한 이스트 레이크 드라이브East Lake Drive를 따라서 형성되어 있다.

공원의 동쪽과 동남쪽 일대에는 카리브계 및 서인도제도계의 주민들이 많이 모여 살면서, 1980년대에는 레게씬reggae scene이 번성하게 되었다. 프로스펙트 공원에서도 자유 콘서트가 개최되었다. 특히, 공원의 동쪽 중앙부에서 뻗어 있는 엠파이어 블루버드Empire Boulevard를 따라 두 블록 정도 더 가면 남쪽에 엠파이어 로리 링크라고 하는 거대한 스케이트장이 있다. 여기에서는 주말 밤에 자메이카 스타일의 본격적인 사운드 시스템을 즐길 수 있다. 슈가 마이노트

Sugar Minott 24, 테너 소Tenor Saw 25, 시스터 캐롤Sister Carol 26 등의 중견 음악가에
서부터 이미 은퇴한 대가인 옐로우만Yellowman 27의 모습도 볼 수 있다.

(여정2. 캐튼 플레이스Caton Place → 그린우드 세레모니Greenwood Cemetery의 오
른쪽 → 해밀튼 파크웨이Hamilton Parkway → 37번가 우회전 → 9번 애비뉴 우회
전, 내리막 언덕 → 2번 애비뉴 좌회전 → 웨이크만 플레이스Wakeman Place 좌회
전 → 3번 애비뉴 우회전 → 시네이터 스트리트Senator Street 우회전 → 오울스
헤드 파크Owl's Head Park → 해안선을 따라 리프 에릭슨 도로Leif Erickson Drive →
베라짜노-내로우 교Verrazano-Narrows Bridge → 드라이어 오퍼만 파크Dreirer
Offerman Park → 크랍시 애비뉴Cropsey Avenue 우회전 → 17번가 → 코니아일랜드
Coney Island 도착.

　　공원의 남서쪽 모퉁이에 있는 캐튼 플레이스Caton Place를 나와 직진하면,
곧바로 오른쪽에 그린우드 세레모니Greenwood Ceremony가 나온다. 이곳은 데이
비드 베이츠 더글라스David Bates Douglas라는 사람이 어떤 종파에 대해서도 제
한하지 않는 묘지로서 1838년에 설계한 곳이다. 자연과 죽음을 해후하도록 만
든 유토피아적 풍경의 디자인으로서 석조로 된 묘지도 많다. 몇몇 유명인들이

---

24. [옮긴이] 슈가 마이노트(Sugar Minott, 1956~) : 자메이카 킹스턴 출신 레게 싱어, 작곡가, 사운드
　　시스템 연주자.
25. [옮긴이] 테너 소(Tenor Saw, 1966~) : 자메이카 킹스턴 출신으로 유명한 댄스홀 싱어였다. 그의
　　대표곡은 1985년에 히트한 "Ring the Alarm"("Stalag 17" riddim)과 "Roll Call"(1984, "Queen
　　Majesty" riddim), "Pumpkin Belly"(1985, "Sleng Teng" riddim) and "Lots of Sign"("Tonight"
　　riddim) 등이 있다.
26. [옮긴이] 시스터 캐롤(Sister Carol, 본명 Carol Theresa East, 1959~) : 자메이카 출신의 레게 레코
　　딩 예술가.
27. [옮긴이] 킹 옐로우만(King Yellowman, 1959~) : 자메이카 레게(rub-a-dub)와 댄스홀 디제이.
　　1980년대 전반에 걸쳐 자메이카에서 유명했던 음악가.

묻혀 있으며, 마가렛 생어가 묻혀 있는 곳이기도 하다. 여기서 잠시, 일동 묵념!

이 묘지의 남쪽 모퉁이에는 일감을 찾고 있는 백인남성(아마도 폴란드계 혹은 러시아계일 것이다)들이 항상 대기 중이다. 여기서 바다 쪽 서남방향으로 펼쳐진 지역은 선셋공원Sunset Park이라 불러지는 아주 멋진 풍경을 지닌 공원으로, 이곳을 중심으로 '다민족 지대'가 형성되어 있다.(그림47 6번 참조) 1840년대에 아일랜드계인들의 이민을 시작으로 하여, 폴란드, 노르웨이, 핀란드 인들이 뒤이어 건너 왔다. 19세기 후반에는 이탈리아인들이 주류가 되었다. 그들은 여기서 언덕의 서쪽편의 저지대에 있는 부쉬 터미널Bush Terminal에서 일했다. 그리고 제2차 세계대전으로 인해 백인들이 교외로 이주하기 시작하게 됨에 따라, 이곳에는 푸에르토리코인들이 들어오게 되었다. 그 후, 이 일대는 황폐해져 갔지만, 1970년대에서 1980년대에 걸쳐 재개발이 시작되었고, 라틴 아메리카계 및 도미니카공화국, 기아나, 에쿠아도르, 인도, 베트남, 콜롬비아, 요르단, 폴란드 등으로부터 이민자들이 밀려 왔다. 최근에는 중국인들이 주류를 이루고 있다. 그중 대부분이 광동인들이며, 소수의 무집주撫集州인들이 있다. 차이나타운에 대해 말했던 것처럼, 이 지역은 맨하튼에 있는 차이나타운에서 지하철로 편리하게 오갈 수 있는 곳이었기 때문에 차이나타운의 위성이 되었던 것이다. 퀸즈의 플러싱과 차이나타운에서는 구입하기 힘든 단독주택을 구입하기 위해 이동해 온 사람도 많다. 중국계 이민자들은 세계 어디를 가더라도 그들만의 '민족경제'를 보유하고 있으며, 어떤 차이나타운에 가더라도 무엇이든 싸기 때문에 놀라울 뿐이다. 여기서 식료품을 사게 되면, 진짜로 이 가격인가 할 정도로 놀라게 된다.

부쉬 터미널은 1890년대 어빙 부쉬Erving Bush라고 하는 실업가가 창안한 '도시 속의 산업도시'이다.(그림47 7번 참조) 여기에는 창고, 철도, 소방, 경찰, 증기 및 전기 발전소, 원양선 정박장, 고속도로 접근의 용이성이 되어 있다. 1960년대에는 150개 회사의 시설이 있었으며, 2만5천 명의 노동자들이 일하고 있었다. 이 지역의 출입구(39번가와 2번가의 모퉁이) 부근에는 구치소가 있다. 마침 내가 자전거 유람을 하고 있을 때, 적어도 두 번 정도 알 샤프톤Al Sharpton 목사가 직접행동을 한 후에 구류되었고, 밖에서는 그의 지지자들이 기세를 모아 집회를 하고 있었다. 당시, 이 터미널은 주말에 휴업을 하고 있었고, 수십 개의 블록에 걸쳐 아무도 없는 거대한 빌딩지대가 쓸쓸하게 서 있었다.

여기서 남쪽으로 내려오면, 베이 리지Bay Ridge가 나오는데, 이곳은 바다로 툭 튀어나온 작은 언덕Owl's Head Park으로 그 주변에 주택지대가 펴져있다. 1652년, 네덜란드의 서인도회사가 나이약Nyack족으로부터 '샀다'(?)고 하는 토지이다. 이곳은 빼어난 풍경때문에 남북전쟁 후에는 부유층의 별장지가 되었다. 1915년에 지하철이 개통된 이후부터 이탈리아인, 스칸디나비아인들이 이주하였고, 제2차 세계대전 후에는 아일랜드인, 그리스인, 아랍인들이 이주하였다. 1978년에 만들어진 〈토요일 밤의 열기〉Saturday Night Fever 28라는 유명한 영화는 이 지역의 젊은이들 이야기이다.

여기서 해안선을 따라 만들어진 도보를 타고 코니아일랜드 근처까지 직행한다. 롤러 스케이트, 조깅, 자전거, 산책하는 사람들이 있을 뿐 자동차는 없다. 오른쪽에 바다가 있고, 수많은 선박과 반대편의 스타텐섬이 보인다. 잠시 동안 걷다 보면, 가장 먼저 이곳에 도착했던 베라짜노를 기념하기 위해 건설된 거대한 붉은 다리가 보이는데, 이것이 바로 베라짜노-내로우 교Verrazano-Narrows Bridge이다. 이곳에서 보도를 빠져나온 후, 코니아일랜드까지 가는 길은 왠지 쓸쓸한 주거지역이 펼쳐지며, 나는 이곳을 오른쪽 왼쪽으로 반복적으로 방향을 바꾸며 지나쳤다.

---

28. [옮긴이] 〈토요일 밤의 열기〉(Saturday Night Fever, 1977) : 헐리우드의 작품 중 1950년대의 대표적 청춘상이 〈이유없는 반항〉이라면 1960년대는 〈이지 라이더〉, 1970년대는 바로 이 영화를 손꼽는다. 토요일 밤 디스코를 추는 것을 유일한 낙이었던 한 청년이 춤 속에서 참다운 삶의 길을 깨닫게 되는 과정을 그렸다. 주연 존 트라볼타.

건축가 렘 콜하스가 뉴욕에 대해 기술한 『정신착란의 뉴욕』에서 가장 멋진 부분은 아마도 코니아일랜드에 관한 것이다.

19세기와 20세기의 합류점에 등장하는 코니아일랜드는 맨하튼의 태동기 테마와 유아기 신화를 위한 부화장치였던 것이다. 그 후, 맨하튼을 형성하는 전략과 기구는 우선 이 코니아일랜드라고 하는 실험실에서 테스트된 후에, 최종적으로 보다 큰 섬에 적용되었다.
이런 의미에서 코니아일랜드는 맨하튼의 태아였던 것이다.[29]

콜하스에 따르면, 맨하튼을 건축했던 도시개발 계획자들은 실험실로서의 코니아일랜드에 '대중적인 환상세계'를 만들었다. 해안지대를 여름의 숙영지로 삼았던 선주민들은 이 땅을 '그늘이 없는 장소'Narriockh로 불렀고, 이미 비자연적 세계가 전개되리라 예측하고 있었던 듯 보인다. 남북전쟁 이후, 다섯 개의 철도가 건설되었고, 브룩클린과 코니아일랜드가 연결됨에 따라 이곳은 피서지로 발전했다. 자욱한 연기에 감싸인 윌리엄즈버그의 산업지대에서 멀리 떨어진 장소에 '도착과 전도'topsyturvydom로써 레저 세계를 생산해 낸 것이다. 여기서 사람들은 일을 잊고, 손에 땀을 쥐게 하는 놀이감과 해변의 일광욕, 시끄러운 노상판매인들, 수 마일에 걸쳐 있는 숲길 등의 다양한 '리조트 장치'에 평소의 고단함을 풀었던 것이다. 그러나 이곳에는 또 다른 면모도 있었다. 즉, 반도의 동쪽 끝은 리조트 지대였지만, 서쪽 끝은 범죄자의 집합지였다. 또한, 리조트지역에서도 화려한 이미지의 그늘 속에 근처에 살고 있던 이탈리아계·그리스계의 젊은 여성노동자들은 과혹한 노동조건 속에서 일하고 있었다.(그림 47 8번 참조)

---

29. 렘 콜하스, 『정신착란의 뉴욕』, 스즈키 케이스케(鈴木圭介) 옮김, 東京 · ちくま学芸文庫, 1995년, 46쪽.

그림49 브레이크 댄스(뉴아일랜드)

　　오늘날 세계에서 익숙한 대중오락 중 몇 가지는 바로 여기서 발명되었다.
이곳에서 핫도그(1870년), 회전목마(1884년), ‘대중혼욕 해수욕장’이라는 아이
디어가 나왔다. 코니아일랜드의 동쪽에는 경마가 개최되었고, 복싱 세계 중량
급 챔피온전도 관람할 수 있었다. 또한, 새로운 발명품이었던 ‘유원지’는 몇 가
지 전혀 새로운 형식이 도입되었다. ‘입장료를 받는다’, ‘술을 금지한다’, ‘속도
를 가함으로써 감각을 자극할 수 있는 탈 것’이 바로 그것이다. 1897년부터
1904년 동안 창설된 3대 시설은 각각 상이한 이데올로기를 지닌 환상적 공간
을 생산하였다. 웨스트 17번가West 17th Street의 스티플 체이스 공원Steeple-chase
Park에서는 ‘익살스런 얼굴’funny face이 상징하듯 광대를 등장시켜 관객에게 악
행을 저지르고, 지하의 통기구에서는 여성의 스커트를 들추도록 바람을 불어

그림50 코니 아일랜드의 심볼-즐거운 얼굴(Funny Face)

넣는 등 '일본 가부키'와 같은 희화적인 궁리가 시도되었다. 또한, 웨스트 10번 가West 10th Street에 생긴 루나 파크Lunar Park는 첨탑spires, 뿔이 있는 기둥minarets, 긴 원elliptical shapes을 사용한 건축의 환상을 불어넣는 것이 목표였고, 압도적인 호평을 받았다. 1904년에 평균방문객은 9만 5천 명을 기록했다. 당시 메이저 야구 관광객이 2만 명이었던 점을 생각하면 대단한 숫자이다. 또, 웨스트 5번 가West 5th Street에 생긴 드림랜드는 각종 이민자들로 뒤범벅이 된 것을 싫어하는 관광객을 대상으로 조용하며 넓은 공간으로 정비하였다.30 1907년에는 이 세 곳의 시설을 이용한 입장객들은 주말에 평균 25만 장의 포스트카드를 이곳

30. 렘 콜하스, 같은 책에서 이러한 세 가지 시설에 대해 상세하게 분석한다.

에서 각지로 보냈었다. 아직도 미국 각지의 외떨어진 도시에서는 코니아일랜드의 포스트카드가 판매되고 있다. 1920년, 지하철이 개통하면서 여름이 한창일 때에는 매일 100만 명의 방문객이 찾아왔다. 1923년에 해안선을 따라 보드워크boardwalk가 설치되었다.(아일랜드 비치까지는 6.4km)

콜하스는 이렇게 말한다. "10년이 지나기도 무섭게, 그들은 공상세계의 테크놀로지를 기초로 하여 하나의 도시화를 발명하여 확립했다. 이것의 내용물은 바깥의 현실세계에 대한 영원하며 지속적인 음모로 이뤄져 있다. 도시화는 토지, 프로그램, 폼forme, 테크놀로지라고 하는 4자간의 새로운 관계를 완전히 결정한다. 이렇게 하여 토지는 축소모형miniature화되고, 프로그램은 이데올로기화되며, 건축물은 본래의 물질성에 대한 결여를 뒤덮어 줄 기술장치의 적절한 배치가 된다."[31] 새로운 건축에 의한 '현대도시'의 물질적 조성 그 자체는 환상을 생산하는 것을 바탕으로 고안된 것이며, 이러한 방법론이 여기서 시험되고 있는 것이다. 그러나 1934년부터 1960년 동안, 뉴욕시의 공원 입장요금은 대중오락을 혐오했던 로버트 모제스에 의해 지배·통치되었다. 모제스는 코니아일랜드에서도 노점의 포장마차와 같은 작은 비즈니스를 파괴하며, 폭 넓은 도로를 건설함으로써 지금까지 장사를 하던 노점상을 쫓아 버렸다. 그가 새롭게 발명한 고속도로는 코니아일랜드를 통과하게 되었고, 이로 인해 자동차로 갈 수 있는 존스비치 해안공원에게 코니아일랜드는 관광객을 빼앗겨 버렸다. 그 후, 연이어 유원지 시설에서 화재가 발생했다. 제2차 세계대전 중에는 유원지에 대한 투자가 정체되면서 전후에는 방문객이 뜸해졌고, 1960년대 초에는 할리우드영화, 텔레비전, 여행, 디즈니랜드 등의 새로운 대중오락에 유원지 시설은 경쟁이 되지 않았다. 그 후, 백인들이 줄어들면서 이곳은 대부분 인종적 소수자들이 여름철 행락지로 활용하였다. 1990년대에 반도의 서단에 게토 공

---

31. 렘 콜하스, 같은 책, p.100.

동체getto community, 시게토sea getto가 만들어졌지만, 이것은 오히려 자신들을 차별화시켜 코니아일랜드로부터 분리시키는 결과를 낳았다. 현재는 뉴욕의 모든 인종들이 가족들을 데리고 한 여름철에 코니아일랜드로 가는 모습이 대부분이다. 그들 사이에 서로 교류하는 모습은 없어 보이지만, 이렇듯 한 장소에서 처음으로 그들이 공존하는 것에 의미가 있다. 또한, 코니아일랜드는 도쿄의 아사쿠사처럼 근대의 대중오락과 퍼포먼스 문화의 향수를 환기시키는 장소이기도 하다. 그렇기 때문에, 거리의 예술인들을 사상적으로 분명히 계승하려는 행위예술가 그룹이 판잣집같은 작은 건물 속에서 이들을 계승하고 있는 것이다. 매년 여름 열리는 '머메이드 퍼레이드'Mermaid Parade라는 가상행렬 대회는 상당히 높은 평가를 받고 있으며, 뉴욕에 사는 문화인들이 참가한다.

(여정3. 코니아일랜드에서 걷기 → 코니아일랜드 애비뉴에서 좌회전 → 브라이톤 비치Brighton Beach 애비뉴 우회전 → 웨스텐드 애비뉴Westend Avenue에서 좌회전 → 에모노스 애비뉴Emmonos Avenue에서 우회전 → 냅 스트리트Knapp Street에서 플럼 비치Plumb Beach로 들어감 → 플랫부쉬 애비뉴Flatbush Avenue에서 좌회전 → 다리를 건넘 → 제이콥 리스 공원Jacob Riis Park의 해안도로에서 동쪽으로 → 록커웨이 비치Rockaway Beach의 중심부 → 크로스베이 블루버드Cross Bay Boulevard의 대로변을 따라 → 브룩클린)

　코니아일랜드의 동쪽 옆에 있는 브라이톤 비치는 슬라브계 유대인 지역이다. 보도를 따라 걸어서 이 지역으로 들어오면 이곳을 지나치는 인종들은 명확히 달라진다. 그들은 이 지역에 대해 흑해지역을 떠올리게 하는 '리틀 오뎃사'라는 이름을 붙였다. 이들이 사용하는 주요 언어는 이디쉬어이다. 번화가로 가면, 과일가게, 반찬가게, 살아있는 잉어 판매점 등 다양한 노점상의 모습이 보인다. 우크라이나 요리, 독일계 유대인Ashkenazi계 요리, 오뎃사풍의 요리, 그루지아 요리를 하는 각종 레스토랑이 즐비해 있다. 그러나 지역주민들의 집합 장소도 많아서인지, 모두 다 일반 손님을 환영하는 분위기는 아니다. 여기서는 소련에서 억압받던 20세기 초의 동유럽 유대인들의 생활풍경을 회복시키려는 욕동이 공간을 구성하고 있다. 대중적인 오락 공간과는 다른 환상적 공간의 생산이다. 여기서는 꼭 유대인계가 아니더라도 러시아계 범죄조직도 위세을 떨치고 있다.

19세기 후반, 이곳에는 유복한 사업가들이 해수욕과 테니스를 즐기기 위해 세운 고급 리조트가 있었다. 1920년대에는 수많은 아르데코Art Déco풍 32의 아파트가 건축되었다. 그중 몇몇은 지금도 남아 있다. 그 후에 브라운즈 빌딩, 이스트 뉴욕, 로어이스트사이드 등 각 지역으로부터 유대인들이 이주해 왔다. 1930년대에는 러시아, 폴란드, 체코슬로바키아, 루마니아로부터 유대인계 이민자들이 들어왔다. 노동조합의 유대인 노동동맹 및 아르바이터 링Arbeiter Ring, 또 시오니스트 조직인 파밴드Farband가 활동하고 있다. 1930년대부터 1940년대에 사회주의자와 공산주의자도 독자적으로 조직되었다. 제2차 세계대전 후에는 인종학살로부터 살아남은 생존자들이 이주해 왔다. 1960년대에는 앞서 살펴봤던 〈미국 합동 의류 직물 노동자 조합〉Amalgamated Clothing Workers' Union 이 노동자의 공동 조합 주택인 〈워바쎄 주택 조합〉Warbasse Apartment Housing을 건설하였다. 1970년대 소비에트연방의 이민법이 완화되면서 러시아계 유대인들이 대거 몰려 왔다. 이후, 두 개의 서로 다른 경험을 지닌 동유럽계 유대인들의 땅이 되었다. 보다 종교에 심취한 고참 이민자(미국 유대인들)는 신참 이민

---

32. [옮긴이] 아르데코(Art Déco) : 1920~1939년에 유행한 미술양식. 어원은 응용미술(art decorations)이며, 건축분야의 새로운 양식의 탄생을 기념하기 위해 파리에서 열린 장식미술 전시회의 이름에서 유래했다. 프랑스와는 달리, 미국에서는 헐리우드양식, 재즈양식으로 불리면서, 웅장하면서도 사치스런 대도시의 고층건물의 양식으로 발전하였다. 대표적으로는 엠파이어 스테이트 빌딩, 록펠러 센터, 크라이슬러 빌딩 등이다.

자(러시아 이민자)를 종교적으로 교육하려고 시도했고, 이것이 이들 간의 대립을 낳았다고 한다.[33]

여기서 동쪽 해안선의 자동차 도로를 따라 나아간 후, 쉽스헤드만Sheepshead Bay 지구에서 다시 자전거용 보도로 들어간다. 길 양쪽은 갈대가 무성한 습지대이며, 오른쪽(남쪽)으로 바다가 보였다가 사라지곤 한다. 플랫부쉬 애비뉴가 교차하는 지점에서 북쪽(왼쪽)을 향해 계속 나아가 유 애비뉴Avenue U에서 왼쪽으로 꺾으면 마린 파크Marine Park가 나온다. 특별히 눈에 뛰는 것 없는 공원이지만, 주말마다 운동장에서 열리는 크리켓 시합이 볼 만하다. 인도계, 파키스탄계, 서인도제도계 등 과거 영국령에 있던 국가들이 팀을 이뤄 시합을 벌인다. 나는 C. L. R. 제임스의 독자이지만, 아직도 이 기묘한 스포츠의 규칙을 잘 모르겠다.

플랫부쉬 애비뉴의 교차점에서 오른쪽(남쪽)으로 접어들어 얼마 간 앞을 향해 가다가 다리를 건너면, 옆으로 길게 뻗은 록커웨이 비치Rockaway Beach 지대가 나온다. 입구에는 사진 저널리스트인 제이콥 리스의 이름을 딴 해안공원이 있다.(그림47 9번 참조) 여기에서 동쪽으로 나아가면 수 마일에 걸쳐 뻗은 해안선이 나온다. 이곳도 역시 보드워크가 설치되어 있고, 육지 쪽에는 저소득자의 공동주택이 있으며, 그 뒤에는 중급 단독주택 지대가 있다. 그리고 점차 집들도 드물게 보이면서 곧이어 장대하게 뻗은 해안선이 나온다. 사람이 거의 살고 있지 않기 때문에 다소 로맨틱한 정취를 느낄 수 있다. 이 반도의 안쪽은 자메이카만이다. 갈대가 무성한 늪지대를 품고 있는 커다란 만으로서 야생동물 보호구역wild-life preserve으로 지정되어 있다. 이 만의 북동쪽에 케네디공항이 위치하고 있다. 1910년경 이 만을 산업용 항만으로 전환하기 위해 자메이카만 산

---

33. Annelise Orleck, "Soviet Jews: The City's Newest Immigrants Transform New York Jewish Life," included in *New Immigrants in New York City*, edited by Nancy Foner, New York: Columbia University Press, 2001.

업 항구Jamaica Bay Industrial Port 계획이 세워지긴 했지만 결국 실현되지 않았다. 록커웨이 비치 촌의 중심부에서 왼쪽으로 꺽은 후, 다시 북쪽으로 향해 가다가 크로스만 베테랑 기념교Cross Bay Veterans Memorial Bridge를 건넌다. 동쪽으로는 자마이카만의 물 위를 달리는 지하철 A선이 보이고, 그 반대편에는 케네디공항에서 출발하는 비행기들의 소음으로 요란스럽다. 날씨가 좋은 날에는 반대편의 북서쪽 먼 곳에 맨하튼의 마천루 능선이 눈부시게 빛난다.(그림47 10번 참조) 그 다음, 브로드 채널Broad Channel이라는 작은 마을을 지나 북쪽으로 가다보면 길 양쪽으로 삼림으로 이뤄진 크로스베이 블루버드Cross Bay Boulevard가 나온다. 여기서 앞으로 더 나아가 대교를 하나 더 건너면, 이윽고 브룩클린으로 돌아오게 된다. 왼쪽(서쪽)에는 하워드 비치Howard Beach라고 하는 백인중심의 단독주택지구가 있는데, 이곳은 최근 흑인 소년에 대해 인종차별적인 폭력사건이 있었던 곳이다.

이 지역의 북쪽은 해안선을 따라 만들어진 보도의 연장선이기 때문에, 나는 코니아일랜드 방면을 향해 잠시 되돌아 왔다. 보도는 바다와 습지대라고 하는 자연에 둘러싸여 기분 좋은 코스를 이루지만, 실은 커다란 언덕으로 변한 스프링 그릭 파크Spring Greek Park라는 쓰레기장도 포함되어 있다. 멀리서는 알기 어렵지만, 검고 커다란 비닐로 뒤덮인 쓰레기더미의 산이다. 이 언덕을 바다 쪽에서 바라보면서 잠시 동안 가다가 펜실베니아 애비뉴에서 오른쪽으로 꺾어서 다시 브룩클린 내부로 들어간다.(그림47 11번 참조)

그 후에는 잠시 동안 살풍경이 계속된다. 대부분이 자동차 도로인 간선도로 양쪽 옆으로 거대한 집단주택지가 계속된다. 이상하리만큼, 이곳에는 맥도날드가 많다. 그렇지만, 이것도 고통스러움과 즐거움을 동시에 지니는 여정이기 때문에, 특별히 불만을 말할 때는 아닌 것 같다.

(여정 4. 펜실베니아 애비뉴Pennsylvania Avenue → 플랫부쉬 애비뉴에서 좌회전 → 이스트 뉴욕 애비뉴East New York Avenue에서 좌회전 → 아더 소머스 기념공원 Arthur Sommer's Memorial Park 앞에서 우회전(작은 오르막 언덕) → 이스턴 파크웨 이Eastern Parkway에서 좌회전〈자전거 도로로 이동〉)

펜실베니아 애비뉴에서 북쪽으로 가면, 린덴 블루버드Linden Boulevard라는 간선도로가 나온다. 여기에서 북동쪽(오른쪽)에 위치한 곳이 이스트뉴욕이고, 서쪽(왼쪽)은 브라운즈 빌딩이다.(그림47 12, 13번 참조) 이들 두 지역에는 거대한 게 토지대가 형성되어 있다. 이스트뉴욕은 19세기 중반부터 독일계인들의 거주 지역이었지만, 1903년 윌리암즈버그 다리의 개통과 1922년 지하철의 개통에 의해 인구가 두 배로 증가했다. 1940년에는 독일, 이탈리아, 러시아, 폴란드, 리투아니아계 이민자들이 유입되었다. 마틴 스콜세이지Martin Scorsese 감독의 〈좋은 친구들〉Goodfellas, 1990은 1940년대 이후 이스트뉴욕의 백인 이민자들의 공동체에서 젊은이들의 '성장'(갱단화)을 그린 영화이다. 이미 익숙한 것처럼, 1950년대부터 1960년대에는 이곳의 주요 인구는 흑인이 되었다. 월터 타빗 Walter Thabit은 실제로 이 지역에서 저소득자 주택 개발을 착수했던 인물이지 만, 그는 이러한 경험을 바탕으로『어떻게 이스트 뉴욕은 게토가 되었는가?』 How East New York Became and Ghetto라는 책을 발표했다.[34] 여기서 그는 게토란 자 연현상으로 형성된 것이 아니라, 인공적으로 만들어진 것, 그것도 정부와 민간 이 만든 인종차별적인 상법에 의해 날조된 것이라고 세세하게 밝히고 있다. 이 스트뉴욕은 여타의 어떤 지역보다도 아주 단기간에 거주하는 인종의 변화가 있었다. 1960년대에는 85퍼센트가 백인이었지만, 1966년에는 80퍼센트가 흑

---

34. Walter Thabit, *How East New York Became and Ghetto*, New York, London: New York University Press, 2003.

인과 푸에르토리코인들로 변했다. 이것은 미국의 주택 및 교외개발청과 연방주택공사FHA라고 하는 관공서가 적든 많든 관여했던 결과였다. 부동산업자와 개발업자는 적극적으로 백인주민들의 이주를 장려했다. 흑인을 모아서 지역 주변을 걷게 하는 등 의도적으로 지역의 변모를 드러내고, 위협을 주면서 백인들을 교외로 이주하도록 했던 것이다. 앞서 언급했듯이, 지역별로 주택대출을 등급화하였고, 은행대출에 있어서도 지역별로 배제redlining하는 방식이 결정되어 있었다. 백인들의 이주는 이러한 정책을 전제로 하였다. 이로써 백인노동계급을 이주시켜, 유색인종 중 중간계급을 들어오게 했지만, 백인들이 이주하면서 이 지역의 상점이나 시에서 운영하는 시설, 가게 등도 문을 닫았다. 결과적으로, 유색인종 중 중간계급도 이주하게 되고, 최후에는 생활보호를 받는 가족만이 남았다. 이러한 프로세스를 타빗은 도시공간적 '격리정책'이라고 불렀다.35 이는 또한 이스트뉴욕이라고 하는 지역을 범죄자의 지역으로 만드는 결과를 낳았다. 1980년, 이 지역에는 이스트 브룩클린 공업지구가 만들어 지면서 노동자들이 증가하게 되었다. 이에 따라, 단독주택으로 된 공공주택 계획으로 느헤미야 하우스Nehemiah Houses가 건설되었다. 1980년대에는 도미니카공화국, 자메이카, 기니아, 아이티, 온두라스, 에콰도르, 트리니다드, 파나마 등에서 온 이주민들이 유입되었다.

이스트뉴욕과 브라운즈 빌딩에서 느끼는 감정은 안쓰럽기까지 하다. 왜냐하면, 다른 게토처럼 자율적인 활동과 문화가 바깥에서는 보이지 않기 때문이다. 이 지역의 게토에는 자율적인 활동과 문화가 존재하고 있는가? 만약, 존재한다면 어떤 방식으로 존재하는지 나로서는 알 길이 없다. 아무튼 나는 자전거를 타고 달리면서 이 지역의 문화를 느낄 수 없었다. 다빗은 심지어 9·11조차

---

35. Walter Thabit, 같은 책, "Make no mistake, Ghettos are created by the apartheid policies of white society," p.2.

도 이 지역에는 영향을 미치지 않았다고 한다. "이스트뉴욕의 게토지역은 뉴욕 경제의 주요 시스템의 일부도 아니다. 이는 별도의 사회·경제적 시스템에 귀속하고 있다. 이 땅의 많은 사람들도 타 지역의 사람들과 마찬가지로 슬퍼하며, 9·11의 영향 때문에 직업을 잃고, 새로운 일을 찾지도 못했다. 그러나 이 대재앙은 이곳의 공동체에 그다지 커다란 감정적·물질적 영향을 미치지 못했다."36 이곳을 지속적으로 습격해 왔던 '재앙'은 보다 구조적이며 귀찮고 복잡한 것이었기 때문이다.

다음으로 나는 펜실베니아 애비뉴에서 북서쪽을 향하여, 두세 번 정도 좌우로 길을 꺾어 가면서 이스턴 파크웨이Eastern Parkway로 들어갔다. 이쯤되면 아주 지쳐버릴 정도지만, 조금만 더 힘을 냈다.(그림47 14번 참조) 동서로 거의 대부분이 평행하게 달리고 있는 이 폭 넓은 블루버드의 서쪽으로 향한다. 여기서는 자동차용 도로와 도보만이 아니라, 고맙게도 자전거용 도로도 설치되어 있다. 오른편(북쪽)에 있는 것이 크라운하이츠, 왼쪽(남쪽)에 있는 것이 플랫부쉬이다. 각각의 교차점들은 번화가가 되어 있고, 북아프리카계와 카리브계의 노점상들의 모습이 보였다. 자메이카인들이 즐겨먹는 파티나 로티 등의 파이가 팔리고, 레게나 카리브 소울이 들려온다. 이 부근의 벤치에 앉아 점심식사로 케이크와 과자patisserie를 먹었다. 이스턴 파크웨이를 타고 그대로 계속 가면, 남쪽(왼쪽)에 브룩클린 미술관(그 뒤에는 안쪽에 일본식 정원을 포함한 브룩클린 식물원과 프로스펙트 공원)이 있으며, 그 후에 다시 그랜드 아미 프라자로 되돌아오게 된다.

크라운하이츠는 원래 농지였지만, 1830년에 자유화된 흑인들이 사는 최초의 공동체가 되었다.(그림47 15번 참조) 이러한 의미에서 **가장 유서 깊은 지역**이다. 공동체가 형성된 이후에 이스턴 파크웨이와 함께 발전하게 되었다. 1900년대에

---

36. Walter Thabit, 같은 책, p.6.

는 이스턴 파크웨이를 따라 호화로운 맨션이 몇 가구 정도 세워졌다. 그리고 20세기 초기부터 카리브해역계 주민들의 이주가 시작되었다.(시인이자 활동가인 클로드 맥케이 등 할렘 르네상스를 일으킨 사람들도 이러한 이주의 물결을 이뤘다.) 1920년대부터 독일인, 스칸디나비아인, 아일랜드인, 이탈리아인, 유대인들의 이주가 시작되었고, 1940년대에는 이렇게 이주한 사람들이 대다수를 이뤘다. 그 후에는 소련에서 루바비치 하시디즘Lubavitch Hasidism 37계의 유대인이 건너왔다. 1965년, 백인 대부분이 교외로 이주하면서, 카리브해역계 이민자들이 새로운 물결을 형성하면서 이주해 왔다. 1960년대에 이미 아파트의 공동화와 방화, 그리고 폐허가 시작되었다. 1970년대에서 1980년대에 걸쳐 부분적으로 회복되기도 했다. 1991년 8월에는 루바비치 하시디즘계 유대인이 운전하던 자동차에 흑인 아이가 깔려 죽는 일이 발생했다. 이에 대한 보복으로 1명의 유대인이 살해되었다. 아주 울적한 인종대립이 표면화된 사건이었다. 그후, 이러한 긴장관계가 지속되었지만, 인종간의 이해를 도모하고자 하는 〈긴급구제계획〉Commission on Urgent Relief and Equipment, Project CURE이라는 운동이 지역 내에서 발생하여, 상호간의 대화의 장을 만들려는 노력을 이어갔다.

이스턴 파크웨이의 남쪽 플랫부쉬 지역도 서인도제도계의 주민들 지역이다. 그러나 이곳은 자메이카계가 압도적인 다수파를 이룬다.(그림47 16번 참조) 그들도 역시 같은 패턴으로 미국으로 건너왔고, 1965년에 있었던 이민법개정 이후에 증가했다. 자메이카계의 대부분의 사람들은 아이티계 이민자와 함께 서비스 노동자로서 의료기관의 조수나 간호사가 많았다. 그들은 흑인이 다수파

---

37. [옮긴이] 루바비치 하시디즘(Lubavitch Hasidism) : 루바비치란 백러시아에 있는 작은 도시로, 18세기 중엽 슬라브 민족으로부터 핍박을 받던 한무리의 유태인 초보수주의자들이 러시아의 루바비치에서 메시아의 부활을 준비하자는 이른바 현실 초월주의적 '루바비치 운동'을 시작했다. 즉, 종교적 혁신운동으로 유대교의 경건주의 신비운동이라고도 한다. 여기에서 루바비치 하시디즘이라 함은 유대교의 경건주의운동으로 루바비치에서 기원한 운동을 계승하는 러시아계 유대주의를 뜻한다.

였던 자메이카 본국에서는 겪지 못했던 인종차별을 받았다. 이러한 차별에 대한 경험으로부터 자메이카인들의 동일성을 유지함과 동시에 미국 흑인들에게도 동화되어 갔다. 이른바 '차별적 압박'의 경험이었다. 이에 더해, '서인도제도계 사람'이라는 반半전지구적 동일성을 형성하게 되었다. 자메이카인을 포함하여, 미국에 사는 서인도제도계 사람들은 복합적인 동일성을 지닌다는 말의 연유가 바로 여기에 있다.[38] 이는 비슷한 현상이 발생하지 않는 우리들 아시아인의 입장에서 보자면, 실로 부러운 이야기이다. 매년 9월 첫 번째 월요일에 이스턴 파크웨이에서는 이렇게 '복합적인 정체성'이 바깥 세계를 향하여 개별의 차이와 함께 충분히 표현되는 '노동자의 날 퍼레이드'Labor Day가 열린다. 이 퍼레이드에는 자메이카인, 아이티인, 기니아인, 트리니타드인, 바베이도스인, 그레나다인, 파나마인, 도미니카공화국인들이 각각의 문화색을 띠면서 음악과 의상, 취향을 선보이며 행진한다.[39] 이 행사는 전체적으로 코니아일랜드의 '건축적'으로 생산된 '환상세계'와는 전혀 다른 의미로, 다종다양한 민중이 스스로 생산한 '환상세계'를 몸소 표현하고 있다. 이러한 '환상세계'는 글리상이 말한 '전全─세계世界'로의 가능성인 것이다. 내 생각으로는 프로스펙트 파크의 '드림 서클'이야말로 이것의 가장 순화된 표현일 것이다.

(여정 5. 베드포드 애비뉴 우회전 → 북진 → 윌리암즈버그 대교大橋 → 맨하튼)

이번 여정에서 나는 이스턴 파크웨이의 그랜드 아미 프라자까지 가는 것이 아니라, 직전에 베드포드 애비뉴를 우회전한다. 이 부근에서부터 북동부에

---

38. Milton Vickerman, "Jamaicans: Balancing race and Ethenicity," included in *New Immigrants in New York City*, edited by Nancy Foner, New York: Columbia University Press, 2001.

39. 이 축제는 West Indian/American Day Carnival Association이 주최하며, 현재 의장은 카를로스 레차마이다.

이르는 지역 전체가 모두 베드포드 스타이브산트이다.(그림47 17번 참조) 이곳도 역시 풍부한 역사성을 자랑하는 지역이다. 1640년대에 네덜란드의 서인도회사가 카날시Canalsea족으로부터 '샀다'(?)고 하는 땅이다. 그 후, 영국이 통치하게 되었으며, 1677년에 리차드 니콜스Richard Nichols가 마을을 재편성했다. 17세기부터 18세기 사이는 네덜란드 농민과 흑인노예의 시대였다. 1790년대에는 1/4 이상의 인구가 흑인노예였다. 1836년, 브룩클린 자메이카 철도역이 이곳에 세워졌다. 이 지역에 있는 아프리카계-미국인계 교회인 실로암Siloam 장로교회의 사제는 본래 노예였으며, 철도노동자 지하조직의 활동가였던 제임스 글로스터James Gloucester였다. 그는 캔자스의 백인 노예폐지주의자였던 존 브라운John Brown의 주장에 공감하고 있었다. 뉴욕주의 노예해방령 이후, 남북전쟁을 목전에 둔 1858년 3월 글로스타는 브라운의 봉기계획에 자금 원조를 하였다. 그때, 운반역할을 했던 사람은 프레드릭 더글라스Fredrick Douglas이었다고 한다. 그 후, 브라운은 더글라스에게 노예를 조직하여 봉기에 참가하도록 요청했지만, 더글라스는 이를 자살적 행위라고 생각하여 거절하였다. 1859년 브라운은 하퍼즈 페리Harpers Ferry에 있는 병기창고를 공격했지만, 대규모 봉기로는 연결시키지 못하고 체포되었지만, 도주하였다. 이 봉기가 남북전쟁의 실질적인 개전이었다고 보는 관점이 있다.[40]

1873년경, 이 지역에는 1만 4천 명의 아일랜드계, 독일계, 스코틀랜드계, 네덜란드계, 그리고 흑인이 살고 있었다. 1885년에 고가철도가 완성되었고, 1903년에는 브룩클린교가 개통하게 됨에 따라 이 지역에 대한 개발도 활성화되었다. 갈색 사암으로 된 고급 건축재료인 '브라운스톤'으로 만든 고급 가옥들이 많이 건설되었다. 1936년에는 지하철이 개통하였고, 동유럽에서 유대인과 이탈리아인, 그리고 남부흑인과 카리브해역에서 온 이주민들이 유입되었

---

40. Craig Steven Wilder, 앞의 책, 제5장을 참조.

다. 또, 할렘과의 교통편이 좋았기 때문에, 흑인 공동체 사이의 교류도 번창하였다. 1940년대에는 이미 비교적 부유층이 중심이었던 백인들이 이주하기 시작함에 따라, 점차 흑인중심의 지역으로서 몇몇 흑인 교회도 세워졌다. 공민권 운동의 각 조직들이 이곳에서 활동했다. 1960년대에는 다른 지역과 마찬가지로 근처의 주변지역이 황폐화되던 시대였다. 1970년대에는 〈매그놀리아 지구 센터〉Magnolia Tree Earth Center 등 지역 주민에 의해 공동체 뜰운동이 일어났다.[41] 1980년대에는 기니아, 자메이카, 바베이도스, 트리니다드, 아이티에서 이민자들이 건너왔다. 그때부터 이곳이 뉴욕 최대의 흑인 공동체 지역이 되었다. 1989년에는 스파이크 리Spike Lee 감독의 〈똑바로 살아라〉Do the Right Thing는 이 지역의 렉싱턴 애비뉴Lexinton Avenue와 퀸시 애비뉴Quincy Avenue 사이에서 촬영되었다. 백인이 압도적으로 다수인 영화계의 다양한 조합과의 힘겨운 절충 끝에, 스파이크 리 감독은 일부러 비조합원 흑인기술자를 다수 기용했다. 영화세트에 대한 경비도 〈이슬람 국가운동〉의 경비부대인 〈이슬람의 열매〉the Fruit of Islam에 의뢰했다.[42] 유명한 일화를 소개하자면, 영화내용은 일부러 흑인남성에 대해 부정적인 이미지가 중복될 수 있도록 구성되었고, 흑인을 미화하는 것과는 거리가 먼 것이었다. 이 영화에 등장하는 거의 모든 흑인남성들은 일하지 않는 백수였다. 이것이 이 지역의 당시 모습이었을 것이다. 현재, 이 지역의 서부에는 공동주택 프로젝트가 진행되어 대부분 완성되고 있다. 이에 따라, 안타깝게도 거의 대부분의 공동체 정원은 사라졌고, 통상적인 공원이 되어 버렸다. 이에 비해 동남부의 풀톤 스트리트 부근에는 지역 주민들의 '공동체 문화'가 생존하고 있다.

---

41. http://www.bedstuyonline.com/print.php?sid=23 참조.

42. Spike Lee, "Do the Right Thing: Production Notes," included in *The Brooklyn Reader*, edited by Andrea Wyatt Sexton and Alice Leccese Powers, New York: Crown Trade paperbacks, 1994.

베드포드 스타이브산트를 넘어서 베드포드 애비뉴의 북쪽으로 가다보면, 윌리엄즈버그에 도달한다. 여기서는 이름 그대로 디비젼 애비뉴Division Avenue를 경계로 남부에는 하시딕Hasidic계 유대인이 살고, 북부에는 히스패닉계 주민들이 살고 있다.(그림47 18번 참조) 여기서 몇 블록 정도 북쪽으로 올라간 후, 브로드웨이의 동쪽으로 가다, 다시 고가 지하철이 달리고 있는 번화가로 들어간다. 그대로 계속 가다보면, 이스트 뉴욕의 입구인 브로드웨이 잭슨이 나오는데, 바로 앞에는 부시위크가 있다.(그림47 19번 참조) 현재 이 지역은 이민노동자들이 많이 모여 살고 있고, 노동운동도 활발하게 벌어지고 있다. 바로 여기가 젠트리피케이션의 최전선이다. 예전에 가정적인 상점(파파-마마 스토어)이 지금은 체인점으로 변모해 가는 경제적 추이의 영향을 받으면서 비자가 없는 이민노동자들의 노동조건도 극히 악화되어 있다. 그리고 과거 윌리암즈버그에서 같이 행사를 벌였던 예술가들도 이벤트 스페이스나 화랑 등의 임대료 인상 때문에 이곳으로 이동해 오는 경향을 보이고 있다.

1840년대 이후, 부시위크는 주로 독일계 이민지역이었다. 1850년부터 1880년 사이에, 11개의 맥주제조기업이 생겼다. 1888년 고가철도의 개통과 함께 크게 발전했다. 대공황 이후 독일계인들이 줄어들고, 이탈리아계인들이 증가했다. 제2차 세계대전 후에는 이탈리아계가 교외로 나가면서 흑인들과 푸에르토리코계인들이 들어 왔다. 점차 탈산업화의 물결 속에서 공장이 폐쇄되었다. 1976년에는 '라인골드'Lhinegold와 에프와 엠 쉐퍼 에이F and M Schaefer A라는 두 번째로 큰 맥주회사가 문을 닫았다. 1977년 대규모 정전사태 이후, 이 지역은 더 빨리 황폐해져 갔다. 1980년대 초기에 도미니카공화국계인들이 전체 인구의 1/3을 점하였고, 그 밖에 기니아, 에쿠아도르, 자메이카, 인도, 중국계가 있었다. 부시위크의 중심지는 니카보카 애비뉴Knickerbocker Avenue이다. 이곳은 민족적 색채가 풍부한 상점들이 즐비해 있고, 전통적인 맨하튼 외부의 번화가였지만, 점차 오래된 상점은 체인점으로 변화하고 있다. 또한, 이 지역은 역사

그림51 〈발걸음으로 길을 내자〉 데모대의 출발

적으로 미등록 이민노동자들이 지탱하는 지역경제의 특성을 띠고 있으며, 청과물상점, 세탁소, 레스토랑, 의류공장 등이 멕시코계 노동자를 중심으로 도미니카공화국계, 에콰도르계의 사람들을 고용해 왔다. 그러나 이러한 상점들도 날로 증가하고 있는 체인점에 의해 경제적인 압박을 받으면서, 이민노동자들의 임금을 극단적으로 낮추고 있으며, 합법화된 최저임금인 시급 6달러를 밑돌고 있다. 몇 명의 노동자가 이러한 문제를 노동청Labor Department에 호소하였지만, 결과적으로 그들의 이름이 고용주에게 전달되어 해고되고 말았다. 이이민노동자의 조합 〈발걸음으로 길을 내자〉Make the Road by Walking라는 조직이 결성되어, 독자적인 항의 캠페인을 벌였다.[43] 그들은 이 지역 전체의 상점과

---

43. http://www.maketheroad.org 참조.

공장 임금을 조사하여, 조사결과를 광범위하게 배포하면서 노동자의 당연한 권리를 쟁취하려고 하고 있다.

멕시코계의 이민자들은 브룩클린에서는 기본적으로 윌리암즈버그, 선셋 파크에 모여 있다. 2000년경에 이들의 인구는 뉴욕의 다섯 구에서 약25만~27만 5천 명에 이르렀다. 라틴계 전체는 2백 2십 만 명 정도이지만, 예전에 다수 파였던 푸에르토리코계인들이 감소하고, 다른 인구들이 증가하는 경향을 띄고 있다. 멕시코계 이민자들은 1980년대 이후, 미국 국내의 이민허용amnesty과 본국의 경제위기 속에서 미등록된 10대의 젊은이들을 중심으로 급증하였다. 1990년대 이후, 그들은 뉴욕에서 가장 소득이 낮은 이민자들로서 레스토랑이나 식료품점의 하청업무를 맡았다. 또, 그들의 거주지역도 포트 녹색Fort Greene, 베드포드 스타이브산트, 브라이톤 비치 등으로 분산되어 있으며, 이것은 그들의 정치참여와 조직화를 어렵게 만들고 있다. 또한, 갱조직에 참가하는 사람들도 많다고 전해진다.[44]

멕시코계 노동자들의 조직화는 아마도 향후 뉴욕 노동운동의 최대 과제가 될 것이다. 이는 2005년에 발생한 이민법을 둘러싼 상황 변화와 관계하고 있다. 과거 몇 년 동안 미국정부의 반反이민적 동향을 반영하고 있다. 잘 알려져 있는 것처럼, 라틴계에 초점을 맞춘 반反이민 캠페인이 강화되어 왔다. 이러한 경향은 그들을 "테러리스트가 될 가능성"이 있다, 혹은 "우리 사회의 안전보장 제도로부터 돈을 훔치는 '복지의 여왕들'"이라고 매도하였다. 미국 역사에서 몇 번이고 반복되어 왔던 반反이민정치의 시대로 회귀하는 것이었다. 인종차별 조직인 〈미뉴트맨〉(속칭 "1분맨")[45]은 9·11 이후 '이민위기'라고 하면서 아

---

44. Robert C. Smith, "Mexicans: Social, Educational, Economic, and political problems and Prospects in New York," included in *New Immigrants in York City*, edited by Nancy Foner, New York: Columbia University Press, 2001.

45. [옮긴이] 미뉴트맨(Minutemen) : 1774년 당시 미국의 식민지 통치자들은 미국 필라델피아에서 첫

STREET
OF
SHAME

**RETAIL STORES ON
KNICKERBOCKER AVENUE**
BUSHWICK, BROOKLYN, NEW YORK CITY

May 2005

그림52 〈발걸음으로 길을 내자〉의 팜플렛

리조나주와 멕시코 국경 지대에서 대기하다가 월경하는 이민자들을 습격해왔다. 게다가, 전국에서 반이민 노동자 캠페인을 시작하기도 했다. 공화당 우파는 이러한 운동을 높게 평가하고 찬성하였다. 2005년 12월 6일, 공화당 의원인 제임스 센센브레나와 피터 T. 킹Peter T. King은 〈2005년, 국경경비, 반테러리즘, 불법이민 제한법〉을 발안하였고, 제대로 된 논의도 없이 1십 1백만 명의 이민자들을 흉악범felons으로 규정하며, 그들을 고용하는 사람들을 오히려 '외국인 밀입자'alien smugglers로서 고소할 수 있도록 하였다. 이렇게 되면, 틀림없이 멕시코계 노동자가 영향을 받게 된다.[46] 그러나 이것은 인종과 상관없이 이민자들 전체의 문제이다. 그리고 제7장에서 다뤘듯이, 특히 2006년 노동절을 전후하여 미국 전역에서 이민자들의 운동이 활성화되고 있다.

마지막으로, 부시위크에서 윌리암즈버그로 되돌아간다. 이 지역은 이스트강을 따라 형성된 습지대였다. 19세기 후반에 뉴욕의 산업혁명기를 지탱했던 대산업지대이다.[47] 윌리암즈버그 대교大橋가 개통됨에 따라, 동유럽계 유대인이 반대편에 있는 로어이스트사이드에서 이주해 왔다. 리투아니아계, 폴란드, 러시아계의 이주, 그리고 이탈리아계 이민들도 이주해 왔다. 그러나 1930년대

번째 회의를 갖고, 당시 영국 국왕에게 식민지의 세금을 낮춰달라는 편지를 쓰면서 동시에 전쟁준비를 하였다. 전쟁 준비를 미리부터 계획하였기 때문에 겨우 1분 만에 준비를 완료할 수 있었다고 한다. 이후 그들 스스로를 "1분맨"이라고 불렀다고 한다. 이후 애국주의적 조직으로 활동한다.

46. 멕시코계 미등록 이민자들의 노동문제를 다루고 있는 조직으로는 1999년에 창설된 카톨릭 수도회 계통의 조직인 〈테페얍 연합〉(Association Tepeyac)이 있다. 이들은 〈이민귀화국〉(Immigration and Naturalization Services)에 대해 지속적으로 저항하고 있다. 멕시코인 공동체에서 카톨릭의 막대한 영향을 의식하며, 〈과달루페(Guadalupe) 성모의 날〉이라는 종교적인 축제를 활용하여 노동문제의 집회일로 삼고 있다. 이민자들 사이에서는 멕시코정부 이상의 신뢰를 얻고 있다고 전해진다. 또한, 조합조직으로서는 〈전미 봉제 섬유 노조〉(The Union of Needle Trades, Industrial, and Textile Workers, UNITE)가 있고, 이 조직은 이민노동자들 중에서 가장 억압받고 있는 청과물판매 노동자들의 이권을 지키는 것을 사명으로 하고 있다. http://www.tepeyac.org.ns50.alentus.com/intro.asp, http://www.unitehere.org 참조.

47. 이러한 산업은 〈Pfizer Pharmaceutical Company〉, 〈Astral Oil〉(=Standard Oil), 〈Brooklyn Flint Glass〉(=Corning Glassware), 〈Havemeyers and Elder sugar refinery〉(=Amstar)가 있다.

대공황이 발생함에 따라 수많은 사업들이 폐쇄되었고, 예전부터 살고 있던 백인계 주민들이 이주해 갔다. 반대로 유대인계는 점차 증가했다. 나치의 박해를 피해 헝가리나 루마니아의 하시디즘 속에는 지도자였던 조엘 타이텔바움Joel Teitelbaum 48을 포함하여 새트마Satmar교도가 이주해 왔다.49 1950년대에는 산업이 흥성해 지면서 푸에르토리코계가 몰려왔다. 1957년에 브룩클린-퀸즈 익스프레스웨이의 건설에 따라 주변의 공간이 분단되었고, 2,200세대 이상의 저소득자 가옥이 파괴되었다. 1990년에는 직업수가 대폭으로 줄어들었다. 예를 들어, 이 지역 최대의 설탕 정제공장이었던 '도미노 슈거'Domino Sugar 등 그나마 남아있던 산업도 폐업하였다. 인구 중 절반이 푸에르토리코계, 도미니카공화국계, 그리고 라틴계로 구성되었다.

윌리엄즈버그의 북쪽으로는 그린포인트Green Point가 있고, 이곳은 브룩클린의 북서쪽 끝에 위치하면서 퀸즈와도 접해 있다. 이곳은 역사적으로 항상 폴란드계 이민자들의 지역이었다. 그린포인트에서 윌리엄즈버그에 걸쳐 서쪽의 이스트 리버에 면하고 있는 강변에는 과거 무역용 항만으로 사용되었지만 지금은 오랫 동안 방치된 부두지대일 뿐이다.(그림47 20번 참조) 이 강변에 펼쳐진 아무도 없는 무인공간은 가끔씩 지역주민인 라틴계 이민자들의 투계장이 되기도 하며, 가장파티가 열리기도 했다. 그리고 1990년대에는 커다란 레이브(대규모 파티 이벤트)Rave 50가 결성되었다. 이 폐허의 땅에 언더그라운드 문화의 씬이 번성하였다. 그러나 2005년 4월에 이 지역에 대한 〈토지 용도 지정법〉이

---

48. [옮긴이] 조엘 타이텔바움(Rabbi Joel (Yoel) Teitelbaum, 1887~1979) : 저명한 헝가리출신의 하시딕 지도자. 가장 보수적인 시온주의인 하레디(Haredi)에 대한 비판자로 유명하다.

49. 새트마는 전통적인 유대인교도의 일종이지만, 종교적 형률을 철저히 하는 점에서 이스라엘국가의 시온주의에 반대하는 것으로 유명하다. http://www.jewsnotzionists.org/satmar.htm

50. [옮긴이] 레이브(Rave) : 댄스음악을 밤새도록 틀어놓고 벌이는 대규모 음악 이벤트/파티이다. 매주 일정한 장소에서 치러지는 클럽이벤트와는 달리, 야외나 특별한 장소에서 벌어지며, 경우에 따라 한 번밖에 없는 이벤트도 있다. 어원은 런던의 자메이카계 이민자들의 속어로 파티를 의미한다.

변경되어, 대개발의 시대가 불가피하게 도래하였다. 앞으로 이 지역에 세워질 건물들은 150~350피트의 높이가 될 것이며, 이것이 강변과 내륙 쪽의 주거지역을 틀림없이 분단하게 될 것이다. 이러한 블룸버그 시정부의 개발계획에 대해, 공동체의 주민대표단은 공동체에 대한 개발계획을 우선시한다는 헌장(197조-a항)을 가지고 절충을 시도하였지만, 결과적으로 많은 타협을 할 수밖에 없었다.[51]

1960년대 이후, 그린포인트, 윌리엄즈버그 지역에는 뉴욕의 녹슨 지대Rust Belt [52]라 불려져 왔다. 그 이유는 이곳이 탈산업화된 이후, 쓰레기 처리장, 폐수 처리장, 화학물질 저장고, 고속도로, 연소로 등 '주변적 산업'이 있었기 때문이었다. 참고로, 뉴욕은 항상 폐기물 처리로 고심해 왔던 도시였다. 이 거대 도시의 소비량을 생각해 보면 상상할 수 있을 것이다. 1970년대 후반에는 그때까지 주요 쓰레기 폐기물 처리장이었던 스타텐섬의 매립지Fresh Kills를 2001년에 봉쇄하는 것이 결정되었다. 이를 대신하여, 새트마 주거지역의 남부에 위치하는 아직 사용하지 않은 브룩클린 해군 공창Brooklyn Navy Yard에 대규모 쓰레기 소각장을 건설할 계획이 어디선가 새어나왔다.(지도2) 그러나 1990년대에 들어서면, 그린포인트와 윌리엄즈버그의 오염은 이미 미국 평균의 60배에 다다랐고, 주민들 사이에서는 암과 천식, 선천적 결손증, 아이들의 납중독 등이 심각한 문제가 되었다. 이러한 지역 환경문제를 배경으로, 지금까지 불가능하다고 생각되었던 디비젼 애비뉴 지역의 남북 연합조직이 결성되었다.[53] 1991년 초, 과거 〈영 로즈〉의 활동가이자 라틴계 젊은이들의 교육원조 기관인 〈새로운

---

51. http://www.citylimits.org/contest/articles/weeklyView.cfm?articlenumber=1696 참조.
52. [옮긴이] 러스트벨트(Rust Belt=Manufacturing Belt) : 미국 중서부 지역과 대서양 중부지역 일대의 자동차 및 철강을 중심으로 한 중공업지대이다. 제조업의 공동화와 불경기의 영향 아래, 녹슨(Rust) 지역이라는 의미로 활용된다.
53. Matthew Gandy, *Concrete And Clay*, Cambridge, London: The MIT Press, 2002. 5장 참조.

다리〉El Puente에서 이사 역할을 했던 루이스 가르덴 아코스타Lewis Gardin Acosta 가 〈전미 유태인 조직〉United Jewish Organization, UJO의 지도적 랍비인 데이비드 니더만David Neiderman과 만나서 이러한 연합조직의 기초를 닦았다. 또한, 지역 공동체 차원에서 라틴계의 환경문제 그룹인 〈독소를 지닌 복수자〉Toxic Avengers가 새트마 지역의 사람들과 이야기를 나눴다. 그 결과, 1992년에 〈지역 환경 연합〉the Community Alliance for the Environment이 결성되었다. 1993년 1월 14일, 이 그룹이 쓰레기 소각장 건설에 대한 항의행동을 일으켰다. 1천 5백 명의 라틴계 지역민과 새트마 지역민 및 하시딕계의 사람들은 윌리암즈버그와 브룩클린 방면에서 출발하여 맨하튼 방면으로 행진하였다. 이러한 지역연합 덕택에 이 계획은 백지화되었다. 이것은 이 지역 주민들의 승리이지만, 뉴욕의 승리는 아니다. 뉴욕의 쓰레기는 아무튼 어딘가로 버려지지 않으면 안 되는 것이기에 …… 아마도 보다 가난한 뉴햄프셔나 버지니아주, 혹은 보다 가난한 나라(?)로 버려질 것이다. '장거리로 이동하여 쓰레기를 버리는 것'이란 나쁜 의미로 보자면, 도시가 지닌 촉수이자 도시가 커질수록 스스로 문제를 해결할 수 없다는 것을 시사하고 있다.

그러면, 여기서 다시 윌리암즈버그 대교大橋를 건너 맨하튼으로 돌아가 보도록 하자.(그림47 21번 참조) 브룩클린을 달리면서 살펴본 것은 다종다양한 민중문화의 여행이면서, 다종다양한 문제들의 여행이기도 했다. 이 모든 것을 하나의 이야기로 묶어 내기란 아직까지는 불가능하다. 그러나 이러한 불가능성은 '전全—세계世界'를 한꺼번에 파악할 수 없는 것과 마찬가지이다. 그렇지만 이러한 것을 '실험적으로'나마 제시해 보는 것이 이 장의 목표 중 하나였다.

뉴욕 개념장치

이러한 의미에서 타자란 세 가지 분리할 수 없는 개념이다. 그것은 가능세계, 존재하는 얼굴, 현실의 언어 혹은 구어라는 세 가지 구성요소로부터 성립되는 한 가지 개념이다.
— 들뢰즈/가따리[1]

벤야민에게 있어 파리는 '19세기의 수도'였다. 이와 마찬가지로 뉴욕은 '20세기의 수도' 혹은 20세기 말까지 '도시를 대표하는 도시'generic city였다. 그리고 지금은 일찍이 볼 수 없었을 만큼 거대하며 기묘한 문제들로 복잡하게 합성된 '거대도시'Mega City들이 아시아 지역과 남반구에 출현하고 있다. 그렇기 때문에 '파리 → 뉴욕 → 그리고?' 라는 '도시적 사고'를 계승시켜 가지 않으면 안 된다. 지금은 뉴욕에서 발생했던 것과 투쟁하는 민중들의 경험을 통해 도시 분석에 대해 보다 실체적인 접근으로 공헌할 수 있는 시기라고 생각된다. 나는 지금까

---

1. Gilles Deleuze · Fellix Guattari, *Qu'est-ce qu'un concept?*, Les Editions de Minuit, 1991, p.23 [질 들뢰즈 · 펠릭스 가따리, 『철학이란 무엇인가?』, 이정임 · 윤정임 옮김, 현대미학사, 1995].

지 뉴욕이라는 '고유의 장소'와 '경험', 그리고 '미래의 예감'에 대해 이야기해 왔다. 비록 이것이 착종된 것이라 하더라도, 여기서부터 하나의 다종다양체로서 '개념장치'가 형성되어 작동하기 시작했던 것은 아닌가하고 생각된다.

이 작업의 출발점은 뉴욕이라는 대도시에서 겪는 일상적인 경험이었다. 나는 이를 '치마타'라고 부른다. 이것은 일찍이 발터 벤야민이 파리에 대해 취했던 특이한 고찰이었던 『파사주론』과 전혀 관계없는 것은 아니다. 요컨대, 도시공간이란 '지금'에 있어서 복수의 과거 기억이 살아 있는 장소, 복수의 시간이 교차하는 장소이다. 도시의 공간성이란 동시에 시간적 착종성을 지닌다. 만약, 우리들이 자본과 권력이 강제하고 있는 선線적인 발전의 미래상에 대해 대안이 될 수 있는 변혁에 대한 상상력을 발전시키려고 한다면, 이러한 도시적 본성을 출발점으로 하는 방법 이외에는 아무것도 없다. 벤야민은 이러한 도시적 경험에 근거하여, '진보의 이데올로기'(역사)와 '형식의 연속체'(철학)를 해체하는 것에서부터 출발했다. 여기서부터 '역사철학으로서의 도시론', '도시론으로서의 역사철학'이라는 역설적인 계획이 출현하였다. 그 속에서 그는 당시의 아카데미즘의 문체style라고 하기엔 아주 '이례적인 실험'으로 타인이 쓴 글이든 자신이 쓴 글이든 모두 동위동열로 배치하는 '메모', '단편', '인용'이라는 방법을 발전시켰다. 이러한 방법은 그가 '도시공간'에 대응해 가는 방법론이며, 선線적 논리를 대신할 '이미지적 논리'(그의 말로 하자면 '변증법적 이미지')를 획득하기 위한 방법이었다.[2]

그에 비해 좀 더 보수적인 관점에서 이야기의 형식을 답습했던 나로서도 많든 적든 간에 의존했던 것은 그와 비슷한 의미에서 뉴욕의 '치마타'가 송신하고 있는 '이미지'였다. 여기서부터 모든 주제들이 실제로 존재하는 장소 및

---

2. 발터 벤야민, 『파사주론』, 전5권. 이마무라 히토시(今村仁司), 미시마 켄이치(三島憲一) 옮김, 東京·岩波現代文庫, 1993~1995년. [발터 벤야민, 『아케이드 프로젝트 1~6』, 조형준 옮김, 새물결, 2008]

역사적 경험들을 연관시켜 이야기를 끄집어내고자 했던 원칙이 비롯되었다. 모든 생각과 이미지는 치마타에서 출발하여 치마타로 회귀하는 운동이었다. 또한, 전체적인 흐름 속에서 나는 '민중', '치마타', '예술', '투쟁'(혹은 액티비즘) 등의 표어를 미리 규정하지 않고 다용도로 활용해 왔다. 이 모든 것은 나의 의도 속에서 그때마다 새롭게 갱신되는 몇 가지 '이미지'에 이끌리도록 하였고, 가능한 한 정형화되지 않도록 새로운 국면을 열어가기 위한 '기계'로 삼았다. 이러한 의도를 명확히 하기 위해, 비록 이러한 개념들 모두가 서로 혼입되어 뒤섞인 관계를 맺고 있기는 하지만, 마지막 장에서는 하나의 '뉴욕에 대한 개념장치'를 형성하려고 했던 모습을 분명히 하고 싶다.

철학자 질 들뢰즈에게 '개념'이란 통상적인 철학적 조작에 있어서처럼 현실의 경험을 고정적으로 분류하는 장치가 아니었다. 개념이란 보다 능동적으로 사건의 우연에 대한 부정성不定性과 변이성variables을 사고하여, 경험을 뛰어넘는 '변혁가능성'을 상상하는 장치였다. 이러한 의미에서 개념이란 현실을 재구성하기 위해 투쟁하는 자들의 무기였다. 『뉴욕열전』은 철학서를 사칭하려는 것과는 거리가 멀다. 그렇지만, 뉴욕이라고 하는 특수 도시의 경험으로부터 출발하여, 가능하다면 '변혁'에 대한 상상력을 획득하기 위한 '개념장치'가 되었으면 하는 바람을 가지고 기술해 왔다.

민중에 대하여

'반(反)권력'(anti-power)에 대해 말할 때, 첫 번째 문제는 이것이 지닌 불가시성이다. 이것이 잘 보이지 않는 이유는 상상적인 것이기 때문이 아니라, 우리들의 세계를 보기 위한 개념이 동일성과 지시성이라는 권력의 개념을 지니고 있기 때문이다. 우리들이 '반(反)권력'을 보기 위해서는 비동일성과 아직 아님이라는 미연(Not Yet)과 가정법 (Subjective)의 두 가지 상이한 개념이 필요하다.
── 존 홀러웨이[3]

2006년 5월 초, 브룩클린 북서부의 이스트강 부근에 있는 그린포인트 지구와 윌리엄즈버그 지구 사이에 위치하는 15개 정도의 창고를 수용할 수 있는 거대한 빌딩 복합체가 불에 타 쓰러졌다. 이 건물은 19세기 후반에 세워진 '그린포인트 터미널 마켓'Green Point Terminal Market이라고 불리는 의복산업의 창고들로서 탈산업화에 의해 오랫동안 방치되어 폐허가 된 곳이었다. 이 화재에 대해서는 건물의 재개발을 하려고 서두르던 건물 소유자가 방화를 기도한 것으로 이야기되곤 하였다.

이와는 별도로, 이 사건을 통해 아주 놀랄 만한 것이 있었다. 사실, 이 공간은 '망각된 도시'forgotten city로서 외부에서는 보이지 않지만 다양한 집단들이 사용하던 곳이었다. 스콰터 그룹이 거주하였고, 스케이트를 타는 사람들이 건물 내부에 애써서 코스를 만들었고, 예술가들은 인스터레이션Installation 4을 전시하였고, 펑크 록계의 콘서트도 정기적으로 개최되었다.5 즉, 이 공간은 대안적Alternative 생활과 문화생산의 장이었던 것이다.

지금까지 뉴욕시에 있는 '땅'을 둘러싼 투쟁은 거의 대부분 불가능한 것처럼 보였다. 그렇지만, 이는 외부를 향해 공식적인 캠페인을 한다는 의미에서만 그러할 뿐, 바깥 세계에 감춰진 문자 그대로의 '대안적 운동'의 경우에는 해당되지 않는다. 이는 유사한 폐옥이 아직도 많이 존재하는 뉴욕의 다섯 구에서 유사한 '대안적 운동'이 진행되고 있음을 보여준다.6 따라서 여기서 또다시 언

---

3. John Holloway, *Change the World Without Taking Power*, London, Sterling, Virginia: Pluto Press, 2002, p.156 [존 홀러웨이, 『권력으로 세상을 바꿀 수 있는가?』, 조정환 옮김, 갈무리, 2002]

4. [옮긴이] 인스탈레이션 아트(Installation art) : 1970년대 이후, 회화, 조각, 영화, 사진 등의 현대 미술의표현수법이자 장르 중 하나로, 특정 실내나 옥외 등에 오브제나 장치를 설치하여, 작가의 의향에 맞춰 공간을 구성하거나 변화시켜, 장소와 공간 전체를 작품으로서 체험시키는 예술이다.

5. Colin Moynihan, "Hidden Populace Mourns Fiery Loss of 'Forgotten City'," *The New York Times*, Metro Section, Friday May 12, 2006를 참조.

6. 또한, 일시적으로 '몰 피플'(mole people)들의 사례도 포함시키지 않으면 안 된다. 이들은 사용되지 않는 지하철 간선에 몰래 살고 있는 사람들로서 미디어에서 온통 요란스럽게 다뤄지기도 했다.

급해야 할 것은 '언더그라운드'라고 하는 개념이다.[7]

'민중' 혹은 '잡다한 민중'이라고 하는 '이미지'(혹은 '개념'이라는 말을 사용해도 괜찮을지 모르지만)를 다시금 음미하려 할 때, 바로 언더그라운드라는 개념에서부터 출발할 필요가 있다. '민중'이란 공식적인 캠페인을 지향하든, 언더그라운드에서 실천하든, 때와 장소에 맞춰 전술을 어떻게든 변경시켜 가는 존재들이다. 아마도 '언더그라운드'의 영역이 활동의 전제로서 폭넓게 존재하며, 그 부분이 '오버그라운드'로서 표출된다고 하는 쪽이 타당한 논리적 순서일 것이다. 그렇기 때문에 '공식적인 캠페인'이 없다고 하는 것은 투쟁의 부재를 의미하지 않는다. 민중의 '존재' 혹은 그 내용으로서의 '생활이자 그 자체 문화이며 투쟁인 것'은 외부의 예상을 깨면서 외부의 의도로는 파악할 수 없는 것이다. 혹은 외부의 관점에서 파악하려는 방식을 버려야 하는 것은 아니지만, 어떤 식으로 정의해도 바로 정의하는 지점에서 어긋나 버리고, 우리들이 전혀 생각하지 못한 권능을 드러낸다.

'이민자들의 도시 뉴욕'이라고 하는 형용구는 가장 빈번하게 들리는 정형 문구 중 하나이다. 그렇지만, 여기에는 많은 진실이 포함되어 있다. 미국 민족주의의 측면에서 볼 때, 뉴욕이 꺼려지고 망설여지는 이유 중 하나는 미국이라는 국가의 실체가 '이민운동의 이상도 이하도 아니다'는 것을 있는 그대로 드러내기 때문이다. 뉴욕 민중의 **첫 번째 얼굴**은 '이移=민民'이다. 즉, 먼저 도착한 이민자들이 항상 나중에 도착한 이민자를 노동력으로서 사용하였다. 이민정책이란 수요에 따라 댐에서 방출수위를 조절하듯 노동력의 출입구를 조정하는 기구였다. 미등록된 불법이민자들은 종종 도시에서 노동에 종사하였고, 운

Jennifer Toth, *The Mole People*, Chicago: Chicago review press, 1993을 참조.

7. 언더그라운드 개념에 대해서는 사카이 다카시, 「다킹의 기적 : 아렌트 인 언더그라운드」, 『현대사상』
　　(酒井隆史, 「ダキングの奇跡―アーレント・イン・アンダーグラウンド」, 『現代思想』, 東京
　　青土社) 참조.

이 좋은 자들은 재산을 쌓아 시민권을 획득하여 내륙부로 이주하여 국민이 되었다. 그러나 이민자에서 국민으로 가는 계급서열의 형성에는 두 가지의 복면을 뒤집어 쓴 역사적 전제가 개입하고 있다. '선주민의 소멸'과 '노예제'가 바로 그것이다. 전자는 사용가치가 가장 적은 사막이나 산골 깊숙이 추방되어, 도시공간에서 집합적 존재가 거의 보이지 않게 되었다. 이러한 불가시성不可視性과 비재非在의 맥락에서 미국 선주민들은 모든 미국의 대도시 형성에 대해 이의를 제기하고 있다. 후자는 가장 싸고 쉽게 버릴 수 있는 노동력으로서 도시공간에서 다양하게 존재하고 있다. 그렇지만, 할렘이나 브롱크스 등에서 볼 수 있듯 이들의 공동체는 토지나 건물을 소유할 수 없었다. 즉, 그들은 노동자로서 물질적으로 이 도시를 형성하면서도 이 도시에서 잠시 스쳐 지나가는 '덧없는'ephemeral 존재였다. 그리고 이러한 '덧없음'은 뉴욕 민중들이 지닌 **두 번째 얼굴**이다.

정착할 수 없는 민중들은 '이동하는 자'이다. 그들의 문화는 대지를 영유함으로써 토지와 토지를 바탕으로 한 국민국가가 아니라, 그들 '개개의'·'집합적인' 신체 속에 새겨져inscribed 있으며, 이러한 신체 속에 머물고 있다. 이렇듯, 도시공간의 '덧없는' 물질성은 동시에 '신체적인 힘의 강도'intensity가 되기도 한다. 이른바, '흑인문화'의 힘은 이동하는 집합신체의 힘이다. 이러한 의미에서 '흑인 민족주의'는 이에 대해 이름을 붙임으로써 스스로를 역능[힘]화시켰고, 자신들의 처지와 조건을 뒤엎으려는 운동이었다. 신자유주의적인 세계경제의 영향 속에서, 이렇듯 '흑인문화'가 세계적으로 영향력을 자랑하고 뽐내고 있다는 사실은 우리들 모두가 점차 '우리들의 치마타에 대한 개입'을 저지당하면서 한없이 '덧없는 존재'로 뒤바뀌고 있다는 사실과 분리해서 생각하기 어렵다. 지금은 우리들 모두가 '생을 형성하기' 위해 보다 많은 '신체적인 문화'를 추구하게 되었고, 정동을 기반으로 한 보다 '신체적인 투쟁형태'를 개발하기 시작

하고 있다.

뉴욕이 대공업 도시였던 적은 없었다. '포드주의 시대에서도 비포드주의적 도시'로 불렸듯이,[8] 단 한 번도 하나의 기간산업에 의해 부양된 적이 없었다. 노동자는 항상 무역이나 의복산업을 중심으로 한 잡다한 직종과 서비스업에 종사해 왔다. 여기서 발 빠르게 대량의 비공식적인 서비스 노동이 발전했다. '여성'(=민중)은 미국 내륙처럼 가정을 지키는 것이 아니라, 밖에서 노동하였다. 그렇기 때문에 그녀들은 일찍부터 도시에서 자기를 표현하는 기술을 터득했다. 이러한 의미에서 뉴욕은 '여성의 도시'였다. 소수 인종의 노동도 하위 서비스노동에 충당되어 왔다. 그 또는 그녀 들은 여성노동과 함께, 혹은 여성노동을 보충하는 형태로 비공식 노동이었고, 동시에 '비물질노동' 속에서도 신체적인 '정동노동'에 종사해 왔다. 이는 '소수 인종의 젠더화'로 불리는 현상이다.

즉, '민중'의 첫 번째 표현형식은 '정동노동'이다. 다만, 이러한 노동은 그/그녀들의 피억압의 상징임과 동시에 '권능의 상징'이기도 하다. '민중의 신체'는 '도시적 표상의 세계'에서 점차 **보이지 않은 것**이 되고 있지만, 물질적으로 우뚝 솟아 있는 뉴욕을 대지로부터 현실적으로 껴안고 있다. 뉴욕에서 인종적인 소수는 인종적 다수(특히, 서양 백인 상류계급)의 **모든 것을 알고 있다.** 그렇지만, 거꾸로 후자는 전자를 거의 모르고 있다. 다수는 소수를 약간의 정형화된 틀로 파악하려는 것만으로 충분히 알고 있는 것처럼 생각해 버리곤 한다. 즉, 후자는 스스로가 전자를 거의 알지 못하는 것조차 의식하고 있지 않다. 후자는 전자를 지배하고 있지만, 전자는 후자를 지성과 정동의 전략에서 능가하고 있다. '정동의 전략에서 능가한다'는 것이야말로 도시공간에서 투쟁하는 **민중의 권능이자 가능성** 그 자체이다.

엘리아스 카네티의 『군중과 권력』에서 들뢰즈·가따리의 『천 개의 고원』

---

8. Joshua B. Freeman, *Working Class New York*, New York: The New Press, 2000.

으로 이어지는 '민중론'에서는 '군중'masse/mass과 '떼'meute/pack를 분류한 다음, 떼에 대해서는 특권적으로 기술하고 있다.9 '군중'은 '몰화'molar에, '떼'는 '분자화'molecular로 대응하며, 이러한 '정치적 개념'의 문맥 속에서 '거시정치'와 '미시정치'에 조응하게 된다. 그들에게 이 두 가지의 계열은 어디까지나 동시에 존재하는 것이지만, '분자화'와 '미시정치'가 선행하는 것이다. 이들의 차이는 이름 그대로 크기의 문제만이 아니다. 오히려 어느 일정한 프레임과 그 속을 흐르고 있는 '양자류'quantum flow의 동시적 존재=관계구조의 문제가 있다. 이는 또한 대상의 '상태'에 대한 '물리량'의 특성이기도 하다. 여기서 특권적으로 서술된 '떼', '분자화', '양자류'란 가따리의 용어로 말하자면 '기계적인' 과정이다. '기계적으로 사고하는 것'이란 우리들이 일반적으로 정치사상을 통해 부여받은 동일성을 보다 훨씬 더 유동적이며 가변적인 것이라고 인식하는 것이다. 이는 전통적인 정치적 통일체 — 국민, 국가, 인민, 경제 — 가 지닌 불변의 본질을 추구하는 것 대신, 그곳에서 탈주한 것을 탐구하는 것이 된다. 이러한 '소수자적 성질'이 또 하나의 '민중의 얼굴'이며 표현성인 것이다.

실제로 우리들은 모두 '군중'에 속해 있으면서 동시에 '떼'를 구성하고 있다. 대학교 교수이자 활동가이거나 유피에스UPS의 배달원이면서 동시에 그래피티 작가이기도 하다 …… 이러한 위상의 차이는 '군중'이 된 '민중'이 국민으로 속하게 되면서 공중公衆으로 불려지고, CNN의 통계에 들어가서는 어떤 직종에 종사하게 되어 '명명되며' '지배되고' 있지만, 민중의 권능은 본성상 '명명=종속'을 벗어날 수 있는 '떼'라고 하는 존재성에 있어서만 충분히 표현된다.

뉴욕 민중은 역사적으로 '삼각무역'에 따라 세계 각지에서 점차 모여들어 온 '떼를 불러들이는 과정'이었다. 뉴욕 민중들의 성격은 에두아르 글리상이

---

9. 질 들뢰즈·펠릭스 가따리, 『천 개의 고원』, 우노 쿠니이치(宇野邦一), 東京·河出書房新社, 1994, pp.50~51.

'크레올화'라고 불렀던 것에 극단적으로 나타나 있다.[10] 이렇듯, 끊임없는 분열과 혼합이 반복되는 '군거 공간'은 억압에 대해 직접적으로는 무력한 경우가 있다고 해도, 세계인들의 상상계imaginaire를 변모시킬 수 있는 권능을 지니고 있다. 지금까지 미국의 모든 분야에서의 자본과 권력의 움직임에 대해 민중들의 권능이 표출되고 있다는 것은 미국이라는 국민국가가 이미 형성된 완성체가 아니라, 항상적으로 형성되고 있는 불안정한 상태라는 것을 보여준다. 이 때문에 지배계급은 계속해서 '보수혁명'을 일으키지 않으면 안 되는 것이다.

결국, '민중'이란 무수히 많은 호칭을 받아들이고 있지만, 그 어느 것도 충분히 표현할 수 없는 유동체인 것이다. 민중은 국가, 사회, 정당, 군대 등 어떤 조직으로도, 그리고 그 어떤 지도자나 전위적 그룹과 행동으로도 전적으로 흡수될 수 없는 것이다. 궁극적으로 이들은 모든 '전위주의의 종말의 지표'인 것이다. 최종적으로 민중이란 '초월성이 없는 내재성', 즉 우리들 자신인 것이다.

치마타에 대해

도시에서 흔히 보이는 '노상생활'(sidewalk life)이란 공공생활이라는 다른 형태의 생활과 직접적으로 연결되어 있다 …… (그리고) 생활형태상의 다양성은 무궁무진하다.
— 제인 제이콥스[11]

일본의 『코지엔』広辞苑이라는 사전에 따르면, '치마타'巷란 본래 '길이 걸쳐 있는 곳'이라는 뜻이며, '이별의 길'이나 '교차로'를 의미한다. 돌로 단단하게 만들어진 서양적인 광장과는 달리, 일본어적인 어감으로 보면, 치마타란 사람이

---

10. E'douard Glissant, 『전세계론』, 카키카와 쿠니오, 도쿄 미스즈쇼보, 2000년, 13쪽(『全─世界論』, 垣川邦夫訳, 東京·みすず書房, 2000年, p.13).

11. Jane Jacobs, *The Death and Life of Great American Cities*, New York: Vintage Books, 1961, p.57. [제인 제이콥스, 『미국 대도시의 죽음과 삶』, 유강은 옮김, 그린비, 2010].

집합하는 장소라면 어디라도 그 자리에서 만들어질 수 있는 '교류와 교통의 공간'을 지칭한다. 따라서 각종 의식이나 축제의 공간, 퍼포먼스 공간, 시장, 정치적 주장을 할 수 있는 공간이 되기도 한다. 그리스적인 광장이 지닌 이상형은 '건전한 시민사회'와 '공공 공간'이 어디까지나 '올바른 도시의 물질적 구성'에 머물러 있는 것이었다. 이러한 이상형은 오늘날 자본주의적 개발에 따라 더 이상 현실성을 지니지 못한다. 따라서 '광장'보다는 오히려 일본어의 '치마타'라는 개념이 실재적이라고 생각된다. 앞의 인용구에서 제인 제이콥스가 지적하듯, 우리들의 생활형태는 '노상생활'에서 네트워크적으로 확대 및 발전되어 가야 할 '공공생활'인 것이다.

뉴욕의 건축물은 기하학적인 바둑판 모양의 도로로 구분되어, 벽돌, 대리석, 철근, 유리, 신건축재료 등 튼튼한 소재로 지어져 있다. 이러한 건축물의 기본 틀은 단순한 구조로 된 대형 건물들의 집합으로 이루어져 있다. 이것은 '치마타'를 만들어 낸 전통적인 일본의 비구축적인 공간과는 거리가 멀어도 한참 멀다. 일본의 건축물들은 목조로 되어 금방이라도 쓰러질 듯한 작은 집들로 이뤄져 있고, 꾸불꾸불하며 좁디좁은 길 위에 비계획적으로 즐비해 있다. 그러나 물질적인 구성이 아니라 다른 차원에서 보자면, 사실 뉴욕에도 도시의 **실질적인 기초로서** '치마타'가 존재해 왔었다.

치마타는 도시형성에서 '분자적'인 운동이다. 비록 물질적이지만 보다 유연하며 유동적인 운동이다. 이 운동은 고정된 장소 및 구축물이 아니라, 언제 어디에서나 나타나며 어떤 형태로든 구축물을 변모시켜 최대한 활용할 수 있는 운동이다. 결국, 이 운동은 도시민중 내지 떼가 생활하고, 문화를 생산하며, 투쟁하는 '장소로서의 운동'이라 할 수 있다. 도시형성이라는 운동이 구축적인 측면에서만 이해되기 쉽지만, 오히려 이 운동은 '양자류'로서, 혹은 '탈주의 선'으로서 볼 수 있게끔 해 준다.

벤야민이 강조했듯, 도시에는 서로 상이한 시간이 흐르고 있다. 도시에는 상이한 '노동의 시간', '문화의 시간', '정치의 시간'이 고정되는 것 없이 끊임없이 움직이는 모자이크 타일처럼 어긋남과 중복, 상호투쟁이 협조하고 있다. 여기서 주요 '투쟁'이란 '개발계획의 시간'과 '민중의 일상생활 시간' 사이에서 발생한다. 이를 '건축적 시간'과 '치마타적 시간'의 투쟁으로 환언할 수 있다. '도시개발의 시간'은 도시에 존재하는 극대(거시적)의 시간이다. 이는 지역 공간을 변용시키는 '미래의 발전' 방향을 통제하고 있다. 이것은 민중이 몇 세대에 걸쳐 쌓아왔던 '생활의 시공간'을 일거에 붕괴시킨다. 이에 비해 민중이 치마타에 새기는 시간 혹은 '치마타의 시간'은 극소(미시적)의 시간이다. 이는 일상적인 노동과 생활의 반복적 시간이며, 치마타를 형성해 온 민중의 신체가 지닌 '덧없는 일과성'의 시간이다. 민중들의 극소 시간은 개발이라는 극대 시간에 비해 현저하게 약하고 종속적인 것처럼 보인다. 그러나 실은 그렇지 않다. **망상**妄想**으로서 거대 개발이 실현된다고 한다면**, 이는 어디까지나 '치마타의 극소 시간'이 집적된 덕택이다. 이러한 의미에서 전자야말로 대도시를 형성하는 힘의 본체이다. 틀림없이 그러하다!

　　망상으로서 개발이 실현되는 것, 즉 '치마타'가 파괴된 후에 민중은 다시금 '새로운 치마타'를 형성하기 시작한다. 바꿔 말하면, 그들의 '거주'dwelling에 의해 '다시 쓰기're-inscription를 또다시 시작하는 것이다. 철학자 엘리자베스 그로츠Elizabeth A. Grosz 12에 따르면, 이는 '들뢰즈적 건축' 혹은 '잠재적인 건축'이다. 건축물이 지어진 후, 건축물의 가동성과 변화를 새로운 '건축'으로서 생각하지 않으면 안 된다.13 이곳은 스콴터 운동, 언더그라운드의 폐옥 활용, 퀴어 스페이스, 길모퉁이 평상에서 아줌마들의 잡다한 이야기를 하는 공간이다. 또한, 피케팅의 공간, 그래피티의 공간, 블록 파티의 장이며 지하철을 사용한 홈보이

---

12. [옮긴이] 엘리자베스 그로츠(Elizabeth A. Grosz) : 호주 출신의 페미니스트, 철학가. 주로 현대 프랑스 철학자의 저서를 번역하는 일을 하고 있다.

13. Elizabeth Grosz, *Architecture from the Outside*, Cambridge: The MIT Press, 2001.제1장 참조.

즈(불량청년들)Homeboys들의 교통과 교류의 장 …… 모든 '치마타'의 생산인 것이다.

'치마타의 공간'은 고정된 물질적인 건축공간과는 다르다. 요컨대, 이것은 이동하는 민중의 집합신체의 운동이다. 이동하는 민중은 이동하는 곳마다 자신들의 치마타를 만들어내고 이를 연결시켜 나간다. 그렇기 때문에 하나의 도시에서 또 다른 도시로 분산되면서, 도시들끼리 지명을 교환해 간다. 하나의 도시는 다른 몇몇 도시의 지령을 흡수하면서 살아간다. 민중의 이동과 함께 치마타의 연관으로 도시는 서로 촉수를 늘어뜨려 연결되어 가는 것이다. 이러한 네트워크는 리좀 그 자체인 것이다.

이 운동은 도시공간을 형성하는 실질적인 모습인 동적인 측면과 대응한다. 도시공간은 운동이다. 도시공간은 민중의 '생활이자 문화생산의 장이며 그 자체 투쟁'이며, 이러한 민중들의 운동에 대한 대응책에 불과한 자본주의적 분업화에 의해 형성된다. 이것은 도시이론가 도린 매시Doreen Massey 14가 말하듯, 도시공간이란 개발의 상징적 언어이거나 '건축공간'의 자율적 운동으로서 생각될 것이 아니라, "확장되며 교차하고 분절화된 경제의 모든 사회적 관계의 산물로서 개념화"되어져야 할 대상이다. "공간형태와 공간적 배분이란 실제로 존재하지 않는 공간적 과정의 결과가 아니라, 사회적 과정인 것이다."15 결국, 도시는 물질적 공간이라고 하기보다는 불가시적인 확장성 및 관계성이며, 전 지구적인planetary 것이다. 이는 무슨 의미인가?

도시는 영토적으로 국가에 포함되어 있지만, 도시가 지닌 촉수들의 상호

---

14. [옮긴이] 도린 매시(Doreen Barbara Massey, 1944~) : 영국 여성 지리학자. 공간구조와 노동의 공간적 분화는 사회관계가 공간적으로 전개된 것이라고 생각하며, 1970년대 후반 이래 〈노동의 공간분화〉 연구를 통하여, 지리학적 분석을 기업의 생산입지 변화와 관련된 지역경제 이해와 결합시키려 했다. 매시의 '공간구조와 노동의 공간분화' 개념은 1970년대 영국에서 조직된 새로운 사회관계의 의미를 경제적 영역에서 포착하는 수단이기도 하다.

15. Doreen Massey, *Spatial Divisions of Labor*, New York: Routledge, 1984, pp.54~55.

관련성은 한 국가를 뛰어 넘어 지구의 모든 국가 간의 관계들과 얽혀 있다. 이러한 관계성은 도시민중의 전지구적 군거상태로 표현된다. 들뢰즈·가따리가 도시는 '횡단적인 존립성의 현상'이며, 국가는 '내부적인 존립성의 현상'이라고 구별할 때, 바로 이러한 의미가 포함되어 있다.[16] 국제적인 도시에서 민중과 민중의 관계는 종종 그들이 속했던 국가간의 불균형적인 세력관계를 답습하는 경우가 있다. 그렇지만, 치마타에서는 이러한 질서가 어긋나고, 이를 극복하려는 만남과 밀집성, 혹은 집단신체간의 조정이 발생한다. '횡단적인 존립성의 현상'이 '내부적인 존립성의 현상'을 뛰어넘는 것이다.

예를 들어, '전지구적 알레고리'로서 뉴욕 지하철 노선이 중요한 이유는 지하철 노선에서 실제로 지구의 모든 민족과 인종, 젠더 간의 군거가 발생하기 때문이다. 비록 그들간의 연대는 없다고 해도, 이들 사이의 '근접성'과 '밀집성', '가동성'의 측면에서, 글리상이 말하듯 '전全−세계世界'를 비추고 있기 때문이다.

도시와 국가는 본래 "원시사회의 토지를 코드화한 것에 대한 탈영토화"로서 표현되며, "서로 쌍방의 존재를 전제로 하고 있다." 그러나 "최종적으로 자본주의가 승리한 것은 도시형태에 따른 것이 아니라 국가형태에 따른 것이다"[17]라는 의미 속에서 자본주의와 국가는 서로 합체하여 도시를 공격한다. 뉴욕에서도 그러했다. 미국은 뉴욕에 대해 로버트 모제스가 다운타운에 고속도로를 도입한 것에서부터 출발하여 루덜프 줄리아니의 젠트리피케이션에 이르기까지 '내부적인 존립성'에 의한 공격(폭력적 재편)을 목적으로 하였다. 이는 '도시와 전원을 함께 뒤흔들었고, 지층화를 통해 수평적인 선을 상하로 계층화·서열화한'[18] 정책이었다. 치마타가 만들어 낸 다운타운을 고속도로를 세우며

---

16. 질 들뢰즈·펠릭스 가따리, 『천 개의 고원』, 우노 쿠니이치(宇野邦一), 東京·河出書房新社, 1994, pp.488~489.
17. 같은 글, p.490.
18. 같은 글, p.489.

파괴하였고, 국가와 자본주의의 긴밀한 합병계획 속에서 석유를 바탕으로 형성된 교외지역에 민중들의 일부를 이주시켜 국민으로 변모시켰다. 그리고 그 국민에 맞는 '교외화된 관리공간'을 다시금 파괴된 다운타운으로 이식시키는 '순환적 공략'을 펼쳤다. 그 결과로 형성된 공간은 현재 42번지의 브로드웨이 부근에 퍼져있는 '관광객용 쇼핑 몰'에 현저하게 나타나 있다. 그렇지만, 그곳에서도 한밤중에는 근처에서 몰려든 젊은이들에 의해 '치마타'가 형성된다.

미국은 기본적으로 유럽인 스콰터에 의해 건설된 나라이다.[19] 그러나 그들은 미국 대륙에서 필요에 따라 필요한 장소에 거처하는 행위를 뛰어넘어, 그곳에 자신들의 이름을 새겨 자신들의 소유물로 만들어 갔다. 본래 소유라고 하는 자세를 갖고 있지 않던 미국 선주민의 존재와 문화를 파괴하며, 미국 대륙을 자신들의 영토로 만들어 간 것이다. 따라서 미국에서 '토지의 영유권'에 대한 합법성은 근본적으로 의심스러운 것이다. 그 후, 미국에서 끊임없이 뒤를 이은 스콰터의 존재는 미국의 기원과 관계된 폭력을 지칭하게 되었다.

뉴욕과 같은 고도로 발전된 대도시에서도 '민중이 거처하는 것'과 '토지나 건물을 소유하는 것' 사이의 괴리를 해소하지 못했다. 이러한 문제는 스콰터 운동과 공동체 뜰운동의 커다란 발흥을 통해 표면화되었다. 주택난으로 거리에는 수많은 사람들이 넘쳐흘렀고, 이러한 상황에서 뉴욕시와 개발업자들은 가시철선을 건물과 토지를 에워싸며 설치하였다. 그러나 이처럼 창고에 숨겨놓은 토지의 한 가운데에 지역에 살던 민중들은 자신들의 '공공 공간' 내지는 '공통의 장'으로서 '치마타'를 출현시켰다. 이것은 '영토'의 틈새 사이로 얼굴을 내민 '대지'이다. 대지란 궁극적으로 지구라고 하는 '공통의 것'이며, 이를 특정 개인과 국가가 '소유'하는 것은 불가능하다는 것을 여러 번 반복해서 자기표현

---

19. *Shadow Cities*, Routledge, 2004의 작자 Robert Neuwirth가 WNYC(AM820) 라디오, Leonard Lopate Show(1/42005, at 12:00AM).

을 해 왔다. 제1장의 들뢰즈·가따리의 인용구를 되새겨 보자.

> 대지란 영토의 안쪽 깊숙이 위치하는 강도強度의 점, 혹은 영토의 바깥으로 던져
> 진 초점과 같다. 그곳에서는 모든 힘들이 집결하여 백병전을 벌인다. 대지는 몇
> 몇 힘들 중 하나도 아니며, 형태를 부여받은 실체도, 혹은 코드화된 환경으로서
> 일정한 위치와 역할을 차지하는 것도 아니다. 대지는 모든 힘들이 서로 부딪쳐서
> 백병전으로 돌변하는 곳이다. 따라서 대지의 모든 힘들과 또 다른 실질적인 힘들
> 이 모두 모여든다.[20]

대지의 모든 힘들이 집결하여 백병전을 치루는 '치마타'는 끊임없이 움직
인다. 이는 민중의 '생활'이자 '문화생산'이며, '투쟁'의 공간이며, 부동의 것으
로 바뀌어버린 '토지·영지'를 계속해서 뒤흔들고 있다. '치마타'란 '공통의 것'
이자 운동체로서 지구가 자기표현(예술)을 하는 것이다.

예술에 대하여

실제로 '문화적이지 않는(uncultivatied) 대중'이라는 것은 존재하지 않는다 …… 공중(公衆)이란 지성이 높고 낮음에
따라 파악될 수 있는 단일체가 아니다. 이는 상이한 심리적 초점을 지니면서 서로 어긋나는 그룹들이 집적된 것이다.
— 해롤드 로젠버그(Harold Rosenberg)[21]

뉴욕은 '예술의 거리'라고 불러진다. 다만, 이 도시와 예술과의 관계는 통상
적으로 생각되어지듯 명백하지 않다. 여기에는 '예술' 자체의 커다란 변천이
역사 속에 새겨져 있기 때문에, 이것을 향후 어떻게 살펴갈 것인가라는 시점상

---

20. 질 들뢰즈·펠릭스 가따리, 앞의 글, p.450.
21. Harold Rosenberg, *The Tradition of the New*, Chicago and London: The University of
Chicago Press, 1959, p.60.

의 문제가 관여한다. 이 책에서 형성해 온 관점에서 보자면, 현재 '예술'은 그 내실과 사회적 위상 등 모든 의미에서 변화해 왔다. 예전처럼 '작품 지상주의'로는 더 이상 설명하기 어렵다. 본래 예술은 '작품행위'만이 아니라, 사전준비에서 전시, 매매에 이르는 과정 등 다양한 실천을 내포한 일들이 맺는 네트워크였다. 그리고 지금까지 우리들이 신봉해 왔던 것 같이 오로지 '작품 지상주의적'인 접근을 통해서는 예술의 가치를 결정할 수는 없다. '예술제도'는 그 내부로부터 붕괴되고 있다.

예술의 세계는 역사적 변천이라는 의미에서 우선 유럽 전위예술에서 미국 현대 미술로의 전환이 있었다. 그리고 뉴욕의 '도시공간'과 '노동자'의 상황을 크게 뒤바꾼 '탈산업화'와 '젠트리피케이션'의 영향 아래서, '로프트Loft 현상'22의 발생과 '예술가, 즉 비공식 노동자'가 증가하였다. 이후, 예술이 뉴욕 전체로 분산되기 시작하면서, 여기저기에서 예술을 볼 수 있게 되었다. 이러한 사건을 통해, 지금은 예술이 일찍이 담고 있었던 엘리트주의적 특수 사회의 프레임을 파괴하고 방출하기 시작했다는 것을 입증하고 있다. 즉, '예술'이란 과거에 불렸던 것과는 다른 것으로 변모하고 있다.

'예술의 거리 파리'에서 '예술의 거리 뉴욕'으로의 이행은 미국의 세계 패권이라는 전후 세계정치의 변환의 일부로서 발생했다. 1940년대 추상 표현주의의 발흥은 예술가, 비평가, 화랑·미술관이 삼위일체가 되어 '보수적인' 양상마저 띄었다. 이러한 양상은 동유럽에서 건너 온 이민자들을 포함하여, 예술 세계를 형성하던 사람들을 국민국가 속에 동원하는 과정에서 동시적으로 진행된 것이었다. 이러한 배경에는 대공황 이후 1930년대의 '뉴딜정책'을 계기로 하여, '잡다한 민중'을 국민으로 다시금 주조하려고 하는 대동원정책의 영향이

---

22. [옮긴이] 로프트(Loft) 현상이란 예술가들이 낡은 건물 및 창고의 위쪽 방을 빌려서 작업실과 주거로 쓰고 있는 현상을 일컫는다.

있었기 때문이다. 이러한 의사疑似 사회주의적 정책은 수많은 조합과 저항조직을 흡수하여 제2차 세계대전으로 몰고 갔고, 좌파진영이 붕괴되는 시발점을 만들었다. 나중에, '추상 표현주의'라고 하는 주요 조류를 형성하게 된 예술가들 대부분은 뉴딜의 일부인 공공 예술 계획the Public Works of Art Project에 참가했다. 추상 표현주의 형성에 공헌했던 클레멘트 그린버그[23]를 필두로 하는 비평가 및 학자들 중 몇 명은 과거 사회주의자 혹은 트로츠키주의자였다. 그들은 트로츠키 추방과 스탈린주의 문제로 공산당과 그 근방의 정치적 문제에 환멸을 느끼고, 점차 '전위주의'를 **예술영역에서만 환원**시키는 '예술 지상주의'에 경도되어 갔다. 여기에 덧붙여, 신흥 부르주아의 예술에 대한 지지자들이 다수 나타났다.[24] 근대 미술관MoMA은 몇 가지 주요 전람회에서 미국 중심주의를 내세웠다. 이리하여 '예술의 도시 뉴욕'은 국민주의적 기획으로서 만들어지게 되었다.

추상 표현주의의 문맥에서 미국예술American Art은 이미 작품의 거대화를 경험하고 있었다. 그렇지만, 이를 도시공간의 문맥에서 최종적으로 제도화하여 정착시키고 대중화시켰던 것은 뉴욕을 금융과 서비스 산업의 도시로 재조성하려고 했던 '탈산업화'와 그 집중을 위한 '젠트리피케이션'이었다. 이러한 추세가 1960년대 후반에서 1980년대 전반에 걸쳐, 뉴욕의 '도시공간'과 '노동' 상황을 커다랗게 변모시켰던 것이다.

도시공간이라고 하는 의미에서 소호지구를 중심으로 과거 지역 소공장 및 창고로 쓰였던 산업공간을 예술가의 '작업 겸 주거용' 공간으로 변용시킨 '로프트 현상'이 출현했다. 이 현상은 '대형작품'의 제작을 일반화시켰다. 이를 개발

---

23. [옮긴이] 클레멘트 그린버그(Clement Greenberg, 1909~1994) : 모더니즘 미술의 가장 대표적인 비평가. 형식주의에 대한 옹호론자로서, 현대 미술에서 미국적 미술의 승리를 예감하였다.

24. 이 부분은 Serge Guilbaut, *How New York Stole the Idea of Modern Art*, trans, form the French by Arthur Goldhammer, Chicago, London: The University of Chicago Press, 1983에 상세 기술됨.

한 최초의 예술가들은 갖은 고생 끝에 자금을 조달하여 뉴욕시로부터 거주를 허가받았다. 처음에는 이에 대해 호의적이지 않던 시도 점차 재정난으로부터 재기하기 위한 계획의 일환으로서, 마치 여행자에게 판매하기 위한 것처럼 현대 미술품을 판촉하기 시작했다. 예술의 시민권 획득과 함께 하얀 벽에 둘러싸인 로프트도 새로운 이상적 생활공간이 되어 갔다. 달리 활용도가 없어서 골치 아팠던 산업용 빌딩 소유주들과 뉴욕시, 부동산, 개발업자는 몹시 기뻐했다. 이리하여, 로프트는 1990년대에는 뉴욕 전역으로 확대되었고, 젠트리피케이션의 물질적 기반이자 상징이 되었다.[25]

이러한 도시공간의 재편성 과정에서 노동력을 둘러싼 새로운 일들이 벌어졌다. 7장에서 문제로 삼았듯이, 서비스 산업에 종사하는 예술가들이 압도적으로 증가하였다. 그/그녀들은 '소외되지 않은 노동'으로서의 '예술'에 희망을 걸면서, 비록 불안정한 고용조건이지만 분투해 갔다. 이러한 문맥에서 '예술'은 신자유주의와 포스트포드주의적 시대의 뉴욕에서 '공간의 재생산'과 '노동력을 통제하는 방법'이 되었다. 그리고 이것은 여기에서 그치지 않는다. '로프트 현상'도 '예술가의 확산·분포'도 처음부터 '재생산'과 '통제'를 바탕으로 형성된 것은 아니었다. 어디까지나 노동자=민중의 '존재' 혹은 '생활, 문화, 투쟁'에서 자율적으로 나타난 현상이었다. 그렇지만, 이러한 현상이 나타난 후, 자본은 이들의 활동을 대신하여 자신들의 이해에 맞춰 움직여 나갈 수 있었다. 기적적인 성공이다. 그렇지만, 이러한 상황이 벌어지는 한, '민중적인 가능성'을 지니고 있다고 할 수 있다. 반드시 이러한 문맥을 다시 파악해 볼 필요가 있다.

로프트에 대해 말하자면, 1960년대에 소호에서 선구적 역할을 했던 것은 예술가 그룹의 플럭서스 멤버들이었다. 이 그룹을 조직한 사람 중 하나였던 리

---

25. 이 주제에 대해서는 Sharon Zukin, *Loft Living*, New Brunswick, New Jersey: Rutgers University Press, 1989를 참조.

투아니아 출신의 이민자 조지 마키우나스George Maciunas 26는 예술가가 소호로 이주하도록 가장 정열적으로 움직였던 인물이다. 그는 민감하게 임차인이 방을 비울지 아닐지에 대해 파악한 후, 집주인을 설득해서 공동참가자를 모아 산업용 빌딩을 예술가들의 공동 경영관리 빌딩co-op building으로 변환시키는 일에 매진했다. 그는 이것을 〈플럭스주택 협동조합〉Fluxhouse Cooperative이라고 부르면서, '유토피아적 기획', 혹은 '예술행위'로서 특별한 이익을 생각하지 않고 실천에 옮겼다. 제대로 돈도 없으면서 어디에서 구했는지 모르지만, 5만 달러를 계약금(10퍼센트)으로 지불하고 일이 없는 젊은이나 외국인을 소호 북쪽에 있는 '워싱턴 광장'에 모아 개축작업을 하였다. 이러한 방법으로 그는 몇 개의 〈플럭스주택 협동조합〉를 성공시켰다. 또, 그는 '화랑'(이벤트 공간)을 운영하여 출판을 하였고, '콘서트'(전람회)를 벌였다. 이러한 활동은 유럽, 미국, 일본을 끌어들여 국제적으로 진행하였다. 그 자신의 작품 중 멋진 것은 뭐니뭐니해도 다수의 예술가 작품을 참가시킨 '편집'(서적 디자인)이었다.27 그에게 예술작업Art Work이란 어디까지나 '공통의 영역'을 발전시키는 행위였다.

그의 행동은 이러한 사업형식만을 보자면, 예술이라고 하기보다는 '부동산업자'나 '화랑주', '출판인'과 가깝다고 보일 것이다. 그렇지만, 그는 이러한 행위를 '무상의 노동'으로서 행했다. '무상의 노동'이라는 것은 금욕주의적ascetic 고행처럼 현실미가 없는 것으로 느껴질지 모르지만, 마키우나스의 경우에는 그렇지 않았다. 그는 공통의 목적을 지닌 동료들을 조직하여, '공통의 공간'을 만들고, '공통 기획'을 하는 것에 기쁨을 만끽하고 있었다. 그의 행위는 공산주

---

26. [옮긴이] 조지 마키우나스(George Maciunas, 1931~1978) : 리투아니아 출신의 미국 행위예술가이자 전위예술인 플럭서스 운동의 창시자. 1962년 독일 비스바덴에서 처음으로 '플럭서스국제 신음악 페스티발'을 열고 공식적으로 플럭서스 그룹을 출범시켰으며, 1977년 시애틀에서 마지막 플럭서스 페스티발을 열었다.

27. Mr. Fluxus: *A Collective Portrait of George Maciunas*(1931~1978), Thames and Hudson, 1997을 참조.

의로 향하는 '메타노동'(=예술), 혹은 브루노 굴리가 '화염의 노동'이라고 불렀
던 노동이었다.[28]

오늘날, 예술을 실천하는 경향은 마키우나스(그리고 〈에이비씨 노 리오〉)
가 했던 것에 가까워지고 있다. 이것은 예술의 대가大家이거나 천재라고 하는
희소성의 영역을 지향하는 것이 아니라, '사회적 영역'을 형성하려는 것이다.
이들은 회화나 조각 등 일정한 전통적 기능에 뒤따르는 형식들을 상대화하여
(부정하는 것이 아니다), 다양한 사회적 실천을 끌어 들인다. 이 과정에서 사회
적인 조직화를 추진함으로써 '비물질노동' 혹은 '정동노동'에 자신들을 근접시
켜 간다. 혹은, 비물질노동 및 정동노동과 같은 부류인 자신들의 본질을 끝없
이 의식적으로 추구해 가는 것이다.

오늘날, 뉴욕의 예술이 지닌 주요 경향은 한 점의 물체적 대상으로서 감상
되고, 비판되며, 매매되는 것으로부터 벗어나 보다 퍼포먼스적인 것으로 변모
해 왔다. 사회적 문맥 속에 곧바로 개입해 가는 형태로 이행하고 있다. 이러한
경향은 추상 표현주의의 시대에 뉴욕에서 활약했던 2명의 미술평론가인 클레
멘트 그린버그Clement Greenberg와 해롤드 로젠버그Harold Rosenberg [29]가 지녔던
방향성과 대조적으로 생각해 보면 참고가 될 것이다. 전자에게 있어 역사란
'시각형식의 선線적인 발전의 역사'에 불과했다. 이러한 시점은 전위주의의 **상
당히 억지에 가까운** 예술지상주의로의 환원에 의해 획득된 것이다. 그는 어디까
지나 '회화라고 하는 시각적 형식'을 지고지순의 것으로 생각했고, 시각적 형
식이라는 한정성 속에서 유럽적 예술을 능가하는 미국적 예술이라고 하는 이데

---

28. Bruno Gulli, *Labor of Fire*, Philadelphia: Temple University Press, 2005를 참조.
29. [옮긴이] 해롤드 로젠버그(Harold Rosenberg, 1906~1978) : 미국의 미술비평가. 제2차 세계대전
　　직후 미국에서 일어난 추상회화를 '액션 페인팅'이라고 명명하고, 이를 '그림이 아닌 사건'을 화면상
　　에 표출시켰다는 다이내믹한 이론으로 분석한 비평가로 유명하다. 생생한 현재와 액션이 미국미술
　　을 유럽미술의 전통에서 해방시켰다고 주장했다.

올로기를 구축했다.

이에 대해, 들뢰즈가 『차이와 반복』에서 인용하듯이, 로젠버그는 보다 다이나믹한 반복의 역학을 역사로부터 도출하고 있다.[30] 그는 시각적인 형식성이란 어디까지나 '가면'이라고 생각하였고, 이것의 반복을 규율하는 사회적 사건성을 중시했다.[31] 이 두 사람의 투쟁에서 그린버그는 압승을 하였고, 그 후 미국 현대 미술에서 놀랄 만큼 단순한 시각적 지상주의의 토대가 마련되었다. 그렇지만, 내 개인적인 견해로는, 오늘날 예술의 대세는 로젠버그로 회귀하고 있다. 이는 무엇보다 예술이라는 실천영역의 총체가 내포하고 있는 것이 더 이상 시각적 형식으로는 감당할 수 없거나 점차 시각적 형식으로부터 뛰쳐나오는 사회적 사건성 및 퍼포먼스성으로 나타나고 있기 때문이다. '회화'는 단순히 '벽에 걸린 물체'를 뛰어 넘은 '살아있는 사건'으로서 재검토하려는 시점을 제공하고 있다. 이른바, 회화의 '양자류'를 살펴보려고 하는 '분자적' 시점이라 할 수 있을 것이다.

오늘날, 뉴욕 예술을 둘러싼 물질적 상황은 대략 다음과 같다. 유명한 예술가가 자신의 스타일에 포로가 된 채, 기계적으로 작품을 양산하고 있다. 이것은 예술가 개인을 위한 것이기보다는 그 또는 그녀의 주변에 그물망처럼 펼쳐진 제도의 이권과 일체가 된 기업을 위한 것이다. 즉, 그/그녀들은 그만두려고 하여도 그만둘 수 없는 것이다.[32] 다른 한편, 매년 신설되고 있는 세계의 '예술제도'에서 예술가에 의해 실험적 시도의 폭이 점차 확대되고 있다. 유명 예술

---

30. 질 들뢰즈, 『차이와 반복』, 자이츠 오사무(財津理) 번역, 도쿄/카와데쇼보신샤(東京 · 河出書房新社), 1992년, p. 15 [질 들뢰즈, 『차이와 반복』, 김상환 옮김, 민음사, 2004]

31. Harold Rosenberg, *The Tradition of the New*, Chicago and London: The University of Chicago Press, 1959 참조.

32. 예를 들어, 만약 그렇지 않다면, 설치 작업 중에 노동자는 커다란 부상을 입는 뿐만 아니라, 사망에 이르게끔 할 수 있는 리차드 세라의 거대 철조형물이 왜 계속 생산되며, 일견 진보적인 비평가들이 왜 이것을 지지하고 있는가가 전혀 이해되지 않는다.

가 작품의 과잉생산과 새로운 예술가들의 작품이 수량적으로 증대하는 것은
어떤 의미에서는 '예술=제도'가 이미 포화상태에 다다랐다는 느낌을 준다. '예
술=제도' 속에는 대개 무엇인가가 있다고 해도 그다지 놀랍지 않을 것 같은 예
감, 그리고 무엇을 보아도 어디선가 본 듯한 기시감旣視感이 뉴욕과 세계 속에
만연해 있다. 이런 의미에서 '예술은 재미없어졌다.' 예술에 희소가치를 찾아보
려고 하는 사람들로서는 비극일 것이다. 그렇지만, 이것은 보다 중요한 사회적
변화의 상징이기도 하다. 문자 그대로 누구라도 예술가가 될 수 있다, 혹은 되
고 있는 상태, 즉 예술세계가 상징적으로 나타내는 노동의 비계층적 서열화인
것이다. 계속 증가하고 있는 예술가들에 의해 수많은 실험들이 일어나고 있지
만, 이것은 궁극적으로 '작품의 범용화'와 직접적인 관계는 없다. 이는 '백화요
란百花繚乱의 상징'으로서 여러 가지 꽃이 어우러져 찬란한 예술을 만들고 있다.
우리들은 이러한 상황을 주의깊게 지켜보지 않으면 안 된다.

우리들은 작품 고유의 질적 측면과 작품에서 나오는 감동을 버릴 수 없을
것이다. 아마 이러한 측면은 아주 중요하며, 앞으로도 계속 남아 있을 것이다.
그렇지만, **예술이라고 하는 그릇**이 끝없이 확장되어 거의 포화상태에 가까워진
지금, 개별 작품의 우열과는 다른 차원에서 '작품'의 단독성은 물체 지상주의
를 뛰어넘어 '공통적인 것을 개발하는 노동', '그 자체가 기쁨인 노동', 즉 '공산
주의의 이상'을 궁극적으로 제시하고 있는 것은 아닐까? 이를 위한 희망과 이
것의 추세를 구체적으로 드러내고 있는 것은 몇 명의 유명 예술가들이 아니라
무수의 이름없는 예술가들이다. 예술은 '세계 변혁운동'으로 접근해 가고 있다.

투쟁에 대해

다시 한 번 이것을 분명히 해 두고 싶다. 우리들의 전투성이 위험한 부정의 방법일지 모른다는 사실로 인해, 액티비즘이
승인받지 못한다는 것을 결코 뜻하지 않는다는 것을. 우리들이 스스로 속하고 있는 사회로부터 부여받고 있는 믿기 어

려운 폭력에 대해 싸우지 않으면 안 된다고 하는 것은 추호도 의심의 여지가 없다. 그렇지만, 폭력이라는 것이 우리들을
사회의 일부분으로 삼고 있는 심리적 메커니즘 그 자체를 통하여 놀라울 만큼의 보상을 이끌어낼 수 있다는 것을 이해
한다면, 우리들은 분노와 공포, 죄책감, 깊은 슬픔들 또한 이해할 수 있을 터이다. '전투성'은 물론, '비탄'도. 즉, '비탄과
전투성'이다.
— 더글러스 크림프(Douglas Crimp)33

뉴욕의 '잡다한 민중'은 '떼'를 이루며 '치마타'를 무대로 '생활=생산=투쟁'
을 한다. 그/그녀들에게 있어 생활과 문화생산, 투쟁은 엄밀하게 구분되어 있
지 않다. 이것이 그/그녀들의 존재론적 본질이다. 그렇기 때문에 '떼'는 때와 장
소에 따라 친구들, 생활상의 상부상조 조직, 갱단, 문화생산 그룹, 액티비스트
와 관련된 그룹으로 곧바로 바뀔 수 있는 것이다.

지금까지 기술해 왔듯, '미국 노동자'라고 하는 단일적 범주는 존재할 수 없
다. 여기서 계급은 인종과 젠더에 의해 분단되고 횡적으로 단절되어 있다. 미
국(혹은 궁극적으로 모든 국민국가)은 늘 형성중인 국민국가인 것이다. 그렇
기 때문에 뉴욕에서 질서정연하게 조직된 노동자 집단은 노동쟁의를 하면서
도, 인종차별집단으로 바뀌어 버릴 위험성으로부터 자유로울 수 있는 가능성
은 없다. 이에 비해, 강력한 민중적 투쟁을 벌였던 집단은 항상 다수의 '떼' 사
이의 느슨한 연합체를 통해 실현되었다. 이러한 의미에서 '뉴욕에서의 투쟁'은
본성적으로 아나키즘적인 것이었다. 또, 이들 운동체들은 '도시공간에 밀착한
투쟁'이었다. 신좌파 시대의 다양한 운동 속에서도 '당적 집합성'이나 '조합운
동적 집합성'은 공동체 운동적인 장소성(치마타)에 근거함으로써 현실성을 취
해 갔다. 〈블랙팬더당〉, 〈영 로즈〉, 〈의화권〉, 〈블랙 마스크〉 등은 모두 자신
들의 지역 치마타를 주요 무대로 한 운동이었다. 이들은 '도시적 연합'의 투쟁
이었다.

신좌파가 붕괴한 후, 도시공간의 치마타에 근간하여 투쟁을 전개했던 것

---

33. Douglas Crimp, *Melancholia and Moralism*, Cambridge, London: The MIT Press, 2002,
    p.149.

그림55 브롱크스, 1980년 10월 (YA)

은 스콰터운동과 이것과 분리불가능한 공동체 뜰운동이었다. 이들 투쟁이 갖는 중요성은 지역주민이 스스로의 생활공간(치마타)을 지키는 과정에서 계급을 횡단하고, 인종과 젠더조차 횡단하여 '공통적인 것'으로서 '치마타=문화'를 창출해 갔다는 것이다. 이 투쟁은 '잡다한 민중'을 구성하는 다양한 세력들의 허브가 되었다. 이것은 가장 급진적인 보헤미아를 실현시켰다. 예술가, 정원사, 지역주민조직, 주택활동가, 아나키스트, 스콰터……등등의 연합이 가세하였고, 그곳에는 라페엘 부에노와 같은 선주민 활동가의 남북 아메리카 전역을 관통하는 연합조직이 주도적 역할을 하였다. 이러한 활동의 의의는 아무리 강조해도 지나치지 않을 것이다. 미국이라는 국민국가가 건국되기 이전, 혹은 그에 대한 대안으로서 남북 아메리카 민중을 연결시킬 연합의 가능성을 제시했던 것이다. 반복하지만, 이는 도시적 영토의 이음새로부터 얼굴을 내민 '대지'라고 하는 '공통적인 것'이었다.

이와 동시에 진행되었던 또 하나의 중요한 사건은 게이·레즈비언의 투쟁이었다. 이것은 일찍이 남근주의적인 사상을 완전히 불식하는 새로운 결합이었다. 이 투쟁은 죽음의 위기에 직면한 극한적인 신체성을 긍정함으로써 가장 상처받기 쉬운 '덧없는 일과성'volatile/ephemeral이 궁극적인 힘을 공유하는 지점에서부터 출발했다. 이것이 힘의 핵심이었다. 한편, '퀴어 스페이스'는 성행위를 공공화하는 '치마타의 생산'(게이 클럽 및 공중목욕탕)을 원동력으로 하였고, 에이즈 위기 속에서 애인과 친구를 간호하는 네트워크를 만들어 지탱하였다. 이들은 '애도'라는 '개별적이며 내적인 것'을 거리street라는 공공공간에서 장례식 집회를 통해 그곳을 가득 메운 사람들과 함께 강렬한 정치적 언어를 표출하였다. 여기서는 극한의 기쁨과 슬픔의 공유가 있었다. 결국, 이 운동은 '정동의 복합성'이 투쟁을 조직했던 인류사상 예를 찾아보기 힘든 운동이었다. 이 투쟁은 공동체 구축과 '같은 하나'였다. 이것은 한편으로 애인과 친구의 떼를 조직화하는 것이었고, 다른 한편으로 '말기 환자 간호'terminal care라는 **궁극적으로 친밀한 관계성**을 토대로 한 것이었다. 많은 경우, 간호는 자원봉사 활동으로 이뤄졌다. 즉, 보상을 받지 못하는 증여贈與, 아나키스트들이 이상으로 하는 '열린open-ended 증여', 혹은 '증여의 무한연쇄'였다.

에이즈 위기에서 게이·레즈비언들은 놀랄 만큼 풍부하며 심오한 투쟁을 벌였고, 이들의 투쟁은 모든 미래의 투쟁조직에게 지침이 될 것이다. 이것은 가장 급진적인 의미에서 공산주의적으로 실천된 '비물질노동' 혹은 '정동노동'을 토대로 한 운동이었다. 이것은 종래의 '정치'라고 하는 영역을 지배해 왔던 부권적 통제를 일소하였고, 전혀 별도의 원리를 도출할 수 있는 권능을 내포하고 있다. 여기서 필요한 것은 이미 지성과 무력을 과시하는 지배자가 아니라, 모든 장면에서 섬세하며 끈질기게, 그리고 때로는 화려한 배려로 타자와의 관계를 (재)생산하는 퍼포먼스이다. 직접 민주주의를 제1원리로 삼고 있는 오늘날의 투쟁에서는 이렇듯 '공통 공간을 개발하는 기술'이 기본원리가 될 것이다.

그림56 할렘, 1980년 8월 (YA)

그 후, 뉴욕에서 상기의 예를 대폭 뛰어넘는 조직론은 아직까지 출현하지 않았다. 그렇지만, 새로운 상황에 맞는 새로운 투쟁을 고안하는 노력은 계속되고 있다.

'도시공간'을 둘러싼 투쟁, '치마타'의 투쟁에 대해 생각해 보면, 현재 뉴욕에는 '언더그라운드'의 활동, 혹은 과거 스콰터운동 속에서 계속해서 뉴욕시와 공적으로 교섭을 취하고 있는 것 이외에는 없다. 즉, 전적으로 새로운 대항적 스콰터운동은 존재하지 않는다. 이러한 상황 아래서 민중들의 '도시공간을 둘러싼 투쟁'은 새로운 방향, 이른바 '실질적인 공간운동'으로 이행하고 있는 듯 보인다. 도대체 무슨 말인가?

민중의 새로운 운동 방향의 첫 번째 특성은 '비가시성'에 있다. 이것은 민중의 '생활, 문화, 투쟁'이 본성적인 측면에서 '언더그라운드', 즉 비가시적인 요소를 많이 가지고 있다는 것이다. 그/그녀들은 보이지 않는 곳에서 확실히 투쟁하고 있는 것이다. 두 번째 특성은 '회귀성'이다. 젠트리피케이션이 크게 진행되고 있는 뉴욕(특히, 맨하튼)에서는 민중의 거주지역이 대폭적으로 축소되고 있다. 그/그녀들은 낮에는 맨하튼에서 일하지만, 야간에는 지하철을 타고 사라진다. 도시적 표상에서 그/그녀들은 점차 비가시화되며, 그들의 존재는 점차 '덧없는 것'이 되어 간다. 이러한 상황 하에서 '장소를 둘러싼 투쟁'은 항상 '주거지역=근거지'를 둘러싼 투쟁으로부터 회귀하는 투쟁이 되어 왔다. 바로 일시적 자율공간Temporary Autonomous Zone, T.A.Z.이 그것이다.

매월 마지막 금요일에 집단적으로 자전거를 몰고 와서 자동차 교통을 차단하는 〈크리티컬 매스〉 주행, 점차 법규가 엄격해진 공원과 광장, 도서관에 대한 자유로운 사용을 둘러싼 다양한 그룹들의 투쟁, 도시 내의 점포 중에서 가장 주변화되어 억압받고 있는 노상판매원의 조합, 최근 다시 증가하기 시작한 '홈리스 가족'의 숙박권을 둘러싼 투쟁, 디즈니처럼 꾸며진 관광객용의 쇼핑 몰이 되어 버린 42번지로 매일 밤 근처 다섯 구에서 모여 들어 경찰과 긴장 관계 속에서 '치마타'를 형성하고 있는 소수자 젊은이들…….

세 번째 특성은 '전지구성'globality이다. 외국인에 대한 공포와 미국적 국민주의를 선동하는 보수우파의 공세로 이민법에 대한 개악이 진행되고 있다. 그렇지만, 동시에 이민자들의 정의 운동, 권리주장 운동은 일찍이 보기 힘들 정도로 고조되고 있다. 이러한 운동을 하고 있는 몇몇 풀뿌리 민주주의 운동조직들은 남북 아메리카 대륙에서 대량의 이민자들을 발생시켜 버린 NAFTA의 폐기를 요구하고 있다. 이 지점에서 운동은 전지구적 정의 운동과 합류한다. 이 연합의 일부는 한편으로 사빠띠스따의 '또 다른 선거 운동'Otra Campaign을 지원하면서, 다른 한편으로는 텍사스주나 애리조나주의 멕시코 국경 부근에서 이민자들을 폭력적으로 저지하는 극우 자경단인 미뉴트맨 프로젝트에 대항하여 이민자들을 원조하는 행동을 하고 있다. 생각해 보면, 뉴욕에 사는 무수한 멕시코인들에게 뉴욕과 티후아나(미국과의 국경에 있는 멕시코 관광도시)Tijuana, 노갈레스(미국과의 국경도시)Nogales는 직접적으로 연결되어 있다. 이동하는 자들의 운동은 이러한 문화를 신체에 새기는 '신체적 운동'이다. 이 운동은 동시에 '전지구적인 공통 공간'global common space을 개발하는 운동으로 향하고 있다.

뉴욕의 투쟁 현장에서는 맑스주의 중심의 아카데미즘과는 대조적으로 아나키즘이 압도적인 영향력을 과시하고 있다. 그렇지만, 이론적으로 맑스주의에 보다 아나키즘의 이론적 우세가 있었기 때문은 아니다. 오히려, 투쟁 경험과 실천적 필요성으로부터 기인한 것이라고 할 수 있다. 이러한 의미에서 아나키즘은 이론 이전에 뉴욕의 '잡다한 민중'의 투쟁을 둘러싼 상황 그 자체였다. 그 위에 새롭게 '풍부한 투쟁의 원리'로서 아나키즘을 이론적으로 뒷받침하려고 하는 '이론적 정열'이 태동하고 있다. 이러한 사상적 원리 중 하나는 '반反전위주의'이다. 뉴욕에서 벌어진 급진적인 투쟁에서는 항상 '잡다한 민중'들이 주인공이었고, 주체였다. 이들은 '이름 붙일 수 없는 주체'이기도 했다. 그리고 언제나 지도자가 부재하였고, 필요하지도 않았다. 이들의 투쟁 시나리오를 담당할 '한 사람의 작자'는 필요 없었던 것이다. 그렇다고 이러한 투쟁이 자연발생적이었다는 의미는 아니다. 수많은 계획과 조정 노력의 집적·결합이 투쟁을 실현시켰다. '직접 민주주의'이든 '예시적 정치'이든, 아니면 상기의 몇 가지 투쟁 원리이든 특정의 '위대한 이론가'의 이름이 붙여 있던 적은 거의 없다. 오히려, 이들의 투쟁은 인류사에서 비롯된 공통투쟁으로부터 출현한 사고법이었다. 이러한 원리가 각각의 투쟁에서 획득했던 승리는 수 없이 많은 액티비스트나 예술가들이 노력한 결정체였다. 여기서 영웅이 있었다고 한다면, 이는 특정 '계급'이나 '민족'이 아니라, '잡다한 단독성' 그 이상 이하도 아니다.

오늘날은 이미 세키가하라 합전關が原合戰 34과 같은 결정적인 계급간의 투

---

34. [옮긴이] 세키가하라 합전(関が原合戰) : 1600년에 토요토미 히데요시가 죽은 후, 동군(도쿠가와

쟁·봉기에 의해 혁명세력이 권력을 탈취하고, 그 후 상황이 호전되어 간다고 하는 '단독혁명론'을 신봉하지는 않을 것이다. 어떤 상태에서 결정적인 개입이 불가피하더라도, 혁명을 쟁취한다고 해서 그 후 상황이 전면적으로 호전되어 간다는 예상은 성립하지 않는다. 우리들은 혁명세력이 국가화되면서 비극으로 귀결된 사례를 간과해 왔다. 이에 대해, 지금껏 인식되어 온 것은 민중의 존재형태가 그렇게 의식하지 않고서도 점차 혁명적인 상황을 불러왔다고 하는 '영구 혁명론'이다. 자율주의의 몇 가지 개념은 이를 입증하는 것이었다. 물론, 이것은 '아무것도 하지 않고 내버려두면 상황은 혁명화 되어간다'고 하는 의미가 아니다. 어디까지나 '영구 혁명적'으로 축적된 무수하게 존재하는 입장들의 투쟁을 의식적으로 강화하여 연합시키려는 운동의 실천이 필요하다. '예시적 정치'라고 불려지는 신념, 즉, 지금 여기서 우리들이 형성하고 있는 연합 속에 이상적인 사회의 싹이 없으면 안 된다고 하는 신념은 이러한 네트워크 및 연합의 가능성을 시험해 보는 실험이 될 것이다. 이러한 의미에서 이는 '영구 혁명적'인 경향을 조직화하는 것이기도 하다.

사빠띠스따의 봉기 이후, '국가권력을 탈취하지 않고 세계를 바꾼다'는 것의 가능성이 다양한 문맥에서 논의되어 왔다.[35] 그렇지만, 여기에는 어떤 정해진 '처방전은 없다'고 하는 것이 존 홀러웨이를 포함한 다수 사상가들의 대답이다. 그것의 과정은 어디까지나 각각의 투쟁조직이 '걸어가면서 묻기', 각자가 독자적으로 대답을 찾아가지 않으면 안 된다. 즉, 무수히 존재하는 투쟁을 각자 별개의 방식으로 파악해 가는 것이다. 그렇지만, 일부러 그 상태를 하나의 이미지로서 폭력적으로 상상해 본다면, 그것은 '예시적 정치'를 구성하는 무수

이에야스)과 서군(모리 테루모토)으로 양분되어, 기후현에 있는 세키가하라에서 천하재패를 둘러싸고 벌였던 전쟁. 이 전쟁에서 도쿠가와가 승리함으로써 전국시대가 마감하게 된다.

35. John Holloway, *Change the World Without Taking Power*, London, Sterling, Virginia: Pluto Press, 2002.

그림57 할렘, 1980년 8월 (YA)

한 연합이 세계 속에서 각자 상이한 방법으로 국가권력을 획득하는 상태라고 말할 수 있다. 그러나 이러한 '획득'은 그 어떤 강제력으로도 성취되지 않고, 오직 투쟁 자체의 내용이 지닌 매력으로 성취되지 않으면 안 된다. 통상적으로 '투쟁'이라는 말로부터 환기되는 이미지는 단순한 '대립·항쟁'으로 생각되기 쉽지만, 우선 이러한 이미지가 바뀌지 않으면 안 된다. 그림에 그려진 듯한 '대립·항쟁'을 단지 하나의 작은 국면으로 생각할 만큼의 보다 크고 '공통적인 것'을 구축해야 하며, 구축에 대한 실천적 이미지를 갈고 닦지 않으면 안 된다. 이것의 토대는 지금까지 이 책에서 써내려 왔던 군거공간 속에서 도시민중에게 보이는 일시적 정념의 파토스pathos 36와 그들의 사회적 관습인 에토스ethos 37

---

36. [옮긴이] 여기서 파토스(pathos)란 일시적인 인간의 정서·감정을 뜻한다. 철학상의 용어로 정념(情念)·충동·정열 등으로 번역되며 로고스와 상대되는 말이다. 고대 그리스어 paschein(받다)에서 파생된 말로 근본적인 뜻은 '받은 상태'이다. 그러므로 광의로는 어떤 사물이 '받은 변화상태'를

가 될 것이다.

뉴욕 1980~2006년

1980년 초, 나와 거의 비슷한 시기에 뉴욕에 온 아게마츠 유지Agematsu Uji라
는 예술가는 그 해 8월과 10월에 용기를 내어 할렘과 브롱크스로 가서 찍은 사
진을 보여주었다. 이 사진들은 독특한 긴장감과 흥미, 흥분, 무엇보다 대상에
대한 사랑이 넘쳐흐른다. 이 사진들은 흑백의 아름다운 이미지를 바라보면서,
새삼스럽게 '뉴욕이 변했다'는 감개무량한 감정에 빠져들게 한다. 당시의 폐허
의 모습은 더 이상 존재하지 않는다. 그로부터 뉴욕은 정말로 화려하게 정비되
어 버렸다. 무엇보다 아이들의 얼굴이 변한 것 같다. 그렇다고 '옛날 사람들은
순박했다'는 식의 말은 하고 싶지 않다. 그렇지만, 뉴욕에서 가장 빈곤한 지역
에 살고 있던 아이들의 얼굴이 왜 이렇게까지 아름답게 빛나는 것일까? 또, 그
/그녀들은 왜 이렇게까지 기쁘고 생기 있는 무리를 지을 수 있었던 것일까? 만
약, '뉴욕의 미美'라는 것이 있다면, 그것은 이 '아이들'의 모습 속에 있을 것일
것이다. 그리고 그것은 치마타의 '무명성과 단독성'이 주는 미美였을 것이다. 그
아름다운 모습은 어디로 사라진 것일까?

2006년의 지금과 1980년의 과거 — 여기에 관계된 어떤 균열과 단절이야

의미하고, 협의로는 특별히 '인간의 마음이 받은 상태'를 의미한다. 수동성·가변성이 내포되며 그
때그때 내외의 상황에 따라 인간의 마음이 받는 기분·정서를 총괄하여 표현한 말이다.
37. [옮긴이] 여기서 에토스(ethos)란 일반적으로 민족적·사회적인 관습을 말한다. 아리스토텔레스에
의하여 이 말에 중요한 철학적 개념이 주어졌다. 인간이 가지는 가능성이나 능력은 항상 상반하는
방향을 내포하고 있으나 동일한 행위를 반복함으로써 한 방향으로만 지향하는 습관이 양성된다. 이
습관이 에토스이며 이 에토스에 의하여 영혼의 선악의 성격도 자란다. 에토스는 지속적인 특성을
가지고 있어 일시적인 특성을 가진 파토스(pathos: 정의[情意] 또는 격정[激情])와 대립된다.

말로 『뉴욕열전』을 지탱해 왔던 '이미지'의 원류를 이룬다. 이러한 단절 속에서 이전 뉴욕의 역사적 사건이 상기되면서, 그 틈새 속으로 '뉴욕이라는 도시적 경험'을 '개념화'해 갈 동기가 부여되었다.

발터 벤야민은 '노스탤지어'의 사상가였다. 그는 '현재의 과거에 대한 질투'를 긍정했다. 그에게 있어 우리들은 '선망의 감정을 일깨우는 이러한 행복', 과거의 '행복 이미지'는 — 비록 그것이 '빈약한 것일지라도', 혹은 '빈약하면 빈약할수록' — '구원의 이미지'이기도 했다. 그렇지만, 내 생각에 이것은 단순한 '과거의 사실'에 대한 동경, '옛날에는 좋았다'고 하는 탄식으로 끝나 버릴 문제가 아니며, 끝나지 않는 것이라고 생각된다. 그것의 본체는 실은 과거에서 온 것이 아니라, 거꾸로 지금부터 과거로 투사하는 시선에 의한 것이다. 이는 오히려 우리들의 '현실에 대한 비판적 개입'의 의지로부터 기인한다.

이 책에서 뉴욕의 본질이란 한 마디로 말하자면, 철저한 '반(反)권위주의'라고 할 수 있다. 뉴욕은 어떤 대사상가의 저작에 의해서도, 대건축가의 빌딩에 의해서도, 대예술가의 작품에 의해서도 표상되거나 대행되지 않는다. 이는 '잡다한 민중'이 생산하는 '치마타'에서의 '생활=문화=투쟁'의 집적이다. 지금까지 이 책에서는 몇 명의 등장인물을 내세웠지만, 그/그녀들은 이른바 그럴싸한 위인은 아니었다. 그/그녀들은 다종다양한 세계가 위대하다는 의미에서만 위대한 사람들이었다. 그/그녀들 각자는 이러한 위대한 세계에 존재하는 서로 다른 형태의 무명성의 지표에 불과하다. 즉, 뉴욕이란 무수히 많은 무명인들이 급진적인 투쟁을 벌이면서 형성된 도시였던 것이다. 그리고 지금도 그러하다. 그렇지만, 이러한 '미美'는 지금의 거리에서 보다는 1980년의 할렘과 브롱크스의 '치마타'에 보다 아름답게 표현되어 있었다. 그것만이 사실이다.

처음 번역을 시작해서 3여년의 시간이 흘렀다. 수많은 사람들, 장소들, 지명들과 힘차고 처절한 싸움들이 뉴욕에 있었고, 우리들이 통상적으로 알고 있던 뉴욕과는 다른 모습이 전개되고 있었다.

오늘날 우리들에게 뉴욕하면 무엇이 먼저 떠오를까? 뉴욕에는 현대 예술과 자본이 있다. 무엇보다 현대의 모든 도시들의 전형이자 상징처럼 굳어진 일종의 신념들이 있다. 제 2차 세계대전을 겪은 후, 세계의 모든 민중들은 '세계의 수도'인 뉴욕을 동경하였다. 나 또한 그러했다. 지구 저 반대편 머나먼 곳에 이르러 역사의 이성이 가장 현대적인 모습으로 우리들을 맞이해 주는 곳……뉴욕!

그러나 그 뉴욕은 9·11을 거쳐 반테러주의자들, 이슬람혐오주의자들의 성지가 되었고 '미국적인' 색채를 입히고 있다. 사실 뉴욕은 가장 반미국주의적인 도시였기에 가장 세계적인 도시가 되었다. 해안을 타고, 전세계 민중들이 뉴욕이라는 출입국을 거쳐 내륙으로 이동하였고, 먼저 내륙으로 건너 온 사람들은 자신들의 정체성을 확립하여 다시 미국이라는 국가의 이름으로 뉴욕을 통치하려고 했다. 물론, 운이 좋은 초기의 유럽인들은 국가의 헌법과 이념에 자신들의 목소리를 새겨 넣을 수 있었겠지만, 나중에 건너 온 이민자들은 이름 모를 히드라(민중들)가 되었다. 그러나 이들조차도 할렘, 브롱크스, 브룩클린 등에 자신들의 음악과 춤, 축제를 탄생시켜 현대의 뉴욕을 건설해 왔다.

　이러한 역설은 전세계의 민중들의 유입이 없이는 오늘날과 같은 성장과 발전을 이루기 어려웠다는 것을 의미한다. 그것은 내가 살고 있는 서울도 그러하고, 얼마간 머물렀던 일본의 도쿄도 그러하다. 박해를 피해 유럽대륙을 벗어난 초기 개척자들로부터 각지의 부랑민들, 동유럽계의 이민자들뿐만 아니라, 아프리카의 노예들, 혼혈인들, 동양인들 등 다양한 인종이 이 도시의 곳곳에 흔적을 남기고 있다. 저자는 이 도시의 대로大路에 새겨진 역사만이 아니라 대로와 대로 사이에 생긴 민중들의 삶의 터전이자 소통의 장인 치마타가 만들어 내는 어쩌면 미시적인 이야기들을 통해 우리들이 알고 있는 뉴욕에 대한 새로운 시각을 불어 넣고 있다. 대로변에 숨겨진 거대한 학생운동과 연합, 당운동 사이에서 여성과 성적 소수자의 투쟁을 그리고 있다. 그것은 좀처럼 기억되지 않는 리얼리티 그 자체이다. 누군가 이야기하듯, 민중들의 역사는 공식적인 역사에서는 시간이 갈수록 지워지고 마모되기 마련이다. 그리고 "혁명은 기념비 너머로 존속하지 않는다"는 말처럼 새로운 민중들(히드라)은 계속해서 같은 투쟁과 협력, 분열을 지속한다.

　이 책을 통해 독자들은 다양한 사회과학의 이론이나 역사, 철학에 대한 이론적 접근으로서의 뉴욕이 아니라, 뉴욕을 무대로 한 민중들의 삶의 투쟁이 빚어낸 사건과 문화, 예술을 읽으며, 철학과 역사, 이론을 되새겨 볼 수 있으리라 생각한다.

　마지막으로 3여년에 걸친 다소 진이 빠질 만한 시간이었음에도 불구하고 끝까지 책의 출판을 독려해 주신 갈무리출판사 여러분에게 감사의 말씀을 전한다. 특히, 오정민 님과 김정연 님에게 많은 신세를 졌다. 그리고 사랑하는 향화 님과 쌍둥이에게 감사의 말을 전한다.

2010년 10월 23일

김향수

『안티 오이디푸스』(들뢰즈·가따리, Deleuze&Guattari) 50
〈액트 업〉 130, 165, 167, 173, 180, 186, 198, 200~209, 211, 345
액티비즘 133, 162, 173, 179, 306, 307, 310, 312, 313, 318, 320, 331, 332, 334, 336, 338, 340~343, 345, 346, 348~350, 519, 539
『어머니 지구』(Mother Earth) 236
〈에이비씨 노 리오〉 105~109, 111, 113, 158, 345, 537
〈여성 해방 그룹〉 241
〈여성임을 자각한 여성들〉 179
여피족(Yuppies, young urban professionals) 21, 81, 108
〈영 로즈〉 192, 197, 289, 290, 293, 294, 410, 419, 436, 514, 540
영국식 경관(picturesque) 62
영토화(territorialization) 20, 49, 50, 60, 88, 104, 121
예시적 정치(prefigurative politics) 201, 310, 331, 337, 341, 342, 349, 545
오리엔탈리즘 402
『우울증과 도덕주의』(크림프Crimp) 166
〈웨더 언더그라운드〉 275, 283, 289, 294, 298, 299
〈웨더맨〉 192, 193, 281~285
〈웹!〉 180, 201
위상기하학(topology) 25
〈위스퍼〉 155, 156
유토피아 105, 106, 113, 150, 183, 208, 271, 346, 486, 490, 536
이민노동자 53, 79, 90, 217, 219, 220, 222, 234, 308, 321, 322, 377, 405, 407, 508, 509, 512
이벤트 공간(Event Space) 15, 102, 108, 321, 536
〈이슬람국가운동〉 287, 427, 428
〈이피〉 188, 191, 270, 276, 279, 282, 283, 298, 300~302
〈익명의 매춘부〉 155, 156
인스탈레이션 아트(Installation art) 520
일시적 자율공간(Temporary Autonomous Zone, T.A.Z.) 544
임대료 파업(Rent Strike) 91, 92

ㅈ

『자본론』(맑스Marx) 85

〈자유를 가질 권리〉 286
『자유』(Freiheit) 149, 233
자율주의 85, 132, 135, 308, 320, 335, 344, 546
잡거지(雜居地, tenant) 54
재개발 14, 92, 520
〈전미 의복 공동 노동조합〉 228
〈전미 인종 평등 회의〉 286, 427, 481
〈전쟁 반대 연맹〉 308, 309
〈전지구적 건강권 프로젝트〉 205
전지구적 정의 운동(Global Justice) 181, 205, 240, 309, 313, 314, 544
정동 34, 41, 102, 125, 131, 132, 136, 153, 154, 158, 161~163, 165, 167, 183, 186, 198, 207, 209, 211, 212, 278, 285, 310, 342, 349, 471, 523, 524, 542
정동노동 131, 134~136, 157, 210, 346, 349, 350, 524, 537, 542
『정신착란의 뉴욕』(콜하스Koolhaas) 31, 493
『정치』(Politics) 255, 277
제국 315, 316, 319, 335
『제국』(Empire) 240, 335
젠트리피케이션(gentrification) 14, 20, 54, 71, 75, 77, 81, 82, 92, 95, 96, 99, 104, 108, 142, 143, 146~148, 150, 166, 187, 204, 207, 255, 272, 294, 298, 304, 310, 344, 362, 367, 411, 430, 431, 434, 438, 445, 508, 530, 533~535, 544
증여 46, 130, 208, 211, 222, 340, 542
지역사회 공동정원(Community Garden) 15
집합주택(tenement) 56, 58, 59, 61, 64~67, 76, 80, 92, 105, 149, 337, 367, 418, 429, 443

ㅊ

『차이니즈 뱅가드』(Chinese Vanguard) 406
창고숨기기(warehousing) 81, 95, 101, 107
『천 개의 고원』(들뢰즈·가따리, Deleuze&Guattari) 524
〈철도 객실 승무원 노동조합〉 232
〈체리나무협회〉 102, 116
치마타(巷, Block) 6, 13, 22, 35, 41, 45, 53, 75, 77, 81, 90, 111, 126, 131, 133, 135, 140, 143, 151, 162, 183, 206, 266, 293, 310, 340, 344, 345, 429, 431, 450, 518, 519, 523, 526~529, 530~532, 540, 543, 544, 548